文明汇聚 光耀涧州

——史前文化临夏论坛论文集

文物出版社

图书在版编目（CIP）数据

文明汇聚 光耀河州：史前文化临夏论坛论文集 /
李新伟，邵志刚主编. -- 北京 ： 文物出版社，2023.9
ISBN 978-7-5010-8178-3

Ⅰ. ①文… Ⅱ. ①李… ②邵… Ⅲ. ①史前文化－临
夏回族自治州－文集 Ⅳ. ①K294.22-53

中国国家版本馆CIP数据核字(2023)第162683号

文明汇聚 光耀河州——史前文化临夏论坛论文集

主　　编：李新伟　邵志刚
副 主 编：马成俊　韩杰和　马沛霆

责任编辑：安艳娇　胡奥千
助理编辑：耿瑷洁
封面设计：兰州三人行文化
责任印制：张道奇

出版发行：文物出版社
社　　址：北京市东直门内北小街 2 号楼
邮　　编：100007
网　　址：http://www.wenwu.com
邮　　箱：web@wenwu.com
经　　销：新华书店
印　　刷：甘肃全能印印刷服务有限公司
开　　本：889mm×1194mm　1/16
印　　张：32.5
版　　次：2023 年 9 月第 1 版
印　　次：2023 年 9 月第 1 次印刷
书　　号：ISBN 978-7-5010-8178-3
定　　价：369.00 元

# 编辑委员会

论坛主会场

国家文物局考古司司长闫亚林在开幕式上讲话

中国社会科学院学部委员、历史研究院历史部主任、中国考古学会理事长王巍在开幕式上视频致辞

中国社会科学院考古研究所副所长、研究员施劲松在开幕式上致辞

中共临夏回族自治州委书记郭鹤立在开幕式上致辞

中共临夏回族自治州委副书记、州长何东主持开幕式

甘肃省文物局党组书记、局长程亮主持闭幕式

中国社会科学院考古研究所史前研究室主任、研究员李新伟在闭幕式上总结发言

中国社会科学院考古研究所史前研究室
主任、研究员李新伟作主旨发言

武汉大学教授、博士生导师陈望衡
作主旨发言

甘肃省文物考古研究所研究员郎树德
作主旨发言

中国社会科学院考古研究所研究员王仁湘
作主旨发言

中国社会科学院考古研究所研究员赵春青
作主旨发言

故宫研究院玉文化研究所所长、中国文物学会
玉器专业委员会主任委员徐琳作主旨发言

中国社会科学院考古研究所研究员、甘肃省齐家
文化研究会名誉会长叶茂林作主旨发言

甘肃省政府文史馆馆员、西北师范大学教授
王三北作主旨发言

甘肃省秦文化研究会会长祝中熹
作主旨发言

中国社会科学院考古研究所副研究员
李志鹏发言

中国社会科学院考古研究所助理研究员
张旭发言

北京科技大学教授、科技史与文化遗产研究院
副院长陈坤龙发言

吉林大学考古文博学院教授、甘肃省齐家文化
研究会副秘书长任瑞波发言

中国社会科学院考古研究所助理研究员
钟华发言

中国社会科学院考古研究所助理研究员
董霄雷发言

湖北大学历史文化学院教授
陈苇发言

甘肃省文物考古研究所研究员
赵建龙发言

南京大学哲学系教授、博士生导师
李曙华发言

上海大学教授、博士生导师
林少雄发言

四川大学中国俗文化研究所教授、文学人类学
研究生导师李祥林发言

甘肃文化发展研究院常务副院长、一级作家
冯玉雷发言

新疆师范大学教授刘学堂发言

兰州大学考古与文化遗产研究院副教授、甘肃省
齐家文化研究会副会长郭永利发言

中国社会科学院民族学与人类学研究所研究员、
甘肃省马家窑文化研究会顾问易华发言

复旦大学文物与博物馆学系教授
秦小丽发言

甘肃省政府文史馆资深馆员、兰州大学教授
汪受宽发言

甘肃省政府文史馆馆员、西北民族大学教授
陈自仁发言

甘肃省政府文史馆馆员、西北师范大学教授
李并成发言

甘肃省政府文史馆研究员、省博物馆研究馆员
颉光普发言

甘肃省政府文史馆研究员、兰州马家窑文化
研究会会长王海东发言

甘肃省政府文史馆馆员、临夏州书协原主席 甘肃省齐家文化研究会学术研究部助理研究员
焦玉洁发言 唐蕊发言

专家学者参观临夏回族自治州彩陶馆（州博物馆）

专家学者实地考察东乡县林家遗址

专家学者实地考察积石山县新庄坪遗址

专家学者实地考察广河县齐家坪遗址

专家学者实地考察临夏市八坊十三巷

齐家坪遗址

半山遗址

新庄坪遗址

林家遗址

边家林遗址

# 序　一

　　甘肃省临夏回族自治州位于黄河上游，地处青藏高原与黄土高原的过渡地带，黄河及其支流大夏河、洮河、湟水河穿境而过，为早期人类生存提供了得天独厚的自然条件，是中华文明的重要发祥地之一。

　　临夏从史前时期开始就是文化和社会发展比较快的区域，在中国考古学史上具有重要位置。比如说，到现在为止中国最早的青铜器是东乡县林家遗址出土的青铜刀，广河县齐家坪遗址是齐家文化的命名地，这个区域也是马家窑文化重要的分布区域。研究西北地区的文化进程，从马家窑文化到齐家文化是一个非常重要的阶段，也是这个地区从文明起源到文明形成的重要时期，有很多重要的问题需要研究。彩陶在这个地区发现得比较早，在开展中华文明起源研究和中华文明探源工程的时候，我们也意识到临夏地区、西北地区是一个非常重要的区域，但是迄今为止考古工作开展不均衡，以至于西北地区文化进程的起源、形成时间、与周围区域的关系等问题，都有待于新的考古发现资料。同时，在开展中华文明探源工程中还有一个重要的收获，就是在中华文明起源形成的过程当中，与西亚地区的文明有交流互鉴，小麦种植、黄牛绵羊的饲养、冶金术都是在公元前5000～前4500年这个时间段通过西北地区传入中原的，因此这个地区也是研究中华文明和西亚地区文明交流互鉴非常重要的通道。

　　1985年以后，临夏境内基本没有开展过大规模的考古发掘，由于缺乏新的考古资料的支撑，造成了临夏乃至西北地区在整个中华文明探源研究当中，在整个夏王朝建立之前的区域文明的研究当中，始终处于比较薄弱的状态，这是非常令人遗憾的。我们期待这个区域的考古发掘和研究有一个新的局面，希望临夏回族自治州在以后的工作中积极与国家和省有关部门衔接，争取有更多的考古发掘项目在临夏地区实施，带来新发现、提供新资料、形成新经验。

　　为深入学习贯彻党的二十大精神和习近平总书记关于文化建设的重要论述精神，全面贯彻党中央实施"中华文明探源工程""考古中国"重大项目的决策部署，推动中华优秀传统文化创造性转化、创新性发展，2023年5月7～10日，由中国考古学会、中国社会科学院考古研究所、甘肃省政府文史研究馆、甘肃省文物局和中共临夏回族自治州委、临夏回族自治州人民政府共同主办了"文明汇聚·光耀河州 —— 史前文化临夏论坛"，来自全国多家研究所、博物馆、高校的 100 多位专家学者齐聚临夏，围绕古临夏地区在史前文化分布区域中的重要性和历史地位等议题，阐述观点、碰撞思想、切磋交流。与会学者提出了一系列观点，如"临夏地区是我国史前文化最集中的地区之一，是我国开展考古发掘最早并取得丰硕成果的地区之一，是中华文明的重要发祥地之一，在中华文明起源、形成和发展过程中占有重要地位"；"临夏地区史前文化已经高度发达，具有文明的雏形"；"临夏地区是马家窑文化的核心区域，以'彩陶王'为代表的马家窑文化彩陶是世界彩陶史上的巅峰"；"临夏地区是齐家文化的命名地和发祥地，齐家文化孕育推动了华夏文明的成型"；"临夏地区是史前中西文明交流汇聚的中心和要道，是中华民族商贸流通的起源地，也是各民族多元文化交流交融之地"；"临夏地区出土的'中华第一刀'是我国最早的青铜刀，是中国进入青铜时代的证明"；"临夏回族自治州彩陶馆（州博物馆）已经跨入国内顶尖博物馆行列"等。有些观点虽然并未形成共识，但对于促进学术研究具有积极意义，将有力提升临夏的影响力。

编辑出版《文明汇聚·光耀河州 —— 史前文化临夏论坛论文集》，是对史前文化临夏论坛成果的集中展示，是一项很有意义的学术工程，对于宣传临夏在史前文化中的地位和在中华文明探源中的重要作用提供了学术支撑，弥足珍贵，可喜可贺。

是为序。


中国社会科学院学部委员、历史学部主任、中国考古学会理事长

2023 年 8 月

# 序 二

　　临夏作为中华文明的起源地之一，境内积淀了极其丰富的文化资源，是各种类型的古文化育生递接的舞台。早在一万多年前的旧石器时代，临夏就有先民生活。新石器时代的临夏地区形成了脉络清晰的文化发展序列，成为临夏悠久恢宏的历史传统、深厚醇美的文化底蕴，塑造了临夏特有的精神气质。

　　彩陶是中华文明的重要标识，临夏先民创造了彩陶文化的巅峰，点燃了中华文明的星火。临夏地区的史前文化具有脉络清晰的文化区系类型，是临夏彩陶文化形成的基础。继石岭下类型之后，临夏地区的先民们历经马家窑文化、齐家文化、辛店文化、寺洼文化，创造形成了极富地方特色的彩陶文化体系。从距今5300～4000年的马家窑文化发展到距今4100～3600年的齐家文化，再发展到青铜时代的辛店文化，直至寺洼文化，建立起了新石器时代直至青铜时代的文化发展序列，形成了自己独立的发展体系和特色，是国内彩陶文化唯一没有中断的地区。尤其是在积石山县安集乡三坪村出土的国宝级文物"彩陶王"，以其器形之高大、图案之精美、出土之完整、年代之久远闻名遐迩。临夏的彩陶是先民们创造历史、开拓西北的重要见证，为我们探索研究华夏文明起源，提供了丰富而珍贵的实物资料。

　　玉器见证王权出现与国家形成，临夏先民创造了独立的玉文化体系，林立于早期中华文明之林。齐家玉文化是齐家文化重要的组成部分，既受其他史前发达玉文化的交汇影响，又结合自身文化传统与地域环境，发展成为具有一定代表性和影响力的史前玉文化。洮河、大夏河区域是齐家文化的核心分布区。这里的遗址分布密集，出土的齐家文化玉器数量众多，单就积石山县新庄坪遗址而言，就发现了品类齐全的玉器，有常见的玉璧、玉琮、多璜联璧、玉锛、玉凿等器形，还有其他区域少见的有领玉璧、牙璋等极品玉器。玉牙璋是夏王朝核心礼器和政权象征物，被公认为是夏文化的标志。而齐家文化遗址中发现的玉牙璋和成套祭祀玉器，充分证实了临夏应是夏初极其重要的地区。结合现如今临夏地区有大量禹的传说故事和痕迹，如禹王石、禹王峡、禹王庄、禹王庙、禹王脚印、禹王坐石、大夏河、大夏川、洩湖峡、鸟虫文等等，还有与临夏一河之隔的青海喇家遗址考古成果也证明当时的洪水造成了巨大灾难，这一幕发生与大禹治水处于同一时期。同时，传说当年大禹完成导河使命后，回经兰州，登上北山最高峰，分天下为九州，故名九州台。正是这些例证使许多专家认为夏王朝早期建立于黄河上游古临夏及周边地区。

青铜器是文明时代的物象表征，临夏先民开创了使用青铜的先河，在中华文明起源中处于关键时期。在东乡县林家遗址出土的长12.5厘米的青铜刀，是迄今中国发现最早的青铜器，被誉为"中华第一刀"，把中国制铜工具的历史提前了一千多年。而在齐家文化时期临夏地区出土的数量众多铜器和冶铜作坊遗址，说明了齐家文化铜器冶炼技术取得了长足发展，已进入了初期的青铜时代。冶铜技术的发展大大促进了手工业的分工。手工业种类的增多与发展，促进了社会分工，加快了社会复杂化的进程，为阶级社会的产生提供了条件，促使人类从洪荒走向文明。

关于临夏地区史前文化的研究，不仅对中华文明多元一体格局的形成提供实证资料，也对我们坚定文化自信提供理论支撑。近年来，我们深入学习贯彻习近平总书记关于文物保护工作的重要论述精神，全面落实党中央关于实施"中华文明探源"和"考古中国"工程的重大决策部署，高标准推进文化遗产保护研究、开发利用等工作，高水平举办文化学术研讨、民俗文化艺术节等活动，全州文博场馆建设、文物藏品数量等实现了历史性突破，文博事业迈上了新的台阶。特别是2023年5月召开的"文明汇聚·光耀河州 —— 史前文化临夏论坛"，广泛吸引了全国百位专家学者聚焦临夏、聚焦史前文化，研究临夏史前文化，取得了丰硕的研究成果，形成了临夏地区是我国史前文化最集中的地区之一，是我国开展考古发掘最早并取得丰硕成果的地区；临夏地区是中华文明的重要发祥地之一，在中华文明起源、形成和发展过程中占有重要地位；临夏地区史前文化已经高度发达，具有文明的雏形；临夏地区是马家窑文化的核心区域，以"彩陶王"为代表的马家窑文化彩陶是世界彩陶史上的巅峰；临夏地区是齐家文化的命名地和发祥地，齐家文化孕育推动了华夏文明的成型；临夏地区可能是大禹的故乡和夏王朝早期都城所在地；临夏地区是史前中西文明交流汇聚的中心和要道，是中华民族商贸流通的起源地，也是各民族多元文化交流交融之地；临夏地区出土的"中华第一刀"是我国最早的青铜刀，是中国进入青铜时代的证明；临夏州彩陶馆（州博物馆）已经跨入国内顶尖博物馆行列等成果。这些成果的形成，极大地提高了临夏的知名度、美誉度，向全国推介了临夏马家窑文化和齐家文化两张史前文化名片，确立了临夏在中华文明起源中的重要地位，进一步把"十有临夏"融入到"花儿临夏·在河之州"品牌形象中。

基于论坛取得的丰硕成果，整理出版《文明汇聚·光耀河州 —— 史前文化临夏论坛论文集》，旨在向社会各界展示关于临夏史前文化研究中取得的最新理论和研究成果，希望广大读者通过论文集，更加深入地了解博大精深的中华文化，更加真切地感受临夏史前文化的源远流长，进一步坚定文化自信、增强文化自觉，为深化中华文明探源工程研究、建设社会主义文化强国做出临夏贡献。

是为序。

中共临夏回族自治州委书记

郭鹤立

2023 年 8 月

# 目　录

第一部分 ／ 论坛综述

002　文明汇聚·光耀河州 —— 史前文化临夏论坛综述

第二部分 ／ 论坛致辞讲话

020　闫亚林　　在史前文化临夏论坛开幕式上的讲话
022　王　巍　　在史前文化临夏论坛开幕式上的视频致辞
023　施劲松　　在史前文化临夏论坛开幕式上的致辞
026　郭鹤立　　在史前文化临夏论坛开幕式上的致辞
031　李新伟　　在史前文化临夏论坛闭幕式上的总结发言
033　何　东　　在史前文化临夏论坛闭幕式上的致辞
035　程　亮　　在史前文化临夏论坛闭幕式上的讲话

第三部分 ／ 论坛论义

038　李新伟　　文明汇聚·光耀河州
046　陈望衡／李小香　中华文化基因的最早成形
　　　　　　　　　　—— 临夏彩陶文化意义与历史地位初探
059　郎树德　　陶韵玉魂·震古烁今
　　　　　　　　—— 临夏州博物馆新入藏彩陶和玉器的研究价值
063　王仁湘　　由东乡发现玉七联璧说璜联璧合
069　赵春青　　马家窑文化的新探索
076　徐　琳　　传世齐家文化玉器讨论
　　　　　　　　—— 以故宫博物院藏品为例

080 陈国科 临夏地区史前考古工作的回顾与展望

090 叶茂林 齐家文化草作农业与当代的草地农业

　　　　　　　　——从甘肃广河县"粮改饲"说起

101 王三北 弘扬临夏史前文化资源优势，推进文化旅游高质量发展

105 祝中熹 齐家文化在华夏文明育兴中的处位

116 张　旭 甘肃火烧沟遗址人类颅骨测量性状再研究

128 陈坤龙/杨　帆/梅建军/邵安定/邵　晶/邸　楠

　　　　　　　　陕西神木市石峁遗址出土铜器的科学分析及相关问题

144 任瑞波 有关塞伊玛—图尔宾诺遗存的三个问题

160 陈　苇/任瑞波/李勤学/李　俊

　　　　　　　　史前川西北高原的璀璨明珠

　　　　　　　　——从刘家寨遗址看姜维城文化

167 赵建龙 从齐家文化探索与夏文化的关系

177 李曙华 马家窑文化与老子思想探源

185 李祥林 神话传说与族群历史

　　　　　　　　——古羌迁徙史及尔玛人的口头表述

198 冯玉雷 试论临夏在"玉文化考古遗址公园群及产业创意发展基地"
　　　　　建设中的主导作用

209 刘学堂 史前东西文化交流的旋涡地带

233 易　华 禹羌华夏说

245 秦小丽 齐家文化时期的东西文化交流

　　　　　　　　——绿松石镶嵌、海贝以及红玛瑙

254 汪受宽 历代先贤对黄河源头的不懈追寻

272 陈自仁 马家窑彩陶艺术的审美价值

283 李并成 挖掘大禹文化资源，促进甘肃文旅业发展

　　　　　　　　——以临夏回族自治州为中心

295 颉光普 临夏盆地新生代的古脊椎动物化石和古生态

314 焦玉洁 夏古城发掘宣传与甘肃文化旅游业的发展

320 唐　蕊/唐士乾 关于打造"陇上明珠·齐家故里"地域品牌的几点思考

325 刘再聪 临夏历史文化资源的内涵及时代价值

328 赵逵夫 从地下考古看积石与大禹导河的传说

339 边　强 齐家文化族群的迁徙与冶金术的传播

357　翟玉忠　　　　　站在青藏高原观世界
　　　　　　　　　　　—— 史前文化的东西互动
373　刘静河　　　　　齐家文化资源的保护、开发与利用初探
378　胡桂芬　　　　　丝绸之路上的齐家彩陶文化
388　杨惠福　　　　　浅议甘青地区齐家文化出土铜器
397　陶兴华 / 李彦桃　齐家文化的强劲延续形态：甘肃寺洼文化
405　马东平 / 买小英　齐家文化资源的保护开发利用与品牌体系建设研究
413　董克义　　　　　临夏是大禹的故乡刍议
422　支　那　　　　　钩沉彩陶纹饰中的"渔猎文化"


附　　录 ／ 论坛新闻报道

462　人民日报　　　　探源中华文明，史前文化临夏论坛举办
464　新华网　　　　　文明汇聚·光耀河州
　　　　　　　　　　　—— 史前文化临夏论坛开幕
466　光明日报　　　　文明汇聚·光耀河州
　　　　　　　　　　　—— 史前文化临夏论坛举办
468　中国新闻网　　　中国考古专家甘肃探源：古临夏是否为夏王朝早期"雏形"？
469　中国新闻网　　　甘肃临夏官方"亮"考古厚实家底"六问"邀专家学者
　　　　　　　　　　　探究
472　中国青年报　　　甘肃林家村：传承彩陶文化逐梦"诗和远方"
473　中国青年报　　　甘肃临夏：史前文化论坛聚焦中华文明探源
475　经济日报　　　　甘肃临夏举办史前文化论坛
476　中国旅游新闻网　甘肃东乡林家村：彩陶文化引客来，乡村研学有看头
478　甘肃日报　　　　文明汇聚·光耀河州
　　　　　　　　　　　—— 史前文化临夏论坛开幕
479　甘肃文化影视频道　今日开幕！百余名专家学者齐聚临夏
483　奔流新闻　　　　追寻临夏大地先民遗迹，解锁史前文化密码
487　天下泉城新闻客户端　大河之畔，史前文化明珠闪耀
490　临夏州融媒体中心　奏响千年文明璀璨乐章
　　　　　　　　　　　—— 写在"文明汇聚·光耀河州 —— 史前文化临夏论坛"
　　　　　　　　　　开幕之际

第一部分 ／ 论坛综述

# "文明汇聚·光耀河州——史前文化临夏论坛"
## 综　述

　　为深入学习贯彻党的二十大精神和习近平总书记关于文化建设的重要论述精神，全面贯彻党中央实施"中华文明探源工程""考古中国"重大项目的决策部署和省委加快建设华夏文明传承创新区的工作安排，推动中华优秀传统文化创造性转化、创新性发展，2023 年 5 月 7～10 日，由中国考古学会、中国社会科学院考古研究所、省政府文史研究馆、省文物局和中共临夏回族自治州委、临夏回族自治州人民政府共同主办的"文明汇聚·光耀河州——史前文化临夏论坛"在临夏成功举办，来自全国多家研究所、博物馆、高校的 127 位专家学者齐聚美丽的花儿临夏，围绕古临夏地区在史前文化分布区域中的重要性和历史地位等议题阐述观点、碰撞思想，以交流互鉴回答时代之"问"、探寻文明之"根"、筑牢自信之"基"，让临夏史前文化大放异彩，使临夏考古调查引起广泛关注，为梳理历史脉络、探寻文明之源凝聚了共识、集聚了智慧、汇聚了力量。

## 一、总体情况

　　本次论坛为期 4 天，主要包括文明探源实地考察、举办"文明曙光——彩陶文化精品文物展"、举办"'金玉交辉·贯通中西'齐家文化精品文物展"、举办"花儿临夏·陶风彩韵"书画写生采风、彩陶制作技艺展演、齐家文化治玉展演、文明汇聚·光耀河州——史前文化临夏论坛等内容，日程紧凑、内容丰富、形式多样。

### （一）文明探源实地考察

　　5 月 7 日、9 日、10 日下午，参加论坛的专家学者、嘉宾及媒体记者一行先后走进临夏市、东乡县、广河县、和政县、永靖县、积石山县，参观临夏回族自治州彩陶馆（州博物馆）、林家遗址、齐家文化博物馆、齐家坪遗址、和政古动物化石博物馆、炳灵寺石窟、黄河文化博物馆、刘家峡恐龙博物馆、新庄坪遗址、积石山县博物馆、沿太子山旅游大通道，以及文化传承发展基地和彩陶制作、治玉技艺展演，观看陇剧《大禹治水》，实地考察远古时期古动物群繁衍生息场景、星罗棋布的史前文化遗址、地质遗迹和文化遗产保护传承情况，进一步加深了对临夏悠久历史、灿烂文化、丰富文旅资源的感知和了解。

### （二）精品文物展

着眼全面展示我州以马家窑和齐家文化为重点的史前文化，论坛期间分别在州彩陶馆（州博物馆）、齐家文化博物馆举办"文明曙光 —— 彩陶文化精品文物展""'金玉交辉·贯通中西'齐家文化精品文物展"，集中展出新石器时代至青铜时代的"彩陶王""天下第一铜刀""天下第一青铜镜""玉七联璧"等石器、骨器、陶器、玉器、铜器珍品，亿万年前的海洋古生物化石、恐龙足印群化石、和政古动物化石，以及民族文物、书画作品等，供专家学者、媒体记者和各方游客参观浏览，让大家走进文物、触摸历史、感知文明。

### （三）书画写生采风活动

4月24日至5月3日，由中国美术报社、州委宣传部共同主办了"花儿临夏·陶风彩韵" —— 中国书画名家采风写生暨艺术支教公益活动，邀请中国国家画院研究员、中央美院教授、博士生导师李洋，中国国家画院研究员、中国艺术研究院博导许俊，中国美术家协会理事、江苏省文联副主席徐惠泉等33名全国书画艺术名家走进临夏，挥毫泼墨书诗联，铺纸展锦画山河，从不同的艺术视角、用不同的艺术手法，生动展现马家窑文化、齐家文化和临夏壮丽秀美的自然风景、脱贫发展的巨大变化、守望相亲的和谐画卷，创作精品力作300多幅并全部捐赠给临夏，把艺术之美带给临夏，把临夏之美带向全国，为全州各族人民带来了一场艺术盛宴。

### （四）论坛开幕式

5月8日，"文明汇聚·光耀河州 —— 史前文化临夏论坛"开幕式举行，中国社会科学院学部委员、历史研究院历史部主任、中国考古学会理事长王巍视频致辞，中国社会科学院考古研究所副所长、研究员施劲松致辞；省委常委、省委宣传部部长张永霞讲话，国家文物局考古司司长闫亚林、临夏回族自治州委书记郭鹤立致辞。专家学者、各级领导分别从临夏在探索中华文明起源形成过程、研究中华文明和西亚地区文明交流的重要地位，进一步做好考古发掘、研究阐释和文化遗产保护，加强甘肃文化建设和文物保护利用工作、促进中华优秀传统文化创造性转化和创新性发展等方面发表意见建议、提出希望要求，为聚焦论坛主题、加强学术交流凝聚了共识、提供了指导。

### （五）论坛主旨发言

开幕式后，来自中国社会科学院考古研究所、武汉大学、甘肃省文物考古研究所、故宫研究院等研究院所和高校的李新伟、陈望衡、陈国科、郎树德、王仁湘、徐琳、王三北等 10 名专家学者，以《文明汇聚·光耀河州》《中华文化基因的最早成形——临夏彩陶文化意义与历史地位初探》《临夏地区史前考古工作的回顾与展望》《陶韵玉魂·震古烁今——临夏州博物馆新入藏彩陶和玉器的研究价值》《由东乡发现玉七联璧说璜联璧合》《传世齐家文化玉器问题讨论——以故宫博物院藏品为例》《弘扬临夏史前文化资源优势，推进文化旅游高质量发展》等为题作主旨发言，分享学术成果，发表真知灼见，交流心得体会，畅谈意见建议，推动论坛走向高潮。

### （六）论坛分组发言

5 月 9 日，李志鹏、张旭、陈坤龙、刘学堂、郭永利、唐蕊等 27 名专家和学者作了分组发言，32 名专家和学者接受了媒体访谈。大家从考古学、植物考古学、金属冶炼技术、人类遗骨考证、环境生态学科技研究，以及哲学、历史学、人类学、美学、文字学、神话学、民俗学、文艺学等不同学科、不同视野，围绕临夏地质遗迹的考察研究，马家窑和齐家文化的形成、发展和重要地位，中华文明的历史脉络、分布格局，中华优秀传统文化的保护、传承和利用等做了交流发言，进一步深化和拓展了论坛内容，为深入探究临夏史前文化提供了有益参考和借鉴。

### （七）论坛闭幕式

5 月 9 日，论坛闭幕式举行，闭幕式由甘肃省文物局党组书记、局长程亮主持，中国社会科学院考古研究所研究员、史前研究室主任、甘肃省齐家文化研究会学术顾问李新伟总结论坛成果，中共临夏回族自治州委副书记、州长何东致闭幕词。李新伟在总结发言中，突出"文明汇聚·光耀河州"这一主题，围绕马家窑文化和齐家文化的生产、生活和社会发展，总结各位专家学者主旨发言、分组发言中的观点和思想，发布了论坛取得的重要成果，并对需要重点关注的方向、继续推动的工作、深入研究的领域发出倡议。

## 二、特色亮点

本次论坛主题突出、专家权威，议程丰富、特色鲜明，组织有序、保障有力，是一场高规格学术盛会、高标准交流盛宴，是一次高层次学者对话、高质量学术争鸣，也为多角度展示临夏形象、全方位讲好临夏故事提供了绝佳机会、搭建了高端平台。

## （一）权威机构参与，赢得了各界广泛关注

论坛坚持高质量、高标准、高规格，聚焦学界权威，对标行业一流，积极汇报、主动沟通，赢得省委、省政府和国家有关部门的大力支持，中国考古学会、中国社会科学院考古研究所、省政府文史研究馆、省文物局等国家级、省级权威学术研究机构全程指导和共同主办，不仅使论坛的思想性、学术性、实践性得到有力保证，而且进一步提高了论坛档次、拔高了论坛规格，使论坛成为国内一流、行业高端的学术盛会，吸引了各方目光，集聚了广泛关注。

## （二）学界大咖云集，营造了浓厚学术氛围

论坛坚持多学科、多视野、多维度，紧盯论坛主题、面向五湖四海，广发"英雄帖"、诚邀八方客，邀请王巍通过视频为开幕式致辞，施劲松、李新伟、王仁湘、叶茂林、赵春青、仝涛、王杰、徐琳、郎树德、赵丽明、陈望衡、李曙华、秦小丽等来自中国社会科学院考古研究所，国内有关高校，部分省区文化研究协会，省内高校、社科院、文史馆、博物馆和马家窑文化研究会、齐家文化研究会等深耕学术领域、颇有成就地位的专家学者出席论坛，百花齐放、百家争鸣，从众多领域深入交流学术观点，广泛发表真知灼见，奉献了一场精彩纷呈的思想和学术盛宴。

## （三）策划组织周密，凸显了临夏独特魅力

州委、州政府高度重视论坛，在指导单位和主办各方的大力支持下，坚持专业化、特色化、融合化，成立由州委分管领导任组长的筹备领导小组，下设综合协调、材料起草、后勤保障等 10 个工作专班，提前着手、及早行动、周密谋划，反复讨论甄选论坛主题，实地踏勘调研考察路线，精心策划设计环节细节，论坛主题深入贯彻中央精神、高度聚焦学术前沿和学界热点，考察行程充分展示临夏独特的地质遗迹、丰富的文化遗产和文化事业发展的显著成就，采风活动等全方位展示了"十有临夏"的独特魅力、"十大之年"的发展势头，不仅有力服务和保障了论坛顺利进行、圆满成功，而且充分彰显了临夏特色、讲述了临夏故事，极大地提升了"花儿临夏·在河之州"的知名度和美誉度。

## （四）服务保障到位，展现了优良作风形象

作为主办方、东道主，州委、州政府坚持把高效化、精细化、人性化贯穿论坛始终，根据实施方案和议程设定，流程式、情景式模拟演练每一个环节细节，深入细致排查薄弱环节和疏忽纰漏，进一步细化实化会务指南，压实责任、明确任务、具体要

求，确保各环节无缝衔接、各流程高效顺畅。从州直相关部门抽调事业责任心强、综合素养好的干部开展会务流程、工作内容、基本州情、文明礼仪等培训，一对一（多）为出席论坛的专家学者、各级领导、嘉宾和媒体记者，提供接站（机）、住宿、用餐、参会等全方位服务保障，为参会人员营造了宾至如归、称心如意的良好环境，赢得了各方面的广泛赞誉，展现了新时代临夏党员干部的良好形象。

### （五）宣传推介有力，集聚了大量人气流量

本次论坛把宣传放在重中之重的位置，坚持论坛前、论坛中、论坛后相贯通，坚持线上、线下相融合，坚持知名媒体与本地平台相结合，持续强化多角度宣传报道，营造了浓厚舆论氛围。论坛前，依托州县融媒体中心，分专题宣传临夏历史、文化、人文及经济社会发展情况，动态报道论坛筹备进展，撰写发布了《"十有临夏"特刊》《奏响千年文明璀璨乐章——写在"文明汇聚·光耀河州——史前文化临夏论坛"开幕之际》《彩陶之冠——马家窑文化》《中国最早青铜时代——齐家文化精品文物赏析》《遗迹承载灿烂文明》等有分量、有见地、有水平的融媒作品，做足了预热功课。论坛期间，开设《文明汇聚·光耀河州》《专家眼中的临夏》等专栏，邀请人民日报、新华社、中央广播电视总台、中国新闻社等10家中央媒体，以及甘肃日报社、甘肃电视台等7家省级媒体和济南日报锁定临夏、跟踪报道论坛盛况，刊发《史前文化临夏论坛举办》《探源中华文明，史前文化临夏论坛举办》《中国考古专家甘肃探源：古临夏是否为夏王朝早期"雏形"？》等重磅报道34篇（条）。州融媒体中心全程直播论坛实况、及时发布专家采访、跟进报道嘉宾反响，第一时间传播论坛画面、传递思想观点，构建了"优质内容＋多元化传播渠道"的立体式宣传矩阵，聚拢了大量人气流量。论坛闭幕后，注重做好"后半篇文章"，持续报道、刊发精彩瞬间、专家访谈、重要成果、侧记文章，真正做到了论坛闭幕不落幕。

## 三、重大意义

本次论坛将临夏地区的马家窑文化和齐家文化纳入人类文明史的时间向度、东西方文明交流的空间格局、中华文明史的源生序列来关照考察、交流探讨，为讲好人类故事、中国故事、甘肃故事、临夏故事提供了重要平台，对考古、发掘和研究黄河上游或古临夏地区史前文化、追溯中华文明源头，保护、传承和弘扬中华优秀传统文化产生了积极而深远的影响。

### （一）搭建了权威学术平台

本次论坛深入落实"中华文明探源工程"以考古调查发掘为主要手段，以现代科

学技术为支撑，进行多学科交叉研究的要求，邀请国内多家顶尖学术研究机构和涉及历史、考古、人文、自然等多个学科的权威专家学者参与，标准之高、规格之高、范围之广前所未有，推动临夏乃至西北地区考古研究实现从以往单一学科研究向多学科联合攻关的转变，打造了服务学术研究、建言文化发展、推动文化创新的重要平台。

### （二）拓宽了文明探源路径

五千年历史看山西，八千年历史看甘肃。中华文明的始祖伏羲、女娲、黄帝也皆诞生在甘肃，秦国最早的发源地也在甘肃，是黄河流域文化的源头所在，占据了早期文明的辉煌一段。临夏作为甘肃这块"玉如意"上的一颗璀璨明珠，文化遗产丰富，考古地位重要。本次论坛，用大量实物、史料、口头文学、研究成果等，再次证明了大禹导河积石、古羌人南迁等的真实存在，全面展现了马家窑文化和齐家文化的形成和发展，充分论证了夏王朝最早建立在古临夏地区的可能，使临夏地区的史前考古成功进入"中华文明探源工程"文化发展战略，有望引领西北地区考古研究的新方向、开启中国考古西进转向的新征程。

### （三）吸引了知名专家目光

纸上得来终觉浅，绝知此事要躬行。早在 20 世纪 40 年代，夏鼐先生就在甘肃、临夏地区进行考古调查和发掘。考古研究所建所以后，从 20 世纪 50 年代开始，包括安志敏先生在内的几代学者都在甘肃、临夏地区开展考古工作，发掘过大何庄、秦魏家、张家咀、姬家川、马家湾等遗址，取得了诸多重要成果。本次论坛突出思想碰撞、学术交流，辅以文物珍品展、探源考察，让参会的专家、学者、嘉宾及媒体记者实地考察临夏丰富的地质遗迹、文化遗址和文化保护传承情况，更加直观、真切地感受了撒落在临夏地区的文化瑰宝以及其背后的历史和故事，极大地激发了全国考古界、学术界权威和精英研究黄河上游或古临夏地区史前文化的浓厚兴趣，必将在学界掀起一场考古研究临夏地区的热潮。

### （四）激起了观点碰撞火花

没有争论，学术发展就没有生命力。本次论坛，州委书记郭鹤立在众多专家、学者和群众研究的基础上，结合自己多年来的学习、考察和思考，提出了临夏地区的史前文化说明"当时人类大脑已经十分发达""当时制造技术已经较为先进""当时社会分工更加精细""当时商贸流通开始兴起""当时社会形态初步构建""古临夏可能是夏王朝所在地"等思考，以及"中华文明的一些形态是否从黄河上游的古临夏地区及其相邻地区发源并向周边传播？或者正好说明中华文明起源'满天星斗说'？""古临夏地区是'玉石之路'和'海贝之路'的重要节点？齐家文化的这种现象是否是中国商贸流通的重要起源？""这里已经建立了一个经济相对繁荣、文化相对发达、治理相对有效、集中统一的王权社会？是否正是这个王权社会推动了彩陶文化的繁荣发展、人类的重大进步，留下了迄今为止世界范围内发现遗迹遗址最丰富、最灿烂、最辉煌、最系统、最完整的彩陶文化瑰宝？""夏王朝早期是否建立于黄河上游古临夏及周边地区呢？如果不是，那么这一地区出现了什么样的王朝或政权？"等疑问。这些思考和疑问，为深入探讨马家窑文化和齐家文化，进而探源中华文明提供了重要参考和依据，成为本次论坛的重要内容、关注焦点，激起了学界的广泛关注、深入讨论，形成了许多比较有影响力的观点。

### （五）擦亮了临夏文化名片

文化是旅游的灵魂，旅游是文化的载体。在全州上下坚定信心、铆足干劲深入打好文旅产业深度开发攻坚战、持续培育壮大文旅首位产业的关键时期，举办这次史前文化论坛，恰逢其时、正当其时。通过论坛的举办和成果的发布，央媒、省媒的深度报道，自媒体多渠道、多平台的引流，形成了一次丰富地质遗迹、文物和文化遗产、旅游资源的强势传播和广泛宣传，打响叫亮了具有临夏辨识度的马家窑文化和齐家文化名片，进一步提升了临夏的历史厚重度和文化知名度，增强了"花儿临夏·在河之州"旅游品牌的生命力、影响力和吸引力，为临夏旅游持续火爆、快速出圈注入了强劲动力。

## 四、主要学术成果

### （一）临夏地区是我国史前文化最集中的地区之一，是我国开展考古发掘最早并取得丰硕成果的地区

王巍（中国社科院学部委员、历史研究院历史部主任、中国考古学会理事长）："临夏从史前时期开始，就是文化和社会发展比较快的区域，出土了较早时期的彩陶和最早的铜器，是齐家文化的命名地，也是马家窑文化重要的分布区，在中国考古学史上具有重要位置。"闫亚林（国家文物局考古司司长）："河州是丝路重镇、临夏是中国考古学的热土，齐家坪、半山等遗址的考古工作与仰韶村、西阴村、城子崖等一系列重要考古发现，共同证实了中国史前文化的真实存在和中华文明的源远流长，在中国考古学史上具有里程碑式的重要意义。"陈国科（甘肃省文物考古研究所所长、研究员）："临夏地区是我国最早开展考古工作的地区之一，距今已有百年历史，临夏地区在中国史前考古学文化研究中具有重要地位。"仝涛（中国社科院考古研究所边疆民族考古研究室副主任、研究员）："这次论坛研讨的重点是史前时期临夏的文化

面貌，还有东西方文化交往中临夏扮演的角色。不断有研究表明，马家窑文化的溯源地和核心实际上在临夏区域内，从青藏高原北部追溯史前文化脉络，临夏是最值得关注的史前文化摇篮。"陈苇（湖北大学历史文化学院教授）："临夏区域的史前文化很厚重，而且演变传承序列也很完善，从马家窑文化、齐家文化再到半山、马厂、辛店、寺洼等，具有整体性。从考古工作方面来说，临夏包括洮河流域就是因为有安特生最早来做考古工作，有了马家窑文化和齐家坪遗址，它代表了从中国考古学发端以来，临夏地区也已经开始了考古。"陈望衡（武汉大学教授、博士生导师）："临夏是中国开展彩陶文化考古最早、发掘最多并取得重大成果的地区，著名考古学家安特生、夏鼐、裴文中都在这里留下了他们考古的足迹。"

以上研究和观点表明，临夏地区是史前文化的聚集地，临夏有星罗棋布、探源文明的史前遗迹，人类活动的历史可以追溯到 1.5 万年以前的旧石器时代晚期，临夏境内共发现不同时期的史前文化遗址 525 处，其中马家窑文化遗址 313 处、齐家文化遗址 373 处、辛店文化遗址 62 处、寺洼文化遗址 7 处。临夏也是我国开展考古发掘最早并取得丰硕成果的地区，自中国考古学发端以来，临夏地区就已经开始了考古工作，著名考古学家安特生、夏鼐、裴文中、安志敏、谢端琚等都在临夏进行过考古调查和发掘，马家窑文化边家林类型、半山类型及齐家文化等七种文化类型都因在临夏地区首次发现而命名，这些史前文化遗址填补了西北地区史前考古的空缺，奠定了临夏在华夏文明探源中的重要地位。

### （二）临夏地区是中华文明的重要发祥地之一，在中华文明起源、形成和发展过程中占有重要地位

施劲松（中国社科院考古研究所副所长、研究员）："临夏马家窑、齐家等文化，林家、半山、齐家坪等遗址，彩陶、玉器、青铜器等遗存，不仅展示了当地文化和社会发展的成就、丰富了中国古代文化内涵，而且对探究中国青铜时代的开端、认识同时代的中国史前文化具有全局性意义，重要性突破了甘肃或者西北这样的地域限制，在研究中国文化起源和格局上发挥了关键作用。"李新伟（中国社科院考古研究所研究员、史前研究室主任、甘肃省齐家文化研究会学术顾问）："临夏在中国考古学上的重要意义，就是在中国文化本土起源的认识和确立中发挥了特别关键的作用。马家窑先民以临夏为中心的发展、扩散，实际对整个的西部地区的发展，后来的人群和族群的形成，都发挥了特别重要的作用。马家窑文化结束以后，临夏就出现了以齐家文化为代表的史前文化，齐家文化就是以广河齐家坪遗址命名的文化，延续着整个临夏在史前文明、中华文明演进中的一个重要的地位。"徐琳（故宫研究院玉文化研究所所长，中国文

物学会玉器专业委员会主任委员）："齐家文化玉器很早就有出土，清宫旧藏品中就有，传世齐家玉器数量庞大，总体数量超过红山、良渚。在 4000 年前后，临夏这一片土地上的人民创造了一个非常辉煌的成就，这个成就不只是物质上的，更多是精神上的，形成了一个庞大的治玉中心，形成了璧琮组合、祭天礼地的天体崇拜，影响后世周礼六器中璧琮礼天地观念的形成。"陈国科："临夏属于河湟地区的核心区域，是史前时期黄河流域三大文化区之一，境内灿若星河、内涵丰富、价值突出的史前文化遗址，是实证黄河流域甘肃段在中国五千年文明史发展阶段重要地位的核心资源。齐家坪遗址是齐家文化的命名地，该遗址的发现对于建立洮河流域的史前文化序列、研究黄河流域青铜文化的产生、发展以及探索中华文明起源的历史进程具有重要意义。"陈望衡："临夏彩陶仪态万方、光彩夺人、意义不凡，其佳作体现出中华民族文化基因的最早成形，阴阳思维在临夏彩陶中广泛见出，说明临夏的彩陶文化已经揭示出中华文明精神的觉醒，其重要意义当为后人永远重视。马家窑文化边家林类型、半山类型，齐家文化、齐家文化秦魏家类型，辛店文化姬家川类型、张家嘴类型、唐汪式 7 种文化类型都因在临夏地区首次发现而被命名，不仅使临夏有了'中国彩陶之乡'的美誉，而且也证明了临夏是人类文明发祥地之一。"李曙华（南京大学哲学系教授、博士生导师）："马家窑彩陶展现了史前文明完整而丰富的内涵与演变过程，开启了华夏文明传统。"李祥林（四川大学中国俗文化研究所教授、文学人类学研究生导师）："临夏是中华文明的重要起源地之一，早在数千年前就有先民在此生活，这里也是我国新石器时代文化集中、考古发掘多的区域之一。"李并成（甘肃省政府文史馆馆员、西北师范大学教授）："临夏是一块充满神奇与希望的热土，曾燃烧过原始文明的灿烂火光，升起过农耕文明的绚丽曙色，是著名的马家窑文化、齐家文化的发祥地，是我国也是世界上彩陶保存最集中、品级最高的地区之一，为享誉全球的'彩陶之乡'。"

以上研究和观点表明，临夏地区的史前文化从距今 5000 年前的马家窑文化一直延续到距今 3000 年前的寺洼文化，经历了兴起、繁盛、衰退的发展阶段，构成了一部完整的彩陶文化发展史，形成了自己独立的发展体系与特色，是中国新石器时代至青铜时代彩陶文化唯一没有中断的地区，是中华文明的重要发祥地之一，在中华文明起源、形成和发展中占有重要地位。

### （三）临夏地区史前文化已经高度发达，具有文明的雏形

李新伟："马家窑在彩陶文化发展下，它的社会也有明确的发展，特别是从半山期开始，出现了一些社会的分化，有随葬品比较丰富的墓葬，到了马厂时期就有更明确的社会发展，为后来齐家文化的发展奠定了基础。"陈望衡："临夏地区早在史前

就得到一定的开发，此地人丁兴旺、物产丰富，居民们生活比较富裕，正是这样的环境，让临夏的彩陶得到充分发展，创造出诸多辉煌。"祝中熹（甘肃省秦文化研究会会长）："齐家文化住房建筑技术的进步程度令人惊叹，齐家文化房屋虽仍以半地穴为主，但地面建筑量大增，形式多样，有的还形成了里外套间结构，齐家文化居室地面和四壁近底部，大都抹有一层防潮的白灰面，更须特书一笔的是，齐家文化在建筑技术领域的划时代贡献——创制并使用陶瓦。"赵春青（中国社科院考古研究所研究员）："马家窑文化随葬品在数量和质量上都存在着差别，而且越到晚期差别越大，有的随葬品达 90 多件，而有的一无所有，这种贫富差别的增大，标志着原始社会逐步走向解体和中国文明曙光的来临。"郭永利（兰州大学历史文化学院考古学及博物馆学研究所副教授、甘肃省齐家文化研究会副会长）："齐家文化在西北新石器时代—青铜时代早期，完成了对陶器装饰的独具一格的面貌的塑造，形成了自己独有的风貌，精细规整风格的表现，显示了该文化具有较高的手工制作技术水平。"王海东（甘肃省政府文史馆研究员、兰州马家窑文化研究会会长）："马家窑文化林家遗址中金属刀具的发现和广河齐家文化遗址中刀、斧、矛以及石制、陶制攻击弹丸的发现，证明新石器时期战争常规武器已出现，新石器时期社会发展阶段的原始军事民主时代已经产生。"

以上研究和观点表明，临夏地区史前文化已经高度发达，具有文明的雏形。马家窑文化时期有辉煌的制陶业和较为先进的制造技术，原始农业和畜牧业达到一定水平，生活水平有了很大提升和改善，产业趋于多样化，在社会生产中已经有了相当明确的专业技术分工和男女之间的分工，开始出现贫富乃至于阶级的分化，原始社会趋于解体。齐家文化时期已经进入铜石并用阶段，以冶金业为主导的手工业不断地发展，青铜冶炼技术趋于成熟，阶级出现、私有制产生，进入了军事民主制阶段和奴隶制社会早期，经济、文化已达到文明前夕的高度。

**（四）临夏地区是马家窑文化的核心区域，以"彩陶王"为代表的马家窑文化彩陶是世界彩陶史上的巅峰**

李新伟："马家窑文化在我们的文明的一个动荡整合的时期，开辟了文明的新的空间进行生存、发展、繁荣，把彩陶文化推向了一个高峰。临夏在当时无疑是马家窑文化的一个中心地区，像'彩陶王'的出土，还有东乡林家遗址的发现，都是很重要的证明。"赵春青："目前全国考古学界公认马家窑文化彩陶在中国彩陶文化中处于最高，比如仰韶文化、大汶口文化、红山文化、大溪文化等都有一些彩陶，但是如果与马家窑文化彩陶相比，都没有马家窑文化发达，这已经成为大家的共识。"王仁湘（中国社科院考古研究所研究员、中国考古学会公共考古专业指导委员会主任、甘肃省齐家文化研究会名誉会长）："中国彩陶发展到顶峰的就是马家窑文化，而马家窑文化最好的彩陶就是在临夏或者邻近地区出土的，这是一个非常宝贵的文化财富地区。"陈望衡："马家窑文化彩陶因其精致典雅的艺术风格和登峰造极的艺术高度吸引了世界目光，其特点是用浓亮如漆的黑线在细而光滑的橙色、红色陶衣上绘以纹饰，花纹瑰丽，是史前的中国画，也是中国工笔画和写意画的源头。"易华（中国社科院民族学与人类学研究所研究员、甘肃省马家窑文化研究会顾问、甘肃省齐家文化研究会学术顾问）："马家窑文化彩陶是中国新石器时代的一个顶峰，马家窑时期定居农业文化非常发达。"李祥林："史前彩陶在中国四面八方皆有出土，尤以器形多样、纹饰丰富的马家窑文化彩陶著称，那是中华彩陶史上的巍巍高峰。"陈自仁（甘肃省政府文史馆馆员、西北民族大学教授）："马家窑文化时期的彩陶形制多样、制作精美、造型优美、纹样繁缛、图案丰富、构思奇特，在实用性与审美性的协调上达到了世界彩陶史上的顶峰。只有马家窑文化时期的彩陶，才能代表中国彩陶的最高艺术成就，也最能说明史前甘肃彩陶艺术独特的审美价值。"翟玉忠（北京大学中国与世界研究中心特约研究员、中信改革发展研究院研究员）："从物质层面来讲，马家窑文化对中原文化的形成有巨大的推动力；从精神层面来讲，马家窑文化是'活'的文化，对'一带一路'文化交流起到重要的作用。马家窑文化将史前文化的发展推向了登峰造极的高度，创造了绘画表现的诸多新形式，马家窑文化的彩陶图画，就是神奇丰富的史前'中国画'。"

以上研究和观点表明，马家窑文化虽然因在临洮马家窑发现而命名，但临夏地区才是马家窑文化的核心区域，东乡县的林家遗址、康乐县的边家林遗址、广河县的地巴坪遗址、积石山县的三坪遗址是其中最重要的遗存。以"彩陶王"为代表的马家窑文化彩陶分布区域之广、时间跨度之久、蕴藏数量之大、造型纹饰之美、文化内涵之深都达到了世界彩陶文化的巅峰。

### （五）临夏地区是齐家文化的命名地和发祥地，齐家文化孕育推动了华夏文明的成形

李新伟："永靖的秦魏家遗址，还有武威的皇娘娘台遗址，都发现了大型墓葬，里面随葬的玉璧还有很多的石璧，甚至还被认为殉葬的习俗已经开始，说明当时齐家文化是很强盛的。"徐琳："齐家文化因首次发现于广河县齐家坪遗址而得名，齐家文化玉器是我国史前三大玉系之一，齐家文化玉器按其功能可分为礼器、工具两大类，种类以璧、琮、璜（多璜组璧）、环为大宗，还有刀、斧、铲、锛、钺、凿等，其内涵丰富、品种繁多、工艺精美，在中国玉文化中占有重要地位。"王仁湘："东乡上湾出土的七璜联璧是迄今为止发现的体积最大的齐家文化玉璧，具有极高的学术价值，凡发现类似

大器的遗址一般都是级别较高的遗址，应当引起特别重视。"赵建龙（甘肃省文物考古研究所研究员、甘肃省齐家文化研究会学术顾问）："洮河、大夏河流域是齐家文化的分布中心，而位于核心的临夏地区不但是最早发现齐家文化的地方，也是齐家文化遗址最为丰富的地方，特别是最早发现的广河齐家坪遗址，也是甘肃省文物工作队较大规模发掘的齐家文化墓葬群之一。"祝中熹："汉渭文化圈无疑是华夏文明的西源，而齐家文化是汉渭文化圈史前时期最后一支大文化，其生产力水平已进入青铜时代，其社会结构已发展到父系家长制，经济、文化已达到文明前夕的高度，它的文化内涵已达到史前社会的最高阶段，已处文明社会的前夜，奠定了华夏文明起源的社会基础。同时，从经历时间、所涉地域、文化面貌三大坐标可以判识齐家文化育生了黄帝部族。"任瑞波（吉林大学考古学院教授、甘肃省齐家文化研究会副秘书长）："相较于我国东北、中原、西南、东南等区域来说，临夏地区史前文化的发达不亚于这些地方，尤其就齐家文化的特质而言，它的开放性和包容性特别强，文化辐射面特别广、存续时间持久，既是'青铜高科技'的创造者及研发者，也是'青铜高科技'的传播者。"冯玉雷（甘肃文化发展研究院常务副院长、一级作家）："临夏是齐家文化核心区，齐家文化玉礼器体系为夏、商、周三代中原王权建构奠定了文化认同的基石。"

以上研究和观点表明，临夏地区是齐家文化的命名地和发祥地，齐家文化时期的经济、文化和生产力水平已经高度发达，礼玉制度已经完善，已出现了王权，齐家文化覆盖范围广、延续时间长，对之后的中原地区的二里头和甘青地区的寺洼、辛店、四坝、沙井、卡约等青铜文化产生了深远影响，孕育推动了华夏文明的成形。

### （六）临夏地区可能是大禹的故乡和夏王朝早期都城所在地

李新伟："距今 4300～3800 年的龙山时代，以临夏齐家坪遗址命名的齐家文化，引进欧亚大陆金属冶炼技术、羊、牛和小麦，成为文明汇聚的典范，齐家文化的影响波及东部地区，推动了夏王朝的形成。"赵建龙："有很多历史考古证据可以证明大禹治水的历史事件，以及夏禹与甘青地区的齐家文化有着十分密切的关系，齐家文化就是夏禹的祖文化，大禹的出生地就是西羌中心地带的临夏地区，同时大禹治水的起点也是自老家的积石山开始的。"陈望衡："临夏不只是夏禹的家乡，而且是大禹治水开始之地。关于大禹是哪里人，古文献有众多的记载，其中'禹生石纽''禹出西羌''禹出大夏'等记载都通向现今的甘肃临夏。临夏不只是大禹的家乡，而且是大禹治水开始之地，《尚书·禹贡》记载'导河自积石，至龙门，入于沧海'，现临夏回族自治州积石山县就是大禹治水的开始地。"李并成："夏禹的出生地应在河湟流域的古河州，即今临夏回族自治州域内。临夏是大禹文化重要的发源地，又是黄河文化、民族文化等的荟萃之域。"李祥林："马家窑彩陶图案透露出大量和水有关的信息，临夏有大禹治水故事流传，'禹兴于西'临夏也是古羌人栖居地之一。"

以上研究和观点表明，临夏地区可能是大禹的故乡，大禹治水也是从积石山开始的，齐家文化是夏禹和夏王朝的祖文化，夏王朝应该发端于河州，临夏很有可能是夏王朝早期都城所在地。

### （七）临夏地区是史前中西文明交流汇聚的中心和要道，是中华民族商贸流通的起源地，也是各民族多元文化交流交融之地

王巍："在中华文明起源形成的过程中，跟西亚文明有交流互鉴，小麦种植、黄牛和绵羊饲养、冶金术都是在距今5000～4500年的时间段通过西北地区传入中原的，西北地区是研究中华文明和西亚地区文明交流互鉴的一个非常重要的通道地区。"李新伟："马家窑文化为中华文明的发展拓展了新的空间，开辟了中西文明交流的通道，东乡林家遗址出土的'中华第一铜刀'，是早期中西交流的重要物证。齐家文化在引入西部一些新鲜文明因素中扮演了特别重要的角色，其中之一就是金属冶炼技术的引入，大麦、小麦等农作物、牛羊等家畜也是在这个时期引入的。"陈国科："齐家坪遗址出土陶器、铜器和动植物等遗存研究表明，齐家文化吸收、发展、传播源自欧亚大陆不同区域的文化和技术传统，是史前东西文化交流的重要参与者。"祝中熹："作为史前大文化最西面的一支，齐家文化的地理位置决定了它是中亚文明与华夏文明交流的通道和桥梁，畜马业的兴起是典型例证。"易华："临夏是马家窑文化和齐家文化的重要分布地区，有大禹传说，有丰富的文化遗址，是古代东方和西方、南方、北方文化交流的要道。"仝涛："临夏除了拥有大量丰富的彩陶外，还有很多玉器、青铜器等藏品，充分说明在临夏的古代历史上，不同的民族、不同的人群，以不同的生活方式在这个地方共存过，这样的汇聚交流形成了临夏丰富多彩、多元化的文化面貌。"李志鹏（中国社科院考古研究所副研究员、甘肃省齐家文化研究会骨角器专委会主任）："齐家文化与欧亚草原史前青铜时代文化存在密切的文化交流、技术与资源互动。"秦小丽（复旦大学文物与博物馆学系教授）："西北地区出土新石器时代海贝是源于印度洋沿岸和我国南海及岛屿的，其传播路径主要有河西走廊和欧亚草原两条'海贝之路'，羊、黄牛、小麦、青铜冶炼技术等也可能是在中国新石器时代晚期到末期，分别通过河西走廊和欧亚草原传入中原地区，这两条通道长期并存，而海贝的传播有可能也同时利用了这两条通道。"冯玉雷："'玉石之路'的重要缔造者——齐家文化先民接受东方玉器崇拜观念，同时吸收来自西亚的青铜文化，开发、利用西北丰富的透闪石玉料资源，大量生产以玉璧、玉琮、玉斧等为代表的玉礼器，成为夏、商、

周三代玉礼器重要源头，在多元一体中华文明核心价值形成过程中发挥了巨大的推动作用。"王杰："临夏是一块神奇的土地，这里历史悠久、山川秀丽、文化灿烂、民风淳朴。多民族文化在这里交融沉淀，共同孕育出独有的文化底蕴。"

以上研究和观点表明，从马家窑文化时期开始，特别是在齐家文化时期临夏地区就是中西方文化交流汇聚的中心和要道，对中西方文明的形成和发展都产生了重要影响，是丝绸之路之前的"彩陶之路""青铜之路""玉石之路"和"海贝之路"上的重要节点，中原地区、欧亚草原及南亚等多种史前文化在这里交流汇聚，临夏地区充当了中转站和桥头堡的角色，在东西文化交流、商贸流通中的影响极其深远，是中华民族商贸流通的起源地，也是各民族多元文化交流交融之地，对中华民族共同体意识的形成具有重大影响。

## （八）临夏地区出土的"中华第一刀"是我国最早的青铜刀，是中国进入青铜时代的证明

陈国科："东乡县林家遗址 F20 内出土 1 件铜刀，经鉴定为锡青铜，同时遗址文化层中发现铜渣，说明马家窑文化时期已出现人工铸造铜器，证明当时的人群已开始从事铜器冶铸生产。永靖县大何庄遗址红铜匕的发现是继武威皇娘娘台遗址发现铜器之后的又一重要收获，进一步证明齐家文化已进入青铜时代。"赵春青："1975 年东乡林家马家窑文化遗址（约公元前 3000 年）出土一件青铜刀，这是目前在中国发现最早的青铜器，是中国进入青铜时代的证明。"祝中熹："在马家窑文化遗址中，发现了我国最早的青铜器，虽然当时冶铜技术尚处创始阶段，但已拉开了青铜制作的序幕。而在随后的齐家文化中，冶铜业获得了迅速发展，齐家文化是目前所知我国制铜工艺由红铜向青铜演进全过程的考古文化，我国最早的一面铜镜出土于广河齐家坪遗址，把我国铜镜历史提前到公元前 2000 多年。"赵建龙："青铜器发现最早的是距今 5000 年的东乡林家马家窑遗址出土的 1 件铜刀，距今 4500 年左右的齐家文化则比较普遍地使用了小型的青铜器或红铜器，为后期夏、商、周时期大量的青铜铸造礼器和生活用器的出现和使用打下了坚实的基础。"易华："临夏在齐家文化时期进入青铜时代，青铜游牧文化随之加快发展，在临夏地区发现的青铜器'中华第一刀'和'中华第一镜'充分说明临夏是中国最早进入青铜时代的地方。"高天佑（陇蜀文化学者、甘肃省政府文史研究馆研究员）："我向大会提交的论文《齐家文化：人类文明交流互鉴之滥觞——从齐家坪出土'中华第一镜'说开来》，回顾总结了齐家文化青铜镜的发现和分布，揭示了齐家文化青铜镜对于古代中国人日常生活和中国铜镜文化形成的深刻影响，深入挖掘了'中华第一境'背后的历史文化价值，并从齐家文化青铜镜这个点位

解释和证明了齐家文化在华夏文明史，乃至于人类文明史上的重要地位、价值和作用。"

以上研究和观点表明，临夏地区在马家窑时期处于铜器产生、青铜逐渐流行的铜器初期发展阶段，已经能够进行冶铸铜器的生产，拉开了青铜时代的序幕，标志着当时社会生产力的巨大变革和高度发展。齐家文化时期冶铜业迅速发展，青铜器开始被较为普遍地使用，正式进入了青铜时代。

### （九）临夏回族自治州彩陶馆（州博物馆）已经跨入国内顶尖博物馆行列

李新伟："临夏回族自治州彩陶馆（州博物馆）中征集的大批量彩陶，数量、种类之多令我振奋，对于我来说就像一个宝藏。"郎树德（甘肃省文物考古研究所研究员）："2022年1月13日临夏回族自治州向全社会发出了'捐赠藏品、传承文明'的文物藏品捐赠《倡议书》，得到了全社会的积极响应，掀起了捐献文物的热潮。截至2023年4月1日，州博物馆预计可入库藏品20857件。原有馆藏仅4288件，现在馆藏共计25145件，是原馆藏的五倍。其中二级文物增加了118件、三级文物增加了2134件，实现了馆藏文物在数量、质量上的重大突破。从彩陶方面看，临夏回族自治州博物馆完全可以跻身于国内最好的彩陶博物馆行列；从齐家文化玉器的收藏来说，临夏回族自治州博物馆可以说是全国齐家文化玉器种类最多、最为精美、玉器展示最具特色的一个博物馆。"王仁湘："近年来，临夏回族自治州深入挖掘史前文化的丰富内涵和时代价值，研究阐释临夏地区在史前文化发展中的重要地位，不断加大文物和文化遗产保护研究力度，广泛动员征集化石、彩陶、玉器、铜器等藏品和革命文物，充实了馆藏数量，种类也更为齐全，这是一个值得称赞的做法。"祝中熹："临夏文物保护工作做得很好，实事求是地说，省博物馆的彩陶和齐家文化玉器藏品还没有临夏的藏品丰富，这就表明临夏非常重视文物保护工作，文物征集工作做得非常好，宣传工作也比过去好很多。"高天佑："临夏回族自治州委、州政府对文物保护工作非常重视，向全州发出号召，倡导文物捐赠，大大充实了临夏回族自治州彩陶馆（州博物馆）的藏品，提升了馆藏研究水平和陈展水平。"

以上研究和观点表明，临夏回族自治州高度重视文物保护和传承工作，通过文物藏品捐赠，临夏回族自治州彩陶馆（州博物馆）馆藏在数量、质量、类型上实现了历史性突破，收藏的彩陶、齐家玉器数量，特别是品级，达到全国顶尖水平，开辟了文物藏品由民间收藏转入公立博物馆的新途径。

### 五、学术成果转化运用建议

参加本次论坛的专家学者和各级领导对临夏史前文化的保护发展和展示利用提出了

方向明确、措施具体的意见建议。根据这些意见建议，为使本次论坛成果实现创造性转化、创新性发展，进一步促进临夏回族自治州史前文化考古发掘和研究提档升级，不断增强历史自信和文化自信，推动全州文化事业和文旅产业高质量发展，建议做好以下工作。

### （一）加大考古调查、勘探、发掘与研究工作力度，为深化中华文明探源工程研究做出"临夏贡献"

一是积极向国家文物局汇报，争取将州积石山县新庄坪、东乡县林家、广河县齐家坪、大夏古城遗址考古发掘列入"中华文明探源工程"和"考古中国"重大项目支持课题或项目范围内，开展考古发掘工作。二是加大多学科联合考古研究工作力度，积极向中国社科院考古研究所和省文物局、省文物考古研究所汇报衔接，联合国内外科研院所和北京大学、西北大学、兰州大学等知名高校，组建多学科专家研究团队，以临夏地区马家窑文化和齐家文化为重点，凝练重大项目课题，开展多学科联合考古研究，掀起临夏史前文化多元汇聚研究热潮，努力取得重大成果。三是解决临夏回族自治州文物考古研究所办公场所和工作经费，引进文博专业人才，在已聘请州政府考古工作专家的指导下，制定考古工作计划，开展文物保护和考古调查、勘探、发掘与研究工作。

### （二）加快编制遗址保护规划，谋划实施国家考古遗址公园建设等项目

尽快完成东乡县林家遗址保护规划报批工作，开展积石山县新庄坪遗址保护规划编制、报批工作，在此基础上，谋划实施广河县齐家坪、东乡县林家、积石山县新庄坪国家考古遗址公园建设项目。加快实施花儿博物馆、大禹文化公园、洮河文化公园等一批项目，全方位展示大禹文化、彩陶文化、丝路文化、黄河文化、花儿文化等内容，形成内涵丰富的文旅集群，带动临夏文旅产业快速发展。

### （三）做优临夏史前文化的研学产品，推动文化保护传承和旅游融合协同发展

深入挖掘临夏史前文化内涵，提取凝练马家窑彩陶、齐家玉器、铜器等文物元素，精心设计研发一批"历史与文化融合、传统与时尚交汇"、富含临夏特色、具有轰动效应的文创产品，着力培育新型文化业态，不断满足群众文化消费需求。聚焦旅游市场的发展趋势和游客群体的多元需求，科学规划文明探源旅游线路，满足游客寻根溯源、访古探幽、解疑释惑的需求；注重史前文化的活态传承，设计研学课程，推广博物馆青少年教育示范项目，通过开展博物馆游学项目、文博夏令营等活动，做足临夏史前文化研学文章。

### （四）做活临夏史前文化的数字化再现，真正让文物"活起来"

加强州、县数字化文物监管平台建设，推动文物保护、研究、展示、利用方式数字化。

数字化再现临夏史前文化，运用三维扫描、全景摄影、虚拟现实等一系列前沿科技手段，推进各级博物馆数字化建设，加强出土文物、古动物化石等的保护研究和数字化、智能化、信息化成果应用，完善提升文物信息储存、藏品宣传、库房管理、数据共享等功能，实现历史文化与现代技术融合发展。

### （五）做实临夏史前文化的大众普及传播，提升临夏史前文化的知名度和吸引力

加强与中央媒体、省内知名媒体的合作，以宣传本次史前文化论坛为契机，坚持线上线下齐发力、新旧媒体齐上阵，大力宣传史前文化临夏论坛丰硕成果，整理出版《史前文化临夏论坛论文集》，设计制作音像制品，持续扩大论坛的影响力；全力推介临夏马家窑文化和齐家文化两张史前文化名片，进一步把"十有临夏"融入"花儿临夏·在河之州"品牌形象中，制作文旅宣传推介图文、画册、视频，策划拍摄纪录片，形成多层次、宽领域、精准化的宣传矩阵推介效应；实施文物全媒体传播计划，多角度、多形式加大对全州文物精品展示、代表性文物、知名遗址的宣传力度，广泛传播文物范畴的文化精髓和时代价值；广泛开展文物馆际展览交流活动，积极开展与河南洛阳市二里头夏都遗址博物馆、郑州市商都遗址博物馆、四川德阳市三星堆博物馆等国内博物馆之间的文物互展交流研讨活动，让临夏回族自治州丰富独特的古动物化石，马家窑彩陶，齐家玉器、铜器，花儿文献资料等文物藏品"亮相省外""惊艳全国"，提升临夏厚重历史文化的知名度和影响力；积极加强与各研究机构、有关高校、专家学者等的交流合作，把临夏史前文化研究课题项目纳入他们的研究领域和项目当中；以齐家文化发现100周年为契机，加大"齐家故里"品牌宣传推介，及早策划开展齐家文化探源、高峰论坛等相关活动筹备工作。

### （六）自培与引进相结合，着力建设高水平文博队伍

坚持"请进来，走出去"，邀请省内外著名专家学者走进"河州历史文化临博大讲堂"，开展专业授课和业务知识培训，同时分时段、分批次组织业务骨干赴先进地区文博单位学习考察，参加各地博物馆和专业机构举办的讲座和培训，让文博干部及时掌握最前沿、最权威的学术成果和专业论述，不断提升业务能力和知识水平。建立完善学术研究激励机制，鼓励业务人员结合地域资源、专业背景和研究方向，创作有温度、接地气的学术论文和理论著作，积极申报有特色、有影响的专业课题，努力争取学术成果，抢占文化高地。通过高层次人才引进、公开招录、特聘返聘等多种渠道，吸纳招募一批有文化使命感、有文化创造力的复合型人才，为全面提升文博事业高质量发展提供坚实的人才保障。

第二部分 ／ 论坛致辞讲话

闫亚林
/
国家文物局考古司司长

# 在史前文化临夏论坛开幕式上的讲话

尊敬的张永霞部长、陈克恭副主任、刘仲奎副主席、郭鹤立书记、何东州长，各位专家，同志们：

大家上午好！很高兴与大家相聚临夏，共同探讨文物保护与文化传承。首先，我谨代表国家文物局，向论坛的召开表示热烈的祝贺！向各位来宾表示诚挚的问候！

党的十八大以来，以习近平同志为核心的党中央高度重视文物考古工作。党的二十大报告对"推进文化自信自强，铸就社会主义文化新辉煌"做出系统部署。今年4月25日，习近平总书记向亚洲文化遗产保护联盟大会致贺信，强调加强文化遗产保护经验交流，共同推动人类文明发展进步。这为我们做好新时代文物考古工作指明了前进方向，提供了根本遵循。

临夏是丝路重镇、中国考古学的热土。20世纪20年代，齐家坪、半山等遗址的考古工作，是中国考古学发端期的重要实践，它们与仰韶村、西阴村、城子崖等一系列重要考古发现，共同证实了中国史前文化的真实存在和中华文明的源远流长，在中国考古学史上具有里程碑式的重要意义。新中国成立之初，中国科学院考古研究所成立黄河水库考古队，与甘肃省文物考古工作者一道，合力开展配合刘家峡水库的考古工作，抢救大批珍贵文物，树立了新中国文物保护工作的典范。此后，社科院考古所、北京大学等单位与甘肃省、临夏州文物部门密切合作，在东乡林家、积石山新庄坪等多处遗址开展考古调查、发掘，极大地丰富完善了甘青地区史前考古学文化体系。近年来，社科院考古所立足临洮寺洼遗址持续开展工作，甘肃省文物考古研究所联合北京大学、美国哈佛大学等国内外高校，系统实施"甘肃洮河流域新石器至青铜时代文化与社会之演进"项目，引领西北地区考古研究新阶段。甘肃省文物考古研究所对临夏地区的重要遗址进行了系统的调查、勘探，为开展下一步工作打下良好的基础。

踏上新征程，我衷心希望甘肃省、临夏州深入贯彻党的二十大精神，落实新时代文物工作方针，统筹谋划、凝心聚力，努力推动文物考古工作迈上新台阶。

一是探索未知、揭示本源。立足洮河流域，放眼西北地区，聚焦史前文化和文明起源研究，以马家窑文化、齐家文化为重点，凝练重大项目课题，坚持理论创新，坚持科技支撑，深入推进史前聚落考古、社会复杂化进程研究，把甘肃在中华五千多年文明史上的重要地位与作用讲清楚。国家文物局将在"考古中国"重大项目课题方面给予支持。

二是保护传承文脉，让文物真正"活起来"。牢固树立保护历史文化遗产责任重大的观念，把文物保护放在第一位，结合即将开始的第四次全国文物普查和第九批国保单位推荐工作，进一步摸清文物资源家底，抓紧推进文物保护规划编制工作，将文物"两线"和管理规定纳入国土空间规划，夯实保护基础，加大文物犯罪打击力度，守好安全底线。临夏州要统筹推进文物保护利用、文旅融合与乡村振兴，让古老的遗产在新时代焕发生机活力，更好助力文化建设与经济社会发展。

三是开放合作，汇聚多方力量共谋新发展。甘肃省应进一步完善考古与科研规划布局，将临夏及其周边区域考古纳入重点工作内容。加大开放合作力度，不断深化同社科院考古所、北京大学、西北大学、兰州大学以及国外科研院所、高校合作，团结凝聚多方力量，推动甘肃考古事业高质量发展。

最后，预祝论坛圆满成功！

谢谢。

王 巍

/

中国社会科学院学部委员
历史研究院历史部主任
中国考古学会理事长

# 在史前文化临夏论坛开幕式上的视频致辞

大家好，首先，我代表中国考古学会向史前文化临夏论坛的召开表示热烈的祝贺！

临夏从史前时期开始就是文化和社会发展比较快的区域，在中国考古学史上具有重要的位置。比如说，到现在为止中国最早的铜器是东乡县林家遗址出土的铜刀，广河县齐家坪遗址是齐家文化的命名地，这个区域也是马家窑文化重要的分布区域，研究西北地区的文化进程，从马家窑到齐家是一个非常重要的阶段，也是这个地区从文明起源到文明形成的重要时期，有很多重要的问题等待研究。彩陶在这个地区发现得比较早，在开展中华文明起源研究和中华文明探源工程的时候，我们也意识到西北地区是一个非常重要的区域，但是迄今为止考古工作发展不均衡，以至于西北地区文化进程的起源、形成时间、与周围区域的关系等问题，都有待于新的考古发现去提供新的资料。同时，在开展中华文明探源工程中还有一个重要的收获，就是在中华文明起源形成的过程当中，与西亚地区的文明有交流互鉴，小麦种植、黄牛绵羊的饲养、冶金术都是在公元前5000～前4500年这个时间段通过西北地区传入中原的，这个地区也是研究中华文明和西亚地区文明交流互鉴非常重要的通道地区，从各个层面我们都很期待这个区域的考古发掘和研究有一个新的局面，相信这次论坛将进一步加强学界关于西北地区文明化进程的研究，也希望能有新的考古发现来提供新的资料。

最后，预祝这次论坛圆满成功，谢谢大家！

施劲松
/
中国社会科学院考古研究所副所长、研究员

# 在史前文化临夏论坛开幕式上的致辞

尊敬的各位领导、各位来宾：

大家上午好！

今天，"文明汇聚·光耀河州 —— 史前文化临夏论坛"开幕了。首先，请允许我代表中国社会科学院考古研究所向论坛的召开表示热烈的祝贺，向支持和组织本次论坛的各级部门表示诚挚的谢意。欢迎前来参加论坛的各位嘉宾。

本次论坛的主题是史前文化，是文明。这样一个聚焦史前文化的论坛在甘肃临夏召开，我认为具有特别的意义。这样的意义就在于甘肃对于我们认识中国古代文明所体现出的重要性。对此，我们可以列举两个事例来说明。

一是事关中国文化起源这一根本问题。在 20 世纪 20 年代，瑞典学者安特生在甘肃发现了临洮马家窑、广河齐家坪等史前文化遗址，基于对遗址年代和彩陶的认识，提出了"中国文化西来说"。20 世纪 30 年代尹达等学者指出了安特生对遗址的分期存在错误，20 世纪 40 年代裴文中先生、夏鼐先生在甘肃开展田野工作，也都指出了"西来说"的错误。1945 年夏鼐先生在广河阳洼湾的发掘结果，纠正了安特生的认识。此后，中国文化独立起源成为我们的根本认识和研究中国文明起源的基本立场。

二是事关中国文化起源格局的问题。夏鼐先生于 1977 年提出中国文化的起源是多元的，从而突破了中国文化起源于中原并向周围地区传播的认识。此后，苏秉琦先生提出了中国古代文化的区系类型，将中国古代文化分为六个区域。张光直先生提出了相互作用圈理论，认为中国古代各区域的文化在相当长的时间内相互作用。严文明先生提出中国史前文化就像一个重瓣花朵，花心是中原，其中的一个花瓣就是甘青文化区。由上述两个事例我们可以说，在认识中国史前文化起源的根本性问题上，甘肃地区的古代遗存都发挥了关键作用。

甘青文化区是中国史前文化花朵的一个花瓣，甘肃地区的史前文化是中国古代文明的重要组成部分。100 年来的考古工作，已揭示出在甘肃地区产生了马家窑文化、齐家文化等重要的考古学文化。在临夏州就有著名的林家遗址、半山遗址、齐家坪遗址。这些古代文化留下了丰富的物质遗存，除了众多的遗址外，还有体现着文明成就的彩陶、玉器、早期铜器等等。甘肃的彩陶从距今 8000 年的大地湾文化开始延续到青铜时代，并在马家窑文化时期发展到高峰。齐家文化有成规模生产的玉器和早期铜器，它们不仅显示出当地文化和社会发展的成就，而且对研究区域间的联系、对探究中国青铜时代的开端等都不可或缺。因而它们的重要性突破了甘肃或者西北这样的地域限制，它们对于我们认识同时代的中国史前文化具有全局性的意义。

甘肃还处于文化交流的通道，无论是彩陶、玉器、早期铜器，还是当时的资源、技术等，都体现出不同文化之间的沟通、交流、融合，这个区域的史前文化也因此呈现出复杂性和多样性，极大地丰富了中国古代文化的内涵。

今天，我们考古工作者所肩负的重任，就是要深入研究中华文明的起源、形成和发展，阐释中华文明起源所昭示的中华民族共同体发展路向和中华民族多元一体演进格局。为此，我们需要进一步做好考古发掘、研究、阐释工作，做好文化遗产的保护工作。希望以今天的论坛为契机，开展多学科研究，深化我们对中华文明的认识，促进中华优秀传统文化的创造性转化和创新性发展。

最后我想强调一点，无论是事关中国古代文明起源、形成的格局问题，还是在中国考古学史上，甘肃都具有重要地位。中国社会科学院考古研究所历来重视在甘肃省和临夏州的考古工作。早在 20 世纪 40 年代，夏鼐先生就在甘肃进行考古调查和发掘，考古研究所建所以后，从 20 世纪 50 年代开始，包括安志敏先生在内的几代学者都在甘肃开展考古工作，发掘过大何庄、秦魏家、张家咀、姬家川、马家湾等遗址，取得了诸多重要成果。2014 年以来，社科院考古所在国家文物局、甘肃省文物局的大力支持下，与甘肃省文物考古研究所合作，开启了洮河流域的考古工作，截至目前已取得了重要收获。在此，特别感谢国家文物局、甘肃省各级政府、甘肃省文物局和省文物考古研究所对我们工作的支持和帮助。同时我们也期待，各方在今后进一步加强合作，使考古工作取得更多更好的成就。

祝论坛圆满成功！

郭鹤立
/
中共临夏州委书记

# 在史前文化临夏论坛开幕式上的致辞

尊敬的各位专家学者、各位领导，同志们、朋友们：

五月的临夏，牡丹飘香、花儿悠扬，群贤毕至、胜友如云。今天，由中国考古学会、中国社会科学院考古研究所、省政府文史研究馆、省文物局和临夏州委、州政府共同主办的"文明汇聚·光耀河州——史前文化临夏论坛"，在美丽的大夏河畔盛大开幕了！这是我们深入落实习近平总书记关于文化建设重要论述精神的有力抓手，是贯彻党中央"中华文明探源工程"和"考古中国"重大项目决策部署的具体行动，是推动文旅深度融合、促进文博事业高质量发展的重要举措，对于传承弘扬中华优秀传统文化、打造具有临夏辨识度和特质的文化标识具有重要意义，是全州经济社会发展中的一件大事、喜事。在此，我谨代表临夏州委、州人大、州政府、州政协以及全州250万各族人民，向远道而来的专家学者、各级领导、八方嘉宾和媒体朋友们，表示诚挚的欢迎和衷心的感谢！

临夏历史悠久、文化灿烂，物华天宝、人杰地灵，享有"古动物的伊甸园""中国彩陶之乡""大禹治水的源头""中国花儿之乡""中国砖雕文化之乡""古建筑的博览园""西部旱码头""共和国水电事业的摇篮"等诸多美誉，是镶嵌在甘肃这柄"玉如意"上的一颗璀璨明珠。

临夏是一幅沧海桑田的绚丽画卷，见证着地质变迁的漫长进程。临夏地质遗迹丰富、地形地貌奇特，是探寻地球演变的最佳见证地。有距今 1.44 亿～1.2 亿年前的炳灵石林丹霞地貌，形成了千峰壁立、万壑耸奇、高山峡谷、万笏朝天之奇观；有距今 3000 万～360 万年的东乡毛沟剖面、距今 1500 万～180 万年的王家山剖面、距今 360 万～170 万年的井沟剖面，以及黄河、大夏河的 7 级阶地 160 万年以来的黄土沉积、丹霞地貌等组成的连续天然剖面，形成的地层序列跨度之长、记录之完整、年代之清晰，世所罕见，是揭开板块运动、青藏高原隆升、黄土高原和黄河形成神秘面纱的"金钥匙"。临夏盆地被学术界誉为"全球盆地研究亮点""最漂亮的陆地磁性剖面"。

临夏是一方物种演进的神秘乐园，讲述着生命律动的多彩故事。临夏地区出土的各类古生物化石，证明临夏在远古时代就是各种生物繁衍生息的乐土，也充分印证了物种起源、生物进化的过程。有距今 7 亿～2.3 亿年的震旦纪、寒武纪、奥陶纪、志留纪、泥盆纪、石炭纪、三叠纪的珊瑚、海绵、腕足类、苔藓虫、海百合、菊石等海洋生物化石；有距今 1.3 亿～1.2 亿年前的白垩纪刘家峡恐龙足印化石群，已经发现了 11 类 150 组 1831 枚恐龙足印，类型主要有蜥脚类、兽脚类、鸟脚类、翼龙类和鸟类足印，其规模之大、种类之多、保存之完好、清晰度之高、立体感之强、多层面出现，被中外专家一致赞誉为"种类最富集、保存最完好的恐龙足迹"；有距今 3000 多万～100 多万年的和政古动物化石群，分 3 纲 8 目 150 多个属种，分属新生代晚期的巨犀、铲齿象、三趾马、真马 4 个不同的哺乳动物群，其中和政羊化石、三趾马化石、铲齿象化石、披毛犀化石、埃氏马化石、巨鬣狗化石占据六项世界之最，"临夏巨犀"被中科院科学家正式命名，和政古动物化石博物馆馆藏近 4 万件，被确认为"世界上铲齿象头骨化石最多的博物馆"，获"吉尼斯世界纪录"认证。

临夏是一篇文明肇始的恢宏史诗，闪耀着中华文脉的不朽光辉。临夏是中华文明的重要发祥地之一，早在 15000 千年前就有先民居住，马家窑、齐家等文化交相辉映，是我国新石器时代文化最集中、考古发掘较多的地区之一，现有林家遗址、边家林遗址、半山遗址、齐家坪遗址、新庄坪遗址、炳灵寺石窟、临夏东公馆与蝴蝶楼 7 处全国重点文物保护单位，有世界级遗址点 1 个，省级重点文物保护单位 24 个，全州共有 829 处文化遗址点，现珍藏在国家博物馆的一级保护文物、代表中国彩陶最高水平的"彩陶王"就出土于临夏。

临夏的史前文化，为我们深入研究史前人类生活、文化交流、社会结构等问题，叩开史前文明大门、探寻文化延绵脉络、讲述华夏先民繁衍生息提供了丰富史料。近年来，临夏州打赢脱贫攻坚战，抓住了历史性发展机遇，固定资产投资增速连续三年位居全省第一、保持在30%以上，掀开了大建设大发展的局面，临夏的面貌发生了翻天覆地的变化。同时，我们深入学习贯彻习近平总书记关于文化建设重要论述精神，全面落实"保护第一、加强管理、挖掘价值、有效利用、让文物活起来"的新时代文物工作方针，深入挖掘历史文化资源，统筹做好保护传承利用，先后成立甘肃省齐家文化研究会、甘肃省马家窑文化研究会临夏研究基地、州文物保护研究中心等工作机构，千方百计引进历史、考古、文博、文创、收藏等专业人才，举办马家窑文化学术报告会暨彩陶珍品展、齐家文化与华夏文明学术报告会、和政古生物化石保护研究与开发利用国际研讨会等活动，创办《彩陶文化研究》季刊，建成黄河国家文化公园——黄河文化博物馆、河州牡丹文化公园，正在加快推进黄河国家文化公园——洮河文化公园、临夏州花儿历史博览传承中心（花儿文化博物馆）项目，申报创建齐家文化国家遗址公园、积石山新庄坪黄河文化遗址公园、林家遗址公园、黄河文化边家林史前遗址公园、大禹文化公园，打出了软件与硬件齐抓、人才与技术支撑、专业与普及并举的"组合拳"。以前所未有的力度向全社会动员征集化石、彩陶、玉器、铜器、瓷器、书画、钱币、奇石等藏品，以及革命文物和花儿文史资料3.6万多件，全州文物藏品的数量、质量、类型实现历史性突破，收藏的齐家玉、彩陶数量，特别是品级，达到全国顶尖水平，开辟了文物藏品由民间收藏转入公立博物馆的新途径。一体推进文化守根、文化塑形，非遗展演活动精彩纷呈，博物馆研学成为新风尚，文化软实力大幅提升，凝聚起了奋进新征程的磅礴力量。在推动临夏文化事业发展的过程中，我们形成了一些思考，也有一些疑问，借此机会，向各位专家老师作一分享，供研究论证：

第一，临夏地区的史前文化说明，当时人类大脑已经十分发达。马家窑文化时期，人类已经开始烹煮食物，促进肠胃功能迅速进化，加速生理进化，进而促进大脑机能的进化，不仅有了发达的大脑思维，而且有了较高的艺术创作和表现能力、欣赏能力，系统掌握了平衡技术、储存技术，并能制造和灵活运用适应当时需要的生产生活工具，而且这些工具已经相对发达。同时，先民们已经发现了矿物质颜料，熟练掌握烧制技术和绘画绘图技术，其发现美、欣赏美、追求美、塑造美的意识和能力达到了极高的水平，以象形及多种形式表现现实生活中的动物、人类、植物和日月星辰、山川河流、宗教祭祀等形态。

第二，临夏地区的史前文化说明，当时制造技术已经较为先进。马家窑遗址发现了规模很大的制陶作坊，生产的器物种类繁多，还创造了人形、动物形陶塑和成组人物舞蹈绘画符号等等。临夏地区出土的彩陶雕刻精美、造型逼真，充分说明这一时期已经有一批具有专门技能的高级工匠和工匠队伍，制陶技艺发达、制造业兴盛、劳动工具齐全。当时出现的大量精美陶器，说明陶器制造方面具有工厂化生产能力。比如，劳动工具有采陶土、研陶土工具，盘、捏、拍、塑工具，测量工具，研制颜料、调配料、绘画工具，制窑、装窑、烧窑工具及技能。在林家遗址出土了"天下第一铜刀"、齐家坪遗址出土了"天下第一铜镜"，林家遗址还发现了大量的铜渣。手工业方面，编织、纺织技术和石器、渔猎、种植工具的发展，特别是林家遗址出土大量的粟，喇家遗址中"天下第一碗面"的发现，说明先民们已经掌握了粮食打碾、磨面、拉面等技术。

第三，临夏地区的史前文化说明，当时社会分工更加精细。马家窑文化时期的彩陶数量、制陶工艺、生产规模，充分说明采掘陶土、制胎、打磨、颜料采制和调配、绘画、陶窑建造、装窑、烧窑、出窑、补彩等已经成为系统完整、流程分明、标准清晰、技艺高超的生产工序，陶器已经细分为祭祀用品、生活用品、乐器、奢侈品、观赏品、陪葬品，社会形态正在分化。随着齐家玉器、青铜器先后登上历史舞台，更加说明技术含量较高的手工业向专业化发展，社会生产力水平不断提高，古临夏地区社会形态加速演进。从目前发现的种种遗迹和文物来判断，马家窑文化分布区域向南一直到四川的汶川和茂县地区，在三星堆遗址已经发现了具有马家窑特色的陶器，特别是我州发现的马家窑文化人面形器口彩陶壶与三星堆出土的黄金面具人面特征相似，说明马家窑文化向南传播发展、影响了古蜀地区的文化，古蜀或许为马家窑文化南下迁徙形成，马家窑文化或许是古蜀文化的源头之一。这是否说明中华文明的一些形态从黄河上游的古临夏及其相邻地区发源并向周边传播？或者正好说明中华文明起源"满天星斗说"？

第四，临夏地区的史前文化说明，当时商贸流通开始兴起。齐家坪遗址、新庄坪遗址、喇家遗址出土的玉器，形态繁多，做工精美，据考古工作者辨证，玉料既有马衔山玉、青海玉、马鬃山及三危山玉等，更为神奇的是出现了新疆的和田玉，一些观点认为这可以证实为商周玉文化的重要源头。出土的许多贝壳经研究证明，既有东南沿海的，也有地中海一带的。一些专家认为海贝的出现和玉料来源地的不同分布，说明了4000多年前，这里的先民就与周边甚至很远的地区存在着物物的交换和文化的交流。这是否能够证明古临夏地区是"玉石之路"和"海贝之路"的重要节点？齐家文化的这种现象是否是中国商贸流通的重要起源？

第五，临夏地区的史前文化说明，当时社会形态初步构建。随着彩陶、玉器、青铜器的先后出现，以及专业化、规模化的手工作坊制造，说明生产水平达到了一个全新高度。齐家文化遗址发现的玉器陪葬，说明人已分等级，统治阶层掌握了陶器、玉器、青铜器等贵重物品的生产和分配，以玉璧、玉琮、玉圭、玉璋、玉璜、玉琥、玉钺等作为礼器，甚至作为最高世俗权力的象征，是否说明这里已经建立了一个经济相对繁荣、文化相对发达、治理相对有效、集中统一的王权社会？是否正是这个王权社会推动了彩陶文化的繁荣发展、人类的重大进步，留下了迄今为止世界范围内发现遗迹遗址最丰富、最灿烂、最辉煌、最系统、最完整的彩陶文化瑰宝？

　　第六，临夏地区的史前文化说明，古临夏可能是夏王朝所在地。流传久远的"大禹治水"，给后人留下了丰富的遗址瑰宝，给中国历史带来了无限的思考研究空间。疏河流、筑堤坝绝非个人或者一个部族所能完成的，也不会是几个部落推举其牵头就能完成的，它应该是有王权支撑的。是否是大禹统率了多支治水大军，分区域同时治水的大战？《尚书·禹贡》记载："导河积石，至于龙门……入于海。"《山海经》记载："又西三百里，曰积石之山，其下有石门，河水冒以西流，是山也，万物无不有焉。"《史记六国年表》记载："禹兴于西羌。"《太平御览》记载："伯禹夏后氏，姒姓也，生于西纽，长于西羌，西羌夷人也。"《三字经》中说"夏传子、家天下"。禹将首领位置传给启，夏王朝从此开始。现如今临夏地区有大量禹的传说故事和痕迹，如禹王石、禹王峡、禹王庄、禹王庙、禹王脚印、禹王坐石、大夏河、大夏川、洮湖峡、鸟虫文等等。还有与临夏一河之隔的青海喇家遗址考古成果也证明当时的洪水造成了巨大灾难，这一幕发生与大禹治水处于同一时期。同时，传说当年大禹完成导河使命后，回经兰州，登上北山最高峰，分天下为九州，故名九州台。这些是不是说明夏王朝早期建立于黄河上游古临夏及周边地区呢？如果不是，那么这一地区出现了什么样的王朝或政权？

　　以上这些仅是我们粗浅的研究和思考，以期产生抛砖引玉之效，不妥之处还望各位专家学者斧正。我们的初衷是通过这次论坛，能够把全国考古界、学术界权威和精英的目光吸引到黄河上游或古临夏地区史前文化的研究上来，掀起研究热潮，产生重大成果，为"中华文明探源工程"和"考古中国"做点贡献，把中华文明进程向前推进一大步，这就是我们最大的愿望。恳请各位专家学者能重视古临夏地区、关注古临夏地区、研究古临夏地区、发现古临夏地区，为我们更好保护和深度开发史前文化把脉指路、出谋划策，让临夏灿烂的文明穿越时空、大放异彩！

　　预祝"文明汇聚·光耀河州——史前文化临夏论坛"取得圆满成功、结出丰硕成果！

　　衷心祝愿各位专家学者、各级领导、八方嘉宾和媒体朋友们身体健康、万事如意！

　　谢谢大家。

李新伟

/

中国社会科学院考古研究所史前研究室
主任、研究员

# 在史前文化临夏论坛闭幕式上的总结发言

尊敬的郭鹤立书记，各位领导、各位嘉宾：

　　我受大会的委托代表主办方作一个总结，其实也不是总结，因为很多方面我也不熟悉，应该是一个学习的体会。我感觉这次大会已经取得了圆满的成功，而且非常好地反映了我们大会的主题，就是"文明汇聚·光耀河州"。我们的讨论以河州的马家窑文化和齐家文化为核心，很好地展现了文明汇聚的主题。首先，我们的研究就是汇聚式的研究，包括了多个学科，有动物考古学、植物考古学、金属冶炼、人骨研究，刚才还有老师是从口头文学的角度进行研究的。这样的多学科综合研究，展现了我们马家窑文化和齐家文化的生产生活和社会发展的各个方面。我们研究的视角也是多方面的，是一种多视角的汇聚，有考古学文化分期研究，有很细节的研究，也有大范围的关于文化互动的讨论，例如齐家文化的分布范围和马家窑文化广泛的影响等。我们有对考古实物的研究，也有对彩陶各种各样的解读，甚至还有哲学的思考。

　　在这样多元汇聚的研究视角、研究方向中，我们取得了重要的研究成果和重要的共识。我们的共识其实也是非常符合大会主题的。其中一个共识，就是我们的中华文明的形成，其实也是汇聚式，即各地多元发展、相互交流、再融为一体，这样多元互

动才能产生我们的文明。在这样的多元互动的视角下，河州是中华文明形成里面非常重要的一员，发挥了重要的作用。

我们这样的汇聚式的发展，不只是中华文明内部的各个文化区的多元互动和汇聚，其实也是一个中西交流背景下的更广泛的文明汇聚。我们讨论了冶金术的进入，还有牛、羊及各种农作物的引进。这些研究向我们生动地展示了这样文明汇聚的精彩场景。以这样一个世界的、文明汇聚的角度来看，我们的河州也发挥了特别重要的作用。河州孕育的马家窑和齐家文化在早期的中西交流中扮演了非常重要的角色。

这次会议取得了非常切实的成果，也产生了很多值得继续探索的问题。例如大家特别关注的齐家文化和二里头文化的联系问题，这是考古学上的说法，如果按照古史研究的说法，就是夏的起源和多元来源的问题。我觉得这都是值得深入探讨的问题。刚才，郭书记还给我发了一个短信，讲了他的一些思考，认为大禹是一个神话时代和信史时代的跨界人物。大禹治水的传说和河州有深刻的联系，所以我想，这方面的研究也是特别值得我们去推动的。因为我们有丰富的古史记载，如何把这些记载和考古资料相结合，确实是我们需要继续努力的方向。

今天还有一些先生的发言，提到了未来的规划，包括我们未来的考古工作的规划即如何在河州地区继续开展更多的工作。我们设想的未来的规划，也是一个汇聚式的，包括我们社科院考古所，还有甘肃省考古所，也包括哈佛大学这样的国际领先的考古机构。我们会继续这样的多家合作和多学科结合。今天也有先生提到了文化遗产的保护和开发、利用，如黄河遗址公园的建设和大禹文化公园的建设。我觉得这些都为将来的文化遗产保护利用和带动的河州文化发展展示了非常好的未来。

我真的感受到，这次盛会是一次非常圆满的、成功的会议。在此，我也特别想感谢甘肃省政府，特别是临夏回族自治州政府的大力支持。这是对我们中华文明探源工作的大力支持。也非常感谢各位嘉宾能够参加这次盛会，因为日程限制，很多嘉宾没有来得及发言，但我们会把大家的意见收集起来，出版和发表。

最后，再次感谢临夏州政府，也感谢各位嘉宾，谢谢！

何 东
/
中共临夏回族自治州委副书记、州长

# 在史前文化临夏论坛闭幕式上的致辞

各位专家学者，各位领导、各位来宾，同志们、朋友们：

在绿意盎然、繁花似锦的美丽临夏，在思想交流、学鉴互促的学术氛围中，"文明汇聚·光耀河州——史前文化临夏论坛"取得丰硕成果、即将落下帷幕。首先，我代表州委、州人大、州政府、州政协，对此次论坛的成功举办表示热烈的祝贺，向莅临出席的专家学者、各位来宾表示衷心的感谢！

求木之长、必固其根，欲流之远、必浚其源。5000年前，在临夏这片古老神奇的土地上，马家窑文化、齐家文化孕育成长、绵延不绝。穿越历史星空，长掩于黄土之下的远古遗迹重现世人面前、发出璀璨光芒。研究探索史前文明，是让世界认识临夏、解读临夏的一扇窗，是追溯华夏文明本源、探究民族精神谱系的重要拼图，是增强文化自信、奋进时代伟业的动力源泉，这也是我们举办这次文化论坛的主旨所在。

连日来，各位专家教授、学界翘楚不辞辛苦实地走访文明遗址，考察参观博物馆文物展览，在论坛发表了一系列精妙绝伦的学术成果，以独特的认知穿透力、思想洞察力，共同探寻文明根源、梳理文化脉络，一步步揭开了史前文明的神秘面纱，让绚丽多彩的马家窑文化、齐家文化等史前文明无比清晰地展现在我们面前。本次论坛是临夏史前文明研究的一次里程碑，必将对全州文化事业发展产生重大而深远的影响。各位专家学者前沿高端的研究成果和科学深邃的思想观点，令我们深受启发；求真务实、治学严谨的学术态度，令我们深感钦佩；对临夏文化考古事业孜孜以求、精准指导的专业精神，令我们深受感动。

鉴古而知今，彰往而察来。5000年来，黄河奔流向前、文明薪火相传，勤劳勇敢、艰苦奋斗、开拓进取的意志精神，刻划在临夏各族人民的基因和血脉中。奋进新征程，我们将进一步坚定文化自信、增强文化自觉，运用好这次文化论坛成果，做好文化遗产保护与传承的大文章，在固本培元、守正创新中，使辉煌灿烂的史前文明焕发出时代光彩，使生生不息、拼搏实干的精神力量，激励全州人民在富民兴临的伟大事业中开创更加光明的未来。

各位专家学者、各位来宾，本次论坛为我们搭建了友谊的桥梁、合作的平台，临夏史前文明研究需要大家给予更多问诊把脉、科学指导。我们真诚邀请大家今后多来临夏、常来临夏，开展课题研究，探寻远古遗迹，解译文明密码，取得更多学术成果，帮助支持临夏在繁荣发展文化事业和文化产业中不断开创新业绩、新篇章。

最后，祝各位专家学者、各位来宾工作顺利、万事如意、幸福安康！

谢谢大家。

程 亮
/
甘肃省文物局党组书记、局长

# 在史前文化临夏论坛闭幕式上的讲话

各位领导、各位专家，同志们、朋友们：

两天来，各位专家学者聚焦黄河上游和古临夏地区史前文化，围绕论坛主题，通过实地考察、主旨报告、分组研讨和现场观摩，从考古学、历史学、文化学、人类学乃至美学、艺术学和旅游学等众多领域，深入交流了学术观点，广泛发表了真知灼见，达到了预期目标，实现了预期成效！

在这里，我代表论坛主办方和甘肃省文物局，向各位专家学者、媒体朋友，以及东道主临夏各承办单位，对大家连日来的辛勤工作，表示衷心感谢！

考古工作是一项重要文化事业，也是一项具有重大社会政治意义的工作。

全省文物系统将坚定文化自信，坚持开放共享，广泛借鉴吸收论坛成果，深化考古研究，加强价值阐释，用文物工作的高质量发展，助推甘肃文化强省建设取得新的更大成效。

真诚祝愿临夏州用好用活史前文化资源优势，强化系统保护，科学统筹规划，更好服务中华文明探源工作，在发展中保护、在保护中发展，使璀璨夺目的史前文化焕发时代光彩，赋能美好生活。

真诚希望各位专家学者，一如既往关心支持甘肃文化建设与文物事业发展，以各种形式参与甘肃文物考古研究、价值阐释、保护管理与传承弘扬工作。

甘肃省文物局将用心用力做好协调服务工作，搭建更多平台，形成科学机制，有效推动央地协作与社会参与，共同守护甘肃这个中华民族重要的文化资源宝库，共同推进文物保护利用成果人民共享，共同讲好中华文明甘肃故事。

现在，我宣布"文明汇聚·光耀河州 —— 史前文化临夏论坛"圆满闭幕！

谢谢大家。

第三部分 ／ 论坛论文

# 文明汇聚·光耀河州

李新伟

/

中国社会科学院考古研究所史前研究室主任、研究员

**摘　要**：甘肃在整个中华文明探源中占有重要地位，安特生在甘肃和青海发现比仰韶更早的彩陶文化，证明并确认了彩陶和中国文化西来说。夏鼐先生证实齐家文化晚于马家窑文化、晚于彩陶文化，推翻了安特生提出的"中国文化西来说"。以河州地区为中心的马家窑文化先民所形成的马家窑文化为中华文明的生存和发展开辟了一个特别重要的新空间，蓄积着深厚的力量，因此河州为中国文化本土起源说的确立发挥了特别关键的作用。马家窑是艺术的马家窑、世界的马家窑、开拓的马家窑，其彩陶将中国史前彩陶艺术推向了高峰，为中华文明的早期发展开拓了新的生存空间，打开了中西交流、文明汇聚、光耀河州的通道。

**关键词**：中华文明　河州　马家窑文化

　　我今天的发言主要是将2014年以来，我们在洮河流域开展工作，我对甘肃考古的学习、对甘肃在整个中华文明起源过程中重要地位的认识，还有河州在甘肃史前文化发展中的重要地位的一些体会，向大家作一个汇报。题目就选用了我们论坛的主题"文明汇聚·光耀河州"。

## 一、从考古学史的角度看河州的重要性

　　我们理解甘肃在整个中华文明探源中的重要地位、理解河州的重要地位，应该从中国现代考古学的起源开始谈起。

　　一般认为，中国考古学诞生的标志是1921年瑞典学者安特生对仰韶村的发掘。虽

图一 安特生

然他是一位瑞典考古学家，但他当时是我们中国政府的雇员，也是中国第一个科研机构地质调查所的研究人员；他对仰韶村的发掘，对中国文化起源有特别重要的意义（图一）。所以，我们把1921年的这次发掘，作为现代中国考古学的起点。虽然仰韶村离甘肃很远，在河南的中部，但是这次发掘却与甘肃产生了密切联系。因为安特生决定发掘仰韶遗址的一个特别重要的原因，就是他在调查过程中发现有彩陶，并且发现这样的彩陶和此前在中亚土库曼斯坦安诺遗址出土的彩陶非常相似。正是因为发现了这样的相似性，他才决定对仰韶遗址进行科学发掘。通过发掘获得了大量彩陶和其他资料，命名了中国的第一个史前考古学文化，即仰韶文化，当时又被称作彩陶文化。仰韶文化的确立，标志着我们开始真正以科学的手段，通过发掘地下的第一手资料，不仅仅依据于古史的记载，来追溯我们早期的历史、探寻我们文化的起源、描绘我们文明发展的历程。所以，这次发掘的意义真是非常重大。

安特生提出仰韶文化彩陶和中亚地区彩陶的相似性，其实是相当有依据的。当时发现的虽然大多是一些彩陶的残片，但我们可以看到，这些彩陶的构图元素，真的跟土库曼斯坦安诺遗址非常的相似。而且，安特生后来又发现，仰韶彩陶与更遥远的、乌克兰及罗马尼亚环黑海地区的特立波利文化彩陶也非常相似。因为这样的相似又因为当时西方发现的彩陶更加丰富，发掘的遗址也更加完整，所以安特生就提出来彩陶文化的西来说，实际上也就是提出我们中国的史前文化是西来的，是西方迁过来的人群创造的早期的文化。为了验证他这样的假说，安特生的目光自然就会投向中国的西部，想在甘肃和青海开展工作，来寻找他所谓的"连接之迹"。他想在甘肃和青海发现比仰韶更早的彩陶文化，证明彩陶和中国文化西来的假说。

因此，甘肃在中国考古学最初诞生的时候，就成为万众瞩目的焦点地区。

1924年，安特生来到洮河流域。他当时住在狄道，即现在的临洮辛店遗址不远的郭家庄。但是，他的工作范围，不只限于洮河的东岸，不只限于狄道。广河还有临夏的其他地区，也是他考察的重点地区。在这样的考察中，他除了发现了临洮的马家窑遗址，还发现了临夏广河的齐家坪遗址和半山遗址等。这些考察和发掘工作，让他获取了丰富的资料，并由此初步建立起一个甘肃地区史前文化的发展序列。但是，在他心中，太想要证明中国文化西来的假设了，因此错误地把齐家文化放在发展序列中最早的时期，认为齐家期之后，才有仰韶期；而且，他还认为，甘肃的仰韶期要比河南的仰韶文化早。这样，他根据自己对资料的解读，自认为确立了"中国文化西来说"。

对于这样的"中国文化西来说"，中国学者自然会提出质疑。我们中国社会科学院考古研究所的老所长夏鼐先生，在20世纪40年代也开始了对西北地区的考察和考古发掘。洮河流域，也正是他工作的重点。他在临洮发掘了寺洼遗址，同时也在我们临夏州做了大量的考古工作。在广河的阳洼坡遗址，夏鼐先生在一个齐家文化的墓葬的填土里面，发现了马家窑时期的陶片。即齐家人在挖成墓圹、埋葬死者的时候，马家窑类型的彩陶已经存在了。这样就证明齐家文化实际是晚于马家窑文化、晚于彩陶文化的。这个重要发现，用特别坚实的考古学的证据，推翻了安特生提出的"中国文化西来说"。

所以我想我们河州在中国考古学发展史上的一个重要意义，就是为中国文化本土起源说的确立发挥了特别关键的作用。

## 二、从中华文明的形成历程看河州的重要性

在讨论河州在中华文明形成和发展中的重要性之前，我们先对中华文明起源的宏大历程进行一个简单的综述。

中华文明形成进程的开始时间，现在一般认为是在大概距今6000年的时候。那个时候，中国史前文化的总体格局大概如下。整个黄土高原，包括我们的甘肃地区，都是仰韶文化庙底沟类型的范围。庙底沟类型彩陶的构图绚丽如花，影响范围非常广。在东部地区，北面有西辽河流域的红山文化；再往南，山东和江苏北部有大汶口文化；长江流域有中游的大溪文化，下游的凌家滩文化和崧泽文化。这些史前文化，都发生了非常明确的社会发展，中华文明就在这个时候开始了一个加速形成的进程。

长江下游的凌家滩遗址，在长江支流裕溪河边的台地上，面积100多万平方米，有墓地，也有居址。最重要是高等级墓葬的发现。在一座大型墓葬里，发现了300多件随葬品，其中约200件都是玉器。这样的豪华的墓葬在以前是从未出现过的，是非常明确的社会发展的证据。而且，这些玉器里面，既有钺来代表世俗统治的权力，包括军权，还有神奇的玉板，表现的是凌家滩人的宇宙观，及由此发展出的早期宗教和社会上层人物的宗教权力。这样的宗教权力和世俗权力的建立，是社会发展的明确证据。

西辽河流域的红山文化先民，在牛河梁建立起了一个大型仪式圣地，是专门举行重要仪式活动的地方，方圆数十公里。考古学家发现的重要遗迹，有石头砌的祭坛，还有积石冢等。有一座祭坛，由三重圆圈组成，表现的是太阳在冬至、夏至、春分、秋分这四个重要节气运行的轨道。这也是对宇宙秩序的"物化"。我们可以看到，红山文化也有依托宇宙的秩序来建立社会秩序的观念。在红山文化社会上层的墓葬里面，也大量随葬玉器，被称作"唯玉为葬"。这些玉器也具有宗教内涵，表明宗教权力在

红山社会发展中发挥了最重要的作用。

长江下游的太湖周边地区是崧泽文化的分布范围。张家港市东山村遗址，发现了崧泽文化的高等级墓葬。这些社会上层的墓葬里，都有丰富的随葬品。其中包括石钺，来表达世俗和军事权力，但缺少具有宗教内涵的玉器，而是用成套的陶器表达世俗礼仪。这表明崧泽文化的社会上层采取了不同的社会发展策略。在山东和江苏北部的大汶口文化，我们看到了同样随葬大量成套陶器的大型墓葬，也是社会发展的明确证据。

苏秉琦先生把这些新出现的、更加复杂的、规模超过一般氏族组织的社会，称作"古国"。距今 6000 年以后，古国在各地出现，如同满天星斗，呈现出我们的中华文明创生时期的灿烂局面。在这个时期，黄土高原的庙底沟社会也取得了显著的发展。

庙底沟类型彩陶非常有名。我对庙底沟彩陶图案有一个新的解读，这些图案的主题，表现的是鱼鸟之间的转生，这是一种生命繁荣孕育的主题。图案的形式包括对群鸟孕育后齐飞的表现，以圆点代表鸟头，以弧线三角代表鸟的身体。群鸟聚集在一起，呈现出花一样的图案，被称作庙底沟之花。

以前我们知道庙底沟类型彩陶的影响很广，在当时的主要史前文化中都有发现。王仁湘老师对此有非常系统的研究。但是，以前我们对庙底沟社会发展具体的细节了解不多。所以，在 2000 年，我们在庙底沟类型的中心地区，就是河南西部灵宝的铸鼎原地区开展了系统的史前聚落调查，并且对西坡遗址进行了系统的发掘。在聚落调查中，我们发现，铸鼎原的庙底沟聚落已经分成了不同的等级，这是社会发展的明确标志。在对具有核心聚落地位的西坡遗址的发掘中，我们在其中心部位发现了大型房址。其中的一座房址，面积有 240 平方米，而且结构相当的复杂，应该是大型公共建筑。这也是社会发展的明确证据。在西坡遗址，我们也发现了大型的墓葬，发现庙底沟社会的领导者，也用钺来展示他们的权利。但是，相对东部地区来说，庙底沟社会的墓葬非常简朴，只有简单的陶器随葬，没有其他各种玉器。可见，整个黄土高原的先民，特别崇尚孕育、生长、繁荣，重视整个宗族的整体繁荣，选择了"集体取向"的社会发展道路，很有特色。

从目前的考古发现来看，庙底沟类型分布的西界，大概在甘肃的天水地区。天水以西的地区，在庙底沟类型的最晚期，才开始出现较多遗址。这已经是庙底沟类型向马家窑文化转化的时期。

尤其引人注目的是，各地在社会加速发展的基础上，还发生了密切的交流，使他们形成一个文化共同体，被称作中国相互作用圈，或"最初的中国"，因为这个文化共同体，正是我们后来的多元一体国家的最初雏形。

但是，这样"满天星斗"般的灿烂社会发展，在距今 5300 年左右发生了一些动荡。

这些古国的领导者，都在开展着前无古人的社会实践，遇到挫折是在所难免的。很多古国并没有持续蓬勃发展，有些地区发生了衰落。在整个黄土高原地带，就发生了这样的现象。庙底沟时期之后，河南西部的灵宝地区和陕西的关中地区，遗址数量减少。同时，我们可以看到庙底沟人群向北和向西的移动。

这些人群向西北的移动，造成庆阳和天水等陇东地区的显著社会发展。大家熟知的秦安的大地湾遗址，出现 F901 这样的大型房址。还有最新的发现，在庆阳的南佐遗址，发现有 9 个夯土台子环绕面积达 30 万平方米的中心区，还有超大型的、面积达 600 多平方米的房址，真可以称作史前时代的宫殿。

这些移动的人群并没有止步于陇东，而是继续向陇西前进，一直到了洮河流域，包括我们的河州。迁徙过来的人群，以河州为中心，形成了马家窑文化。马家窑文化的先民，还继续向西，深入到河西走廊。他们甚至还穿过甘南，到达了四川盆地的西北部，成为四川盆地最早的农业居民，与后来的三星堆文化，有特别密切的联系。新的古 DNA 的研究表明，到达青海同德宗日遗址的马家窑文化先民，与后来开发了青藏高原的藏族先民都有特别重要的联系。所以，以我们河州地区为中心的马家窑文化先民，在这样一个动荡整合的时代，为中华文明的生存和发展开辟了一个特别重要的新空间，蓄积着深厚的力量。

### 三、马家窑文化的重要性

马家窑文化的第一个重要性，是把中国史前彩陶艺术推向了高峰。所以我们说，马家窑首先是"艺术的马家窑"。

马家窑文化彩陶是中国史前艺术最灿烂的杰出代表。我现在特别着迷于马家窑彩陶解读。各位老师以前也有很多特别精彩的解读，这是一个特别值得推进的研究方向。临夏在当时无疑是马家窑彩陶文化的中心地区，像"彩陶王"的出土，还有东乡林家遗址的发现，都是这样的中心地位的证明。临夏回族自治州有丰富的马家窑文化彩陶收藏，为未来对彩陶的解读、阐释积累了重要材料。

我认为，马家窑文化从早到晚，分为马家窑、半山和马厂三个类型，彩陶艺术持续繁荣，并且继承了黄土高原的生命主题，仍然表现的是鱼鸟的转生和万物繁育生长。马家窑类型晚期向半山类型过渡的时候，流行大旋涡纹，旋涡中填充内容丰富的图案，都表达了马家窑先民对生命神奇而复杂的孕育过程的理解，描绘了生命孕育的力量。当然以后对此需要更加系统的类型学分析和系统解读。进入到马厂类型时期，彩陶线条更加粗犷有力，但同样表达的是生命主题，蛙纹、蛙与人的合体形象，我觉得都是表达生命孕育的力量。

马家窑文化不仅彩陶艺术辉煌，其社会组织也有明确的发展。特别是从半山类型时期开始，出现明显的社会分化，一些高等级墓葬随葬品比较丰富。到了马厂类型时期，有了更明确的社会发展证据，高等级墓葬中常随葬数十件彩陶罐，为后来齐家文化的发展奠定了基础。

马家窑文化的第二个重要性，就是其彩陶与横贯欧亚大陆的彩陶文化有很多相似性。所以，我们可以说，马家窑是"世界的马家窑"。

安特生当年就列举了很多中西彩陶的相似之处。现在看来，这些相似性也是真实存在的，

图二 马家窑文化彩陶

韩建业老师对这样的交流有过深入的研究，提出来中亚纳马兹加文化的锯齿边缘方格菱形构图元素，与马家窑文化的锯齿纹有密切联系。我个人对横跨欧亚大陆的彩陶文化也做过一些研究，发现反倒是更遥远的黑海沿岸的特立波利—库库特尼文化，与我们的马家窑文化彩陶，还有仰韶文化庙底沟类型晚期彩陶有更惊人的相似性。这些相似包括弧线三角纹、相对的弧线三角形成圆形空白、圆形空白中间加斜线、弧线三角的一段延长形成的旋涡纹等。还有花瓣纹，甚至花瓣中间以"十"字形竖线分开这样的细节都非常的相似。还有被称作绳索纹的图案，我们也可以看到两者之间的相似。马家窑文化陶碗或陶盆的底部，常有两个像蝌蚪一样的纹样，也像是还没有完全孕育好的幼鸟，可以叫作对鸟纹；在遥远的黑海沿岸，一些器物底部也有这样的纹饰。还有柳叶纹和三角纹等等，我们也可以看到相似性。马家窑文化的青海大通上孙家和民和宗日等遗址，都发现过舞蹈纹盆，欧亚大陆地带的彩陶文化中，也有类似的舞蹈纹。

现在最主要的问题是，我们在新疆没有发现可以连接中西的彩陶文化。在整个哈萨克斯坦和乌兹别克斯坦等交界地区，也没有发现这样的彩陶文化。所以，我们上面列举的彩陶相似性，虽然强烈暗示存在过早期的彩陶文化交流，即在丝绸之路之前还有彩陶之路，但是真的还需要更多的研究去证实它。目前的发现，更多是向我们展示出早期交流的可能性，但足以证明，丝绸之路沿线的史前文化已经有很多共性，这是后来这些地区产生密切交流的深厚文化根源。

马家窑文化的第三个重要性，为中华文明的早期发展开拓了新的生存空间，打开了中西交流、文明汇聚、光耀河州的通道。因此，我们说马家窑是"开拓的马家窑"。

目前，中西交流的最早线索，一般认为是东乡林家发现的铜刀，虽然对其年代还有争论，但这无疑是一个重要的早期交流实物证据。在半山类型时期，资料更加丰富

一些，例如青海柳湾遗址发现的箭囊上，就有欧亚大陆流行的三角纹装饰。进入到下一个时代，即马家窑文化的马厂类型时期，年代大概为距今4300～3800年，考古上把它叫龙山时代，这是孕育了我们的文明的第一王朝——夏王朝的时代。除了马厂类型，河州地区还出现了以广河齐家坪遗址命名的齐家文化，继续在中华文明演进中扮演着重要角色。它们的主要作用体现在真正开启了中西交流。

首先，在这个时期，整个河州地区也融入了中原王朝形成的进程之中。当时，玉器在各地普遍流行，齐家文化以玉器出土数量多、个体大而闻名。河州地区是本时期玉琮和玉璧发现最多的地方，应该是齐家文化的中心。

其次，齐家文化在接受东部地区因素、参与到中华文明内部大范围文化交融互动的同时，在引入西部的一些新鲜的文明因素中发挥了特别重要的作用。其中之一是金属冶炼技术的引入。金属冶炼技术首先在欧亚大陆西端取得显著发展，在齐家文化时期，真正被引入中国。相关的重要发现，张掖的西城驿遗址，表明齐家文化与河西走廊同时期的其他文化一起，共同开始了早期金属冶炼。齐家文化中晚期，出现大量铜器，器形多样，合金成分复杂。经齐家文化引入的欧亚草原地带长矛，在以河南为中心的二里头文化遗址里面都有发现，可见齐家文化在传播金属冶炼技术中发挥着特别重要的作用。

齐家文化引入的另一个重要文明因素是新的农作物和家畜，包括大麦、小麦，还有牛、羊。其中，羊的引入极大改善了西北地区先民的生活质量，造成了整个黄土高原的人口增长和社会发展。在陕北神木的石峁遗址，就表现出"石破天惊"的社会发展，建造了大规模石城，并用大量的人牲祭祀，还有高大的祭坛，祭坛镶嵌精美石雕，表明国家级别政体的出现。在山西的南部，发现的著名的陶寺遗址，和文献中记载的尧的活动中心非常的契合。陶寺发现大规模夯土城墙、宫殿区、观象台和大型的墓葬，还发现了距今4000多年的、迄今为止最早的汉字。由此可知，陶寺也是融汇四方的文明因素发展出的早期国家。这些因素中，就有来自齐家文化的金属冶炼技术。可见，整个黄土地区黄土高原地带的发展，西北有石峁、东南角有陶寺，都得益于齐家文化引入的新鲜文明因素的刺激。

考古资料表明，河南偃师二里头遗址很可能就是夏王朝晚期的都城。以二里头遗址为中心、覆盖整个河南的二里头文化，是嵩山东南麓地区龙山时代的先民形成的。他们正处在东部地区和黄土高原地区的交汇处，是东西碰撞激荡起的旋涡中心。在这样的龙山时代晚期动荡整合的态势下，这些先民西进到洛阳盆地，建造了二里头这样面积达300多万平方米都邑。遗址中心有规整的道路系统，中心为宫城，这样的都邑布局，是以前从没有出现过的，具有王朝气象。

二里头文化的形成，无疑受到了齐家文化的影响。齐家文化在这个时期也取得了自己的发展，永靖的秦魏家遗址，还有武威的皇娘娘台遗址，都发现了大型的墓葬，随葬玉璧和很多石璧，甚至可能出现殉葬习俗。所以当时齐家文化也是很强盛的。齐家文化以玉器为载体的礼仪制度，有陶盉这样的酒器，这些是吸收了二里头文化的因素。齐家文化的冶金技术，则明显对二里头文化产生了强烈影响。当时齐家文化人群至少已经到达了陕西的南部。河南南阳地区是二里头文化的核心范围，也发现了齐家文化风格的青铜兵器。因为金属冶炼技术的发展，二里头文化才能制作出中国最早的青铜礼器。因此，齐家文化和二里头的密切的联系，夏王朝的形成与河州地区的关系，是一个需要非常严肃的认真探讨的学术问题。

综上所述，河州在整个中华文明形成和早期发展中占有重要地位。距今5300年左右，仰韶文化庙底沟类型的衰落，引发大规模人群向西移动，形成马家窑文化，河州正是马家窑文化的核心地区；马家窑文化先民将中国史前彩陶艺术推向巅峰，河州是马家窑文化彩陶最丰富的地区；马家窑文化先民，为中华文明的形成拓展了新的空间，开辟了沟通中西文明交流的通道；距今4300～3800年的龙山时代，以河州地区齐家坪遗址命名的齐家文化，引进欧亚大陆的金属冶炼技术和羊、牛、小麦，成为文明汇聚的典范；齐家文化的影响波及东部地区，推动了夏王朝的形成。

中国考古学已经诞生百年，我们对中华文明起源的认识逐步走向深入。我们认识越深入，越具有辽阔的国际视野，就越能认识到甘肃和河州在这样一个宏大进程中的重要性。加强河州地区马家窑文化和齐家文化的研究，打造丝绸之路之前的"彩陶之路"和"青铜之路"的概念，将为当前的"一带一路"建设增添悠久的文化底蕴，弘扬甘肃史前先民在中西文化交流中的开拓之功，强化甘肃在自古至今沟通中西的门户地位。我们非常感谢甘肃省政府，还有临夏回族自治州政府对我们工作的支持，我们也会继续努力工作，争取有新的发现，推动相关研究深入开展。

（本文根据李新伟先生史前文化临夏论坛主旨发言整理而成）

# 中华文化基因的最早成形

## —— 临夏彩陶文化意义与历史地位初探

陈望衡[1]　李小香[2]

／

1 武汉大学教授 博士生导师
2 武汉大学出版社副编审

**摘　要：** 临夏是中国开展彩陶文化考古最早、发掘最多，并取得重大成果的地区。临夏彩陶纹饰是中华民族文化基因的最早成形。第一，始祖崇拜基因。临夏彩陶的鲵纹和蛙纹是中华史前伏羲、女娲崇拜的重要佐证。第二，文明崇拜基因。大禹治水是中华民族文明开创的重要篇章，史载大禹治水始于临夏的积石山。临夏彩陶上的旋涡纹可以看作大禹治水的形象歌颂和美丽纪录。第三，宇宙观念基因。临夏彩陶大量的圆形、方形、三角形和环波浪纹图案造型，这些纹饰可以看作是史前人类时空意识的最早觉醒。临夏彩陶有着大量类似S形纹的纹饰，可以看作是中华民族阴阳思维的体现。第四，人类审美基因。临夏彩陶绵延3000年，纹饰丰富，构图严整，线条灵动，全面地体现中华民族的审美意识，而其演变也见出人类艺术审美某些规律。

**关键词：** 临夏 史前彩陶 中华文化基因

临夏是中国开展彩陶文化考古最早、发掘最多，并取得重大成果的地区，著名考古学家安特生、夏鼐、裴文中都在这里留下了他们考古的足迹，其中马家窑文化边家林类型、半山类型，齐家文化、辛店文化的姬家川类型、张家嘴类型、唐汪式等7种文化类型都因在临夏地区首次发现而命名，因而临夏获得"中国彩陶之乡"的美誉。不仅如此，临夏彩陶纹饰品类丰富，造型卓越，意蕴深刻，隐含中华民族最为重要的文化基因。

## 一、始祖崇拜基因：伏羲、女娲的图腾象征

中华民族有着深刻的认祖归宗的传统。因此，在中国传统文化中有关始祖的传说非常丰富，其中比较集中的有三皇系统、五帝系统。三皇存在的年代早于五帝。

三皇系统有两种系统：一为天皇、地皇、人皇系统。关于天皇、地皇、人皇是谁，有各种说法，比较为更多人接受的说法是：天皇为伏羲氏；地皇为神农氏；人皇为燧人氏。另一系统是不分天皇、地皇、人皇，统称为三皇，组合有多种：1. 伏羲、神农、燧人；2. 伏羲、神农、祝融；3. 伏羲、女娲、神农；4. 伏羲、祝融、神农；5. 宓戏（即伏羲）、燧人、神农；6. 燧人、伏羲、神农；7. 伏羲、神农、黄帝；8. 燧皇、伏羲、女娲。[1] 以上所介绍的三皇系统，我们发现一个非常有意义的现象：不管哪种说法，伏羲都名列其中，而且除个别情况外，都名列第一，其次是女娲。

庖牺氏即伏羲氏。有史书将庖牺氏看作太皞氏，考古学家徐旭生认为是弄错了。按他的看法，太皞是东夷族的首领，主要活动在今山东一带，而伏羲不是。"太皞在后来与伏羲变成了一个人，是齐鲁学者综合整理的结果，较古的传说并不如是。"[2] 伏羲的母名华胥。华胥既是人名，也是国名。华胥国在哪里？《列子·黄帝篇》说："华胥氏之国，在弇州之西。"弇州又在哪里？《淮南子·地形训篇》说："天地之间，九州八极……正西弇州……"这"正西"应是长安之西。伏羲生于成纪，成纪在哪？西汉时设成纪县，县治在今甘肃静宁县治平乡刘河村，唐朝时成纪县治迁至甘肃天水市秦安县境内。如此说来，天水、静宁一带就是伏羲故里。临夏州位于甘肃南部，距静宁、天水均不远。如果肯定伏羲出生于成纪，那么，临夏应是伏羲活动的核心区域。

伏羲、女娲的形象，史书记载都是蛇身人面：

> 上纪开辟，遂古之初，五龙比翼，人皇九头，伏羲鳞身，女娲蛇躯。[3]
>
> 庖牺氏、女娲氏、神农氏、夏后氏，蛇身人面，牛首虎鼻：此有非人之状，而有大圣之德。[4]
>
> 太皞庖牺氏，风姓，代燧人氏，继天而王。母曰华胥，履大人迹于雷泽，而生庖牺于成纪，蛇身人首，有圣德。[5]

中华民族的始祖不只是伏羲蛇身人首，但伏羲蛇身人首的记载最多。蛇，应为水族总称，不能只理解为现代动物科学中的蛇，像鲧也属蛇。

天水市武山县城关镇石岭下村出土一件鲵鱼纹彩陶瓶。瓶上的鲵鱼头特别像人。它有两只大眼，脸的上半部划了一个"十"字，上横线似双眉连成一线，竖线下部为鼻，上部可能为装饰线。脸的下部为大嘴，双唇与下巴合一，大嘴以五条竖线分割，疑为牙齿。

图一 天水市武山县出土的鲵鱼纹彩陶瓶

图二 临夏市出土的马厂类型蛙人纹双耳陶罐

图三 康乐县白王乡出土的蛙纹陶罐

考古界将此纹命名为鲵鱼纹。鲵鱼俗称娃娃鱼。此纹我们认为是中华民族始祖伏羲氏的象征,原因一是此纹,为"蛇身人首",符合古籍中所说的伏羲的形象;二是"鲵"字读音近"羲"。三是此纹出土于伏羲的主要活动区域,近伏羲故里。

这样纹饰的彩陶,在甘肃、青海多有发现,我们认为鲵鱼纹彩陶瓶是伏羲崇拜的体现(图一)。女娲氏是中华民族另一重要始祖,为女性。《淮南子·精神训》中说:"古未有天地之时,惟像无形……有二神混生……"这"二神"就是伏羲、女娲,这里隐含有阴阳、刚柔观念。伏羲是阳,是刚,是男;女娲是阴,是柔,是女。中华民族的传说中,有将伏羲、女娲看作兄妹的,也有看作夫妻的,以看作夫妻的为多。女娲氏在古籍中也被描绘为蛇身人首,因此鲵鱼纹也可以看作是女娲的象征。

这里,我们要提出另一种纹饰,它也是女娲的象征,这就是广泛出现于马家窑文化中的蛙纹。蛙纹固然来自蛙,但史前甘肃先民热衷于制作蛙纹陶器,深层次的原因可能并不是蛙对于农耕有多么重要的意义,也不是因为蛙的形象有多么好看,而是因为蛙与女娲同音,于是借"蛙"寓"娲"。

临夏彩陶的蛙纹多为抽象体,基本造型为一身四肢,四肢肥,多有指爪。蛙纹不一定都有头,头多不画五官。1986年在临夏市出土一件马家窑文化马厂型蛙人纹双耳陶罐,蛙纹有头,头有丰富的毛发(图二)。

蛙崇拜演化为蛙喜爱。"蛙"不仅与"娲"同音,而且与"娃"同音。女娲就是天底下所有娃的母亲,所有的娃,全来自伟大的"娲"。康乐县白王乡出土的一件蛙纹陶罐,其蛙纹被命名为神人纹,其实可以看成为"蛙娃"纹。

此件陶壶高41厘米,口径11.4厘米,腹径38厘米,底径14厘米。蛙纹很像蹲着的小娃娃,憨态可掬。蛙纹没有指爪,疑为有意向人像靠近。蛙人间有四个圆圈,圆圈中心有黑色圆点,疑为蛙卵(图三)。

图四 积石山县出土的水波纹陶盆

积石山县出土的一件水波纹陶盆，没有正面表现蛙，而是表现蛙卵，还有小蝌蚪。多子多福的思想清晰展露（图四）。

史前时代的社会结构很长一段时间为母系氏族社会，女性为部落首领。在母系氏族社会中，女性地位高于一切男性。在距今 5000 年左右，母系氏族社会为父系氏族社会取代。尽管父系氏族社会中，男性的地位高于女性，但重要的女性如德高望重的老祖母、富裕的女性、能干的女性在社会上仍然拥有崇高的威望。对于世俗百姓来说，也许权力并不是最重要的，孕育生命才是最重要的，女性是孕育生命的母体。

女娲崇拜具有多方面的内容，其中与生命相关的故事主要是两件：一件是抟黄泥做人，这是人类的开始；另一件就是创立"行媒"这一婚姻制度。《风俗通义》云："女娲祷祠神，祈而为女媒，因置昏姻，行媒始行明矣。"[6] 这两件于生命极为重要的事，第一件只具有象征的意义，不是真的；第二件很可能是真的。"行媒"制度的确定，让结婚有了法定的介绍人、确证人。自此，婚姻有了法律，保障人类繁衍有序进行。史前的人类社会，人口的繁衍无疑是最重要的。女娲受到社会至高尊崇，完全可以理解。

在中华民族的始祖崇拜中，伏羲、女娲崇拜可以称为第一崇拜。中华民族的始祖当然往前还可以推到盘古氏、燧人氏，但它们基本上还只能算作人的开始。盘古氏的贡献是开天地，为人创造了家园。人正是从创造家园中创造了自己，从而真正脱离了动物，成为人。燧人氏的最大贡献是发明火，火的发现与取火方式的发明，是人类进入文明的先决条件，尽管如此，燧人氏的贡献也只是让人成为人。此后有伏羲、女娲。伏羲、女娲的贡献主要在文明的开创上。伏羲，主要贡献在制作八卦。八卦的制作意味着精神文明的伟大开创。女娲主要是婚姻制度的制订。婚姻制度的制订及确定，意味着动物式的乱交在法律层面上终结了，而门当户对、男才女貌、明媒正娶的文明婚配出现了。婚姻制度是制度文明的重要建构，有了婚姻制度，作为国家，就要建构国家制度。婚姻制度的制订可谓影响深远。至于物质文明，伏羲、女娲开辟了人类最早渔猎文明和农业文明。关于伏羲、女娲对于中华文明开创的贡献，出土于新疆阿斯塔那的一幅唐人佚名作者所做《伏羲女娲图》透露出更多的信息。伏羲、女娲上身相拥，下身为蛇尾，纠缠在一起意为交媾。伏羲持矩，女娲持规。矩代表方，用来丈量大地；规代表圆，用来研究天象。伏羲、女娲持矩、规两种工具不仅意味着他们在研究自然天地，而且也意味着他们在开创人文天地。图中有诸多的圆点、结构成各种图案，寓含诸多天文地理的秘密，是伏羲、女娲研究天地的成果。基于此，笔者认为伏羲、女

娲是中华民族的文明始祖，黄帝、炎帝也是中华民族的文明始祖，但他们晚于伏羲、女娲，因此，伏羲、女娲崇拜是中华民族始祖崇拜中的第一崇拜。

这第一崇拜在临夏彩陶纹饰中得到比较全面的体现，是临夏彩陶参与构建中华民族文化基因的重要佐证之一。

## 二、文明崇拜基因：大禹治水的美丽纪念

文明从认识、改造自然开始。生命、文明与水均有着不解之缘。生命用水有两种方式：一种是自然用水，即利用自然界已有的各种形态的水；另一种是人工用水，即通过创造水利工程来解决用水的问题。前一种用水方式，人与动物是相同的，后一种用水方式，动物没有，只有人有，它是人类文明的典型代表。

世界上具有悠久历史的民族在文明开始之时均有过洪水的传说，苏秉琦翻译的英国学者富勒策的《洪水故事的起源》，介绍了西方学者关于史前这一全球性的自然灾难的种种说法，得出的结论，它不全部是神话，是虚构，很可能是真实发生过的。另外，从这些传说中可以发现"世界各地距离遥远的种族的习惯和信仰之间所具许多显著的相似点"[7]。我想强调的是虽然地球上也许发生过这样一场大洪水，各民族的人民都表现出奋勇抗洪的英雄气概，但中华民族因这场大洪水所引发出来的大禹治水，意义远不只如此，它促使了中华民族从史前的准文明状态进入到文明状态。换句话说，它开创了中华文明第一篇章。

大禹治水的在中国古代文献中有诸多记载，如：

> 舜乃使禹疏三江五湖，辟伊阙，导廛涧，平通沟陆，流注东海，鸿水漏，九州干，万民皆宁性。[8]
>
> 《淮南子》曰：龙门未辟，吕梁未凿，河出孟门之上，大溢逆流，无有丘陵，高阜灭之，名曰洪水。大禹疏通，谓之孟门。[9]
>
> 若乃巴东之峡，夏后疏凿，绝岸万丈，壁立皲骏，虎牙嵘竖以屹崒，荆门阙竦而磐礴。[10]
>
> 禹别九州，随山浚川，任土作贡。[11]
>
> 禹平天下，二龙降之，禹御龙行域外，既周而还。[12]

大禹治水的时期差不多就是马家窑文化时期，马家窑彩陶身上诸多的旋涡纹是大禹治水的集体记忆。

旋涡纹的总体风格是一样的，其美学品格均可以概括为崇高，但细细品读，旋涡

纹还是有一定区别的。其中最主要的区别为惊涛式和如花式。惊涛式，极力渲染浪的凶险，给人以威严感、恐惧感；如花式则将旋涡柔化来花朵，给人以温馨感、愉悦感。

图五这件彩陶壶出土于临夏市，被命名为"马家窑文化石岭下类型旋纹彩陶壶"。

彩陶壶上的纹饰是旋涡纹，但它也像花朵，它没有凶险感，只有温馨感。

临夏马家窑文化的旋涡纹也有惊涛式，但即使是惊涛式，也是柔化了的惊涛。它气势雄伟但并不凶险，更多的是一圈一圈地向外滚动发展，舒展而轻松。这样的旋涡纹，更像调式雄伟、大气磅礴的赞美曲（图六）。也许它更多的不是在描绘水流的汹涌，而是在抒发内心的崇敬与赞美。

图五 临夏市出土的石岭下类型旋纹彩陶壶

在距今 4000 年前的甘肃，在黄河边上出现这样的旋涡纹，显然不是平常的事，联系到这个时候发生在中国大地上的大禹治水事业，人们自然会联系到，这是大禹治水的美丽记录，是献给治水英雄的雄伟赞歌。

临夏与大禹有不解之缘。

关于大禹是哪里人，古文献有众多的记载，其中有三项记载通向现今的甘肃临夏。

"禹生石纽"说。西晋皇甫谧《帝王世纪》说："伯禹，夏后氏……长于西羌夷人。"南朝宋裴骃《史集集解·帝王纪》曰："孟子称禹生石纽，西夷人也，传曰'禹生西羌'是也。"宋朝《太平御览》载："女狄暮汲石纽山下泉，

图六 康乐县征集的马家窑边家林锯齿旋涡纹彩陶罐

水中得月精如鸡子，爱而含之，不觉而吞，遂有娠，十四月，生夏禹。"这里，都将大禹出生地指向石纽。石纽在何处？据《环宇记》所引《十道录》："石纽是秦州地名，在甘肃东南部。"《环宇记》说："大夏县西二十里金剑山，亦有金剑故城。"又说："金纽、金柳、金剑皆一也。"郦道元的《水经注》引《十三州志》曰："大夏县西有古金纽城。"临夏学者马志勇认为石纽就是金纽，在今和政县的蒿支沟。

"禹出西羌"说。《太平御览》《新语·术事》《盐铁论·国疾》《后汉书·戴良传》均有此说法。羌族是少数民族，据《后汉书·西羌传》："河关之西南羌地是也。"汉代设有河关县，治所在今临夏州积石县大河家镇。

"禹出大夏"说。《水经注·河水》引《晋书·地道记》："大夏县有禹庙，禹所出也。"另，《汉书·地理志》《金缕子·兴王篇》也有这样的说法。大夏是水名，即广通河，广通河流经的川道古称大夏川。临夏的广河县、和政县一带属于这个地区。

据以上分析，大禹出于临夏的可能性比较大。

临夏不只是大禹的家乡，而且是大禹治水开始之地。《尚书·禹贡》记载，大禹治水，"导河自积石，至龙门，入于沧海"。积石山的位置在甘肃临夏州与青海循化县之间的北部，现临夏州有积石山县，来历就是大禹治水的开始地积石山。

也许为了纪念大禹治水，临夏以及临近甘肃、青海一带出土了大量的旋涡纹彩陶。也因为此，旋涡纹成为马家窑文化马家窑类型的标志性纹饰和马家窑文化的主要纹饰。

临夏彩陶上的旋涡纹有两个突出特点：第一，舒展，轻快；第二，大气，悠远。给人的感觉似是献给大禹的一首深情的歌，赞美的歌，无限缅怀的歌。

大禹治水完毕，做了几件大事：一是将天下划分为九州，这就是今天中国的基本版图。二是召开天下各部族大会，宣布实行大一统的统治，以中央为至尊，将中国大地分为五级：甸服、侯服、绥服、要服、荒服，按级向中央进贡，接受中央的领导。三是搜集天下的青铜器，铸成九鼎，放在首都。九鼎是帝国的象征。三件大事毕，中华文明时代的大幕就此开启。

## 三、宇宙观念基因：时空意识与阴阳思维

动物的打量世界与人的打量世界是不同的。动物的打量世界只是知觉，知觉联系个体生命安危。人的打量世界不只是知觉，还有思想，思想的重要功能是推理，从而得出对世界的理性认识，这种理性认识不只是关系着个体生命的安危，还联系到宇宙规律的认识。这其中最重要的是时空意识。时空是宇宙存在的基本方式。

中华民族对于宇宙最早的时空认识，集中体现在陶器纹饰之中。体现史前人类对于宇宙时空意识的主要是几种几何纹饰：圆纹、方格纹、三角纹、平行纹。我们可以将它们分成两对：圆形和方形、三角纹与波浪纹。这几种纹饰是万事万物形态的最高概括。

圆形与方形首先反映人类对于宇宙最为基本的空间意识：圆为天，方为地。

圆方两者，圆最为神圣。太阳是人的第一自然崇拜，月亮是人的第二自然崇拜，它们都是圆的。最伟大、最神圣的圆是在天上，地面上凡接近圆的物件，如接近圆球的花朵，眼睛中的瞳仁，均受到人们的宠爱、喜爱，视为美的对象。因为圆形如此不平凡，《周易·系辞上传》云："蓍之利，圆而神。"如果说圆是人类对于天空最基本的认识，那么方则是人类对于大地最基本的认识。《周易·坤卦》六二爻辞云："直方大，不习无不利。""直、方、大"是大地的基本形象。

在视觉形象上，圆没有尖角，而方有尖角。前者给人的感觉是圆满、丰饶、宽容、大度、和谐，后者给人的感觉是平稳、公正、进取，冲突。前者总体感觉为和谐，美感为愉悦，后者总体感觉为冲突，美感为紧张。

马家窑文化的陶器纹饰，圆形与方形经常并用。

1975年永靖县陈井乡杏树台出土一件四大圆形纹陶罐，高达32.2厘米，口径11.3厘米，腹径32.8厘米。其肩腹部四个大圆圈非常醒目。圆圈中有三组棋盘格，格内为小方格，大格之间有类似道路的分界线（图七）。

三角形与波浪形也具有一定的对立性。三角形在大地的主要体现为山岭，另外某些植物的外形也具有山形的特点。波浪形又名蛇行线。三角形主要为静，波浪形主要为动，它们的关系类同于方形与圆形。事实上，三角是方形的一半，而波浪形则是诸多的半圆形连缀。从审美来说，三角形、方形的美感是端方、宁静；波浪形、圆形的美感则是活泼、变化。这两种纹饰常结合在一起，则产生静中有动、动中有静的美感。

图七 永靖县陈井乡杏树台出土的四大圆形纹陶罐

康乐县康丰乡杨家楞村出土的一件陶罐，主体为三组横向线纹，上面两组均为平行线，中间夹有两条锯齿纹，腹部下方为一组波浪纹。因为波浪纹居于陶器的下部，让人感到器中的水在波动（图八）。

圆形与方形也反映史前人类最初的时间意识。方形表静，圆形表动。静是相对的静，而动却是绝对地动。静是空间，动是时间。方形以其方见出其安定性，而圆形以其圆见出变化性和反复性。《文子·自然》云："天道默默，轮转无端……惟道无胜，轮转无穷。"方形的大地立足在圆形的地球上，圆形的地球是动的，因此，它必然是动的；地球的转动是有轨道的，周而复始，所以春夏秋冬轮回不断。

图八 康乐县康丰乡杨家楞村出土的平行线与波浪形线纹陶罐

陶器作为物，是静态的存在，但它的波浪形、圆形的纹饰则让人产生空间的变动感——这就是时间。欣赏陶器上的具有动态意味的纹饰，总是让人浮想联翩，意味无穷。

史前人类将自己的宇宙时空观表达为圆形和方形、三角形与波浪形两组具有对立意味的纹饰，从中认识到宇宙运行的法则，并感悟到人生存的法则。

阴阳思维是中华民族最基本的思维法则，从理论上讲，这种思维法则是《周易》总结出来的。《周易·系辞上传》云："一阴一阳之谓道。"后世的易学家将阴阳的关系画成太极图，有各种各样的太极图，其中阴阳鱼太极图最普遍。阴阳鱼太极图有先天八卦太极图和后天八卦太极图的区别。不管是哪种太极图，它们的基本原理是相同的，主要有四：阴阳相对、阴阳相交、阴阳互含、阴阳互变。这样一种阴阳变化关系史前人类早就有所体察，有所感悟。

首先，是天体与气象的运行让先民产生相反相成、循环往复的概念，这种认识成为农业文明的基础。

其次，是男女雌雄交合让先民认识到生命是阴阳交合的产物，无阴阳相交就无生命。

再次，从天地万物身上发现构成天地运动的内在机制是阴阳两种力的作用。

凡此种种，让中华民族的先民产生了最早的阴阳思维观念，先民们认为这种观念是上天的启示，为天启，为神谕。先民们将阴阳观念表达在他们的造物上，这是人类至灵精神的体现，也是人类向上天、向神表达的一片心意。

严格说来所有的彩陶纹饰都具有阴阳思维的意味，但是无疑旋涡纹在表现阴阳思维上是最优秀的。旋涡纹中又以旋涡夹点纹最能见出阴阳思维的完整意味。

这样的纹饰甘肃各地均有，临夏彩陶最具代表性。临夏市枹罕乡王坪遗址出土的一件旋涡纹陶罐，两旋涡并列，且上下起伏，让人明显地感觉到阴阳相对、阴阳相含、阴阳互变的意味，而作为旋涡核心的圆圈，就像阴阳鱼太极图中的眼睛，鲜明地体现出阴中有阳、阳中有阴的思想（图九）。

永靖盐锅峡镇金泉遗址出土陶器上的旋涡纹，其阴阳意识更为显豁（图十）。

阴阳思维早在史前就已萌芽，以一种占筮的方式——八卦体现出来。而八卦，权威的说法，是伏羲创造的。《周易·系辞下传》云："昔者牺氏（伏羲）之王天下也，仰则观象于天，俯则观法于地，观鸟兽之文与地之宜，近取诸身，远取诸物，于是始作八卦，以通神明之德，以类万物之情。"这里提出八卦思想的来源。"三观"即观天象、观地法、观鸟兽之文与地之文，"两取"即取诸身（人），取诸物。概括起来就是囊括天地万物包括人自身的观察和身体力行的实践，是这两者的高度总结。

图九 临夏市枹罕乡王坪遗址出土的旋涡纹陶罐

阴阳思维不只是对立统一的思维，还是一种整体思维、发展思维。它是科学的，又是神圣的，它不仅是宇宙规律的概括，是天地之真，而且是人与造物主的对话：既是神明之德，又是人类之灵。这真、德、灵集中体现在彩陶上。因此彩陶不是简单的器具，它还是一部天书、灵书、慧书。

阴阳思维是一种高层次的哲学思维，它是中华民族重要的精神密码。这样的精神密码，在临夏彩陶中广泛见出，说明临夏的彩陶文化已经揭示出中华文明精神的觉醒，其意义是重大的。

图一〇 永靖县盐锅峡镇金泉遗址出土的旋涡纹陶器

## 四、人类审美基因：形式审美与社会变迁

爱美是人类的天性。距今数十万年至一万年前的旧石器时代，人类就有爱美的倾向。那个时代的人们就创造了艺术，虽然人们通常用巫术来理解艺术，但不能排除审美。事实是，没有对于美的痴迷，人类无论如何都不会费尽心血去创造艺术的。

彩陶的产生同样如此，仅从实用功能来说，素陶完全够了，人们之所以不满足于素陶，要去制作彩陶，重要的原因就是爱美。

虽然因美而去创作彩陶，但彩陶的出现，带给人类的不只是美，还有生活全方位的提高：第一，陶器的功能提升了，由日用功能器变成了珍贵的礼器。礼器的出现促进了部落阶级的分化，推动了人类精神世界的提升。第二，陶器的艺术加强了。陶器的艺术性的提升，推动其他器具向着精致化、艺术化的方向发展，全面提高了全社会的艺术水平。第三，陶器的科学性加强了。陶器是火与泥的艺术。无论是用火还是用泥，彩陶相对于素陶有更高的要求。这中间有着丰富而精微的科学技术。可以肯定地说，彩陶制作就是当时的高科技。彩陶的制作有力推动着人类科学技术的发展。

值得指出的是，彩陶所带来的人类生活品位的全方位的提升均建立在审美性的基础上。审美既是彩陶的基础功能，也是彩陶的至高功能。笔者在《文明前的"文明"》一书中说："形象思维是先民主要的把握世界的方式，与之相应，审美意识是先民最主要的意识，在某种意义上，审美意识是史前人类诸多意识的摇篮。"[13] 生活品位的提高有力地推动了文明的发展，推动了人类的进步。

史前人类的意识，有自然性意识和文化意识两大类，自然性意识主要是与身体相关的意识，文化意识主要是与精神相关的意识。审美意识介于两者之间，或者说，它立根于自然性，而成就于文化性。某种意义上说审美意识是人类文化意识之本。

史前人类的崇美意识在彩陶纹饰中得到最为充分的体现，中华史前彩陶的巅峰是马家窑文化的彩陶。说是巅峰，主要是从它的艺术性来说，而艺术性又集中在审美上。

临夏彩陶历经 3000 年，主体属于马家窑文化，它拥有几乎全部马家窑文化类型，而且各种类型的彩陶均有上乘之作。值得一说的马家窑文化之后的齐家文化、辛店文化、寺洼文化也均有上乘之作。

从审美上来看，临夏彩陶具有三个突出的特点：

### （一）纯净审美，形式审美

审美有两种形态：纯净式和寓载式。纯净式主要为形式审美。理论上讲，任何形式都是内容的存在，但是当形式要么完全成为内容的载体，以至于内容完全化为形式之时，要么当形式优秀到相对独立以至于可以完全忽视内容之时，纯净审美就出现了。

寓载式审美强调内容，形式只是内容存在的工具，当形式完成其荷载内容的使命之后就被忽略不计了。

两种审美在彩陶审美中都有。临夏彩陶中，纯净审美的纹饰占有重要地位。图一一中这件彩陶瓶的纹饰干净、爽朗、优雅。简单而又丰富，活泼而又有序。它的美就在形式之中，且回味无穷。器的颈部、腹部为一圈一圈平行圆弧纹，而肩部则全是斜向的波浪纹，让人感到仿佛在从地上飘飞到天上，又从天上飘飞到地上。有意思的口沿部，虽然很仄，却精细地加以描绘，一点都不草率。

### （二）动态和谐，多元统一

按中华民族对于："和"的理解，"和如羹也""和"应该是多元统一。

图一一 积石山县出土的斜弧纹彩陶瓶

多元统一有静态的统一，也有动态的统一。临夏彩陶比较多的是动态的统一。

动态统一的手法是多种多样的，关键是要找到一个能够实现全局和谐的调节点。被誉为"彩陶王"的旋涡纹陶瓮纹饰非常复杂。纹饰布满全身，大体可以分为三层，上层是斜纹，中层是大型旋涡纹，下层是波浪纹。上、中、下三层纹饰都不一样，然而它一点也不杂乱，其原因是，它有一个指挥，这指挥是一个符号——圆形。圆形或发展为动态的旋涡纹，或伫立为静态圆圈纹，或收缩为圆点带尾纹，动静相兼。正是因为有圆形为节点，这件彩陶瓮的纹饰繁而不乱，杂而见序，和谐有致（图一二）。

图一二 积石山县三坪遗址出土的旋涡纹双耳四鋬彩陶瓮

广河县温家坪遗址出土的钩羽纹彩陶瓶，其纹饰不可谓不复杂，但非常和谐。它的和谐如何实现？同样是找到一个调节点。这件彩陶瓶主体部分为两层纹饰，均为旋涡纹，但上下两层的旋涡纹不一样，上层比较规整，下层则出现变化。将两层纹饰统一起来的节点是 "钩羽纹"。"钩羽纹"是一种非常特殊的纹饰，因为它特殊，所以能吸引眼球。眼球一旦为它吸引，它就成为主调，而杂多的纹饰也就见出一种整体感了（图一三）。

### （三）演变有律，社会主导

临夏彩陶历经 3000 年的历史，它的主体是马家窑文化，但马家窑文化之后，在这块土地上出现了齐家文化、辛店文化、寺洼文化。

图一三 广河县温家坪遗址出土的
钩羽纹彩陶瓶

显然，从马家窑文化到齐家文化、辛店文化，从彩陶纹饰上清晰地见出它演变过程。

一是圆弧纹减少，方折纹出现。

二是整器纹饰减少，局部纹饰出现。

三是抽象纹饰减少，写实纹饰出现。

四是繁复风格减少，清爽风格出现。

演变的过程见出艺术形式变化的规律：

抽象—具象—抽象；整体—局部—整体；繁—简—繁。

诸多的过程，都是否定之否定，是前进、发展，而不是重复。

审美形式上抽象与具象、繁与简的相互转化也许并不能判定审美之高下。但形式背后的社会内容会见出时代的变迁。这种时代的变迁会让人认识到社会的进步或者后退。在马家窑文化之后，出现了一个名为齐家文化的新的史前文化，距今4000～3000年左右。齐家文化非常重要，它是史前彩陶文化到夏商时代青铜文化的过渡时期。这个时期素陶增多，仍然有彩陶，但彩陶纹饰明显地过于简单了。这种简单，只是用艺术形式演变的规律去解释，理由不充分。一个显而易见的事实是，纹饰的简单，不是刻意为之，因为见不出精心，而是有些简率了。造成这种变化的原因是社会的进步，在这个时候，新的礼器——青铜器开始出现。人们的兴趣已经为青铜器所吸引，彩陶的地位衰落了，它跌下了礼器的神坛，回到它本来的地位——生活用器。齐家文化提供的这种实例，启示我们如何看审美规律。一方面，要看形式自身固有的演变规律，另一方面，更要看社会经济政治等诸多因素的变化。

齐家文化命名地在临夏，代表器也在临夏，因此临夏彩陶是中华文化审美基因的最早成形。

中国史前彩陶遍及全国，类型丰富，拥有优秀作品的彩陶出土地多以万计。临夏作为甘肃的一个自治州，在彩陶大海中只是几朵浪花。尽管如此，临夏由于独特的地理和人文优势，彩陶仪态万方，光彩夺人，意义不凡。其佳作体现出中华民族文化基因的最早成形，其重要意义当为后人永远重视。

**注 释：**

[1] 许顺湛：《五帝时代研究》，中州古籍出版社，2005年。

[2] 徐旭生：《中国传说中的古史时代》，文物出版社，1985年。

[3] 萧统编，李善注：《六臣注文选·王廷寿鲁灵光殿赋》，浙江古籍出版社，1999 年。

[4] 杨伯峻：《列子集释·黄帝》，中华书局，1979 年。

[5] 袁珂、周明编：《中国神话萃编》，四川省社会科学院出版社，1985 年。

[6] 王利器校注：《风俗通义》，中华书局，1981 年。

[7] 同 [2]。

[8] 杨坚点校：《吕氏春秋·淮南子》，岳麓书社，1989 年。

[9] 郦道元著，陈桥驿校注：《水经注·河水》，中华书局，2009 年。

[10] 萧统编，李善注：《六臣注文选·郭璞江赋》，浙江古籍出版社，1999 年。

[11] 江灏等流注：《今古文尚书全译·禹贡》，贵州人民出版社，2009 年。

[12] 刘诚淮：《中国上古神话》，上海文艺出版社，1988 年。

[13] 陈望衡：《文明前的"文明"》，人民出版社，2017 年。

# 陶韵玉魂·震古烁今

## —— 临夏州博物馆新入藏彩陶和玉器的研究价值

郎树德

/

甘肃省文物考古研究所研究员

**摘 要**：本文通过笔者对每个新入藏的精品彩陶和玉器研究价值的解读，证明临夏回族自治州博物馆已完全跻身于国内最好的彩陶博物馆行列，也是全国齐家文化玉器种类最多、最为精美、玉器展示最具特色的一个博物馆。

**关键词**：临夏回族自治州博物馆 彩陶 玉器 研究价值

2022 年，在临夏回族自治州委、州政府的领导下，州委宣传部向社会各界发出捐赠文物的倡议书，得到了全社会的积极响应，掀起了捐献文物的热潮。通过捐赠、征集还有移交等多种手段，使临夏回族自治州博物馆的藏品，从原来只有 4000 多件，变成了现在的 25000 件左右，增加了五倍。其中二级文物增加了 118 件、三级文物增加了 2134 件，实现了馆藏文物在数量、质量上的重大突破。这些文物大多数都经过甘肃省文物局组织的省文物鉴定委员会鉴定。现在好多精品文物已经进了博物馆的展厅。

关于新增加彩陶的研究价值我说三点：第一点是增加了仰韶早期的彩陶，填补了史前文化的空白，将甘肃彩陶的系列较完整地展示给观众。比方说这些仰韶文化早期到中期过渡阶段的东西，大概就是公元前 5000 多年将近公元前 6000 年，弥补了我们彩陶系列的空白。

我们在对山西陶寺遗址进行考古发掘的过程中，在墓葬里面发现了这种陶鼓（图一）。上头有一圈纽，有几个孔可以透气、发声。甘肃从来没有发现过这类器物。现在我们有件很大的，大概 1.3 米。我们就暂时把它叫作鼓吧，但是我有时候想，这是不是鼓啊，这是不是作为酿酒发酵的一种器具，就是把食物放在里头，下面有3个孔。把东西放进口后扎严，到时候液体的东西就可以从底下这3个孔流出来。

还有一件是一个圆雕的人头，之前在西安半坡遗址好像公布了一件，他们那件和这个非常像，艺术的手法是一致的。

第二点，就是彩陶增加了仰韶文化晚期的东西，也就是石岭下类型的东西。原来，州博物馆在这方面是薄弱环节，而这一次增加了这方面的精品，非常漂亮。第一件，就是典型的仰韶文化晚期的尖底瓶，第二件是彩陶壶，有大的锯齿纹，但整个纹饰的间隔比较大，稀疏，这样的纹饰就一直传到了马家窑。尤其是新增的几件旋涡纹彩陶壶，说明仰韶晚期是马家窑彩陶的

图一 陶鼓

主要源头。作为马家窑文化的主题纹饰，旋涡纹在仰韶晚期的时候就有了并且一直传下去了，被马家窑文化所继承。

第三点，新入藏的彩陶琳琅满目、精品迭出，如彩陶尖底瓶、蛙纹壶、神人纹鸟形壶等不仅增加了新的器形、纹饰，令人耳目一新，也为彩陶的深入研究提供了一大批弥足珍贵的新鲜资料。增加的彩陶里头有很多新的器形和新的纹饰，是以前我们没见的或者很少见的。

第一件是蛙纹壶，肩上的蛙纹以前甘肃主要是天水地区发现过，其他地方没有见过。这个彩陶我们判断可能还会偏早一些。第二件是彩陶尖底瓶，彩陶尖底瓶以前我们在陇西的李家坪发现的，很著名的一件，后期各地的博物馆的也陆续收藏了几件，但是品相不是很好。这件就是在陇西的李家坪尖底瓶之后，彩陶纹饰、完整度、磨光度都是属于彩陶尖底瓶的罕见之

图二 彩陶尖底瓶

物（图二）。第三件是彩陶壶，其弧形带状纹饰运用的非常好，并且附加了上、下两个圆点，纹饰很美观。

还有马家窑时期的黑白彩，在甘肃的红古和青海东部一带经常发现。颈部纹饰为人面纹的陶壶，两个眼睛下面有用泥条做鼻子，口部都带着黑口罩，另外密集的圆圈圆点纹饰独特，不知是什么动物？

有两个爪子的纹饰也是蛙的一种简化，或者是其他动物的一种描述，我们也不清楚。有一件彩陶壶，肩腹部有四个大圆、四个小圆，从上到下整个纹饰画得十分流畅。俯视这件彩陶，真是繁花似锦，可以算是马家窑文化的代表作，展示了灿烂的文化背景，

难得、少见。还有一件白彩，白彩都是容易脱落的，是陶器烧成后再画上去的。

一件马家窑彩陶壶上的旋涡纹，动感强烈，是我们从来没见过。锯齿旋涡纹壶是半山类型的典型纹饰，它的特殊在于填充纹饰罕见，"十"字形网格也是很常见的，又加了几片叶子，我觉得这是对大自然的一种热爱。

在葫芦网格纹加上神人纹，也是难得一见的。一个半山类型的鸟形壶，上面有很清楚的一个蛇的形象，在半山、马厂、辛店，都可能见到蛇的纹饰或泥塑，说明在史前社会对蛇有一种崇拜的习俗。这件半山壶的纹饰像一条条弯曲的河流，里面的蝌蚪在畅快地游动，可以使人产生联想，能知道所描述的意思是什么。鸟形壶的背上有一个神人纹，但是这种纹饰的组合很少见。

我们常见的半山类型的典型器物的特点是磨光磨得特别好，尤其是口沿的里面。通常口沿里面都不磨，但是有一件的口沿都磨光了，在半山类型的彩陶里是很稀缺的。像叶片作为主题纹饰很有意思，用这个来表述出人们对植物，也许是农作物的深厚感情。

马厂类型里常见多重的条带组合图案，而复合条带中很少有神人纹。马厂类型的一个彩陶盖子上面有一个雕塑人面，彩盆里还有两个类似罗马字母的符号。

靴形罐最早发现在青海柳湾，属于辛店文化，而此次馆内新增加的可能属于齐家文化。

还有一些馆藏可以证明马家窑时期实际上就有这种器形。有一件齐家文化陶器，刻划有四个人物形象，中间的一个人张开双臂，伸开腿、大踏步地前行，整体含义值得进一步深入研究。

下面是玉器部分。新入藏的玉器，提供了从马家窑文化经齐家文化到商周、秦汉时期成系列的展品，极大地弥补了州博物馆藏品的薄弱环节。尤其是大量的齐家文化玉器，包括了齐家文化的各种类型，有常见的玉璧、玉琮、玉璜、玉刀等，而且还有罕见的玉璋、玉圭等（图三）。史前玉器的加工制作是研究的重点

图三 玉刀

与难点，新增玉器为此提供了部分答案。我们在其他地方或博物馆很难看到这个过程。

早期的锛、凿，从仰韶文化、马家窑文化，包括林家遗址都有几十件玉器出土，以锛、凿类为主。

在一些齐家文化遗址中发现，一些玉璧叠压放置在一起，从大到小叠放起来，有时候是玉璧，有时候夹杂着石璧。

齐家文化还出现了双联璧、三联璧、五联璧，甚至还有七联璧。还有玉璋、玉琮等，用两块红铜包着的玉石、玉敷面等。还有商代的、战国的、汉代的等等。

新入藏玉器有一个突出的特点就是展示了部分玉器的加工过程，从原始玉料一步一步到最后的成型定型，它把全过程通过展品很有说服力地展示出来（图四、五）。比如玉璧先钻孔，完了在修边，所以它原来是近方形的，之后再加工成圆形。玉琮是先切成这种方块。小方块完了钻孔。两面分开钻，这样就形成这样的上下错开的芯。

图四 尚未完成钻孔的玉璧　　　　图五 尚未完成钻孔的玉琮

新入藏的彩陶、玉器多彩多姿，提升了博物馆的展示水平。通过这次社会捐赠活动，州博物馆藏品数量不但大幅提高，种类也更为齐全，博物馆毫无疑问整体上升到一个新的层次。从彩陶方面看，在做好提升展示水平的基础之上，州博物馆完全可以跻身于国内最好的彩陶博物馆行列。如果从齐家玉器的收藏来说，州博物馆可以说是全国齐家玉器种类最多、最为精美、玉器展示最具特色的一个博物馆。

# 由东乡发现玉七联璧说璜联璧合

王仁湘
/
中国社会科学院考古研究所研究员

**摘 要**: 龙山文化与齐家文化都发现数量可观的多璜联璧, 多璜联璧的来龙去脉倍受关注。东乡发现七联玉璧, 又一次让我们重新思考多璜联璧的来历, 这样的大璧又有什么用途, 本文做出初步讨论, 希望能引起关注。

**关键词**: 玉璜 多璜联璧 齐家文化

　　"珠联璧合"这个成语, 前半比较好理解, 宝珠串联, 为之"珠联"。可后半比较绕脑, 圆圆的玉璧, 怎么合呢? 查词典的解释, 说那是形容日月叠合的, 如两璧重叠, 为之"合璧"。其实这是用引申意义来解释本义, 我不认为是正解。

　　我们知道, 在西北及邻近区域, 考古有一种奇特的组合玉器发现, 组合件多作璜形, 所以通常称之为"多璜联璧"。过去发现用于组合的玉璜, 或三、四、五为一组, 也有少到二或多达六为一组的, 以三璜璧最为常见。这样的多璜联璧, 其实就是"璜联璧合", 这也许是"珠联璧合"中"璧合"的原初含义。

　　更特别的是, 近年发现了七联璧, 我曾几次亲近赏鉴, 开始对这特别的玉器组合感兴趣, 于是仓促成文, 凑个小热闹。

　　对于这组"玉七联璧", 齐家文化官网的介绍是: "2018年5月, 东乡县五家乡政府在辖区牛沟村实施分散居住群众集中安置工程时, 在平整土地的过程中, 推土机推出了一套珍贵文物'玉七联璧'。此璧直径74厘米, 孔径24.5厘米, 是为七件不规则形玉板，用马衔山玉料制作而成，该玉璧是迄今为止发现的齐家文化玉璧体积最大者，对于齐家文化的考古学研究具有极高的学术价值，现收藏于甘肃省东乡族自治县博物馆（图一）。"

图一 甘肃东乡县上湾遗址出土的玉七联璧

合璧，璧合，觉得这件大器给了我们最好的例证。

在齐家文化中，联璜合围成璧，常有发现。不过相邻的龙山文化中，也不少见这样的合璧，如石峁、陶寺，就有不少多璜联璧出土（图二～四）。这引起一些学人关注，认为这是"小玉大作"，用较小的玉料做成大个的玉璧，似乎是个取巧的法子。正是因为这个法子，让我们知道璧合并非只是个喻说。

这种多璜联璧很早就引起研究者的注意，近些年有几位学者还以此为题，进行了专门研究。如高江涛与吴晓桐的研究，都有比较系统的梳理。

高江涛[1]以陶寺出土品为依据，讨论了多璜联璧的分类、分布、起源与用法（图五）。他说："多璜联璧主要出土于晋南陶寺文化、晋陕北新华文化、甘青地区齐家文化，其形制特殊，分布相对集中，年代相对单一，具有鲜明的自身特点。"他认为："龙山文化时期晋南地区首先创造性的发明了多璜联璧这类独特的玉器种类，之后北传至陕北，再通过陕北、内蒙古中南部等新华文化与齐家文化间的互动交流或文化扩张进而向西传至齐家文化分布区。多璜联璧在不同的考古学文化中功用有别，在晋南主要是佩戴饰物，而在齐家文化中却多与祭祀相关。"

高江涛注意到，夏鼐先生最初将多璜联璧称之为"复合璧"，由于材料所限，真实的研究可能没有太深入。陶寺遗址共出土9件多璜联璧，主要见于墓葬，多是一墓随葬一件，男女均有随葬，但多见于男性墓葬，而且均是套戴在腕部或肘部，不分左右臂。陶寺多璜联璧以3、4节璜连缀为主，一般也不以等分的形式出现。

与清凉寺墓地对比可以发现，那里的多璜联璧虽然也多是一墓一件，还见有一墓多件，有一墓随葬了4件。陕北发现的龙山文化玉器多见三璜联璧，但3节玉璜长度不一，也不以等分为制器原则。

齐家文化中的多璜联璧虽然也很流行，但通过发掘得到的出土品只见于民和喇家遗址和天水师赵村遗址。

高江涛的结论是，在陶寺遗址以及清凉寺墓地发现的多璜联璧仅出土于墓葬，应为随葬品。而齐家文化的多璜联璧为非墓葬出土，应当不用于随葬。前者是作为佩戴饰物，后者没有发现作为佩饰的证据。他还认为齐家文化中罕见二璜联璧和五璜以上的联璧，多见等分玉璧，比较规整。"从形制而言，晋南与陕北之多璜联璧相近，而

图二 甘肃省积石山县新庄坪遗址出土的三璜璧

图三 陕西省神木市石峁遗址出土的三璜璧

图四 山西省临汾市下靳村出土的多璜璧

图五 陶寺遗址出土的多璜联璧（据高江涛）

与甘青齐家文化之多璜联璧略相远。这可能与其功用不同有关，陶寺文化意在佩饰而随性，齐家文化崇祭祀而需庄重，因而规整细致。"

通过年代数据比较，高江涛说："从可供参考碳十四测年数据看，在晋南多璜联璧至少在公元前2300左右就已开始出现，甚或更早。""推测多璜联璧这类玉器很可能是由晋南陶寺文化传至陕北芦山峁、石峁一类遗存中。"高江涛判断，齐家文化的多璜联璧多是出土于齐家文化的中晚期，陶寺文化多璜联璧年代应早于齐家文化同类器。"龙山文化时期晋南地区却创造性的发明了多璜联璧这类独特的玉器种类，之后北传至陕北，再通过陕北、内蒙古中南部等新华文化与齐家文化间的互动交流或文化扩张进而向西传至齐家文化分布区。"

朱乃诚[2]在对齐家玉器的讨论中，不可避免地涉及多璜联璧问题。他提到齐家文化发现多璜联璧的地点有广河半山瓦罐嘴、齐家坪、天水师赵村、礼县宽川、庄浪苏苗塬、会宁老鸦沟、积石山新庄坪、民和喇家、隆德页河子、彭阳周沟村等处，统计约有20件多璜联璧。齐家多璜联璧分三璜与四璜两种，多璜规格并不求等大，三璜联璧制作规范一些。他也判断："多璜联璧亦可能是陶寺文化盛行手腕装饰而发明的一种器类。"陶寺有二、三、四、五、六璜联璧，他明确主张："这种多璜联璧的文化传统根源于中原地区。"

更新一些的研究，有吴晓桐[3]《多璜联璧的起源、演变与传播》，他认为："晋南地区出土了数量最多、种类最齐全的多璜联璧，记录了多璜联璧生产技术由断裂缀合到拼凑缀合的演变轨迹。"（图六）年代最早的断裂缀合型多璜联璧起源于大汶口、良渚和薛家岗文化时期，"反映了龙山时代早期东部玉文化的西渐"。而拼凑缀合多璜联璧的产生，"是晋南先民在制玉技术与艺术上的双重创新，也是华西玉器工业系统兴起的标志性产品。晋南地区的多璜联璧向北传播至晋陕高原的龙山文化地区，而后在陕北与甘青地区的互动中传播至齐家文化地区。多璜联璧的起源、演变与传播过程反映了龙山时代跨地域的文化传播现象。"

这个认识，与高江涛和朱乃诚并无明显不同。

最新见到的研究是栾丰实《试论陕北和晋南的龙山时代玉器 —— 以石峁、碧村和陶寺为例》[4]，他并非是专题讨论，却也涉及了多璜联璧。

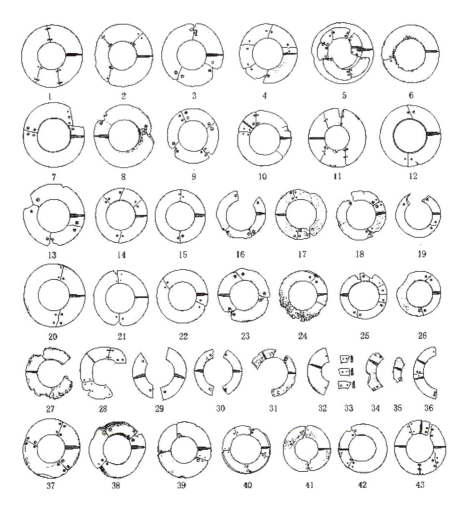

图六 清凉寺二期墓葬出土的多璜璧（据吴晓桐）

栾丰实指出，陶寺玉器中"最具特色的是联璜璧，即由2～6件（其中以4件者最多）璜形器缀合起来，形成一个完整的璧"。陶寺所见"联璜璧少则两段，多者可到八段，这一类璧在清凉寺的广泛使用，构成了当地玉石器的显著特色"。

石峁、碧村和陶寺三地的璧环类玉器，均有普通型璧环、联璜璧、方形璧、有领璧和牙璧。其中结构复杂、制作费力的联璜璧和形制特殊、附加齿牙的牙璧，"在以发达的玉器而享誉中国新石器时代的红山、凌家滩和良渚文化之中，均了无所见"。

栾丰实推测："联璜璧的出现可能有两种途径：一是开始时或许是将不同的残璧钻孔缀合成一个完整的璧，使其具有璧的形态和功能；二是最初取材时就有计划地分

段制作，最后缀合起来，成为一种新的
类型，但是其功能是相同的。后来逐渐
演变为具有区域特色的一类玉石器，甚
至可能成了当地的一种时尚，得到人们
的认同和追求。所以，从清凉寺第二期
庙底沟二期文化墓葬中开始出现的联璜
璧，很快就传播到中条山以北的陶寺文
化，并被碧村和石峁甚至更远的甘青地

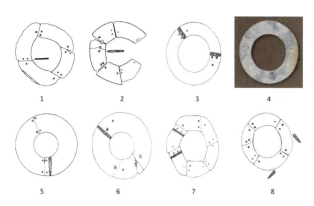

图七 下靳墓地出土多璜璧（据栾丰实）

区史前文化所接受，影响所及包括了差不多整个西北地区。"

栾丰实的结论稍有推进，他把多联璜璧的首创提到庙底沟二期文化，这似乎离仰韶
文化不太远了。我们知道庙底沟文化居民大量制作佩戴的陶环，因为容易损坏，也发现
有一些修复使用的例子，与后来见到的联璜环一样。就技术和习惯而言，这同玉器中的
联璜环与联璜璧自有相通之处（图七）。

关于多璜联璧的用法，上面的讨论都注意到，在山西芮城的清凉寺考古中，多璜
联璧和多璜联环发现时大多数直接套在死者臂腕部位。包括其他穿孔器在内的这些玉
器，凡出现在臂腕位置的都被归入装饰器之列，这是有疑问的，觉得应当区别开来，
有的并不适合做日常装饰品使用，而有可能是殓葬时特意为死者佩戴上去的（图八、九）。

齐家文化新近发现的大规格七联璜璧，显然与手腕上的佩戴品无关，它不是传统
意义的饰品。如果说齐家文化多璜联璧的设计理念是自外部传入的，那它应是有了明
显的改变。

变化之一，小型的多联璜璧一般制作精致，造型规整，联璜大小一致，最标准的
就是三璜联璧（图一〇）。

变化之二，规格增大至5倍以上，重量也相应增加，这样就不大适合以原来的方
式佩戴了，明显上不了手。如果一定要佩戴，那就只能套在脖颈上，放在双肩上顶着。
这样就只能在举行特定仪式时使用，平时就要搁置起来。这样的大璧各块璜料都没有

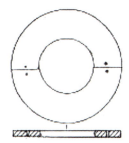

图八 清凉寺M100出土的多璜联璧（M100：6）

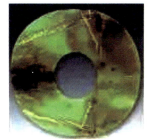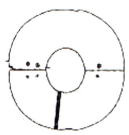

图九 清凉寺M155出土的多璜联璧（M155：2）

细作修整，除了拼合的接口，内外沿都保留着玉料的原状，显得比较粗犷。

考虑到出土七璜联璧的上湾海拔接近 2500 米，正处在面对河流的山顶位置，那里应当是齐家文化的一处祭祀场所。高高的山顶，居住附近的齐家人也许觉得那里离天更近，以苍璧礼天，跳起祭日之舞，抒发崇日之情。目前因为未及进行发掘，详情有

图一〇　喇家遗址出土的三璜联璧

图一一　宁夏隆德沙塘乡页河子出土的玉片

待日后发布。

类似上湾的发现，来日一定还会有。以往在甘肃庄浪、灵台也都发现有类似的大玉片，边缘带有穿孔，不排除也是散失的多璜联璧。见于玉展的宁夏隆德沙塘乡出土的玉片，宽 25.1 厘米，高 17.5 厘米，边缘不齐，四角钻小孔，与上湾风格无殊，也应是大多璜联璧散失的组件（图一一）。

上湾七璜联璧不可谓不大，也还不能说空前绝后。不过可以推测一下，凡发现类似大器的遗址应当是级别较高的遗址，也应当引起特别的重视。

**注　释：**

[1] 高江涛：《陶寺遗址出土多璜联璧初探》，《南方文物》2016 年第 4 期。

[2] 朱乃诚：《素雅精致 陇西生辉——齐家文化玉器概论》，《玉泽陇西》，北京美术摄影出版社，2015 年。

[3] 吴晓彤：《多璜联璧的起源、演变与传播》，《江汉考古》2019 年第 6 期。

[4] 栾丰实：《试论陕北和晋南的龙山时代玉器——以石峁、碧村和陶寺为例》，《中原文物》2021 年第 2 期。

# 马家窑文化的新探索

赵春青
/
中国社会科学院考古研究所研究员

**摘 要**: 马家窑文化是中国西北地区一支重要的史前考古学文化。本文就马家窑文化研究的十个方面，包括探索历程、文化分期、聚落形态、埋葬制度、彩陶、彩陶上的刻划符号、青铜器、小麦、与境外彩陶文化的关系和研究展望等方面，进行细致的梳理，提出自己的见解，以促进马家窑文化研究的深入开展。

**关键词**: 文化谱系 聚落形态 彩陶 小麦

## 一、马家窑文化探索历程

马家窑文化主要分布在我们国家的西北部地区，作为中华多元一体文化格局来讲，马家窑文化可以作为中国西北地区的一个文化单元。

### （一）1923～1949 年（产生阶段）

今年是 2023 年，距安特生发现马家窑文化已经过去了 100 年。1924 年，因首先发现于甘肃省临洮县的马家窑村，发掘者安特生将其定名为仰韶文化的马家窑期。马家窑文化是存在于公元前 3300～前 2100 年的新石器时代考古学文化，主要分布在黄河上游及甘肃青海境内的洮河、大夏河及湟水流域一带，安特生发现马家窑文化之后，他就更坚定地认为中原地区的一些彩陶是受了西北地区的彩陶的影响，再往前追溯就追到了中亚地区、西亚地区；1944～1945 年，著名考古学家夏鼐先生到甘肃进行考古工作，为了确定马家窑期与寺洼期的墓葬关系，发掘了临洮寺洼山遗址，认识到所谓的甘肃仰韶文化与河南的仰韶文化有颇多不同，应该将临洮的马家窑遗址作为代表，称之为马家窑文化。我们都知道安特生在仰韶村发现了大量的彩陶，他将其与东南欧的特里波里、中亚安诺等遗址的彩陶相比，发现有许多相同的地方。在当时的学术思潮中，所谓传播论十分盛行。传播论认为，文化的发明和创造是很困难的，而人群集团之间的文化学习和借鉴则是十分自然的事情。所以世界上许多文化是由某一地发明后相互传播的结果，当时，"中国文化西来说"正在欧洲流行，在此背景下，安特生说："然以河南与安诺之相较，其器形相似之点既多且切，实令吾人不能不起同一源之感想。两地艺术彼此流传未可知也。诚知河南距安诺道路极远，然两地之间实不乏交通孔道。"安特生先生本来是一个地质学家，来到中国以后又对中国的远古文化产生兴趣，并且发现了很多的遗址，也命名了中国的第一支考古学文化，所以后来就变成一个考古学家，他宣扬的"中国文化西来说"，后来被中国的一系列考古发现证明是错误的。

### （二）1950～1966年（初步发展阶段）

为了配合刘家峡水库、天兰铁路、包兰铁路等国家基本建设，开展了多次的文物普查工作，对甘青地区的黄河上游及其支流渭河、洮河、大夏河、湟水和西汉水上游等流域的马家窑文化遗存有了较为全面的了解。在调查的同时，也选择了部分遗址进行试掘。1961年，《新中国的考古收获》一书中将甘肃仰韶文化正式命名为马家窑文化。

### （三）1972～1999年（继续发展阶段）

1972～1999年，我们可以称为马家窑文化研究的继续发展阶段。在这个阶段，马家窑文化的研究多为有计划和有目地开展考古调查和发掘，主要填补某些考古空白和解决学术问题，如青海上孙家寨、阳洼、宗日等遗址，甘肃东乡林家遗址、鸳鸯池、张家台等遗址的发掘，不仅丰富了马家窑文化的内涵，也大体弄清楚了马家窑文化的分布范围。尤其是严文明等学者对彩陶文化自东向西的发展脉络清晰的勾勒，终结了"彩陶文化西来说"的同时，也初步建立了甘青地区史前文化的谱系。

### （四）2000～2022年（全面研究阶段）

2000～2022年，这一时期马家窑文化的发现较为零星，但是全面研究的态势已经开始，一些重要的遗址，如兰州红古下海石、川西地区营盘山遗址也都开始了挖掘。研究成果以王仁湘、郎树德、李新伟、韩建业等人的著作为代表。

## 二、马家窑文化的分期

现在看起来马家窑文化已经可以分成五期，甚至更细一点，现在考古学当中关于期与类型的关系，还没有多少的文章来论及，实际上就分成几个类型，在发展的过程当中可以看到。

### （一）石岭下类型

第一个阶段称为石岭下类型，也就是相当于石岭下时期。石岭下遗址位于甘肃省武山县城关镇，最初发现于 1947 年，1962 年甘肃省博物馆曾进行复查，这里在马家窑文化马家窑类型地层之下和仰韶文化庙底沟类型地层之上，存在着一种过渡性文化层，被命名为马家窑文化石岭下类型（图一）。

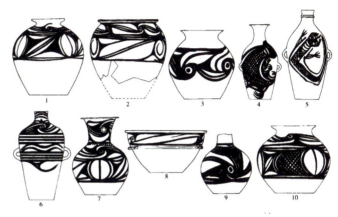

图一 石岭下类型彩陶

临夏回族自治州彩陶博物馆馆藏十分丰富，且极具特色，比如说有长颈瓶的器形，变体鸟纹和旋涡纹的装饰，同时有一些文化因素明显与庙底沟类型相似，考古所的郭志伟先生，还专门让我到他发掘的地方看一看出土的彩陶，我当时还真是感到很惊讶，确实有一些彩陶与中原地区庙底沟类型出的几乎是完全一致，所以说也确实表明石岭下类型花纹的构图比较疏朗和很少内彩，这与庙底沟类型非常相似，相类似的地层关系在临洮马家窑和天水罗家沟等地也有发现，从而证明马家窑类型的确是从仰韶文化的庙底沟类型发展起来的。当然也有一些学者最近指出，马家窑文化也不见得一定是与亚洲文化庙底沟类型往西进展有关，而是可能另有自己的来源，这是另外一种观点。

### （二）马家窑类型

马家窑类型属于新石器时代的马家窑文化，年代约公元前 3300～前 2900 年。陶器的制作采用泥条盘筑法，以彩陶最具代表性，彩陶的底色呈橙黄色，少数呈橘红色，大多用单一的黑彩描绘，笔道比较粗，但柔和匀称，以长短线和弧线构成的几何纹为主，纹饰繁密，题材多样化，有垂幛纹、旋涡纹、水波纹、圆圈纹、多层三角纹、锯齿纹、桃形纹和草叶纹等。最有代表性的是人物舞蹈纹，动物形纹，有蛙纹、鱼纹、蝌蚪纹、鸟纹等；而几何形纹则有波浪纹、垂勾纹、旋涡纹、三角纹、圆

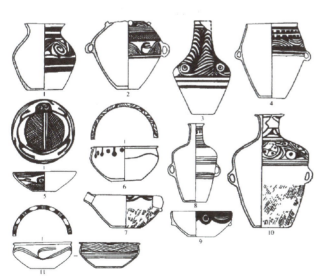

图二 马家窑类型彩陶

点纹、葫芦形纹、平行条纹、网状纹等。作盛器用的大型罐、瓮、甑等和炊器，画彩较少或不上彩，各类陶器都是手制，广泛采用泥条盘筑法成型，经过精细的修刮和打磨，焙烧工艺高超，陶器质量普遍比较好（图二）。

现在全国考古学界，包括文物，都公认了马家窑文化的彩陶在中国各种彩陶文化当中应该是水平最高的，比如说中原的仰韶文化、东方的大汶口文化、东北的红山文化、长江流域的大溪文化等都有一些彩陶，但是如果与马家窑类型的彩陶比起来，都没有马家窑类型的彩陶发达，这个已经成为大家的共识了。

### （三）小坪子期

马家窑类型的晚期是小坪子期，这是严文明先生专门强调的，他认为在马家窑文化的马家窑类型晚期，彩陶的花纹笔道粗犷，在器物肩、腹部构图很饱满，以大旋涡纹和弧度很大的锯齿纹为主题花纹，显示出向半山类型过渡的趋势。严文明先生将这个特点的文化遗址单独划出一个时期，即小坪子期，以兰州市郊陆家沟的小坪子遗址命名，其年代约为公元前2900～前2650年（图三）。

图三 小坪子期的彩陶

### （四）半山类型

半山类型是1924年首次发现，20世纪50年代以来，甘肃省博物馆又做过调查，马家窑文化的半山类型或半山期即由此而得名。半山类型彩陶纹饰的最大特点是用红黑相间的锯齿纹构成旋涡纹、菱形纹和葫芦形纹等，还有棋盘格纹和瓜子纹。过去有

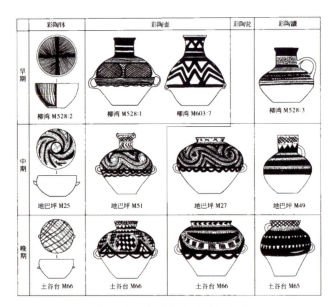

图四 半山类型主要陶器分期图

人认为半山式陶器专属墓葬的随葬品，事实上后来北京大学做了一些发掘，证明在房屋里面也有半山式的陶器，说明半山式的陶器也同时广泛适用于人们的日常生活。半山类型陶器大都绘有几何图案，几何图案是原始社会制陶工艺中应用最广泛的一种装饰题材，来源于生活。所有的几何图案，都是一些非常具体的对象简略图，有时候甚

至是模拟的图形，例如，一根波状的图形，两边画着许多点，就表示一条蛇。由此可见，这种经过艺术抽象的几何图案，是与当时的实际生活和生产活动密不可分的。半山类型的年代为公元前2605～前2350年，这个时期彩陶上用的红彩和黑彩两种相间的锯齿纹为骨架构成各种图案，半山类型彩陶图案比马家窑类型复杂，在陶器上所占的面积大，从口沿到器物最圆鼓的下腹部位都画彩，最常见的图案有水波纹、旋涡纹、葫芦纹、菱形网纹、平行带纹、棋盘格纹、蛙纹和附加堆纹，有的夹砂陶是白色陶泥制作的白陶。半山类型彩陶的绳纹，是在成型时拍打上去的，多在夹砂陶器上出现。附加堆纹成型时为加固坯体而作（图四）。

### （五）马厂类型

马厂类型是马家窑文化在甘肃、青海地区的一种类型。据放射性碳素断代并经校正，年代约为公元前2350～前2050年，因首次发现于青海民和马厂塬墓地而命名。陶器以彩陶为突出，也有红陶和少量的灰陶、白陶，器形与半山类型有很多相似，但也有发展，新器形主要是单把筒形杯。彩绘用黑、红两色，纹

图五 马厂类型彩陶器

饰有波折纹、圆圈纹、菱形纹、编织纹和变体蛙纹等，夹砂陶器也多饰附加堆纹，只是条带变粗。早期器物器表打磨光滑，晚期只有个别的经过打磨。马厂类型晚期的双耳罐耳部加长，纹饰用单色，以四大圆圈纹、变体神人纹、波折纹、回形纹、三角纹、菱形纹和编织纹为主（图五）。

## 三、马家窑文化的聚落形态

马家窑文化的村落遗址一般位于黄河及其支流两岸的台地上，接近水源，土壤发育良好。房屋多为半地穴式建筑，也有在平地上起建的，房屋的平面形状有方形、圆形和分间三大类，以方形房屋最为普遍。方形房屋为半地穴式，面积较大，一般在10～50平方米左右，屋内有圆形火塘，门外常挖一方形窖穴存放食物。存放食物的圆形房屋多为平或挖一浅坑起建，进门有火塘，中间立一中心柱支撑斜柱，房屋呈圆锥形。分间房屋最少，主要见于东乡林家和永登蒋家坪，一般在主室中间设一火塘，侧面分出隔间。像师赵村出土的这两种房子，一个可以称为双间，一个是圆形的带半地穴的房屋。关于马家窑文化的聚落形态现在完整揭示的并不多见。

## 四、马家窑文化的埋葬制度

马家窑文化的墓葬，经发掘的有 2000 多座，墓地一般和住地相邻，流行公共墓地，墓葬排列不太规则，多数为东或东南方向，盛行土坑墓，有长方形、方形和圆形等。葬式因时期和地区不同而有变化，一般有仰身直肢、侧身屈肢和二次葬，墓葬内一般都有随葬品，主要有生产工具、生活用具和装饰品等，少数随葬粮食和猪、狗、羊等家畜。有的墓地的随葬品，男性多石斧、石锛和石凿等工具，女性多纺轮和日用陶器，反映出男女间的分工。随葬品在数量和质量上都存在着差别，而且越到晚期差别越大，有的随葬品达 90 多件，而有的一无所有，这种贫富差别的增大，标志着原始社会逐步走向解体和中国文明曙光的来临。

## 五、马家窑文化的彩陶

关于马家窑文化的彩陶，临夏还专门成立有马家窑文化彩陶研究民间组织，在全国各个地方的文化研究当中，马家窑文化彩陶的研究是最成气候的，无论是从事的研究人员，还是从事的研究机构都是最多的。

马家窑文化的彩陶，早期以纯黑彩绘花纹为主；中期使用纯黑彩和黑、红二彩相间绘制花纹；晚期多以黑、红二彩并用绘制花纹。它的制陶工艺已开始使用慢轮修坯，并利用转轮绘制同心圆纹、弦纹和平行线等纹饰，表现出了娴熟的绘画技巧。

## 六、马家窑文化彩陶上的刻划符号

在彩陶壶的腹下部还常见各种彩绘符号，仅柳湾一地就发现有彩绘符号的马厂类型陶器 679 件，包括 139 种不同形式的符号，常见的有"十""一""1""0"等 10多种。这些符号可能是氏族的徽号或制陶者的一种特殊标志。

## 七、马家窑文化的青铜器

1975 年甘肃东乡林家马家窑文化遗址（约公元前 3000 年）出土一件青铜刀，这是目前在中国发现的最早的青铜器，是中国进入青铜时代的证明。在其后的永登蒋家坪马厂类型遗址也发现了青铜刀，表明当时人们可能已进入铜石并用时代。足见马家窑文化的青铜刀对于中国探索铜器的起源及发展具有重要价值。

## 八、马家窑文化的小麦

马家窑文化发现的小麦是非常惊人的。但对这批小麦的年代认定存在矛盾之处，李水城、莫多闻 2004 年发表了《东灰山遗址炭化小麦年代考》一文，认为东灰山遗址出土的炭化小麦是距今 5000 ～ 4500 年的农产品。这是目前中国境内所见年代最早的炭化小麦标本。

## 九、马家窑文化与境外彩陶文化的关系

1. 向西。约公元前 5000～前 3000 年，欧亚大陆东、西两端分别是：黄河中上游的仰韶文化，黑海西部和西北部的库库特尼－特里波利文化。它们都以发达的农业为基础，经济和社会组织高速发展，彩陶纹样有很多相似之处。

2. 向南。以西藏昌都卡若遗存为代表的卡若文化，年代上限大致在公元前 3000 年。卡若文化或类似遗存可能已经分布至以拉萨为中心的西藏东南部甚至锡金地区。

西藏当雄加日塘出土的饰刻划、戳印几何纹和附加堆纹的陶片，都与卡若文化接近。再向南，在锡金北部也见有包含刀、锛、凿等磨制石器的遗存。

## 十、马家窑文化研究的展望

1. 文化谱系。石岭下类型与仰韶文化庙底沟类型的关系，要做一些数量化的统计；边家林类型或者严文明现在称为小坪子期的这一期的彩陶到底成立不成立；半山与马厂究竟是类型还是文化；宗日文化与马家窑文化的关系等等。

2. 聚落形态。聚落考古在中国兴起已有二三十年的历史，现在要通过聚落的研究来揭示当时的社会组织形态，聚落考古是包括聚落群的分布，聚落能不能分级等，这样我觉得可能才能把马家窑文化引向深入。

3. 青铜器的来源与发展。青铜器的来源，现在国内主要有两种意见，究竟是本土发明的，还是西方传入的，中国学者迄今没有一致的意见。马家窑文化的研究者在今后的发掘调查和研究当中都要做出一些回答。

我在河南新密市新砦遗址做研究时，在遗址中发现了 20 多件铜器，经鉴定没有一件是青铜器，全是红铜器。在二里头文化的一、二期也只有红铜器，三期才有青铜器，但是不少的龙山文化遗址，包括个别马家窑文化遗址，也出现了极少数青铜器，所以青铜器究竟是处于什么样的情景之下才开始在中国产生的？难道说青铜器真的是先在西北地区流行，后来在中原地区，特别是二里头文化晚期的时候，才成为一种显著的产业？在开展马家窑文化研究的时候，也要带着对这些问题的思考。

# 传世齐家文化玉器讨论

## —— 以故宫博物院藏品为例

徐 琳

/

故宫研究院玉文化研究所所长

中国文物学会玉器专业委员会主任委员

**摘 要**：虽然考古发掘发现了一定数量的齐家文化玉器，但是传世品中齐家文化玉器的数量更为惊人。这些传世品散落在海内外各大博物馆中，以故宫博物院为例，所藏齐家文化玉器达 300 余件之多，且品类齐全，有玉璧、玉琮、玉环、玉刀、玉钺、玉璜联璧等。故宫所藏齐家玉器来源十分复杂，不仅有历史上出土的，收入清宫的旧藏品，也有记载明确出土地点的收购品。它们在玉料、器形、文化交流等方面都有诸多进一步探讨的空间。

**关键词**：故宫博物院 齐家文化 玉器

## 一、出土与传世齐家文化玉器

### （一）出土（征集）的齐家玉器

1923～1924 年，瑞典学者安特生在青海西宁朱家寨和甘肃广河一带发现玉器，有璧、环、铲、斧、凿、璜等。20 世纪 50 年代以后，经过多年、多次发掘，甘、青、宁、陕四省发现几十处出土齐家文化遗址，流散征集的齐家玉器数量更多，超过千件（可能有上万件）。

### （二）传世齐家玉器

齐家文化玉器很早就有出土，清宫旧藏中就有。齐家玉器历史上即有出土，但都流散各地，各大博物馆都有收藏，尤以海外博物馆藏品最为丰富，例如目前最高、最大的玉琮在美国迈阿密大学洛尔艺术博物馆收藏，高53.36厘米、上下口径20.3厘米（图一）；目前最大的玉璧在美国弗利尔艺术馆收藏，直径45.8厘米、孔径18.7厘米、厚1.6厘米（图二）；另外美国芝加哥艺术研究所典藏有19件龙山—齐家系的玉琮，其中最高的一件约18.4厘米。

图一 美国迈阿密大学洛尔艺术博物馆收藏的最大的齐家玉琮

## 二、故宫博物院藏齐家文化玉器

故宫的藏品分别编为故字号（基本为清宫旧藏）和新字号（基本为新中国成立之后入藏的藏品）。

### （一）故宫藏齐家文化玉器的数量、种类与来源

1. 数量颇丰，有300余件，居所收藏的众史前玉器之首。

2. 齐家文化玉器有玉璧、玉琮、玉环、玉刀、玉钺、玉璜联璧等器形。

图二 美国弗利尔艺术馆收藏的最大的齐家玉璧

3. 来源十分复杂，有些为清宫旧藏，有些来自于20世纪五六十年代的收购、调拨和捐献，也有记载较为明确出土地点的收购品。

### （二）清宫旧藏

清宫旧藏齐家玉器数量较多，说明在明代或者至少到清乾隆时期玉器就已出土并送到宫中，它们许多可能为历史上出土的玉器。

清宫旧藏齐家玉器许多存在染色现象，另外还有部分重新打磨、抛光的现象。有些留存下来的玉器还进行了改制，改制时代约从明代到清代前期。乾隆皇帝对一些齐家玉器十分喜爱，曾亲自作诗，并命书法家书写后让工匠刻在玉器上，这样的玉器有多件。值得庆幸的是，这些玉器大都保留了原始的状态，没有遭到太大的改制。值得注意的是，清宫旧藏的齐家玉器改制的时间并不只限于清代，而是以明代居多。

### （三）新中国成立以后新收玉器

故宫藏品新收的齐家玉器时代集中于20世纪50年代和20世纪60年代初期，这批玉器不见后期的改制、打磨和染色现象，较多地保留了出土时的原状。

齐家玉器中的多璜联璧以三璜联璧居多，双璜联璧较少，还有多璜联璧（四、五、六、七璜联璧），它们一般用作祭祀，而非装饰品。故宫所藏的新收齐家玉器中最有

代表性的是于1986年4月在甘肃省镇原县屯字镇白马村出土的一件玉双璜联璧，出土点距离地表2～3米深。这件玉双璜联璧，采用成形对开方式，最大限度地提高了效率，是工艺上的一种进步。

图三　玉双璜联璧
（新 196662、新 196663）

### 三、齐家传世玉器的鉴定与研究

#### （一）玉料

故宫所藏齐家玉器，目测和部分检测均为透闪石玉料，颜色十分丰富，有些还十分斑杂，玉料的原色有白玉、青玉、深绿色玉、灰白色玉、墨玉、黄玉等。

玉料多有杂色侵入，最多为糖色，分浅糖色到深褐糖色多种色调。糖色一般位于玉器外围，另外玉料中的风化皮者也居多。风化皮并非玉器子料的外皮，也非在河流中冲刷而成，而是玉矿在自然环境中长期被辐射、雨淋等自然风化所致。这样的风化皮经检测也是透闪石玉。风化皮中常有水草纹或被称为蚁纹等的杂质。一件玉器上常带有"玉、糖色、风化皮"三种性状。

中国地质大学珠宝学院的施光海教授曾对带有风化皮的玉料进行过检测研究，其依据产状、位置、有无接触空气、水的作用等因素对玉矿山料进行再分类。认为山料分三类：一是深部山料，即未经过任何物理化学风化作用，没有任何外来物质注入，是真正的原生矿；二是残—坡积山料，这样的山料会形成风化层，有的还可出现满皮，因为物质带进带出玉料中，已属于次生矿；三是裸露的山料，即原料裸露于空气中或者有裂隙通达表面，无土覆盖，经受辐射、风吹和雨淋。后两种玉料虽然是山料，但是都可能形成风化皮，有些形成的风化皮非常厚。经检测，风化皮的部分依然是透闪石质，其风化皮常常是灰白色，如果有铁分子侵入，也常常会形成褐色或黑色的水草纹，如蚁状分布。

2011～2014年，甘肃省文物考古研究所对甘肃省肃北县马鬃山镇的河盐湖径保尔草场和寒窑子草场两处玉矿遗址进行了考古调查和发掘。这些年在甘肃境内的马衔山、武山、临夏等地区也都发现了玉矿资源，但目前还没有考古或地质工作者对其进行实际详细的调查研究。我个人认为，齐家玉料的来源应该是我们下一步考古研究工作的重点，尤其要以马衔山玉矿为重。

综合近几年的发现以及部分玉矿与齐家玉器的比对，齐家玉器的玉料极可能来源于甘肃地区，当时人类选料主要是就地、就近取材，而非此时已开始使用新疆和田地区的玉料。

齐家闪石玉玉料可能大多采自山料，也有部分子料，但相对较少。这种山料距离地表很近或就裸露于地表，常年受日晒雨淋，极易形成糖色和风化皮，故采来的玉料多带有糖色和风化皮。

由于受玉料本身的限制，齐家玉器中风化皮、糖色及各类杂质较多，这是齐家玉器的一个主要特征。我并不认为这种糖色和风化皮是缺憾，这样更彰显用玉颜色的丰富多彩，可能更符合当时的审美标准，所以在制作玉器时，齐家人不仅没有将其去掉不用，而且故意留皮制作以示美观，所以才会出现齐家玉器独特的自然面貌。从而可知齐家人在治玉时更追求玉器（玉璧、玉琮等）祭祀天体的功能，而不注重玉质本身的精美。

### （二）制作工艺 —— 传世玉器鉴定的主要依据

齐家玉器单从出土玉器上看不出变化，但细看每件玉器的制作工艺，有简单（摸索）到成熟之分。

从玉璧的制作工艺上看，玉璧有早晚之分。除被清代打磨改制的玉璧之外，这批玉器中一些切割痕迹较重、切剖不平、钻孔粗糙、留下明显断茬、后期打磨也不精细的玉璧可能时代稍早。相比之下，那些用料较好，切剖较为规整且切割痕迹留下较少，钻孔及外缘做得较为圆整的玉器可能时代相对较晚。

玉琮也有早晚之分，射口较短、器形较矮的玉琮，可能时间稍早。但在齐家晚期，玉琮向高发展的同时射口也向高发展。

### （三）有待探讨的问题

齐家的传世玉器数量非常之大。需要思考的问题是为什么会有很多做工不正、歪歪扭扭的玉琮？它们产生于何时？是受本土生长影响还是外来因素影响？传播路线又是怎样的呢？齐家玉器在将近700多年的发展过程中，它的治玉工艺经历了怎样的变化？马衔山玉矿是不是齐家玉器的主要来源？还有就是对当时齐家治玉作坊的探寻？这些都是我们以后考古研究的侧重点和方向。

齐家玉器有一个很明显的特点，不管是玉璧、玉琮或玉刀，它们都不用作装饰，齐家人不做装饰品，有的话也都是外来交换过来的。他们做毫无实用性的东西是为了什么？台北故宫博物院的邓淑苹研究员曾经提出"齐家人开始将玉璧和玉琮组合使用，这是一种天体的崇拜"的观点。这也是后世《周礼》中讲到的"苍璧礼天、黄琮礼地"观念的源头。

齐家玉器的存世量比史前至夏时期其他考古学文化遗留的玉器要多很多，但是，因为各种原因，缺少庞大的考古标准器来进行地层关系、时代方面的佐证。所以急需更多的考古调查、发掘提供明确的证据将齐家玉器的研究深入下去。

# 临夏地区史前考古工作的回顾与展望

陈国科

/

甘肃省文物考古研究所所长、研究员

**摘　要**：临夏地区是我国最早开展考古工作的地区之一，距今已有百年历史。马家窑文化边家林类型、半山类型及齐家文化等多种文化类型均因在临夏地区首次发现而命名，充分体现了临夏地区在中国史前考古学文化研究中的重要地位。本研究通过对临夏地区历年考古调查、勘探与发掘工作的系统回顾，全面梳理该地区史前考古研究工作的重要阶段性成果，为该地区未来考古工作开展的方向提供思路，以此推动临夏地区考古与文化遗产保护事业的新发展。

**关键词**：临夏　史前考古　马家窑文化　齐家文化

## 一、临夏史前考古的早期工作基础

### （一）安特生在临夏的开创性工作

临夏地区是甘肃乃至中国最早开展考古工作的地区之一，至今已有百年历程。20 世纪 20 年代初，瑞典学者安特生在甘肃洮河流域的考古调查与发掘开启了临夏地区考古工作的序幕。安特生调查发掘了广河县半山遗址、齐家坪遗址，为其提出甘青地区史前文化"六期说"提供了重要依据（图一）。

安特生的开创性工作为中国早期文明起源与发展研究奠定了基础，成为后来中国考古学者开展甘青地区史前考古工作的重要前提。

图一　1924 年安特生主持发掘齐家坪遗址

### （二）夏鼐对齐家期墓葬年代的改订

1944～1945年，夏鼐先生作为"中央研究院"和"中央博物院"筹备处等机构组成的"西北科学考察团"的主要成员，赴甘青地区进行了近两年的田野考古工作，足迹遍及河西走廊、兰州周边和洮河流域及青海西宁地区，考察内容既有新石器时代、青铜时代的遗址墓葬，也包括历史时期的城址、墓葬、寺院、碑刻等。

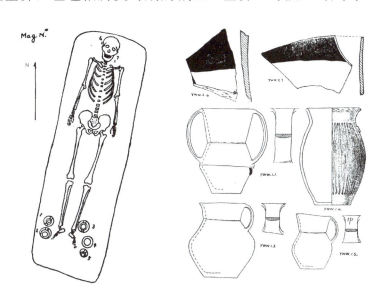

图二 夏鼐先生发掘的阳洼湾第一号墓

夏鼐先生对甘青地区史前文化研究的最重要贡献，是推翻了安特生关于齐家期和仰韶期之间先后关系的论断。夏鼐先生调查发掘了齐家坪遗址、半山附近的边家沟遗址、齐家坪附近的阳洼湾遗址。他在阳洼湾遗址1号齐家文化墓葬填土中发现两块属于甘肃仰韶文化的彩陶片，从而获得了齐家期晚于仰韶期的确凿证据，由此安特生关于甘青地区史前文化"六期说"得以修正（图二）。

### （三）裴文中在临夏地区的考古调查

1947～1948年，受"中央地质调查所"委派，裴文中先生先后两次对西北地区进行地质和考古调查，调查范围涉及甘肃、青海两省。足迹遍及甘肃省的渭河上游、西汉水流域、洮河流域、大夏河流域、兰州附近、河西走廊以及青海省的湟水流域、西宁和青海湖附近，调查内容为新石器时代至青铜时代的遗址墓葬。裴文中先生的甘青地区考古调查是自抗战胜利以来中国史前考古学领域规模最大的田野考古工作。通过调查研究，裴文中先生认为安特生所划分的"齐家期"并非彩陶文化，认为应将其命名为"齐家文化"，这是对安特生分期体系的第一次突破。

安特生、夏鼐、裴文中在甘青地区的早期考古工作，奠定了新中国成立后该地区考古调查、发掘与研究工作的基础，同时为临夏地区开展系统科学的考古工作提供了重要前提。

## 二、临夏史前考古的调查发掘成果

新中国成立后的最初三十年，临夏地区考古工作的开展得益于黄河水库考古队，同时甘肃的文物考古机构开始陆续成立，甘肃省博物馆承担了这一时期省内考古调查、发掘与研究的任务，并取得了阶段性成就。

### （一）临夏地区考古调查概况

1956 年，黄河水库考古队在刘家峡水库区及其附近的黄河、洮河、大夏河等流域进行调查，发现古遗址 176 处；1956 年、1959 年，黄河水库考古队在黄河上游刘家峡附近及盐锅峡、八盘峡进行调查，两次调查发现古遗址 225 处；1956 年、1959 年，中国科学院考古研究所、甘肃省博物馆分别在黄河寺沟峡水库进行考古调查，发现古遗址 11 处；1957 年，甘肃省文物管理委员会在临洮、临夏两县进行考古调查，发现古遗址 44 处；1989 年，甘肃省博物馆对积石山县新庄坪遗址进行全面调查，确定该遗址为齐家文化时期的大型聚落。

1. 刘家峡水库区周边考古调查。1956 年 6 ～ 7 月，黄河水库考古队在刘家峡水库区及其附近的黄河、洮河和大夏河等流域进行调查，发现古遗址 176 处并征集了一批陶器。其中，发现于东乡县唐汪川山神遗址的一批陶器较为特殊，安志敏先生研究认为属于"唐汪式"陶器，与辛店文化关系密切。

2. 盐锅峡与八盘峡考古调查。盐锅峡与八盘峡分别位于黄河上游的永靖县与永登县。1959 年 4 月，黄河水库考古队甘肃分队对刘家峡孔家寺以北至八盘峡附近进行调查，发现马家窑文化马厂类型、齐家文化与辛店文化遗址共 28 处。调查确认的马家窑文化遗存均属于马厂类型，马家窑类型在这一区域却未发现。齐家文化则分布较广，盐锅峡与八盘峡均有发现。发现的辛店文化遗址包括张家咀类型和姬家川类型。

3. 黄河寺沟峡水库考古调查。寺沟峡水库位于临夏市西北约 60 千米。1956 年，中国科学院考古研究所做过初步调查，在黄河以南大河家附近发现新石器时代遗址 4 处。1959 年 8 月，甘肃省博物馆对库区黄河南岸甘肃部分进行调查，发现甘肃仰韶文化（马家窑文化马家窑类型、半山类型）、齐家文化遗址共 7 处。

4. 临洮、临夏两县考古调查。临洮、临夏分别位于黄河支流的洮河和大夏河流域。1957 年 10 月，甘肃省文物管理委员会对两县进行调查，发现新石器遗址 44 处，包括甘肃仰韶文化（马家窑类型、马厂类型）12 处、齐家文化 23 处、寺洼文化 6 处、辛店文化 2 处。调查发现了甘肃仰韶文化马家窑期与仰韶文化的地层叠压关系。同时，发现了齐家文化与甘肃仰韶文化马家窑期的早晚地层关系，证明甘肃仰韶文化马家窑期早于齐家文化，进一步修正了安特生的甘青地区史前文化"六期说"。

5. 积石山县新庄坪遗址考古调查。新庄坪遗址位于甘肃省临夏回族自治州积石山县银川乡。1989 年 10 月，甘肃省博物馆全面调查了该遗址。调查显示，新庄坪遗址是一处规模较大的齐家文化聚落。出土陶器与秦魏家和大何庄遗址较为接近，且出土了铜镯、铜泡等青铜器以及绿松石等装饰品，为齐家文化研究提供了重要的实物资料。

### （二）临夏地区考古发掘概况

新中国成立后至今，中国社会科学院考古研究所、甘肃省博物馆、甘肃省文物考古研究所、临夏回族自治州博物馆等单位在临夏地区先后发掘了马家窑、齐家、辛店文化遗址 10 余处，并取得了阶段性收获。马家窑文化 6 处：东乡林家遗址、康乐边家林遗址、广和地巴坪墓地、临夏范家村遗址、永靖马家湾遗址；齐家文化 3 处：广和齐家坪遗址、永靖秦魏家遗址、永靖大何庄遗址；辛店文化 3 处：永靖张家咀遗址、永靖姬家川遗址、永靖莲花台遗址。

1. 东乡县林家遗址考古发掘。林家遗址位于东乡县西部东塬乡林家村北。1976 年 8 月，临夏回族自治州文物普查队首次发现林家遗址。1977～1978 年，甘肃省博物馆会同临夏回族自治州文化局、东乡县文化馆先后两次对林家遗址进行发掘，发掘面积近 3000 平方米。清理马家窑文化、齐家文化时期房址、灰坑、窑址和墓葬等遗迹

图三 林家遗址出土的铜刀
（中国国家博物馆藏）

132 处。林家遗址发掘廓清了马家窑类型早、中、晚三个阶段的地层关系，奠定了马家窑文化的分期基础，同时为探讨马家窑文化的生产水平、社会组织、生产关系和分配制度以及文化渊源等提供了重要实物。房址 F20 内出土 1 件铜刀，经鉴定为锡青铜，同时遗址文化层中发现铜渣，说明马家窑文化时期已出现人工铸造的铜器，证明当时的人群已开始从事铜器冶铸生产（图三）。

2. 康乐县边家林遗址考古发掘。边家林遗址位于康乐县虎关乡关丰村。1975 年冬，临夏回族自治州文物普查队首次发现该遗址。1981 年 4 月，临夏回族自治州博物馆会同康乐县文化馆合作发掘，发掘面积 425 平方米，清理墓葬 17 座、灰坑 1 处。该墓地发掘的最大收获是发现了介于马家窑类型和半山类型之间的"边家林类型"遗存，文化内涵承袭了马家窑类型的风格，又孕育了半山类型的特征，填补了马家窑类型至半山类型的重要缺环。

3. 广和县地巴坪墓地考古发掘。地巴坪墓地位于广和县城东南 6 千米的地巴坪村

西北。1973 年，甘肃省博物馆文物工作队与广河县博物馆联合开展两次考古发掘，清理半山类型墓葬66 座。地巴坪墓地是目前已知的半山类型中最典型、最丰富的遗存之一。该墓地的发掘，通过墓葬形制、随葬器物等证据验证了半山类型早于马厂类型，并为否定安特生的"马家窑文化住地说"和"半山葬地说"提供了新证据。

4. 永靖县马家湾遗址考古发掘。马家湾遗址位于永靖县莲花乡马家湾村。1960 年9 月，黄河水库考古队甘肃分队发掘，揭露面积248 平方米，清理房址、窖穴等遗迹12 处。发掘揭露的文化层分为上、下两层，均为马家窑文化马厂类型。该遗址提供了马家窑文化马厂类型房址的实物资料，对于研究马厂类型的文化内涵和聚落特征具有重要价值，同时驳斥了安特生提出的马厂类型只有"葬地"的谬论。

5. 广河县齐家坪遗址考古发掘。齐家坪遗址位于广河县齐家镇排子坪村。1975 年，甘肃省博物馆考古队对该遗址进行了两次大面积发掘，清理墓葬、灰坑和房址等遗迹139 处。A 区发掘墓葬计112 座，除了少数不规则乱葬坑或形制不明外，其余均为长方形竖穴土坑墓，无葬具。埋葬方式分为一次葬、二次扰乱葬和乱葬坑三类（图四）。B 区发掘面积约200 平方米。清理房址、灰坑、墓葬、红烧土墙基、硬土路面和卵石堆等各类遗迹30 处（图五）。齐家坪遗址整体处于齐家文化晚期，与磨沟遗址的齐家文化相衔接，时代上大致在公元前1700 年。齐家坪遗址是齐家文化的命名地，该遗址的发现对于建立洮河流域的史前文化序列、研究黄河流域青铜文化的产生、发展以及探索中华文明起源的历史进程具有重要意义。

图四 齐家坪遗址 A 区发掘现场　　　图五 齐家坪遗址 B 区发掘现场

6. 永靖县大何庄遗址考古发掘。大何庄遗址位于永靖县莲花乡的西南部。1959 年5 月、8 月，中国科学院考古研究所甘肃工作队与甘肃省博物馆两次联合发掘，发掘面积1589 平方米。除9 座汉墓外，清理齐家文化窖穴、墓葬、房址和"石圆圈"等遗迹109 处。其中，"石圆圈"这类带有祭祀功能的遗迹现象是首次发现。红铜匕的发现是继武威皇娘娘台遗址发现铜器之后的又一重要收获，进一步证明齐家文化已进入青铜时代。

7. 永靖县秦魏家遗址考古发掘。秦魏家遗址位于永靖县莲花乡秦魏家村。

1959～1960年，中国科学院考古研究所甘肃工作队两次发掘，发掘面积1011平方米，清理墓葬、窖穴和石圆圈遗迹共200处。秦魏家墓地是迄今已知的黄河上游齐家文化中规模最大、保存最好的公共墓地之一。墓地所反映出来的墓制、葬式和葬俗以及丰富的文化遗物，对于探讨家庭、私有制与阶级的产生等问题具有重要意义。

8. 永靖县张家咀遗址考古发掘。张家咀遗址位于永靖县河东乡张家嘴村。1958～1959年，黄河水库考古队甘肃工作队两次发掘，发掘面积995平方米，清理齐家与辛店文化窖穴、灰沟、墓葬等遗迹274处，出土大量陶器、石器、骨器、铜器和铜渣等重要遗物。张家咀遗址发现并确认了辛店文化层叠压于齐家文化层上，为两个文化相对年代的早晚关系提供了地层证据。发现的铜容器残片、铜矛和铜渣等青铜遗物，验证了辛店文化的铜冶炼工艺较齐家文化进一步发展。

9. 永靖县姬家川遗址考古发掘。姬家川遗址位于永靖县岘塬镇姬川村南刘家峡库区。1960年6～7月，黄河水库考古队甘肃工作队进行发掘，发掘面积675平方米，清理齐家与辛店文化房址、窖穴、墓葬等遗迹45处。辛店文化房址的发现尚属首次，房址保存较好，是辛店文化建筑遗存研究的重要标本。辛店文化屈肢葬也是首次发现，突破了以往对于辛店文化丧葬习俗的认识。

10. 临夏莲花台墓地考古发掘。莲花台遗址位于临夏县莲花镇莲城村。1959年，中国社会科学院考古研究所甘肃工作队发掘，发掘面积889.5平方米，清理房址、窖穴和墓葬等遗迹223处。该遗址包含辛店文化张家咀类型和姬家川类型两类遗存，该发现对于揭示两种类型遗存的早晚关系提供了重要材料。其中，张家咀类型墓葬的发现尚属首次，其男女合葬的埋葬方式受齐家文化影响。

11. 中美合作洮河流域考古项目。2008年，甘肃省文物考古研究所组织人员对齐家坪遗址进行了考古勘探，勘探确认遗址面积约30万平方米，并发现了大量房址、灰坑、窑址和墓葬等重要遗迹。勘探厘清了遗址分布范围及文化内涵特征，为实施遗址保护规划提供了重要基础。同时为中美合作洮河流域考古项目的实施提供了必要前提。2013～2015年，通过系统的地表调查、地球物理探测、地貌测绘和地质调查等，确定了齐家坪遗址陶片密度特征、遗迹密集区域及重要遗迹位置。发掘则以灰坑、窑址等遗迹为主要工作对象，目的是获取反映齐家文化技术、生业发展与演变的关键证据。2015～2019年，甘肃省文物考古研究所、北京大学考古文博学院与美国哈佛大学人类学系合作开展"甘肃洮河流域新石器至青铜时代文化与社会之演进"项目，围绕洮河流域史前遗址开展考古调查、发掘与研究。齐家坪遗址因其在齐家文化研究中的代表性地位，成为项目研究的主要遗址之一。2016～2017年，中美联合考古队对齐家坪遗址进行了两次小规模试掘，发掘面积21平方米，清理齐家文化灰坑2处、宋代窑址1

座，出土了大量陶片、石器、骨器等遗物，并采集了动物、植物及年代学等多学科样品。齐家坪遗址出土陶器、铜器和动植物等遗存研究表明，齐家文化吸收、发展、传播源自欧亚大陆不同区域的文化和技术传统，是史前东西文化交流的重要参与者（图六）。

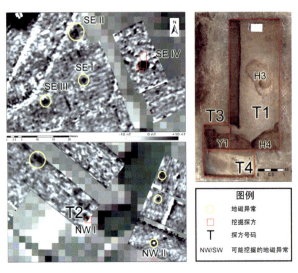

图六　考古地磁探测技术支持下的齐家坪遗址发掘

### （三）临夏史前考古学文化谱系

临夏地区的史前考古工作大致经历了三个阶段。第一阶段是20世纪20～40年代，安特生、夏鼐、裴文中等人开创性的考古调查发掘工作，为临夏地区史前考古学文化谱系的确立奠定了早期基础。第二阶段是20世纪50～70年代，黄河水库考古队、甘肃省博物馆、临夏回族自治州博物馆等单位通过一系列的考古调查与发掘，初步确立了临夏地区史前考古学文化的基本谱系。第三阶段是20世纪80年代至今，该阶段的田野考古工作基本陷于停滞，主要的田野考古工作是中美合作洮河流域考古项目的开展，通过对广河齐家坪、临洮灰嘴山、大崖头等遗址的调查发掘，探讨了马家窑、齐家至辛店文化之间的技术、生业与环境的发展演变并取得了初步成果。

因此，经过近百年的考古调查、发掘与研究，临夏地区的史前考古学文化谱系初步确立，即马家窑文化（马家窑类型、半山类型、马厂类型）—齐家文化—辛店文化（姬家川类型、张家咀类型、唐汪类型）—寺洼文化。

## 三、临夏史前考古的未来发展规划

### （一）临夏地区考古工作规划背景

1.2019年9月18日，习近平总书记在黄河流域生态保护和高质量座谈会上指出："黄河文化是中华文明的重要组成部分，是中华民族的根与魂。要推进黄河文化遗产的系统保护，深入挖掘黄河文化蕴含的时代价值，讲好'黄河故事'，延续历史文脉，坚定文化自信，为实现中华民族伟大复兴的中国梦凝聚精神力量。"

2．2021 年 10 月 26 日，甘肃省委、省政府印发《甘肃省黄河流域生态保护和高质量发展规划》，就加强黄河文化保护传承弘扬进行了系统部署，明确提出提升马家窑、齐家坪等史前遗址保护管理水平，建设特色文化遗址公园、文化生态公园等黄河文化公园。

3．2021 年 11 月 19 日，甘肃省文物局印发《甘肃省文物事业发展"十四五"规划》，《规划》指出加强大遗址保护利用，实施马家窑、齐家坪、半山、林家、边家林等甘肃省代表史前文化遗址保护展示项目，建设甘肃史前文化遗址公园。

### （二）临夏地区考古工作规划基础

第三次全国文物普查资料显示，临夏地区现有各类不可移动文物资源 776 处。其中，新石器时代至青铜时代遗址及墓葬达 508 处，主要包括马家窑文化马家窑类型、半山类型和马厂类型，以及齐家文化、辛店文化和寺洼文化。

### （三）临夏地区考古工作规划目标

一是临夏具有数量丰富、内涵多样的史前遗址，在既往工作基础上，通过对代表性遗址的科学考古发掘与研究，全面揭示马家窑文化、齐家文化等遗存的特征与内涵。二是在揭示考古学文化内涵的基础上，通过开展农业考古、聚落考古、生业环境等专题研究，深入揭示区域聚落与社会形态，阐释史前文明发展演变过程。三是通过代表性遗址考古发掘与研究，全面阐释临夏史前文明发展脉络，为遗址保护规划和遗址公园建设提供依据，为揭示黄河文化遗产价值提供基础。四是通过代表性遗址考古发掘与研究，为遗址保护和展示利用提供重要实体，进而通过活化利用惠及民生，提升人民群众的文化自信。

### （四）临夏地区考古工作规划重点

2022 年 2 月，临夏回族自治州文体广电和旅游局委托甘肃省文物考古研究所制定了《临夏回族自治州考古工作计划（2022～2026）》，在前期调研基础上，计划重点对东乡林家、康乐边家林、广河赵家、大夏古城、积石山新庄坪等 5 处遗址开展考古调查、勘探与发掘，现已取得阶段性成果。

1．东乡县林家遗址考古勘探。2016 年 3～4 月，为配合遗址保护规划，对林家遗址北区（破四格）、东区（秋粮地）进行勘探，发现遗迹现象 90 处。确定遗址北区（破四格）为聚落区，东区（秋粮地）为墓葬区；2022 年 6～7 月，甘肃省文物考古研究所组织人员对遗址西区（阴洼坡）进行了考古勘探。两个阶段勘探厘清了四至范围，遗址东至大深沟、南至林家村以北 300 米处、西至老虎嘴电站进水渠、北至大夏河与大深沟交汇处，面积约 43 万平方米。本次西区勘探面积 5.8 万平方米，确认灰坑、墓葬、窑址、房址等 84 处。初步确定遗址西区（阴洼坡）中部为聚落区，南部为墓葬区。林家遗址西区马家窑文化遗存分布较少，大量齐家文化遗存的发现丰富了齐家文化的内涵，为遗址文化变迁研究提供了重要资料。

2. 康乐县边家林遗址考古勘探。2022 年 5～6 月，甘肃省文物考古研究所组织人员对边家林遗址进行勘探。勘探面积 3 万平方米，发现半山类型墓葬 49 处。通过勘探厘清了四至范围，遗址南临沙塄社、北靠大北山、东至白壕沟、西至深沟，面积约 17 万平方米。通过进一步调查发现，边家林遗址除了马家窑文化半山类型墓葬外，还包含部分唐宋时期遗存。

3. 广河县赵家遗址考古勘探。赵家遗址位于广河县阿力麻土乡古城村辛家自然村北约 100 米的山坡上，地处洮河下游支流广通河北岸二级台地上。2022 年 4～5 月，甘肃省文物考古研究所组织人员对赵家遗址进行了考古勘探。勘探基本厘清了四至范围，遗址东靠堡子山、西至赵家沟、北依毛路山、南邻辛家自然村，面积约 30 万平方米。

4. 广河县大夏古城遗址考古勘探。大夏古城遗址位于广河县阿力麻土乡古城村，以巴家沟为界分为上古城（上古城）与下古城（夏古城）。2022 年 5～6 月，甘肃省文物考古研究所组织人员对该遗址进行了考古勘探。勘探基本厘清了四至范围，下古城东临寺沟、西到巴家沟、北至棺木山根、南临广通河（夏水），面积约 36 万平方米；上古城东临巴家沟、西临红壑岘，面积约 72 万平方米。本次勘探面积 3 万平方米，发现灰坑、墓葬、窑址、城墙和灶址等遗迹现象 104 处。据灰坑、城墙、窑址等遗迹判断，大夏古城遗址主要遗存时代跨度从两汉时期延伸至唐宋时期。调查发现遗址部分区域叠压在现代居民区及公路下，城址的形制、早晚期差异以及城址内外遗迹布局尚不清晰。

5. 积石山县新庄坪遗址考古勘探。新庄坪遗址位于积石山县银川乡新庄坪村，遗址面积约 45 万平方米。2023 年，甘肃省文物考古研究所计划开展考古勘探，拟勘探面积 8 万平方米，主要是廓清遗址分布范围及核心区聚落特征，为后期考古发掘工作奠定基础。新庄坪遗址以往调查采集了大量齐家文化陶器、玉石器、绿松石等遗物。尤其是玉璋、有领玉璧的发现，显示该遗址是一处齐家文化高等级聚落，对揭示齐家文化在早期文明发展演变及东西方文化交流等方面具有重要价值。

6. 新建兰州至合作铁路工程考古勘探。2022 年 2 月，甘肃省文物考古研究所组织人员开展了新建兰州至合作铁路工程项目考古勘探，主要涉及东乡县尕树岭、临夏市罗家尕塬、上庄等 3 处遗址。罗家尕塬遗址勘探 2 万平方米，发现房址、灰坑、墓葬、窑址和沟等遗迹 91 处；上庄遗址勘探 2 万平方米，发现房址、灰坑和沟等遗迹 72 处。罗家尕塬遗址、上庄遗址均发现了马家窑文化、齐家文化两个时期遗存，为临夏地区马家窑文化与齐家文化时期的聚落布局、生业经济和社会发展等研究提供了新的材料。

## 四、结语

临夏回族自治州属于河湟地区的核心区域，该地区是史前时期黄河流域三大文化区之一，境内灿若星河、内涵丰富、价值突出的史前文化遗址，是实证黄河流域甘肃段在中国五千年文明史发展阶段重要地位的核心资源。

未来，我们将针对东乡林家、康乐边家林、积石山新庄坪等关键遗址，重点开展考古调查、勘探、发掘与研究，深入挖掘阐释临夏史前考古学文化资源蕴含的早期文明起源与发展阶段的文化基因，继续为建设中国特色、中国风格、中国气派的考古学贡献力量。

做好上述遗址的考古工作，不仅有利于讲好"黄河故事甘肃篇"、坚定文化自信、增强民族凝聚力和文化向心力，而且有利于推动区域经济社会发展提质增效。

# 齐家文化草作农业与当代的草地农业
## ——从甘肃广河县"粮改饲"说起

叶茂林

/

中国社会科学院考古研究所研究员
甘肃省齐家文化研究会名誉会长

**摘 要：** 根据青海喇家遗址考古发现资料的整理和研究，我们注意到并且研究提出了"齐家文化草作农业"的初步认识的"假说"。在研究和思考的过程中，还曾与著名草业科学家任继周院士有过电子邮件的请教和交流，得到任继周院士的热情支持和认可肯定（他甚至希望把论文发表在他们的草业科学的顶级刊物上）。同时还要说明，这个草作农业的认识，也是很大程度上受到任继周院士大力推动的现代草地农业和人类与草的相互关系发展过程的科学认知的启发。

**关键词：** 齐家文化 草作农业 草地农业 "粮改饲" 农业农村现代化

  齐家文化草作农业这个观点，得到了多位考古学家的赞同和鼓励。这个认识较好解释了齐家文化不断发展的畜牧业，与定居农业关系问题，甚至还有可能为探讨农牧分化和游牧文化的起源问题打开一个新的思路。但是我们提出草作农业的认识，还仅仅是假说的层面，还有待更多深入研究和更广泛的证据支持。

  之后我们在齐家文化区域的考察中，特别是在甘肃广河及临夏州，获得了发展现代草地农业，推广"粮改饲"在现实中实现传统种植农业转型的成功实例的强有力证明，这可以说是古今的互证。随后，我们又写作发表了齐家文化草作农业续论的论文。通过现代"粮改饲"实证和人类学的社会调查了解，进一步论证和阐述了草作农业有可能存在的在认识上的逻辑性和相互关系，还有土地撂荒而形成的农田变草地的现象和一些民族志记录的原始农牧业与生态环境演化的关系，这是先民必须适应的环境与气候的变故。齐家文化草作农业，可以说只是古人类先民被迫的生业转型，是迫于无奈的、也是自然而然的一种选择。

我们必须看到，现代草地农业与史前的草作农业之间还有显著的不同，不能完全加以对应和简单的引证。它们不同的是"粮改饲"是向草地农业迈进，是人为主动的经济转型。它依靠的是集约化的生产发展和技术进步，是科学技术，是政府与民众共同的积极作为，是生产力的释放和经济效能的发挥。实际上，是综合协调发展的先进的大农业的一种新的经济形态转变，使小农经济走上了奔向现代化农业发展的道路。

"粮改饲"是向现代草地农业迈出的第一步。草地农业是农业现代化的必由之路，是市场经济与自然经济和生态经济的有机完美契合，也是社会化、市场化、集约化、科学化、生态化的农业发展，是科学发展观的发展道路。它还是文明新形态的组成部分。

通过齐家文化草作农业的研究思考和实际的讨论，也让我们再次看到了考古学的另一面。是考古学具有的又一种现实意义，是考古学发挥社会作用的体现。考古学不仅是一门象牙塔的人文学科，它也可以更接地气。不仅让我们回头看过去，也可以给我们看未来和观察现实情况，提供一定历史的经验和镜鉴，它还可以提出对人类社会新发展认识的一些参照，对现实问题提出有参考价值的论证或古今互证。

## 一、话题的缘起

青海喇家遗址的发现和对其资料的整理与研究，为我们提供了关于畜牧业与农业关系的新认知（图一、二）。通过对喇家遗址考古资料的多学科分析研究以及比较丰富的研究资料，我们发现了新问题，在深入思考中开始意识到齐家文化有畜牧业更明显发展的经济表现，有可能种草或者把农作物变成了饲草或收储草料的现象，于是提出了草作农业的观点，这个认识较好地解释了齐家文化不断发展的畜牧业与定居农业的关系问题，甚至还有可能为探讨农牧分化和游牧的起源问题打开一个新的思路。但这种认识却还只是初步的，有待更深入的研究和更多证据的支持。

后来在齐家文化区域考察，观察到广河县和临夏州的"粮改饲"的产业转型推广，之后又深入思考，继续查阅了一些相关材料。于是就写了草作农业续论的第二篇论文。"粮改饲"的现实，加强了我对于这个草作农业新认识观点的自信心。

在一次齐家文化的研讨会上，我提交的就是关于齐家文化研究的现实意义的论文。我们考古学者其实也和每一个普通人一样很关注现实问题，并希望通过考古学的知识，对当代和现实也能发挥它学术的作用。

在和甘肃省齐家文化研究会会长、原广河县文体广电和旅游局长唐士乾在广河县实地考察、讨论交流的过程中，我们感觉到，这个问题古代和现代似乎存在着某种相互的联系。史前的经验有可能提供给我们现在参考，现代的实践也是在检验着我们对古代和史前的认识和判断。唐士乾会长他就给我建议了这个题目。

## 二、喇家遗址考古发现提出的齐家文化草作农业新认识

### （一）喇家遗址的草作农业是怎么注意到的

通过对喇家遗址出土的动物骨骼考古鉴定发现，牛、羊等草食性动物骨骼居多，而且不是多一点，是占绝对多数。一般农业聚落的动物骨骼主要应该是猪骨居多，就是说明猪是与农业生产方式相伴的。然而喇家遗址的这个考古成果却表明答案不是这样的，这个问题需要我们好好思考研究，并对其做出合理的解释。

喇家遗址植物考古鉴定曾经有一个错误的成果，就是鉴定发现了苜蓿，马上就促使我们考虑到苜蓿是为什么、怎么出现的？但是后来赵志军教授发现这个不是苜蓿而是胡枝子。苜蓿与胡枝子同属豆科植物，但苜蓿是外来的牧草品种，让人很容易就想到了种植牧草。胡枝子虽然也是牧草，但我们一般不太熟悉它，就不大会让我们去联想到种草。

图一 喇家遗址发掘现场（2000年）　　　　图二 喇家遗址考古发现的用土块的人工砌墙遗迹

1. 喇家遗址出土动物骨骼鉴定（动物考古专家的成果）

在喇家遗址出土的873件标本、可鉴定2405件动物骨骼皆为哺乳动物，其中绵羊420占48.11%、山羊4占0.46%、牛146占16.72%、猪234占26.8%，最小个体数总数44，其中绵羊17占38.64%、山羊1占2.27%。这其中还有牛或羊、羊或鹿等不能确定。因此，牛羊之和已经远远超过了总数的半数以上，这表明牛、羊，特别是绵羊已成为喇家遗址主要的饲养家畜。袁靖、吕鹏通过研究认为，可能绵羊除作为肉食资源外，对其所进行的副产品（羊毛、羊乳等）开发，也占很大的比例，喇家遗址古代先民已开始对绵羊资源进行多样性开发和利用。当时卜骨主要是羊肩胛骨，成为重要的仪式性资料。喇家遗址中家养绵羊取代家猪成为数量最多的饲养动物，呈现出鲜

明突出的牧业经济的特点。

2. 喇家遗址浮选植物种子鉴定（植物考古专家的成果）

喇家遗址出土采集并浮选了土样 95 份，浮选植物种子总数就多达 8 万粒。其中农作物粟 56098 粒占农作物的总数 86.6%、农作物黍 8612 粒占农作物总数 10.5%；狗尾草属（包括大狗尾草）12046 粒占禾本科总数 99%、豆科植物胡枝子属 734 粒占豆科植物 78.8%、豆科植物草木樨属 191 粒占豆科植物 20.1%。豆科植物胡枝子和草木樨在种子总数中的占比虽然不很高，但出土的概率却很高。

植物考古专家赵志军先生关于出土概率的定义和所提出的认识与解释，认为出土概率是指在遗址中发现某种植物种类的可能性，是根据出土有该植物种类的样品在采集到的样品总数中所占的比例计算得出的，这种统计的结果所反映的是植物遗存在遗址内的分布范围和密度。经过统计发现，草木樨属植物种子的出土概率是 23%，而胡枝子属的出土概率高达 30%。从理论上讲，与人类生活关系越为密切的植物种类被带回居住地的可能性越大、频率越高，因而被遗弃或遗漏在遗址中的概率就越高，散布在遗址中的范围就越广，反映在样品中的出土概率也就越高。在喇家遗址浮选结果中，胡枝子属和草木樨属的出土概率较高，说明这两种豆科植物种子的来源和埋藏应该是与人的某种行为直接有关。考虑到胡枝子属和草木樨属植物都属于良好的牲畜饲料，因此推测这两种豆科植物很有可能是喇家遗址先民有意识收割回来的牲畜饲料的遗存。如是，则可以进一步说明喇家遗址齐家文化在经营农业生产的同时也兼营着家畜的饲养。羊的喂养是以牧草为主，包括自然生长的牧草和专门栽培的饲用草本植物。由此可见，动物考古学的研究结果和植物考古学的研究结果得到了相互印证，即喇家遗址齐家文化的生业形态中，确实包含有食草的家畜饲养的成分，饲养的家畜以羊为主。

如果仅仅只提出这样一个结论，也未免有点过于平易了。

### （二）喇家遗址的草作农业是怎么认识到的

促使我们认识的，还有一个重要的直接契机是有研究者没有好好做更深入的研究就提出了所谓的"淀粉粒"鉴定的"小麦族"的结果。小麦是我们考古很关心的农作物，它是外来的，什么时候传入的，这个问题的答案很重要，齐家文化一直在寻找它。

在喇家遗址和相关齐家文化的淀粉粒鉴定文章中，都有所谓小麦族这个东西，我们为了搞懂小麦族为何物，就收集查阅了大量科技文献，去了解搞懂小麦族。什么是小麦族？它既不是小麦又包括了小麦，它也不是一个很严格准确的植物种属概念，但它常常迷惑了考古学者。经过我们认真查阅相关科学资料文献，才发现，小麦族是种类繁多的禾本科植物的一个大群落，也就是草类（杂草），而其中大部分种类都是优质的牧草！

淀粉粒鉴定的"小麦族"是小麦吗？不是那又是什么？又反映了什么问题？小麦族是植物分类学的一个概念，介于科和属之间的一个分类，涵盖了约400种禾本科植物，其中也包括一些农作物麦类如小麦、大麦、黑麦等，但是麦子只是其中的极个别种属，而更多都是牧草，是所谓杂草，其中许多优质牧草。

淀粉粒研究鉴定出来的小麦族，是因为不能细分了，他们只能够鉴定到这个程度，这对一些相关学科的研究，也许还是可以的，但是对于考古学，特别是植物考古学的研究，那就远远不够了。如果这种鉴定结果是要给考古研究使用，我们只能认为，是工作不深入、不到家、不够精细，我们要的是准确的植物种属，甚至希望在同一个种也能够分辨出不同标本的进化差别来，才能够识别考古发现的植物标本的更多细微变化。

基础工作做得不够、不到位的原因，造成了淀粉粒鉴定大量报道的小麦族，实际上对于考古研究毫无意义。反而，还有可能误导了很多考古学家，以为发现了可能是麦子的很大希望。我们相信，以后他们的工作做得过细了，有可能就能够鉴定出究竟是些什么种属来。现在这种小麦族，我们只能去猜：可能有麦类，但更有可能的是有很多种牧草，这几乎可以说确定无疑。

如果检索一下，我们就会发现，鉴定出小麦族的遗址已经很多了，还包括一些比齐家文化和龙山文化更早的遗址，甚至还有是旧石器时代的遗址，比如宁夏水洞沟旧石器遗址也有小麦族，这差不多可以肯定，小麦族是麦子的可能性很小很小，基本上是微乎其微的。这样来推测，那么小麦族更大的可能性应该就是草或牧草，不管是野生牧草还是种植的牧草，但从多方面的这些证据链来看，我们就更倾向于有的可能是人工种植的牧草。

他们不够认真做事，倒给我们提供了一个线索和启发，有了我们新发现的机会。于是我们追踪这个小麦族问题，终于意识到了，齐家文化可能有草作农业的这个新知识。

喇家遗址浮选植物种子与植硅体鉴定结果，形成一个反差，就是粟发现的籽粒多而植硅体少，黍发现的籽粒较少，而植硅体的数量却极多。这需要我们去分析原因，也让我们得出推论，喇家遗址农作物黍子或有可能曾经被作为牧草在使用。

喇家遗址农作物黍，是否也曾经作为牧草使用？看来还是很有可能的。我们推测，粟、黍两种小米中的黍，可能曾经在喇家遗址也曾作为牧草在使用，因而保存的实物种子就很少。

喇家遗址出土浮选植物标本统计，粟56098粒，占农作物总数86.6%，黍8612粒仅占总数10.5%。吕厚远还有一项研究实验，表明同样条件下，粟黍籽粒的保存差异很大，粟粒易于保存，而黍粒不利于保存。这似乎解释了喇家遗址其中的一定的现象。

但是，还不够，吕厚远团队鉴定喇家的黍植硅体却是粟植硅体数量的更大的倍数，如此巨大的反差，或许说明了，有可能喇家遗址的黍还是青苗时，就成了青饲料被家畜吃掉了，或许只有这样才能够解释这种巨大反差的现象。

考古发现和新的研究表明，最初的小米都是以黍为主，发展到后来则多以粟为主，然后黍子逐渐被边缘化了或接近于退出，很有可能的是，它也转变成种植的牧草或至少是兼而有之。

上述这些考古发现和研究的认识，差不多都指向了同一个很有可能的结果或结论：那就是草作农业的出现和存在。

这项研究当然还是很初步的，还有待进一步深入，尤其是对一些细节问题还需要更多研究和获得更充分证据。齐家文化的经济形态问题，是一个长期存在争论的、似乎一直没有定论的悬案，这个问题困扰着学者们。我们关于草作农业的这个解读，应该说也还只是一种假说。也还需要进一步用更多证据来验证。

齐家文化草作农业的提出，我们就从中认识到了齐家文化的经济形态已经就是半农半牧。

半农半牧问题可以有两种理解：一是为同一个遗址有可能是半农半牧；二是一些遗址可能仍以农业为主，而另一些遗址可能已经是牧业为主了。这样我们就能更好理解齐家文化了。

任继周院士就认为，每一种传统经济和生业中都可能包含有草地农业的元素。我们也认为，早期的各种农业形态和其他经济形态中，其实也都隐藏着草作农业的一些因素了，而其中的最初来源的因子，甚至可能追溯到旧石器时代发生的"广谱革命"，就已经为草作农业出现埋下了伏笔。这样，我们再回头去看水洞沟遗址鉴定出的小麦族，那也就很好理解了。

草地农业与草作农业相关，但是又有根本的不同。我们提出的史前草作农业，它是简单适应环境变化，也就只是有种草或者利用农作物种植为草料，农转畜牧的变化方式而已。而草地农业，则是先进的综合效益的大农业，是主动的创造性的适应和能动地优化并改善环境的一种选优配置的科学的最佳生产方式。

## 三、齐家文化核心区域的当代的"粮改饲"转型，某种程度上印证了史前草作农业的可能性与合理性以及二者之间历史的逻辑性

### （一）喇家村与喇家遗址对照：现今喇家村的牧畜养殖和放养的人类学观察和启发

我通过走访调查发现，喇家村为土族聚居，虽然土族以吃猪肉居多，但羊肉属于更高档的肉食品。养猪与农业经济相适应，但现今的家庭畜牧饲养羊的总数量大概和

畜养猪的数量估计可以相当（没有细致统计），这有点类似喇家遗址的可比情况。

只是喇家村和喇家遗址的猪羊数量不可能完全加以对比，因为现在农村离集市方便，吃的肉并不一定就是自家饲养，而且骨头和肉不成比例。所以这里的比较只能是生产方式的比较，而不能是消费方式去比较。我做的人类学调查只是对比养殖方式。

在喇家村及本地区，皆以农业为主，畜牧业为辅。放羊只是以村为范围牧养的畜牧业方式，草地有限，饲料有限，因此村里养羊的数量总体上也就是受了限制的，只能适应这样的条件。这就不难发现，现今的喇家村与喇家遗址这方面是有一定近似的。

村里老羊倌说，羊不能多养，因为饲草不够。放羊还得照看管好，不然羊就去吃庄稼青苗了，就影响农业。这对我们有一定的启发：羊是喜欢吃农作物青苗的。喇家遗址是适应农业的大规模定居传统，这和喇家村一样。喇家遗址同时又有较大规模畜牧业的发展，牛、羊占动物食品的绝对多数，如果说没有草料的充足保障，就是根本不可能的。拿现在喇家村比较就是，牛羊如果仅仅是这样的条件，那它们的数量就几乎不可能大幅度增加。它启发我们，喇家遗址必然已经有了饲草的来源和有利条件。

定居牧业类似今天的草地农业，它必须要解决饲草的问题。喇家遗址畜牧业，特别是绵羊的大量养殖，必定就需要草料的足够供应，才能得以支撑牛羊的养殖畜牧发展。

我在广河县齐家坪和青海喇家村调查发现，齐家坪遗址上的现在齐家坪村撂荒地的杂草，已成为当地农民养殖的饲草。农业耕地撂荒之后自然形成杂草丛生的状态，这实际上就是被动形成的与齐家文化中类似的一种草作农业。在很多人的记忆中，有的农民在荒地上随便撒上粮食种子，并不期待收成，只期望有一点草苗可成为饲料即可，这些就是自发在产生的草作农业。

### （二）古今的不同但又颇有类似的生产方式，它们之间能够找到什么相同或者类似的联系或关系呢？其根源是什么？

我们认为，这就是农牧交错带这个相类似的地理环境和气候变化原因。曾经，农业部就有发文，推动农牧交错带农村发展和提高畜牧业的成分。这是政府指导性对相关区域的环境适应。

农牧交错带是经常有一些变化的，不同的专家学者画出来的交错带地图也会有一些不同的差异。但是它大体上是清楚的，它主要根据的降水量 400 毫米的这个曲线，同时还有不同的地形地貌小环境因素，因此称它为交错带，看来很形象很准确。

其实，我们也估计，还有可能也需要去研究发现这种草作现象是否在其他的农牧交错带的古文化古遗址上，或许都有可能发现同样的类似问题和现象，只不过有可能，很多遗址可能比较难以像喇家遗址这样，做得资料丰富、扎实、成果显著。但我们也希望，其他相关区域的古遗址，都可以注意到这个问题，也许都可以获得相同的这种结果，以增加更多的更丰富的资料，来共同支持这项研究和这种全新的认识观点，被更多证明。

我们自己也希望今后继续进行相关遗址的讨论和逐步开展大范围的研究，能够进一步加强对农牧交错带的认识，和对草地农业古今农牧发展与相关认识的深入和推动。

### （三）古今农业发展和草作与草地农业的发展是人类文明的进步和发展方式的演进

考古发现提供了史前和古代的人类活动及生产方式的变化发展的初步的认识规律，农耕和牧业是两种不同的经济方式，但都是人类适应自然的合理选择。

华夏文明以农业文明为基础，几千年来也时有变化。在中华大地上，华夏文明同时与游牧文明和游牧民族，不断交流融合，形成了中华文明和中华民族共同体，这种多元一体的文化结构和人群交融发展大融合的大中华，让我们今天深刻感悟到：中国的农牧交错带，其实就是中华民族形成的地理基础的地貌形态的一个很独特的结构体，是自然构成并人文酿成的。

之后又出现了一个新的概念：长城地带。有专家学者就把农牧交错带和长城，赞誉为中华脊梁和龙兴之地！

所以中国的农牧交错带区域，是一个非常重要的地带，是值得我们认真深刻研究和充分加以学术关注的特殊地理环境！

### （四）史前气候变化促使史前草作农业的发生

气候变化有过许多的研究。我们举一个新的例子，喇家遗址中发现过大土块的护坡砌墙，清理观察发现，这种土块的砌体块，我们很认真地进行了观察分析，发现它并不是土坯，更不是土砖块，而是自然的大型生土块。正常情况下，黄土不可能取土就形成具有固形的大土块，因为它很容易就松散了，不是牢固的块体。那它怎么才能自然形成这样可以用来砌块的结构呢？

我们初步分析认为，很可能它说明是严重干旱的现象，在大旱的条件下，自然土地有可能干裂成块，才有可能这样固结成形，取这样已经干裂固形的土块，当然就可以用来做护坡的砌块。这个推测和猜想，还需要以后再进行取样分析和测试研究。如果是这样，这就提供了我们认识史前气候环境变化又一个新证据。

齐家文化时期多学科和环境考古研究已经有比较充足的证据表明气候变化和气候波动并有不少考古的实例。齐家文化时期大量考古学多学科研究和环境考古研究表明，气候波动变化时期出现有各种表现。气候不稳定的变化，必定造成气象自然灾害的发生，史前农业也就必然受到明显危害和重大影响。

在齐家文化分布区域的农牧交错带范围，这样的气候变化影响应该更加强烈和显著（农牧交错带本身也就是一个随时变化的地带），气候变化直接结果就是农业粮食生产遭受打击破坏而不得不做出相应的调整和产业生业变化。

### （五）草作农业是对史前气候变化的适应性，"粮改饲"则是迈向现代化草地农业发展的决定性的一步

很多科学家的研究给我们描绘了草地农业发展的美好前景。史前齐家文化草作农业的出现，我们可以把它视为现代草地农业的一个最原始的雏形标本。

任继周院士认为草地农业是草地与农田林地相结合，植物生产与动物生产相结合，物质生产与精神生产相结合，初级产品与深加工结合的，是多层次、多层级的现代化大农业。这是先进的现代农业，并且还有很多配套。它是一个农业综合体的生态链和上下游产业的系统，从经济科学的角度看，这是最充分发挥和最大地提高了土地的生产力和效能。

## 四、现代草地农业和新农村建设美好愿景

### （一）"粮改饲"迈出的这一步，是中国化发展的农业产业现代化的方向，是建设美好新农村的经济社会的远景

"粮改饲"是向现代草地农业迈出的第一步。它当然是要按照自然规律和自然条件，宜牧则牧，宜粮则粮。

"粮改饲"是国家根据各种不同自然条件统筹规划和推动推广，形成科学合理的新型农业布局和产业结构配套，是全国一盘棋的经济社会发展，是供给侧的生产变革和产业结构的调整转型，是生态农业和高效农业，是农牧结合的农林牧副渔与农工商，还包括旅游休闲文化娱乐及饮食康养等。是记住乡愁、留住青山绿水自然环境生态以及文化遗产保护的新农村的宏伟愿景。

### （二）以"粮改饲"为契机的现代草地农业发展，是中国式现代化，也是文明新形态的组成部分

"粮改饲"是主动的经济转型，它依靠的是集约化的生产发展和技术进步，依靠的是科学技术，是政府与民众共同的积极作为，是生产力的释放和经济效能的发挥。实际上，是综合协调发展的一种先进的大农业的新的经济形态转变，是传统的小农经济走上了奔向现代化先进农业发展的道路。"粮改饲"的实践已经证明，是我们这个齐家文化的核心区，是这种农牧交错带的区域环境下，农民脱贫致富的一个好的政策和发展方式。

研究现代化农业和草地农业的，有许多很好的成果。有丰富的创新实践和科学实验，也有理论的指导和综合的讨论，形成了一些成功的示范实例，当然也还需要不断实践和探索。

草地农业是农业现代化的必由之路，也是市场经济与自然经济和生态经济的有机的完美的契合，还是社会化、市场化、集约化、科学化、生态化的农业大发展，是科学发展观的新型的现代农业发展道路。这种独特的有中国特色的农业现代化，也是中国式现代化、是人类文明新形态的重要组成部分。

## 五、小结

史前草作农业与当代草地农业的互证，是原始与现代的相互认识和理解，是考古与现实，对接上了历史的两端，是人类社会发展的古今对话。

"粮改饲"，是齐家文化故地人民进一步发展现代草地农业和新农村的生动实践，是新时代农业农村发展的必然，也是中国道路、中国式现代化，是他们创造的人类文明新形态。

**参考文献：**

[1] 叶茂林：《齐家文化农业发展的生态化适应：原始草作农业初探——以青海喇家遗址为例》，《农业考古》2015 年第 6 期；叶茂林：《齐家文化草作农业续论概要》，《农业考古》2018 年第 6 期。

[2] 钱学森：《草原、草业和新技术革命》，《中国草原与牧草》1986 年第 1 期；钱学森：《国家杰出贡献科学家钱学森关于草业的论述》，《草业科学》1992 年第 4 期；任继周：《藏粮于草施行草地农业系统——西部农业结构改革的一种设想》，《草业学报》2002 年第 1 期；任继周：《草地农业生态学研究进展与趋势》，《应用生态学报》2002 年第 8 期；任继周：《中国农业史的起点与农业对草地农业系统的回归——有关我国农业起源的浅议》，《中国农史》2004 年第 3 期；任继周：《农区种草是改进农业系统、保证粮食安全的重大步骤》，《草业学报》2009 年第 5 期；任继周、林慧龙等：《草地农业是甘肃农业可持续发展的重要途径》，《草地学报》2009 年第 4 期；南志标主编：《中国农区草业与食物安全研究》，科学出版社，2017 年。

[3] 陈全功：《再谈"胡焕庸线"及农牧交错带》，《草业科学》2018 年第 3 期；张兰生：《我国北方农牧交错带的环境演变》，《地学前缘》1997 年第 4 卷第 1～2 期；韩茂莉：《中国北方农牧交错带的形成与气候变迁》，《考古》2005 年第 10 期；王晖、何淑琴：《炎黄族由农业衰变为半农半牧部落的环境考古学探索》，《陕西师范大学学报（哲学社会科学版）》2009 年第 2 期；杨阳等：《农牧交错带土地利用格局演变研究进展》，《环境工程》2015 年第 3 期；吕厚远：《黄土高原地质、历史时期古植被研究状况》，《科学通报》2003 年第 1 期；刘玉萍等：《小麦族植物的分类现状及主要存在的问题》，《生物学杂志》

2013 年第 2 期。

[4] 安成邦等：《甘青地区全新世中期的环境变化与文化演进》，《西北大学学报（自然科学版）》2003 年第 6 期；安成邦等：《甘青文化区新石器文化的时空变化和可能的环境动力》，《第四纪研究》2006 年第 6 期；吴文祥等：《甘青地区全新世环境变迁与新石器文化兴衰》，《中原文物》2009 年第 4 期；崔天星：《"广谱革命"及其研究新进展》，《华夏考古》2011 年第 1 期；尹绍亭：《人类学的生态文明观》，《中南民族大学学报（人文社会科学版）》2013 年第 2 期；吴次芳、吴丽：《土地社会学》，浙江人民出版社，2013 年；杨庆媛等：《中国耕作制度的历史演变及当前轮作休耕制度的思考》，《西部论坛》2018 年第 2 期。

[5] 谢端琚：《甘青地区史前考古》，文物出版社，2002 年；袁靖主编：《中国新石器时代至青铜时代生业研究》，复旦大学出版社，2019 年。

# 弘扬临夏史前文化资源优势，
# 推进文化旅游高质量发展

王三北
/
甘肃省政府文史馆馆员
西北师范大学教授

**摘　要**：文化和旅游的深度融合发展成为经济社会发展的热点和趋势，临夏如何利用好史前文化资源优势，优化文化旅游发展路径成为新时代经济社会高质量发展亟须解决的问题。临夏回族自治州史前文化的学术性和专业性与大众化认知和游客的兴趣点有很大的落差，通过做活临夏史前文化的数字化再现、做优临夏史前文化的文创产品、做足史前文化的研学文章和做美临夏史前文化的市场营销四大路径，实现临夏史前文化旅游高质量发展。

**关键词**：临夏市　文化旅游　史前文化　高质量发展路径

　　文化与旅游的关系一直是学术界讨论的热点，在文化旅游的概念、内涵、产品体系、发展路径等方面还是有很多争议。近年来，对文化和旅游的发展逐步形成了共识，即文化是旅游的灵魂，旅游是文化的载体。文化与旅游深度融合发展已经成为国家的战略，甘肃省也已经确定建设文化旅游大省，发展前景广阔。

　　近几年，临夏文化旅游的发展取得了较大的成就，丰富的资源对游客具有吸引力。临夏积淀了深厚的史前文化，且具有独特的魅力，必将成为下一步发展的重点方向。基于此，提出以下几点建议：

## 一、做实临夏史前文化的大众普及传播

随着经济水平的提升和人民生活水平的提高，文化旅游逐渐成为一种生活方式。国家提出文化强国的理念，更加注重文化自信的建设。史前文化作为我国文化体系的重要组成部分，在大众文化的传播中具有不可忽视的作用。特别是"中华文明探源工程"的实施，将史前文化推向大众的眼前。

对于史前文化的系统性的挖掘和研究主要集中在学者、研究机构以及博物馆等专业性机构，在考古学、历史学、文化学和相关学科中形成专业性和技术性强的文化体系。以博物馆等为主体的专业性机构在对史前文化的布展和解说中也表现出很强的专业性。学术性和专业性与大众化认知和游客的兴趣点有很大的落差，需要大众化的文化传播来实现对史前文化科普性认知。

临夏对史前文化的宣传推介需要处理好马家窑文化与齐家文化的关系；马家窑文化的命名地在临洮，而临夏的马家窑文化作为史前文化的主要内容的优势在哪里？临夏史前文化与大地湾文化、仰韶文化是什么关系？临夏史前文化与夏文化是什么关系？临夏史前文化与中华文明起源是什么关系？解决好这些问题才能真正实现临夏史前文化的大众普及和传播，吸引社会大众的普遍关注。

## 二、做活临夏史前文化的数字化再现

史前文化距离现代社会的时间久远，现在可以看到的是零星的遗址、遗迹和部分器物。通过专家可以梳理出成体系的史前文化。但是，在游客眼中只是体验到零星的场景片段，很难对当时的文化场景进行系统性的感知。科技化的手段和数字化的理念为游客系统性的感知史前文化提供了一种实现的可能性。

用 3D、AR、VR 虚拟增强现实技术、情景再现和互动游戏设置，打造沉浸式史前文化旅游体验产品系列，更好地复原史前文化所依存自然环境、社会环境和生态环境，以期更全面的复原当时的文化生态环境。将看似零星的遗址、遗迹、器物等多个元素进行整体性的复原，构建起活灵活现的史前文化体验场景，让游客融入场景和参与互动。通过这些形式和手段要让游客透过器物，感受到器物背后的故事，体验器物背后的文化情景。

## 三、做优临夏史前文化的文创产品

创意化探索史前文化的旅游产品，优化文化旅游产品的供给结构，用创意性的手段，用更具现代市场的眼光发展文化旅游，对史前文化资源的利用与发展通过政策指引、规划引领、方案实施、政府统筹等方式，用创意性的手段和技术开发文化旅游产品，

提供更加满足新时代旅游者需求的旅游产品。

购物在文化旅游的消费中占有重要的地位，是提升文化旅游效益和知名度的重要环节。但是，目前主要是以复制的彩陶罐为主的纪念品。这类纪念品主要用于景区、酒店、茶屋、宾馆中作为装饰，主要目的是丰富景区等的文化内涵、提升区域的文化氛围，而对一般游客的消费吸引力不足。从购物的角度来看，其功能主要是以展示性为主。而目前市场更多的是从文创的视角进行产品的设计和开发，如故宫博物院依托故宫历史文化资源，开发出书刊、茶具、餐具、壁纸、输入法皮肤、游戏等综合性的产品，让静态的文物变成了活灵活现的产品。再如甘肃省博物馆设计开发的马踏飞燕（小绿马）玩偶得到了市场的认可（图一）。

图一 甘肃省博物馆马踏飞燕毛绒玩偶

临夏也应该借鉴这种方式，实现史前文化的活态传承。搭建文化旅游融合大发展的平台，吸引更多的人力、物力和财力参与到史前文化的共同建设和传承中，用市场手段不断更新产品，保持史前文化区的创新和活力，实现对史前文化的创意化产品的持续推出。

图二 河南博物院"失传的宝物"考古盲盒

## 四、做足史前文化的研学文章

临夏史前文化的发展为研学旅游提供了最真实的场景和立体化的文化场景，是研学旅游开展的独特优势。要充分利用史前文化的现有设施，做好软规划，用创意性的思维策划出具有影响力和竞争力史前文化体验活动，打造特色研学旅游方式，形成文化旅游的新业态。

如河南省博物院推出"失传的宝物"创意，通过当下喜闻乐见的"盲盒"形式，把仿制的"珍奇宝藏"埋藏在模拟考古现场中。盲盒的款式有青铜器、元宝、小铜佛、铜鉴、银牌、银圆、玉器、纪念牌、刀币、陶器等十种，以及不定期的隐藏款和彩蛋。体验者可利用内赠的迷你版"考古工具"来体验考古过程。通过发掘探索，对"土壤"分析判断，来确定埋藏"宝物"的位置，通过对器物的材质、工艺、造型等方面来判断该类型宝物的时代特征，学习历史文化背景等知识（图二）。又如敦煌研究院依托不同机构、企业，向社会充分展示了历史文化研学旅行的无限性、互动性与可变性，诠释了史前文化在研学中的重要性。

通过博物馆游览、考古发掘地游览、学校课堂等形式的载体实现对史前文化旅游资源的系统性整理和挖掘、研学课程的设计、研学项目的开展。用创意化的思维拓展史前文化的产业链体系，拓展要通过业界的融合发展，实现研学产品体系与体育、科技、农业等产业的无缝连接，以创意旅游产品及其链条效应直接优化产业结构，延伸研学旅游产品体系。研学旅游中的许多环节也可以成为普通游客的一种"新玩法"，提供一个可供真实体验的文化旅游场景，亲身感受地方文化的厚重，让其融入文化旅游场景，增强参与度和体验感，实现寓教于乐的目的。

## 五、做美临夏史前文化的市场营销

围绕"旅游是一种生活、学习和成长方式"的理念加强宣传推广，注重临夏史前文化的产品体系和市场消费的衔接路径，精准抓住史前文化的消费市场，用不同的方式应对不同客群的消费能力，真正让"等客上门"变为"引客上门"。

现代社会信息获取的渠道主要是网络，应该借助抖音、QQ、快手等短视频平台的宣传。2022年5月临夏河州牡丹文化节宣传活动邀请抖音平台的知名网红唐艺作为临夏文化旅游宣传大使，其粉丝超过3500万人，在她3天的直播过程中，每场直播的点赞次数均能够超过1亿次，为临夏知名度和影响力的提升营造了良好市场营销氛围。

做好史前文化旅游的消费群体的精准化客源市场宣传。与国内考古界的专家加强合作，深入挖掘、整理和梳理成体系的临夏史前文化，从专业性和技术性的视角去宣传史前文化。与兰州大学、西北师范大学、兰州文理学院等高校以及省博物馆、省考古所等专业机构合作，孵化一批具有较高传播力和影响力的宣传队伍和旅游品牌。发挥重点旅行社、知名网红和营销机构的带动作用，推动临夏以史前文化为主的宣传推广媒介。推进史前文化宣传的现代化、市场化、专业化运营。推动旅游宣传推广与临夏史前文化互动发展的宣传矩阵，与已有的文化旅游节会形成多元化的互补节会体系。进一步与美团、携程、去哪儿、驴妈妈等平台合作，构建共享机制。加强新媒体宣传推广，推动跨区域旅游创新协同和支持机制建设。

# 齐家文化在华夏文明育兴中的处位

祝中熹
/
甘肃省秦文化研究会会长

**摘　要：** 华夏文明的育兴渊源绵久，跨域广阔，是个宏伟而又漫长的史流。其流程的主导性因素是东、西两大文化区系的交接融合。齐家文化乃西部文化区系的核心成分，代表了新石器时代晚期西部社会发展的最高水平。齐家文化不仅稳固、持续地确定了华夏文明西源的经济形态和社会结构，而且育生了参与开创华夏文明期的黄帝族系。由于经历时段、所涉地域、交化面貌这三大坐标完全重合，故可以做出黄帝部族是早期齐家文化创育者的明确判识。

**关键词：** 华夏文明　文化区系　齐家文化　黄帝部族

## 一、对华夏文明育兴的认识

　　华夏文明是世界上源起最为古老，涉域最为广阔，族众最为繁盛，延续时间最为久远，而凝聚力又最为强劲的大文明。这种规模的大文明育兴，绝不会是一种偶发的文化聚合，而必然要经历漫长的时代演进，容涵着许多千姿百态而又互动互融的远古文化。对此国人早已形成共识，灿如繁星的史前文化多元归一，百川成海，汇兴为华夏文明，似已成习见的表述。但我们不能因此而忽略了多元文化各自的状态，以及多元文化自然形成的诸文化区系。品位卓越、规模浩瀚的大文明，是要以高度发达的经济作基础，并由相当强势的族体来支撑的。多元文化之所以能够"归一"，就是因为它们并不是一些边界清晰的封闭性族体，它们大都具有开放性，在发育过程中早就开始了相互的接触、交往与互渗，能够从他种文化中吸取营养，壮大自己。

　　当然，过程中必然伴随着对立冲突乃至战争，但交往融合是主流。这种交往融合是常态性的，是天长日久"润物细无声"的，难以在群体记忆中留下鲜明的痕迹，所以不存在于后世的历史记载中。而族体冲突、战争与合并则不同，群体印象深刻，日后便成为传说和历史记载中的标志性事件。传统史学的一大局限就在于，过多地关注并重视这些标志性事件，而淡化乃至无视不同文化交融的内涵。如对华夏文明育兴的论述，目光往往聚焦在中原地区，视夏王朝的建立为决定性节点。新旧世纪交替的这数十年间，情况渐有变化。随着考古事业的蓬勃发展，更多的区域性古文化被揭示，不同特色的亮丽风采令国人应接不暇。如东北地区的红山文化、山东半岛的大汶口文化、江浙一带的良渚文化、四川的古蜀文化、甘青地区的齐家文化，越来越受到全社会的关注，学界对它们内涵的探研也日益丰实，并酝酿了影响渐著的文化区系学，从而不断提高了对华夏文明育兴史程的认识。

文化是文明的母体，文明是文化的结晶。文化是人类创造性活动的方式和运作，文明是那些方式和运作的表征与精华。史前文化的多元归一，要有主导性因素，要由先进的文化区系构成主体，要靠一些强势族体较量、联合形成权力核心。如果将华夏文明的育兴，比作一部宏伟壮丽的交响乐，那她的演奏涌动着一股主旋律，那就是东、西两大文化区系的交接、互渗与融合。东方文化区系，我称之为海岱文化圈，即以泰山为依托，济、潍、汶、泗等水系密布，东延至海滨的那片地域。那是由后李文化衍生而成的大汶口文化发源地，族体代表性首领是少昊、颛顼和蚩尤。西方文化区系，我称之为汉渭文化圈，即以陇山为依托，汉[1]、渭、泾、洮等水系密布，西延至积石一带的那片地域。那是由大地湾文化衍生而成的仰韶文化发源地，族体代表性首领是伏羲、炎帝和黄帝。五帝时期，也即我国国家的雏形期，海岱文化圈的大汶口文化演进为山东龙山文化；汉渭文化圈的仰韶文化演进为马家窑文化和齐家文化。汉渭文化圈无疑是华夏文明的西源，而齐家文化是汉渭文化圈史前期最后一支大文化，其生产力水平已进入青铜时代，其社会结构已发展到父系家长制，已处文明社会的前夜。齐家文化对华夏文明育兴的贡献，是不容忽视的。

## 二、齐家文化奠定了华夏文明西源的社会基础

关于齐家文化的缘起，考古学界主要有两种意见：一种认为齐家文化是马家窑文化的延续。马家窑文化最后阶段马厂类型，西向发展的一支形成了四坝文化，东向发展的一支形成了齐家文化；另一种认为齐家文化是由常山下层文化演变而来的，常山下层文化可视为大地湾四期文化向齐家文化的过渡环节。愚见这两种意见并无根本性分歧，彼此的论点、论据可以相容而会通。因为汉渭文化圈考古文化的宏观脉络基本清晰，以大地湾一期文化为母元的仰韶文化，在圈内繁荣了三千多年，孕育了伏羲、女娲强盛的族系，绝不会突然消失。稍前的马家窑文化和稍后的齐家文化，应当都是

这一文化脉流的自然延续。它们都起源于陇右，然后大幅度地向西发展；在文化面貌上，也反映出前后衔接的种种迹象。马厂类型同常山下层文化融汇而成齐家文化的可能性极大。域内大致同时还存在客省庄二期文化和菜园文化，面貌与常山下层文化有诸多相同之处。在不太长的时段内，多种内涵近似的小文化，并存于范围不太大的地域，这正是一种大文化衰变后，另一种大文化兴起的过渡形态。

我们说齐家文化是一种大文化，首先是因为它涉域辽阔，而且辐射力很强，超越了在它之前甘青地区所有的古文化。它东起泾渭流域，西至河西走廊东部和青海省的湟水流域，北及宁夏南部和内蒙古的阿拉善左旗，南达白龙江流域，跨甘、青、宁、内蒙古四省区。在重要河流岸坡发育较好的向阳台地，几乎都能找到齐家文化的聚落遗存（图一）。说齐家文化是一种大文化，更因为它的文化内涵已达到史前社会的最高阶段。这方面，业界早有全面论述。在此我不妨试举几个重要环节，略作提示。

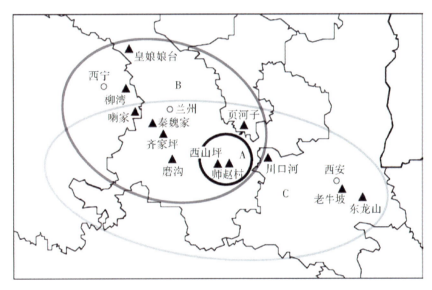

图一　齐家文化分布示意图

（引自韩建业《齐家文化的发展演变：文化互动与欧亚背景》）

先说冶铜业。青铜冶铸工艺的产生和发展，被看作新石器时代之后的一个时代标志。对中国来说，更成为华夏物质文明和精神文明的双重载体。中国的青铜制作，无论在工艺水平上，还是在精神蕴含上，都已臻于登峰造极的境界，全世界没有哪种文化能望其项背。而这一光辉事业，就萌生在汉渭文化圈。在马家窑文化遗址中，发现了我国最早的青铜器。虽然是时冶铜技术尚处创始阶段，但已拉开了青铜制作的序幕；而在随后的齐家文化中，冶铜业获得了迅速发展。齐家文化是目前所知我国制铜工艺由红铜向青铜演进全过程的考古文化，红铜与青铜并存，砷青铜与锡青铜皆有，锻制法与铸制法兼用，且已掌握了简单的合范技术。齐家文化铜器的存在非常广泛，制作已经普及，器类十分丰富。工具和武器类有刀、锥、斧、环首刀、镰、凿、钻、匕、矛等，生活用品和佩饰类有镜、钗、镯、钏、耳环、指环、鼻环、臂筒，以及各种泡饰。值得特别提及的是铜镜的发明。我国最早的一面铜镜出土于广河齐家坪石祭台遗址，虽然直径只有6厘米，背面光素无纹，但已把我国铜镜历史一下子提到了公元前2000多年（图二）[2]。出土于临夏的一面齐家文化铜镜，直径已达14.6厘米，拱形背纽圆厚，规整美观。以镜纽为中心饰两周凸弦纹，形成内外两圈纹饰区。内区饰13角星形纹，

图二 "中华第一铜镜"
（1975年出土于齐家坪遗址，现藏于广河县齐家文化博物馆）

外区饰16角星形纹，以平行斜线为地，线条细密，图案匀称。李学勤先生曾指出，这种纹饰和殷墟出土的商镜纹饰相似，二者存在一定联系。齐家文化"形成了中国铜镜的早期传统，然后才扩展到国内各地"[3]，如果把我国的青铜业比作一棵参天大树的话，它古老的根须最先扎根于陇原大地，齐家文化丰美的乳汁，滋育了它的童年期。

再说治玉业。玉器是新石器时代鼎盛期的产物，缘自石器的制作。先民在精心打磨石器的过程中，逐渐发现了玉质坚密温润、晶莹亮丽的特性，从而创造了日臻完美的玉文化。人们认为玉石凝山川之秀，融日月之辉，乃天地间灵气的结晶，赋予它崇高的寓意和神奇的功能，使它成为可以沟通天人意念的圣物。玉器最终被政治化，义理化，升华为贵族社会爵位等级的祥瑞标志。我国数千年来政治体制的主导理念，可以归纳为一个"礼"字，而玉在其中即居核心地位。礼字的初始形体由"示""豆""玉"三个义符组成，"示"为祭祀用的台案，"豆"为盛祭品的容器，"玉"即为置于豆中的祭品，故"礼"字的本义就是"以玉事神"。古人认为，这是治国理民所依赖的最崇圣的事务。从汉语言中含"玉"符的字词所表达的思想情感，很容易领悟，玉的品性已完全融入中华民族的精神气质中，成为高雅、坚贞、圣洁、靓丽的象征。所以，参与华夏文明育兴史流中的大文化，都含有玉文化的内容。但应指出，在事物发展不平衡规律作用下，各大文化区系玉文化的丰盛程度与发挥的功效并不相同。最受业界青睐，在文明殿堂上闪现异彩的是三大玉文化：红山玉文化、良渚玉文化、齐家玉文化。

西北地区盛产各种玉石，因此出现玉器的时代较早。大地湾仰韶文化遗址出土的一批玉器，时间距今约6000年。但玉器大量存在，治玉工艺已规模化，而且形成了独立风格的治玉业，当晚至齐家文化。齐家文化遗址玉器出土相当普遍，据已发掘遗址的粗略统计，已达数千件[4]，可知当时社会对玉器有广泛需求。器类有斧、锛、凿、戚、钺、刀、镞、多孔刀、环、佩、镯、发箍、臂饰、璧、琮、圭、璜、璜联璧等，包括工具、武器、佩饰器、仪卫器、祭器等多种类型，内涵相当丰富。古代玉器拥有的功能，

齐家文化玉器皆已具备。有的遗址与多类玉器同出的，还有玉石毛坯、半成品和边角料，有的未成形玉板上存留明显的切割痕迹，表明那里当为一处治玉场所。这可证齐家文化玉器乃当地产品，并非传自外域。工艺水平总体说来还未十分成熟，产品质量优劣并存，相差悬殊。但切割已使用极薄的无齿锯，切片两面基本匀平。钻孔技术已相当先进，两面钻和一面钻并用，钻孔较圆，两面孔经相差无几。玉器取材多样，造型简朴，线条流畅，不重纹饰，以光素为美，形成了独特的工艺风格。

崇玉理念的形成，玉器的大量存在，治玉业的持续发展，是和贵族阶层的产生及其需要分不开的，反映了社会政治、文化生活的进步程度。齐家文化玉器中有不少仪卫器和礼器，那显然是高层权力运作的道具和法器，说明部族首领们的性质已经发生了变化，他们已习惯于借助玉器的神圣性来强化权威，以维护自己对族体的掌控。这标志着齐家文化已处父系家长制时代，贵族权力体制已基本形成。

在西北地区诸多史前文化中，齐家玉文化颇有异军突起之势。在治玉业规模上，在选材和工艺风格上，特别是在缘起途径上，越来越为业界所关注，齐家玉文化研究已成显学。齐家玉文化中璧和琮的数量非常可观，显然是受了良渚玉文化的影响，而中原地区陶寺文化的同类器，很可能是中介环节[5]；在铲、锛、钺一类器物上，又可见山东龙山文化玉器风格的迹象，而齐家文化同山东龙山文化的亲密关系，是学界所公认的。总之，齐家玉文化不仅标志着社会发展的高度，也反映了齐家文化与其他文化的交流与互动。

冶铜业和治玉业是齐家文化炫目的亮点。下文我想阐述一个虽不被看作亮点，但却具有基础性、指导性的环节，即农业与畜牧业紧密结合的经济形态。汉渭文化圈是我国开发最早的地区之一，在距今约1万年的全新纪，全球变暖，这一带气候温润，降水充沛，地表土壤肥沃，植被茂密，草原广阔，河流湖泊较多，生态环境相对优越。伏羲集团是域内的原始开发者，大地湾遗址以及分布较为集中的仰韶文化聚落便是明证。这里是我国旱作农业的创育区，黍、稷、油菜、小麦和大麦的最早标本即发现在域内。由家庭饲养演进而起的畜牧业发育很早，制陶业也特别昌盛。发展到齐家文化时期，各方面更有了长足进步。齐家文化承续了之前旱作农业的传统，提高了畜牧业的品位，并大幅度扩拓了农耕定居区域的范围，汉渭文化圈农业与畜牧业紧密结合的经济形态，由此完全形成。

齐家文化农业的发达乃不争之事实。在所有聚落内，居室附近大都有储粮的窖穴，许多遗址都发现炭化了的粟粒，说明粟是当时的主要农作物。青海喇家遗址那碗因突发灾难洒在地上，从而永久保留下来的面条，是最难得的一份实证，它就是用粟粉做成的。墓葬中风行以猪的头骨和下颌骨随葬的习俗，猪的数量已成为家族富有的表征。

这从侧面反映了农业的繁荣，因猪饲养业与农业是同步昌盛的，猪的大量存在，意味着粮食和肥料的充足。

作为史前大文化最西面的一支，齐家文化的地理位置决定了它是中亚文明与华夏文明交流的通道和桥梁，畜马业的兴起是典型例证。众所周知，我国"六畜"以马的饲养时代最晚。马不是中国本土畜种，而最早的家马骨骼，发现在齐家文化遗存中，源自欧亚草原骑马民族的传播。齐家文化是我国最先畜养马匹的史前文化。马的驯养和使用，不仅促进了东、西方文化的交流融汇，而且提高了畜牧业的品质，并由此确定了西北地区畜马业昌盛至今的经济特色，这无疑是对华夏文明育兴的一大贡献。

参观过广河齐家文化博物馆的人，一定会对那些高大的分裆陶鬲印象深刻。它们那三个肥硕的袋足，既支撑了器身，又能盛水容物；既扩充了器身容量，又增大了受火面积。这种科学而又实用的炊煮器，是先民一项了不起的发明。必须重笔点示，它的意义不止如此。分裆陶鬲是农耕文化与草原文化融合的产物。这项发明源于马家窑文化的马厂类型，而在齐家文化中有了更完善的演进。陶鬲的三个乳状袋足，最初是从草原牧猎文化习用的皮囊连接受到启发了仿照性的造型设计。草原地区牧猎部族经常迁徙，习惯于以皮革缝制囊袋盛水盛酒，尤便于马上携带；为了增大容量，有时将三个皮囊连接在一起，更利于骑马远行。借鉴皮囊组合而烧制炊器，的确是一种绝妙的联想构思。许多早期陶鬲的袋足间，明显堆饰有仿皮条连接的褶纹，以及皮条缝合处穿孔和线脚的留痕。这是制陶工艺中的一种惯性衍习[6]。晚至寺洼文化的分裆陶鬲，仍可见这种工艺传统的影响，袋足间常有细条连接的仿饰。陶鬲是农耕文化区定居生活的代表性器物，其上却呈现着草原牧猎文化的印记，堪称农畜业结合经济形态的实物象征。

齐家文化夯实了的农畜业紧密结合的经济形态，在华夏文明形成之后，仍在持续发展，一直滋育着汉渭文化圈的社会进步，促生了姬周和嬴秦两大文明古国，为华夏文明的成长壮大，贡献着洋溢西部特色的血液和营养。

## 三、齐家文化育兴了黄帝部族

言及此，我们先要面对考古文化能否与族体活动做对应判识的问题。此事备受学界关注，却又意见颇不一致。以物质性操作技术为基本方法的田野考古，专业性太强，且具封闭性，同建立在文献资料解读基础上的传统史学距离较大，深入交流相对欠缺，难免产生互不介入、各说各话的现象。此外，传统史学的局限性之一，便是偏重于王朝体系，偏重于华夏主体，而对许多重要族系的源流与活动状况，关注度不高。有关记载或零散简略，或隐晦难明。这也是将田野考古同文献记载结合研究的一大障碍。因此这两个学术领域交接地带几成禁区，考古学家大都对此抱极慎重的态度，有的甚至反对将考古遗存同族体活动做对应研究，主张考古学应有自己的独立性。

对此抱慎重态度肯定是对的，但拒绝做对应研究则不可取。因为考古学的终极目的，总要落到为历史构成服务这个基本宗旨上。这种对应研究是文化事业发展的客观需要，对考古发现做出说明，并把它们纳入已知历史体系之内，是社会大众的强烈愿望。传统史学也总要靠田野考古信息不断开阔视野，纠正误识，提高认知，增强自身的生命力。否则，辛辛苦苦发掘面世的那些纷繁的器物和现场遗存，又有什么意义？考古学文化是生活在一定区域的群体创造的，田野考古揭示的那些物质遗存，必然具有社会性，必然反映创造、使用那些物象的群体相互关系和结构，及其生存能力和习俗，这就必然会映现那个时代、那片地域的历史。尽管这种对应研究的难度较大，须对考古遗存与文献记载两类资料做认真的鉴定、识别、分析和判断；然而这却是方向，是考古学家和历史学家共同努方的方向。好在我国文化事业具有这方面的优势。我国的考古学起步较晚，但从一开始便没有走西方考古学偏重人类学和艺术史的老路，而开创了考古研究同历史研究密切结合的中国途径，这在王国维倡导的"二重证据法"中有理论体现。我国早期重大考古如殷墟的发掘，是中国考古道路的成功实践。

但也必须高度强调，进行这种对应研究是有条件的，绝不能单凭主观意愿行事。愚见，明确时代、地域、文化面貌这三大坐标，是铁定原则。只有在这三大坐标完全重合的前提下，研究和判识方能接近历史的真实。把黄帝族系同齐家文化联系起来思考，是刘起釪先生最先提出来的，我在《甘肃通史·先秦卷》中，赞同并引用了他的观点。因为我认为此说符合上述三大坐标重合的原则。下面，让我对此作些简要阐述。

### （一）经历时间

齐家文化的时代，现今通行的说法是距今 4200 ～ 3800 年。这是依据几处典型遗址确定的大致年代。但齐家文化东部与西部约有 300 年的时差，考虑到它源起于常山下层文化与马家窑文化马厂类型的融合，则其早期年限应在距今 4400 年左右。黄帝部族的活动应看作一个时代，即五帝时代前期，可由夏王朝的建立向前推 5 个世代算起。学界现已认定夏王朝建立在公元前 2000 年左右，如按一个世代三四十年计，上推 200 年，则黄帝部族活动于中原地区，约在距今 4200 年，这同齐家文化前期相当。还应注意到，学界有人据大洪水发生时间推断，夏朝建立当在距今 3900 年左右[7]。如此说近实，则黄帝时代正处齐家文化鼎盛期。

### （二）所涉地域

前文对齐家文化全盛期的四至作过介绍，若论其育兴期，则在陇右即我所说的汉渭文化圈的中心地带，那正是伏羲文化的兴盛区。黄帝族系源起于陇右，是伏羲文化的承袭者，这种认识如今已渐被学界接受，这是改革开放以来，业内人士尤其是甘肃学者古史研究的一大成就。

《国语·晋语》载司空季子语，说黄帝、炎帝同出少典氏："昔少典娶于有蟜氏，生黄帝、炎帝。黄帝以姬水成，炎帝以姜水成，成而异德。故黄帝为姬，炎帝为姜。二帝用师以相济也，异德之故也。"这里的"德"，指在漫长生存斗争中形成的族体特性，姬、姜二水指二族的兴起地域。姜水是渭水的一条支流，在今陕西省宝鸡市境内。炎帝部族起初活动于陇山东麓即今关中西部，学界认识一致。至于姬水，应当距姜水不太远。刘起釪先生认为："今甘肃临夏就有姬家川的地名，而流过临夏注入黄河的就有一条大夏河。夏与姬的渊源关系很深，则姬水也有可能就是这条水。""在渭水以至湟水这一地区，筚路蓝缕地开创前进的，就是由少典族和他的姻亲氏族有蟜族发展出来的黄帝族，以及黄帝族的姻亲部落炎帝族。""黄帝族原来生长活动地区，自今渭水北境，陕西中部，向西至甘肃之境，恰好就是齐家文化区域。从受齐家文化影响很深、相当于齐家文化后期的火烧沟类型文化与夏代同时来看，正好齐家文化相当于传说中夏以前的黄帝族时代。因此，把创造齐家文化的氏族部落推定为黄帝族是合适的。"[8]刘先生所言黄帝族系的延展轨迹，略有可商之处，但在甘肃境内寻找黄帝族早期活动踪迹，还是很有见地的。因为黄帝族系是夏文化的开创者，而夏文化萌生于我国西部，则早就是史界的通识。专言大禹治水的古地志《禹贡》，对甘肃东部记载最为详明，可以作为旁证。

先秦陇西大夏河流域有个大夏国，徐中舒先生即认为乃夏王朝灭亡后夏族西迁所建。他说："汤灭夏后，虞、夏两族相继西迁。夏称大夏，虞称西虞。虞、夏原是古代两个联盟部族，夏之天下，授自有虞。夏既灭亡，虞亦不能幸存，所以他们只能向同一个方向逃亡。"[9]虞氏后世称月氏，虞族也是远古时期兴自陇渭地区的古族。夏虞两族不迁他处而同迁陇右，实因这里是他们祖族源起之地。"夏"与"西"在古汉语中存在一种特殊关系，"夏"有时成为西方的代名词。陈国的公子少西，字子夏；郑国的公孙夏，字子西[10]。夏族兴起于西方，无可置疑。

漆子扬先生对夏代文明的源起和夏王朝的建立，做过深入研究。他把大夏河流域的古文明同大禹及其族属的活动联系起来考察，认为大夏河地区曾经是夏文化的中心区域，力主今广河县城西阿力麻土乡古城村，应即禹之初都[11]。漆先生和刘起釪先生的观点相辅相成，因为广河一带是齐家文化的密集区，而漆先生也坚信"大禹的先祖是黄帝"。如果我们不以狭隘的年代观对待上古史事的话，齐家文化对黄帝文化与夏文化，在宏观上完全可以共容。

《山海经》中多处言及轩辕丘、轩辕台、轩辕国，方位都在西部。《水经·渭水注》记载黄帝的出生地："渭水又东南合泾谷水。水出西南泾谷之山，东北流与横水合。

水出东南横谷，西北经横水圹，入西北泾谷水。乱流西北，出泾谷峪峡。又西北，轩辕谷水注之。水出南山轩辕溪。南安姚瞻以为黄帝生于天水，在上邽城东七十里轩辕谷。皇甫谧云生寿丘，丘在鲁东门北。未知孰是也。"对于郦氏所举此二说，范三畏先生20多年前即做过有力的辨析，指出皇甫谧所言"在鲁东门北"之鲁，非周初封伯禽的今山东境内之鲁，实乃《潜夫论·志氏姓》所言位处西北地区的姞姓之鲁。故罗萍注《路史》曰"寿丘在上邽"，实即今天水市南境的齐寿山。《水经·渭水注》所言之轩辕谷水，正发源于齐寿山的东北麓[12]。皇甫谧是安定朝那人，对陇右史地是非常熟悉的。所言"鲁"确为陇右古国。何光岳先生也有过考证，他也认为西鲁就在陇右，其族人以沿渭水和西汉水捕鱼、腌鱼为业。鲁卤同音通用。该族居地产盐，后世称为"卤城"（今礼县盐官镇）者，即西鲁之所在[13]。西鲁古属后世的天水域内，故清儒梁玉绳在《汉书人表考》中，直接说："黄帝生于天水。"诸多古文籍还言及黄帝的即位之地，问道之地，西巡之地，乃至死后的葬地，如逐一细考，涉域全在汉渭文化圈内。《易林·恒卦》云："黄帝所生，伏羲之宇。兵刃不至，利以居止。"当是古史实况在后世记忆中的留存。

### （三）文化面貌

在我国传统史识中，黄帝具有非常独特而光辉的地位，是由神话人物脱胎而成历史人物的典型。人们把远古史系的许多"圣王"，都纳入黄帝的家族体系；夏、商、周、秦的始祖，乃至众多非华夏民族的首领，都是黄帝的后裔。同时，又把远古初民在适应、利用、改造自然的生存斗争中几乎所有的成就，都归于黄帝及其臣属。这一文化现象，不宜简单地斥评为荒诞的唯心主义史观，应看到其时代性。在秦汉帝国政治、文化大一统的背景下，人们在意识形态上也滋生了大一统的精神要求。这是一种强烈的中华民族认同感，是当时客观存在的文化趋势。黄帝正处在我国由史前期向文明期过渡的关键阶段，是那个过渡时期最高经济水平与最强势族体的代表人物。从宏观高度考察，文献记载里的黄帝文化，可以全方位地与齐家文化相对应；因为齐家文化也正处于新石器时代晚期，并已跨入青铜时代，经济、文化已达到文明前夕的高度，而且方域就是黄帝祖族的兴起地带。

如前文重点申述的齐家文化铜器制作，在黄帝文化中也是亮点。《史记·封禅书》说："黄帝作宝鼎三，象天、地、人。""黄帝采首山铜，铸鼎于荆山之下。"《拾遗记》说黄帝掘地昆吾山下，"炼石为铜，铜色青而利"。黄帝时代的铜已经"色青而利"，且已能铸鼎，已属青铜无疑。尤可注意的是，《黄帝内传》云："帝既与王母会于王屋，乃铸大镜十二面，随用之。则镜始于轩辕矣。"《黄帝内传》一书神话色彩较浓，但这一传说表明黄帝时代开始用镜，给后世的印象深刻。这正同齐家文化创铸铜镜相符。

又如前文也曾重点申述过的治玉工艺，同样也在黄帝文化中闪光。《越绝书》载："黄帝之时，以玉为兵，以伐树木，为宫室，凿地。夫玉亦神物也，又遇圣王使然。"将黄帝时代视为玉器时代。玉器是由精美的磨制石器升华而出的，故最初的玉器和石器一样，是工具和兵具，《越绝书》所言即指这个阶段。这表明黄帝时代以较早制作、使用玉器而为史家所关注。这也和齐家玉文化取材多样而不重纹饰的风格相应合。

再如纺织技术。关于黄帝功业的记载中，多有"制衣服""制舆服""垂衣裳"之类的内容。《史记·五帝本纪》还有黄帝"淳化鸟兽虫蛾"一语，既曰"淳化""蛾"字当指蚕的育养。《绎史》卷五引《黄帝内经》："黄帝斩蚩尤。蚕神献丝，乃称织纴之功。"《通鉴外纪》云："西陵氏之女嫘祖，为黄帝之妃，始教民育蚕治丝，以供衣服。"原始纺织是以麻、毛纤维为原料的，黄帝时代已进入蚕丝业阶段，这也正同齐家文化的纺织业水平相当。

用植物纤维和羊毛捻线制衣，是先民早在新石器时代前期就已学会的生存技能。大地湾一期遗存中即已发现陶轮和骨针等器物，在此后的各期、各种文化遗存中，这类器物呈越来越多的趋势，而织物也越来越精细。至齐家文化，捻线、织布、缝纫已成普及的家庭手工业，许多墓葬内骨架和陶器上都发现有清晰的布纹。永靖县大何庄遗址陶器上的纺织物纹痕，有的细密到每平方厘米经纬线多达 30 根。那时的麻纤维脱胶技术还很原始，麻线难以分擘捻结得如此纤细，故学者们认为应属早期丝织品。临洮冯家坪遗址出土了一件红陶双联罐，腹部饰有三条生动的阴线蚕纹，蚕的节肢、眼睛和嘴都刻划细致。陈炳应先生据其状态推断为家蚕形象[14]。在那么精致的陶器上刻饰蚕纹，绝非偶然意兴，说明蚕已是日常生活里的习见物，陈先生的判识是正确的。

还可拿居房建筑作比对。《史记·五帝本纪》说黄帝之前没有居室，至黄帝时方"造屋宇"。《帝王世纪》也说"自黄帝以上，穴居野处""及至黄帝为筑宫室，上栋下宇，以待风雨"。《新语·道基》讲得更具体："天下人民，野居穴处，未有室屋。则是禽兽同域。于是黄帝乃伐木构材，筑作宫室，上栋下宇，以避风雨。"类似记载，多不胜举。而齐家文化的一大特色，便是居房建筑日趋成熟。本来，汉渭文化圈内的古文化，一直以擅长房屋修建而引人瞩目。大地湾一期遗存中，存在我国最早的一批圆形半地穴式房屋；以后几期文化的居室建筑式样越来越多，结构越来越复杂，居住条件越来越舒适。到四期文化，还出现了著名的 F901 大型庙堂建筑群。马家窑文化和齐家文化继承了大地湾各期文化的建房传统，并在形制和装饰上有了新的发展。齐家文化房屋虽仍以半地穴为主，但地面建筑量大增。形式多样，有圆形、椭圆形、方形、长方形、多边形、"凸"字形、"吕"字形等，有的还形成了里外套间结构。个别房间面积达 36 平方米，门前有向外突出的入口，四周配建有回廊。应当着重提示的是，齐家文化居室地面和四壁近底部，大都抹有一层防潮的白灰面。这是一种用石灰、细沙和料礓石粉末混合构成的涂料，可视为大地湾遗址原始水泥的简约化和普及化。白灰面平整光洁，坚固美观，是齐家文化居民改善居住条件的一项标志性技术。

更须特书一笔的是，齐家文化在建筑技术领域的划时代贡献——创制并使用陶瓦。灵台桥村齐家文化遗址出土了目前所知我国时代最早的一批房瓦，橙红陶，烧制坚牢。分板状和半筒状两种，饰有篮纹、绳纹和附加堆纹。有的房屋不仅使用了覆顶瓦，还安置了排水配套设施。镇原县齐家文化遗址一处房基外发现了上百米的排水陶管，每节长约53厘米，管端设卯箍子母口，可连续套接。齐家文化住房建筑技术的进步程度令人惊叹。文献记载对黄帝功业中的"上栋下宇"作了那么多渲染，是以史实为基础的。

综上所述，经历时间、所涉地域、文化面貌这三大坐标完全重合，所以我们敢于做出齐家文化育生了黄帝部族的判识。

## 注 释：

[1] 汉指汉水上流。嘉陵江形成之前，其在甘境的两大支流东汉水（古名漾水，即今永宁河）和西汉水合流后并不入川，而是东流入陕，与古沔水通联。古汉水源流的澄清，是新时代我国历史地理学领域的一大成就。详情可参看拙文《嶓冢山与汉水古源——对一桩史地疑案的梳理》，《天水师范学院学报》2016年第3期，后收入作者的《古史钩沉》，上海古籍出版社，2018年。

[2] 此前，只在商墓中发现过铜镜。

[3] 李学勤：《失落的文明》，上海文艺出版社，1997年。

[4] 从质地上说，齐家文化玉器材料非常多样，有许多属于彩石之类；但其器形及功用，却无疑属玉文化体系。

[5] 朱乃诚：《齐家文化玉琮研究·下篇》，《陇右文博》2017年第1期。

[6] 张朋川：《从甘肃一带出土文物看丝绸之路形成过程》，《丝绸之路》1999年第1期。

[7] 漆子扬：《大夏河孕育的夏代文明》，《天水师范学院学报》2017年第1期。漆先生引述此说，但并不表赞同。

[8] 刘起釪：《古史续辨》，中国社会科学出版社，1997年。

[9] 徐中舒：《徐中舒历史论文选辑（下册）》，中华书局，1998年。

[10] 马叙伦：《读书续记》，北京市中国书店，1986年。

[11] 同[7]。

[12] 范三畏：《旷古逸史》，甘肃教育出版社，1999年。

[13] 何光岳：《中原古国源流史》，广西教育出版社，1995年。

[14] 陈炳应：《中国少数民族科学技术史丛书·纺织卷》，广西科学技术出版社，1996年。

# 甘肃火烧沟遗址人类颅骨测量性状再研究

张 旭

/

中国社会科学院考古研究所助理研究员

**摘 要**: 本文针对甘肃省玉门火烧沟遗址 1976 年发掘出土的 60 例男性人骨标本颅骨测量性状进行整合研究，将目前已知的我国先秦时期主要人种类型代表人群、甘青地区主要史前先民作为参照组，分别计算他们之间的生物距离系数，重新估判该遗址古代人群的构成，并以此管窥该人群的种系源流。结果表明：火烧沟男性人群的颅面形态特征与先秦时期"古西北类型"最为相似，同时，与甘青地区齐家文化的磨沟组、卡约文化各对比组、四坝文化干骨崖组、辛店文化核桃庄组存在一定的颅面形态相似性，或许能够为探讨甘青地区不同人群与文化的源流问题提供人骨考古学方面的线索。

**关键词**: 火烧沟遗址 颅骨测量性状 生物距离

## 一、引言

针对考古遗址出土人骨标本开展的骨骼考古学研究，旨在综合采用人体测量学、解剖学、病理学、分子生物学等分析手段，科学获取被研究对象的体质特征、健康状况、遗传结构等信息。由于基因型变异可能会造成骨骼形态与测量性状的改变[1]，因此，以颅骨测量性状为基础开展人群之间生物距离研究，能够探索不同人群的亲缘关系、遗传分化，从而进一步解答古代居民的人群构成、迁徙融合、婚后居住制度（Postmarital Residence）等相关考古学问题，是人类骨骼考古学研究的主要任务之一。目前学术界对于生物距离的推算主要借助古 DNA 分析、非测量性状观察、测量性状统计等方法提取的相关数据来完成。其中，对颅骨测量性状进行多元统计分析是被广泛使用的方法之一，与之相关的生物距离系数主要包括：欧氏距离（$D_E$）、马氏平方距离（$D^2_M$）[2]、修正后马氏平方距离（$D^2_{CM}$）[3]等。

虽然古 DNA 技术在考古学中被广泛应用，但并不意味着传统人骨考古学研究方法的过时与淘汰。任何一种技术方法都有其优点，也会有局限性。第一，与提取古 DNA 不同，生物距离研究的数据来源是靠测量与观察等传统研究方法，是无损的。第二，远古时期墓葬里的人骨 DNA 不一定会保存下来，实验中也不一定能成功提取。但是如果颅骨保存较好的话，用传统的测量与观察方法可以得到较为宏观的人群间亲缘关系证据。

火烧沟遗址位于甘肃省玉门市清泉乡，年代距今约 3700 年。1976 年甘肃省文物考古队对其进行了大规模发掘，发掘墓葬 312 座，采集 257 例人骨标本，多数是一次葬，少数是二次葬。出土陶器、铜器、石器、玉器、骨器和部分金银器等珍贵遗物，以及羊、牛、马、狗、猪骨骼。火烧沟遗址为探讨铜器的产生、青铜时代的发展以及中西文化的交流提供了重要的实物资料。中国社会科学院考古研究所的韩康信研究员针对 1976 年发掘的火烧沟遗址人骨标本进行研究可知：性别明确者 226 例，男性 119 例，女性 107 例，性别比 1.11∶1，两性构成比例平衡，男性预期寿命 32.95 岁，女性 32 岁。通过对男女两性各 60 例颅骨标本进行组差变异和成数显著性检验发现：火烧沟男性与殷墟中小墓男性为代表的古中原类型较为近似，甚至要比甘肃史前组人群为代表的古西北类型更近似。火烧沟女性与殷墟中小墓女性颅面形态近似性并不明显，反而与甘肃史前组人群更为相似。[4] 复旦大学的谭婧泽教授利用颅骨测量性状平均值主成分分析法，在对我国西北地区古代居民人群间亲缘关系研究时，提取方差累计 94.2% 前 8 个主成分进行 Pearson 相关系数计算并进行聚类，进一步论证了：火烧沟男性与殷墟中小墓男性颅面形态较为近似。同时，与青海地区相关对比人群为代表的古西北类型也有着较近的形态学关系，而与新疆地区相关对比组的形态学关系略有不同[5]。兰州大学的贺乐天副教授采用数量遗传分析方法（亲缘关系矩阵模型 R-matrix）计算火烧沟及殷墟中小墓等相关人群的遗传距离矩阵后，使用离差平方和方法进行聚类后发现：火烧沟组男性居民与柳湾马厂、阳山半山组共同组成的马家窑文化合并组最为接近，同时与上孙家寨卡约组的颅面形态特征也较为相似，虽然，分析矩阵结果显示火烧沟组与殷墟中小墓组有着较近的关系，但是经聚类分析后，殷墟中小墓与山西游邀人群的颅面形态特征最为相似[6]。

本文拟通过火烧沟遗址出土人骨标本的颅骨测量性状的整合研究，将目前已知的我国先秦时期主要人种类型作为参照组人群，分别计算他们之间的三种生物距离系数，来重新估判该遗址古代人群的构成，并对其先民的颅面形态特征进行归纳总结。同时，还拟通过火烧沟遗址出土人骨标本的颅骨测量性状与甘青地区的相关对比组人群进行生物距离的计算，为该颅面形态所代表的种系源流问题研究提供思路。

## 二、研究材料与方法

### （一）研究材料

**1. 本文组**

综合参考已刊布的我国境内先秦时期对比人群颅骨测量性状研究，本文选择男性数据作为分析对象。因此本文组为火烧沟遗址 1976 年出土的颅骨保存完整的 60 例男性颅骨标本[7]。

**2. 先秦时期对照组**

"人种"是指那些具有区别于其他人群的某些共同遗传体质特征的人群。这些共同的遗传体质特征是在一定的地域内，在漫长的人种形成和发展过程中逐渐形成的，是对自然界环境长期适应的结果，是在某种程度上与人类的自然地理分布有关。通过对目前已知的先秦时期（新石器时代以后）的古人种资料的梳理和分析，研究者们发现当时的古代居民在体质特征的某些细节上与现代各地区居民之间尚存在着若干明显的差异，换言之，现代亚洲蒙古人种的各区域性类型在当时还没有完全形成。因此，吉林大学的朱泓教授及团队根据对目前已发现的先秦时期人骨材料进行初步研究结果，将我国先秦时期人骨材料进行类型学的划分。本文选择了其中"古西北类型""古中原类型""古华北类型"等三组与甘肃地区最为相关的人种类型典型对比组，同时也选取了"古东北类型""古华南类型""古蒙古高原类型"三组其他人种类型作为排他参照组（表一）。

古西北类型：古西北类型的居民在先秦时期主要生活在黄河流域上游的甘青地区，北达内蒙古额济纳旗的居延地区，稍晚时期向东渗透至陕西省关中平原及其邻近地区。甘肃酒泉的干骨崖墓地、民乐东灰山墓地等古代居民是西北地区该类型古代居民的典型代表。另外青海乐都柳湾墓地的半山文化、马厂文化和齐家文化居民亦属于该类型。该类型居民的基本颅面形态特征可总结为：偏长的颅型，高颅型与偏狭的颅型结合，中等偏狭的面宽，高而狭的面型，中等的上面部扁平度，中等的眶型配合较狭的鼻型。本文选择的对比组为马家窑文化的青海乐都柳湾马厂组[14]、齐家文化的甘肃临潭磨沟组[15]。

古中原类型：从已发掘的人骨标本来看，先秦时期生活在黄河中下游地区的原住民应为古中原类型，此类型不仅涵盖了河南龙山文化、山东龙山文化、仰韶文化、大汶口文化、庙底沟二期文化的大部分居民，还包括了殷墟中小墓中的平民，代表周人的瓦窑沟组、西村周组亦属于该类型。此类型居民的颅面形态特征可概括为：偏长的中颅型配合高而偏狭的颅型，中等偏狭的面宽配合中等的上面部扁平度[16]，以及较低的眶型和明显的低面阔鼻倾向，这是其与古西北类型最大的区别所在。本文选择的对

**表一　先秦时期 8 组对比人群信息**

| 人种类型 | 主要颅面形态特征 | 对比组 |
|---|---|---|
| 古西北类型 | 长颅型、高颅型、狭颅型；中等偏狭的面宽，中等的面部扁平度，高而狭的面型；中眶型、狭鼻型 [8] | 青海柳湾马厂组<br>甘肃磨沟齐家组 |
| 古中原类型 | 偏长的中颅型、高颅型、狭颅型；中等偏狭的面宽，中等的面部扁平度；较低的眶型、明显的低面阔鼻倾向 [9] | 陕西半坡组<br>河南安阳殷墟中小墓②组 |
| 古华北类型 | 偏长的中颅型、高颅型、狭颅型；偏狭的面宽，较大的面部扁平度，偏低的中眶型、中鼻型 [10] | 河北姜家梁组 |
| 古东北类型 | 长颅型、高颅型；面型较宽阔且颇为扁平的颅面型特征 [11] | 吉林后套木嘎组 |
| 古华南类型 | 长颅型、中等偏高的正颅型；中等面宽，低面；较低的中眶型 [12] | 广西甑皮岩组 |
| 古蒙古高原类型 | 圆颅型、偏低的正颅型、阔颅型；阔面、较大的面部扁平度 [13] | 内蒙古新店子组 |

比组为仰韶文化的陕西西安半坡组[17]。

古华北类型：先秦时期生活在内蒙古长城地带的原住民应为古华北类型，其中心生活区应是分布在内蒙古中南部到山西北部、河北北部一带的长城沿线，典型居民代表有内蒙古东周时期的毛庆沟、饮牛沟两组居民。除此之外，古华北类型的居民似乎也辐射到了西辽河流域，如夏家店上层文化居民就是一个典型的例证。此类型居民的颅面形态特征可表述为中等偏长而又狭窄的颅型，高颅窄面，水平方向上较大的上面部扁平度。其与古西北类型最大的区别在于其具有较大的上面部扁平度。本文选择的对比组为新石器时期的河北阳原姜家梁组[18]。

古东北类型：古东北类型居民的中心生活区主要分布在东北地带，是当地最重要的原住民之一，分布非常广泛，以吉林西团山文化居民、黑龙江新开流文化居民为典型代表，该类型的呈现出的主要颅面形态特征是颅型相对较高，面型较宽阔且颇为扁平。本文选择的对比组为汉书二期文化的吉林大安后套木嘎组[19]。

古华南类型：从目前已知的人骨材料来看，古华南类型的居民在先秦时期应该是以浙、闽、粤、桂一带的南方沿海地带为主要分布区。该类型居民的主要体质特征呈现为长颅型、低面阔鼻、低眶、身材相对较矮小。本文选择的对比组为新石器时期的广西桂林甑皮岩组[20]。

古蒙古高原类型：21 世纪初，吉林大学张全超教授在原有五大古代人种类型基础上又重新提出了古蒙古高原类型，古蒙古高原类型的居民与古西伯利亚类型居民非常相似，最大的区别在于后者的颅型相对狭长而前者相对短宽。该类型居民主要分布在如今的蒙古国及我国的内蒙古地区，属于广义地理单元上的蒙古高原地区，颅型形态特征主要表现为圆颅型、偏低的正颅型与阔颅型相结合。另外，由于游牧民族的流动性和迁徙性，这种类型的居民也可达外贝加尔湖和我国的北方长城地带。本文选择的对比组为东周时期的内蒙古和林格尔新店组[21]。

3. 甘青地区古代对比组

为了进一步确定火烧沟人群的种系源流问题，本文还选择了甘青地区的 14 组古代对比组人群进行生物距离研究。14 组人群分别是：新石器时期的青海同德宗日组[22]、民和阳山组[23]、乐都柳湾马厂组[24]、民和喇家组[25]以及甘肃磨沟齐家组[26]；相对于新石器时代，该地区青铜时代的人骨材料较为丰富，文化类型也颇多，本文中引用了属于辛店文化的青海核桃庄组[27]，属于卡约文化的青海李家山组[28]、循化阿哈特拉山组[29]、大通上孙家寨卡约组[30]，属于沙井文化的甘肃永昌三角城组[31]，属于寺洼文化的甘肃磨沟寺洼组[32]、庄浪徐家碾组[33]，以及同属于四坝文化甘肃民乐东灰山组[34]、酒泉干骨崖组[35]。

## （二）研究方法

首先，本文利用主成分分析法（Principal Component Analysis，PCA）精简变量数量，即提取本文对比组人群的颅骨测量性状中累计贡献率达一定比例的主成分，将其包含的颅骨测量性状作为精简后变量。该分析由 IBM SPSS Statistics 21.0 软件完成。

其次，本文选择的三种生物距离系数为欧氏距离（$D_E$）、马氏平方距离（$D_M^2$）、修正后马氏平方距离（$D_{CM}^2$）系数，其中欧氏距离、马氏平方距离的计算，基于各对比组的颅骨测量性状平均值。修正后马氏平方距离系数的计算，是通过每一例个体的测量数据进行，该方法适用于小样本量的生物距离的计算。欧氏距离的计算由 IBM SPSS Statistics 21.0 软件完成，马氏距离的计算由笔者编写 R 语言脚本完成，修正后马氏平方距离的计算由 Microsoft Excel 16.16.27 软件完成。

参考各古代对比组原始数据报道情况，本文选择了颅长、颅宽、颅高、最小额宽、颧宽、右侧眶宽（mf-ek）、右侧眶高、鼻宽、鼻高等 9 项线性测量项目，鼻颧角、总面角等 2 项角度测量项目，同时，本文还选择了颅长宽指数、颅长高指数、颅宽高指数、额顶宽指数、眶指数、鼻指数等 6 项测量指数项目，共计 17 项颅骨测量性状。

## 三、结果

本文对火烧沟人群（男性）的已发表测量性状均值进行了数据整合，可知该人群拥有：偏长的中颅型（颅长宽指数 75.9%）、高颅型（颅长高指数 76.12%）结合狭颅型（颅宽高指数 100.66％）的颅型特征，以及中等的面部扁平度（鼻颧角 145.05°）、偏狭的中上面型（上面指数 54.41％）、中眶（右侧眶指数 I 79.21％）中鼻（鼻指数 49.92％），与朱泓教授划分的先秦时期古西北类型偏长的颅型，高颅型与偏狭的颅型结合，中等偏狭的面宽，高而狭的面型，中等的上面部扁平度，中等的眶型配合较狭的鼻型的颅面形态特征基本符合。

## （一）与先秦对比组人群生物距离计算

首先，对本文所选的对比组人群的 17 项颅骨测量性状进行主成分分析前，首先对其进行了 KMO 检验和巴特利特检验，根据检验结果可知：KMO 值为 0.441，但巴特利特检验的显著性为 0，明显小于 0.001，表明各对比组的变量之间存在一定相关性，因此，对其进行主成分分析是有统计学意义（表二）。

**表二　KMO 和巴特利特检验**

| Kaiser-Meyer-Olkin 取样适切性量度 | | 0.441 |
|---|---|---|
| Bartlett 的球形度检验 | 近似卡方 | 8582.616 |
| | 自由度 | 136 |
| | 显著性 | 0.000 |

对本文所选对比组人群的 17 项颅骨测量性状进行主成分分析后，共提取了主成分特征值大于 1 的 7 个主成分因子，其累计贡献率达到 90.446％（＞80％）（表三）。根据既往研究发现，提取主成分累计贡献率大于 60％ 的数据即可完成变量的精简，基于此，本文提取了 4 个主成分因子（累计贡献率 69.384％）所代表的 14 个颅骨测量性状作为精简后变量，即第 1 主成分包括的 3 个颅骨测量性状：颅长、颅长宽指数、颅高；第 2 主成分包括的 4 个测量性状：颅宽、颧宽、颅宽高指数、额骨最小宽；第 3 主成分包括的 2 个测量性状：颅长高指数、总面角；第 4 主成分包括的 5 个测量性状：右侧眶指数、鼻指数、右侧眶高、鼻宽、鼻高。

将火烧沟组人群（男性）与 8 组先秦时期对比组人群的 14 项测量性状进行三种生物距离计算结果可知（表四）：

第一，火烧沟组与 8 组对照组的欧氏距离系数由小到大依次是：磨沟齐家组（4.493）＜殷墟中小墓②组（5.182）＜柳湾马厂组（5.207）＜姜家梁组（9.274）＜半坡组（10.415）＜后套木嘎组（12.780）＜甑皮岩组（14.891）＜新店子组（30.339）。

第二，火烧沟组与 8 组对照组的马氏平方距离系数由小到大依次是：磨沟齐家组（0.572）＜姜家梁组（1.088）＜殷墟中小墓②组（2.301）＜后套木嘎组（2.277）＜柳湾马厂组（3.078）＜甑皮岩组（8.721）＜半坡组（15.004）＜新店子组（21.908）。

第三，火烧沟组与 8 组对照组的修正后马氏平方距离系数由小到大依次是：磨沟齐家组（0.232）＜姜家梁组（0.299）＜后套木嘎组（1.356）＜殷墟中小墓②组（1.646）

## 表三 主成分分析

| 解释的总方差 | | 主成分 | | | | | | |
|---|---|---|---|---|---|---|---|---|
| | | 1 | 2 | 3 | 4 | 5 | 6 | 7 |
| 提取平方和载入 | 特征值 | 74.828 | 71.663 | 38.284 | 30.973 | 24.904 | 21.303 | 19.287 |
| | 方差的（%） | 24.064 | 23.046 | 12.312 | 9.961 | 8.009 | 6.851 | 6.203 |
| | 累积（%） | 24.064 | 47.111 | 59.423 | 69.384 | 77.392 | 84.243 | 90.446 |
| 主成分矩阵 | | | | | | | | |
| 颅长 | | 5.377 | 2.058 | -1.798 | 0.773 | -2.077 | -0.379 | -0.010 |
| 颅长宽指数 | | -2.697 | 1.746 | 1.676 | 0.061 | 0.511 | -0.688 | 0.140 |
| 颅高 | | 3.811 | -0.457 | 3.777 | 0.431 | -0.163 | -0.650 | 0.412 |
| 颅宽 | | -0.822 | 4.718 | 1.696 | 0.704 | -0.655 | -1.586 | 0.246 |
| 额宽 | | 1.608 | 4.045 | 1.034 | -0.991 | 0.595 | 2.096 | -1.186 |
| 颅宽高指数 | | 3.324 | -3.663 | 1.506 | -0.152 | 0.361 | 0.708 | 0.104 |
| 额骨最小宽 | | 1.516 | 2.743 | -0.586 | -1.539 | 2.133 | -0.374 | 2.159 |
| 颅长高指数 | | -0.129 | -1.095 | 2.821 | -0.094 | 0.775 | -0.170 | 0.232 |
| 总面角 | | 0.616 | 0.609 | -0.792 | 0.712 | 0.337 | -0.122 | -0.491 |
| 眶指数 R | | -0.187 | -0.037 | -0.339 | 3.554 | -0.040 | 0.364 | 2.306 |
| 鼻指数 | | -0.275 | -0.258 | 0.260 | -2.674 | -2.546 | -0.443 | 1.235 |
| 眶高 R | | 0.357 | 0.570 | -0.059 | 1.125 | 0.191 | 0.348 | 0.329 |
| 鼻宽 | | 0.455 | 0.387 | 0.019 | -0.777 | -0.769 | 0.084 | 0.049 |
| 鼻高 | | 1.195 | 1.021 | -0.212 | 1.310 | 1.152 | 0.639 | -1.236 |
| 额顶宽指数 | | 1.484 | -0.217 | -1.231 | -1.449 | 1.868 | 0.485 | 1.455 |
| 鼻颧角 | | -1.648 | 0.921 | 1.035 | 0.180 | -1.457 | 3.392 | 1.134 |
| 眶宽 R | | 0.566 | 0.743 | 0.112 | -0.550 | 0.279 | 0.251 | -0.884 |

注：提取方法为主成分分析。

＜柳湾马厂组（2.072）＜甑皮岩组（5.852）＜半坡组（13.514）＜新店子组（19.983）。

综上所述，通过三种生物距离计算结果可知：火烧沟人群与磨沟齐家组为代表的古西北类型的距离最小，表明两组先民之间有着较为相似的颅面部形态关系。而与内

表四　火烧沟人群与 8 组对比人群之间 14 项颅骨测量性状的生物距离

| 人种类型 | 对比组 | $D_E$ | $D^2_M$ | $D^2_{CM}$ | $D^2_M D^2_{CM}$ |
|---|---|---|---|---|---|
| 古西北类型 | 与磨沟齐家组 | 4.493 | 0.572 | 0.232 | 0.047 |
| | 与柳湾马厂组 | 5.207 | 3.078 | 2.072 | ＜0.01 |
| 古华北类型 | 与姜家梁组 | 9.274 | 1.088 | 0.299 | 0.147 |
| 古中原类型 | 与半坡组 | 10.415 | 15.004 | 13.514 | ＜0.01 |
| | 与殷墟中小墓②组 | 5.182 | 2.301 | 1.646 | ＜0.01 |
| 古东北类型 | 与后套木嘎组 | 12.780 | 2.277 | 1.356 | ＜0.01 |
| 古华南类型 | 与甑皮岩组 | 14.891 | 8.721 | 5.852 | ＜0.01 |
| 古蒙古高原类型 | 与新店子组 | 30.339 | 21.908 | 19.983 | ＜0.01 |

蒙古新店子组之间的生物距离最大，表明火烧沟人群与新店子组为代表的古蒙古高原类型居民颅面形态相似度最小。而火烧沟组与古中原类型的仰韶文化时期的半坡组的生物距离相对偏大，表明他们之间的颅面形态近似性并不明显；同时，火烧沟组与古中原类型的殷墟时期的殷墟中小墓②组的距离也不及其与磨沟齐家组之间的距离小，表明他们之间的颅面形态相似性并不如其与磨沟齐家组先民之间的明显。需要注意的是，本文还对修正后马氏平方距离所得结果进行显著性检验可知，在显著性水平设为 0.01 的情况下，火烧沟与磨沟齐家组之间的距离值表现出不具备显著性差异（p 值 =0.047 ＞0.01），即"两组对比人群之间存在差异"的假设不具有统计学意义，换言之，两组对比人群之间的颅面形态不存在显著性差异，这与本文通过三种生物距离系数进行计算的结果相符合。

## （二）与甘青地区古代对比组人群生物距离计算

为了进一步确定火烧沟人群的种系源流问题，本文还选择了甘青地区的主要的 14 组古代对比组人群进行生物距离的计算。需要说明的是，而由于个别对比组的研究者没有公布个体测量数据，因此本文仅计算了火烧沟组与 14 组甘青地区古代对比组人群欧氏距离系数。

首先，对本文所选对比组人群的 17 项颅骨测量性状进行主成分分析后，共提取了主成分特征值大于 1 的 3 个主成分因子（累计贡献率 92.695%），根据既往研究发现，提取主成分累计贡献率大于 60% 的数据即可完成变量的精简（表五）。基于此，本文提取了前 2 位主成分（累计贡献率 85.096%）所代表的 10 个颅骨测量性状作为精简后变量，即第 1 主成分包括的 4 个颅骨测量性状：额顶宽指数、额骨最小宽、右侧眶指数、右侧眶宽；第 2 主成分包括的 6 个测量性状：颅宽高指数、颅高、颅长宽指数、鼻颧角、颅长高指数、颅长。

　　将火烧沟组人群（男性）与 14 组甘青地区古代对比组人群的 10 项测量性状进行欧氏距离系数计算结果可知（表 6）：其与磨沟齐家组有着最小的欧氏距离系数（4.069），

表五　主成分分析

| 解释的总方差 | | 主成分 | | |
|---|---|---|---|---|
| | | 1 | 2 | 3 |
| 提取平方和载入 | 特征值 | 218.373 | 53.132 | 24.246 |
| | 方差的（%） | 68.443 | 16.653 | 7.599 |
| | 累积（%） | 68.443 | 85.096 | 92.695 |
| 额顶宽指数 | | 8.826 | 0.213 | -0.659 |
| 额骨最小宽 | | 11.765 | -0.861 | 0.67 |
| 眶指数 R | | -0.611 | 0.134 | 0.597 |
| 眶宽 R | | 0.201 | 0.143 | 0.2 |
| 颅宽高指数 | | 0.677 | 4.019 | -0.478 |
| 颅高 | | 0.441 | 3.872 | 1.651 |
| 颅长宽指数 | | -0.457 | -2.026 | 0.49 |
| 鼻颧角 | | -0.298 | -2.009 | -0.182 |
| 颅长高指数 | | 0.095 | 1.172 | 0.003 |
| 颅长 | | 0.354 | 2.298 | 2.155 |
| 颅宽 | | -0.546 | -1.922 | 2.502 |
| 鼻高 | | -0.24 | -0.542 | 1.58 |
| 鼻指数 | | 0.024 | 0.149 | -0.92 |
| 总面角 | | -0.383 | 0.153 | 1.479 |
| 颧宽 | | -0.195 | -1.509 | 1.749 |
| 眶高 R | | -0.104 | 0.169 | 0.416 |
| 鼻宽 | | -0.098 | -0.164 | 0.277 |

然后依次是卡约文化的上孙家寨组（4.123）、阿哈特拉山组（4.152），新石器时期的柳湾马厂组（4.658）、宗日组（5.373），辛店文化的核桃庄组（5.553），以及同属于四坝文化的干骨崖组（5.792）以及卡约文化的李家山组（5.925），说明火烧沟先民与他们之间存在一定颅面形态近似性；而火烧沟组与沙井文化的三角城组的欧氏距离系数最大（20.736），说明二者之间的颅面形态关系相似性最小。

**表六　火烧沟人群与 14 组对比人群之间 10 项颅骨测量性状的生物距离**

| 对比组 | $D_E$ | 对比组 | $D_E$ |
|---|---|---|---|
| 与磨沟齐家组 | 4.069 | 与上孙家寨卡约组 | 4.123 |
| 与阿哈特拉山组 | 4.152 | 与柳湾马厂组 | 4.658 |
| 与宗日组 | 5.373 | 与核桃庄组 | 5.553 |
| 与干骨崖组 | 5.792 | 与李家山组 | 5.925 |
| 与阳山组 | 7.209 | 与东灰山组 | 8.471 |
| 与磨沟寺洼组 | 8.912 | 与喇家组 | 13.735 |
| 与徐家碾组 | 13.884 | 与三角城组 | 20.736 |

## 四、讨论与小结

经数据整合火烧沟人群（男性）的测量性状均值可知：其颅面型特征为偏长的中颅型、高颅型、狭颅型、偏狭的中上面型、中等的面部扁平度、中眶、中鼻，与先秦时期古西北类型最为相似，不同于古中原类型"低眶、低面、阔鼻"的特征。

本文通过计算火烧沟组男性人群与 8 组对照组人群之间颅骨测量性状的三种生物距离系数发现：火烧沟人群与磨沟齐家组为代表的古西北类型的生物距离最小，表明两组先民之间有着较为相似的颅面部形态关系，同时，通过计算火烧沟组男性人群与 14 组甘青地区古代先民的颅骨测量性状欧氏距离系数计算结果可知，火烧沟组还与卡约文化各对比组、四坝文化干骨崖组、辛店文化核桃庄组存在一定的颅面形态相似性。有学者曾提出在卡约文化发展中，与河西走廊的四坝文化有过一定的接触。在火烧沟墓地出土的腹耳小口壶（M143∶2）、折耳彩陶罐（M45∶2）、陶勺（M5∶1）等与大通上孙家寨卡约墓地发现的腹耳壶（M13∶1）、折耳罐（M105∶6）以及湟源龙勃勃遗址的陶勺较为接近[36]。因此，本文利用生物距离计算发现以火烧沟组为代表的四坝文化先民与卡约文化对比组等甘青地区其他人群之间的颅面形态近似关系，或许能够为甘青地区不同人群与文化的源流问题提供人骨考古学方面的线索。

同时，值得注意的是，火烧沟组男性人群与古中原类型的殷墟时期的殷墟中小墓②组的距离不及其与甘肃磨沟齐家组之间的距离小，而且火烧沟组男性人群与古中原类型仰韶文化时期的半坡组的生物距离也相对偏大，表明其与古中原类型先民之间的颅面形态近似性并不明显。而以往的相关研究所论证的火烧沟组与殷墟中小墓先民之间极为近似的颅面形态，本文认为或许是由于所使用的生物统计学方法不同，或者对比组数据的选择，以及测量性状的选择不同，才形成了"二者存在极为近似的颅面形态"的结论，并且随着科学技术的进步与时间的推进，对火烧沟与殷墟中小墓先民以及甘青地区古代先民之间的颅面形态近似关系的认识也在逐渐加深与完善。本文对火烧沟组男性居民与甘青地区古代先民颅面形态近似关系的研究结果与复旦大学的谭婧泽教授、兰州大学的贺乐天副教授的研究所得呈现出一定的趋同性，也进一步论证了前人的研究方法与结论的可靠性。诚然，关于火烧沟组与殷墟中小墓先民之间，特别是与属于古中原类型的殷墟中小墓②组居民之间的亲缘关系的探讨，还有待古 DNA 分析技术的进一步运用，以便从分子生物学的角度来进行更为科学的解答。

## 注 释：

[1] Jane E. Buikstra, Douglas H. Ubelaker. Standards for data collection from human skeletal remains. *Fayetteville, AR: Arkansas Archeological Survey,* 1994.

[2] Mahalanobis Prasanta Chan−dra. On the Generalised Distance in Statistics. *Proceedings National Institute of Science of India.*1936.

[3] Torstein Sjøvold. Some notes on the distribution and certain modifications of Mahalanobis' generalized distance (D2). *Journal of Human Evolution*, 1975(6).

[4] 韩康信：《甘肃玉门火烧沟古墓地人骨的研究》，《中国西北地区古代居民种族研究》，复旦大学出版社，2005 年。

[5] 谭婧泽等：《新疆西南部青铜时代欧亚东西方人群混合的颅骨测量学证据》，《科学通报》2012 年第 Z2 期。

[6] 贺乐天、刘武：《殷墟青铜时代人群颅骨表型的数量遗传学分析》，《科学通报》2018 年第 1 期。

[7] 同 [4]。

[8] 朱泓：《中国西北地区的古代种族》，《考古与文物》2006 年第 5 期。

[9] 朱泓：《中原地区的古代种族》，《庆祝张忠培先生七十岁论文集》，科学出版社，2004 年。

[10] 朱泓：《内蒙古长城地带的古代种族》，《边疆考古研究 ( 第 1 辑 )》，2002 年。

[11] 朱泓：《中国东北地区的古代种族》，《文物季刊》1998 年第 1 期。

[12] 朱泓：《中国南方地区的古代种族》，《吉林大学社会科学学报》2002 年第 3 期。

[13] 张全超：《内蒙古和林格尔县新店子墓地人骨研究》，科学出版社，2010年。

[14] 潘其风、韩康信：《柳湾墓地的人骨研究》，《青海柳湾》，文物出版社，1984年。

[15] 赵永生等：《磨沟墓地古代居民头骨的形态学分析》，《人类学学报》2016年第2期。

[16] 颜訚等：《西安半坡人骨的研究》，《考古》1960年第9期。

[17] 颜訚：《华县新石器时代人骨的研究》，《考古学报》1962年第2期。

[18] 李法军：《河北阳原姜家梁新石器时代人骨研究》，博士学位论文，吉林大学，2004年。

[19] 肖晓鸣、朱泓：《大安后套木嘎新石器时代中期墓葬出土人骨研究》，《北方文物》2014年第2期。

[20] 张银运等：《广西桂林甑皮岩新石器时代遗址的人类头骨》，《古脊椎动物与古人类》1977年第1期。

[21] 同[13]。

[22] 陈靓：《宗日遗址墓葬出土人骨的研究》，《西部考古》2006年第4期。

[23] 韩康信：《青海民和阳山墓地人骨》，《民和阳山》，文物出版社，1990年。

[24] 同[14]。

[25] 王明辉：《青海民和喇家遗址出土人骨研究》，《北方文物》2017年第4期。

[26] 赵永生：《甘肃临潭磨沟墓地人骨研究》，博士学位论文，吉林大学，2013年。

[27] 王明辉、朱泓：《民和核桃庄史前文化墓地人骨研究》，《民和核桃庄》，科学出版社，2004年。

[28] 张君：《青海李家山卡约文化墓地人骨种系研究》，《考古学报》1993年第3期。

[29] 韩康信：《青海循化阿哈特拉山古墓地人骨研究》，《考古学报》2000年第3期。

[30] 韩康信等：《青海大通上孙家寨古墓地人骨的研究》，《中国西北地区古代居民种族研究》复旦大学出版社，2005年。

[31] 韩康信：《甘肃永昌沙井文化人骨种属研究》，《永昌西岗柴湾岗——沙井文化墓葬发掘报告》，甘肃人民出版社，2001年。

[32] 同[26]。

[33] 王明辉：《甘肃庄浪徐家碾寺洼文化人骨研究》，《徐家碾寺洼墓地发掘报告》，科学出版社，2006年。

[34] 朱泓：《东灰山墓地人骨研究》，《民和阳山》，文物出版社，1990年。

[35] 郑晓瑛：《甘肃酒泉青铜时代人类头骨种系类型的研究》，《人类学学报》1993年第4期。

[36] 乔虹：《浅析卡约文化陶器与周边地区的文化交流》，《四川文物》2013年第3期。

# 陕西神木市石峁遗址出土铜器的科学分析及相关问题

陈坤龙[1]  杨 帆[1]  梅建军[2]  邵安定[3]  邵 晶[3]  邸 楠[3]
/
1 北京科技大学
2 剑桥大学麦克唐纳考古研究所
3 陕西省考古研究院

**摘 要**: 本文对石峁遗址出土的 22 件铜器进行了材质、金相和铅同位素比值分析。结果显示，铜器的材质以锡青铜和红铜为主，后者仅见于石峁文化晚期。成形工艺以铸造为主，部分器物经铸后冷热加工。石峁文化晚期陕北地区尚缺乏本土化冶金生产的直接证据，铜器可能是以成品的形式由西北地区输入而来，朱开沟文化时期则可能利用了晋南地区的铜矿资源。相较于陕北地区而言，关中地区在早期冶金技术传播中可能扮演了更为重要的角色。

**关键词**: 石峁遗址 铜器 早期冶金 交流路线

石峁遗址位于陕西神木市高家堡镇，地处黄土高原北端的黄河西岸，毛乌素沙漠东南缘。自 2011 年以来，通过系统调查和考古发掘，确认了石峁遗址是以"皇城台"为中心，内城和外城以石砌城垣为周界的大型石城。石峁遗址城垣结构清晰，附属城防设施形制完备，城内面积逾 400 万平方米，是公元前 2000 年前后中国所见规模最大的城址，对于探索早期国家的形成具有重要意义[1]。2011～2018 年的历次调查和发掘，在皇城台门址、东护墙北段、后阳湾等地点出土或采集铜器数十件，可辨器形多为刀、镞、锥、环等小件工具和装饰类器物，未见铜容器（图一）。皇城台东护墙北段出土石范 4 件，所铸器物也皆为刀、锥等。另外，神木和榆林等地博物馆还收藏有铜环、铜镯等

图一　石峁遗址出土铜器

1、4. 刀（皇城台门址广场南部西侧 2016 ②：1、2017
獾子畔四段第 4C 层）2、3. 铜片（2018 獾子畔十段第
4C 层、皇城台门址第 2 层）5. 小铜件（皇城台门址 T3
第 2 层）6. 镞（皇城台门址 T6 第 2 层）

器物十余件，据称也出自石峁遗址。[2]

随着发掘资料的逐渐刊布，已有不少学者就石峁铜器的发现和意义发表了相关见解。孙周勇等曾指出，石峁遗址出土的铜镯等器物与磨沟、朱开沟和陶寺等遗址的同类器物均有相似之处，材质特征和生产模式似与中原地区更为接近[3]。罗森（Jessica Rawson）认为，石峁遗址早期铜器的发现，为由欧亚草原经陕北、晋南而及中原的金属技术传播路线提供了直接的证据[4]。苏荣誉则认为，已刊布的部分铜刀和铸铜石范的年代已晚至商代，其在中原地区早期铜器发展中的影响作用并不明确[5]。本文旨在通过系统的科学检测分析揭示石峁铜器的整体技术面貌，并探讨其在中国早期铜器生产和流通中的地位和作用，以期为深入理解石峁遗址的相关发现提供有益的信息。

## 一、材料与方法

本文选取的石峁遗址出土的 22 件铜器，多出自皇城台门址和东护墙北段，器类包括刀、锥、镞、环等工具、武器和装饰品以及不辨器形的残块或残片等（附表一）。根据目前对石峁遗址文化属性和年代的认识，本文分析的铜器分属两个时期。年代较早者多出自皇城台东护墙北段上部（小地名为"獾子畔"）发掘区的第 4 层，少数出自第 5 层，总体上处于皇城台使用的晚期阶段，亦即石峁文化晚期，绝对年代在公元前 1800 年前后[6]。年代稍晚者多出自皇城台门址发掘区的第 2 层，该阶段出现了"蛇纹鬲"，是石峁城址废弃之后朱开沟文化时期的遗存[7]，相对年代约当中原地区的二里头文化晚期至二里岗上层文化或略晚，绝对年代在公元前 1600～前 1400 年[8]。

我们对除样品 SHM009（锈蚀粉末）以外的 21 件铜器样品进行了金相与扫描电镜能谱分析。所用金相显微镜型号分别为莱卡（Leica）DMLM 和 DM2700P，扫描电镜能谱分析分别采用蔡司（ZEISS）EVO 扫描电镜配备牛津（Oxford）X-Man80 能谱仪以及泰斯肯（Tescan）VEGA3XMU 扫描电镜配备布鲁克（BRUKER）X-FlashDetector 610M 能谱仪。测试条件设定如下：加速电压 20 千伏，工作距离约 15 毫米，能谱采集活动时间均大于 30 秒。能谱数据分析模式为无标样定量分析，分析结果经归一化处理。经多次扫描分析的样品，其成

图二 样品SHM005铜刀金相照片

图三 样品SHM011铜锥金相照片

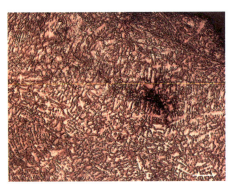

图四 样品SHM018铜环金相照片

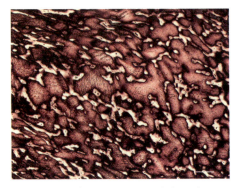

图五 样品SHM020铜块金相照片

分为多个视场分析结果的平均值。使用赛默飞世尔（Thermo Scientific）Neptune多接收电感耦合等离子体质谱仪对17件铜器样品进行了铅同位素测定[9]。

## 二、检测分析结果

### （一）合金成分与材质判定

21件铜器样品的元素成分分析结果见附表二。分析结果中保留氧元素（O）以显示其腐蚀程度[10]。结果显示，所有样品均为铜基金属，锡（Sn）是除铜以外最为常见的主量元素，部分样品中砷（As）、铅（Pb）、锑（Sb）等元素的含量较为显著[11]。以元素含量2%作为判定合金类型的下限，可划分出7种材质，包括红铜（Cu）6件、锡青铜（Cu-Sn）10件和砷铜（Cu-As）、锑铜（Cu-Sb）、铅锡青铜（Cu-Sn-Pb）、砷锡青铜（Cu-Sn-As）及铅锑铜（Cu-Pb-Sb）各1件。

在6件红铜样品中，有1件样品（SHM005）除铜和氧以外未检出其他合金元素，其他5件样品中则检测到少量的砷、锡、铅等。锡青铜样品材质多较为纯净，仅样品SHM001检出少量的铅和砷。值得注意的是，大部分锡青铜样品（7件）腐蚀严重，基本没有保留下金属基体。以往的研究显示，铜器在埋藏过程中可能发生选择性腐蚀，富铜相优先腐蚀流失，而在内部保留下少量富锡的 $\delta$ 相（$Cu_{31}Sn_8$），从而导致锡的相对含量提高，甚至可达原含量的数倍之多[12]。因此，氧含量在10%以上的样品，其锡含量仅供参考，原金属中的锡含量应低于给出的检测值。其他材质类型的5件样品，合金元素含量整体较低，基体的铜含量均超过了90%。样品SHM004含锑2.2%，其中的锑主要以氧化物（$Sb_2O_3$）颗粒的形式存在，铜基体中锑的相对含量仅占0.8%，合金化的作用有限。样品SHM014的锑含量为4.1%，其中锑固溶于铜基体或与铜形成金属间化合物析出，成分接近铜锑体系中的 γ 相（Cu₄Sb）[13]。

### （二）金相组织鉴定

本次分析的样品中，有 18 件样品的金相组织可辨，其中 13 件样品显示为较典型的铸造组织形态，5 件样品显示为加工态或热处理组织。样品 SHM005 铜刀，金相组织基体为 α 固溶体等轴晶，形状不规则，晶界处多见氧化物夹杂，是典型的红铜铸造组织（图二）。样品 SHM011 铜锥锡含量较高，组织基体为 α 固溶体，枝晶偏析明显，较多（α＋δ）共析体，少量铅颗粒和硫化物夹杂与共析体伴生，为典型的锡青铜铸造组织形态（图三）。样品 SHM018 铜环含砷 0.5%，基体组织中 α 固溶体成细小枝晶偏析形态，并可见极少量高砷相在晶界处析出（图四）。样品 SHM020 铜块含砷 1.1%，组织形态同属低合金化的铸造组织形态，但由于铸后曾经冷加工，导致部分区域的枝晶组织出现明显的变形拉长（图五）。

样品 SHM006 取自铜刀刃部，其金相组织细小均匀，基体为 α 固溶体等轴晶孪晶，但同时可观察到原铸造枝晶偏析的残余，且有沿加工方向变形的现象，显示其热锻加工的温度相对较低（图六）。样品 SHM001 取自铜刀柄近刃部，其组织中 α 固溶体已呈等轴晶形态，但晶界处仍可见比较明显的偏析现象，少量残余（α＋δ）共析体的形态也保存较好，仅在局部见有细小的孪晶颗粒，这可能是在对刃部进行热加工处理过程中形成的（图七）。

经扫描电镜能谱分析，在 10 件样品中发现了非金属夹杂物，其中 7 件样品的夹杂物以硫化物为主，个别样品的夹杂物铁含量较高。硫化物夹杂的存在，显示铜冶炼过程中有硫化矿物的参与，但其在炉料中所占的比例尚难以估算。样品 SHM005 的夹杂物为

图六 样品 SHM006 铜刀金相照片

图七 样品 SHM001 铜刀金相照片

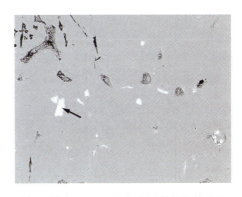

图八 样品 SHM012 铜块中的锡氧化物颗粒

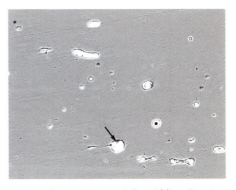

图九 样品 SHM004 铜片中的锑氧化物颗粒

铜的氧化物（$Cu_2O$），主要以颗粒状的形式分布于晶界（图二）。样品 SHM012 组织中多见氧化锡（$SnO_2$）夹杂，以棱角分明的条状、块状颗粒存在，部分晶体内部中空，呈现所谓的"骸晶"的形态特征（图八）[14]。样品 SHM004 中的锑氧化物颗粒（$Sb_2O_3$）的形成过程可能与之类似，但由于其熔点较低（655℃），在铜液中以液态形式存在，冷却时多在铜的晶界处凝固为球状或不规则形状颗粒（图九）。

### （三）铅同位素比值

进行铅同位素比值测定的 17 件样品中，有 6 件样品为金属基体，10 件样品为含有部分金属的锈蚀产物，1 件样品为铜器表面锈蚀粉末[15]。分析结果显示，17 件样品的铅同位素比值分布区域较广，在散点图中集聚分布的特征不明显（附表三；图一○）。其中，206Pb/204Pb 比值在 17.778～21.979 之间，207Pb/204Pb 比值在 15.519～16.054 之间，208Pb/204Pb 比值在 37.646～42.549 之间。由于多数铜器样品（14 件）的铅含量均低于 1%，少量的铅可能并非有意识加入，而作为金属铜中杂质元素引入的可能性更大，其铅同位素比值可认为是代表了铜矿料的产源特征[16]。

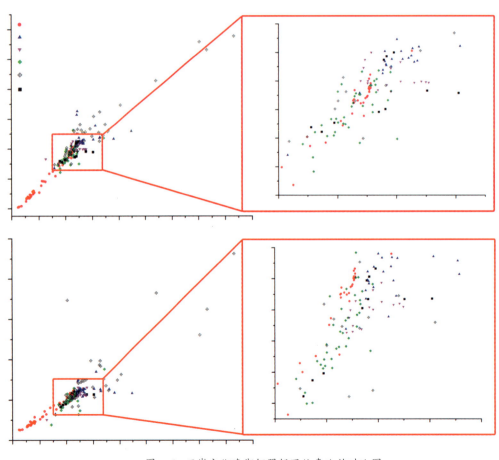

图一○ 石峁文化晚期铜器铅同位素比值对比图

## 三、石峁遗址出土铜器的技术面貌与矿料来源特征

### （一）关于铜器的材质与制作技术

虽然石峁遗址出土铜器的材质类型有 7 种之多，但锡青铜和红铜的比例显著高于其他材质，且分属不同时期的铜器样品，材质构成存在明显差异。石峁文化晚期的 12 件样品中，红铜和锡青铜各 5 件，另有砷铜和铅锑铜各 1 件。红铜样品中多含有少量的合金元素，其中以砷最为常见，4 件样品检测到砷，且有 2 件样品的砷含量高于 1%。在各类铜合金中，合金元素含量相对较低。其中锡青铜样品的锡含量多在 7% 以下，若考虑到选择性腐蚀的影响，锡含量整体偏低的趋势则更为明显。作为合金元素存在的铅、砷、锑等的含量均低于 5%。石峁文化晚期铜器这种多见红铜、合金化程度不高的材质特点，与西北和中原地区的早期铜器具有相似之处[17]。朱开沟文化时期的 7 件样品中，红铜 1 件，锡青铜 3 件，锑铜、铅锡青铜和砷锡青铜各 1 件，以锡作为主要合金元素的趋势已十分明显。但由于数量有限，尚难以总结其合金配比特征。

器形较明确的 8 件器物，包括铜刀 5 件，铜镞、铜锥和铜环各 1 件。石峁文化晚期的 2 件铜刀和 1 件铜环，材质均为红铜；而朱开沟文化时期的 3 件铜刀（含表土出土 1 件）包括红铜、锡青铜和铅锡青铜各 1 件，铜镞为砷锡青铜，铜锥为锡青铜。不同器物之间合金成分的差异，与其使用功能之间并未见明显的相关性。

在铜器的制作技术方面，成形工艺以铸造为主，18 件金相组织可辨的样品中，仅有 1 件明确为热锻加工。铸后加工的情况并不多见，仅有 4 件显示出铸后冷热加工的迹象。其中，属于石峁文化晚期的 2 件铜块经铸后冷加工，朱开沟文化时期的 2 件铜刀在铸造成形后，又经加热锻打的方式对刃部进行修整。

### （二）关于铜器的矿料来源

石峁遗址所处的陕北高原地区铜矿资源较为匮乏[18]，近年来在石峁城址和周边地区的考古调查，也未发现与铜冶炼生产相关的遗存。石峁铜器的金属原料来源应在更大的地理范围内去寻找。本文将以铅同位素比值分析为基础，结合相关资料对石峁铜器样品的矿料来源等问题进行初步探讨。

金正耀对二里头遗址出土铜器和铸铜遗物的研究显示，二里头文化第二至三期的样品，206Pb/204Pb 比值多在 18～18.3 之间，集中分布在 18.2 左右。而绝大部分第四期样品的放射性成因铅含量明显偏低，206Pb/204Pb 比值多在 16.5～16.8 之间[19]。新密新砦遗址出土的 3 件铜器样品，年代分属新砦期晚期和二里头文化早期，其 206Pb/204Pb 比值介于 17.9～18.4 之间，与二里头文化第二、三期铜器更为接近[20]。晋南的中条山矿区是中原地区铜矿冶遗址分布最为密集的地区，很多学者认为此处是夏商时期中

原地区铜器生产的重要金属资源产地[21]。该地区早期的矿冶生产活动主要集中于二里头文化至二里岗文化时期，也有学者认为其年代上限或可早至龙山文化晚期[22]。目前公布的中条山早期冶铜遗物的铅同位素比值数据较为有限，仅有部分矿区矿物标本的分析结果可供参考。

甘青地区曾发现大量早期铜器，近年来又在河西走廊中部的黑水河流域确认了大量马厂文化晚期至四坝文化时期的冶铜生产遗存。陈国科等对张掖西城驿等遗址出土矿石和炉渣的研究显示，多数样品的 206Pb/204Pb 比值介于 18.2～18.7 之间，另有部分样品的放射性成因铅含量较高，且具有贫钍铅的特征[23]。火烧沟、东灰山等四坝文化遗址铜器的 206Pb/204Pb 比值多介于 18～18.5 之间，与西城驿遗址的矿石数据有所重合，可能使用了河西走廊周邻地区的铜矿资源[24]。

与上述早期铜器和冶铸遗物相比，石峁文化晚期的 10 件样品分布较为分散，大致可区分出三个不同的群组（见图一〇）。第一组包括 3 件样品，其 206Pb/204Pb 比值介于 17.7～18 之间，该区域是火烧沟遗址铜器铅同位素比值的主要分布范围之一，同时也可见个别二里头遗址的铜器样品。第二组的 3 件样品铅同位素比值较高，206Pb/204Pb 比值介于 18.3～18.5 之间，207Pb/204Pb 比值介于 15.63～15.66 之间。该区域以西城驿遗址出土的矿石样品为主，也见有部分火石梁遗址的矿石样品。相对于 206Pb/204Pb 比值在 18.2 附近的二里头铜器样品而言，其铀铅含量较高，而钍铅含量则较为接近。第三组的 4 件样品，206Pb/204Pb 比值在 18.3 以上，207Pb/204Pb 和 208Pb/204Pb 比值则相对较低。具备这种铅同位素组成特征的主要是火石梁遗址矿石，部分西城驿和中条山矿石样品虽也具有低钍铅的特征，但其 207Pb 的含量却明显较高。

二里头文化第四期占主要地位的低比值铅金属物料，在二里岗文化下层时期的郑州地区仍处于主导地位，高放射性成因铅金属物料虽已得到利用，但所占比例非常有限。至二里岗文化上层时期，高放射性成因铅金属资源成为郑州地区主要的矿料来源[25]。大致处于同一时期的垣曲商城，其金属资源的供应似与郑州不同。据崔剑锋等的研究，垣曲商城出土铜器或冶铸遗物的铅同位素比值在二里岗下层和上层时期未见明显差异，在郑州地区占主要地位的低比值铅和高放射性成因铅金属物料，在垣曲商城则较为少见。垣曲商城样品的 206Pb/204Pb 比值介于 17.5～19 之间，且由于其铅含量普遍很低，铅同位素比值主要反映了铜料的产地信息，对应的铜矿资源可能来自落家河矿区[26]。

石峁遗址朱开沟文化时期的铜器样品中，不见二里头文化第四期大量使用的低比值铅金属物料（图一一）。4 件样品的 206Pb/204Pb 比值在 18.1～19.1 之间，其中样品 SHM009 的铅含量未知，其他 3 件样品的铅含量均在检测限额以下，铅同位素比值主要反映了铜矿的产源信息。这 4 件样品的 207Pb/204Pb 比值略高于垣曲商城出土的冶铸遗物，但整体上仍处于中条山落家河铜矿矿石样品的分布区域。样品 SHM004 材质为锑铜，其 207Pb/204Pb 比值达 19.8 以上，但 208Pb/204Pb 比值仅为 38.2 左右，显示出明显的贫钍铅的特征，似与部分石峁文化晚期的样品更为接近。1 件铜刀样品（SHM006）的 206Pb/204Pb 比值接近 22，208Pb/204Pb 比值大于 42，且含有 3.9% 的铅，属典型的商代高放射性成因铅。后阳湾地点采集的铜片（SHM008）206Pb/204Pb 比值为 19.2，208Pb/204Pb 比值在 39 以上，已具备商代高放射性成因铅的特征。如前文所述，这种特殊的铜铅矿料具有相同的产地。北距石峁遗址约 200 千米的朱开沟遗址，曾出土戈、鼎、爵等商文化铜器，也显示了河套地区与中原地区的联系[27]。

由以上分析可看出，石峁文化晚期铜器的矿料来源情况较为复杂，与二里头遗址不同时期利用的铜（铅）金属资源的主要产区均有所区别。相比较而言，其铅同位素比值与河西走廊早期铜器和冶炼遗物更为接近。由于西城驿、火石梁等遗址的铅同位素数据多来自出土矿石样品，代表了该地区产出的铜金属原料的特征，我们倾向于认为多数石峁文化晚期铜器的金属物料可能来自西北地区，不同群组之间的差异，或是各遗址冶炼生产所开发的具体矿山不同所致。在朱开沟文化时期，来自晋南中条山地区的铜料似占有较大的比例，同时与中原地区也存在着金属物料的交流。

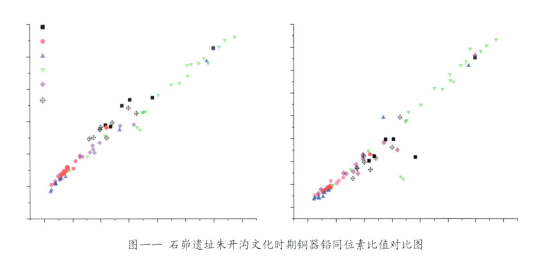

图一一　石峁遗址朱开沟文化时期铜器铅同位素比值对比图

## 四、石峁铜器与早期铜冶金技术交流

公元前第 3 千纪末，铜冶金生产在中国的西北地区率先实现本土化。张掖西城驿遗址第一期即出现冶铜炉渣，酒泉高苣蓿地遗址发现的铜块应为铜器生产的原料[28]。至西城驿第二期，河西走廊中西部遍布包含冶铸生产遗物的遗址，成为这一时期重要的冶金生产中心。在西城驿—四坝文化系统的影响下，位于河西走廊东部的武威皇娘娘台等齐家文化遗址出现铜器[29]。与此同时，齐家文化向东发展，内蒙古中南部和陕北高原等地开始出现齐家文化的因素[30]。在这样的时空和文化背景下观察石峁遗址的铜器发现，或许有助于我们对早期铜冶金技术交流等问题的理解。

除石峁遗址之外，朱开沟遗址是河套地区出土早期铜器最为集中的遗址。发掘者曾将朱开沟遗址划分为五个阶段，铜器最早出现于第三段，在居址和墓葬中均有发现，器类包括凿、锥等工具和臂钏、指环等装饰品[31]。此阶段有 5 件铜器进行过成分分析，其中有红铜 3 件和锡青铜、铅锡青铜各 1 件。经金相检测的 4 件中，3 件为铸造，1 件为热锻加工[32]。其中最值得注意的是，朱开沟遗址出土的宽带形臂钏，与据传出自石峁遗址韩家圪旦地点的同类器甚为接近，且二者均为纯铜制品[33]。石峁文化晚期与朱开沟遗址第三段的年代相当，出土铜器的种类、材质分布和成形工艺的选择也均有相似之处，显示出二者之间的紧密联系。

与石峁和朱开沟遗址出现早期铜器相对应的是，这一时期河套地区众多遗址开始出现齐家文化的因素。朱开沟遗址第三阶段的墓葬中出现了折肩罐和双大耳罐等齐家文化的典型陶器，与之伴出的还有绿松石串珠和海贝等外来器物，类似的情况还见于伊金霍洛白敦包墓地和石峁遗址。有学者认为，这显示了该时期齐家文化人群向东迁徙并进入河套地区[34]，早期铜器在此地的出现，应该也是其影响结果之一。

陈国科认为，西城驿和齐家文化的用铜遗存共同定义了河西走廊的冶金传统，并提出了冶金共同体的概念[35]。本文的研究发现，石峁文化晚期铜器在器物种类、材质构成乃至物料来源上，都与其显示出密切的关系。截至目前，河套地区尚未见该时期本土化冶金生产，尤其是铜冶炼生产的直接证据。种种迹象显示，随着齐家文化人群的进驻，河套地区与河西走廊地带的联络通道虽已打通，但两地的交流似乎仅停留于冶金产品的流通，却未实现冶金技术的转移[36]。由此一来，经陕北高原、晋南盆地（陶寺）进而与河洛地区相联络的交流路线，在二里头文化冶金技术发展中的作用，或许并非以往认识的那么重要[37]。

胡博（Louisa Fitzgerald-Huber）曾将客省庄二期文化作为齐家文化冶金技术传播至中原地区的中间媒介[38]，但由于前者缺乏使用铜器的证据，这种说法并未得到广泛认同。近年来，与齐家文化关系密切的东龙山文化在沟通西北与中原地区中的重要作用逐渐引起学者们的重视[39]。据现有资料，西安老牛坡和商洛东龙山等遗址出现铜器的年代均可早至二里头文化时期[40]，东龙山遗址 H188 还曾出土铜渣[41]，证实当地已存在与铜器制造相关的生产活动。老牛坡遗址冶炼炉渣虽然可能已晚至商代，但其利用多金属矿料"点炼"砷铜的技术却与西城驿遗址类似[42]。秦岭山脉金属矿藏丰富[43]，对绿松石的开采可早至龙山文化时期[44]，为本土化的冶金生产奠定了资源和技术基础。综合考虑上述因素，我们认为经关中至中原这条交流路线，在早期冶金技术东向扩散的过程中可能扮演了更为重要的角色。

　　需要再次强调的是，早期冶金技术的转移和发展是渐进、持续的过程。在此过程中，本土化的生产活动，尤其是采矿与冶炼构成的"初级生产"（Primary Production）活动的出现具有十分重要的意义。冶金生产不仅是包含多个技术环节的复杂过程，还具有非常强的资源依赖属性。其中既包括矿石、木炭等物料资源，也包括大量人力资源的投入，进而不可避免地会对原有的基础生业和手工业体系产生影响。因此，当地区域社会对冶金产品的需求是否足以容纳或抵消这种影响，也是需要关注的问题。可以说，技术知识、资源条件和社会需求，是本土化冶金生产活动产生和发展的必要条件，后两者在不同的区域社会之间显然会有所差异。就齐家文化扩散过程中的冶金技术交流而言，在不同方向、不同路线上表现出的交流内容和模式上的区别，在今后的研究中值得进一步关注。在确认各地零星出现的用铜遗存的年代序列、功能属性和技术内涵的基础上，将其置于当地的自然资源条件和区域社会的背景下进行考察，将有助于我们对早期冶金生产及其社会意义的深入理解。

## 五、结语

　　本文对石峁遗址出土的22件铜器样品进行了科学分析，结果显示其材质类型多样，但锡青铜和红铜的比例显著高于其他材质。分属不同时期的铜器样品，材质构成存在明显差异。成形工艺以铸造为主，部分器物显示铸后冷热加工的迹象，材质选择与其使用功能之间未表现出明显的相关性。铅同位素比值分析显示，石峁铜器的金属物料可能存在多个来源。石峁文化晚期的铜器可能来自西北地区，以成品的形式输入。而朱开沟文化时期的铜料来源，则可能与中条山地区的铜矿资源有关。此外，高放射性成因铅的存在显示与中原地区也可能存在着金属物料的交流。就现有证据而言，在中国冶金技术发展的早期阶段，西北对陕北地区的影响似乎主要体现在冶金产品流通的层面，而对关中地区的影响则可能导致本土化的冶金生产活动在当地的出现，进而促进冶金技术的进一步东向传播。

　　附记：本文是国家社会科学基金重大项目"石峁遗址考古发掘与研究"（项目编号17ZDA217）和国家重点研发计划"中华文明探源研究项目之中华文明起源进程中的生业、资源与技术研究课题"（课题编号2020YFC1521606）的阶段性成果。在研究过程中得到李延祥、孙周勇、陈国科、马可（Marcos Martinón-Torres）等师友的指导和帮助，在此一并致以衷心感谢！

## 附表一　石峁遗址出土铜器取样信息表

| 样品号 | 器名 | 出土信息 | 取样位置 | 文化归属 |
| --- | --- | --- | --- | --- |
| SHM001 | 刀 | 2016 皇城台门址广场南部西侧第 2 层 | 刀柄近刃部处 | 不明 |
| SHM002 | 镞 | 皇城台门址 T6 第 2 层 | 銎口侧缘 | 朱开沟文化 |
| SHM003 | 小铜件（吊坠？） | 皇城台门址 T3 第 2 层 | 下端胀裂处 | 朱开沟文化 |
| SHM004 | 铜片（刀？） | 皇城台门址第 2 层 | 圆孔远端下方 | 朱开沟文化 |
| SHM005 | 刀 | 2017 皇城台门址 6 号壁柱槽 | 刀身中部 | 朱开沟文化 |
| SHM006 | 刀 | 2017 皇城台 F7 上第 2 层 | 刀刃近尖处 | 朱开沟文化 |
| SHM007 | 铜片 | 2017 獾子畔四段三阶第 4C 层 | 边角 | 朱开沟文化 |
| SHM008 | 铜片 | 2017 后阳湾地表采集 | 边角 | 不明 |
| SHM009 | 刀 | 2017 皇城台门址北部第 2 层 | 表面锈蚀 | 朱开沟文化 |
| SHM010 | 刀 | 2017 獾子畔四段第 4C 层 | 尾端残断处 | 石峁文化晚期 |
| SHM011 | 锥 | 2018 池苑东侧探沟第 2 层 | 残断处 | 朱开沟文化 |
| SHM012 | 铜块 | 2018 台顶东墙第 4C 层 | 残块之一 | 石峁文化晚期 |
| SHM013 | 铜片（刀？） | 2017 獾子畔二段第 4B 层 | 前端残断处 | 石峁文化晚期 |
| SHM014 | 铜片 | 2017 獾子畔三段第 4C 层 | 三角尾端 | 石峁文化晚期 |
| SHM015 | 铜片（吊坠？） | 2018 獾子畔十段第 4C 层 | 一小残块 | 石峁文化晚期 |
| SHM016 | 铜块 | 2017 獾子畔四段第 4A 层 | 小残块 | 石峁文化晚期 |
| SHM017 | 铜块 | 2017 獾子畔一段第 5 层 | 尾端小块 | 石峁文化晚期 |
| SHM018 | 环 | 2018 獾子畔八段西第 4C 层 | 残断处 | 石峁文化晚期 |
| SHM019 | 铜块 | 2017 獾子畔四段第 4A 层 | 宽边尾端 | 石峁文化晚期 |
| SHM020 | 铜块 | 2017 獾子畔四段第 4A 层 | 短边尾端 | 石峁文化晚期 |
| SHM021 | 刀 | 2016 獾子畔一段第 4C 层 | 铜器残块 | 石峁文化晚期 |
| SHM022 | 铜块（片） | 2017 獾子畔一段第 5 层 | 边缘残断处 | 石峁文化晚期 |

## 附表二　石峁遗址出土铜器元素成分与金相组织分析结果

| 样品号 | 器名 | 化学成分（wt%） | | | | | | 材质 | 工艺判定 |
|---|---|---|---|---|---|---|---|---|---|
| | | Cu | Sn | Pb | As | Sb | O | | |
| SHM001 | 刀 | 88.4 | 8.5 | 0.4 | 0.8 | — | 1.9 | Cu-Sn | 不完全退火 |
| SHM002 | 镞 | 92.3 | 4.7 | — | 2.6 | — | 0.4 | Cu-Sn-As | 铸造 |
| SHM003 | 小铜件（吊坠？） | 69 | 13.9 | — | — | — | 17.1 | Cu-Sn | 铸造 |
| SHM004 | 铜片（刀？） | 96.8 | — | — | — | 2.2 | 1 | Cu-Sb | 热锻 |
| SHM005 | 刀 | 99.3 | — | — | — | — | 0.7 | Cu | 铸造 |
| SHM006 | 刀 | 91.9 | 3.2 | 3.9 | 0.4 | — | 0.6 | Cu-Sn-Pb | 铸后热加工 |
| SHM007 | 铜片 | 81.5 | 6.1 | — | — | — | 12.4 | Cu-Sn | 完全锈蚀 |
| SHM008 | 铜片 | 84.4 | 14.9 | — | — | — | 0.7 | Cu-Sn | 铸造 |
| SHM010 | 刀 | 97.5 | — | — | 1.9 | — | 0.6 | Cu（As） | 铸造 |
| SHM011 | 锥 | 82.1 | 16.7 | — | — | — | 1.2 | Cu-Sn | 铸造 |
| SHM012 | 铜块 | 97.9 | 0.3 | — | — | — | — | Cu | 铸造 |
| SHM013 | 铜片（刀？） | 66 | 5.4 | — | — | — | — | Cu-Sn | 完全锈蚀 |
| SHM014 | 铜片 | 91.7 | — | — | — | — | 1.5 | Cu-Sb-Pb | 铸造 |
| SHM015 | 铜片（吊坠？） | 77.7 | 7.3 | — | — | — | — | Cu-Sn | 完全锈蚀 |
| SHM016 | 铜块 | 69.3 | 13.8 | — | — | — | — | Cu-Sn | 铸造 |
| SHM017 | 铜块 | 74.2 | 3.9 | — | — | — | — | Cu-Sn | 铸造 |
| SHM018 | 环 | 99.2 | — | — | — | — | — | Cu | 铸造 |
| SHM019 | 铜块 | 96.8 | — | — | — | — | — | Cu-As | 铸后冷加工 |
| SHM020 | 铜块 | 98.5 | — | — | — | — | — | Cu（As） | 铸后冷加工 |
| SHM021 | 刀 | 99 | — | — | 0.2 | — | — | Cu | 铸造 |
| SHM022 | 铜块（片） | 80 | 6.5 | — | — | — | 13.5 | Cu-Sn | 铸造 |

说明："—"代表未检出。

### 附表三 石峁遗址出土铜器铅同位素比值分析结果

| 样品号 | 器名 | 206Pb/204Pb | 207Pb/204Pb | 208Pb/204Pb | 样品状态 |
| --- | --- | --- | --- | --- | --- |
| SHM002 | 镞 | 18. 168 | 15. 578 | 38. 032 | 金属 |
| SHM003 | 小铜件（吊坠？） | 18. 755 | 15. 698 | 38. 968 | 金属 |
| SHM004 | 铜片（刀？） | 19. 832 | 15. 748 | 38. 194 | 金属 |
| SHM005 | 刀 | 18. 477 | 15. 65 | 38. 465 | 金属 |
| SHM006 | 刀 | 21. 979 | 16. 054 | 42. 549 | 金属 |
| SHM008 | 铜片 | 19. 239 | 15. 727 | 39. 382 | 金属 |
| SHM009 | 刀 | 18. 352 | 15. 569 | 38. 235 | 锈蚀粉末 |
| SHM011 | 锥 | 19. 036 | 15. 735 | 38. 979 | 锈蚀金属 |
| SHM012 | 铜块 | 17. 971 | 15. 527 | 37. 793 | 锈蚀金属 |
| SHM013 | 铜片（刀？） | 19. 023 | 15. 579 | 38. 272 | 锈蚀金属 |
| SHM014 | 铜片 | 18. 415 | 15. 643 | 38. 413 | 锈蚀金属 |
| SHM016 | 铜块 | 17. 866 | 15. 511 | 37. 748 | 锈蚀金属 |
| SHM017 | 铜块 | 18. 758 | 15. 583 | 38. 269 | 锈蚀金属 |
| SHM018 | 环 | 18. 405 | 15. 551 | 38. 269 | 锈蚀金属 |
| SHM019 | 铜块 | 18. 349 | 15. 546 | 38. 211 | 锈蚀金属 |
| SHM020 | 铜块 | 18. 391 | 15. 637 | 38. 389 | 锈蚀金属 |
| SHM021 | 刀 | 17. 778 | 15. 519 | 37. 646 | 锈蚀金属 |

## 注 释：

[1] 孙周勇等：《石峁遗址的考古发现与研究综述》，《中原文物》2020 年第 1 期。

[2] Sun Z., Shao J., Liu L., etal., The First Neolithic Urban Centeron China' s North Loess Lateau: The Rise and Fall of Shimao, *Archaeological Research in Asia*, 2017.

[3] 同 [2]。

[4] Rawson J., Shimao and Erlitou: New Perspectives on the Origins of the Bronze in dustry in Central China, Antiquity, 2017.

[5] 苏荣誉：《关于中原早期铜器生产的几个问题：从石峁发现谈起》，《中原文物》2019 年第 1 期。

[6] 陕西省考古研究院等：《陕西神木县石峁城址皇城台地点》，《考古》2017 年第 7 期。

[7] 陕西省考古研究院等：《陕西神木市石峁遗址皇城台大台基遗迹》，《考古》2020 年第 7 期。

[8] 王乐文：《论朱开沟遗址出土的两类遗存》，《边疆考古研究》第 3 辑，科学出版社，2004 年。

[9] 分析流程参见 Rademakers F.W., Nikis N.，Putter T.D., etal.，Copper Production and Trade in the Niari Basin（Republic of Congo）During the 13th to 19th Centuries CE:Chemical and Lead Isotope Characterization, *Archaeometry*，2018.

[10] 根据显微观察，氧含量在 10％以上者金属基体腐蚀严重，部分残余金属颗粒。

[11] 一般指含量在 1％以上。

[12] 孙淑云：《酒泉干骨崖墓地出土四坝文化铜器的分析与研究》，《酒泉干骨崖》，文物出版社，2016 年。

[13] Fürtauer S., landorfer H., A New Experimental Phase Diagram Investigation of Cu−Sb, *Monatshefte Fur Chemie−Chemical Monthly,* 2012.

[14] 古代铜器样品中的锡氧化物骸晶，应是熔炼或配制合金的过程中锡被氧化而形成的。这种现象在二里头、东下冯等遗址所出早期铜器或铸铜遗物中也有所发现，通常认为是熔炼过程中还原性气氛不足或温度较低的反映。参见 Dungworth D., Serendipity in the Foundry? Tin Oxide Inclusions in Copperand Copper Alloysasan Indicator of Production Process, Bulletin of the Metals Museum, 2000; Rademakers F.W., Farci C., Reconstructing Bronze Production Technology from Ancient Crucible Slag: Experimental Perspectiveson Tin Oxide Identification, *Journal of Archaeological Science: Reports*, 2018; 中国社会科学院考古研究所：《二里头（1999～2006）》，文物出版社，2014 年；李建西等：《东下冯遗址冶铸遗存研究》，《考古与文物》2018 年第 1 期。

[15] 研究显示，青铜器在腐蚀过程中不会发生显著的铅同位素分馏，其锈蚀产物的铅同位素比值与金属基体相同。也有学者提出，当金属基体中的铅含量很低时，腐蚀过程中可能与埋藏环境发生物质交换而受到其中铅的影响。本文分析的 11 件锈蚀产物样品的铅同位素比值数据，未显示团聚或线性分布等现象，可排除环境污染的可能，应该代表了金属基体的铅同位素比值特征。参见 Snoek W., Plimer I.R., Reeves S., Application of Pb Isotope Geochemistry to the Study of the Corrosion Products of Archaeological Artefactsto Constrain Provenance, *Journal of Geochemical Exploration*, 1999; 魏国锋等：《古代青铜器基体与其锈蚀产物铅同位素对比研究》，《中国科学技术大学学报》2006 年第 7 期；Gale N.H., Stos-Gale Z.A., Lead Isotope Analyses Applied to Provenance Studies, Modern Analytical Methods in Art and Archaeology, *Vol. Chemical Nnalysis*, 2000.

[16] Molofsky L. J., Killick D., Ducea M.N., etal., A Novel Approach to Lead Isotope Provenance Studies of Tin and Bronze: Applications to South African Botswanan and Romanian Artifacts, *Journal of Archaeological Science*，2018.

[17] 如西城驿遗址第二、三期的 34 件铜器中，有红铜 16 件、砷铜 9 件、锡青铜 2 件、锑铜等

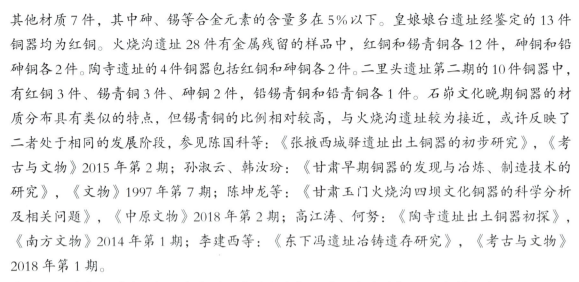

其他材质 7 件，其中砷、锡等合金元素的含量多在 5% 以下。皇娘娘台遗址经鉴定的 13 件铜器均为红铜。火烧沟遗址 28 件有金属残留的样品中，红铜和锡青铜各 12 件，砷铜和铅砷铜各 2 件。陶寺遗址的 4 件铜器包括红铜和砷铜各 2 件。二里头遗址第二期的 10 件铜器中，有红铜 3 件、锡青铜 3 件、砷铜 2 件，铅锡青铜和铅青铜各 1 件。石峁文化晚期铜器的材质分布具有类似的特点，但锡青铜的比例相对较高，与火烧沟遗址较为接近，或许反映了二者处于相同的发展阶段，参见陈国科等：《张掖西城驿遗址出土铜器的初步研究》，《考古与文物》2015 年第 2 期；孙淑云、韩汝玢：《甘肃早期铜器的发现与冶炼、制造技术的研究》，《文物》1997 年第 7 期；陈坤龙等：《甘肃玉门火烧沟四坝文化铜器的科学分析及相关问题》，《中原文物》2018 年第 2 期；高江涛、何努：《陶寺遗址出土铜器初探》，《南方文物》2014 年第 1 期；李建西等：《东下冯遗址冶铸遗存研究》，《考古与文物》2018 年第 1 期。

[18] 齐文、侯满堂：《陕西铜矿床类型及找矿方向》，《西北地质》2005 年第 3 期。

[19] 金正耀：《二里头青铜器的自然科学研究与夏文明探索》，《文物》2000 年第 1 期。二里头文化第四期铜器主要使用的矿料，具有较高的 207Pb/206Pb 和 208Pb/206Pb 比值，有学者将其称作"高比值铅"。本文采用 204Pb 为分母的三组同位素比值作图，则处于比值较低的一端，故称为"低比值铅"。

[20] 刘煜等：《河南新密新砦遗址出土铜器分析》，《南方文物》2016 年第 4 期。

[21] 刘莉、陈星灿：《城：夏商时期对自然资源的控制问题》，《东南文化》2000 年第 3 期。

[22] 田伟：《闻喜千斤耙采矿遗址及相关问题探讨》，《文博》2020 年第 6 期。

[23] Chen G., Cui Y., Liu R., etal., Lead Isotopic Analyses of Copper Oresinthe Early Bronze Age Central Hexi Corridor, North-west China, *Archaeometry*, 2020.

[24] Liu R., Hsu Y. K., Pollard A.M., etal., A New Perspective Towards the Debateon Highly Radiogenic Lead in Chinese Archaeometallurgy, *Archaeological and Anthropological Sciences*, 2021.

[25] 金正耀：《中国铅同位素考古》，中国科学技术大学出版社，2008 年。郑州地区二里岗期铜器铅同位素分析数据，承蒙田建花博士惠允使用。

[26] 崔剑锋等：《垣曲商城出土部分铜炼渣及铜器的铅同位素比值分析研究》，《文物》2012 年第 7 期。

[27] 内蒙古自治区文物考古研究所等：《朱开沟——青铜时代早期遗址发掘报告》文物出版社，2000 年。下引此书，版本均同。值得注意的是，朱开沟遗址的铜容器出自同一个灰坑，均为残片，与之伴出的还有 2 件残铜刀。结合以往对陕北地区商代晚期铜器和东周铸铜遗物的研究结果，朱开沟遗址的这些铜容器残片，可能是待重熔回收的原料。

[28] 甘肃省文物考古研究所等：《甘肃张掖市西城驿遗址》，《考古》2014 年第 7 期；孙淑云：《酒泉高首蓿地、照壁滩遗址出土早期铜器鉴定报告》，《河西走廊史前考古调查报告》，文物出版社，2011 年。

[29] 陈国科：《西城驿—齐家冶金共同体——河西走廊地区早期冶金人群及相关问题初探》，《考

古与文物》2017 年第 5 期。

[30] 马明志：《石峁遗址文化环境初步分析——河套地区龙山时代至青铜时代的文化格局》，《中华文化论坛》2019 年第 6 期。

[31] 同 [27]。

[32] 同 [27]。

[33] 同 [2]。

[34] 同 [27][30]。

[35] 同 [29]。

[36] 根据现有认识，石峁遗址所出铸铜石范应属朱开沟文化时期的遗物。苏荣誉也曾指出，除石范以外，石峁遗址目前尚未发现与铜器生产相关的炉具、炉渣等遗物，难以确证当地存在铸铜活动。参见 [5]。

[37] 同 [4]。

[38] Louisa G.Fitzgerald-Huber, Qijia and Erlitou: *The Question of Contacts with Distant Cultures*, Early China,1995.

[39] 张天恩：《论关中东部的夏代早期文化遗存》，《中国历史文物》2009 年第 1 期；韩建业：《论二里头青铜文明的兴起》，《中国历史文物》2009 年第 1 期；庞小霞、王丽玲：《齐家文化与二里头文化交流探析》，《中原文物》2019 年第 4 期。

[40] 陕西省考古研究院：《2010 年陕西省考古研究院考古调查发掘新收获》，《考古与文物》2011 年第 2 期；陕西省考古研究院等：《商洛东龙山》，科学出版社，2011 年。

[41] 陕西省考古研究院、商洛市博物馆：《商洛东龙山》，科学出版社，2011 年。

[42] Chen K., Liu S., Li Y., etal., Evidence of Arsenical Copper Smelting in Bronze Age China: AStudy of Metallurgical Slag from the Laoniupo Site, Central Shaanxi, *Journal of Archaeological Science*, 2017.

[43] 同 [18]。

[44] 北京科技大学冶金与材料史研究所等：《陕西洛南河口绿松石矿遗址调查报告》，《考古与文物》2016 年第 3 期。

# 有关塞伊玛—图尔宾诺遗存的三个问题

任瑞波

/

吉林大学考古文博学院教授

甘肃省齐家文化研究会副秘书长

**摘　要：** 东乡林家 F20、临潭磨沟 M1503、西宁沈那 H74 和淅川下王岗 T2H181 等重要遗存的科学考古发掘材料表明，林梅村教授关于塞伊玛—图尔宾诺遗存的部分认识并不准确。首先，没有证据显示东乡林家遗址出土的青铜刀属于齐家文化；其次，磨沟墓地 M1530 并不属于塞伊玛—图尔宾诺文化；最后，中国境内发现的塞伊玛—图尔宾诺式倒钩铜矛年代、性质乃至真伪问题都需要慎重对待。

**关键词：** 塞伊玛—图尔宾诺遗存　青铜刀　倒钩铜矛　石棺葬

　　塞伊玛—图尔宾诺遗存（Seima-Turbino）因塞伊玛墓地和图尔宾诺遗址的正式考古发掘而命名[1]。国内学者对这类遗存的关注从 20 世纪 90 年代起开始日渐增多，尤其是近十年掀起了一个研究小高潮。这些研究可大致分为三类：第一类，对境外塞伊玛图尔宾诺遗存的发现、研究进行翻译和介绍，如《欧亚大陆北部的古代冶金：塞伊玛—图尔宾诺现象》[2]《塞伊玛—图尔宾诺文化与史前丝绸之路》[3]；第二类，对塞伊玛—图尔宾诺遗存进行综合性研究，以梅建军[4]、杨建华、邵会秋[5]、林梅村[6]等为代表；第三类，对中国境内发现的典型器物如倒钩铜矛为切入点进行研究，以胡保华[7]、高江涛[8]、李刚[9]、刘翔[10]、刘瑞[11]、刘霞[12]、古慧莹[13]等为代表。此外，有学者还专门对塞伊玛—图尔宾诺遗存的发现和中外学者的研究进行系统梳理回顾[14]。

　　最近，吉林大学邵会秋教授针对北京大学林梅村教授关于塞伊玛—图尔宾诺文化特别是中国境内发现的相关遗存的命名、组合、年代、性质等问题的看法提出了不同意见，分歧至少包括四点（表一）[15]。

表一　林梅村与邵会秋两位学者的分歧

| 分歧 | | 林梅村 | 邵会秋 |
|---|---|---|---|
| 分歧一 | 中国境内相关遗存的命名与称谓 | 塞伊玛—图尔宾诺文化 | 塞伊玛—图尔宾诺文化现象 |
| 分歧二 | 新疆境内是否有典型的塞伊玛—图尔宾诺文化 | 有 | 只有少量相似青铜器，并无明确的塞伊玛—图尔宾诺文化遗存 |
| 分歧三 | 塞伊玛—图尔宾诺文化与安德罗诺沃文化的关系 | 有绝对的早晚之别 | 并存的两个文化共同体 |
| 分歧四 | 塞伊玛—图尔宾诺文化与中国青铜的起源关系 | 直接相关 | 并无直接关系 |

笔者浅见，上述学术分歧关乎学界能否准确"定位"中国境内发现的塞伊玛—图尔宾诺遗存，同时也是进一步讨论和研究塞伊玛—图尔宾诺文化的核心与关键。塞伊玛—图尔宾诺遗存分布地域极广，涉及考古学文化众多，亦非笔者研究所长，但从中国境内发现的、科学发掘的考古实物为基础，笔者更多赞同邵会秋教授的观点。本文主要以林梅村教授在其大作《塞伊玛—图尔宾诺文化与史前丝绸之路》[16] 及相关论文中的部分论述为切入点，对三个小问题提出自己的见解，不妥之处，敬请方家指正。

## 一、东乡林家遗址出土的青铜刀不属于塞伊玛—图尔宾诺遗存

林梅村教授认为甘肃东乡林家遗址发现的青铜刀不属于马家窑文化，而是齐家文化时期的遗存，他指出"东乡林场马家窑文化的铜刀，属于塞伊玛—图尔宾诺文化"。"甘肃东乡林家房址出土锡青铜刀的可靠性似乎从来未被怀疑过，但是细读发掘报告，不难发现这把铜刀的年代并非没有疑点。第一，出土锡青铜刀的房址（F20，原报告作 H20，认为可能是房子性质的灰坑）是一座不完整的房子，很多地方被上层打破，这座房址甚至没有一张完整的图。这件青铜刀出土在该房址北壁下，而报告中又说无明显的东壁，北壁又损坏较多，让人不能不对这把锡青铜刀是否属于该房址产生怀疑。第二，报告中并未明确说明该房址地层关系。第三，该遗址文化内涵不只有马家窑文化，还有齐家文化遗存，包括房子等。第四，报告中说该房址出土器物甚多，但发表材料较少，只有一个盆和一片陶片。"林梅村教授的质疑有无道理，我们来看林家遗址的发掘报告。

### （一）林家遗址 F20 和 H20 是两个不同的遗迹单位

林梅村教授似乎将林家遗址 F20 和 H20 视为同一遗迹单位，这其实是对《甘肃东乡林家遗址发掘报告》[17]（后文简称《林家报告》）的误读，F20 和 H20 是林家遗址两个完全不同的遗迹单位。

首先来看F20。《林家报告》在有关"上层房址"的总体介绍中提及F20："多数因破坏严重仅存灶址和部分墙壁、居住面多遭破坏……保存较好的有F6、F8、F11、F15、F16、F20、F21等七座，其中F8、F20、F21三座，灶址保存完整，残存部分墙壁和地面，都出有较多的陶器。陶器内盛稷、粟和大麻籽等。"

再来看H20。《林家报告》在介绍完各层的房址后又特别提到："还有一些舟形或椭圆形灰坑，坑壁比较整齐，并设有台阶或斜坡入道，坑底较平坦，有踏踩的硬土地面。形制与一般灰坑有所不同，可能为简单棚房建筑的遗迹，都无灶址。"随后列举了包括H20在内的三个典型灰坑，其中H20："位于T49中，挖在灰层中，椭圆形。东西长5.1、南北宽2.7、深1.96米。西、南两壁较整齐，保存较好。北壁损坏较多，略向外倾斜，表面平滑。南、北两壁向东逐渐内收，呈小圆弧形，故此坑无明显的东壁。北壁下有一由东向西逐渐高起的长条弧形斜坡状台阶，表面因长期踩踏，平整坚硬。坑底为五花土硬面，厚约2厘米。下面是平整的生土地面。坑内填满灰土，包含物丰富，属于中层。"

最后来看F20和H20的空间距离。《林家报告》图三"探方、遗迹平面分布图"清楚显示，F20位于T42北部，没有与其他遗迹发生叠压打破关系。而H20横跨了包括T48和T49在内的4个探方，打破或叠压H17。F20和H20相距很远，两个遗迹没有叠压打破关系。

总之，如果认真阅读《林家报告》，就无法否认F20和H20是两个完全不同的遗迹单位。F20性质明确，是保存较好一座的房址，残存部分墙壁和地面；H20虽然编号为灰坑，但其性质可能是与F20用途有别的房址，它北壁破坏较为严重，也无明显的东壁。不仅如此，F20和H20相距较远，既无叠压打破关系，也没有可能相互替换。

## （二）F20和H20的开口层位

两个遗迹的开口层位大致清楚，但不确定。对于各遗迹的层位关系，《林家报告》多用"位于某某层"这样的表述，与现在流行的"叠压于某层下"或"开口于某层下"这样的术语区别明显。发掘报告指出："根据地层堆积情况和对遗迹的分析、遗物的排比，初步将遗址的文化层分为上层（第3层）、中层（第4层）、下层（第5、6层），即早、中、晚三期。"在介绍第3层时，报告说："上层房址、灰坑、窖穴等遗迹，即发现于此层中，或叠压于其下。"在介绍第4层时说："中层房屋等遗迹，都发现于此层夯土中；下层窖穴等遗迹，有的被叠压于其下。"由此可知，上层遗迹多是"打破第3层"或"叠压于第3层下"；中层遗迹，多是"打破第4层"；下层遗迹多是叠压在第4层下，打破第5层、第6层。从报告的分期看，H20（中层，中期）早于F20（上层，晚期）。

至于林梅村教授的推测，"东乡林家出土锡青铜刀的房址（F20）很可能是一个打破马家窑文化遗址的齐家文化灰坑（原编号H20）"，我们认为这种推测更多的是臆测。另有两点需要说明。第一，表述不当。通常来讲，叠压打破关系发生在遗迹单位或堆积单位之间，是"遗迹"打破"遗迹"或"地层"，很少有某一"遗迹"打破某一"遗址"这样的表述。第二，前文已经明确，林家F20和H20是两个不同的遗迹，即便有齐家文化灰坑打破马家窑文化堆积，也应该用新的遗迹编号，而不能用原编号H20。

### （三）F20和H20皆出土了典型的马家窑文化陶器

受当时报告发表的体例限制，《林家报告》公布的F20和H20出土物确实不多，但并非林梅村教授所言只公布了"一个盆和一个陶片"。报告用图文形式公布F20出土的石器、铜器、陶器等各类出土物至少有6件，还有1件石斧（F20：2）仅用文字描述，未见线图。报告用图文形式公布的H20出土物至少有4件，还有1件石刀（H20：1）仅用文字描述，未见线图。两个遗迹中都出土典型的马家窑类型（文化）彩陶，且未见其他考古学文化的典型器物（图一）。结合层位关系和这些指征性彩陶，可以确定F20和H20都属于马家窑文化而非齐家文化。

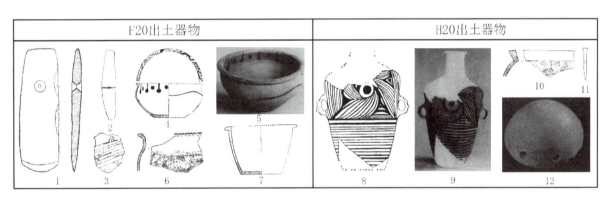

图一 东乡林家遗址 F20 和 H20 出土器物

1. 石斧（F20：2）2. 铜刀（F20：18）3.F20出土的陶片 4、5. 彩陶盆（F20：15）6. F20出土的陶罐 7.陶盆（F20：16）8、9. 彩陶壶（H20：201）10.H20出土的陶罐 11.骨笄（H20②：16）12. 陶铃（H20③：20）

### （四）青铜刀出自F20

青铜刀出自F20而非H20，这是毫无疑问的，从《林家报告》介绍青铜刀的描述中便可知晓："1件（F20：18）。由两块范浇铸而成，刀身厚薄均匀，表面平整，有较厚的深绿色锈。短柄长刀，刀尖圆钝，微上翘，弧背，刃部前端因使用磨损而凹入。柄端上下内收而较窄，并由明显的镶嵌木把的痕迹。通长12.5厘米。出于F20北壁下，保存完整。"

在林家遗址，除了F20发现青铜刀外，在年代更早的H54和T57第4层（中层）还发现了铜渣。H54"打破中层F12东、北两壁、地面和灶址……在底部发现铜渣"。

此灰坑发现的铜渣"不是天然矿石，也非炼铜残渣，而是一块经冶炼但已风化成碎块的含铜铁经长期锈蚀的遗物"，T57第4层发现的同类铜渣也有两块。

### （五）林家遗址有发现齐家文化遗存

《林家报告》至少有两处提到林家遗址发现了齐家文化遗存：第一处是在介绍遗址层位关系时说，在T16～19、T48五个连方中，仅T1第3层发现少量齐家文化陶器；第二处是在最后"几点认识"中提到"遗址上层堆积整齐，有后期的齐家文化、汉、唐时期墓葬的破坏或扰乱，但大部地区保存较好"。但无论如何，"林家遗址有齐家文化遗存"和"林家遗址青铜刀属于齐家文化遗存"是两个完全不同的概念，也无因果关系。

### （六）林家遗址发现的青铜刀还需深入研究

关于中国西北地区早期青铜器的产生和来源，学者们讨论的时间段多集中在距今4000～3500年。涉及甘青地区，尤其对齐家文化、四坝文化和西城驿文化格外关注，国外学者如胡博[18]曾指出齐家文化和境外文化的交流态势，国内学者如李水城教授论述过西北地区内冶金文化圈、冶金文化区和金属冶炼中心的概念和内涵[19]，陈国科研究员提出了跨考古学文化的西城驿—齐家冶金共同体[20]。此外，陈坤龙等学者明确指出："中国西北地区出土的早期铜器显示出多种草原文化因素共存的复杂现象，通过某种文化的单独影响或整体输入是无法解释的。"[21]但学界对甘青地区距今4000年以前和距今3500年之后青铜器的讨论明显较少，这主要是因为相关材料仅有零星发现，没有新的突破。虽然早年就有学者对林家遗址出土的青铜刀持保留态度[22]，但如果没有确凿证据，仅以"技术先进"为由怀疑其年代不太令人信服，毕竟"联想到同一时期世界上其他文明古国在冶金术方面取得的成就，在中国西北地区发现个把青铜合金制品也并不值得大惊小怪"[23]。从冶金专业的角度看，甘肃地区各类有色金属矿藏资源丰富，且烧制彩陶的窑内温度可以达到1000摄氏度，这些都是满足铜器冶炼的基本条件[24]。以发掘报告公布的资料为基础，严文明、滕铭予等学者认为林家青铜刀的出现可能是无意而为之[25]，许宏研究员表示甘青早期青铜冶炼有中断和失传的可能[26]，韩建业教授提出不能排除西方文化渗入的可能性[27]。这些观点多是简要推测，并未过多阐释和论证。最近，陈国科研究员在全面分析了包括林家铜刀在内的甘肃早期单刃铜刀，并对境内外的相关遗存进行了对比梳理，结论指出："单刃铜刀在世界各地出现的年代相当，难以看出相互间的影响。石刃骨刀、有柄石刀等单刃铜刀祖型的存在以及冶炼活动的出现，让马家窑时期的先民拥有生产铜刀的能力……甘青地区是石刃骨刀的重要使用区域，单刃铜刀的流行，是对这一区域用刀传统的继承和发展。"[28]这无疑是符合考古材料实际情况的。

通过对《林家报告》上述 6 个方面的梳理，我们可以得出以下结论：

第一，林家遗址 F20 和 H20 是两个完全不同且未发生叠压打破关系的遗迹。

第二，林家遗址 F20 和 H20 都是属于典型马家窑文化的遗迹。

第三，青铜刀出自保存状况较好的 F20 北壁下，且不见齐家文化遗迹叠压或打破 F20。

第四，对林家青铜刀的形态和技术来源探究要"（境）内（境）外兼顾"，坚持"有理有据"。

总而言之，依据《林家报告》提供的信息，不论是遗迹的层位关系还是出土物的共存关系，都没有确凿的证据表明林家遗址发现的青铜刀出自齐家文化的遗迹或地层，将林家青铜刀 F20 ∶18 视为齐家文化的遗存，只能是相关研究者为了满足其相关论点进行的"假设（想）"，但明显与客观事实不符。

## 二、磨沟墓地发现的石棺葬 M1530 不属于塞伊玛—图尔宾诺文化遗存

林梅村教授将一座 2011 年在甘肃临潭磨沟墓地发现、目前尚未正式公布材料的石棺葬 M1503 视为塞伊玛—图尔宾诺文化的遗存，他是这样说的："这座墓葬为竖穴土坑石棺墓，系先挖一近方形竖穴土坑，而后在土坑中部下挖长方形墓圹，四周形成生土二层台。墓圹四周砌以石板，下葬后再覆盖石板。墓内人骨头向东南，亦与墓地整体人骨头向偏西迥异。此墓打破和叠压齐家文化的三座墓葬，应不属于齐家文化。从墓葬类型看，这座石棺墓与近年在新疆布尔津县发现的塞伊玛—图尔宾诺文化墓地石棺墓相似，故其很可能属于塞伊玛—图尔宾诺文化。"[29] 墓葬的相关信息是发掘者提供的，应当无误。但我们认为林教授针对此墓葬所下的结论似乎不妥，原因如下：

首先，磨沟 M1503 是否属于齐家文化墓葬，与其有没有叠压打破齐家文化墓葬并无直接因果关系。M1503 叠压或打破三座齐家文化墓葬，只能说在时间上前者不早于后者，并不能得出二者文化性质相异的结论。

其次，判定一座墓葬的文化性质，如果没有特殊情况，通常首先应考虑随葬品。林梅村教授对 M1503 的性质判断是通过对比 2010 年新疆布尔津县发现的两座石棺葬 M12 和 M15 后得出的结论[30]。M12 出土一件施戳（掐）印纹、刻划纹的平底陶罐，M15 出土一件素面平底石罐和长条砺石，墓葬发掘者和邵会秋教授都将它们归入切尔木切克文化。这两座墓究竟属于哪个考古学文化暂且不论，如果认为磨沟 M1503 的文化性质与这两座墓相同，那是因为它们同属石棺葬呢，还是因为 M1503 也发现了与 M12 和 M15 相同或类似的随葬品。通读相关文章和论著，不见披露磨沟 M1503 的任何随葬品的信息。

最后，如果仅仅是基于"石棺葬"这一"墓葬类型"来推断磨沟 M1503 属于塞伊玛—图尔宾诺文化，这显然有失偏颇。因为中国境内发现的石棺葬分布范围广、出现年代早、持续时间长、数量种类多。早在 20 世纪 80 年代，童恩正先生就明确指出，

在中国的东北—西北—西南这一"边地半月形地带"有各类石棺葬传统[31]。从目前的情况来看，早于距今 4000 年的石棺葬确实不少见，而且考古发现越来越多。在甘青地区，仰韶文化晚期至青铜时代，石棺葬虽不是各文化的主流，但在马家窑文化（青海宗日墓地[32]，距今 5000 年）、半山文化（甘肃景泰张家台[33]、甘肃兰州焦家庄[34]，距今 4800 ～ 4500 年）、辛店文化（青海民和簸箕掌 M1[35]、甘肃兰州下海石 M1[36]，距今 3500 ～ 2800 年）和卡约文化（青海刚察砖厂墓地[37]，距今 3500 ～ 2600 年）都曾有发现，李水城对此有过专门的系统论述[38]。在东北地区，距今 5000 多年的红山文化晚期（辽宁牛河梁遗址[39]、辽宁半拉山遗址[40]）也有典型的石棺葬。在西南四川地区，早于距今 4000 年的石棺葬发现更多，如汉源麦坪遗址（距今 5000 ～ 4500 年）[41]、会理猴子洞遗址（距今 5000 ～ 4800 年）[42]、会理河头地遗址（距今 4300 ～ 3800 年）[43]、大劈山墓地（新石器时代晚期至西周）[44]。此外，新疆地区也确有不少年代较早的石棺葬，但它们大多都有明确的文化性质归属，可以肯定不属于塞伊玛—图尔宾诺文化，如四坝文化或其后裔（天山北路墓地[45]、柳树沟墓地[46]）、阿凡纳谢沃文化（阿依托汗 M22、M21[47]）、切尔木切克文化（哈巴河托干拜 2 号墓地[48]，距今 4200 年）和阿敦乔鲁墓地[49]（公元前 19 ～前 17 世纪）等。

总之，在当前中国境内不同地区发现的、早于距今 4000 年的石棺葬并不少见，如果单纯依据石棺葬这一墓葬形制，就将磨沟 M1503 认定为塞伊玛—图尔宾诺遗存显然过于牵强。虽然中国东北地区、西南地区与西北地区各类石棺葬之间的关系目前没有定论，但甘青地区在公元前 3000 年以降的石棺葬应该是本地的传统延续，齐家文化、辛店文化和卡约文化中出现的石棺葬应该首先考虑本地传统，那些认为相关遗存是属于塞伊玛—图尔宾诺文化的观点过于简单，缺乏说服力。

除石棺葬外，林梅村教授认为四坝文化中发现的权杖头也属于塞伊玛—图尔宾诺文化遗存。根据李水城先生的研究，权杖头的起源和扩散并非是以塞伊玛—图尔宾诺分布区为中心的，创造权杖的是近东地区的先民，相关介绍和论述在他的著作中有系统阐述[50]，此不赘述。总而言之，权杖头并非塞伊玛—图尔宾诺文化的标型器，塞伊玛—图尔宾诺文化和四坝文化都能见到权杖头，不能说明后者就是前者传播的产物，而更有可能是权杖头在不同地区的各个考古学文化中同时、同步的传播与扩散。

### 三、中国发现的部分倒钩铜矛有待继续研究

#### （一）青海沈那遗址出土的铜矛年代争议尚存

林梅村教授这样说："发掘者认为这件铜矛无疑出自沈那遗址齐家文化地层之中，应属于齐家文化。经北京科技大学李延祥教授检测，这件铜矛的成分为红铜。青海卡

约文化为青铜时代文化，而齐家文化则处于铜石并用时代向青铜时代过渡时期，所以，沈那倒钩铜矛确切无疑属于齐家文化。"这些论述值得商榷。

沈那遗址位于青海西宁市城北区马坊乡小桥村北。1991～1993 年连续进行两次考古发掘，遗址除齐家文化遗存外，还发现少量马家窑文化和卡约文化遗存。公布倒钩铜矛出土的文章和简报目前有三篇，分别是：

第一，沈那遗址发掘领队吴平先生写的《沈那遗址的考古发掘》[51]（后文简称《沈那发掘》）介绍了 1991～1993 年沈那遗址历次发掘的基本概况。

第二，2020 年青海省文物考古研究所王玥、李国华整理完成发表于《青海文物》的《青海西宁沈那遗址 1992～1993 年度发掘简报》[52]（后文简称《沈那简报（青海版）》）公布了 1992 年～1993 年两次发掘的考古资料。

第三，2022 年青海省文物考古研究所王玥、李国华等整理完成发表于《考古》的《西宁市城北区沈那遗址 1992～1993 年发掘简报》[53]（后文简称《沈那简报（考古版）》）公布了 1992～1993 年两次发掘的考古资料。

需要说明的是，沈那遗址在 20 世纪 90 年代发掘之后，由于各种原因，整理工作搁置，简报的最后整理者与遗址的发掘主持者并非同一批人员队伍。时隔 30 年，能将如此重要的资料进行整理和公布，实属不易。

三篇文章介绍倒钩铜矛出土情境的相关信息具体如下：

《沈那发掘》："其中一件圆銎宽叶倒钩青铜矛的发现令人震惊，出土在 31 号探方的第三层 74 号灰坑开口下 10 厘米中央。"[54]

《沈那简报（青海版）》："H74 位于 T31 东南角，开口在第 2 层下。平面呈圆形，直径 2.5、深 1.65 米。坑开口 0.1 米处出土铜矛 1 件。在距开口 1.5 米处有一圈花斑土，清理花斑土向下 0.15 米，出土有兽骨和石块，坑内分布一层黑灰色土，厚 0.02 米，坑底南壁出土有兽骨，石块和残人头骨。共出土陶片 58 块，石核 14 件，石片 21 件，石块 16 件，另有兽骨。还出土有骨锥和盘状器各 1 件。"[55]

《沈那简报（考古版）》："H74 位于 T31 东部，叠压于第 3 层下。现存坑口平面近椭圆形，长轴 2.5、深 1.65 米。坑内填土分三层：第 1 层为褐色细沙土，夹杂灰色土，土质疏松，孔隙较大，包含植物根系，厚约 0.33 米，出土有陶片、石块等；第 2 层为花斑土，土质较致密，厚约 0.56 米，出土铜矛 1 件、陶片和石块；第 3 层为黑灰色土，土质细密，厚约 0.76 米，出土有兽骨和石块。坑底西部出土石核 1 件，东南部出土石盘状器 2 件和骨锥 1 件，坑底近南壁和近西壁处出土兽骨，近南壁处还出土石器和骨器等。灰坑南部和东部各层出土陶片 58 件，各层另出土石片 21 件和石块 16 件，其中陶片基本为齐家文化陶片，但无法复原出完整器。与铜矛同一层位出土的陶片，基本为齐家文化时期的泥质红陶片和篮纹陶片等，因此可以判断该铜矛应该属于齐家文化时期。"[56]

沈那遗址出土的倒钩铜矛出自H74，这是没有任何争议的，但是一些关键的信息却明显有分歧。

第一，对H74所在探方的地层介绍前后不一，各地层和遗迹的层位关系不明确。

发表时间较早的《沈那发掘》《沈那简报（青海版）》均未对各地层的文化性质进行说明，发表时间最晚的《沈那简报（考古版）》则明晰了各地层的文化属性。

《沈那简报（青海版）》和《沈那简报（考古版）》分别以T31的西壁和南壁作为典型探方剖面来介绍遗址地层，但将这两个剖面进行对接，发现T31西南角第2层以下均无法通层，探方西南部各单位的关系为：前者是1→2→3A→3B→F12、3C、F11；后者是1→2→3→4（图二、三）。

第二，H74的开口层位各篇表述不一致，有开口在2层下和3层下两种不同的说法。

《沈那发掘》的表述是"31号探方的第三层74号灰坑"。这一表述暂不能确定是"开口在二层下打破三层"还是"开口在三层下"，根据语境，前者的可能性更大。

《沈那简报（青海版）》的表述是"H74位于T31东南角，开口于第2层下"。即H74开口在第2层下。

《沈那简报（考古版）》的表述是"位于T31东部，叠压于第3层下"。即H74开口在第3层下。

第三，倒钩铜矛在H74的具体位置表述不同。公布材料时间较早的文章介绍铜矛距灰坑开口约10厘米，而公布材料最晚的文章表示铜矛距灰坑开口的深度不低于33厘米。

《沈那发掘》介绍倒钩铜矛位于"31号探方的第三层74号灰坑开口下10厘米中央"。

《沈那简报（青海版）》的表述是："坑开口0.1米处出土铜矛1件"。

《沈那简报（考古版）》的表述是："坑内填土分三层：第1层为褐色细沙土，夹杂灰色土，土质疏松，孔隙较大，包含植物根系，厚约0.33米，出土有陶片、石块等；第2层为花斑土，土质较致密，厚约0.56米，出土铜矛1件、陶片和石块。"简而言之，

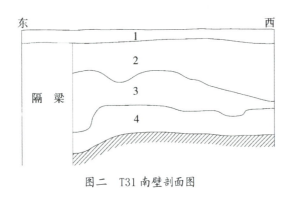

图二　T31南壁剖面图

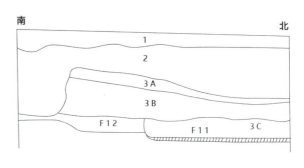

图三　T31西壁剖面图

铜矛距坑口的深度不少于 0.33 米。

综上，从目前公布的材料看，早年沈那遗址发掘主持者和后期资料整理者对倒钩铜矛关键信息的公布还有不少矛盾和模糊之处。如果确定沈那遗址出土的这件铜矛属于齐家文化，那么或可从层位关系上确定——叠压 H74 的地层属于齐家文化，或可从共存器物上确定——与倒钩铜矛共存的陶器属于齐家文化，虽然最新发表的《沈那简报（考古版）》在文字方面均给予确认，但迄今为止没有公布任何可以支撑文字说明的实物材料。其实，从文化关系和年代上看，齐家文化和卡约文化首尾相接，齐家文化晚期和卡约文化早期年代相差不大，但两支文化的延续时间都较长，均超过 500 年。因此，可能更应值得探讨的是，如果确定沈那铜矛属于齐家文化，那么它是齐家早期还是齐家晚期；如果属于卡约文化，那么它是卡约早期还是卡约晚期，或许这一问题的解决，对探究塞伊玛—图尔宾诺文化现象何时出现在甘青地区更有意义。

其次，不能因为沈那倒钩铜矛的主要成分是红铜，就断定它属于齐家文化（铜石并用时代向青铜时代的过渡）而非卡约文化（青铜时代）。考古资料表明，甘青地区不仅只在铜石并用时代有红铜（纯铜）制作的铜器，在青铜时代依然能够见到红铜（纯铜）制品。例如，对寺洼文化占旗墓地 30 件铜器的检测研究显示，虽然铜、锡、铅三元合金铜器制品数量占绝对优势，但仍然有 1 件纯铜制品，而且这件纯铜制品正好是一件铜矛（占旗 M65 ：11）[57]。M65 是占旗墓地最早阶段的墓葬，也是寺洼文化最早阶段的遗存[58]。此外，有研究者对河西走廊青铜时代晚期的火烧沟遗址骟马文化铜器进行检测分析，结果显示，铜器的材质以红铜为主[59]。一言概之，青铜时代的西北地区，用红铜制作铜器的传统并未消失，红铜材质的铜器在的各个考古学文化、同一考古学文化不同遗址的具体情况各不相同，不能一概而论。

最后，对倒钩铜矛的合金成分检测有待更多准确的科学鉴定。国内发现的 16 件完整的塞伊玛—图尔宾诺风格的倒钩铜矛基本都已做过合金成分检测，相关研究多已公布。引人关注的是，有两组研究者使用同一种设备先后两次在对安阳宜家苑墓地出土的倒钩铜矛进行合金检测，但实验结果却明显不同，一次为砷青铜，一次为锡青铜。研究者推测"这个结果的差异可能与测试的部位、是否除锈，以及设备本身的检测曲线是否校准有关"[60]。由此引发我们的疑虑，其他铜矛的检测是否也会出现类似的情况？这绝不是杞人忧天。最近有学者对甘肃地区先秦时期 630 件铜器样品的检测分析资料进行了系统整理和研究后认为："从现有的分析检测数据的统计状况可以看出，对冶铸遗物检测分析数据的规范化、标准化方面，目前的工作还有待提高。"因此他们强调："文物样品的分析检测应按照国家各种检测技术标准或文物保护行业的技术标准进行，有利于今后数据的利用与文化属性的比较研究。"[61]

### （二）淅川下王岗遗址出土的倒钩铜矛年代未有定论

2008 年，河南淅川下王岗遗址 T2H181 发现 4 件完整的塞伊玛—图尔宾诺风格倒钩铜矛（图四）。不过，迄今为止，不论是根据层位关系还是碳十四测年，这 4 件铜矛较为准确的年代依然无法确定。

首先，层位关系只能给出较宽泛的年代范围。"H181 开口于西周中晚期④B 层下，打破龙山地层⑤层。H181 堆积分上下两层，上层表界面上出土西周中期楚式鬲足，上层内部堆积和下层堆积中仅见龙山陶片，铜矛出在 H181 下层坑底界面上。"对于发现的这 4 件铜矛的年代，学者们认为年代总体不早于龙山、不晚于西周，但具体意见并不一致，有二里头时期说、商代说、西周晚期说等诸多不同的看法[62]。发掘者认为可能属于"下王岗遗址龙山文化末期"，推测绝对年代可能在公元前 1800～前 1600 年之间[63]。

其次，碳十四测年没有给出理想的数据。由于从层位上无法解决较准确的绝对年代，发掘者寄希望于铜矛本身的碳十四测年。"采集铜矛銎内和附着在矛叶上的炭样做碳十四年代测定，有望能够解决铜矛的绝对年代。一旦下王岗铜矛的年代定了，我国境内发现的其他同类形制的铜矛年代也可参照下王岗铜矛而定了。"[64] 2020 年，《淅川下王岗：2008～2010 年考古发掘报告》出版，报告公布了对其中一件铜矛三个不同部位的木炭进行的测年数据：銎内木炭（实验室编号 BA090238）未测出数据；銎口上木炭（实验室编号 BA090237）测年数据超过距今 6000 年，但明显与层位不符，当舍弃；矛叶上木炭（实验室编号 BA090236）测年为公元前 2580（95.41％）2290 年。发掘报告认为，最后一个数据"虽仍然较早，但在可接受的范围"。但报告也明言"本次测年结果并不理想，还需要对另外三件铜矛做取样和测年的工作"[65]。显然，如果完全接受第三个测年数据，那么对中国境内发现的倒钩铜矛研究的而言，将会引发一系列更加复杂的问题[66]。

### （三）以山西省工艺美术馆藏倒钩铜矛为代表的诸多典型器物"身世"成谜

2015 年，林梅村教授将中国境内发现的 13 件倒钩铜矛分为有年代早晚的 3 个类型，其中 Aa 型（山西省工艺美术馆藏）为公元前 2100～前 2000 年，Ab 型（山西博物院藏和南阳市博物馆藏）为公元前 2000～前 1900 年，B 型（青海沈那出土、河南下王岗出土、青海大通县文管所藏、陕历博藏、南

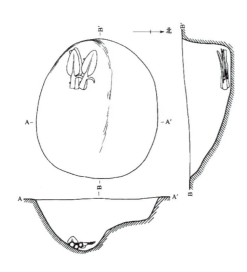

图四　淅川下王岗 H181 平、剖面图
（据中国社会科学院考古研究所：《淅川下王岗：2008～2010 年考古发掘报告》）

阳市博物馆藏 0234 号）为公元前 2000～前 1750 年，Ca 型（南阳市博物馆藏 0233 号）为公元前 1735～前 1530 年，Cb 型（殷墟出土）为公元前 1300～前 1100 年。整个年代从公元前 2100 年持续至公元前 1100 年，接近 1000 年的时间。相同观点的研究者也据此认为："就目前所见材料而言，山西省工艺美术馆所藏倒钩铜矛应为中国境内发现的年代最早的塞伊玛—图尔宾诺式倒钩铜矛，山西也很有可能是塞伊玛—图尔宾诺文化通过草原南传入中国的第一站。"[67]

由此可见，山西省美术馆藏的这件铜矛对研究和确定塞伊玛—图尔宾诺文化最早于何时、何地进入（影响）中国非常重要。有文章专门介绍过这件铜矛的前世今生："该铜矛为太原铜业公司于 1979 年拣选，后入藏山西省博物馆第二专题陈列馆。2004 年，山西省博物馆更名为山西博物院，2007 年山西省博物馆第二专题陈列馆挂牌山西省艺术博物馆，该铜矛遂藏于山西省艺术博物馆至今。"[68]据此，有两个需要直接面对的问题不得不指出：第一，鉴于这件藏品明确不是正式发掘考古出土，那么它究竟是真文物是假文物。第二，如果是真文物，它是属于在山西本地发现的文物，还是从山西

**表二 中国境内发现的倒钩铜矛基本情况**

| 类别 | 发现类别 | 发现情境 | 种类 |
|---|---|---|---|
| 第一类 | 正式考古发掘出土 | 青海沈那铜矛（1 件）：灰坑 H74 | 红铜 |
| | | 淅川下王岗完整铜矛（4 件）：灰坑 H331 | 红铜 1 件，砷青铜 3 件 |
| | | 淅川下王岗残铜矛（1 件）：二里头三期地层 T15②A：39 | 未知 |
| | | 安阳殷墟（1 件）：墓葬 | 砷青铜、锡青铜 |
| 第二类 | 有发现地点的信息 | 辽宁朝阳（1 件）："据调查，这件铜矛是 1985 年当地村民王洪殿先生在朝阳县南双庙乡下杖子村（王八盖地采集）。" | 铜锡合金 |
| | | 青海大通（1 件）："1993 年青海大通县朔北藏族乡永丰村村民在河道中挖沙时发现，后被大通县文物管理所征集。" | 红铜 |
| 第三类 | 出土信息不详 | 南阳市博馆藏（4 件）："系该馆文物干部王儒林先生于 1979 年 10 月 9 日自南阳地区土产公司选购，藏品原号为 1664，藏品编目号分别为 0232、0233、0234。" | 红铜 2 件，砷青铜 1 件 |
| | | 陕西历史博物馆藏（1 件）：出土信息不详 | 红铜 |
| | | 甘肃省博物馆藏（1 件）：出土信息不详 | 红铜 |
| | | 山西省艺术馆藏（1 件）："太原铜业公司于 1979 年拣选" | 红铜 |
| | | 山西博物院保管部藏（1 件）：出土信息不详 | 锡青铜 |

省外其他地方流入到山西后被"太原铜业公司拣选"的？

其实，不仅是山西省美术馆所藏的倒钩铜矛存在这种问题，中国境内发现的其他相关铜矛也面临这种境遇，我们根据当前披露的信息，将 17 件铜矛共分为三类：第一类共 7 件，是有明确出土地层的考古发掘出土物；第二类共 2 件，是非考古发掘品，但有明确的发现地点；第三类共 8 件，没有任何发现和出土背景的信息。因此，确定第二类和第三类铜矛的出土地点和发现背景，对准确理解塞伊玛—图尔宾诺文化现象在中国的传播有着特殊的重要意义（表二）。

## 四、结语

本文谈及的三个问题都是小问题，但它们确确实实涉及或能影响到中国境内塞伊玛—图尔宾诺遗存的判断标准、准确年代、出土背景（真伪）和传播模式等诸方面。例如，如果东乡林家出土的铜刀属马家窑文化无误，那么林梅村教授梳理出的中国青铜器来源模式就需要重新思考。还有，中国境内考古出土的倒钩铜矛，现有的材料大多只能确定它们在龙山至西周时期这一大的时间范畴内，各类不同型式的铜矛准确年代和早晚顺序还需确凿的测年数据和对比材料。再者，是否真如林梅村教授所言，塞伊玛—图尔宾诺遗存有过"牧马祁连山"和"逐鹿中原"这样的文化扩散（扩张）历程，关键是要在相关地区找到明确属于塞伊玛—图尔宾诺文化典型遗存（组合），而非个别零星的遗物。即便是个别的遗物，也应该辨别真伪、确定出处、精确年代，否则，以各种不确定论据为基础，再层层推论最终下定结论似有违考古学的科学性和严谨性。正如早年有学者曾有过提醒："目前大多数国外学者十分强调早期金属时代欧洲草原向亚洲草原的扩张，但是这种强调如果超越了时空，则不符合历史事实了。"[69] 现在看来，这种情况确实应该引起我们的关注和反思。

## 注 释：

[1] E.N. Chernykh, N.E. Kuzminykh，*Ancient Metallurgy in the USSR: The Early Metal Age*, Cambridge University Press, 1992.

[2]〔俄〕Е.И.切尔内赫、С.В.库兹明内赫著，王博、李明华译：《欧亚大陆北部的古代冶金：塞伊玛—图尔宾诺现象》，中华书局，2010 年。

[3] 林梅村主编：《塞伊玛—图尔宾诺文化与史前丝绸之路》，上海古籍出版社，2019 年。

[4] 梅建军、高宾秀：《塞伊玛—图宾诺现象和中国西北地区的早期青铜文化》，《新疆文物》2003 年第 1 期。

[5] 杨建华、邵会秋：《塞伊玛—图尔宾诺遗存与空首斧的传布》，《边疆考古研究》，科学出版社，2011 年；邵会秋：《关于塞伊玛—图尔宾诺遗存的几点思考：从〈图尔宾诺文化与

史前丝绸之路〉谈起》，《西域研究》2021 年第 1 期。

[6] 林梅村：《塞伊玛—图尔宾诺文化与史前丝绸之路》，《文物》2015 年第 10 期；林梅村主编：《塞伊玛—图尔宾诺文化与史前丝绸之路》，上海古籍出版社，2019 年。

[7] 胡保华：《试论中国境内散见夹叶阔叶铜矛的年代、性质与相关问题》，《江汉考古》2015 年第 6 期。

[8] 高江涛：《试论中国境内出土的塞伊玛—图尔宾诺式倒钩铜矛》，《南方文物》2015 年第 4 期。

[9] 李刚：《中西青铜矛比较研究》，《中国历史文物》2005 年第 6 期。

[10] 刘翔：《中国境内塞伊玛—图尔宾诺倒钩铜矛铸造技术初探》，《丝瓷之路（第 6 辑）》，商务印书馆，2017 年；刘翔：《青海大通县塞伊玛—图尔宾诺式倒钩铜矛考察与相关研究》，《文物》2015 年第 10 期；刘翔、刘瑞：《辽宁朝阳文管所藏塞伊玛—图尔宾诺铜矛》，《考古与文物》2016 年第 2 期；刘翔、王辉：《甘肃省博物馆藏塞伊玛—图尔宾诺式铜矛调查与研究》，《西部考古（第 14 辑）》，三秦出版社，2017 年。

[11] 刘瑞等：《中国所见塞伊玛—图尔宾诺式倒钩铜矛的合金成分》，《文物》2015 年。

[12] 刘霞、胡保华：《南阳市博物馆收藏的三件倒钩阔叶铜矛》，《江汉考古》2016 年第 3 期。

[13] 古慧莹：《山西省艺术博物馆馆藏塞伊玛—图尔宾诺式铜矛简介及相关研究》，《文物世界》2020 年第 4 期。

[14] 刘翔：《塞伊玛—图尔宾诺遗存发现与研究》，《西域研究》2021 年第 1 期。

[15] 邵会秋：《关于塞伊玛—图尔宾诺遗存的几点思考：从〈图尔宾诺文化与史前丝绸之路〉谈起》，《西域研究》2021 年第 1 期。

[16] 同 [3]。

[17] 甘肃省文物工作队等：《甘肃东乡林家遗址发掘报告》，《考古学集刊（第 4 集）》，中国社会科学出版社，1984 年。

[18] Louisa G. Fitzgerald-Huber, Qijia and Erlitou: The Question of Contacts with Distant Cultures, *Early China*.

[19] 李水城：《西北与中原早期冶铜业的区域特征及交互作用》，《考古学报》2005 年第 3 期。

[20] 陈国科：《西城驿—齐家冶金共同体——河西走廊地区早期冶金人群及相关问题初探》，《考古与文物》2017 年第 5 期。

[21] 陈坤龙：《丝绸之路与早期铜铁技术的交流》，《西域研究》2018 年第 2 期。

[22] 安志敏：《中国早期铜器的几个问题》，《考古学报》1981 年第 3 期；安志敏：《试论中国的早期铜器》，《考古》1993 年第 12 期。

[23] 同 [19]。

[24] 北京钢铁学院冶金史组：《中国早期铜器的初步研究》，《考古学报》1981 年第 3 期。

[25] 严文明：《论中国的铜石并用时代》，《史前研究》1984 年第 1 期；滕铭予：《中国早期铜器有关问题的再探讨》，《北方文物》1989 年第 2 期。

[26] 许宏：《从仰韶到齐家—东亚大陆早期用铜遗存的新观察》，《2015 中国·广河齐家文

化与华夏文明国际研讨会论文集》，文物出版社，2016 年。

[27] 韩建业：《中国西北地区先秦时期的自然环境与文化发展》，文物出版社，2008 年。

[28] 陈国科：《甘肃早期单刃铜刀初步研究》，《南方文物》2017 年第 2 期。

[29] 林梅村：《塞伊玛—图尔宾诺文化与史前丝绸之路》，《文物》2015 年第 10 期。

[30] 新疆文物考古研究所等：《布尔津县古墓葬考古发掘简报》，《新疆文物》2010 年第 1 期；新疆文物考古研究所：《新疆阿勒泰地区古墓葬发掘简报》，《文物》2013 年第 3 期。

[31] 童恩正：《试论我国从东北至西南的边地半月形文化传播带》，《文物与考古论集》，文物出版社，1986 年。

[32] 青海省文物管理处等：《青海同德县宗日遗址发掘简报》，《考古》1998 年；陈洪海、格桑本：《宗日遗址文物精粹论述选集》，四川科学技术出版社，1999 年。

[33] 甘肃省博物馆：《甘肃景泰张家台新石器时代的墓葬》，《考古》1976 年第 3 期。

[34] 甘肃省博物馆文物工作队：《甘肃兰州焦家庄和十里店的半山陶器》，《考古》1980 年第 1 期。

[35] 高东陆、吴平：《青海境内发现的石棺葬》，《青海考古学会会刊》1984 年第 6 期。

[36] 甘肃省文物考古研究所：《兰州红古下海石——新石器时代遗址发掘报告》，科学出版社，2008 年。

[37] 王武：《青海刚察县卡约文化墓地发掘简报》，《青海文物》1990 年第 4 期。

[38] 李水城：《石棺葬的起源与扩散——以中国为例》，《四川文物》2011 年第 6 期。

[39] 辽宁省文物考古研究所等：《牛河梁红山文化遗址发掘报告 (1983—2003 年度 )》，文物出版社，2012 年。

[40] 辽宁省文物考古研究所等：《辽宁朝阳市半拉山红山文化墓地》，《考古》2017 年第 7 期；辽宁省文物考古研究所等：《辽宁朝阳市半拉山红山文化墓地的发掘》，《考古》2017 年第 2 期。

[41] 四川省文物考古研究院等：《四川汉源县麦坪新石器时代遗址 2007 年的发掘》，《考古》2008 年第 7 期；四川省文物考古研究院等：《四川汉源县麦坪遗址 2008 年发掘简报》，《考古》2011 年第 9 期。

[42] 四川省文物考古研究院等：《四川会理县河头地遗址Ⅱ区2018年度先秦时期遗存发掘简报》，《四川文物》，2019 年第 3 期。

[43] 同 [42]。

[44] 刘化石：《四川会理大劈山墓地》，《大众考古》2018 年第 11 期。

[45] 吕恩国等：《新疆青铜时代考古文化浅论》，《苏秉琦与当代中国考古学》，科学出版社，2001 年。

[46] 王永强、张杰：《新疆哈密市柳树沟遗址和墓地的考古发掘》，《西域研究》2015 年第 2 期。

[47] 新疆文物考古研究所：《哈巴河县阿依托汗一号墓群考古发掘报告》，《新疆文物》2017 年第 2 期。

[48] 新疆文物考古研究所：《新疆哈巴河托干拜 2 号墓地发掘简报》，《文物》2014 年第 12 期。

[49] 中国社会科学院考古研究所等：《新疆温泉县阿敦乔鲁遗址与墓地》，《考古》2013 年第 7 期。

[50] 李水城：《耀武扬威》，《权杖流源考》，上海古籍出版社，2021 年。

[51] 吴平：《沈那遗址的考古发掘》，《青海考古纪实》，内部资料，1998 年。

[52] 青海省文物考古研究所等：《青海西宁沈那遗址 1992～1993 年度发掘简报》，《青海文物》2020 年第 1 期。

[53] 青海省文物考古研究所等：《西宁市城北区那遗址 1992～1993 年发掘简报》，《考古》2022 年第 5 期。

[54] 同 [51]。

[55] 同 [52]。

[56] 同 [53]。

[57] 王璐等：《甘肃岷县占旗遗址出土寺洼文化铜器的初步科学分析》，《西域研究》2016 年第 4 期。

[58] 杨谊时：《岷县占旗寺洼文化墓地研究》，硕士学位论文，西北大学，2013 年。

[59] 陈坤龙等：《玉门火烧沟遗址出土骟马文化铜器的科学分析研究》，《考古与文物》2018 年第 1 期。

[60] 刘煜、孔德铭：《安阳宜家苑墓地出土倒钩铜矛的无损检测》，《三代考古（七）》，科学出版社，2017 年。

[61] 董小帅、李秀辉：《甘肃地区先秦时期铜器检测分析资料的整理与研究》，《南方文物》2021 年第 3 期。

[62] 高江涛：《河南淅川下王岗遗址出土铜矛观摩座谈会纪要》，《中国文物报》2009 年。

[63] 同 [8]。

[64] 同 [62]。

[65] 中国社会科学院考古研究所：《淅川下王岗：2008～2010 年考古发掘报告》，科学出版社，2020 年。

[66] 目前对塞伊玛—图尔宾诺文化的年代上限认识，没有学者认为会早于公元前 2200 年。如果认为淅川下王岗发现的铜矛是正常的文化传播所致，那么中国境外真正的塞伊玛—图尔宾诺文化的年代上限会更早，此类遗存进入中国的时间、所在第一站和传播路线等都要进行重新考量。

[67] 刘翔：《青海大通县塞伊玛—图尔宾诺式倒钩铜矛考察与相关研究》，《文物》2015 年第 10 期。

[68] 古慧莹：《山西省艺术博物馆馆藏塞伊玛—图尔宾诺式铜矛简介及相关研究》，《文物世界》2020 第 4 期。

[69] 邵会秋：《印度—伊朗人的起源评介》，《边疆考古研究（第 16 辑）》，科学出版社，2016 年。

# 史前川西北高原的璀璨明珠*

## —— 从刘家寨遗址看姜维城文化

陈 苇[1] 任瑞波[2] 李勤学[3] 李 俊[4]

/
1 湖北大学历史文化学院教授
2 吉林大学考古学院教授
3 阿坝藏族羌族自治州文物考古研究所副所长
4 阿坝藏族羌族自治州文物考古研究所考古队队长

**摘 要：** 刘家寨遗址位于四川省阿坝藏族羌族自治州金川县二嘎里乡，是川西北高原一处新石器时代晚期遗址。2011 年、2012 年四川省文物考古研究院联合多家单位开展考古发掘工作，共计发掘 3500 平方米。清理了 341 个遗迹，主要有灰坑、房址、窑址、灶、石墙、灰沟和墓葬，出土了数量丰富的陶器、石器、骨器、角器标本，还有大量的动物骨骼和炭化植物遗存。刘家寨遗址陶器组合以罐、钵、盆、瓶、壶为主，同时，存在一定数量的具有马家窑文化风格的彩陶。碳十四测年显示遗址距今约 5300 ~ 4700 年，可分为早、中、晚三期。刘家寨遗址与川西北地区其他同类遗址共同构成了当地新石器时代晚期文化遗存特有文化面貌。

**关键词：** 刘家寨遗址 彩陶 仰韶时代晚期 马家窑文化

　　刘家寨遗址是 2010 年阿坝藏族羌族自治州文物考古研究所（时文物管理所）开展配合基本建设考古调查时新发现的一处新石器时代晚期遗址[1]，位于四川省阿坝藏族羌族自治州金川县二嘎里乡二嘎里村，地处绰斯甲河左岸二级阶地上，小地名刘家寨。遗址中心地理坐标为北纬 31.797048°，东经 101.535800°，高程约 2630 米。遗址东北向为

* 本文是国家社科基金重点项目"四川金川刘家寨遗址考古报告"（项目编号 18AKG002）中期成果。

图一 遗址位置及探方示意图

趴鹰山，西侧倚于恰拉大坝，南部紧邻绰斯甲河，隔河为温布汝山。刘家寨遗址所处的绰斯甲河，属于大渡河西源，位于青藏高原东麓，发源于青海省果洛州班玛县达卡乡西北的倒而娘山北麓，上游有杜柯河和色尔曲两条源头，自西北向东南流向，进入马尔康县境内可尔因，与脚木足河汇合后，称为大金川河，再汇入小金川河后称大渡河（图一）。

2011年9～11月、2012年5～8月，发掘团队对该遗址进行了科学有序的考古发掘，共布10米×10米探方38个（部分探方受地形限制仅作局部发掘），总计发掘3500平方米。清理了341余个遗迹，主要有灰坑、房址、窑址、灶、石墙、灰沟、墓葬等，出土了数以万计的陶器、骨器、石器、蚌器等小件标本。

两个年度的发掘区域相接，遗址地层可以统一，其中北部的台地多数为4层，零星探方分布有第5层，南部台地多了一个晚期层位。发掘区内地层堆积厚薄不一，中间山脊区域文化层缺失比较严重，基本耕土层下即是角砾层。遗址堆积深度0.2～1.8米不等，至生土面时整个遗址发掘区高低起伏不平，以TS1E2南壁为例（图二）[2]。

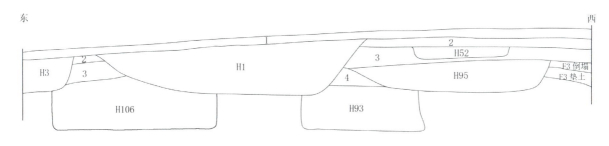

图二 TS1E2南壁剖面图

第1层：灰褐色沙土层。土质疏松，厚约0.1～0.15米。包含有大量植物根茎、角砾以及少量现代瓦片、塑料薄膜、铁丝、兽骨及早期陶片。H1、H2、H3、H5、H10、H11、H12、H13、H18、H26、H34、H35、H44、H45叠压于该层下。

第2层：浅黄褐沙土层。土质疏松，厚约0.1～0.22米。包含灰褐及红褐陶片、动物骨骼等遗物。H50、H51、H52、H62叠压于该层下。

第3层：黄褐色沙土层。土质较紧密，夹有大量烧土颗粒和灰烬，厚约0.2～0.65米。遗物包括灰褐及红褐陶碎片、动物骨骼等。H57、H83、H95、F3、Y1叠压于该层下。

第4层：灰黑色沙土层。土质较疏松，夹有较多的碎石块、料姜石及碳屑。厚

0～0.15米。遗物包括灰褐及红褐色陶片和动物骨骼等。H74、H86、H88、H93、H106、H107叠压于该层下。以下为生土。

两次发掘共清理灰坑278个、陶窑26座、房址19座、灶12座、石墙3道、墓葬2座、灰沟1条。出土陶器、石器、骨器、角器等小件标本逾万件，修复、复原陶器200余件。

灰坑数量最多，多为圆形或者近圆形，另外也有一定数量的不规则形。残存深度不一，浅者仅余0.1米，深者可达1.3米。剖面呈锅底状和直筒状者居多，仅有2座为袋状灰坑。部分灰坑壁、底发现工具痕，根据痕迹形状、深度、倾斜角等推测主要以石铲、石锄、圆木棍当作工具使用。

坑内堆积多为含草木灰较多的沙土，夹杂较多红烧土和炭粒，出土较多陶片和动物骨骼，筛选、浮选发现较多细石器、炭化植物种子。部分灰坑内堆积形式特殊，部分坑内几乎只埋藏大块陶片，部分陶片长径达20多厘米，很容易识别为深腹罐这类器物；部分灰坑集中堆积大量大型动物骨骼。

灰坑中还出现两坑底部相连的特殊现象。2011年清理的H54、H55，两座灰坑南北相邻，顺地势略有高低，灰坑之间间距约0.3米，清理靠近底部后，发现有一个圆孔相连，孔径约0.1米，孔内有长条形砾石，余下空隙部位为红色黏土填隙。地势略高的灰坑H54其四壁及底部，遍布直径0.01～0.02米的孔眼，分布不规律，疑似木棍戳、捣所致。根据遗址存在大量窑址的现象，我们初步认为这两座灰坑可能与浆洗陶泥有关。

房址位于不同层位。早期层位只见方形木骨泥墙房址和圆形柱洞式房址，浅基槽，基槽宽约0.15～0.2米，柱洞径小，建筑面积仅有数平方米。晚期层位出现方形石墙建筑，这类房屋基槽较深，墙体由不规则自然石块堆砌，一般达0.5米厚，残高0.3～0.5米，多开间，也有进深两间的房址。建筑面积数十平方米。部分房址房内堆积含大量草木灰，推测其房顶可能有茎叶植物铺垫，因某种原因被毁（图三）。

遗址南部区域堆积较厚，保存有4处活动面。其中可辨识的3处为建筑遗迹内活动面，另一处残损严重，推测仍为建筑内活动面。叠压于第3层下的F11，其活动面及十分清楚，四周略微上卷，推测是靠近墙壁的转角。

陶窑分为三类：一类向下挖坑作操作间和火膛，多保留操作间、火门、火膛和火道，窑室不存。这类窑操作间多为椭圆形深坑，打破生土，火门呈U形，上部横放一块石板，火膛呈锅底状，草拌泥抹筑，残存上部直径在0.6～1米，火膛正中插有一块楔形长石块，起支撑窑室底部作用。另一类不见操作间，多依斜坡地形向下挖坑作为火膛，在坡顶加工修建窑室，并以"八"字形、"="形和圆弧形火道与火膛相连，此类窑址窑室多被毁。第三类

图三　房址 2012SJLF6

陶窑是挖长方形小坑作灰膛，上盖石板，平地起建圆形窑室，窑室壁厚约0.15米，残存高度约0.3米，此类窑可能为馒头窑早期形制。发掘中解剖Y15时发现窑室底部红烧土为草拌泥抹筑，多次烧结，达3～4层，最上一层烧结面与四周窑壁之间存在明显分界线。灰膛略低于窑室底部，在窑室侧边以小椭圆形孔与之相连。清理中发现灰膛内全是灰白色灰烬。

图四 灰坑葬 2012SJLM2

发掘区内几个层位分别都发现数处红黏土堆，土质较为纯净，暴晒后质硬。大部分土堆面积较小，平面呈长方形和近三角形，但有一处堆积达数平方米范围。

墓葬共发现2座，1座为圆形灰坑形墓葬，1座为长方形土坑墓，均位于房址附近，依墓主骨骼特征初步判断为十岁多点的儿童，均不见随葬品。M1为土坑竖穴墓，墓圹残存浅，仰身直肢。M2人骨埋葬于灰坑东侧，头向近北，俯身直肢，M2中清理出一些鱼骨（图四）。

同时，与丰富遗迹相对应，发掘区内出土大量陶器、石器、骨器、蚌器、牙器等人工制品及丰富的动物骨骼，此外，浮选出土丰富的炭化植物种子。

遗址出土陶器分夹砂和泥质。夹砂陶多为罐、壶、瓶，器形较大，褐陶、灰褐陶居多。陶罐口沿多方唇，压印绳纹，也有部分压印花边口，器身施以绳纹、交错绳纹、附加泥条堆纹等，罐的绳纹较粗疏，瓶身绳纹细密，接近线纹形态。泥质陶分彩陶和素面陶，彩陶主要为红褐陶，少量灰褐陶，盆、钵、小平底瓶上多施黑彩，常见弧线纹、弧线三角纹、网格纹、圆点纹、垂幔纹、水波纹、草卉纹等纹饰。整个遗址出土彩陶数量占所有陶片比重不超3%。此外，泥质陶中也有抹光灰陶和黑陶。部分陶器器耳十分发达，鸡冠耳、鋬耳、纽耳都有发现。常见陶器有侈口深腹罐、长颈圆腹罐、重唇口尖底瓶、平底瓶、折沿盆、卷沿盆、带流锅、钵、杯、器盖、球、环、拍等（图五～七）。

石器以磨制石器为主，也出土较多打制石器，多为硅质岩、石英、石英砂岩、页岩。主要有石斧、石锛、石刀、石镰、石凿、石箭镞、刮削器、小石片、细石核、细石叶、石锤、磨盘、磨棒、石杵、石笄、石环、石璧、石纺轮等。还有少量利用天然形状略做加工的大型石器，如带柄石斧、鹤嘴石锄等。总体而言磨制石器更发达。

骨器主要以动物肢骨加工而成，常见骨锥、骨针、骨凿、骨削、骨刀、骨匕、骨镖、骨笄、骨环、骨柄石刃刀和其他骨饰品。也有少量制作精美的蚌、角、牙饰品。骨锥数量巨大，磨制精细、粗糙二者皆有，部分骨锥并未加工，只见轻微使用痕迹。锥尖有锋利、厚钝之别。小型骨片长1厘米多，壁薄，刃端有明显使用痕迹，部分骨片有小孔，可能拴系使用。联系抹光泥质陶器表面痕迹，可能与这类骨片有关系，推测这

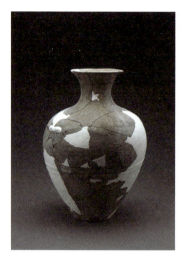

图五　陶壶（2011H75：1）

图六　陶尖底瓶（2011H11：107）

图七　陶罐（2011Y10：10）

类骨片是制陶工具。

通过对出土动物骨骼初步辨识，有猪、羊、鹿、麂、獐、猴、豪猪、龟、鱼、禽类等，尤以羊、鹿、獐为大宗。炭化植物种子以黍、粟为主，二者比例接近，常常在同一单位中伴出，还出土了丰富的藜科。

遗址中还发现有少量窑汗和沾有朱砂的石片。

碳十四测年显示刘家寨遗址绝对年代距今5300～4700年。通过对发掘资料的整理，我们初步认为刘家寨遗址可分三期。

第一期：重唇口尖底瓶可作为该期的标型器之一，口沿部位变化过程清晰：内唇逐渐变矮，内外唇界限逐渐消失。夹砂罐陶胎厚重且硬度较高，夹杂的砂砾数量多且个体大，砂砾长径有的在0.5厘米左右，器表和内壁经常可见砂砾裸露凸出。器表多施绳纹和网格纹，有一定数量的刻划纹。绳纹较粗但施纹非常工整，网格纹单位方格较大。此外，这一期夹砂陶不论是口沿、颈部还是腹部，压花附加泥条堆纹不多见。泥质陶罐多为残片，无可复原器，但从口沿观察，多为卷沿，沿相对较窄，向外翻卷不明显。

第二期：喇叭口小口尖底瓶变为溜肩，广折肩小口尖底瓶在本期出现，新出现的折肩尖底瓶整体形态宽大，通体施东北—西南向绳纹。侈口折曲腹盆在本期出现，腹部折棱非常明显，折腹处常常施一对鸡冠耳，折腹以上较长较宽，上腹内凹呈曲。与其他几类陶盆不同，此类陶盆多数器表施一层陶衣，通体抹光或磨光。泥质陶罐本期数量和种类增多，如深弧腹罐、深鼓腹罐、小口长颈鼓腹罐等。深腹罐器表多为素面，小口长颈罐腹部多施细绳纹。有的在下腹施一条压花泥条堆纹。卷沿罐本期口沿变宽，且外翻明显，观察可复原器可知，整个罐的最大径在口沿处。彩陶数量和比例较第一期增加，但初步估计不会超过陶片总数的5%。内彩数量增加，虽然绝对数量较少，但绘制技法较纯熟。第二期彩陶有三个显著的特点：第一，出现通体施彩现象；第二，彩陶数量和花纹种类明显较第一期增多；

第三，外彩和内彩结合使用时，内彩颜色明显比外彩浅而淡。

第三期：夹砂陶罐依旧施绳纹、压花附加泥条堆纹，但一部分陶器陶胎明显变薄，质地较一期和二期疏松，硬度降低。夹砂陶的羼和料多见白色云母小薄片，第一期和第二期这类羼和料少见。纹饰方面，一期和二期较规整的粗绳纹少见，且流行于第一期的东北—西南向绳纹已不多见，竖向和西北—东南向绳纹开始占较大比例。值得注意的是，这一期出现的带系罐的系多变小变细，有的紧贴于口沿外侧，已经没有实用功能，仅为装饰之用。泥质小口鼓腹罐Ⅲ式的纹饰与Ⅰ式和Ⅱ式截然不同，同时新出现了敛口鼓腹罐。小圆唇盆Ⅲ式口在该期变得最敛。卷沿折肩盆Ⅲ式折肩已经不太明显，颈部凹槽非常浅。彩陶有了几个显著的变化：第一，黑彩绘于夹细沙的泥质陶上，由于绘彩前未施陶衣以及烧制火候偏低，导致黑彩脱落严重，这类彩陶在第一期开始出现，但是在第三期所占比例明显增多；第二，出现了彩陶花纹线条不流畅的现象，虽然相同的图案花纹在前两期都能见到，但是明显能看出该期运笔绘画同类花纹图案时笔法的呆板；第三，出现了新的彩陶，包括两种情况，第一种是同一件彩陶，所绘花纹在甘青地区马家窑文化中常见，而彩陶器形则不见于马家窑文化，第二种是同一件彩陶，彩陶器形见于甘青马家窑文化，但是彩陶纹饰特别是构图方式与甘青马家窑文化又有较多的不同。

刘家寨遗址面积虽然不大，但遗迹、遗物的种类、数量巨大，是目前川西北地区已发现的受晚期扰动较小、几乎没有晚期遗迹破坏的重要遗址，为讨论该类考古学文化面貌及其性质极为有利。其文化内涵与营盘山[3]、波西[4]、箭山寨[5]、姜维城[6]等遗址出土遗存相似度较高，与甘青地区大地湾第四期[7]、师赵村第四期[8]、东乡林家[9]及白龙江上游马家窑文化等遗存面貌也有一定近似度[10]，年代大体处于仰韶时代晚期。笔者曾撰文从陶器种类和器物组合、陶器纹饰装饰、彩陶占比、生业形态和房屋营建与形状多个方面与马家窑文化和大地湾四期文化做比对，认为虽然联系密切，但文化面貌有别、性质相异。在遵循考古学文化命名的基本原则态度上，建议将川西北高原这类自身特征明显且分布范围明确的仰韶时代晚期遗存命名为"姜维城文化"[11]。

## 注 释：

[1] 四川省文物考古研究院等：《四川金川县刘家寨遗址调查简报》，《四川文物》2012 年第 5 期；四川省文物考古研究院等：《四川金川县刘家寨遗址 2011 年发掘简报》，《考古》2021 年第 3 期。

[2] 四川省文物考古研究院等：《四川金川县刘家寨遗址 2011 年发掘简报》，《考古》2021 年第 3 期。

[3] 成都文物考古研究院等：《茂县营盘山新石器时代遗址》，文物出版社，2018 年。

[4] 成都文物考古研究所等：《四川茂县波西遗址 2002 年的试掘》，《成都考古发现·2004》，科学出版社，2006 年。

[5] 四川大学历史系考古教研组：《四川理县汶川县考古调查简报》，《考古》1965 年第 12 期；成都文物考古研究所等：《四川理县箭山寨遗址 2000 年的调查》，《成都考古发现·2005》，科学出版社，2007 年。

[6] 四川省文物考古研究所等：《四川汶川县姜维城新石器时代遗址发掘报告》，《四川文物》2004 年增刊；四川省文物考古研究所等：《四川汶川县姜维城新石器时代遗址发掘简报》，《考古》2006 年第 11 期。

[7] 甘肃省文物考古研究所：《秦安大地湾——新石器时代遗址发掘报告》，文物出版社，2006 年。

[1] 中国社会科学院考古研究所：《师赵村与西山坪》，中国大百科全书出版社，1999 年。

[9] 甘肃省文物工作队等：《甘肃东乡林家遗址发掘报告》，《考古学集刊（第四集）》，中国社会科学出版社，1984 年。

[10] 北京大学考古学系等：《甘肃武都县大李家坪新石器时代遗址发掘报告》，《考古学集刊（第 13 集）》，中国大百科全书出版社，2000 年。

[11] 任瑞波、陈苇：《试论川西北高原仰韶时代晚期遗存》，《考古》2022 年第 8 期。

# 从齐家文化探索与夏文化的关系

赵建龙

/

甘肃省文物考古研究所研究员

**摘 要：**本文以甘青齐家文化的考古发掘资料为依托，并选用了几种主要文化特征所反映出的情况加以概括性论述，阐明了齐家文化已经处在文明程度，即不仅认识到以武力掠夺或侵占他人财产或资源，而且开始对内也进行侵占或奴役（奴隶）的时期。历史记载的夏禹（大禹）又正好出生在齐家文化发展到鼎盛时期的西羌（甘青交界处），并随其父入住中原，由于其父治理洪水不力被杀，又让大禹继承父业治水，大禹势单力薄，只能依靠老家的乡亲，从家乡的积石山开始疏通河道，凿通龙门，导河东海。大禹治水有功，继承了中原领导权（王位），从而建立了第一个奴隶制国家——夏朝。这就是齐家文化与夏王朝的关系所在。

**关键词：**齐家文化 考古资料 夏禹 奴隶制

　　在马家窑文化研讨会上，我初步将甘肃东部的仰韶文化与西部的马家窑文化的分布与谱系作了概述。前次在齐家文化研讨会上，我也把甘肃东部的常山文化（也属陕西龙山文化）与甘肃西部即甘青地区的齐家文化作了一次分野。

　　经过文化谱系（过去叫"区系类型"）的研究，仰韶文化与马家窑文化属于两个不同的文化谱系。尽管其彩陶图案有互相的学习或引进，但其整体文化内涵是有很大的区别的，如陶器的制作技术、人群的生活习性、房屋的建筑结构、墓葬埋葬习俗以及石器工具的加工方法等都有明显的区别。如与马家窑类型同时段的仰韶文化晚期普遍进入了平地式房屋建筑，料姜石白灰铺设地面；而马家窑文化则还处在半地穴式房屋建筑阶段。石器工具的加工上虽然仰韶文化晚期也偏向于宽大厚重的石斧、石铲等工具，但基本都是通体磨光的；而马家窑类型的石器基本都是厚重的方形体断面，除刃部精细打磨外，通体都保留着加工的琢坑（较大面积发掘过的东乡林家遗址就是这样）。陶器技术方面，马家窑彩陶花纹很明显是学习或引进了仰韶文化庙底沟类型的花纹，相似的遗存发现在青海民和阳洼坡遗址，到马家窑类型时期则与仰韶文化晚期（石岭下类型）的文化交流十分密切，所以有人才将石岭下类型划归于马家窑类型的前段。实则，两文化交界处的岷县山那树扎遗址，武都宕昌的大李家坪遗址都证明了它们是共存于同一个文化单元的，但器物造型明显不同，表明它们之间有贸易往来。同时，东部仰韶文化晚期是彩陶的衰落期，而西部马家窑类型则是彩陶文化的上升期，半山类型达到了高峰。另外，常山文化（陕西龙山）是仰韶文化的后继。而齐家文化是马家窑文化的继续。

## 一、齐家文化的主要分布区

齐家文化主要分布于甘肃西部与青海东部，东起陇西、定西和会宁一线；西至酒泉、青海湟水上游西宁、黄河河曲地带；北到武威、景泰的大漠（腾格里沙漠）边缘；南达西汉水、洮河上游乃至嘉陵江口。所以，洮、夏河流域是其文化的分布中心，而位于核心的临夏地区不但是最早发现齐家文化的地方，是齐家文化遗址最为丰富的地方，特别是最早发现的广河齐家坪遗址，也是甘肃省文物工作队较大规模发掘的齐家文化墓葬群之一，可惜的是齐家文化名噪海内外，而其发掘报告迟迟没能与广大读者见面。

现在所能见到最大发掘规模的遗址就属中国社会科学院考古研究所叶茂林先生主持发掘的青海民和喇家遗址了，它既有居住的房屋遗迹，也有墓葬遗迹，还发现了祭祀台遗迹等。其他规模较大的如武威皇娘娘台见有几座房基外，永靖秦魏家、大河庄、临潭磨沟以及青海乐都柳湾等都属于墓葬群遗迹。

## 二、齐家文化的房屋建筑

根据现有的材料来看，齐家文化的居住房屋遗迹基本都处在地势比较高的高台地或半山腰以上，一般都是浅穴式或平地式近方形建筑，也发现有少量的窑洞式，料姜石白灰涂抹居住面或穴壁，只有喇家遗址的房屋遗迹建在平台地上，而且是深半地穴式房屋建筑，也见有窑洞式，同样有料姜石白灰涂抹，因为它建在地平线以下，雨水倒灌时就出现了排水不畅的弊端。所以，喇家遗址在一次大地震后，穴室内灌满了洪水泥沙，使得一些还有一线生机者也无法营救（图一）。而陇东地区的常山文化（陕西龙山）时期则大部分居住区都搬到了半山腰乃至山顶部，除宫殿式建筑修于平地上外，大多居住在断崖上挖出的窑洞式房屋内，整个室内也用料姜石白灰涂抹，所以它更能

图一　青海喇家遗址 F4 遗迹

图二　庄浪县大坪遗址常山文化窑洞式房屋遗迹 F1 断面图

躲避洪水的袭击（图二）。

　　为什么陕、甘、宁、青地区齐家文化时期的人们都要居住到生活极不方便的半山腰以上呢？按地质、水文、环境考古的研究者认为，这一时期是降水量比较多而且比较频繁的时期，同时也是洪水比较频繁的时期。人们为了躲避洪水而选择了居住在高台或山坡之上。

## 三、齐家文化的墓葬反映的社会结构

　　现今在甘青一带发现的齐家文化墓葬中所反映的现象，基本与陕西龙山文化墓葬中所反映的情况相一致。如随葬品的多寡，女性的人殉葬式结构，还有被认为是祭祀礼器的玉璧或石璧的大量占有等，都不亚于陕西龙山文化，可见其社会发展的进度是基本同步的。

　　如秦魏家齐家文化遗址，位于甘肃永靖县莲花城西南部，与大何庄齐家文化遗址隔沟相望。1959～1960 年，中国科学院考古研究所谢端琚先生主持了两次发掘，清理出 138 座长方形竖穴土坑墓。这是保存较好较完整的一处齐家文化氏族公共墓地。

　　特别是其成年男女合葬墓中的男女葬式明显有别，一般都是男性仰身直肢居右，女性侧身屈肢居左并面向男性呈屈服状，双手上举于男性肩部（图三）。

　　当时发掘者认为："这种葬俗表明当时已存在一夫一妻制的婚姻形态。大部分墓都有石器、陶器、骨器和猪下颚骨等随葬品，其中 3 座墓出有铜器。铜器有环、锥、小斧和饰件等。随葬猪下颚骨各墓数目不等，少者仅 1 块，多者达 68 块。猪作为家畜是当时衡量财富

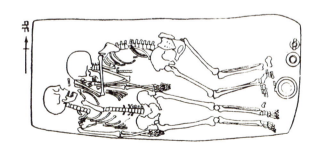

图三　永靖秦魏家齐家文化墓 M106 平面图

的标志，数量的差别，表明当时社会上已出现贫富分化现象。"[1]

还有在甘肃武威皇娘娘台遗址的齐家文化墓葬中，这种夫妻合葬以及女殉现象反映的更加充分。甘肃省文物考古工作者先后在皇娘娘台附近发现大批齐家文化时期的房子、窖穴、墓葬及其大量的随葬品，有石器、玉器、铜器、陶器等，成年男女合葬墓和红铜器是该遗址最重要的发现。该遗址的房屋多为方形半地穴式建筑，有白灰面居住面，共发现6座。在住室周围有圆形、椭圆形和长方形窖穴分布，用于储藏东西。保存较好的一座，面积约12平方米，灶坑居中，室内遗留工具、陶器20件左右。

墓葬较多，多与窖穴、住房交织在一起，有些则直接利用废弃后的窖穴埋葬，应为不正常死亡。其他墓葬皆长方形竖穴土坑墓，共88座。无葬具。有单人葬和合葬两种，前者以仰身直肢葬为主，后者有成年男女合葬、成人与小孩合葬等，葬式比较复杂。成人男女合葬墓中，二人合葬者男性居左仰身直肢，女性居右侧身屈肢（图四）。

武威皇娘娘遗址中的三人合葬者，男性居中仰身直肢；女性在左、右侧身屈肢。无论哪种，从保存较完整的女性骨架看，大都面向男性。这类合葬墓的随葬品一般较丰富，有石璧、玉璧、玉璜、绿松石珠、粗玉石片、红铜器、陶器和猪下颚骨等，个别男

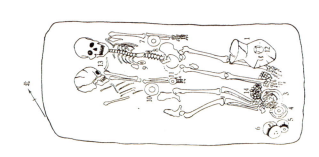

图四　武威皇娘娘台齐家文化墓M38平面图

性身上集中放置有80多件玉璧。成人男女合葬墓当属夫妻（妾）合葬，明显地反映了妇女处于从属地位的境况。其中有一墓内合葬一男二女，男性仰卧居中，左右各卧一女性，均呈侧卧屈肢，面向男性，表现出女子对男子的服侍顺从之意，郭沫若先生看后说："这好像显出恋恋不舍的样子。"其反映出当时社会贵贱等级分明，男性占有统治地位。也有人认为这是奴隶制形成的初期阶段（图五）。

出土遗物有陶器、石器、玉器、骨器、铜器等。其中的刀、锥、钻、凿、环等30件红铜器和一些铜渣，是中国迄今成批出土年代最早的红铜器。还发现有40多片羊、牛、猪的肩胛骨为卜骨。卜骨都有明显的烧灼痕迹，但一般不钻不凿，仅少数有轻微的刮削痕，与殷商时期差别较大。还有牛、羊、猪、狗、鹿等兽骨，反映出畜牧业的发达。

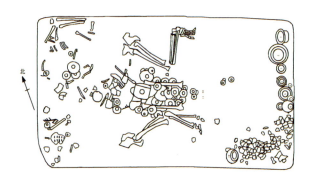

图五　武威皇娘娘台齐家文化墓M48平面图

从文化性质上看，皇娘娘台遗址属

于齐家文化在河西地区的一个代表性遗存，它的陶器组合中掺杂了一些马家窑文化马厂类型的彩陶成分，表明它是继承发展了马家窑文化马厂类型而来，并有着比较浓厚的地方色彩。特别是数量较多的黑彩双耳罐和纺轮以及彩陶豆等，都绘制有与马厂类型彩陶很相似的菱形几何图案；其中敞口高领双腹耳壶，不仅腹部要比齐家坪同类器凸出，而且还有明显的折肩。河西地区齐家文化也同样有为数较多的精美玉器出土。从整体特征来看他们与黄河以东的齐家文化是同时并存发展的，但人们的生活习惯却有着明显的不同，可见他们属于同时期不同的两个文化群体。其绝对年代相当于中原地区夏商时期，但其生产力水平似相对滞后[2]。

磨沟齐家文化墓群遗址，位于甘南藏族自治州临潭县陈旗乡（今王旗）磨沟村北，洮河南岸。2008～2012年由甘肃省文物考古研究所与西北大学文化遗产与考古学研究中心联合进行发掘。遗址范围内发现有仰韶文化中晚期、马家窑文化、齐家文化和寺洼文化等遗存。其中齐家文化墓葬区共清理墓葬1662座，出土陶器、石器、骨器、铜器、金器等随葬品1万余件。

临潭磨沟齐家文化墓地的陶器与广河齐家坪墓地出土的陶器造型特征很相近，唯墓葬结构有所不同，其大部分为家族式墓穴，即一穴分左右室或上下阁楼偏洞室墓葬，有多人多次合葬于一室的习俗，个别偏室口发现有木板或木棍封门的痕迹；单人葬较少，合葬墓居多，少则2、3人，多则10余人，成人、儿童皆有，多为仰身直肢葬式。

根据人骨布局来看，有一次合葬的，也有多次合葬的，并设有头龛、脚龛或侧龛以放置随葬陶器。有些墓葬还存在明显的殉人、殉牲现象，殉人1～4人不等，多俯身或侧身屈肢有双手掩面者，似为活埋所致，均置于墓道填土中（图六）[3]。关于奴隶制的特征，斯大林说："在奴隶制度下，生产关系底基础奴隶主占有生产资料和占有生产工作者，这生产工作者便是奴隶主所能当作牲畜来买卖屠杀的奴隶。"[4]

图六 临潭磨沟齐家墓葬的基本结构

此外，在偏晚的齐家文化墓葬中，有的陶罐与寺洼文化同类器物十分接近，明显有向寺洼文化转变的迹象。这就把齐家文化和寺洼文化的关系，第一次明确地联系起来，并表明寺洼文化是齐家文化的去向之一。同时还发现有寺洼文化的陶器与齐家文化的陶器共存，以及寺洼文化墓葬叠压打破了齐家文化的墓葬等现象。表明寺洼文化是在齐家文化后期进入此地，随后则占据此地，并发展起了自己的民族文化。

以上齐家文化墓葬中反映出一夫一妻制的婚姻形态已经确立，男子在社会上享有威望，在家中居于统治地位。而女子则屈从和依附于男子，处于被奴役和被压迫的地位。随着社会生产力的进一步发展，私有财产和贫富差别的出现，以及商品交换的发展引起了社会内部一系列的变革。齐家文化所处的时代是氏族社会走向崩溃，阶级社会诞生的时代。实质上，只要承认了或默认了奴役或者奴隶在家庭和个人中合理存在，就说明这种制度已经形成，甘青地区乃至山陕地区，这么大范围都处在同样的阶级压迫和奴役杀戮的社会氛围中，不能说是一种偶然，或是一种社会习俗，更不可能是某种偿还和抵押，而是一种阶层性的社会制度。换言之，也就是一种奴隶制社会的初期形式——家庭私有制的一种高级形式。而到了公元前2140年左右的夏禹执政时期，这种奴役奴隶的形式也就在国家制度中被合法化了，并且成了一种中央集权的国营奴役制形式，也就是大家习称的正规奴隶制时代的开始。

## 四、齐家文化的礼仪之器

礼仪之器门类很多，主要讲一下比较权威的礼仪之器。礼仪之器的出现与使用早在6000年前的仰韶文化时期就有出现，譬如代表王者所使用的权杖头，作为仪仗用的斧、钺等，在仰韶文化早期就已经使用，如西和李家村出的三角勾叶豆荚纹彩陶权杖头；陕西、天水收藏界的竖条带圆点纹和四方折角纹彩陶权杖头；张家川圪垯川遗址出土鸳鸯玉权杖头，以及仰韶晚期大地湾F405出土的汉白玉权杖头等。加工精细的石斧、石钺（铲）也同时有之。到了齐家文化时期这些礼仪之器大都被"石中之王"玉器所代替，同时还盛行玉璧、玉琮、玉环、长玉刀、石磬等祭祀礼仪之物。

如象征王者的权杖头在青海喇家齐家文化遗址中就有出土，同时还有玉斧、大玉刀、玉璧、玉环、大石磬等。甘肃临夏、广河等地收藏的权杖头也不在少数，同样也见有石斧、石钺、大石刀、玉琮、玉璧、玉璜、玉环、石磬等（图七～一〇）。

在武威皇娘娘台齐家墓葬中有随葬玉璧、玉环达80余件者，同样也有玉斧、大玉刀、玉琮等（图一一、一二）。

特别是在东乡牛沟村钟鼎山遗址出土的一件"七璜大联璧"堪称是"史无前例的王者之璧"。它是由相同质地的七片玉块拼接而成，其外径约74厘米，内径约25厘米（图一三）。[5]

由此可见，到齐家文化阶段，作为一个部落的首领或邦国的王者，手持玉杖，左右卫士手持刀矛斧钺，正如李水城先生所说"耀武扬威"，威风凛凛，磬鼓之声铿锵，代表着

图七 临夏广河出齐家文化玉权杖头

图八 广河齐家坪出齐家 文化玉璧

图九 临夏东乡齐家文化鹅头形石磬

图一〇 青海喇家齐家文化大石磬

图一一 武威皇娘娘台齐家文化
玉斧

图一二 武威皇娘娘台齐家文化
玉琮 玉刀

图一三 东乡钟鼎山出齐家文化
七璜大联璧

部族敬天祭地的场景若历历在目。

## 五、青铜器的冶炼技术

青铜器发现最早的是距今 5000 年的东乡林家马家窑遗址出土的一件铜刀，由于发掘面积太小，一直处在孤证阶段。而距今 4500 年左右的齐家文化则比较普遍地使用了小型的青铜器或红铜器，发掘规模较大的遗址或墓葬群中都有一定数量的出土，如武威皇娘娘台齐家墓葬中出土的一些铜器被鉴定为红铜器。比较简单的有单范铸造的刀、锥、月形饰（璜）、臂套、盘托，比较复杂的有模范制作的镜、斧、矛、耳坠等。其中尕马台铜镜背面铸有七角星纹，齐家坪铜斧、沈那铜矛均铸有筒銎（图一四～二〇）。

虽然这一时期的青铜器为数还不算太多，也没有比较大的重器出现，但其冶炼或铸造技术已经比较成熟了，单范、双范、模范等铸造方法都已经被掌握，为后期大量青铜器的铸造或使用打下了坚实的基础。所以，夏、商、周时期大量的青铜铸造礼器和生活用器的出现和使用，都离不开齐家文化时期青铜器的冶炼铸造技术的传承。

## 六、大禹治水的事迹

根据史书记载夏王朝是由尧舜之后的大禹建立的，先后传承 17 王历时约 430 年，即公元前约 2140 年（距今约 4140 年）。

大禹是靠治水起家的，相传其父鲧在帝尧时期被封为"夏伯"令其带领大家治理

图一四 广河齐家坪齐家文化铜镜

图一五 尕马台齐家文化铜镜

图一六 广河齐　图一七 青海沈那
家坪出土铜斧　齐家文化挂钩铜矛

图一八 广河齐家坪齐家文化铜刀

图一九 张掖西城驿齐家文化铜刀

图二〇 临潭磨沟出土齐家文化青铜器

水患，鲧采用封堵之法，历经九年未见成效，还是洪水肆虐，民不聊生，尧治罪于鲧，后被舜帝处死。舜帝又任命鲧的儿子禹继续负责治水，禹吸取其父治水的教训，改封堵为疏通，率领千万民夫不畏寒暑，不避艰难，奔波十三载，三过家门而不敢入，采用因势利导，依据地势的高低，疏导川流积水，众志成城终于把洪水制伏引入大海之中，百姓得以安居乐业。由此，大禹功成名就，成为人们心目中的英雄，虞舜帝也不得不将王位禅让给大禹了。大禹继承王位后诸国来朝，敬献特产，于是乎封九州，铸九鼎，建立起第一个奴隶制的国家，以自己的祖籍命名为"夏"。

　　由于历史久远，史学界很长时间内都认为大禹治水只是一个传说，甚至怀疑历史上大禹这个人是否真实存在。近期出现的一件铸造于西周时期的"遂公盨"上的铭文不仅证实大禹的真实存在，而且也证明大禹治水的事迹不再是个神话传说了，铭文记载："天命禹尃（敷）土，陸（堕）山浚川……"，这与古籍《尚书·禹贡》中记载的"禹别九州，随山浚川，任土作贡。禹敷土，随山刊木，奠高山大川"相一致，证

图二一 西周遂公盨及其铭文

明了古代文献对大禹治水记载的正确性（图二一）。

那么，夏禹的祖籍在哪里呢？主要治理了哪些地方？众说纷纭莫衷一是。按文献《吴越春秋》载：“鲧娶于有莘氏之女，名曰女嬉，产高密（禹），家于西羌，曰石纽。”司马迁《史记·六国年表》云：“夫作事者必于东南，收功实者常于西北，故禹兴于西羌，汤起于亳，周之王也以丰镐伐殷，秦之帝用雍州兴，汉之兴自蜀汉。”《后汉书》载：“大禹出西羌。”汉《新语·术事》云：“文王生于东夷，大禹出于西羌，世殊而地绝，法合而度同。”这些论述都说明大禹出生于西羌。西羌，是处于西北的一个古老的民族，主要分布于甘青地区，在甘肃西部与青海东部的中心地带正好有一处河关地区叫作“积石山”，略东又有一河流原名叫“大夏水”（今广通河），都位于甘肃的临夏地区，正合《尚书·禹贡》载，大禹治水“导河积石，至龙门”。又据《水经注》引《晋书·地道记》对大夏县的记载：“县有禹庙，禹所出也。”似乎说明大禹的出生地西羌就是指甘青地区的西羌地，同时又是地处西羌中心地带的临夏地区，他的“夏”及其父亲的“夏伯”封号也是由其祖籍大夏水而得名。同时大禹治水的起点也是自老家的积石山开始的。临夏积石山一带从古到今有关大禹治水的记载或传说更是数不胜数，并且汉代曾在此设有大禹县和建有禹庙以示纪念。

## 七、齐家文化与夏文化的关系

现也有很多历史考古证据可以证明夏禹治水的历史事件，以及夏禹与甘青地区的齐家文化有着十分密切的关系。如积石山附近的黄河堰塞湖，据考证是形成于距今4200年左右的一次大地震[6]，堵住了黄河上游的积石关，而在此附近的青海民和喇家齐家文化遗址的地势偏低，所以经过了一场大地震后又被洪水淹没，这与大禹治水导河积石是有一定关联的，大禹又出生在临夏一带，治水当由自己老家开始（图二二）。

从考古学文化来看，陕西龙山和甘青地区的齐家文化相对年代均在距今4500年左右，都发现了杀殉奴役者的墓葬或人头祭祀坑等，说明同时都进入了家庭私有奴隶的阶段，它们皆有可能是夏的祖文化，而按传说与文献记载来看，甘青齐家文化是夏禹祖文化的可能性更大。也就是说，夏禹出生在西羌一个有家庭奴隶的社会群体中，又接管了尧舜时期家庭奴隶存在的社会群体后，将其奴役和奴隶方式合法化和制度化，同时又改为国营化，这也就是夏代奴隶制社会的来源。所以说甘青地区的齐家文化就是夏禹的祖文化。

图二二 大禹导河积石山

而中国真正的文明出现和开始，还是得在齐家文化之前的考古学文化中去寻找，如青海乐都柳湾距今约 4500 年前的马厂类型墓葬中，就已经盛行家庭性的夫妇合葬和夫妇与孩子的合葬，其中二人合葬墓有 M593、M990、三人合葬的 M972 等[7]。虽不能明确其是奴役或杀殉，但家庭私有化的完整程度已经突显，夫妇合葬和夫妻与孩子等家庭成员的合葬，都说明了小家庭的组合形成和存在。也就是说，马厂类型时期家庭私有制的存在已经是无可辩驳的事实了。

**注 释：**

[1] 中国社会科学院考古所甘肃队：《甘肃永靖秦魏家齐家文化墓地》，《考古学报》1975 年第 2 期。

[2] 甘肃省博物馆文物工作队：《甘肃武威皇娘娘台遗址发掘报告》，《考古学报》1960 年第 2 期；甘肃省博物馆文物工作队：《甘肃武威皇娘娘台遗址发掘报告》，《考古学报》1960 年 3 期；甘肃省博物馆文物工作队：《武威皇娘娘台遗址第四次发掘》，《考古学报》1978 年第 4 期。

[3] 甘肃省文物考古所等：《甘肃临潭磨沟齐家墓地清理发掘》待发表。

[4] 斯大林：《辩证唯物主义与历史唯物主义》，莫斯科外国文书籍出版局，1950 年。

[5] 东乡五家牛沟村钟鼎山遗址 2018 年夏出土，由中国社会科学院考古研究所王仁湘先生拼对布局成形。

[6] 吴庆龙：《黄河上游史前喇家遗址的古灾害研究回顾》，《2016 中国·广河齐家文化与华夏文明国际论坛论文集》，甘肃文化出版社，2017 年。

[7] 青海省文物管理处考古队等：《青海柳湾》，文物出版社，1984 年。

# 马家窑文化与老子思想探源

李曙华

/

南京大学哲学系教授、博士生导师

**摘 要：** 文化思想的探源需要考古学与文化研究结合。探寻马家窑与中华文化起源的关系，是今天马家窑文化研究的重要课题之一。马家窑彩陶代表了中华史前巫教文化的艺术、信仰与思想。而老子开启的道学精神思想正源于新石器时代先民以自然崇拜、女性崇拜、生殖崇拜为特征的原始宗教，并由此提炼升华而成。将《老子道德经》中的章句与马家窑彩陶的文化意蕴对照比较，不难发现两者一脉相承的内在关联。老子"出关化胡"是否到了临洮，是否与马家窑文化有关，值得进一步考证与探讨。

**关键词：** 文化研究 考古学 史前巫教文化 马家窑彩陶 老子思想 临洮

## 一、 文化研究与考古学的结合

文化的源头，是一个文化生长的胚胎或生成元，蕴含着文化发展最丰富的信息与全部可能，闪耀着文化最本原而质朴的智慧之光，是文化创新不可或缺的源头活水。"返者道之动"，每个民族在其发展与转型的历史关头，都需要从自身文化资源中吸取智慧的启发和生长的力量，寻求创新之道。

文化的追根溯源，继往开来，是文化研究的重要使命。以往文化研究的局限，在于仅仅依据文本，文本之前的历史只有传说与神话，缺少实证依据，文化起源的问题往往笼罩在神秘的迷雾中。

譬如，易学从伏羲"一划开天"创立八卦开始，其产生与发展乃经过从"自然易→占筮易→人文（哲学）易→科学易"的历史过程。而道学，亦经过从"伏羲、黄帝原始道家→老子古典道家→制度道教"的不同发展阶段。

但迄今虽然增加了帛书版、竹简版等，易学的学术研究一般只能从周易开始，连山，归藏仍只有传说，无据可考。道学以老子道德经为基础，但对老子思想的来源和出关后的去向，亦只有传说与猜测。

随着近年考古学的发展，越来越多的历史遗迹被发掘，被时间尘封的千古秘 密正在揭开神秘的面纱，向我们微笑。许多传说与神话得以澄清与证实，其含义进一步被人们所解读，所认识。我们从何处来？向何处去？探寻文化与文明的起源，厘清文明发展的来龙去脉，揭示古今文化的内在联系，以便更好地了解和认识我们自己，更深刻更全面地思考我们的今天和明天，也正是考古学最根本的价值和意义所在。

一个民族的振兴，首先是文化的振兴，是民族精神的觉醒。文化的创新需要在吸取世界先进的科学文化成果的同时，正本清源，返本开新。随着对中华传统科学文化研究的不断深入，随着中华文化现代转型的需要，关注考古学的发展与最新发现，超越文本局限，已越来越成为文化研究的时代要求。

而考古学的发展，亦已经从仅仅关注物质文化，到探究文明的起源、形成与发展，以及社会经济，环境，文化传播等问题，目前已开始关注精神信仰，文化思想的研究。考古学与文化研究结合，揭示历史遗迹与文物的文化内涵，破译其中所蕴藏的信息，为中华文化乃至人类不同信仰与精神思想的起源与发展提供实证依据，亦成为考古学研究的重要内容与必然趋势。

文化历史研究与考古学结合，两方面研究成果的互相印证，互相启发，建立互相反馈的联系与合作，必将为两者的发展开辟新的更为丰富而广阔的前景。

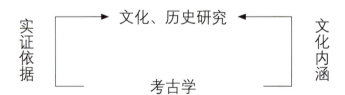

远古西北彩陶文化显然与周易起源以及原始道家密切相关，但两者文化思想的关联仍有待发掘、证明与探索。根据已有研究，马家窑彩陶作为西北彩陶发展的最后重镇，蕴含着中国文字起源、艺术起源，以及易学与道学文化起源的丰富而重要的信息。发掘马家窑彩陶的文化内涵，探讨它与中华文化起源的关系，应是今天马家窑文化研

究的重要课题之一。

本文试图就马家窑彩陶与老子思想渊源做一初步探讨，希望能抛砖引玉，以待来者。

## 二、马家窑文化与老子思想渊源

道学方面的研究已提出，要追寻道学的起源，除了研究老子道德经本身，还必须进一步追问老子思想的来源。马家窑文化是否老子思想的源头呢？如果是，又有何历史根据呢？马家窑彩陶与老子思想有没有内在的传承关系呢？

首先，根据历史的线索。马家窑彩陶产生与发展的时间是母系氏族公社晚期，相关研究表明："5000 年前，'图符时代'巫教文化的主脉向黄河上游的甘青地区西移，因而造就了以陶器为核心之'图符时代'文化的最后辉煌。那就是闻名遐迩的马家窑陶器文化。"[1]

马家窑彩陶图案所蕴含的信息可谓中华史前"图符时代"宗教（或巫教）文化与思想的重要代表。它在继承大地湾，庙底沟彩陶文化的基础上，自成体系，开辟了西北彩陶的创新之路，从而将远古陶器文化发展到了巅峰，"由是确立了史前巫教文化最完备的认知形态与体验体系"[2]。

王仁湘教授指出："史前，新石器时代，是一个艺术时代，史前艺术的真谛，是信仰认同，艺术是信仰飘扬的旗帜。"而"彩陶奠定了跨越史前至历史时期的艺术传统，这是由造神运动掀起的艺术浪潮"[3]。

据上，我们可以说，迄今所发现的马家窑彩陶除了当时生活，生产的用品，更主要应是史前原始宗教仪式所用的祭品，它代表了前五帝时代泛神论巫教信仰的特征。彩陶图案所寄托的，正是先人们虔诚的信仰和期望，以及最初对世界的认知与价值取向。

这一传统，经过长期的历史演变，主要保留在道学文化中。值得一提的是："马家窑文化的刻画符号，严守陶符的制作规则……这类刻画符号与道家符篆形态类似。"[4]

另一方面，道学的研究表明，"道学文化渊源，可以追溯到原始社会母系氏族公社时期的原始宗教传统……母系社会的原始宗教当为中国文明之始。"[5]

根据胡孚琛先生的定义，道学是"中国传统文化中以老子的道的学说为理论基础形成的学术传统，其中包括道家、道教、丹道三个大的分支"[6]。

老子作为道学文化的开启者，其思想精神源于母系氏族公社时期先民以自然崇拜、女性崇拜、生殖崇拜为特征的原始宗教。可以说是从母系社会原始公社的文化思想提炼升华而成的。

以下仅将老子《道德经》章句（以下道德经章句皆引自辜正坤译《老子道德经》，1995年北京大学出版社出版）与马家窑彩陶做一大致对照，我们从中或可发现老子思想与马家窑彩陶的内在关系，以探寻老子思想的渊源（表一）。

**表一　老子《道德经》章句与马家窑彩陶涵义比较**

| | 老子道德经 | 马家窑彩陶 |
|---|---|---|
| | | 对天地万物自然现象的质朴模仿和描摹 |
| 自然崇拜 | 人法地，地法天，天法道，道法自然。（二十五）<br>道之尊，德之贵，夫莫之命而常自然。（五十一） |  |
| 对水的崇拜 | 上善若水，水善利万物而不争……故几于道。（八） |  |

实际上，自然生成的天地万物都是有生命的，只是层次与形态不同。而生命起源于水，也离不开水，在马家窑彩陶中，鱼、水、青蛙（蟾）、月亮，都是一些有连带关系的象征物。

注意到漩涡与螺旋乃是自然生命最基本，最普遍存在的形态（图一、二）。

我们每个人的手指和头顶都有属于自己的螺旋，它们藏有我们每个人独特的生命密码。

图一　宇宙中的螺旋星云、星系　　　　　　图二　各种动植物

现代科学告诉我们，生命起源及其生成机制与结构就是超循环式的分叉与螺旋（图三～五）。

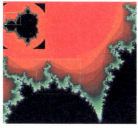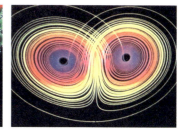

图三 DNA 的双螺旋结构　　　　图四 各种系统的分形结构　　　图五 奇怪吸引子：系统生成的动力

马家窑的先人们是否已在生活和生产实践中发现并感悟到了自然中无处不在的生命的特征呢？

他们是否像伏羲那样"仰则观象于天，俯则观法于地，观鸟兽之文与地之宜，近取诸身，远取诸物"，于是始作 "彩陶"呢？

彩陶上如此丰富多彩，形态不一的螺旋是否正是对自然生命万千气象的观察、模拟、效仿，并由此 " 以通神明之德，以类万物之情"呢？

总之，笔者以为，马家窑彩陶图案所表现的对自然与水的崇拜蕴含并倾注着对生命的最质朴的热爱、关注与敬畏。并由此进一步生发了对自然界生生不已的生命力与生成之道的好奇、询问与思考（表二）。

**表二　老子《道德经》章句与马家窑彩陶含义比较**

|  | 老子道德经 | 马家窑彩陶 |
|---|---|---|
| 对生命与生生之道的崇拜 | 谷神不死，是谓玄牝。玄牝之门，是谓天地根。绵绵若存，用之不勤。（六）<br>道生一，一生二，二生三，三生万物。（四十二）<br>生之蓄之，生而不有……是谓玄德。（十）<br>万物负阴而抱阳，冲气以为和。（四十二） |  |

根据相关研究，马家窑彩陶中"卐"形纹、鸟纹、太阳纹、太阳鸟纹（动态），以及各种蟾蜍或蛙纹图案，则是作为日神与月神的象征，表达了当时人们对太阳和月亮的崇拜，并由此进一步发展到"一阴一阳"的思想，或许这也正是老子"万物负阴而抱阳"的思想来源。

远古时代，从对"生"与生命的崇拜，发展为对生殖与女性的崇拜，是很自然的。从女性到女神，并由此进一步发展为始祖崇拜，终于形成了中国文化传统几千年来的祖先崇拜。而蛙纹则逐渐演变发展成为龙纹，抑或正是道学作为"龙文化"的来源之一（表三）。

综上，马家窑彩陶展现了史前文明完整而丰富的内涵与演变过程，开启了华夏文明传统。

### 表三　老子《道德经》章句与马家窑彩陶含义比较

| | 老子道德经 | 马家窑彩陶 |
|---|---|---|
| 女性与生殖崇拜 | 无名天地之始，有名万物之母　（一）有物混成，先天地生。周行而不殆，可以为天地母。吾不知其名，字之曰道，强为之名曰大。（二十五）我独异于人，而贵食母。（二十）知其雄，守其雌，（二十八）天下有始，以为天下母。……既知其子，复守其母，没身不殆。（五十二） | 鱼、水、蛙（蟾）、月亮、都是一些与女性、生殖有连带关系的象征物 |
| 从蛙纹到龙图腾 | 道学文化是龙的文化，"生成论"正是道学思想的核心。 | |

笔者以为，这一传统至春秋时代（世界文明的轴心时代），主要由老子完成了哲学的突破，形成道学文化的思想理论基础。中国道学文化可谓龙的文化。老子关于"道法自然""道生……万物""负阴抱阳"，以及崇尚"玄牝""谷神""水""贵阴尚柔""自然无为"等思想精神，与马家窑彩陶所表达的原始宗教精神具有一脉相承的渊源关系。并由此提升为对"天"与"天道"的信仰与遵从，形成了道学特有的"道德生成论"的宇宙论与世界观。

鲁迅说过，中国文化的根底全在道家。揭示马家窑彩陶与老子思想的内在联系，对于追寻中国文化根源，对于马家窑彩陶文化内涵的发掘，皆具有重要意义。

### 三、老子"出关化胡"到临洮了吗？

根据《史记老子传》，老子"见周之衰"，去周而西行。"关令尹喜曰：子将隐矣，强为我著书。于是老子乃著书上下篇，言道德之意五千余言而去。"相传老子"出关化胡"，但老子出关后的去向，一直是个谜。

2011 年我们到临洮，第一次看到了老子"说经台"和"飞升处"，非常惊喜（图六～一一）。

图六 老子说经台

图七 李耳飞升处

图八 飞升阁

图九 紫气东来

图一〇 伯阳宫

图一一 老子像

老子"出关化胡"是否到临洮讲经说法，并在此飞身，尚需确凿的考证。进而，老子为何到临洮，亦需进一步的论证与研究。笔者仅提出以下几个问题，希望有兴趣并有志解决这一历史疑问的同仁参考：

1. 老子"出关化胡"是否真的到了临洮？

2. 相传老子即老聃，姓李名耳，字伯阳。尽管根据一般记载，老子是河南人，但临洮是李氏宗族祖居之地，老子到临洮是为了寻祖归宗，叶落归根吗？

3. 最重要的，临洮是马家窑彩陶重要发源地，笔者猜想：老子到临洮是否是为了文化思想的寻根溯源呢？

根据《道德经》，老子是非常注重"归根复命"的，他主张"复归于婴儿""复归于无极""复归于朴"，《道德经》载：

> 万物并作，吾以观复，夫物芸芸，各复归其根。归根曰静，是曰复命。复命曰常，知常曰明。（十六）
>
> 大曰逝，逝曰远，远曰反。反者道之动。（四十）
>
> 能知古始，是谓道纪。（十四）

由此，笔者认为，老子对其最后讲经说法、弘道与归宿之地，绝不会轻率偶然地选择，老子到临洮追寻其思想发源地应该是可能的。

4. 老子在临洮讲经弘道，是否是为了教化曾经创造了马家窑彩陶的先人后裔，即当时居住在临洮的"羌胡"呢？

以上问题，对于研究马家窑彩陶与华夏文明的关系，对于全面地了解老子及其思想，探索道学思想的起源，十分重要而引人入胜。

实际上，目前临洮对于老子已有长期颇具特色的研究，多年来已连续出版了《老子文化探索》等图书，值得人们关注并进一步发展。

总之，文化研究与考古发现的结合，必将为中华文化寻根探源，继往开来提供新的视野与更广阔的研究领域。

近年来，大地湾文化与伏羲文化研究合作，正致力于推动易学文化的研究与发展。我们期待马家窑文化与老子文化研究的交流与合作，共同谱写道学文化研究的新问题、新篇章。亦期待两临（临夏、临洮）携手共进，"文明汇聚·光耀河州"，为进一步开发西北地区丰富而厚重的文化资源，推动西北地区文化事业的发展做出更大的贡献。

## 注 释：

[1] 张连顺：《中华汉字起源新探》，科学出版社，2021 年。

[2] 同 [1]。

[3] 王仁湘：《仰韶——与神同在》，《2021 年临夏马家窑文化学术报告会论文集》，甘肃民族出版社，2022 年。

[4] 同 [1]。

[5] 胡孚琛：《道学通论》，社会科学文献出版社，2009 年。

[6] 同 [5]。

# 神话传说与族群历史 *

## —— 古羌迁徙史及尔玛人的口头表述

李祥林

/

四川大学中国俗文化研究所教授、文学人类学研究生导师

**摘　要：**研究川西北以"尔玛"自称的羌人的族群史，除了关注地下文物，也可留意口头文学。神话传说与族群历史有千丝万缕的联系，尤其是对于无文字族群来说，奇妙的神话传说积淀着他们的族群记忆，也铸就着他们的历史心性。羌从哪里来？羌往何处去？此乃羌族史研究的重要话题。当今中国唯一的羌族聚居区在四川，族名见于甲骨文的"羌"原本是驰骋在中国大西北的游牧族群。羌族的历史与西北地区甘、青、陕关系密切，古羌人的老家就在甘青河、湟地区，他们关于本民族历史的讲述也投影在其不可谓不发达的口头文学中。大西北地带上，古老的马家窑文化以器形多样、纹饰丰富的彩陶著称，那是中华彩陶文化史上的巍巍高峰。川西北岷江上游地区考古成果表明，茂县、汶川、理县等地出土的彩陶跟甘肃陇西、陇南出土的马家窑文化类型相近，岷江上游羌区出土的彩陶基本上可以划归马家窑类型。结合口头传统及考古成果，研究羌人的族群迁徙历史，对于我们认识和把握中华民族文化共同体具有不可忽视的历史价值和现实意义。

**关键词：**羌族　神话传说　族群迁徙　历史记忆　甘青地区

　　神话传说与人类历史有千丝万缕的联系，尤其是对于无文字族群，神话传说积淀着他们的族群记忆，也在某种程度上铸就着他们的历史心性[1]。"羌"之族名见于甲骨文，

---

* 本文是国家社科基金艺术学重大项目"中华美学与艺术精神的理论与实践研究"（项目编号 16ZD02）的成果，随文配图均为笔者田野考察中所拍摄。

羌族有堪称发达的口头传统，从他们世代传诵的神话故事中探视其至今见于口碑的族群迁徙史，对于我们认识民族学研究中"羌"这一个案例和把握中华民族文化共同体有不可忽视的学术价值和现实意义。今之羌族主要聚居在川西北岷江及涪江上游区域，人口30多万。考古成果表明，在岷江上游地区有人类生活的久远历史，波西遗址发掘便提醒我们大约在距今6000年已有先民在茂县河谷地带过着定居农耕生活，"以营盘山文化为代表的岷江上游新石器时代文化是在本地土著文化的基础上吸收融合了大量外来文化因素而形成了一种新的文化体系"；大而言之，可谓"岷江文明"的岷江上游古文化遗址，"对于探讨古代黄河上游文明和长江上游文明的交流与融合，对于研究古代人群的迁徙和古蜀文明的起源都有重要地位"[2]。对此的研究，除了关注地下文物，亦当留意口头文学，在彼此映照中互释互证。当代巴蜀舞台上，以"羌族乐舞史诗"相称的《羌风》是2008年"5.12"汶川大地震后推出的歌舞作品（图一）。大幕拉开，头戴猴皮帽、手执神杖和羊皮鼓的释比走上台来，目光深邃地望着观众，唱出古老的歌谣：

> 在那遥远的古代，
> 有一群西戎的牧羊人，
> 三千年困苦与磨难，
> 锤炼出坚韧包容的民族。
> 让我穿越历史的云雾，
> 唱给你听，一个古老的故事。
> 羌从哪里来……

羌从哪里来？羌往何处去？来去于历史烟云中的羌落脚在什么地方？此乃羌族史研究不可回避的话题，也是口头文学中常常作神话式编码的精彩篇章。地处中国西部民族迁徙大走廊上的四川是多民族省份，这里有中国第二大藏区、最大的彝族聚居区和唯一的羌族聚居区。今天，羌族主要聚居在青藏高原东缘、四川西北部平原与山地交接处，分布在河谷及高半山地带。以"尔玛"自称的羌族有语言无文字，其族群历史、文化、风俗除了汉文书籍记载，大多通过本民族口头文学保留下来，呈现在神话、传说、史诗、戏剧、歌谣等中，是活态传承的"口述历史"，也是该民族重要的非物质文化遗产。羌族口头文学中，涉及叙事唱史的作品大而言之主要有古歌尼莎和释比唱经，二者代表不同类型："释比经文是在仪式场景中唱诵的，其演唱者身份是民间宗教人士；古歌尼莎是在生活场景中演唱的，其演唱者身份是村寨普通民众。释比经文和古歌尼莎，二者是我们研究羌族文化理应珍视的重要资料。"[3] 释比是羌族社会中不脱产的民间宗教人士，也是羌族文化的重要掌握者和传承者，他们在祈吉祛邪仪式中所唱经文包罗万象，可谓是尔玛人的"百科全书"。来到羌区，步入村寨，聆听口头叙事，考察民俗实践，尔玛人那不无神话色彩的族群迁徙史影闪现在我们眼前。

图一 大型歌舞《羌魂》

《说文·羊部》载："羌，西戎牧羊人也。从人、从羊，羊亦声。"《后汉书·西羌传》云其"所居无常，依随水草，地少五谷，以产牧为业"，亦道出古羌人以畜牧为主的族群特征。四川与甘肃、青海、陕西、西藏、贵州、云南、湖北相邻，古往今来，彼此文化多有勾连。如民族学家所描述，"根据我国西北和西南的新石器文化遗址，以及岷江上游发现的这种文化，遂可将这两个地区的新石器文化连成这样一条线路：从西北高原的甘肃、青海一带，经松潘草地而达岷江和大渡河上游"，再沿此河谷南下而达云南的昭通、昆明以及贵州毕节等处，从而通向西南的广大地区，"就沿这条线分布的民族而论，在历史上是属于氐羌系的族"[4]。川西北尔玛人的历史正与西北地区甘、青、陕关系密切，渊源甚深，他们关于其他民族历史的讲述也投影在神话、史诗、故事、歌谣、戏剧等民间文艺中。以"羌族神话剧"定位并被收入《羌族释比经典》的《木姐珠剪纸救百兽》，讲述的是羌族女祖木姐珠以法术拯救山中遭难百兽的神奇故事。该故事流传在汶川、理县民间，是羌族作家叶星光当年在高山深谷中羌寨释比口头搜集的。木姐珠是天仙女，是天神木比塔的三女儿，她与凡间男子斗安珠（或称"燃比娃"）结合，被尔玛人奉为先祖。该剧第三场写天宫景象，天王木比塔在众神簇拥下出场，唱道：

> 观人间香烟袅袅，
> 尔玛人歌舞升平。
> 想当年，居河湟，
> 羌人创业几多艰，

烽烟连连生存难，

战争兼并和迁徙，

岷江河畔建家园。

剧中借天神木比塔之口，道出的是川西北尔玛人世代口传的族群史。"羌"作为族名，是见于汉语的他称，从古到今沿用。如上所唱，"羌"原本是驰骋在中国大西北的游牧族群的统称，古羌人的老家在甘青河、湟地区。"河"指黄河，"湟"指黄河上游最大支流湟水，这是一片广大的区域。川、甘毗邻，地域文化、传统风俗有相通之处。位于甘肃中部西南面的临夏，古称河州，地处黄河上游，是丝绸之路要冲、唐番古道重镇。这里是中华文明的重要起源地之一，早在数千年前就有先民生活在此，这里也是我国新石器时代文化最集中、考古发掘最多的区域之一。在此地带上，马家窑文化、半山文化、齐家文化等遗址星罗棋布，出土的众多彩陶光耀中华，驰誉遐迩。临夏在春秋时期即为羌、戎之地，谈到治水英雄大禹，有人说："古西羌之地，就是黄河上游的临夏、甘南一带。依照考古发掘，马家窑文化类型，被一部分学者认为是西羌部族遗存。同时，马家窑彩陶图案，也透露出大量和水有关的信息。临夏正是马家窑文化的核心地带之一。人们认为，大禹是出自临夏的古羌人。"[5]自古以来，"禹兴于西羌"见载于古籍，至今川西北羌族仍敬奉大禹为先祖，称为"阿巴禹基"[6]，由此形成的族群记忆和历史心性体现在他们的口头文学及民俗实践中，并且在今天不断进行着符号化演绎。

"羌"的历史同华夏一样古老深沉，脉流悠长。数千年，岁月流逝，斗转星移，族群迁徙、交往、互动，在风云际会的中国西部"藏羌彝走廊"上衍生出种种故事。史称"西戎牧羊人"的古羌在中华民族演进史上扮演着重要角色，其在与周边交往中，有的东进中原融入华夏族群，大多沿着横断山脉六江流域自北向南迁徙，并在长时段迁徙中

图二 汶川县博物馆复现的羌戈大战场景

不断与其他族群发生融合（费孝通因此称羌人是"输血的民族"）；其中一支迁入岷江上游地区并定居下来，今天聚居在川西北的羌族即与之有血缘关联，属于古羌的后裔。走访川西北羌族聚居区，从口头文学切入尔玛人的历史，就会发现因"战争"而"迁徙"是他们世代不忘的主题叙事，并且通过口头文学和行为实践体现出来（图二）。就拿以释比经文为代表的羌族叙事长诗为例，由搜集整理者定名且被列入国家级非物质文

化遗产代表作名录的《羌戈大战》便是其中代表，其被今人誉称为羌族"四大史诗"（其余三部为《木姐珠》《诵神禹》《赤吉格补》）之一。

作为"岷江上游羌族的史诗"，由释比唱诵的《羌戈大战》在史家看来"透露了羌人历史上一段真实的经历，他们由青海南下的迁徙线路，充分证实了与西北古羌人的密切关系"[7]。至于戈人（戈基人），其分布据考古发掘，其墓葬"自汶川县沿岷江上至茂县，西至理番，为数至多"[8]，这正是川西北羌人自松潘沿岷江南迁的线路，也是今天羌族聚居的主要区域。《羌戈大战》所述羌人与戈人之间发生的这场战争时间大致在秦汉之际，也就是发生在古羌人从西北黄河上游经松潘草地向南迁入岷江流域期间，如当今出版的《羌族释比经典》所言："史诗唱诵了古羌的一支由于战争迁徙并定居于岷山的历程。"[9] 这部口传史诗通过唱述羌人的迁徙历史，塑造了首领阿巴白构的形象，他是定居在岷江及涪江上游的羌族敬奉的英雄先祖。搜集整理后的该史诗包含十个章节：一、序源；二、释比诵唱羊皮鼓；三、天降白石变雪山；四、羌戈相遇日补坝；五、长子四处查神牛；六、木比授计羌胜戈；七、竞赛场上羌赢戈；八、木比施法戈人亡；九、羌人格溜建家园；十、霍巴买猪庆功宴。其开篇即唱：

> 这支古歌歌声长，
> 唱起古歌祭天神，
> 唱起古歌颂祖先，
> ……
> 这支古歌歌声长，
> 就像岷江江水淌，
> 日夜奔流永不歇，
> 诉说着祖先的英勇，
> 诉说着祖先的坚强。
> 他们从旷野的戈壁滩迁徙而来，
> 他们从茫茫的草原上迁徙而来。

释比通过《羌戈大战》唱述了迁徙中的两场战争：一是羌人与魔兵的战争，导致羌人九部被迫分散迁徙。通过锡拉的神助，大哥阿巴白构施法将白石变雪山挡住了追击的魔兵。二是部落到达岷山日补坝后与戈基人交战，在天神帮助下最终战胜了戈基人。关于古羌人迁徙的神话叙事，亦因地域及唱述者不同而有细微差别。对此迁徙故事，法国学者石泰安写道："由于他们被迫进行迁徙，经过一年多的流浪之后最终落脚在他们现在的住处。在达到那里时，他们又必须同当地的一个叫作葛族的原始民族进行斗争。这后一个民族的人可能非常强大，但愚昧无知……一位天神向羌人指出了战胜葛人的方法：应该用木棒和石头袭击他们。"[10] 在天神指点下战胜土著戈基人之后，阿巴白构分派九个儿子到岷山各地，设宴庆功，建立家园。在川西北地区羌族民间，《羌戈大战》有多种版本及表现形式，各版本或异文的局部有出入但主体叙事相通，其中要点可归纳为四："打仗""迁徙""定居"和"买猪"。关于族群"迁徙"，下面两段故事搜集于 20 世纪 80 年代，分别见于茂县和松潘，均述及迁徙自西北，云：

> 相传，在远古时候，我国古老的羌人，曾经进行了一次大规模的迁徙。其中有一支羌人在他们部落首领的率领下，赶着他们的羊群，由西北高原南下，历尽千辛万苦，翻越了崇山峻岭，终于来到波浪滔滔的岷江上游。他们一看，这里有山有水，又有平坝，正是个放牧的好地方，于是就决定在这里定居下来。
>
> ——《羌戈大战的传说》
>
> 据说，羌族原不在四川，是从黄河流域一带前来的，并且有文字，但是由于战争和迁徙的关系，文字遗失了。羌族在古代是一个比较大的民族。有一次，朝廷要调他们去长城以北与匈奴人打仗，而匈奴族与羌族的关系很好，情同兄弟。羌族不敢违背命令，据派了二十万军队出征。走到半路上，羌人想，我们和匈奴人这样好，现在去打他们，往后结下仇怎么办？……想到这里，羌人就不肯去，走了两三天又转回来了。朝廷听到此事后，心想羌人不听指挥，干脆把他们灭掉算了。从那时起，羌人就不断遭到追杀，弄得无家可归，四处逃难。有一支羌族人，经甘肃来到了四川西北部。由于路上要打仗，不准羌人落脚，这羌族的文字到川西北地区就失传了。当时的川西北人很少，没过多久，就被羌人同化了。羌人的家属听到这个消息后，也慢慢地迁来了。因而，在川西北形成了一支较大的羌人聚居地。
>
> ——《羌族为什么迁来四川》

古羌人生活的甘青一带发现了大量的新石器时代文化遗址，如仰韶文化、马家窑文化、半山文化、马厂文化，还有铜器时代的齐家文化、四坝文化以及卡约、寺洼、辛店等遗址，均表明"整个甘青远古文化与羌人或其先民都有一定联系"[11]。古羌历史关联着大西北，有研究者谈到马家窑文化的族属时写道："应该肯定地说，马家窑文化是今天我们称为古羌人的一个远古部落群体所创造"，即"马家窑文化是古羌人缔造的"[12]。史前彩陶在中国四面八方皆有出土，尤以器形多样、纹饰丰富的马家窑类型著称，那是中华彩陶史上的巍巍高峰；追寻中国彩陶源头，考古学界今有黄河流域史前彩陶由陇原东传中原之说，"在甘肃青海地区发现的大量彩陶，现在看来大多不属于中原仰韶文化范畴，内涵与时代都有不同"，归根结底，"陇原那一块文化高地，是中国黄河流域彩陶文化的源泉"[13]。岷江上游地区考古成果表明，茂县、汶川、理县出土的彩陶跟陇西、陇南出土的马家窑文化类型相似，彼此有亲缘关系（图三）。究其由来，"黄河上游彩陶向长江流域的南传，是由甘肃南部经嘉陵江上游到达岷江上游地区"[14]，岷江上游羌区考古的彩陶基本上可以划归马家窑类型。"彩陶在此区域的出现向来被视为是仰韶文化和马家窑文化'南进'的重要证据"，通过对甘肃临洮和四川茂县等地出土彩陶标本进行化学成分分析，发现川西彩陶标本的化学成分明显与当地出土的非彩陶标本不同，但与甘肃彩陶及非彩陶标本相似，"此一差异表明川西地区所出土的马家窑风格彩陶可能不是产于当地，而是在人群迁移的同时，持续地从北方输送过来，可能存在一定组织的彩陶贸易网络"[15]。2007 年，有调查者在茂县三龙乡采录杨姓羌族老人（生于1921年）所唱的一首酒歌，其中亦明言"羌族从甘肃迁徙到四川"[16]。再看川西北羌族传统工艺，亦不难发现其民间织绣图案与丝路彩陶文物图案之间相通。[17] 甘青与四川，古羌与今羌，就这么穿越历史烽烟神奇地握起手来，成为中华文化共同体里一道亮眼的风景。口头传说和地下考古表

图三 马家窑彩陶博物馆的彩陶

明，川西北尔玛人关于祖先自北而来的族群记忆不是空穴来风。

　　根据口头叙事，历史上羌人本居"河湟"，之所以从东北向西南迁徙，是因为有"魔兵"杀来，狼烟陡起。20 世纪80 年代罗世泽搜集整理的叙事长诗《羌戈大战》，除了序歌，包括"羊皮鼓的来源""大雪山的来源""羌戈相遇""找寻神牛""羌戈大战"和"重建家园"六部分，随《木姐珠与斗安珠》一道由四川民族出版社于1983 年出版。该整理本流行最广，为众所周知，且看长诗所道："远古岷山多草原，草原一片连一片；牛群羊群多兴旺，羌族儿女乐无边。忽然魔兵从北来，烧杀抢掠逞凶焰；羌人集众往西行，找寻幸福新草原。"魔兵不停追杀，羌人历经战乱，不断迁徙，"过了一山又一山，遭了一难又一难"，真的是"烽烟连连生存难"。羌人西行至青海与四川交界处，才多亏天女木姐从天上抛下三块白石化作巍巍大雪山，"挡住魔兵前进路，羌人脱险得安全"。在首领阿巴白构率领下，羌人进入四川来到岷江上游，他们首先落脚在何处呢？是"热兹"，又作"日兹"，也就是茂县北去的松潘，如今这里是藏、羌、汉、回等多民族共居地。请继续听这首叙事长诗唱述：

灾难已经过去，吉祥的日子来临；

羌人摆脱了追兵，才整队顺着山梁前进。

翻过一山又一山，越过悬崖爬陡坎；

千山万岭脚下过，来到热兹大草原。

…………

热兹有九沟，林密草嫩泉水甜；

热兹有九坝，土地肥沃牧草鲜；

热兹有九岭，青红碧绿花果山。

　　见此景象，阿巴白构内心欢喜，深信"这是木姐指引的幸福地，尔玛人要在这里建家园"。于是，因战火而迁徙的羌人在热兹大草原驻扎下来，砌房屋，立村寨，建羌城，壮人马，"羌人居住幸福地，不知过了多少年"。后来，连连发生村寨牛羊丢失的怪事，终于探明是"日补坝上有妖魔，戈基人生性很凶悍；多次抢劫我牛羊，现在又来把寨占"。戈人来袭，烽烟再起，羌与戈之间发生战事，"羌戈血战日补坝，乌云遮天天暗淡"，这仗一打又是多年。最后，"雪压日补坝，羌戈再决战"，羌人仍是在天神的帮助下大获全胜，"自从这次决战后，戈人无力再作战；阿巴白构率羌人，进驻格溜建家园"。热兹是松潘，"格溜"和"日补坝"地属茂汶。"日补坝，宽又宽，萱草长满山；羌人战胜戈基人，欢欢喜喜建家园。"在日补坝也就是茂县，打败戈人后的羌人在岷江上游觅得第二个定居点，从此这里成为川西北羌区的核心地。"格溜地方好，绿水绕青山；四山水草茂，气候更温暖。"来到新家园，羌人"建村筑寨扎营盘"，大兴土木砌碉房修堡寨，"阿巴白构住寨内，日夜操劳百事管；分派九子住九寨，十八大将镇四边"。如今，站稳了脚跟，扩大了地盘，迁徙再三的羌人终于安定下来，他们要悉心经营所在的疆土和自己的生活。为了更好地管理羌地，首领阿巴白构将九个儿子派驻各方：

大儿合巴基，进驻格溜大草原；

二儿洗查基，进驻热兹花果山；

三儿楚门基，进驻夸渣好山川；

四儿楚主基，进驻波洗防敌犯；

五儿木勒基，进驻兹巴开草山；

六儿格日基，进驻喀苏把民安；

　　七儿固依基，进驻尾尼辟草原；

　　八儿娃则基，进驻罗和守边关；

　　九儿尔国基，进驻巨达防戈人；

　　九子人人有驻地，十八大将分守十八关。

　　以上故事，便是口头文学所述尔玛人历经"战争兼并和迁徙"后在"岷江河畔建家园"的族群历史，这刻骨铭心的故事一代代传诵在岷江两岸的羌族村寨里，并且以种种符号化、仪式化编码体现在尔玛人的民俗实践中。以羌族葬礼为例，在茂县渭门、沟口一带，人死后要溯岷江北上去草地买马，这种习俗便跟古羌族群迁徙的历史记忆有关。当地民间葬仪上有一重要环节，就是要在灵堂由释比举行"赶马"仪式，因为"相传渭门沟羌人的祖先是从松潘草地经校场、叠溪来到渭门沟，此地羌人死后要到松潘草地买马，让死者亡灵骑马到西天"，还要"用羌话歌唱到松潘草地买三匹马，一匹亡人骑，一匹家人用，一匹送舅家"[18]。举行了"赶马"仪式后便安葬死者，习俗代代相传，尔玛人族群迁徙的历史记忆也就得以保存下来（类似的族群记忆在理县通化乡西山村的"白石祭"中也有呈现[19]）。以上地名，以自北向南流淌的滔滔岷江为中轴线，首领阿巴白构及大儿子所住的格溜在茂县是中心点，由此放射出去，北边是热兹（松潘），南边是罗和（灌县），东去是巨达（北川），西去是波洗（理县薛城），其他则夸渣在汶川，喀苏是汶川绵虒，尾尼是汶川娘子岭，兹巴是黑水。揭开古老的神话传说的面纱，口传史诗《羌戈大战》中这番地理描绘，正对应着今天我们所熟悉的川西北羌区（汶川、理县、茂县、北川）。当年从年逾八旬的老释比袁世琨口中采录的《羌族立地根源》，是"羌戈大战"的又一版本，故事中的羌人首领"构"当是阿巴白构。

　　在袁姓释比讲述的故事中，木姐珠和斗安珠有九个儿子，居首的是"构"。得天神帮助打败戈基人后，"构"率领迁徙的羌人定居下来，除了分封自己的九个儿子，"构又叫有战功的士兵各处立地务农，羌人便在弓杠岭以下，分居各个部落"，于是有高坪羌、石碉楼羌、维古羌、龙坝五沟羌、三溪十八羌、大小二姓羌、黑虎羌、松机羌、沟口羌、松坪沟羌、太平石台羌、罗山斗簇羌、坝底羌、雁门羌、毕立五寨羌、萝卜羌、波西羌、绵虒羌、牟托水磨羌、九枯六里羌、大门歇格羌、西山桃坪羌、蒲溪甘普羌、岭岗羌、涂山羌、牛脑羌等几十个分支。通过神话叙事，再次按东南西北把岷江上游尔玛人聚居地作了更细致叙说。行文至此，结合史实及习俗，还得说说定居在川西北岷江上游的尔玛人沿江而下到川西坝子"买猪"的问题。20世纪80年代汶川县雁门乡释比袁正祺口述的《必格纽》（或作"毕格溜"，羌语译音，意为"吃猪经"，指买猪敬神），是有180多行的叙事长诗，总共包括"羌戈大战缘由""摆阵劈柴场""摆阵雪山上""摆阵'日补巴枯'""摆阵红岩边""庆功龙坝"和"到成都买猪"七个部分。羌戈大战之后，获胜并定居在岷江上游的羌人为了祭天酬神谢恩，阿巴白构专门派大儿子合巴基沿着岷江南下，到成都平原川西坝子去买猪，且听雁门释比的唱述[20]：

> 为了感谢神灵恩，乐善寨主最热心；
> 白银秤杆身上带，急急忙忙往南奔。
> 往南奔跑为何事？欲下成都买神猪！
> ·············
> 买猪回寨是大事，全寨羌人喜盈盈。
> 立即挖洞安上锅，猪食煮喂实在好。
> 小猪用来做猪种，大猪喂到九月卅，
> 村寨老少齐聚会，神猪神羊谢天恩！

省会成都在羌语中称"依多""夷多"（汉字译音）等，释比唱经中屡屡提及（长诗及释比戏《赤吉格补》便讲述孤儿赤吉在成年后为报仇带兵去依多寻找仇人的故事）。关于阿巴白构派人到成都平原买猪，前述罗世泽搜集本《羌戈大战》亦言："牛羊羌地有，杂酒容易办；戈地肥猪产夷多，肉嫩肥美味道鲜。"一去一来，往返时间一月有半，"夷多肥猪赶回了，大小一共五十三"，其中，"大猪有千斤，用来祭上天；小猪送到各村寨，要在羌地把种传"。据此唱经，有个细节当注意，即定居岷江上游的尔玛人买猪不仅仅是为了祭天还愿谢神恩，还有"小猪用来做猪种""要在羌地把种传"。迄今岷江上游的尔玛人家擅长腌制猪膘肉，以之为待客的美味，这是有历史原因的。以上神话叙事中，"买猪"是作为重大事件设置的，不但描写了乐善寨主去依多买猪，还刻意渲染"不料消息传开了，沿途寨首求带猪"，大家都来托买猪，此事件几乎引动整个岷江上游羌区。因此，尔玛人从依多买猪回来，其意义从人类学角度看实有"圣、俗"两个层面：一是祭祀仪式，一是实际生活。就前者言，买猪是为了敬神；据后者言，买猪是为了喂养。根据汉文文献记载，"早在公元前四世纪末，岷江上游一带已有氐羌人"，而"秦末汉初，氐羌人在此开垦土地经营农业，生产有了提高"[21]，族群步步壮大。有别于作为畜牧标志的养羊，养猪主要跟农耕生活有关，南下定居的尔玛人有了新篇章（图四）。

图四 汶川县城岷江畔的园林景观

"羌"本是驰骋在大西北的游牧族群，叙事

长诗中他们南下进入岷江河谷后随着地缘进行文化调适，更明确地转向了以农耕生活为主，犹如老释比在故事中所讲："传说大部分羌人由黄河源头徒步迁徙到了松潘草原后，在大草原和西沟一带安定下来生活繁衍。经过与土著戈基人长时间的战争后，消灭了戈基人。此后除了一部分羌人仍在草原以游牧为生而外，多数的羌人都以农耕为主。"[22] 通过"羌戈大战"的神话叙事，暗示出迁徙而来的古羌群体在生产生活史上一次重大调整和转换，即从往日游牧为主转向如今农耕为主，而家猪的豢养正是农耕生活的重要标志之一。"我国新石器时代考古发掘的资料表明：凡已出现原始农业的地方，都有养猪的遗迹出现，反之亦然，说明了养猪与农业，一开始便结下了不解之缘。"[23] 养猪至今在岷江上游羌区仍是重要的副业，猪膘肉仍是尔玛人待客的美味，屡去羌寨走访的笔者对此印象甚深。唯其如此，从释比经演化而来的释比戏《赤吉格补》末尾写主人公凯旋时"羌民庆贺闹欢腾，九代猪膘拿出来，陈年咂酒才启封"，这绝非偶然。正是这种调整，才使迁徙族群在对当地适应乃至在与土著融合中的过程落地生根，繁衍壮大，从而形成了绵延至今的羌族。

《羌戈大战》是今天读者熟悉的名字，该长诗或曰史诗在尔玛人的口头上以"毕格溜"相称，也就是"吆猪经"。也许，"吆猪"表述不如"大战"文字显得"高大上"，但所道出的史实不可忽视。一条岷江，连接着北边的牧区草地和南边的川西平原，孕育了许多饱含沧桑感的故事。岷江上游的尔玛人专门到川西坝子买些家畜回去饲养并敬神，这真是太有意味的历史事件了。四川地区向有"巴""蜀"之分，蜀之先祖蚕丛的活动中心原在茂县叠溪一带，当年他正是率领其部落顺江而下，来到川西平原建立王朝的。刘琳注《华阳国志·蜀志》云："关于蜀人的族属因材料缺乏，尚无定论。一般认为属氐羌系统即藏缅语族。因为关于蜀人事迹的最早传说，多在今岷江上游，而这些地区自古以来为氐、羌人活动之地。又'蜀'音近'叟'，《尚书·牧誓》伪孔传：'蜀，叟'。是直以蜀为叟。'叟'古代指氐羌系民族，因此蜀人似应属氐羌系。"[24] 直到今天，从灌口（都江堰市）上行，沿岷江去九寨沟旅游，路过距茂县县城 50 多千米的叠溪海子，你会看见经 1933 年地震后尚存的"蚕陵重镇"石碑；在 2008 年地震后茂县新建的中国羌城，也有大字标示"蚕丛故里"。神话常常隐含着历史，远去的历史又往往借助古老的神话把自己乔装打扮、传诸口碑。唯其如此，无论结合奇妙的神话探寻羌族历史，还是结合深沉的历史读解羌族神话，乃至在神话与历史的双重变奏中透视羌人的族群记忆和历史心性，都让人感到兴味盎然。

## 注 释：

[1] 归根结底，"历史心性"乃指"在特定社会文化情境下，人类更基本的对族群'起源'（历史）之思考与建构模式"这种模式化的思考与建构顺应着族群的自我身份定位、我族历史书写和社会文化诉求。参见王明珂：《英雄祖先与弟兄民族》，中华书局，2009 年。

[2] 成都文物考古研究所等：《茂县营盘山新石器时代遗址》，文物出版社，2019 年。

[3] 李祥林：《民俗事象与族群生活——人类学视野中羌族民间文化研究》，中国社会科学出版社，2018 年。

[4] 李绍明：《关于羌族古代史的几个问题》，《历史研究》1963 年第 5 期。

[5] 河州：《大禹曾在此治理黄河大洪水》，https://baijiahao.baidu.com/s?id=16724267991155885
97&wfr=spider&for=pc，2020 年。

[6] 李祥林：《大禹崇拜在川西北羌族地区》，《中国地域文化研究（第九辑）》，韩国祥明大学韩中文化信息研究所编辑发行，2010 年。"阿巴"是羌语的汉字译音，指父辈以上的尊者。

[7] 羌族简史编写组：《羌族简史》，四川民族出版社，1986 年。

[8] 李绍明：《羌族历史问题》，编著，阿坝文史丛书之一，阿坝州地方志编纂委员会编，1998 年。

[9] 四川省少数民族古籍整理办公室主编：《羌族释比经典》，四川民族出版社，2008 年。

[10] 〔法〕石泰安，耿昇译，王尧校：《汉藏走廊古部族》，中国藏学出版社，2013 年。"葛人"即"戈人"。

[11] 同 [7]。

[12] 王志安：《马家窑彩陶文化探源》，文物出版社，2016 年。

[13] 王仁湘：《黄河流域史前彩陶系由陇原东传中原》，《民族日报》，2022 年 4 月 12 日第四版。鉴于甘青地区的史前彩陶自成系统且脉流清楚，文中又说："彩陶源头的认识改变了，彩陶之路需要重新理解。我们完全可以摈弃传统的认知，彩陶不存在由中原出发到甘青的传播路径，而这种传播正好是反向途径，是由陇原进入陕豫晋鄂，再向东进入鲁南苏北，向北入辽西，向南过两湖。"并引诸家研究成果对仰韶文化提出新的认识，如引李新伟文："仰韶文化并非以晋陕豫交界地区为核心的中原文化，而是以陇原和关中盆地为轴心的黄土高原的儿女。"川西北正与陇南、关中毗邻，在此地带上文化有流动是自然。

[14] 同 [2]。

[15] 陈剑：《跨学科整合探索：藏羌彝走廊科技考古述论》，《地域棱镜——藏羌彝走廊研究新视角》，学苑出版社，2015 年。

[16] 万光治主编：《羌山采风录》，人民音乐出版社，2011 年。

[17] 李祥林：《古羌源流·彩陶文化·民俗符号》，《丝绸之路彩陶与嘉峪关历史文化学术研讨会论文集》，兰州大学出版社，2017 年。

[18] 四川省编辑组：《羌族社会历史调查》，四川省社会科学院出版社，1986 年。

[19] 李祥林：《白石祭·西山村·羌文化》，《成都大学学报（社科版）》2016 年第 1 期。

[20] 同 [18]。

[21] 同 [7]。

[22] 由汶川萝卜寨已故老释比张福良口述的这个故事叫《择吉格布与王位》，见《羌族释比的故事》，汶川县人民政府编印，2006 年。

[23] 叶舒宪：《亥日人君》，社会科学文献出版社，1998 年。

[24] 刘琳：《华阳国志校注》，巴蜀书社，1984 年。

# 试论临夏在"玉文化考古遗址公园群及产业创意发展基地"建设中的主导作用

冯玉雷

/

甘肃文化发展研究院常务副院长、一级作家

**摘　要**：黄河是沟通内流区与外流区的重要人文与地理要道，青海地区丰富的优质玉料资源向东部地区输送沿着此道进行。西玉东输中的第一次浪潮"玄玉时代"主要以渭河及其支流为支撑；随后，从武山鸳鸯玉蛇纹石玉料到马衔山、三危山、马鬃山透闪石玉料，最后到新疆昆仑山透闪石玉料的依次派生，将中原文明与西域地区牢牢地联系为一个文化共同体。临夏地区有丰富的玉文化和大禹文化资源，依托洮河、大夏河等黄河重要支流和优秀文化遗产，以大禹精神为文化纽带，将临夏地区纳入到国家黄河公园建设，主导创建"玉文化考古遗址公园群及产业创意发展基地"将在乡村振兴和华夏文明传承示范区建设中发挥重要作用。

**关键词**：玉文化　大禹精神　文化共同体　黄河公园建设

　　中华文明起源与西部玉石资源持续向中原地区运输密切相联，但系统调查和采样基本处于空白状态。针对这种现实境况，西北师范大学联合上海交通大学、陕西师范大学人文社会科学研究院、中国甘肃网等单位自2013～2019年共完成15次田野调研，考察团发表专家考察手记和记者报道约300多篇，发表学术论文40多篇，出版玉帛之路考察丛书共17部。笔者在玉文化考察和研究成果基础上创作完成25万字长篇小说《禹王书》。2018年，于《大家》第6期刊发8万字的缩略本。2018年11月17日，西北师范大学音乐学院、敦煌乐舞团、陕西师范大学人文社会科学高等研究院、安宁区委区政府等单位联合举办"第三届丝绸之路（敦煌）国际文化博览会系列活动 —— 玉华帛彩·国际诗文吟唱会"，对玉文化学术研究成果进行艺术转化。2019 年 12 月，对兰州市科技局科技攻关及产业化类项目"基于甘肃省玉矿资源的丝绸之路敦煌玉文化创意产品的开发与推广"（项目编号 2016-3-137）结项。该项目组通过实地考察、座谈、研究，取得了较为丰硕的学术成果，并且研发出《敦煌飞天》《反弹琵琶》《观音》《西北师范大学纪念玉牌》《西北师范大学校训玉牌》等系列玉文化创意产品。

2022 年 5 月，笔者转任甘肃文化发展研究院常务副院长，主要依托 5 处玉矿遗址：河西走廊马鬃山径保尔、寒窑子和敦煌三危山旱峡 3 处玉矿遗址，兰州与临洮、榆中交界处的马衔山玉矿遗址，武山鸳鸯玉古代玉矿遗址，完成"甘肃古代玉矿遗址考古公园筹建计划书"（草案）。甘肃酒泉是世界文化遗产最多的地级市，有敦煌莫高窟、锁阳城、玉门关、悬泉置遗址、汉长城 5 处世界文化遗产。2018 年 10 月，甘肃省以敦煌旅游为龙头，大敦煌一体化旅游圈的建设全面启动，酒泉以全域旅游发展的理念推动旅游转型升级，全力打造以敦煌为核心的"大敦煌旅游经济圈"。河西走廊地区三处玉矿遗址保存完整，出土遗物丰富，客观呈现大约从西城驿文化、齐家文化时期开始，延续到骟马文化晚期、西汉早期、魏晋时期河西走廊西部透闪石玉料开采、管理、防御、选料、加工等场景，考古价值、研究价值、文化遗产保护价值和文化产业开发价值极大。在"一带一路"倡议和大敦煌

图一 禹王图
（中国国家画院 王辅民）

旅游经济圈建设背景下，统筹安排，科学规划，创建集保护、开发、利用为一体的马鬃山河盐湖径保尔草场玉矿遗址考古公园、马鬃山寒窑子玉矿遗址考古公园和敦煌旱峡玉矿遗址考古公园（都隶属于"甘肃古代玉矿遗址考古公园"），不但填补了"大敦煌文化旅游圈"中史前乃至夏商周三代旅游研学景区的空白，而且在传承博大精深玉文化、铸牢民族共同意识、重建中国话语权、增强文化自信等方面发挥作用。2023年参加"文明汇聚·光耀河州 —— 史前文化临夏论坛"，在"甘肃古代玉矿遗址考古公园筹建计划书"基础上，修改完善，倡议建设"玉文化考古遗址公园群及产业创意发展基地"，并且纳入到国家黄河公园建设的宏大战略中。临夏地区处在黄河从青藏高原流向第二台地黄土高原的过渡地带，有丰富的玉文化和大禹文化资源遗存，依托洮河、大夏河等黄河重要支流和优秀文化遗产，以大禹精神为文化纽带，将临夏地区

纳入到国家黄河公园建设中，在乡村振兴和华夏文明传承示范区建设中发挥重要作用。

## 一、神话传说及文献记载中的夏和大禹

文献记载夏王朝创建者是大禹（图一）。大禹与伏羲、黄帝比肩，他缔造的夏介于史前和早期历史之间，从玉器时代过渡到青铜时代的开端；既可视为史前之末、也可视为早期历史的肇始，又是中原文明居于主导地位、整合中华文明从多元到一体化进程的开始。禹在古籍中有完整"夏后氏"世系记载，有别于此前五帝时代。孔子编撰《尚书》以"尧典"及"舜典"为始。夏代一方面史书记载简略，并掺杂着一些神话和传说，与五帝时代相差无多；另一方面夏在传统上又被视为王朝历史开端，与商周连称"三代"，龙山文化后期或者夏代初期多个考古学文化并存，群雄争霸、"万国林立"。"九州"基本等同于夏初疆域。从夏禹开始，夏王对中国大部地区实行统治，夏初中国已进入较为成熟的国家阶段或者"王国"文明时代。《尚书·禹贡》记载夏朝初年疆域——冀、兖、青、徐、扬、荆、豫、梁、雍九州，基本上涵盖黄河、长江流域大部地区，冀州往东北方向可能还涉及西辽河流域。春秋时期成书的《左传》中魏绛引用《虞人之箴》里的一句话："芒芒（茫茫）禹迹，画为九州。"春秋青铜器上也有"咸有九州，处禹之堵（土）"（齐叔夷钟）、"丕显朕皇祖，受天命，鼏宅禹迹"（秦公簋）等铭文。《国语》里的"封崇九山，决汩九川，陂鄣九泽，丰殖九薮，汩越九原，宅居九隩，合通四海"与《禹贡》的"九山刊旅，九川涤源，九泽既陂，四海会同"基本吻合。西周中期青铜器公盨上面的"天命禹敷土，随山浚川"铭文，与《禹贡》开篇"禹敷土，随山刊木，奠高山大川"，以及《书序》"禹别九州，随山浚川"相似。可见禹画九州以及禹迹故事，在西周、春秋时期早已广为流传。《史记·夏本纪》索引引《连山易》曰"鲧封于崇"，《帝王世纪》曰"夏鲧封崇伯"，《国语·周语上》曰"昔夏之兴也，融降于嵩山"。《世本·居篇》曰"禹都阳城"，古本《竹书纪年》曰"禹居阳城"，韦昭注《国语·周语上》曰"禹都阳城，伊洛所近"。《水经注·颍水》载禹都阳城在颍水与五渡水交汇处，即今河南登封东南告成镇一带。告成镇王城岗发现一座龙山文化晚期城址。

司马迁《史记》《五帝本纪》《夏本纪》《殷本纪》认为夏朝基本可信。《史记·夏本纪》记载："禹为姒姓，其后分封，用国为姓，故有夏后氏、有扈氏、有男氏、斟寻氏、彤城氏、褒氏、费氏、杞氏、缯氏、辛氏、冥氏、斟戈氏。"这些被"分封"的氏族可能都属于广义"夏"部族集团范畴。20世纪早期以顾颉刚为代表的《古史辨》派基本否定五帝时代的历史真实性，甚至连夏禹也成了神话人物。以邹衡为代表的学者强调都城定性重要性，并且注重考古学文化的空间格局和古史体系的整体比对。1933年，

傅斯年发表《夷夏东西说》提出夏商周三代在政治地理上表现为夷夏东西对立两个系统观点。蒙文通和徐旭生分别提出中国上古"三大民族"和"三大集团"说。安金槐最早提出王城岗古城为"禹都阳城"说，邹衡提出二里头文化即夏文化说；安金槐等主张"河南龙山文化晚期"（即王湾三期文化）已经进入夏代；李伯谦认为河南龙山文化晚期和整个二里头文化都是夏文化，二里头类型"很有可能是'太康失国''后羿代夏'以后的夏代文化"。韩建业曾论证王湾三期文化后期之初已进入夏代，而二里头文化是"少康中兴"之后的文化，后调整为新砦类型才可能是"少康中兴"之后文化。公元前2100年左右，正值气候干冷期，迫于生计的北方人群、中原人群渐次南下，寻求更适合的生存环境，当属禹征三苗根本动因。韩建业《龙山时代的文化巨变和传说时代的部族战争》：公元前3世纪之末龙山时代前后期之交曾经发生过两次大规模的文化巨变，也就是王湾三期文化对石家河文化、老虎山文化对陶寺文化大规模代替，分别可以和传说中的禹征三苗、稷放丹朱事件及有虞氏舜与造律台文化、最早的先商契和雪山二期文化等相对应。据此就有可能切实建立龙山时代考古学文化和尧舜禹时期一些部族对应关系框架，走出夏代之前古史探索的关键一步，还可以为夏文化上限提供坚实考古学证据。1980年，李民认为"河南龙山文化晚期"（也就是王湾三期文化）很可能就是夏王朝早期文化遗存，而其他龙山时代文化很可能是当时的各"与国"或各氏族部落的文化遗存。"从龙山文化，尤其是它的晚期的地区分布和周围那些所谓的'似龙山文化'的分布区域来看，它与《禹贡》所写的地域范围基本上说是合拍的。"李民最早尝试用考古学材料证明《禹贡》与夏的关系，不过他虽然承认夏代已有国家，但认为《禹贡》所说的"贡赋"制度只限于冀州、豫州等中心区域，而不会广及整个九州。即他不认为夏朝初年的统治疆域已能及于九州，除冀、豫之外的其他各州不过是夏之盟国（"与国"）。

## 二、西玉东输、玉文化及大禹

中西国际大通道有两大"路结"：其一是昆仑山脉、喀喇昆仑山脉、天山山脉、喜马拉雅山脉、兴都库什山脉等山汇聚的帕米尔高原，塔里木河、伊犁河、印度河、恒河、锡尔河、阿姆河等大河发源于此，沿山麓地带或山间河谷行进的交通路线也在附近汇集；其二是祁连山、西秦岭、小积石山、达坂山、拉脊山等在甘青地区汇聚，大夏河、渭河、洮河、湟水河、大通河、庄浪河等黄河上游支流在这一带汇入黄河。分别发源于昆仑山和祁连山的和田河、塔里木河、克里雅河等河流，及党河、疏勒河、黑河、石羊河等河流都在内陆地区终结。帕米尔高原、昆仑山、阿尔金山、祁连山从西向东伸展到秦岭，成为华夏大地的主要脊梁，它们与黄河一起成为沟通内流区与外流区的重要人文与地理要道。是为此，古人甚至认为黄河源头在昆仑山，流到罗布泊后进入地下，通过一条暗藏地下的河流潜流千里在积石山复出。从司马迁、班固到清代乾嘉学派的史地学家，许多都对昆仑山、罗布泊是黄河真正源头的说法深信不疑，其根深蒂固的文化心理正是基于黄河贯通青藏高原、大西北及东部地区的交流互动功能。与此相辅相成，最早的"玉石之路"也被开辟出来，大致与祁连山之南的羌中道、河西走廊道及漠北草原丝绸之路重合。这些道路不但彼此交通，还衍生出很多路网。我们可以把以帕米尔高原、昆仑山、阿尔金山、祁连山、秦岭为主轴的路（网）线称"陆地玉石之路"，把黄河及其支流构成通道（网）称"黄河水道玉石之路"。

"陆地玉石之路"和"黄河水道玉石之路"的形成与齐家文化兴起密切相关，是在仰韶文化晚期"玄玉时代"武山鸳鸯玉东输背景下形成。

西玉东输中的第一次浪潮"玄玉时代"主要以渭河及其支流为支撑。渭河是黄河最大支流，发源于甘肃定西市渭源县西南鸟鼠山（海拔 3495 米）北侧，有三个源头：中源是发源于渭源县西南五竹山的清源河，南源是发源于锹峪峡的锹峪河，北源是发源于鸟鼠山的禹河。渭河从夸父逐日神话及大禹治水传说开始，与夏、商、周、秦、汉、唐等王朝的兴衰都有密切联系。夏朝第一位国君是禹。顾颉刚先生认为"禹"的字源与龙有关。大禹卓著功绩是治理滔天洪水和划定中国版图，渭河是他建功立业的重要基地，也可以说是孕育夏朝的重要地域。史载大禹及其治水团队到过岐山、荆山、雷首山、太岳山、太行山、王屋山、常山、砥柱山、碣石山、太华山、大别山等地方后才有了治理水患的全局观念。人们为纪念大禹治水之功而将渭水源头之一命名为"禹河"。后来，随着其功绩被传颂发扬，又将整条渭河称作禹河。

2012 年 5 月以来，我们同叶舒宪、古方、王仁湘、易华等学者考察位于渭河源头的马衔山玉矿，对博物馆和民间收藏家藏品进行调查分析，认为马衔山玉矿是齐家文化玉器原料来源之一。洮河与渭河以马衔山、鸟鼠山为界。叶舒宪先生撰文说黄河在中华文明形成中的交通意义大于灌溉意义。如此推测，渭河亦然。渭河源头离马衔山不远，运输玉料（主要是冬天结冰期）较便利。2016 年 1 月和 7 月，我们特别举行玉帛之路第九次关陇道和第十次渭河道文化考察，旨在了解渭河源地区至陕西宝鸡渭河广大地域及其支流葫芦河流域史前玉文化文化分布、陇山两侧交通道路，聚焦武山县古代玉矿资源使用情况及向东输送的时空范围。第十次渭河道文化考察活动历时 11 天，叶舒宪先生将学术认识上的突破总结为三点：

其一，中国西部玉矿资源区的扩大。根据前八次玉帛之路考察绘制出 200 万平方千米的中国西部玉矿资源区示意图，其东南边缘为临洮和榆中交界处的马衔山玉矿。

第九次考察发现的渭源县碧玉乡本地玉矿和第十次考察的武山县鸳鸯山玉矿都是在齐家文化时代就已经开采使用。其二，根据齐家文化和常山下层文化、中原龙山文化（客省庄文化）乃至仰韶文化等均使用墨绿色蛇纹石玉料的情况，初步判定最早的西玉东输现象不是开始于新疆和田玉的东输，也不是开始于马衔山、马鬃山的透闪石玉料的东输，而是始于武山鸳鸯玉东输。西玉东输的历史由此可以提前大约 2000 年，即从齐家文化时代（距今 4000 年前后）提早到仰韶文化（距今 6000 年前后）。其三，渭河道是开启西玉东输文化现象的最早路线。通过追溯武山鸳鸯玉东进中原的历史，我们厘清史前中原地区仰韶文化与陇山以西史前文化发展之间的关联，那就是石岭下文化（或称石岭下类型），它在仰韶文化庙底沟类型的基础上发展起来，而渭河道充当了仰韶文化西进的主要路线。石岭下人是最早开发西部的"先行者"。玉文化和中原彩陶文化向西传播，西部玉料向东传播，由此在渭河道形成最早的物质交汇现象。

综合以上三点认识，如果说前面九次考察将丝路中国段的形成史开端从德国人李希霍芬在 1877 年确认的张骞通西域时代提早到齐家文化时期的西玉东输现象，即提前了约 2000 年；那么，第十次考察又将西玉东输历史提前了一两千年。

中国文明起源是研究中国文明史、中国考古学的基本问题。如果按照传统文明标准（文字、青铜器和城市）划分，很难解释区域不同而形成的差异较大的文明。例如，中国在甲骨文出现之前就具有早期国家社会形态和较为完整的礼仪系统和管理制度，礼仪系统是中华文明突出特征。玉礼器是礼制文化重要组成部分。考古发掘和出土文物证明中国玉文化发源于西辽河流域上游，长久以来学界认为玉文化进入黄河流域的时间大概在龙山文化时期，即距今 4000 年前后，因此，之前出土的玉器没有引起考古界足够重视。考古学家、研究者长久以来普遍认为仰韶文化时期没有玉文化。2002 年，陕西文物考古研究院研究员张天恩带队清理发掘宝鸡市关桃园遗址时出土一件前仰韶时期的玉镯，考古成果在 2003 年申报全国十大考古发现，评审汇报时却因为有这件出自前仰韶文化灰坑的白玉环遭到评审专家质疑，认为 7000 多年前不可能有玉器，以三票之差而落选。咸阳博物院收藏 1957 年陕西省文管会采集到的石斧、石钺 31 件，限于当时认识水平，未能辨识出其中的玉礼器。1978 ～ 1984 年，甘肃省考古研究所朗树德研究员从秦安大地湾四期（仰韶文化晚期）挖到 85 件玉器（其中 12 件完整，73 件残损）。1984 年，陕西省考古研究院张天恩研究员带队发掘宝鸡福临堡仰韶文化晚期遗址，出土过两件墨绿色蛇纹石玉饰，一个圆形，一个梯形。2005 ～ 2006 年，河南省考古队在灵宝西坡仰韶文化庙底沟期墓葬发掘出 13 件深色玉钺。2009 ～ 2010 年，西商高速公路考古队从仰韶时代晚期和龙山时代早期的蓝田新街遗址考古发掘中出土 106

件玉笄。2021 年 2 月，叶舒宪教授率领上海市社会科学创新研究基地 —— 上海交通大学神话学研究院专家团队对咸阳博物院藏 31 件原定名为石斧、石钺的文物进行重新辨识和研究，初步判断尹家村遗址年代为仰韶文化半坡类型至庙底沟类型之间，距今约 6000～5300 年。18 件玉器中，墨色、墨绿和绿色蛇纹石玉斧钺多达 15 件，超过灵宝西坡和杨官寨两地出土玉钺的总和。叶舒宪教授认为中原地区玉文化起源的第一个时代是以"玄玉时代"为基本特色，其肇始时间在仰韶文化庙底沟期上限，即距今 5500 年，下限暂定在龙山文化晚期，即距今 4000 年。无独有偶，2021 年 4 月 18 日，中国社会科学院考古研究所研究员刘国祥在河南渑池观摩一件略残的玉环，认为是典型红山文化玉器制作风格。另外还有摆放在一起、工艺先进的精美"镯子"与红山文化时期玉镯极为相似，凌家滩、良渚也有类似玉器。

这些再发现对重新认识仰韶文化意义重大。2021 年 5 月 22 日，咸阳博物院和上海交通大学神话学研究院共同筹办的"仰韶玉韵文物展"在咸阳博物院隆重开幕，展出的 18 件玉石钺是目前国内发现仰韶文化遗址中出土数量最多、保存最完好、体量最大、规格最高的玉礼器群组，其中长达 26 厘米的蛇纹石玉钺可谓迄今所见仰韶文化时期玉钺之冠。"纪念仰韶文化发现暨中国考古学诞生一百周年'玄玉时代'高端论坛"也同时举办。

张天恩在 2022 年《中原文化研究》第 1 期发表《仰韶文化玄玉的认定及意义》，肯定了"玄玉时代"的学术意义："玄玉之名见于先秦文献，随着考古发现和相关传统文化考察活动的收获，可以确认以仰韶文化早期偏晚的史家类型所出的墨绿或黑色的蛇纹岩为主，及透闪石类工具类玉器，应是仰韶玄玉之始。玄玉在庙底沟类型时期有所发展，在其晚段已出现彰显身份的玄玉斧、钺，及装饰用器，进入繁盛时期。受玉料资源限制和文化传统观念影响，仰韶玄玉形成了种类少、色深黑和形简素等特征，并影响到后来龙山时期石峁、陶寺及齐家等文化的玉器审美取向和制作工艺，以及夏代核心玉礼器牙璋（或玄圭）的材质选择。"

渭河源地区的地方玉料顺着渭河向东传播的过程始于仰韶文化时期。随后，西玉东输运动催生出类似多米诺现象。《禹贡》中的雍州在西北，大致与崇尚玉器的齐家文化分布区重合。齐家文化分布范围存在着丰富的玉矿，甘肃武山、积石山、马衔山、祁连山、马鬃山、三危山等地都有古代玉矿发现。《禹贡》："黑水西河惟雍州……厥贡惟球琳琅玕，浮于积石，至于龙门西河，会于渭汭。织皮、昆仑、析支、渠搜，西戎即叙。"忽必烈命人编纂的最早汉蒙辞书《至元译语》"珍宝门"中谓"玉"为"赤老温"。据学者研究蒙古语"赤老温"连读就是《魏书·官氏志》鲜卑氏族名"丘林""出连"和"秋龙",《禹贡》中的"球琳"就是它们对音。元初蒙古语"玉石"还与《禹贡》一致,但在明代发生变化,如《华夷译语》《鞑靼译语》《登坛必究·译语》中的"玉石"成了"哈石""哈失""哈四"。天祝"哈溪"、白银"哈思山",哈溪、哈思与喀什一样,都是蒙古语"玉石"的音译。

从武山鸳鸯玉蛇纹石玉料到马衔山、三危山、马鬃山透闪石玉料,最后到新疆昆仑山透闪石玉料的依次派生,将中原文明与西域地区牢牢地联系为一个文化共同体。《穆天子传》记载周穆王西巡,先向东走,从河南越渡黄河,过三门峡,进入山西,然后绕过五个盆地,出雁门关,去河套、昆仑的"昆山玉路"经过临汾盆地,也能够到达徐州,辐射地区范围更广。这条西玉东输的道路就是陶寺文化晚期、齐家文化早期开辟出来,夏、商、周三代一直沿用。河西走廊透闪石玉料很早就进入到甘肃以东及周边区域。新疆地区和田料大规模进入内地是在西汉初期,昆仑山产玉国为了修缮政治、贸易关系向西汉王朝贡玉。张骞"凿空"西域正是建立在"玉石之路"的基础上。"玉石之路"包括玉料目标地寻找及开采、运输、加工、交换、贸易和终端运用等诸多环节,是非常庞大的商贸经济活动。山西下靳墓地虽然是截至目前发现使用马鬃山玉料最早的遗址,但不能断定它就是最早或终端运用地。根据中国玉文化发展特征和交流传统推断,河西走廊玉料到达山西后极有可能还通过中原"玉石之路"网络流向各地。"玉石之路"是丝绸之路前身,它的重要缔造者——齐家文化先民接受东方玉器崇拜观念,同时吸收来自西亚的青铜文化,开发、利用西北丰富的透闪石玉料资源,大量生产玉璧、玉琮、玉斧等为代表的玉礼器,成为夏、商、周三代玉礼器重要源头,在多元一体中华文明核心价值观形成过程中发挥了巨大的推动作用(图二~四)。

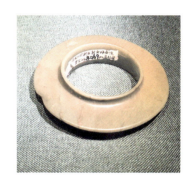

图二 齐家文化有领玉璧

图三 齐家文化四联璧

### 三、玉文化和大禹文化的价值

(一)大禹治水神话中的核心器物——开山斧、玄圭、玉简,亦即大禹治水神话原型是玉文化传播及夏王朝对九州的管控,标志性玉礼器就是玄圭(玉牙璋)

古籍文献中,曾有对"玄圭"的记述。如《尚书·禹贡》

图四 齐家文化铜玉组合礼器

载："禹锡玄圭，告厥成功。"《史记·秦本纪》云："与禹平水土。已成，帝锡玄圭。"《汉书·王莽传上》有记："伯禹锡玄圭。"可见，玄圭是大禹平治水患，划定九州，膺受天命的标志物。孙庆伟教授认为牙璋作为夏王朝的核心礼器，夏王朝政权的象征物，就是《尚书·禹贡》中所说的"玄圭"。从时空分布看，牙璋的确是龙山时代晚期至夏代最重要的一类玉器，其广泛传播的背后，承载着夏王朝的政权与礼制，解释为"玄圭"是确切的。

### （二）大禹强化了玉文化在华夏文明多元一体发展中的核心价值，使其成为凝聚中华民族的集体文化精神

1. 史前制玉中心所在地主要有墨西哥、新西兰和中国，前二者仅把玉当作装饰品，只有中国形成了独特的、影响深远的玉文化。中国玉文化发展中，北玉南传的壮观历程历时 4000 年之久，而东玉西传的文化传播过程出现稍晚，大约从距今 4000 年前开始，使得原本在东部沿海地区较流行的玉石神话信仰及其驱动的玉器生产，逐步进入中原地区，并通过中原王权辐射性影响力进一步传到西部和西北地区，一直抵达河西走廊一带，以距今 4000 年的齐家文化玉礼器体系为辉煌期，为夏商周三代中原王权建构奠定了文化认同的基石。

2. 以汉朝司马迁的《史记》为代表构建而成的"三皇五帝夏商周"古史体系，几千年来可谓根深蒂固。20 世纪 20 年代初兴起的"古史辨"思潮对旧的古史体系彻底破坏，走考古学之路：重建中国上古史。经过 60 年研究，中国古代国家形态演进分为"古国—方国—帝国"三阶段说渐渐成为学术界的主流认识。从距今大约 4500 年开始，由古国阶段逐步发展到"方国"阶段。方国已是王权国家，"国土"概念开始萌生。方国阶段从距今大约 4500 ～前 221 年秦统一（大体相当于古史传说中的尧、舜和夏、商、周），这一时期以王权为核心的礼制不断发展与完备，礼制成为维护商周社会秩序、保证社会正常运转的重要制度。

3. 牙璋是探索夏史史迹最为重要的信物之一。目前多数研究者认为分布在豫西的二里头文化及其前身是夏文化，二里头遗址是夏代后期的都邑。但关于夏文化的首都还存在较大分歧，主要有二里头一期说、新砦期或新砦文化说、王湾三期文化晚期说和后岗二期文化说等 4 种不同认识。也有学者认为石峁遗址是夏朝早期都城。目前发现牙璋埋藏年代大致在公元前 1850 ～前 476 年。

4. 中国文化、文明的发展不是在封闭环境中孤立进行的，在其发展过程中始终存在着文化的交流，既有对外的传播影响，也有对外来文化的借鉴和吸收。大禹缔造的夏朝对内修好（牙璋传遍九州），对外吸收先进文化，打通欧亚地区与东亚的交流网络。

大禹治水神话是一种隐喻，背后的原型其实就是治理国家和保障交通。

## 四、激活文物，创造当代经济文化神话

（一）发掘中华优秀传统文化遗产，使中华玉文化成为中华民族记忆的重要来源和核心价值，成为民族精神与文化基因的重要宝库，也成为民族国家、族群融合的文化象征

近年来，国家高度重视中华优秀传统文化建设，习近平总书记关于传承弘扬中华优秀传统文化发表了系列重要讲话，中央先后出台了《关于实施中华优秀传统文化传承发展工程的意见》等，中宣部相继召开了中华优秀传统文化传承发展工作座谈会。中华玉文化作为中华优秀传统文化的重要组成部分和民族心理意识的结晶，在历史发展的长河中，显示出生生不息的强健活力，蕴含着永恒艺术魅力和民族文化智慧。甘肃有丰富的玉文化遗址和玉矿资源。马家窑文化和齐家文化命名地就在临夏。2020 年 5 月 5 日甘省敦煌旱峡玉矿遗址入选 2019 年度全国十大考古新发现。该遗址是我国目前发现年代最早透闪石玉矿遗址，它为齐家文化在多元一体中华文明形成过程中发挥独特作用提供了坚实考古学证据，对了解中国西部地区玉料来源、开采玉矿族群、玉矿采集群体聚落形态、早晚不同时期玉矿开采者生产组织和管理模式，以及厘清"玉石之路"产生、发展、作用等都具有重要意义。

（二）对接国家"一带一路"的发展战略，为中华文明起源与华夏文化发生提供本土视角与本土话语

"玉文化考古遗址公园群及产业创意发展基地"不仅给"一带一路"中国段的文明发生史提供了本土视角和本土话语再造的契机，也为全面理解华夏文明的历史、地理格局之由来，以及催生中原文明形成的物质与精神要素等话题，提供了全新的角度，是实现中华民族伟大复兴梦的必要学术支持。自1840 年以来，文明的断裂、文化的缺失，让人深切感到重新树魂铸魄的重要性，如今国家日益强大，如何传承发展中国优秀传统文化，如何建立起自己的思想序列和民族历史观，这成为新的历史形势下摆在每一个文化人面前值得重新思考的新命题。"玉石之路"是中国学界在 20 世纪后期根据考古发现的玉文化材料而提出的学术命题，针对1877 年德国人李希霍芬出于欧洲人视角而命名的"丝绸之路"。自 2012 年提出"玉石之路黄河道"理念，近年来从事以实地调查为主的全程探索，希望能够大致厘清玉石之路中国境内的具体路线和使用年代之变化情况。并在较为充分的学术调研基础上，厘清"一带一路"在中国境内的发生史，在此基础上将"中国玉石之路"项目申报世界文化遗产的文化线路遗产，重建充分体

现本土文化自觉精神的中国文化独有品牌。

### （三）发掘大禹精神和玉文化在黄河经济带产业中的引领作用，提升民族文化软实力

中华玉文化作为非物质文化遗产可以转换为以遗产旅游和文化产品为主要形式的创意生产，是民族文化软实力的重要内容。进一步加强中华玉文化研究，形成多样化研究成果，通过文教结合机制，推动玉文化题材儿童剧、课本剧走进校园，将玉文化所涵养的民族精神融汇到教材体系中去。此外，还可以把中华玉文化作为推进"一带一路"文化工程建设的战略引领，让优秀文艺作品和文创产品走向国际。

### （四）配合国家"一带一路"建设、甘肃省华夏文明传承创新区建设和文化大省建设

依托"玉文化考古遗址公园群及产业创意发展基地"和中国玉文化及丝绸之路种类多样、资源丰富的物质、非物质文化遗存，利用有关中国玉文化及丝绸之路历史文化的文字资料、视频资料、电子数据库，与国内外行业专家、相关学术研究机构和企事业单位积极合作，响应国家中华文化走出去战略，探索文化企业创新跨越发展的新模式，推动中华优秀文化走出去。通过组织系列文化考察活动、召开国际学术研讨会、举办玉石之路和丝绸之路文化创意演出、展览等，对玉石之路和丝绸之路文化的形成、发展、历史遗留载体、表现形式进行考证，从整体上推动丝绸之路沿线文化遗产的传承与保护，助推甘肃文化大省建设和华夏文明传承创新区建设，服务于国家"一带一路"各项任务的高标准建设。

总之，玉文化深深地影响了古代中国人的思想观念和社会生活，通过渭河玉文化把甘肃、陕西、河南等地联合起来，创建"玉文化考古遗址公园群及产业创意发展基地"，必将在传承博大精深玉文化、铸牢民族共同意识、重建中国话语权、增强文化自信和社会经济发展等方面发挥巨大作用。

临夏既有灿烂辉煌的彩陶文化，又是齐家玉文化核心区，发展空间巨大。渭河从夸父逐日神话及大禹治水传说开始，大禹卓著功绩是治理滔天洪水和划定中国版图，渭河是他建功立业的重要基地，也可以说是孕育夏朝的重要地域。

# 史前东西文化交流的旋涡地带

刘学堂
/
新疆师范大学教授

**摘　要**：青铜时代，源于东方黄河中上游的彩陶文化以及相关农业文化因素，与源于西方的青铜文化及相关农牧文化因素，汇流于中国西北地区，在文化互动中形成了西北交互作用圈。使这里成为史前东西文化交流的旋涡地带。青铜时代史前时期的东西文化交流，掀起了新一轮高潮，并引发了东西文明互鉴的深化，致使海纳百川成为中华文明内在的一个重要特质。

**关键词**：天山彩陶系统　中国西北冶金区　文化格局与文明互鉴

　　林沄先生在《商文化青铜器与北方地区青铜器关系之再研究》一文中说："是亚细亚的开阔草原地带，是一个奇妙的历史旋涡所在。它把不同起源的成分在这里逐渐融合成一种相当一致而稳定的综合体，又把这种综合体中的成分，像飞沫一样或先或后地溅湿着四周地区。"[1] 林先生后来将其称为"旋涡理论"[2]。中国西北正处于这一旋涡的中心。本文以青铜时代天山彩陶系统、中国西北青铜冶金区的形成为例，简要论述这一旋涡地带的形成，并就其在推进中原文明进程中起到的重要作用和文化互动的频繁引发文明互鉴的深化略作阐述。

## 一、天山彩陶系统的形成

　　黄河流域彩陶文化的西渐，是青铜时代中国西北交互作用圈形成过程中的重要方面。

　　亚洲史前彩陶文化，分为东、西方两大体系。东方体系主流彩陶的分布，主要以黄河中上游为中心，覆盖中国北方和西北辽阔区域。东方彩陶体系，总体上可以划分为前后相承、东西发展、关系密切、区域性结构特征明确的彩陶文化系统。东部的是以黄河支流渭河流域为中心，向中国北方辽阔区域及南方更远的地方传播、扩展与影响的半坡—庙底沟文化彩陶系统；中部的是以甘青河湟谷地为中心，向周边，特别是更远的河西走廊传播与扩展的马家窑文化彩陶系统；位于西部的是始于新疆哈密盆地，沿天山向西传播与扩展的天山史前彩陶系统。

马家窑文化彩陶系统发展到半山类型时，向西已经分布到河西走廊西部的酒泉，至马厂类型时期，敦煌也成为其重要的分布区。至公元前 21 世纪至 20 世纪中叶，马厂文化在河西走廊的西部演变为西城驿文化和四坝文化。西城驿文化和四坝文化的彩陶，亦可视为马家窑文化彩陶系统的范畴，是马家窑文化彩陶系统在河西地区最后的变体，是马家窑文化彩陶谱系中最后的彩陶类型。至少在马厂文化晚期到西城驿文化阶段，彩陶文化已经传播到新疆的东天山地区。天山史前彩陶系统沿天山自东向西发展，可以划分为东天山哈密地区、环博格达地区、中部天山南麓地区、伊犁河谷、西天山地区五个前后相继、相互联系又相互独立的彩陶分布小区。

### （一）哈密彩陶小区

东天山哈密彩陶分为青铜时代和早期铁器时代两个阶段。青铜时代有以林雅文化[3]为代表的彩陶遗存，早期铁器时代有以焉不拉克文化为代表的彩陶遗存[4]。彩陶器物以双耳鼓腹罐为主，有少量单耳罐等，可以泛称为天山彩陶体系统中的双耳罐分布区。

#### 1. 林雅文化的彩陶

林雅文化主要分布在哈密盆地，年代在公元前 21 世纪至公元前 13 世纪。林雅文化早期的彩陶，依器物类型和图案的风格，大体可分 A、B 两组。A 组的彩陶器以双耳彩陶罐为主，其次为单耳彩陶罐等。图案均施于器物的口沿下、颈部和腹部，有的器物图案在口颈和器腹分区布局。口沿下颈部的图案基本为几何纹母体组成的带状彩，带状彩是用一种或两种几何母体纹样，绘成二方连续的带彩，有平行线纹、折线纹、

| 一段<br>（马厂晚期公元前<br>2100～2000 年） | 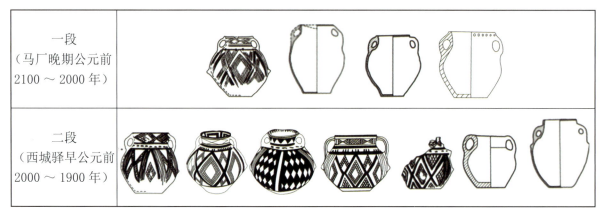 |
| 二段<br>（西城驿早公元前<br>2000～1900 年） | |

图一　林雅文化 A 组双耳陶罐

三角纹、树枝纹、"十"字纹、竖短平行线纹。腹部纹样以几何纹为母体构图，用相同或不同的几何纹母体，二方或四方连续构图，绘成腹部通体彩或块状彩。常见的几何纹样有三角纹、掌状纹、树枝状纹、叶脉纹、成组竖条带纹、腹部分区布局的网格纹、棋盘格纹、折线纹、草叶纹等（图一）。

B组彩陶器物基本为筒形罐，数量较少。器形平底无颈，腹近平或略鼓，器腹上沿附加对称的或横或竖的双系耳。筒形陶罐上的图案风格简单、雷同，纹样是用长短不同的平行直线、平行曲线，上下排列或左右对称排列构图。均为通体彩（图二）。

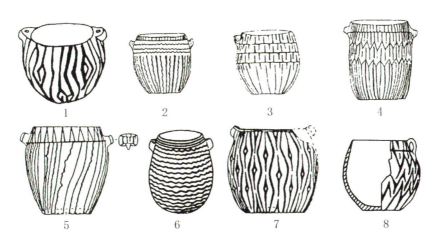

图二 林雅文化B组筒形陶器（均出土于天山北路墓地）

2. 东天山哈密地区彩陶的源流

林雅文化A组彩陶，明显受了河西地区西城驿文化和四坝文化的影响。林雅文化B组彩陶，研究者多认为其与中亚北部草原地区很早就流行的筒形陶器有关[5]。笔者曾经推测，它在突然出现在青铜时代的哈密盆地，受到了分布在罗布淖尔三角洲地区的小河文化的影响[6]。林雅文化彩陶主要源头在河西走廊，在其发展时期，不断融入了周边地区的文化因素[7]。早期铁器时代以焉不拉克文化为代表的彩陶遗存，分布在哈密盆地和东天山北麓的巴里坤草原。焉不拉克文化陶器类型和彩陶纹样风格，部分继承了林雅文化，同时受到同时代河西地区和周边其他彩陶文化的影响。到春秋战国时期及以后，哈密盆地彩陶快速地衰退，彩陶图案简略，构图越来越草率。汉代前后彩陶在这一地区销声匿迹。

（二）环博格达山地区彩陶小区

环博格达山地区彩陶分为青铜时代和早期铁器时代两个阶段。公元前2千纪下半叶到公元前1千纪初的青铜时代，出现了以洋海文化为代表的彩陶遗存。公元前7千

| 河西地区 | |
| --- | --- |
| 林雅文化 | |

图三　林雅文化彩陶与西城驿—四坝文化彩陶比较

纪前后到公元前3千纪，洋海文化在当地演变为早期铁器时代的苏贝希文化。该区域彩陶以单耳陶器为主，少量双耳器，可以泛称为天山彩陶系统中的单耳彩陶罐分布区。

1. 洋海文化彩陶

洋海文化主要分布在吐鲁番盆地。彩陶的器类以单耳平底罐和单耳圜底罐为主，少量双耳罐等。绝大多数施红衣黑彩，个别施红彩。大多为通体彩，相当一部分陶器，口沿下和腹部施以不同图案。口沿内外多施以锯齿状的倒三角纹，是洋海文化彩陶的重要特征之一，特别是口沿内侧一周三角，几乎是洋海文化彩陶固定的图案格式。口沿内外，还常饰以折线、交错折线、水波纹等。洋海文化不同的器腹施以不同的图案，常见的有装饰在器腹正倒交错的三角、上宽下窄的条带纹、通体网纹、折线纹、平行竖条带纹、竖排的叶状飘带纹、上下交错排列的叶状飘带纹、上下交错的弧边三角纹、横排的带状三角纹、波纹、散布的水滴状纹、带边刺的卷钩纹、交错双钩纹、锯齿状条带纹、锯齿状条带组成的长三角状带纹、双细带长折线纹、大三角内分割交错小三角纹、细梯状平行竖条纹等。

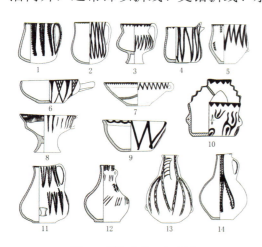

图四　洋海文化A组陶器

1、2、4、6、7～9、11～14.（洋海一号墓地M5：10、M132：1、M129：1、M35：1、M132：2、M8:1、M36：1、M89：1、M160：1、M132：3、M20：5）2、5、10.（洋海二号墓地M219：4、M167：34、M212：2）

洋海类型彩陶又可以分为A、B、C三组。A组指的是以单耳彩陶罐等为代表的遗存（图四），B组指的是以双耳鼓腹彩陶罐为代表的遗存（图五），C组指的是一组直壁筒形罐为代表的遗存（图六）。

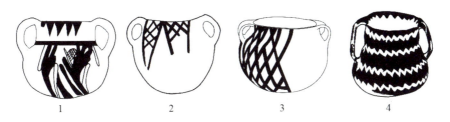

图五　洋海文化 B 组彩陶

1. 阜北农场基建队遗址 93FGC ： 015　2. 阜北农场基建队遗址 93FGC ： 014
3. 奇台坎尔孜遗址出土　4. 昌吉博物馆收藏

图六　洋海文化 C 组彩陶

1. 洋海一号墓地 M105 ： 2　2. 洋海一号墓地 M155 ： 5　3. 洋海一号墓地 M80 ： 2
4. 洋海一号墓地 M129 ： 1　5. 洋海一号墓地 M182 ： 2　6. 加依墓地 M28 ： 5

### 2. 环博格达山地区彩陶的源流

洋海类型 A 组彩陶，地方特征明显突出。洋海类型的 B 组彩陶，明显是东天山哈密盆林雅文化 A 组彩陶沿天山向西传播的结果。比较起来，洋海类型 B 组彩陶均为圜底，哈密盆地以平底为主，这里陶器的圜底风格，则受到北方草原地区文化的影响。洋海类型 C 组彩陶的出现，与东天山哈密盆林雅文化 B 组彩陶沿天山向西的传播有关。最早出现在哈密地区天山河谷的东来彩陶文化，继续向西传播的线路，是沿着天山北麓串联的绿洲群进入博格达山北麓昌吉洲绿洲群，在这里留下洋海文化 B 组彩陶。进入到吐鲁番盆地之后，很快形成了以 A 组为主流的具有地方特征的彩陶文化，吐鲁番盆地的洋海 C 组彩陶，则源于哈密林雅文化 B 组彩陶。早期铁器时代以苏贝希文化为代表的彩陶遗存，主要继承了洋海文化同类器物，部分器物与东天山哈密盆地焉不拉克文化同类器物之间相互影响。值得一提的是，沙湾县大角鹿湾墓地出土 1 件高颈瓶，口沿内绘一周实体倒三角纹，长长的颈部，绘平行的竖带，竖带绘成网状、菱格状、折线状，朴素、典雅，腹部则绘以前后相随的大角羊和盘羊，是典型的游牧文化元素，

图七 沙湾县大角鹿湾墓地出土彩陶瓶

此为天山地区流行的几何纹样与北方草原动物纹样，在一件陶器上的完美结合（图七）。战国到汉代，彩陶文化在这一地区消失。

### （三）中部天山南麓彩陶小区

公元前2千纪中叶的青铜时代，中部天山南麓焉耆盆地绿洲地带出现了以新塔拉上层类型为代表的彩陶遗存。新塔拉上层类型的彩陶为红衣黑彩，纹样有三角、重折线、细彩带、连续的平行线三角等[8]。到2千纪末到1千纪初，新塔拉类型在当地演变为察吾呼文化。察吾呼文化的分布范围较广，从焉耆盆地到轮台—拜城盆地的中天山南麓绿洲，都是察吾呼彩陶文化的分布区[9]。察吾呼文化陶器最突出的特点是在器物口沿的一侧修出流嘴，这是察吾呼沟文化陶器的明显标志，中部天山南麓可以泛称为单耳带流彩陶罐的分布区。

1. 察吾呼沟彩陶

察吾呼沟彩陶是察吾呼文化的代表性遗存。彩陶器物主要有双耳罐、双耳盆、单耳带流罐、单耳罐、无耳罐、无耳釜、勺杯、盆、钵、单耳带流杯、单桶形杯、觚形杯、方口杯等。彩陶从图案装饰部位上，可分为局部彩和通体彩。通体彩是在器物通体或大部施彩，局部图案是在器表的局部勾画图案。察吾呼沟彩陶，通常施黄色的陶衣，黄色陶衣上施以红彩。通体图案主要有棋盘格纹、三角纹、竖条带纹、单折线纹、双平行折线纹、三平行折线纹、折梯纹、棋盘格纹、菱形格网纹等。局部色彩更是风格独具，有口沿下块状彩、颈带彩、腹斜带彩、上腹彩、单侧口颈彩等多种图案布局方式，其中的斜腹带彩，用来专门装饰带流杯、带流罐等带流嘴的器身，构图风格别出心裁（图八）。

2. 察吾呼文化彩陶的源流

这一地区早于察吾呼文化的遗存是新塔拉上层，新塔拉上层彩陶主要源于东天山

图八 察吾呼沟彩陶

1. 察吾呼沟四号墓地 M217：2　　2. 察吾呼沟四号墓地 M202：2
3. 察吾呼沟四号墓地 M89：7　　　4. 察吾呼沟四号墓地 M43：5
5. 察吾呼沟四号墓地 M135：3　　6. 察吾呼沟四号墓地 M114：10
7. 察吾呼沟四号墓地 M36：8　　　8. 察吾呼沟一号墓地 M208：49
9. 察吾呼沟四号墓地 M136：3　　10. 察吾呼沟四号墓地 M33：5
11. 察吾呼沟一号墓地 M274：2　　12. 察吾呼沟四号墓地 M186：16
13. 拜勒其尔墓地 M131：6　　　　14. 察吾呼沟四号墓地 M219：5
15. 察吾呼沟四号墓地 M210：1

地区，年代在公元前 2 千纪下半叶。察吾呼沟彩陶中的一组双耳彩陶罐，应当受到了林雅文化晚期双耳罐的影响。单耳罐则受到洋海文化同类器物的影响，这类单耳鼓腹罐传播过程中，在翻越了天山之后，进入天山南麓绿洲盆地的地方化过程中，被察吾呼沟文化人群中的艺术家进行了改进，他们在单耳罐的口沿外侧加上一个开放的流嘴，形成了一组特征明显、文化标志突出的器物群。以察吾呼沟二号墓地为代表的察吾呼文化晚期类型，年代约在战国到西汉。这一阶段的陶器制作粗糙，只在器物颈部或腹部，零星地绘有草率竖带纹。汉代以前彩陶在这一地区消失。

## （四）伊犁河谷彩陶小区

伊犁河谷彩陶出现在早期铁器时代，初始年代在公元前 1 千纪初，代表性的遗存是穷科克上层文化。穷科克上层文化彩陶基本为无耳陶器，少量单耳器和彩陶钵和盆等，可泛称为天山彩陶体系中的无耳罐彩陶分布区。

1. 穷科克上层文化的彩陶

穷科克上层文化的彩陶，图案大多简单、图案结构变化不大，给人以迟滞呆板的感觉。多通体彩，少数局部彩。通体彩常见的有上下分区布局图案。这类图案，领颈部绘倒正交错的三角纹样，三角有平行线三角和菱格网纹三角，腹部绘同样结构的图案，三角或为折线三角等，另外常见的还有通体上下交错的三角纹，三角为平行线三角和菱格网纹三角，有的通体彩饰腹部满绘网纹、圆点纹、平行竖线点纹、平行竖条纹、卷曲藤蔓纹、上下三排折三角纹、横排实体三角纹、长逗号状纹等。局部彩绘于单耳罐或钵盆口沿下，有网纹、实体三角纹、棋盘格纹等，个别在钵内绘以散的短带纹等（图九）。

图九　穷科克一号墓地彩陶

1.M7：61　2.M40：1　3.M46A：16
4.M36：1　5.M15B：1　6.M11：1
7.M44：1，M7：1　8.M11：1　9.M56A：1

图一〇　境外西天地区的彩陶

1～3.伊犁河下游七河地区彩陶　4～6.费尔干纳盆地彩陶

### 2. 伊犁河谷彩陶的源流

伊犁河上游穷科克上层文化的彩陶偶见的双耳罐，是东天山双耳罐陶器传统，在向西传播浪潮的余波。少量的单耳器是环博格达山区单耳罐彩陶传统彩陶区影响的结果。穷科克上层文化大量存在无耳彩陶罐，则更多的是受到北方草原地带高颈无耳罐传统的影响。彩陶纹样的主要是天山彩陶向西传播的结果，但又明显受到北方草原压印刻划纹陶器上纹样的影响。以尼勒克县别特巴斯陶墓地等为代表的穷科克上层文化晚期遗存，年代约在战国到西汉时期。这一阶段的陶器制作粗糙，只在器物颈部或腹部，零星地绘有草率竖带纹、网纹，有的陶钵盆类器物的内壁随意地涂抹些零乱的宽短线纹样。汉代前后，彩陶在这一地区消失。

### （四）西天山地区彩陶小区

西天山地区的彩陶可以分塞—乌孙文化彩陶和楚斯特文化两组彩陶遗存。

### 1. 塞—乌孙文化的彩陶

西天山七河地区和楚河流域的彩陶文化遗存，原苏联和当地学者，多将其归为塞—乌孙文化的遗存。陶器器类简单，制作粗糙，类型有罐、盆和豆。陶罐平底和圜底，有侈口高体与大口矮体罐，有双耳罐、单耳罐、管流罐和无耳罐。七河流域的彩陶很少，为极为草率、稀疏排列的竖条纹，圆点纹和倒三角纹等，属于伊犁河流域的地方类型，是伊犁河上游彩陶向西波及的孑遗（图一〇）。

### 2. 楚斯特文化的彩陶

主要发现于费尔干纳峡谷的北部和东部地区的楚斯特文化彩陶，年代在公元前2千纪后半到第1千纪初期。楚斯特文化的彩陶基本无完整的器物，从大量的彩陶片看，多外施红衣，红衣上绘黑色几何纹，色彩主要有三种，红衣黑彩、浅色或褐色陶衣上

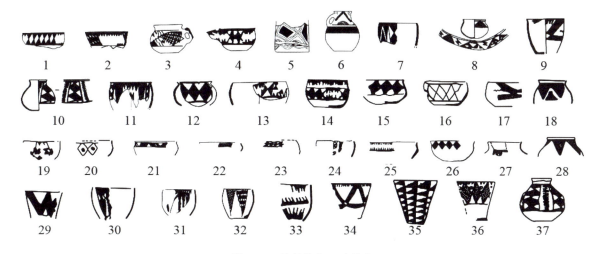

图一一　楚斯特文化的彩陶

1～2.奥什彩陶　3～11.楚斯特彩陶　12、13.达尔弗尔津彩陶　14～37.费尔干纳彩陶

施红彩、浅色或褐色炊具外沿施以褐彩。纹样有三角纹、三角网纹、三角锯齿纹、棋盘格纹、平行短线纹、网格纹、菱形格、圆圈、垂带纹、马赛克纹等（图一一）。青铜时代的费尔干纳盆地是来自北方草原的安德罗诺沃文化共同体的分布区，安德罗诺沃文化共同体陶器的器表常见刻划、压印几何纹的罐类器形，绝无彩陶。这一时期，中亚西部彩陶的历史已经终结。青铜时代的末期，费尔干纳盆地及附近地区彩陶重现，对于整个西亚和中亚西部来讲都是个变数，此前精致的轮制陶器再次被手制的陶器取代。西天山地区在楚斯特文化之后，彩陶才彻底退出了历史舞台。从整个天山视野看，楚斯特彩陶亦属于整个天山彩陶体系，可以看成是中西部天山彩陶繁荣时期向西抛出的一块"飞地"。

## 二、中国西北青铜冶金区

欧亚大陆最早的青铜技术，源自西亚两河流域和安纳托利亚高原，自这里向欧亚大陆广泛传播。青铜技术早期向东方传播的过程中，因为遇到了帕米尔山脉的阻隔，对新疆天山地区的影响不大。它的主要传播路径是通过黑海、里海两岸绿洲向北作用于欧亚草原，进而由欧亚草原大通道西向运动，在东方它最早出现在环阿尔泰地带。新疆的青铜器最早也出现在阿尔泰山南麓，青铜时代早期晚段，青铜技术传播至天山地区、河西走廊和河湟谷地时，在外来技术因素的基础上，部分接受了西来器物因素的影响，制造了适应地方社会文化的青铜器物，形成了中国西北青铜冶金区。

### （一）阿尔泰铜石并用时代的青铜器

阿依托汗一号墓地位于阿尔泰山南麓哈巴河县阿舍勒铜矿尾，墓地中编号为

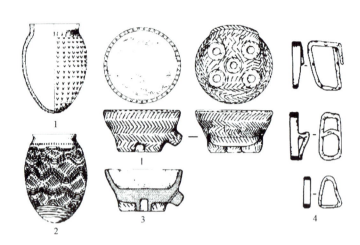

图一二　　阿依托汗一号墓地M21、M22出土器物

1～3.陶器（M21：2、M22：1、M20：1）　4.铜器（M22：4）

MM21、M22的两座墓葬属于铜石并用时代的遗存。这两座墓的结构基本相同，随葬器物有刻划戳刺纹的尖底或圆底橄榄形陶罐、香炉形陶器，出土有少量的铜环。据检测含有砷，其铜料可能来自附近的阿舍勒铜矿[8]。

### （二）天山地区铜石用时代到青铜时代的青铜器

#### 1.伊犁河谷的新发现

2017年，天山支脉阿布热勒山南麓墩那高速公路Ⅲ标段，发掘了一座铜石并用时代的墓葬。墓葬的封堆下有3座墓室和立石遗迹，分别编号为Ⅲ M5A、B、C和L。墓葬中出土有陶罐、铜饰件、砺石和骨耳珰。其中的2件陶罐，呈橄榄形，肩部压印杉叶纹或饰竖条压印纹，腹部饰近似斜雨点状的压印纹，腹下部饰内折竖条划痕。铜饰件2件，为扁平长条状，较薄，还有一件蘑菇状的骨耳珰。碳十四测定年代在公元前3千纪初，为铜石并用时代[9]。

#### 2.克里雅河下游采集青铜器

在和阗地区克里雅河下游青铜时代遗址区，多年调查采集数十件铜器，是新疆青铜时代铜器的重要发现。

这里采集的铜器有生产工具、武器、礼仪器物和装饰品等。从克里雅河下游小河文化北方墓地调查情况看，这一区域最大的遗存年代约在公元前2200年前后或还早一些，相当于青铜时代早期晚段，大量的遗存属于青铜时代中期。铜器中的工具武器类有铜刀、矛、凿、斧、剑，也有直柄凹弧背平首刀、直柄直刃铜刀、弧背宽刃环首刀、折背铜刀等。折背铜刀上还铸出成排的平行线三角纹样。矛有管銎铜矛、带铤柄铜矛。有的铜矛矛体铸出镂孔，有的铜矛管銎口上铸出小的圆纽。铜凿有銎铜凿和直柄铜凿两类。有銎铜凿凿体为开放的半圆，直柄铜凿有扇状宽刃。铜斧有竖銎斧、穿銎斧和

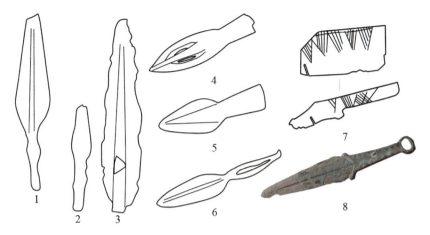

图一三 克里雅河下游采集工具和武器

1、2、4～6 克里雅河下游采集的铜矛  3. 克里雅河下游采集的铜箭头
7. 克里雅河下游采集的铜刀  8. 罗布泊地区采集的铜矛

垂背斧三种类型的斧。竖銎斧斧体上侧铸出对称的双环纽。遗址区采集一件长细管状铜管，采集数件铜锥，锥的截面为四棱形。遗址区采集有铜镜形器，圆形、平板，背有方形纽。铜扣鼓面，背有半圆形桥纽，有的有系孔（图一三：1～7）。礼仪类器物有铜权杖头、铜轮形牌饰、铜铸人面像等。铜权杖头的头端为蒜头状，有四个对称的圆形乳凸装饰，中间有孔，权杖头下出较长的管。铜轮形牌饰，略成伞盖状，面凸鼓，上有圆形纽。圆牌饰铸出放射状条纹，边缘外伸，呈圆齿状。采集2件铜铸的人面像。一件呈柱状人面像，十分珍贵。戴有双角状帽，眼窝下陷，双上额隆凸，宽鼻翼，半张嘴，脖颈处突显肌肉，长方条状耳。一件夸张鼻子（图一四）。装饰品的铜簪，圆首，长杆，杆尾尖。圆首铸出放射状条纹和多圈同心圆的乳钉纹。铜簪的杆上铸出半圆形小系纽（图一五）。另外还有鸟首状牌饰、扣饰、挂饰等。另外，在罗布泊地区采集一把短剑，环首，人字格，剑体铸出成排的三角纹饰（图一三：8）。

3. 小河和孔雀河墓地出土青铜器

贝格曼调查小河墓地时，偶见有小铜片。据发表的墓葬材料，M2"木尸"胸前见零星铜片。M13女性墓主人的腰围以竖条纹毛织腰衣，腰衣比常见的要宽，中部绕腰一周缀7枚圆形铜片。M24木雕人面像在额头和下颌正中，各粘有一块薄的小铜片。小河墓地出土数量不少的铜器，主要是镶嵌在女阴和男根立木上小铜片，这

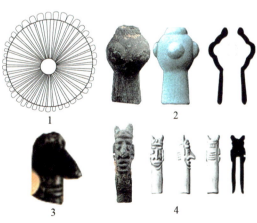

图一四 克里雅河下游采集青铜礼仪用铜器
1. 轮形牌饰  2. 权杖头  3、4. 人面像

图一五 克里雅河下游采集铜簪

些小铜片还镶嵌在木桶形器或高大的祭祀柱上；形状不规则，大小约1厘米左右。成形的铜器只出土有一件铜镞和一枚铜镜。发掘过程中，在墓地沙层堆积中，不断出土小的铜片，推测这些铜片是从墓地祭祀木柱上脱落到沙层了。可能用小铜片镶嵌木祭器是小河人的传统（图一六）。

最初，孔雀河古墓沟墓地发现的极为零星的小铜片，未引起人们的注意。因为只是偶见的小铜片，未见大一点的金属器，出土过细石镞、大量木器、草编器，因而判断墓地处于新石器时代。近年来，全面整理材料，在数座墓葬中发现小的铜片，铜片呈不规则状，长宽在2～4厘米，为小铜卷或铜珠（图一七）。小河墓地和孔雀河古墓地的年代，个别墓葬的年代在公元前3千纪末的青铜时代早期晚段，大量的墓葬属于公元前2千纪上半叶的青铜时代中期。

4. 天山北路墓地出土青铜器

哈密的天山北路墓地发掘墓葬700余座，以这一墓地为代表的文化称林雅文化。天山北路墓地中有409座墓葬出土铜器，合计3000多件青铜器，是中国境内同时期出土铜器最多的文化遗存。参考新测的系列碳十四数据[10]，天山北路墓地年代的上限在青铜时代早期晚段的公元前21世纪，这时期的林雅人群已经开始制作各种青铜器（图一八），公元前3世纪初到3世纪中叶的青铜时代中期阶段，铜器工业在林雅文化人群中呈"井喷式"爆发。天山北路墓地一座墓中铜器或一件或数件，多者有数十件，特别是铜装饰品，个别墓葬不同形状的铜牌饰布满死者全身。器类中的工具和武器有铜刀、镰、锛、凿、锥、短剑、矛、有銎斧等。装饰品中数量最多的是圆形牌饰，牌饰大小不一，大者直径8.5厘米，这些铜器部分背后加一纽，为铜镜，未加纽的为镜形牌饰。其他装饰品还有耳环、手镯、扣、泡、珠、管和牌等。另外，出土一件铜轮形器，当为礼仪类器物。

图一六 小河墓地出土铜器
1. 祭柱上镶嵌铜片 2. 腰衣上镶缀铜片
3. 木罐上镶铜 4. 铜镜 5. 碎铜片

### （三）中国西北青铜冶金区

中国北方地区青铜器研究起步较早，林沄先生曾用中国北方系青铜器的概念概括这一区域的青铜遗存[11]，产生了较大的学术影响[12]。此外还有学者提出"鄂尔多斯式青铜器"[13]"北方青铜器"[14]"中国北方冶金区"等概念[15]，近年来，杨建华教授站在内陆欧亚的视野，又提出"中国北方—蒙古高原冶金区"的概念[16]。2005 年，李水城站在中原和中国西北的视野，将黄河流域及西北地区的早期（有的晚到西周及以后）铜器划分成六个冶金文化圈：龙山—二里头文化圈、河湟谷地文化圈、河西走廊和四坝文化圈、新疆东部的天山北路—焉不拉克文化圈、伊犁河—准噶尔盆地周边的青铜文化圈、天山中段的察吾呼文化圈。并从宏观上将上述冶铜文化圈整合为东西两区，两个大的冶铜文化圈，分别是"东区以龙山—二里头文化、齐家文化为代表，这一地区是从冶炼红铜直接发展到锡青铜；西区包括四坝文化、天山北路—焉不拉克文化、察吾呼文化和伊犁河—准噶尔盆地周边的青铜文化等，这几支文化圈基本是从冶炼红铜到砷铜再进而发展到锡青铜"[17]。站在面向中原的中国西北交互作用圈视野看，除中国北方冶金区（这一冶金区是中国北方—蒙古高原冶金区的组成部分）外，并立的还存在一个西北青铜冶金区。

1. 新疆地区青铜时代的青铜器

新疆地区公元前 3000～前 2500 前后，进入铜石并用时代；公元前 2500～前 2000 年前后，进入到青铜时代早期；公元前 2000～前 1500 年，进入到青铜时代中期；公元前 1500 年～前 1000 年，进入到青铜时代的晚期。典型的遗存已如前述。

2. 河西走廊马厂—西城驿—四坝文化的青铜器

这里将河西走廊马厂—西城驿—四坝文化的青铜器放在一起介绍，缘于它们组成了河西走廊，尤其是河西西部从铜石并用时代到青铜时代早、中、晚期完整的发展演变序列。

马厂文化青铜器。这一地区，最早的青铜器，出自甘肃东乡林家马家窑文化类型F20，是一件青铜刀，也是目前为止，中国境内所见最早的一件完整的成形青铜器。另外还有两块铜碎渣[18]。河西走廊一带，属于马厂类型遗存的青铜器，有出自永登蒋家

图一七　孔雀河古墓沟墓地铜器发现情况

坪[19]、酒泉高苜蓿地、酒泉照壁滩分别出土残铜刀、铜块，属于铜石并用时代和青铜时代早期的遗存。

西驿文化青铜器。西城驿文化的青铜器主要出自西城驿遗址。西城驿一期未见铜器，仅出土有炉渣。二期铜器21件、铜片3件、铜颗粒3个。铜器以锥为主，有14件，余为环3件、泡1件、条状器1件、管2件。21件器物，出自地层、灰坑、灰沟等三类24个单位。二期金属器分为早段4件、中段7件、晚段10件。三期铜器13件，铜片1件、铜颗粒1粒。铜器中锥6件、刀1件、环2件、泡3件、条状器1件。二期中段出现了环体宽扁的A类铜环及铜管，二期晚段出现了B类铜环。二期晚段出现了石镜范。铜镜范背有"十"字纽，绕纽有环圈、三期出现了铜权杖头范，西城驿二期出土铜器材质上主要为红铜，合金中以砷铜为主，锡青铜次之，在加工技术上，主要以热锻为主[20]。陈国科论证，西城驿文化的年代在公元前2700～前2000年[21]，年代处于青铜时代中期之末，主要属于青铜时代的中期。

四坝文化的青铜器。四坝文化的青铜器主要见于玉门火烧沟墓地、民乐东灰山墓地、酒泉干骨崖墓地，以及历年考古调查在河西地区发现的四坝文化的青铜器，发现和采集的青铜器数量有300件左右。工具有刀、削、锥、有銎斧等，武器有矛、匕首和镞等，装饰品比较多，有各类耳环、指环、手镯、扣饰、泡、连珠饰等。火烧沟遗址发现一件四羊首的青铜铸造的权杖头，是标志权力的礼仪器物[22]。四坝文化的年代在公元前1900～前1600年前后，属于青铜时代中期。

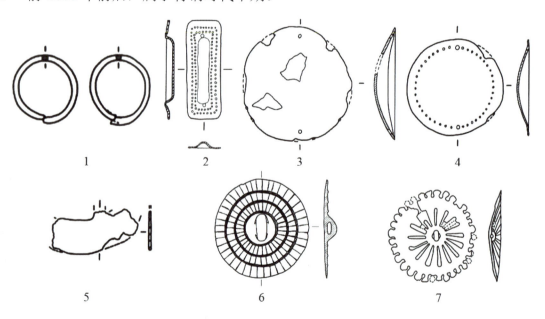

图一八　天山北路墓地早期铜器（公元前2000～前1800年）
1. 环　2～4. 泡　5. 刀　6. 镜　7. 轮形饰

### 3. 齐家文化青铜器

到目前为止，甘肃青海境内齐家文化核心分布区大多遗址和墓地，铜器发现并不多，或者说是寥若星辰。甘肃境内共发现齐家文化遗址 650 处以上，青海境内发现齐家文化遗址多晚，达 1100 多处，齐家文化的墓葬遗址分布相当密集，出土器物的总数当以万计。在近 2000 处齐家文化的遗址里，出土铜器的遗址和墓葬，只有十多处，不足 1%。据李水城 2005 年的统计，齐家文化的铜器的总数不过 130 件[23]。潜伟 2006 年统计，齐家文化有 8 处出土铜器遗址，共见铜器 75 件[24]。截止 2014 年初，重要的有甘肃武威皇娘娘台的 30 件、青海贵南尕马台的 39 件，甘肃积石山县新庄坪的 12 件，甘肃武威海藏寺的 12 件，甘肃永靖秦魏家的 8 件，青海互助总寨的 4 件，甘肃广河齐家坪的 3 件。铜器的种类也不多，有刀、斧、锥、环、矛和镜等。齐家文化铜器的年代大体在公元前 2000～前 1500 年，属于青铜时代的中期。

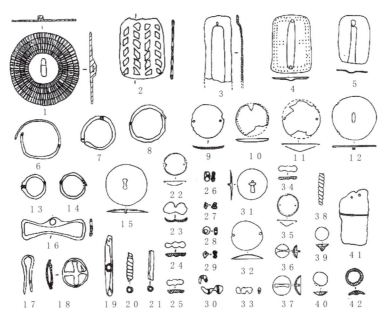

图一九 天山北路墓地出土铜装饰品

1. 镜  2. 镂孔牌饰  3～5、41. 长方形牌饰  6. 手镯  7、8、13、14 耳环  9～11、15、18、22、31、32、35～37、39、40、42. 扣饰  12. 镜形饰  16. 亚腰牌饰  17. 别针；19～21、38. 管饰  23～30、33、34. 连珠饰

过去在介绍齐家文化铜器时，比较重要的材料是青海贵南的尕马台墓地，这一墓地 43 座齐家文化的墓葬中，有 9 座墓葬出土有青铜器，另有 4 座墓中，铜器已经锈毁，仅在局部人骨处遗留有绿色铜锈痕迹。齐家文化中，属尕马台墓地发现铜器最为集中，但种类单一，除一件铜镜外，其余器类均为小件装饰品，以环、指环、手镯、泡为主。比起齐家文化其他墓地和遗址，尕马台人在青铜工业方面显赫一时，如鹤立鸡群之感。尤其是尕马台墓地的 M25，出土了一面七角星纹的铜镜，将其当作是中国境内最早的一

枚铜镜，该铜镜一经出土，犹如投石击水，引发关于铜镜探源的波浪涟漪。这枚铜镜出土后，一直认为属于圆形平板镜，据任晓燕女士最近观察，这枚镜在清理中发现有木柄与铜镜上的双孔系绳捆绑，据此记录可知尕马台这件一直被认为中国境内最早铜镜原来带有木柄[25]。马台墓地墓葬的布局和葬俗葬式非常奇特，40 余座墓葬，排列比较整齐，墓葬里多葬单人，也有合葬墓。40 余座墓葬中，有 30 多座为俯身葬，有一些个体的头颅还不知去向，也有二次葬和扰乱葬现象。这些墓葬习俗，与其后的卡约文化非常相近。铜器中除那面知名度极高的七角纹铜镜外，其余多是一些装饰品，有指环、手镯、泡，也与其后的卡约文化铜器风格相类相似。比较而言，尕马台墓地从埋葬习俗到铜器风格，与齐家文化的差距较大。近来有的学者认为，尕马台人只是齐家人的后裔，它们已经演变成了早期的卡约人，不能再算入齐家文化的范畴[26]。尕马台墓地的年代的上限，可能不会早于公元前 1500 年。

图二〇　中国境内发现的齿状轮饰

1．托里县的纳仁苏 2．采集新疆克里雅河下游采集　3．广河齐家博物馆藏品
4．石峁遗址采集 5．哈密天山北路出土　6．陶寺遗址土出

4. 新疆与甘青地区青铜时代铜器关系研究的新发现

新疆与甘青地区青铜时代铜器遗存之间的关系密切，相关研究已取得许多的学术成果，这里不再赘述。这里我们补充一些新的证据。

齿状圆形环牌饰在欧亚西部早期铜器未发现。陶寺文化晚期发现的一件齿状铜环，出土时戴在 M11 墓主人手臂上，其年代在公元前 2000 年前后[27]。这件齿状铜环发现后，不同学者从不同视野对其进行探源。笔者在《中国早期青铜文化的起源及相关问题初探》中认为，这件器物是西来的，很可能与哈密天山北路墓地有关[28]。梅建军认为，这件砷青铜器的发现确实给人"突兀"之感，但要证明这类青铜器是西来的，"就现有考古证据来看，缺环实在太多"[29]。陶寺遗址的发掘者之一，高江涛认为，陶寺文化出土铜器以及双耳罐显然与甘青地区齐家文化甚至以西更远的欧亚草原地带有一定关系。[30] 就牌饰而言，目前最集中发现的地点是林雅文化的天山北路墓地，各种牌饰出土数以百计，尤以圆形牌饰居多。这些圆形牌饰，直径略大的，约在 6～10 厘米的圆形铜牌饰被认定是早期铜镜，因这里铜镜的广泛发展，而引起了中国早期铜镜起源和传播的学术争论，已如上述[31]。哈密天山北路墓地出土的齿状铜牌饰[32]，年代在该墓地的第 2 段，即公元前 2000～前 1900 年。据说采自石峁遗址的铜器中，亦见有齿轮状铜器。从石峁遗址公布的环首铜刀石范等看，其年代较晚，约在公元前 1800 年[33]，苏荣誉甚至认为，其年代和中原商代器相若[34]。广河齐家文化博物馆收藏的那件"太阳纹铜牌饰"，边缘呈齿状，为齿状圆形牌饰[35]。据征集者唐士乾先生介绍，这件器物发现于齐家遗址，共出的还有齐家文化的陶片。采集自克里雅河下游的"太阳纹圆形牌饰"，背有圆纽，背面由纽向外是放射密集的芒线装饰，边缘的锯齿凸圆，为齿状圆形牌饰，年代或许略早于天山北路墓地。这件"太阳纹铜牌饰"风格与广河县齐家博物馆收藏的那件很接近，只是齐家博物馆收藏的那件，结构更为复杂。不久前，新疆考古工作者在托里县的纳仁苏发现并发掘了 3 座铜石并用时代的墓葬，年代可推断在公元前 3 千纪前半叶。其中 2 座墓葬中出土阿凡纳谢沃橄榄形陶罐，1 座墓葬中见有红色颜料，和一件骨质的齿轮状环饰，当属目前中国境内所见时代最早的一件齿轮状环饰，为我们探索此类器的起源、传播提供了新材料（图二〇）。可见齿状圆形环牌饰在西域、西北齐家文化、二头里文化和三星堆的出现，并非偶然。克里雅

图二一　克里雅河下游采集的铜簪与齐家文化铜簪比较图

1. 克里雅河下游采集

2. （齐家博物馆收藏品，据易华、唐士乾：《世界著名、中国最早，青铜时代——齐家文化铜器》）

河下游采集铜器中有两件端头铸成圆牌状，下为内粗外细柱状簪形器，同类器物在广河齐家博物馆收藏一件，其端头呈镂孔状圆牌饰状，两者间的渊源关系十分明显（图二一）。克里雅河下游采集的铜铸人面像与石峁遗址出土的石雕人面像，以及奥库涅夫文化石雕人面像铸雕风格十分接近，郭物先生已经推测了后两者之间存在的关系[36]。克里雅河下游的发现，可以将这一关系延伸到塔里木盆地（图二二）。

5. 中国西北青铜冶金区

新疆地区的青铜器以伊犁河谷为中心，包括新疆北疆的一些地区的青铜器群，这部分铜器可以和中亚的安德罗诺沃文化划为同一个冶金文化区或受到安德罗诺沃冶金文化圈的影响，其主要器类有垂背斧（横銎斧）、镰刀、有銎凿或有段的凿、矛、铲、锤、折背刀、直柄宽刃刀、直柄双面刃刀等。这些类型的铜器不少在亚欧草原地带很早就出现了，是中央欧亚草原青铜冶金区的东部边缘区域[37]。

新疆地区青铜时代的另一群青铜器，属于中国西北冶金区的重要组成部分。公元前3千纪末到公元前2千纪上半叶，到了青铜时代的中期，首先出现在新疆东部，以哈密天山北路墓地和罗布淖尔小河文化为代表，并很快在河西走廊甘青地区的齐家文化分布区漫延开来，其共性突出，它与以二里头青铜器为代表中原地区的青铜器和中国北方冶金区的青铜器有很大区别，形成了中国西北青铜冶金区。

中国西北青铜冶金区的青铜器，工具主要以各类铜刀为主，有直柄和环首柄的铜刀，其次是骨柄铜锥。环首和直柄的铜刀，几乎是西北青铜文化圈铜器的标志性器物，形体上大同小异，不同区域的文化略显区域差异而已。其他形体较大的工具和武器很少发现，并多与北方草原同类器同脉共源。构成中国西北冶金区青铜器群的大宗主流

1                        2                    3

图二二　石峁遗址、奥库涅夫文化石雕人面像与克里雅河下游采集铜铸人面像的比较

1. 石峁遗址出土　2. 奥库涅夫文化遗址出土　3. 克里雅河下游采集

是各类饰件，主要有圆形牌饰（镜或镜形饰）、方形牌饰、蝶形牌饰。其中的铜镜，在东天山地区突然兴起，流至河西，经河湟谷地，传播到中原地区，源流轨迹清楚。[38]笔者曾提到哈密天山北路墓地出土的蝶形铜牌[39]与青海大通上孙家寨出土两件蝶形牌饰[40]类型一致，自西向东传播的先后与源流明确。哈密天山北路墓地那些长方形镂孔牌几何纹牌饰[41]与西北地区到中原二里头文化中突然流行起来长方形镶嵌绿松石的兽面铜牌，源流比较清楚[42]。哈密天山北路墓地出土桃状铜耳环，与齐家文化和四坝文化同类耳环形制完全一致，这些笔者曾有过论证[43]。另外是大量的铜管饰、各种泡饰、铜珠、联珠铜饰等，西北甘青地区发现与哈密天山北路墓所见，一脉相承，这些器物不少是原始萨满的巫具[44]。克里雅河下游采集的铜权杖头与四坝文化的铜权杖头形制一致。关于权杖，李水城先生有深入的研究[45]，克里雅的发现提供了新材料。这些相同相似的青铜器，大多为本地制造。

中国西北冶金区是本文提出的一个新的概念，主要包括甘青地区马厂文化、齐家文化、四坝文化、卡约文化、辛店文化、诺木洪文化及其后沙井文化以及河西西部的"兔葫芦组"；新疆地区包括有哈密盆地的林雅文化、焉不拉克文化、吐鲁番盆地的洋海文化、苏贝希文化、罗布泊的小河文化、焉耆盆地和库车盆地的察吾呼文化等。中国西北冶金区内不同区域发现的青铜器，从青铜文化特征上看，前后相承，其发展、变化的线索和轨迹比较清楚。时代方面，中国西北冶金区始于公元前3千纪末，向后一直延续到战国。通过比较发现，中原冶金区和中国北方冶金区的铜器群区别明显，分布区域虽有交错，但是各有自己分布的中心区，中国西北冶金区与中原冶金之间的区别更为明显。因中国西北冶金区与中国北方冶金区之间则存在着千丝万缕的关系，表现出更多的共性，这也是一些学者将中国西北冶金区纳入中国北方冶金区的重要原因。

将中国西北冶金区和中国北方冶金区区别开来，主要考虑到它们二者之间至少存着以下重要区别。

1. 器形上，两个冶金区内青铜器物群组合存在本质上的区别，即使是同类器物，形态也迥然有别。

2. 西北冶金区普遍存在砷铜，中国北方冶金区砷铜只是偶见，这些砷铜很可能是由西北地区传入。

3. 这两个不同的冶金区内，考古文化之间的关系甚为密切，不少考古文化间存在着文化上的互动或是同源关系。这一时期，甘青地区有着自己相对独立的考古文化发展和演变谱系；新疆虽然也存在着与甘青地区相对独立的考古文化谱系，但新疆天山地区青铜时代考古学文化与西北甘青地区的史前考古学文化存在着很深的亲缘关系。比较而言，中国北方冶金区和中国西北青铜冶金区基本属于不同的考古学文化谱系区，而且在空间上也存在着很大的距离。

4. 这两个冶金区虽然在青铜文化面貌上存在着不可忽视的共性，但是它们发展的轨道并不完全相同，各自存在着其内在的演变规律。中国西北区冶金区出现的年代较早，青铜时代中期繁荣起来，以小河文化、林雅文化、四坝文化、齐家文化为代表，青铜器自西东向西逐渐普及，到了青铜时代晚期，这一区域内的青铜冶制业并未有突出，或者明显的发展，个别考古学文化中青铜文化和此前阶段相比，有些甚至还出现了倒退，天山地区制铜业的倒退更为明显，如林雅文化到焉不拉克文化。中国北方地区青铜文化出现较晚，夏代时这里的冶金区尚未形成，从公元前 2 千纪中叶开始、经商周的发展，中国北方冶金区才走向繁荣，其后这种局面虽在不同地区和时段有所起伏，但一直延续到春秋战国时期。

5. 中国北方冶金区中具有代表性的青铜文化因素，如短剑、战斧等武器以及动物纹装饰，西北青铜冶金区发现的动物纹牌饰和偶见的短剑显然是由中国北方地区传入，在当地并没有真正地发展起来。

6. 中国北方冶金区的形成，一方面与欧亚草原更早的冶金传统有关，另外，其中的一些因素则源于中国西北青铜冶金区。

最后，需要补充说明的是，二者之间的相似性可能是中国北方和西北地区在生产经济、环境方面具有更多的一致性所致[46]，而它与中原冶金区之间存在明显的差别，缘于二者在社会、经济、文化传统和生态环境的大相径庭。

### 三、东西文化交流旋涡地带的意义

新石器时代晚期以来，东西方文化的交流更为频繁。自东向西发展的史前彩陶之路，把中国早期文化圈的西部疆界拓展到了西域。由西向东发展的史前青铜之路，是中国获取西来技术、制度等文明要素的重要通道。彩陶之路与青铜之路在中国西北的汇流，构成了中国西北交互作用圈的基本内涵和特征。

#### （一）天山彩陶系统形成的意义

天山彩陶系统是内陆欧亚新石器时代到青铜时代文化格局的重要构成部分，它与半坡—庙底沟彩陶、马家窑彩陶共同组成了东方彩陶体系的三大彩陶系统，揭示的是源于黄河中上游的中原史前文化向天山的波及和对天山史前文化的整合。天山彩陶系统概念的提出，对深入理解中华文化多元一体格局的形成有特殊意义。

1. 内陆欧亚新石器时代至青铜时代的文化格局

东亚的黄河流域，西亚的两河流域，是世界彩陶的故乡。东亚地区自东向西，由黄河中上游、河湟谷地、祁连山脉（河西走廊）、天山山脉，终于到达天山西部，构成了东亚、中亚东部彩陶文化带，也称为东方的彩陶之路；西亚自西向东，始发于幼发拉底河、底格里斯河冲积平原，然后经扎格罗斯山脉、科彼特达格山和厄尔布鲁士山、兴都库什山，向西终止于天山的西部，构成西亚、中亚西部彩陶文化带，也称为西方的彩陶之路。亚洲东西方的这两条史前的彩陶之路，东西相望，彼此呼应，独立发展，相互之间又存在千丝万缕的联系。内陆欧亚北方森林草原地带，则是以牧业文化为辽阔区域。这里的陶器多为无耳略鼓腹的陶罐和缸形器，陶器装饰流行压印刻划纹样。内陆欧亚南部绿洲区的东西呼应彩陶文化带、欧亚草原压印刻划纹陶器分布带，构成内陆欧亚新石器时代到青铜时代基本文化格局。三条文化带在中国西北交互作用圈汇流，中国西北交互作用圈处于文化交汇旋涡的中心，在整个亚洲史前文化的演进、发展和文化互动的过程中，占据着举足轻重的位置。

2. 东亚彩陶体系下的天山彩陶系统

东亚彩陶体系由早至晚，由西向东，先后出现和形成了陕豫南部为中心展开的半坡—庙底沟彩陶、甘青河湟谷地为中心展开的马家窑彩陶、新疆天山东西发展的天山彩陶三大彩陶系统。半坡—庙底沟彩陶系统属于鱼、鸟纹象征系统；马家窑彩陶系统中的马家窑类型彩陶，深受半坡—庙底沟鱼鸟纹象征影响，前后承袭关系明显。其后的半山—马厂类型彩陶，在继承传统的基础上，不断地受到西方文化因素的影响，出现了以蜥蜴纹为主体，包括如"卍"形符号等其他象征符号等新象征系统，深植于黄河中上游区域的鸟、鱼纹的象征神性退出了历史舞台。天山彩陶出现的时代最晚，它是在继承马家窑文化马厂类型彩陶基础上形成的，是以抽象几何纹为主题的象征系统。天山彩陶系统时期，东方彩陶的神寓传统瓦解并完全消失，抽象的几何纹图案，被赋予了更多文化意义上的社会属性。

3. 史前黄河流域文化的西渐

至少自新石器时代晚期，祖居黄河流域的史前人类，携带着彩陶文化以及相关联的粟黍类农作物的种植技术等，进入中亚天山地区，对天山地区史前文化进行深度整合，促进了当地经济由狩猎采集为主的自然经济形态，向农耕畜牧为主的生产经济形态过渡，给天山史前文化的发展，涂抹了浓墨重彩的黄河流域文化的底色。彩陶文化非其他技术性因素所能比拟，它标识的是社会性的精神文化。表明史前天山地区的居民，对东方文化的心灵归属和心理认识，从而构成史前华夏文化圈的外环。天山彩陶系统的形成，为中华文化兼容并蓄，形成多元一体文化格局，提供了宽阔的舞台和深邃的历史空间。

4. 西北青铜冶金区形成的意义

中国西北地区青铜技术因素东传的意义，笔者曾有过论述[47]。总体上概括，中国西北青铜冶金区的形成过程，揭开了中国青铜革命的序幕。始于西方冶金技术、小麦种植技术、牛羊驯养等技术层面要素，以及器物造型和其他一些精神领域起作用的象征符号系统，这些都是构成西亚早期文明的核心要素。它们历经曲折征程，辗转进入东部天山、河西走廊和甘青河湟流域，经过沿途的文化改变逐渐脱离其在原发之地的本初意义，转化为地方文化因素，最终构成多元汇流背景下的中国早期文明形成过程中力量强大的西来要素。

## 四、结语

青铜时代中国西北交互作用圈的形成，对于中国早期文明的成长意义重大。通过这个交互作用圈，不同渊源的文化文明因素，在中国西北这一辽阔地区内，碰撞嫁接，产生了无与伦比文化创造力，最终孕育出了罗布淖尔地区小河文化、哈密林雅文化、甘青西城驿—齐家文化、陕西北部石峁文化等相对成熟的文明体。中国西北的这些文明要素，继续融汇到黄河流域的中原地区，在与中原地区文化互动的过程中，推进了中原文明的形成发展。同时，加深了人们对中华文化多元一体格局形成过程的认识。中国西北交互作用圈处于东西文化交流的旋涡地带，青铜时代东西文化的互动掀起了新的浪潮，将欧亚东方纳入到青铜时代的世界体系，进而引发了东西文明互鉴的深化，致使海纳百川成为中华文明内在的一个重要特质。关于青铜时代中国西北交互作圈和中华文明的特质间的关系讨论，我们将付另文。

### 注 释：

[1] 林沄：《商文化青铜器与北方地区青铜器关系之再研究》，《考古学文化论集》，文物出版社，1987 年。

[2] 林沄：《我的 55 年治学生涯》，《林沄文集考古学卷 —— 自序》，上海古籍出版社，2019 年。

[3] 以天山北路墓地为代表的考古文化，有学者也称为天山北路文化，或者称为哈密天山北路墓地文化。因为天山北路在读音上容易与天山北麓混混淆，天山北路墓地最初发现的地点曾被称为林雅，所以我们在相关论著中称其为林雅文化。

[4] 新疆维吾尔自治区文化厅文物处等：《新疆哈密焉不拉克墓地》，《考古学报》1989 年第 3 期；陈戈：《略论焉不拉克文化》，《西域研究》1991 年 1 期。

[5] 林梅村：《吐火罗人的起源与迁徙》，《西域研究》2003 年第 3 期；李水城：《从考古发现看公元前二千纪东西文化的碰撞与交流》，《文化的馈赠 —— 汉学研究国际会议论文集（考古学卷）》，北京大学出版社，2000 年。

[6] 刘学堂、李文瑛：《中国早期青铜文化的起源及其相关问题新探》，《藏学研究（第三辑）》，四川大学出版社，2007 年。

[7] 李水城：《从考古发现看公元前二千年东西文化的碰撞和交流》，《新疆文物》1999 年第 1 期；水涛：《新疆青铜时代诸文化的比较研究》，《国学研究（第一卷）》，北京大学出版社，1993 年。

[8] 新疆文物考古研究所：《哈巴河县阿依托汗一号墓群考古发掘报告》，《新疆文物》2017 年第 2 期。

[9] 新疆文物考古研究所：《新疆伊犁州墩那高速公路尼勒古代墓葬的发掘》，《考古》2020 年第 12 期。

[10] Jianyi Tong, Jian Ma, Wenying Li, etal. *Chronology of The Tianshanbeilu Cemetery in Xin northwestern china radiocarbon*, 2021.

[11] 林沄：《商文化青铜器与北方地区青铜器关系再研究》，《考古学文化论集》，文物出版社，1987 年。

[12] 梅建军：《"北方系青铜器"——一个术语的"诞生"和"成长"》，《考古发掘与历史复原》（法国汉学第 11 辑），《法国汉学》丛书编辑委员会，中华书局，2006 年。

[13] 田广金、郭素新：《鄂尔多斯式青铜器的渊源》，《考古学报》1988 年第 3 期。

[14] 乌恩：《殷至周初的北方青铜器》，《考古学报》1985 年第 2 期。

[15] 杨建华：《商周时期中国北方冶金区的形成——商周时期北方青铜器的比较研究》，载《边疆考古研究（第 6 辑）》，科学出版社，2007 年。

[16] 杨建华等：《欧亚草原东部的金属之路——丝绸之路与匈奴联盟的孕育过程》，上海古籍出版社，2016 年；杨建华、权乾坤：《再论中国北方——蒙古高原冶金区》，《考古》2022 年第 8 期。

[17] 李水城：《中国西北地区早期冶铜业及区域文化的互动》，《考古学报》2005 年第 3 期。

[18] 甘肃省文物工作队：《甘肃东乡林家遗址发掘报告》，《考古学集刊（第 4 集）》，科学出版社，1984 年。

[19] 孙淑云、韩汝玢：《甘肃早期铜器的发现与冶炼、制造技术的研究》，《文物》1997 年第 7 期。

[20] 陈国科等：《张掖西城驿遗址出土铜器的初步研究》，《考古与文物》2015 年第 2 期。

[21] 陈国科：《西城驿——齐家冶金共同体：河西走廊地区早期冶金人群及相关问题初探》，《考古与文物》2017 年第 5 期。

[22] 李水城、水涛：《四坝文化研究》，《文物》2000 年第 3 期。

[23] 李水城：《中国西北地区早期冶铜业及区域文化的互动》，《考古学报》2005 年第 3 期。

[24] 潜伟：《新疆哈密地区史前时期铜器及其与邻近地区文化关系》，知识出版社，2006 年。

[25] 罗武干等：《青海省贵南县尕马台墓地出土铜器的成分分析》尚未发表；任晓燕：《论尕马台墓地丧葬习俗及相关问题》，《2015 年中国广河—齐家文化与华夏文明国际研讨会论文汇编》，2015 年。

[26] 关于尕马台墓地的认识，这里主要参考和同意陈小三博士在其博士论文《河西走廊及其邻近地区早期青铜时代遗存研究》中表述观点。

[27] 张岱年：《陶寺文化与龙山时代》，《庆祝苏秉琦考古五十五年论文集》，文物出版社，1989 年；中国社会科院考古所山西队：《山西襄汾陶寺遗址首次发现铜器》，《考古》1984 年第 12 期；国家文物局：《2001 中国重要考古发现》，文物出版社，2002 年。

[28] 刘学堂：《中国早期青铜文化的起源及其相关问题新探》，《藏学研究（第三辑）》，四川大学出版社，2007 年。

[29] 梅建军：《中国的早期铜器及其区域特征》，《中国史新论 —— 古代文明的形成分册》，（台北）联经出版公司，2016 年。

[30] 高江涛：《海纳百川：中华文明形成过程中的一种特质》，《中国文物报》，2021 年。

[31] 刘学堂：《中国早期铜镜起源研究 —— 中国铜镜起源西域说》，《新疆文物》1998 年第 3 期。

[32] 哈密博物馆编：《哈密文物精粹》，科学出版社，2013 年。

[33] 陕西省考古研究院等：《陕西神木县石峁城址皇城台地点》，《考古》2017 年第 7 期。

[34] 苏荣誉：《关于中原早期铜器生产的几个问题：从石峁发现谈起》，《中原文物》2019 年第 1 期。

[35] 易华、唐士乾：《世界著名中国最早青铜时代 —— 齐家文化铜器》，《丝绸之路》2014 年第 19 期。

[36] 郭物：《从石峁遗址的石人看龙山时代中国北方同欧亚草原的交流》，《中国文物报》2013 年。

[37] 刘学堂：《新疆地区青铜文化的发现与研究》，《吐鲁番学研究》2005 年第 2 期。

[38] 刘学堂：《中国早期铜镜的发现起源与传播 —— 再论中国早期铜镜源于西域说》，《西域史林》，三秦出版社，2013 年。

[39] 哈密博物馆编：《哈密文物精粹》，科学出版社，2013 年。

[40] 刘宝山：《青海史前的铜泡饰、铜片饰和联珠饰》，《青海文物》1999 年第 11 期。

[41] 哈密博物馆编：《哈密文物精粹》，科学出版社，2013 年。

[42] 陈小三：《试论镶嵌绿松石牌饰的起源》，《考古与文物》2013 年第 5 期。

[43] 刘学堂：《中国早期青铜文化的起源及其相关问题新探》，《藏学研究（第三辑）》，四川大学出版社，2007 年。

[44] 李文瑛：《西北地区发现的早期铜饰与原始萨满艺术》，《丝绸之路艺术与生活》香港沙堂——服饰出版，2007 年。

[45] 李水城：《耀武扬威 —— 权杖源流考》，上海古籍出版社，2021 年。

[46] 童恩正：《试论我国从东北至西南的边地半月形文化传播带》，《南方文明》，重庆出版社，2004 年。

[47] 刘学堂：《中国早期青铜器的起源与传播》，《中原文物》2012 年第 4 期；刘学堂、李文瑛：《史前"青铜之路"与中原文明》，《新疆师范大学学报》2014 年第 2 期。

# 禹羌华夏说

易 华

/

中国社会科学院民族学与人类学研究所研究员

**摘 要：** 大禹出西羌，治水九州，会盟涂山，禹征三苗，崩于会稽；既是传说也是神话又有历史素地。禹出西羌又称西戎，涂山会盟西羌东夷结合，征三苗西北征服东南，禹崩会稽禹陵犹存。大禹之子启发动甘之战巩固政权建立夏朝，从此进入父系男权社会干戈王国时代。《禹贡》九州雍、梁为羌人大本营，三代正是西北羌人与东南夷人碰撞交融史。齐家文化贯穿夏代，石峁和二里头遗址可能是夏代首末都。华山或泰华与华胥传说亦与华夏相关。神话、传说、历史、考古、民族学与人类学结合可以系统论证禹羌与华夏文明之关联。

**关键词：** 禹 羌 夏 齐家文化 华夏文明

## 一、引言

司马迁相信大禹出西羌治水九州，是夏王朝奠基者。《史记·夏本纪》实际上是禹羌本纪，大禹故事篇幅超过四分之三，从启到桀四百余年只有五百余字不到四分之一。《史记·六国年表》总结了中国上古史上"东作西收"或"东生西成"现象："东方物始所生，西方物之成熟；夫作事者必于东南，收功实者常于西北。故禹兴于西羌，汤起于亳，周之王也以丰镐伐殷。秦之帝用雍州兴，汉之兴自蜀汉。"司马迁一家之言既是夏商周秦汉五朝兴亡历史总结，也是逻辑归纳结果。

王国维深刻领会了司马迁一家之言，明显继承中华祖先华夏文明源自大西北昆仑黄河之说。《读史二十首》之一坚信西北昆仑是故："回首西陲势渺茫，东迁种族几星霜？何当踏破双芒屐，却向昆仑望故乡。"《读史二十首》之二认为黄河上游是祖先来路："两条云岭摩天出，九曲黄河绕地回。自是当年游牧地，有人曾号伏羲来。"

傅斯年根据现存传世文献论证了夷夏东西说："夏实西方之帝国或联盟，曾一度或数度压迫东方而已；与商殷为东方帝国，曾两度西向拓土，灭夏克鬼方者，正是恰恰相反，遥遥相对。知此形势，于中国古代史之了解，不无小补也。"[1]陈梦家认为羌可能与夏后氏为同族，被商人认为是异族[2]。徐中舒先将夏与仰韶文化挂钩，认为仰韶为夏民族曾经居住之地，并从仰韶遗物推论夏代文化；后又将羌与夏联系起来，推论夏民族迁徙与文化发展："羌族所居之地是牛羊等动物的原生地，所以畜牧业发展也较早。羌人以牧羊为主，由于畜群的发展，私有财产的产生也最早形成家族……以羌族为主建立夏王朝，在进入中原后接受龙山文化的影响，可能就逐渐改变其旧俗，形成中原文化，而仍居留于西方的羌族则继续保留其旧俗。"[3]黄文弼在西北考察之后也发现上古中国之"大夏"中心在今甘肃洮河流域一带，其民族当是羌族[4]。大夏与禺氏、空桐连举则大夏与禺氏、空桐接壤，禺氏即月氏，在今武威、张掖一带，空桐在今平凉一带，则武威以东平凉以西则非大夏莫属[5]。凉州一带曾被称之为"西夏"，《述异记》载张轨为凉州刺史持节护羌校尉："祚传子孙，长有西夏。"[6]翦伯赞亦认识到甘肃、青海一带诸羌之迁徙："一部分沿南山北麓之天然走廊，西徙新疆，与原住塔里木盆地的诸氏族发生接触。中国传说中，许多神话人物皆与昆仑山有关，或与西王母有往来，正是暗示这一历史内容。"[7]早在20世纪30年代顾颉刚《九州之戎与戎禹》考证出九州本来是西方戎族所居之地，后演变为天下之代称九州；四岳本来是戎人所居之处，后演变为平分四方之四岳；禹本来是戎祖宗神，后演变三代之首君[8]。在甘肃考察之后他发现夏可能兴起于西北，所以周人自以为接受了夏文化系统；并且后来在西方创立的国家也多称夏，如赫连勃勃、赵元昊等；同时西北的水也多称夏，如大夏河、夏水（汉水）等[9]。晚年从古籍中探索羌族提出中华民族人文始祖炎黄首先是羌人祖先，然后才是华夏族祖先；不仅以炎帝为宗神的古代羌人生活在今青海祁连河湟一带，而且青、甘、陕、川是炎黄部落联盟活动区正是华夏民族发祥地[10]。顾颉刚等实际上已经逼近禹羌华夏说了。现在我们在司马迁记述和先辈学者考证的基础上，结合考古新发现与民族学、人类学研究来探讨禹、羌、齐家文化与华夏文明之关联。

## 二、禹出西羌，治水九州

大禹神话传说见于四书五经，亦为诸子百家乐道。大禹出西羌见于孟子，司马迁赞成此说。《史记·夏本纪》晋皇甫谧集解云："孟子称禹生石纽，西夷人也；传曰禹生自西羌，是也。"唐张守节正义云："禹生于茂州汶川县，本冉駹国，皆西羌。"南朝范晔《后汉书·戴良传》："仲尼长东鲁，大禹出西羌"。扬雄相信石纽在川西，颜真卿留下"禹穴"。如今北川石纽遗迹和"禹穴"碑可作为大禹出生神话落地生根证据。[11]

黄河（济水）、长江、淮河流域均有大禹神话传说遗迹。大禹故事是神话传说，亦反映了历史事实，可以用历史和考古发现来说明。《禹贡》以为河源在雍州，"浮于积石，至于龙门西河，会于渭汭"，贡物是球琳、织皮等。宗日、火烧沟、齐家坪等遗址发掘显示岷山地区到河西走廊一带是高地农业社会与草原畜牧人口交汇之处，也是早期金属冶炼最活跃的地区[12]，实际上是齐家文化分布区羌人根据地。《禹贡》九州之一梁州是指陕西汉中、四川及部分云贵地区："岷山导江，东别为沱，又东至于澧；过九江，至于东陵，东迤北，会于江；东为中江，入于海。"《华阳国志》云："泉源深盛，为四渎之首，其宝则有璧玉、金、银、珠、碧、铜、铁、铅、锡、赭、垩、锦、绣、罽、氂、犀、象、毡、毦，丹黄、空青、桑、漆、麻、纻之饶，滇、獠、賨、僰僮仆六百之富。"梁州贡道沿白龙江东南下穿越岷山入嘉陵江走陆路进入汉水，从汉中盆地翻越秦岭进入关中盆地到龙门西河。《禹贡》对以岷山为中心梁州金属矿藏物产描述特别详细。"在《诗》文王之化，被乎江汉之域；秦豳同咏，故有夏声也。"班固《汉书·地理志》与北魏郦道元《水经注》中有些河流较岷江为长，但历代学者仍尊岷江为正源。宋刻《禹迹图》绘有今金沙江远自西方南下再向东北入川与岷江合流，仍在岷江源头注上了"大江源"。大禹治理岷江，岷江上游松潘黄龙有大禹庙；玉垒山亦有"禹庙"供奉大禹。

《吴越春秋》卷六越王无余外传亦云："禹父鲧者，帝颛顼之后。鲧娶于有莘氏之女，名曰女嬉。年壮未孳。嬉于砥山得薏苡而吞之，意若为人所感，因而妊孕，剖胁而产高密。家于西羌，地曰石纽。石纽在蜀西川也。禹伤父功不成，循江，溯河，尽济，甄淮，乃劳身焦思以行。"长江、黄河、淮河、济水四渎都流行大禹治水传说，并有禹庙碑刻遗迹。河南济源济渎庙保存尤为完好，是国家重点文物保护单位。

羌见于甲骨文，广泛分布于大西北，河南陕西山西亦有羌人分布。《后汉书》有系统记述，大西北是羌人世界。羌是商代主要异族人群，常与商人发生战争。武丁时期伐羌兵力最为雄厚："伐羌，妇好三千人，旅万人，共万三千人。（库310）"羌不仅活跃于西方，而且占据北方，又有北羌之称。其中还有多臣羌、多马羌、亚其等，据考证为臣服商朝的羌人[13]。羌人普遍崇拜岳神，有火葬的习俗。齐家、辛店、寺洼文化有火葬遗存，可能是氐羌文化，也可能是先周文化或夏文化。商代似乎推行过以羌人为人牲的政策，商人常将俘获或进贡的羌人用于祭祀祖宗、上帝、河岳或祈年、祛灾等重要祀典，从两、三人至上百人不等[14]。其中武丁卜辞有"戊子卜，宕，贞宙今夕用三百羌于丁"（契245）。甲骨文中一次用人牲最高纪录是1000[15]。

顾颉刚曾考证出禹有天神性，先秦传世文献中禹与夏不同出，说明禹与夏没有直接关系。但周代青铜器铭文表明禹与夏确实相关。北宋宣和五年（1123年）出土于齐国临淄故城叔夷钟出现了“翦伐夏后”“处禹之绪”：“虩虩成唐，有严在帝所。敷受天命，（刻伐䪼司）翦伐夏后。败厥灵师，伊小臣惟辅。咸有九州，处禹之绪。”郭沫若认为成唐即成汤，伊小臣即伊尹，禹即夏禹。[16]甘肃天水秦公簋：“丕显朕皇祖受天命，鼏宅禹迹。十又二公，在帝之坏，严恭寅天命，保业厥秦。虩使蛮夏。”王国维指出：“故举此二器，知春秋之世，东西二大国无不信禹为古之帝王，且先汤而有天下也。”[17]大禹亦见于西周金文《遂公盨》：“天命禹敷土，随山浚川，乃差地设征，降民监德，乃自作配乡（享）民，成父母……”遂公盨、秦公簋、叔夷钟有“禹”“夏”铭文，反映了西周春秋时期不同文化区域对“禹”和“夏”的共同认知。2019年随州枣树林墓地发现曾侯宝夫人芈加之墓，出土编钟铭文亦有“禹”与“夏”：“惟王正月初吉乙亥，曰伯括受命，师禹之绪，有此南洍。”[18]2009年随州文峰塔曾侯与之墓编钟也出现了“临有江夏”：“惟王正月吉日甲午，曾侯与曰：伯括上帝，左右文武。彻殷之命，抚定天下。王遣命南公，营宅汭土。君庀淮夷，临有江夏。”芈加是楚国公主，“芈”是楚国王族之姓，在古文字中写作“嬭”。叔夷钟叙及先祖商汤在伊尹辅佐下受天命而翦灭夏人统治九州，芈加编钟和秦公簋强调“禹迹”的同时也强调天命。《诗经·大雅·文王有声》“丰水东注，维禹之绩”；《诗经·商颂·殷武》“天命多辟，设都于禹之绩”。《国语·周语下》“帅象禹之功”和《诗经·鲁颂·閟宫》“缵禹之绪”大意相同。上至西周远至南土，“禹迹”与“夏”的观念也深入人心。叔夷钟出自齐国，但叔夷是商人后裔；秦公簋出自秦国，与商人有关联；芈加是楚人，芈本是羊叫声，与羌关系密切。周代清华简《厚父》记载了夏人后代对祖先的追述，亦提到大禹治水、奠定九州的伟绩。“禹迹”“禹绩”“禹绪”皆指大禹功业。夏人后裔，还是商人、周人后裔，都与“夏”是有亲缘关系抑或敌对关系，大禹并非出自某家某族之标榜。[19]

四川阿坝羌族藏族自治州茂县营盘山遗址出土了马家窑风格彩陶，牟托遗址石板墓、双耳罐、青铜器，被确认是羌文化遗存。2003年重庆云阳出土东汉雍陟《景云碑》：“先人伯杼，匪学惊慨，术禹石纽汶川之会。”唐代司马贞《史记索隐》引《世本》说：“越，芈姓也，与楚同祖。”芈姓正是楚、越同源于羌的线索。

## 三、涂山之会，羌夷结盟

《左传·哀公七年》：“禹合诸侯于涂山，执玉帛者万国”。《吕氏春秋·音初》禹过家门未之遇而巡省南土，涂山氏之女乃令其妾候于涂山之阳，作歌曰“候人兮猗”。“候人兮猗”被认为是南音之始，周公及召公取风以为《周南》《召南》。《北堂书钞》《艺文类聚》《太平御览》转引《吕氏春秋》轶文禹年三十未娶遇九尾白狐，涂山人歌曰：“绥绥白狐，九尾庞庞。成于家室，我都攸昌。”《乐府诗集·杂歌谣辞》有《涂山歌》更详细：“绥绥白狐，九尾庞庞。我家嘉夷，来宾为王。成于家室，我都攸昌。天人之际，于兹则行。"《吴越春秋·越王无余外传》云："禹因娶涂山，谓之女娇。"亦有《涂山歌》略有不同："绥绥白狐，九尾痝痝。我家嘉夷，来宾为王。成家成室，我造彼昌。天人之际，于兹则行。"

《尚书·益稷》大禹自述："娶于涂山，辛、壬、癸、甲。启呱呱而泣，予弗子，惟荒度土功。"《孟子·滕文公上》说大禹"八年于外，三过其门而不入"。《吕氏春秋》说："禹娶涂山氏女，不以私害公，自辛至甲四日，复往治水。"《史记·夏本纪》载："（大禹）劳身焦思，居外十三年，过家门不敢入。"涂山之地有会稽（今浙江绍兴）、江州（今四川巴县）、当涂（今安徽当涂）、濠州（今安徽怀远）等不同说法，可能不止会盟一次，亦有可能是涂山氏四处迁徙之结果。与涂山女结婚意愿着西羌与东夷结盟，大会诸侯于涂山或会稽宣告治水成功，其间还可以小会或中会诸侯。

禹会村遗址又名禹墟，位于安徽省蚌埠市西郊涂山南麓禹会区禹会村，因"禹会诸侯于涂山"而得名，是龙山文化时代淮河流域代表性文化遗址。禹会诸侯事件是夏代之前大规模盟约活动，夯土祭祀台和大量陶器很可能是大型祭祀活动遗迹。还有棚屋区遗迹可能是禹会诸侯历史的又一重要物证[20]。司马迁不仅记述了禹会涂山，《史记·外戚世家》明确提出夏之兴以涂山："自古受命帝王及继体守文之君，非独内德茂也，盖亦有外戚之助焉。夏之兴也以涂山，而桀之放也以末喜。殷之兴也以有娀，纣之杀也嬖妲己。周之兴也以姜原及大任，而幽王之禽也淫于褒姒。故易基乾坤，诗始关雎，书美厘降，春秋讥不亲迎。夫妇之际，人道之大伦也。礼之用，唯婚姻为兢兢。夫乐调而四时和，阴阳之变，万物之统也。"如今禹会村仍流传"禹陈岗""禹会古台""禹帝行祠"和"禹帝庙"等旧称，并且建成了禹会村国家考古遗址公园。

## 四、 羌夷建夏，夏在西北

《史记·夏本纪》："夏后帝启，禹之子；其母涂山氏之女也。"启是西羌大禹与东夷涂山氏之子，羌夷结合建立夏朝才有夷夏之分。夏以干戈立国。《史记·夏本纪》载禹巡视东方，按禅让原则传位给益，益让位给禹子启；有扈氏不服，启卒众亲征。甘之战确立了父子继承制建立了夏朝，也就标志着东亚进入了父权时代。《国语·周语下》："皇天嘉之，祚以天下，赐姓曰姒，氏曰有夏"。《史记·夏本纪》曰禹为姒姓，其后分封，用国为姓，故有夏后氏、有扈氏……"姒"字"女"旁值得注意。《说文解字·女部》："姓，人所生也，从女、生，生亦声。"这说明姓源自母系而非父系[21]。由此可见夏代之前从母，夏代开始从父，父系父权正是夏代开始巩固成制度。《史记索隐》又云："夏启所伐，鄠南有甘亭。"甘即甘亭，是有扈氏国南郊地名。《后汉书·郡国志》云："鄠县属右扶风，有甘亭。"《水经·渭水注》："渭水又东合甘水，水出南山甘谷。"根据《简明中国历史地图集》中的"夏时期全图"将有扈氏标注于西安附近[22]。陕西户县西南甘峪和甘亭一带正是齐家文化或客省庄二期文化分布区。

夏代历史重戎轻祀明显，孔甲好鬼神事淫乱，而桀不务德而武伤百姓。《史记·夏本纪》从启崩到桀亡四百余年，帝崩、子立、失国、征伐是主旋律。《古本竹书纪年》记载略有不同："益干启位，启杀之。"《韩非子》载："古者禹将传天下于益，启之人因相攻益而立启。"《战国策·燕策一》则曰："启与支党攻益而夺之天下。"《尚书·五子之歌》曰："太康尸位以逸豫，灭厥德，黎民咸贰。乃盘游无度，畋于有洛之表，十旬弗返。有穷后羿因民弗忍，距于河。"夏朝前期主要面临来自东方夷人的威胁，伯益之外还有两个东夷首领有穷氏后羿和寒浞先后篡位代夏。甘之战后还有启征西河，帝相元年征淮夷、二年征风夷及黄夷，后相二年征黄夷，柏杼子征于东海及王寿，不降六年伐九苑，后桀伐岷山……[23]桀伐岷山是夏代末年重大事件。《古本竹书纪年》记载："后桀伐岷山，进女于桀二人，曰琬，曰琰。桀爱二女，无子，刻其名于苕华之玉，苕是琬，华是琰，而弃其元妃于洛，曰妺喜氏。妺喜氏以与伊尹交，遂以间夏。"汤遂灭夏，桀逃南巢。清华简《尹至》记载"（桀）宠二玉"。羌人出身姜太公等与姬姓周人共创了周王朝。汉亦兴于蜀汉，与羌人有密不可分的联系。启本人是羌夷结合的产物，夏朝亦是羌夷战争的结果。羌人转变为夏、周、汉人是历史大趋势。故费孝通认为羌是"一个向外输血的民族"。古羌人是华夏民族的重要组成部分，不仅转化为夏人周人汉人，而且融入了藏族、彝族、白族、哈尼族、纳西族、傈僳族、拉祜族、基诺族、普米族、景颇族、独龙族、怒族、阿昌族、土家族等民族，还是当代羌族直系祖先。

考古学发掘与研究可以证明历史记载夏代开始进入父死子继父权社会。仰韶、龙山文化墓葬有贫富分化，但男女仍然相对平等，父系还是母系之争尚无定论。到了青铜时代出现了赤裸裸男女不平等，齐家文化时代柳湾、皇娘娘台、秦魏家遗址就是典型代表。柳湾墓地发掘马厂类型墓1000余座，贫富分化明显但看不出男尊女卑。366座齐家文化墓葬中合葬墓23座，20座合葬墓中成对成年人合葬墓16座，一位死者仰身直肢躺卧棺内，另一人则被置于棺外。这清楚地显示棺内死者地位居尊，棺外死者处于从属地位，而被置于棺外死者是女性。确定性别合葬墓中，女性尸体旁工具是纺轮，男性随葬工具为石斧、石刀、石凿、石锛，可见男女分工已经明显。M314男仰身直肢平躺于木棺内，40余岁；女在棺外右下角侧身屈肢面向男性，一条腿被压在棺下，16～18岁，显然是为墓主人殉葬[24]。皇娘娘台遗址第四次发掘发现10座成年男女合葬墓和2座一男两女合葬墓，主要通过葬姿和陪葬物来体现男尊女卑[25]。秦魏家遗址上层24座合葬墓中有15座成人合葬墓：男性仰身直肢、侧身直肢或俯身直肢居右，女性屈肢侧身居左，生动地展示了女性卑躬屈膝形象[26]。张忠培认为齐家文化葬制达到了恩格斯说的父权统治典型阶段，应该把齐家文化时期划入父权制时代[27]。

陕北地区神圪垯梁遗址发现了石峁时代保存器物完整组合的大型墓 M7，口小底大竖穴土坑墓，墓底中部有一具长方形原木棺，墓主为成年男性，仰身直肢，棺外西侧有一女性人骨，侧身屈肢，四肢呈捆绑状，面朝棺材[28]。壁龛中有六件陶器组合：斝、折肩罐、两只壶或尊、两只双耳杯（原报告分别称之为盆和双耳壶），其中一只大双耳杯是典型齐家文化风格。最近石峁遗址次级聚落出土了典型齐家文化男尊女卑墓葬：一类大墓共三座有木棺、有壁龛、有殉人，男性墓主葬于木棺内仰身直肢，随葬 3～4 件玉器；女性殉人位于墓主左侧棺外，侧身面向墓主，身上可见劈砍迹象。墓主右侧墓壁上有一半月形壁龛，龛内一般放置 5 件带石盖陶器，另有 1～2 件细石刃[29]。《史记》记载夏代世系显然是典型男系父权社会。考古发现齐家文化或石峁社会与历史记载的夏代社会状况正好吻合。

齐家文化至今没有发现大墓可能与火葬文化有关。周先人和夏人可能实行火葬，亦可能是至今没有发现夏代和周代王室墓的一个原因。齐家文化继续了东亚新石器时代墓葬传统，又从中亚吸收了洞室墓、火葬及男女合葬文化，极大地丰富了中国墓葬文化。齐家文化墓葬的多样性反映了夏代社会文化复杂性，亦可佐证齐家文化是夏文化。竖穴土坑墓、洞室墓、火葬墓体现民族文化和信仰多样性，男女合葬墓体现了母系社会到男权社会的变革。齐家文化与夏朝不仅社会性质相同，又大体处于同一时空范围，从墓葬看可以肯定地说齐家文化就是夏代文化。

考古发现和研究亦可证明甘之战建立夏朝已进入干戈王国。玉戈和铜戈均见于二里头文化遗址，但其源头可追溯到石峁或齐家文化。大型玉刀与玉戈是二里头、石峁遗址或齐家文化中重要礼器。二里头遗址出土玉刀长达 64 厘米，共出土三件相对成熟的玉戈，可以追溯到石峁文化玉戈。三件石峁玉戈中有一件墨玉戈长 29.4 厘米，无援无胡较原始[30]。齐家文化遗址中不仅出土了众多玉刀，亦出土了玉戈形器和铜戈形器。喇家遗址 M12 与璧同出的戈形玉片可能是戈的始原[31]。此外，宗日遗址还出土一件平面呈三角形器，残器长 8.7 厘米，宽 2.2 厘米，中间有脊也可称其"戈形器"，亦可以作为戈起源于齐家文化的一个佐证（图一）[32]。

戈被认为是夏民族或夏文化象征之一。从玉石戈到青铜戈的演变过程可以揭示戈伴随着国家形成[33]。赛伊玛—图尔宾诺文化铜矛见于青海西宁沈那遗址，亦分布到了河南、山西、辽宁等地（图二）[34]。铜斧亦见于甘肃广河齐家坪遗址和二里头遗址[35]。

中国境内最早的铜箭镞见于青海柳湾遗址齐家文化层和石峁遗址中晚期。二里头遗址、石峁遗址、柳湾遗址齐家文化层不约而同出现了青铜箭镞，标志着弓箭已成主战兵器。在此之前石制或骨制箭镞主要用来狩猎，青铜箭镞作为远射兵器大大提高了战斗力（图三）[36]。

图一　青海省博物馆展出宗日遗址齐家文化层出土戈形器

图二　青海博物馆展出沈那遗址出土铜矛

图三　青海省博物馆展出柳湾遗址齐家文化层出土铜箭镞

石峁、二里头遗址是两大夏代纪年之内王都城址。夏代开始之时，良渚、石家河古城已经崩溃，唯有齐家文化方兴未艾，石峁古城欣欣向荣。石峁遗址早期是一座龙山文化古城，中期开始受到齐家文化或西北青铜游牧文化明显影响，出现了牛、羊、马和青铜器，还有齐家文化风格墓葬、陶器和卜骨。马面、瓮城和皇城台等表明石峁遗址是都城遗址；祭祀和占卜是凝聚人群的核心手段[37]。石峁遗址中期开始进入青铜时代吸收了游牧文化，玉戈、铜镞表明战争迹象日益明显，男女亦明显不平等。夏代开始之际陶寺古城已被摧毁，二里头古城尚未兴起，石峁遗址正是东亚无与伦比的大城，最有可能是夏代首都。

石峁遗址出土了数以万计羊骨，表明石峁时代已养羊成风。羌人以养羊著称，石峁遗址可能与羌人有关。石峁遗址和齐家文化居民一样用牛羊肩胛骨占卜决策，羌人继承了骨卜传统。《四川总志》记载松潘地区"炙羊膀以断吉凶"。《茂州志》："占卜……或取羊膊以薪炙之，验纹路，占一年吉凶，曰炙羊膊。"石峁遗址石砌建筑众多，羌族继承了石砌建筑传统，碉楼和民居都是证据。口弦是石峁遗址居民和羌人共同喜爱的乐器。2016～2017年皇城台发掘出20余件形制多样的骨制口弦，距今约4000年，制作规整，中间有细薄弦片，一般长约8～9厘米，宽逾1厘米，厚仅1～2毫米。这是目前国内所见正式发掘出土年代最早、数量最多的簧乐器，有人类音乐"活化石"美誉。《诗经·小雅·鹿鸣》："我有嘉宾，鼓瑟吹笙。吹笙鼓簧，承筐是将。"口弦承担着沟通人神天地的功能，是一种世界性乐器，与各民族的社会生活关系密切。口弦与羌笛一样是羌族特色乐器。"小小竹片中间空，麻绳扯奏响叮咚，房前屋后碉楼上，花前月夕起春风。"羌族口弦表演形式大多为独奏或合奏，口弦和羌笛均已列入四川省第一批非物质文化遗产名录。

都城迁移是普遍现象，商王朝有"前八后五"之说；夏王朝也会有多处都城[38]。石峁遗址位于峁上称之为阳城正合适，当是夏王朝第一个都城。《今本竹书纪年》云："帝禹夏后氏，元年壬子，帝即位，居冀。"《尚书·禹贡》云："壶口治，梁及岐。"孔安国传云："壶口在冀州，梁、岐在雍州，从东循山治水而西。"石峁、二里头正位于雍冀之间。从石峁到二里头顺黄河而下十分方便。逐鹿中原，北魏、唐、辽、金、元、清重演了夏、商、周、秦、汉五朝史。鲜卑从东北进入蒙古草原发展壮大从平城迁都洛阳，鲜卑后裔李治父子从晋阳起兵入关中建都长安东周迁洛阳，忽必烈初都长城外称上都入长城始称大都。满洲从东北进入中原也是先定都长城外后迁都长城内，还在长城地带建立避暑山庄作为陪都。龙山文化晚期高墙林立，齐家文化缺城少墙；二里头显然是座移民新城。分子人类学研究表明二里头居民不少来自西方或北方，当然也有来自南方或东方，显示是丰富遗传多样性[39]。族属复杂化，二里头是中国最早移民城市[40]。其实石峁位于东西交流南北互动要冲，亦是更早的外来人口众多的城市。

长城地带或所谓400毫米降雨线不仅是农牧分界线，更是农牧经济与文化结合部。石峁遗址是已知规模最大龙山时期至夏代城址；具备了早期王国都邑必要条件。石峁遗址位于半月形文化带核心地区，正是东亚定居农业文化与中亚青铜游牧文化结晶。二里头遗址是夏代都城只能是中晚期，石峁作为夏代首都绝非偶然。结合历史记述与考古发现可以从年代、时代、地理、经济、社会、文化等方面进行综合论证齐家文化正是夏代遗迹，而石峁遗址和二里头遗址分别为首都和末都。

## 五、讨论与结语

神话传说与民族历史考古相结合，大致可以复原大禹西羌华夏历史关键。东晋常璩撰写《华阳国志》是一部记述中国西南地区从远古到东晋永和三年（347年）历史、地理、人物著作，与《越绝书》并称中国现存最早地方志。"华阳"见于《尚书·禹贡》"华阳黑水惟梁州"。梁州东至华山之阳，西至黑水之滨。《华阳国志·序》云："唯有天汉，鉴亦有光。实司群望，表我华阳。"《禹贡》九州之梁州在华山之南而得名"华阳"。山南为阳，山北为阴，华阳、华阴表明秦岭曾经是泰华或华山。《史记·孙子吴起列传》载："夏桀之居，左河济，右泰华，伊阙在其南，羊肠在其北。"右泰华就是秦岭或华山，历代古籍中泰华与秦岭交叠出现，意义大体相同。《华阳国志·蜀志》曰："蜀之为邦天文井络辉其上，地理岷嶓镇其域，五岳则华山表其阳，四渎则汶江出其徼。故上圣则大禹生其乡，媾姻则黄帝婚其族，大贤彭祖育其山，列仙王乔升其冈。而宝鼎辉光于中流，离龙仁虎跃乎渊陵。开辟及汉，国富民殷，府腐谷帛，家蕴畜积。《雅》《颂》之声，充塞天衢，《中穆》之咏，侔乎《二南》。"《山海经·西山经》云："华山一名太华。"《白虎通》云："西方华山，少阴，用事。万物生华，故曰华山。"《华山记》云："山顶有池，生千叶莲花，服之羽化，因曰华山。"清代胡渭《禹贡锥指》云："《山海经》有阳华之山，即华阳。""其地即古阳华薮，盖薮因山得名，山薮在华山之阳，正禹贡之华山也。"

《华阳国志·巴志》云："昔在唐尧，洪水滔天，鲧功无成。圣禹嗣兴，导江疏河，百川巖修，历夏、殷、周，九州牧伯率职。周文为伯，西有九国。及武王克商，并徐合青，省梁合雍，而职方氏犹掌其地，辨其土壤，甄其贯利，迄于秦帝。汉兴，高祖藉之成业，乃改雍曰凉，革梁曰益，故巴、汉、庸、蜀属益州。"江州县郡治涂山有禹王祠及涂后祠。"会诸侯于会稽，执玉帛者万国，巴、蜀往焉。"

《史记·越世家》记载越国为夏朝少康庶子后裔："越王勾践，其先禹之苗裔，而夏后帝少康之庶子也。封于会稽，以奉守禹之祀。"东汉赵晔编撰《吴越春秋》与《华阳国志》遥相呼应，亦明言吴越统治阶级分别来自大西北周夏王室。《吴越春秋》卷一《吴太伯》传云："吴之前君太伯者，后稷之苗裔也。后稷其母邰氏之女姜嫄，为帝喾元妃……古公三子，长曰太伯，次曰仲雍，少曰季历。季历娶妻太任氏，生子昌。古公知昌圣，欲传国以及昌……太伯、仲雍望风知指，二人托名采药于衡山遂之荆蛮断发文身，自号为勾吴。后稷之母羌嫄与羌人相关。"《吴越春秋》卷六《越王无余外传》云："禹周行天下归还大越，登茅山以观诸侯，防风后至，斩以示众；乃大会计治国之道，更名茅山曰会稽之山，国号曰夏。命群臣曰吾百世之后葬我会稽之山，苇椁桐棺，穿圹七尺下无及泉，坟高三尺土阶三等。启使使以岁时春秋而祭禹于越，立宗庙于南山之上。禹以下六世而得帝少康。少康恐禹祭之绝祀，乃封其庶子于越，号无余。无余传世十余，禹祀断绝。自后稍有君臣之义，号曰无壬。壬生无曎，曎专心守国，不失上天之命。无曎卒，或为夫谭。夫谭生元常，越之兴霸自元常矣。"

吴越统治阶级均源自大西北羌禹或姬姜，进一步佐证了司马迁一家之言，亦被吴越传说与历史证实。近年考古新发现亦证明司马迁归纳总结不无道理。良渚文化早于夏相当于虞朝，玉琮、玉璧、玉钺、玉璜进入中原，加上龙山文化玉圭、玉璋、玉刀，演变成齐家文化或石峁玉礼器体系。传统农耕礼乐文化与外来青铜游牧文化结合形成了复合文明。东亚定居农业文化只是中国文明形成的基础，三代西北青铜游牧文化是中国历史发展根本动力[41]。

《尚书·君奭》："惟文王尚克修和我有夏；亦惟有若虢叔，有若闳夭，有若散宜生，有若泰颠，有若南宫括。"虢叔、闳夭、散宜生、泰颠、南宫括难以详考，出身戎狄可能性很大。史载黄帝后裔戎狄与周人皆有姬姓。白狄与周人同姓，说明他们同族。周人出自白狄，与其通婚者为戎族，自称则为"有夏""夏"不仅是一个王朝，还是民族与文化概念，兴于大西北而入主中原，与大禹炎黄羌姜戎狄鬼方匈奴都密切相关[42]。夏商周秦汉唐无不兴于大西北，北魏辽金元清亦然。周人宣称自己是夏朝的继承者。周人是两大姓氏通婚而形成的民族，周人父系为姬姓而母系来源多为姜姓。《史记·周本记》记载："周后稷，名弃。其母有邰氏女，曰姜原。姜原为帝喾元妃。"周族的祖先后稷是姜原所生，母系来源于姜。后来姜姓一直在周朝发挥重要的作用，如著名的姜子牙与周武王共创周朝。其实清人朱骏声早就指出："就全地言之，中国在西北一小隅，故陈公子少西字夏，郑公孙夏字西。"清末王闿运著《尚书笺》在《康诰》"肇造我区夏"直言："夏，中国也。始自西夷，及于内地。"

禹兴于西北羌戎葬于东南会稽是中国历史大势缩影。大禹治水征三苗划分九州为夏王朝建立奠定了基础。章太炎指出华、夏、汉祖先居住在雍州和梁州："然神灵之育自西方来，以雍梁二州为根本。宓牺生成纪，神农产姜水，黄帝宅桥山，是皆雍州之地。高阳起于若水，高辛起于江水，舜居曲城，禹生石纽，是皆梁州之地。观其帝王所产，而知民族奥区，斯为根极。雍州之地东南至于华阴而止，梁州之地东北至于华阳而止，就华山以定限，名其国土曰华，则缘起如是也。其后人迹所至，遍及九州。"至于秦汉华之名始广，华本国名非种族之号。夏之为名，实因夏水而得，地在雍梁之际；夏本族名，非邦国之号。"汉家建国，自受封汉中始，于夏水则为同地，于华阳则为同州，用为通称，适与本名符会，是故华云，夏云，汉云，随举一名，互摄三义。建汉名以族，而邦国之意斯在。建华名以为国，而种族之义亦在。此"中华民国"之所以谥。"[43]

**注 释：**

[1] 傅斯年：《夷夏东西说》，《"中央研究院"历史语言研究所集刊外篇·庆祝蔡元培先生六十五岁论文集》，1935年。

[2] 陈梦家：《殷墟卜辞综述》，中华书局，1988年。

[3] 徐中舒：《再论小屯与仰韶》，《安阳发掘报告》1931年第3期。

[4] 徐中舒：《夏代的历史与夏商之际夏民族的迁徙》，《先秦史论稿》，巴蜀书局，1992年。

[5] 黄文弼：《重论古代大夏之位置与移徙》，《西北史地论丛》，上海人民出版社，1981年。

[6] 黄文弼：《河西古地新证》，《西北史地论丛》，上海人民出版社，1981年。

[7] 翦伯赞：《先秦史》，北京大学出版社，1999年。

[8] 顾颉刚：《九州之戎与戎禹》，《古史辨（第七册）》下，上海古籍出版社，1982年。

[9] 顾颉刚：《顾颉刚全集宝树园文存》卷四，中华书局，2011年。

[10] 顾颉刚：《从古籍中探索我国的西部民族——羌族》，《社会科学战线》1981年第1期。

[11] 李德书：《大禹传》，天地出版社，2010年。

[12] 李旻：《重返夏墟：社会记忆与经典的发生》，《考古学报》2017年第3期。

[13] 赵林：《商代的羌人与匈奴：试论产生中国人的若干体质与文化上的背景》，"国立"政治大学边政研究所，1985年。

[14] 白川静：《羌族考》，《甲骨金文学论丛（第九集）》，1958年。

[15] 姚孝遂：《商代的俘虏》，《古文字研究》1979第1期。

[16] 郭沫若：《郭沫若全集（历史编）》第一册，人民出版社，1982年。

[17] 王国维：《古史新证》，湖南人民出版社，2010年。

[18] 郭长江等：《嬭加编钟铭文的初步释读》，《江汉考古》2019 年第 3 期。

[19] 陈民镇：《新出嬭加编钟所见"禹"与"夏"》，《中华读书报》2019 年。

[20] 王吉怀：《禹会村遗址的发掘收获及学术意义》，《东南文化》2008 年第 1 期。

[21] 杨希枚：《杨希枚集》，中国社会科学出版社，2006 年。

[22] 谭其骧主编：《简明中国历史地图集》，中国地图出版社，1991 年。

[23] 佚名撰，张洁、戴和冰点校：《帝王世纪·世本·逸周书·古本竹书纪年》，齐鲁书社，
2010 年。

[24] 青海省文物管理处考古队等：《青海柳湾——乐都柳湾原始社会墓地》，文物出版社，
1984 年。

[25] 甘肃省博物馆：《武威皇娘娘台遗址第四次发掘》，《考古学报》1978 年第 4 期。

[26] 中国科学院考古研究所甘肃工作队：《甘肃永靖秦魏家齐家文化墓地》，《考古学报》
1975 年第 2 期。

[27] 张忠培：《中国父系氏族制发展阶段的考古学考察（续）》，《吉林大学社会科学学报》
1987 年第 2 期。

[28] 王炜林等：《陕西神木县神圪垯梁遗址发掘简报》，《考古与文物》2016 年第 4 期。

[29] 邵晶、裴学松：《石峁文化次级聚落：陕西府谷寨山石城考古首次全面揭露石峁文化大型
墓地》，https://www.sohu.com/a/420734886381579，2023 年。

[30] 戴应新：《我与石峁龙山文化玉器》，《中国玉文化玉学论丛（续编）》，紫禁城出版社，
2004 年。

[31] 邓淑苹：《万邦玉帛——夏王朝的文化底蕴》，《夏商都邑与文化（二）》，中国社会
科学出版社，2014 年。

[32] 青海省文物管理处等：《青海同德县宗日遗址发掘简报》，《考古》1998 年第 5 期；格桑本、
陈洪海主编：《宗日遗址——文物精粹论述选集》，四川科技出版社，1999 年。

[33] 叶舒宪：《戈文化的源流与华夏文明发生》，《民族艺术》2013 年第 1 期。

[34] 林梅村：《塞伊玛—图尔宾诺文化与史前丝绸之路》，《文物》2015 年第 10 期。

[35] 邵会秋、杨建华：《塞伊玛—图尔宾诺遗存与空首斧的传布》，《边疆考古研究（第
10 辑）》，科学出版社，2011 年。

[36] 2016 年 8 月"早期石城和文明化进程——中国陕西神木石峁遗址国际学术研讨会"期间邵
晶展示了最新出土铜镞和石范。

[37] 孙周勇：《公元前第三千纪北方地区社会复杂化过程考察》，《考古与文物》2016 年第 4 期。

[38] 孙庆伟：《鼏宅禹迹：夏代信史的考古学重建》，生活·读书·新知三联书店，2018 年。

[39] 刘皓芳：《河南二里头遗址夏代人群的分子考古学研究》，博士学位论文，中国科学院遗
传与发育生物学研究所，2011 年。

[40] 许宏：《最早的中国》，科学出版社，2009 年。

[41] 易华：《良渚文化与华夏文明》，《中原文化研究》2019 年第 5 期。

[42] 易华：《夷夏先后说》，民族出版社，2012 年。

[43] 章太炎：《中华民国解》，《民报》1907 年 17 号。

# 齐家文化时期的东西文化交流

## —— 绿松石镶嵌、海贝以及红玛瑙

秦小丽
/
复旦大学文物与博物馆学系教授

**摘 要**: 公元前 2300 年前后，随着新石器时代半月形地带兴起而带来的社会格局转变，与之前南北文化繁盛的互动与交流相比，这一时期随着欧亚大陆青铜器以及以动植物为主的社会生计方式转变的影响，发生了与之前完全不同的考古学文化格局的变化。齐家文化正是在这一背景下崛起的考古学文化之一。本研究将聚焦于齐家文化时期的绿松石镶嵌、海贝以及红玛瑙等装饰礼仪器物的分析，尝试探讨这一时期东西文化交流状况以及对之后中原王朝装饰礼仪的影响。

**关键词**: 齐家文化 东西文化交流 绿松石镶嵌 海贝 红玛瑙

绿松石、海贝和玛瑙三种配色鲜艳的珍贵文物在新石器时代早中期并不显著，也一直隐藏在传统玉器礼仪的光环背影里，偶尔作为装饰品出现在一些重要遗址。然而到了新石器时代晚期 —— 早期青铜时代，以黄河上中游地区为主的重要遗址中，海贝与绿松石相伴出土的现象比较常见，还在诸如大甸子、宗日、朱家寨、大何庄、火烧沟、贵南尕马台、四坝以及稍晚的徐家碾等遗址中均发现了红玛瑙装饰品。同时，远在西南地区的三星堆遗址不仅发现大量软玉礼仪品，还发现了 5000 余枚海贝以及少量绿松石与玛瑙饰品，三者齐聚这一重要遗址。近年来随着考古发掘资料的增加，在云南玉溪的兴义遗址首次发现了公元前 2000 年前后的红玛瑙与海贝。纵观这些遗址的年代以及分布地域，大致均处于公元前 2000 年，而分布地域则以黄河上游的甘青地区为主。

在传统软玉礼仪装饰品文化之后而崛起的这三种礼仪饰品的社会背景以及转变的因由值得从考古学角度进行探讨与分析。通过研究这些礼仪性饰品的远距离交流状况以及社会背景，期待能解明替代软玉而崛起的三种礼仪性饰品在中国古代国家成立与发展过程中的意义，以及其后延绵数千年的历史背景。

今天主要从三个方面来介绍绿松石镶嵌、海贝以及红玛瑙相关情况。

## 一、甘青地区相关资料的考古出土状况

从目前公开发表的考古资料来看，新石器时代绿松石的出土遗址分布比较广泛，大致在以下地区均有分布：黄河上游的甘青宁地区、中原地区、北方地区、东部沿海的山东地区、东北及内蒙古地区、长江中下游地区和云川藏广地区。但是若从出土的数量来看则比较集中在黄河流域和北方地区，其他地区虽有出土但是数量较少。从时代来看，中原地区裴李岗文化出土的距今9000年的绿松石最早。而海贝的出现晚于绿松石，除了吉林白塔遗址出土1枚海贝，其时代大约在公元前8000年之后，大多海贝大致出现在新石器时期时代中期，以黄河上游甘青宁地区为主，稍后扩展到中原地区、在云南兴义和四川川西北的建山寨和西藏卡若等遗址也有发现。而东部沿海与东南沿海一带的新石器时代到早期青铜时代很少有发现海贝的资料。红玛瑙的大量出土以公元前1000年左右的西周时期大型贵族墓葬较为显著，但是之前在西北地区公元前2000年前后新石器时代至早期青铜时代已经有出土，只是数量较少．出土遗址的空间分布也很有限。从地域和时代来看，以甘青宁地区和内蒙古中南部、西南的四川云南一带的新石器时代至早期青铜时代遗址较多（图一）。

### （一）马家窑文化和齐家文化及四坝文化时期

根据考古资料，武威皇娘娘台的27座墓葬发现玉器与绿松石管珠装饰品，而有趣

图一 甘青宁史前文化时期的遗址分布示意图

的是21座出土软玉饰品的墓葬未见绿松石饰品，另外6座出土绿松石的墓葬也未见软玉饰品，似乎显示二者不共存。秦魏家墓地13座墓葬出土玉石与绿松石饰品，与皇娘娘台墓地一样，2座出土玉器的墓葬不见绿松石，而其他11座墓葬也仅见绿松石饰品。这种作为墓葬随葬品的软玉与绿松石分别随葬的现象可能暗示着墓主个体之间在装饰品材质的选择或者社会背景上存在差异。青

海同德县的宗日遗址共发现绿松石珠 146 枚，绿松石挂饰和镶嵌片等 79 件。这些绿松石片为附着在灰色板岩一面的镶嵌片，以及镶嵌在骨片上的镶嵌片，少量为带孔的佩戴坠饰。同时这一遗址稍晚的遗迹中还发现海贝 92 枚和玛瑙珠 47 枚。以宗日文化为代表的宗日遗址的年代为距今 5700 ～ 4300 年，也是目前发现绿松石、海贝和红玛瑙珠时间较早的遗址。青海柳湾遗址是一处从马家窑文化半山类型到齐家文化的墓地。在半山类型墓地统计的 128 座墓葬中，其中的 26 座墓葬中发现 40 件绿松石，其形状有圆形、长方形、不规则形的坠饰及管珠类。而与这一时期装饰品主流的串饰共存的墓葬仅有 15 座，13 座墓葬仅见绿松石饰品而不与串饰共存。到了马厂类型时期，共发现了 204 件绿松石装饰品，与前期相比在数量上明显增加，其形状还较前期丰富，增加了方形、鸟形、椭圆形、三角形等。统计有装饰品的墓葬共 139 座，共有 80 座墓葬随葬绿松石，其中 48 座墓葬单独随葬绿松石而不与串饰共出，占到出土绿松石墓葬的一半以上。马厂中晚期开始出现海贝，其中 15 枚海贝和 5 枚为仿制贝。柳湾齐家文化时期共有 31 座墓葬有装饰品，其中 23 座随葬绿松石，仅有 9 座墓葬随葬串饰，且与绿松石共存的仅有 2 座墓葬。此外还有 2 座墓葬出土海贝。绿松石装饰品在全部 141 件装饰品中有 34 件，形状则与前期基本相同。出土海贝数量更增加到 36 枚。

青海互助自治州总寨遗址在属于马厂—齐家文化的遗迹内发现海贝 5 枚和玛瑙珠 5 件。青海尕马台遗址是一处马家窑文化居住址与齐家文化墓地共有的遗址。在齐家文化墓地 44 座墓葬中 20 座墓葬发现了绿松石与海贝组成的项链与手链等装饰品。共计出土 188 件绿松石装饰品，器形大多为长方形扁圆体，对钻穿孔，大小不一，长径大约在 0.6 ～ 2.4 厘米。海贝共出土 193 件。均为天然海产贝，但是未见红玛瑙珠出土。

甘肃省兰州红古下海石遗址属于马家窑文化马厂类型。于 2000 年进行发掘的 M13，出土有绿松石片 2 枚。由白石珠 8 枚、绿松石 7 枚、绿松石片 2 枚和海贝 4 枚组成的串饰 1 件。大何庄遗址位于甘肃省永靖县临夏回族自治州莲花城西南 1.5 千米处台地上。在发现的 88 座墓葬中出土了绿松石 20 件，玛瑙珠 2 件，没有海贝的报道。玛瑙珠均为扁圆形小珠子，而 20 件绿松石可分两种形式：长管形珠 5 件与扁圆形珠子 15 件，没有绿松石镶嵌片。酒泉干骨崖遗址是一处早期青铜时代的墓地，其碳十四年代为公元前 1850 ～前 1500 年。干骨崖墓地出土绿松石 15 件，可以分为串珠、挂饰与原石 3 类。串珠以珠子类比较多，较少管状类。挂饰为片状带孔坠饰。原石则为一些小碎块。海贝共发现 10 枚，均为自然海产贝，还有 1 枚蚌壳仿制贝。根据对 10 枚海贝的鉴定，均为生长于南海或者印度洋的货贝与环纹贝。干骨崖墓地的玛瑙饰品比绿松石多，共有 35 枚，而且发现较多的原材料、半成品以及制作中途的废品，似乎显示这个遗址不只是使用玛瑙做装饰品，还曾经制作玛瑙产品。玛瑙制品从颜色看有肉红、橘黄与紫红色，形态上可以分为四类。第一类为圆柱形管珠类，比高大于直径，可细分为上下粗细一样的柱状，和中间粗两头细的鼓腰形。这一类管珠类制作精细规整，打磨细致，共6件。第二类是算盘珠形，比高小于直径。这一类还可以细分为两小类：一小类是小型，直径0.5厘米左右，中心穿孔，打磨制作规整，共29件。另一小类则未经打磨，大小不一。第三类是玛瑙原石料，大小不一。第四类是半成品和一些制作废品。与干骨崖墓地时代大约同时的还有四坝遗址与火烧沟墓地，这三处墓地随葬的装饰品中均有绿松石、海贝和红玛瑙饰品。四坝文化出土的高领罐肩部镶嵌一周绿松石嵌片堪称精品。火烧沟遗址出土有一串绿松石、红玛瑙与海贝混搭的手链。东灰山遗址位于民和县六坝乡东北2.5千米处。在发掘的24座墓葬中出土海贝4枚，经过鉴定为原生于印度洋一带的环纹贝。东灰山墓地的碳十四年代为公元前3580～前3720年。

以上分析显示绿松石镶嵌，海贝与红玛瑙三者分布最为密集的地区是黄河上游、北方地区、西南地区。东部沿海、华南地区以及长江中下游地区除了少量绿松石装饰品外，海贝与红玛瑙很少见诸报道。从三者出现的时间来看，绿松石最早出现在中原地区的贾湖遗址，然而在经历仰韶文化到龙山文化早期的沉寂之后，在龙山文化晚期到早期青铜时代的二里头文化时期再现辉煌。但是这一时期的绿松石制品与贾湖遗址在技术加工和使用等方面发生很大变化。不再是简单的挂饰、扁圆珠子和耳饰类，而是以复合材料、色彩搭配、粘着材料、超薄嵌片等经过复杂镶嵌工艺而成的绿松石镶嵌礼仪产品。海贝基本上是与绿松石镶嵌同时在中原地区出现的，但是红玛瑙则要晚到商末周初才在中原王朝的贵族级别墓葬内大量出土。

### （二）绿松石的类型与特点

绿松石是矿物原材料，因而在分类时大致根据以下两点进行：一是以器物制作时的形状特征来分类，据此可以将绿松石分为五类；二是按照它们的功能来分类，可以分为两大类。

1. 按照器物形状特征对绿松石分类

第一类：管珠类。又可分为三型，一是圆柱形管状珠。二是方扁圆珠或者扁圆珠，不规则形圆珠，单面或者两面穿孔。三是扁平圆珠为主，单面穿孔。

第二类：各种形状的坠饰与耳饰，仅在一端有钻孔用于佩戴。又可以分为五型。一是方形、长方形带孔坠饰。二是三角形带孔坠饰。三是长条形坠饰。四是梯形带单孔挂饰。五是不规则形坠饰。

第三类：仿生雕刻类，数量较少。

第四类：单面磨光的片状镶嵌片，不带穿孔，一面磨光一面粗糙，又可分为三型。

一是不规则形薄片或者再利用的绿松石片。二是规则形薄片。三是不规则块状小粒块。

第五类：原料、半成品和废弃料类。

2. 按照器物功能对绿松石分类

第一类：佩戴类人体装饰品，根据佩戴部位的不同，可以分为头饰、耳饰、项链手链及挂坠饰品和镶嵌手镯类。头饰中主要有簪形头饰和冠形饰。耳饰则主要是耳坠类，出土比较多。形状有梯形、不规则形等。项链和手链类串饰，比如三星堆出土的绿松石与玛瑙珠的手链，红古下海石、柳湾和新庄坪出土的绿松石项链类，二里岗遗址出土的绿松管珠串，镶嵌手镯有宗日遗址的骨片上镶嵌绿松石片等。吊坠类则是指佩饰和项链上的挂坠，很多遗址都有出土单侧带孔的各种形状的坠饰。

第二类：用具和装饰礼仪性祭祀用品，主要是绿松石镶嵌饰品。它们不是人体装饰品，而是某些祭祀礼仪，或者是具有宗教意义的礼仪性物品。清凉寺和石峁遗址出土的玉璧上镶嵌绿松石，大汶口和野店墓地出土的绿松石镶嵌在象牙、骨质简形杯等具有器物装饰性的用品属于这一类型。

第三类：与制作相关的遗物、原材料、半成品、废弃料。二里头遗址绿松石2004H290、H323 作坊性遗址、云南兴义的红玛瑙半成品和干骨崖 M58 出土的遗物等属于这一类。

## 二、镶嵌技术与绿松石镶嵌的技术传统

### （一）马家窑文化时期的黑色胶黏物粘着镶嵌技术

镶嵌工艺系指把一种细小的粒状或片状的物体嵌入另一种大型物体上的装饰工艺，这种工艺的突出特点是使主体器物上的纹饰，通过不同色彩来表现，使得整个物体呈现出浑然一体的复合性工艺。它通过两种或多种不同物体的形状和色泽的配合而取得特有的视觉艺术效果。考古发掘资料表明，中国古代的镶嵌工艺大约出现于新石器时代中晚期，特别是在甘青地区的马家窑文化时期普遍发现。这一时期镶嵌用的主体与客体材料以骨质、黑色胶黏物为主。配以各种不同色彩的矿物材料和贝类相互结合而成。比如在五坝遗址和永昌鸳鸯池遗址就发现多种黑色胶黏物与骨珠，骨片镶嵌而成的腕臂饰和头饰。宗日遗址的骨腕臂上镶嵌绿松石的装饰品，应该也是使用黏着剂的。到了齐家文化和四坝文化时期则流行在陶器上粘着绿松石的装饰风格。绿松石镶嵌不仅在中国，在世界史上也是一种很珍贵的自然矿物与珍贵技术，均被一些有权者阶层所控制，成为一种财富与权力的象征。基于以上绿松石的自然属性与制作工艺的特殊性，绿松石装饰品的研究不仅仅限于其装饰品的文化与社会意义，还将与原石产地、制作地和消费地以及特殊的制作工艺等相关的地域间文化交流有着密切的关系。

### （二）粘着式镶嵌技术的东传与中原绿松石粘着镶嵌技术来源探讨

从马家窑文化时期开始的黑色胶黏物的粘着式镶嵌可能正是此后齐家文化与四坝文化绿松石镶嵌的技术来源。目前关于绿松石镶嵌技术来源有两种看法：一种认为最早的镶嵌是黄河下游地区的大汶口文化早期，比如大汶口墓地、野店墓地等都出土了在骨质和象牙筒形器上单体镶嵌绿松石的精美绿松石镶嵌饰品，此后还在玉器上单体镶嵌绿松石，而到了龙山文化时期的两城镇与西朱封遗址则出土了拼合式粘着镶嵌的腕臂绿松石饰品。另一种意见也是本论文的观点，认为绿松石镶嵌从技术上可以区分为两类：既单体嵌入和多片粘着式镶嵌，如果说单体嵌入起源于大汶口文化的话，那么需要黑色胶黏物作为媒介的粘着式镶嵌就可能是起源于黄河上游甘青地区马家窑文化的骨片与黑色胶黏物的镶嵌技术传统。而此后这种技术在中原龙山文化的陶寺遗址和下靳墓地的流行，可能是西北粘着式镶嵌技术东传的结果。而大汶口文化的单体嵌入式和西北粘着式镶嵌技术均在二里头文化时期得以继承与发展，是二里头文化玉器上单体镶嵌和青铜、漆木质与绿松石粘着式镶嵌的两种技术源头。

从不同地区绿松石出土的考古情景来看，中原地区具有多样性，不仅在墓葬出土，也在灰坑和地层中出土，而西北地区和西南地区无论是绿松石还是海贝与红玛瑙大多出土于墓葬或者祭祀坑，少见出土在灰坑或者地层的情况。但是到了早期青铜时代绿松石则与海贝与红玛瑙均以墓葬出土为多。在干骨崖遗址，即使原材料与半成品以及废料的红玛瑙也出土于墓葬，而不是制作工坊。在云南兴义遗址中海贝出土于墓葬，但是红玛瑙原材料与半成品则出土于文化层。随葬于墓葬的绿松石一般多发现于头部、颈部、耳部和胸部，也有一些见于腰部和手腕部。从新石器时代末期开始，随着海贝与红玛瑙的出现，绿松石、海贝与玛瑙混合制成的项链、手链；并以 1～2 枚海贝或仿制贝作为点缀，或者是绿松石与玉器组成复合头簪装饰在头部以及将绿松石镶嵌在玉璧、玉冠、玉簪上作为色彩对比强烈的美感设计饰品，显示着这一时期绿松石与海贝不仅仅是装饰品，更多场合暗示着它开始承担着装饰美与复杂社会统治体系中祭祀礼仪性象征物的重任，这一转变过程中镶嵌技术发挥了关键作用，使得绿松石从一般的唯美装饰品转变为非装饰性的礼仪象征物的各种牌饰。而与此同时出现的海贝、红玛瑙使得流行中国数千年的软玉礼仪祭祀发生改变，在早期青铜时代建立了一套全新的祭祀礼仪——青铜器与绿松石镶嵌，而海贝也正式纳入上层社会的奢侈品范畴，在商晚期的殷墟时期大为流行。红玛瑙虽然在二里头文化时期的大甸子遗址出现在大型贵族墓葬内，但是中原地区其他遗址较少发现。直到商末周初才开始在周人发源地的关中西部的贵族墓葬中集中出土，进而随着西周分封制度对东土的不断扩张与控制，红玛瑙作为大型贵族墓葬中主要装饰品在整个西周王权统治区域内的诸侯封国都较流行，最北到达燕山南北，最东则直达山东地区，并延续到春秋战国时代。而它们的源头也许正是这一时期还不显眼，但已经在一些遗址少量出土的红玛瑙饰品。

## 三、齐家文化时期的东西文化交流

### （一）海贝来源蠡测

海贝不仅多与绿松石共存出土，也是绿松石器镶嵌品色彩搭配的首选材料之一。新石器时代晚期到早期青铜时代海贝集中出土的区域主要在甘青宁、西藏到四川一线，随后扩展到中原及北方一带的遗址。但是在中原地区除了二里头遗址、蓝田老牛坡遗址和郑州商城遗址集中出土大量天然海贝外，其他遗址很少发现，即使发现也多是仿制贝。然而进入商晚期的殷墟时代，中原地区不仅大型遗址出土海贝，一些一般遗址的贵族墓葬也有数量不等的海贝出土，而有海贝使用传统的西北一带反而较少发现。这种在时空分布上的先后关系也许暗示着海贝的流通趋势以及供应流通线路与需求的变迁。山东沿海地区殷商墓葬发现大量海贝的事实。可能暗示着这一时期海贝与南海岛屿产地以及经由山东半岛进入内陆的交流途径有密切关系。

日本学者木下尚子团队在20世纪90年代末期历经四年对中国新石器时代到汉代出土的海贝进行了研究。他们的研究以安阳殷墟为中心，收集了32处遗址资料，对183个遗迹单位出土的21993件海贝进行了贝类学观察和数据化分析后得出以下结论：新石器时代到商周时期，以海贝作为威信财的习俗以黄河流域为主，这里发现的贝类有2纲18科67种。其中九成以上是海贝。安阳殷墟出土的海贝约1万件中，大约八成原产于现在台湾、南中国海与琉球列岛一带的热带海域，二成的海贝产于从南中国海到东海之间。因此这些海贝来自印度洋的可能性很小。商周时期山东半岛出土的海贝暗示着中原地区海贝也可能经由山东传入。而在新石器时代并没有海贝发现的山东半岛，从商周时期大量出现的原因可能与这一时期台湾与琉球岛的玉器加工品以及这些制品的流通有关。但是详细阅读贝类学者黑柱耐二关于贝类学分析发现，他所鉴定的贝类中，出土于殷墟以后的商周时期遗址中的贝类，大都是货贝，也有环纹货贝出土。没有见到出土印度铅螺。出土印度铅螺、胆形织纹螺、拟枣贝、货贝和环纹货贝的遗址，以分布在甘青宁一带新石器时代到早期青铜时代遗址以及云南地区商周以后的遗址为多，而印度铅螺产地以印度洋一带为主，环纹货贝则多产于中国海南岛以西以及越南中南沿岸一带。因此贝类学研究表明新石器时代晚期出土于甘青宁地区的海贝与殷墟时期中原地区出土的海贝在种属构成上有差异，暗示着它们使用海贝的产地不同，流通的线路存在差异。有的学者认为新石器时代西北一带的海贝来源可能与西南亚和中亚内陆地区的流通线路有关。

## （二）红玛瑙珠的外来因素与本土制作

　　玛瑙是莫氏硬度较高的硬玉，据治玉技术者实验研究，钻孔是玉器成形之外最具有技术难度的一环，也是最能体现工艺技术的部分，因为孔形可以反映钻孔方法和工具种类。而对于硬玉石类来说，早期往往采用啄钻，孔形如沙漏，开口较大；后期用砂辅助管钻，钻孔趋于竖直。玛瑙就是这样一种硬度 6～7 以上的硬质石材，加工不易，特别是穿孔工艺比较费时间。

　　印度河流域在铜石并用时代哈拉帕（Harappa）时期（公元前 3700～前 2800 年）和果德迪吉（Kot-Diji）时期（公元前 2800～前 2600 年），随着印度河文明的出现，费昂斯与来自周边的玛瑙、肉红石髓、海贝、金属等材质兴起。用肉红玉髓制成的细长珠盛行于公元前 2600～前 1900 年印度河文明的盛期，主要用于腰饰、项饰。也曾在这里发现钻孔的钻具是一种束腰柱状工具。实验考古表明，用这种钻头给玛瑙钻孔，其效率是燧石或硬玉钻头的三倍。即便如此，也不过每小时钻 2.4 毫米。鉴于钻孔如此不易，而且这种钻具仅见于哈拉帕时期至果德迪吉时期，研究者认为上述长玛瑙管珠是印度河文明特有的手工业产品。印度河流域硬玉类装饰品中玛瑙、肉红石髓的制作技术还有一个特点，那就是这些石料经过热处理可改变颜色，如许多肉红石髓珠在加热后变成深橘红色，红白纹玛瑙可通过在还原气氛中加热而形成。同时加热后的玛瑙由于水分蒸发变得易于剥离，使得早期加工变得容易，特别是孔。也许正是由于这一技术的掌握使得印度河流域成为持续上千年的红玉髓与加工珠子的贸易中心，形成了以珠子为产品的贸易流通网。同时加热后的玛瑙，色彩由自然褐色半透明变为透明的橙色和深红的玻璃质，由此增加玛瑙丰富的色彩。因此加热工艺是红玛瑙产品工艺技术的核心，它不仅解决了硬玉玛瑙原材料在制作效率上的难题，还使得玛瑙原材不显著的色彩变得鲜艳亮丽，更符合装饰品用材的需求，进而成为上层社会权贵阶层青睐的身份象征。也是一般平民希望佩戴的唯美装饰品。而古代埃及地区曾是这些产品的主要消费地。因此当公元前 3000 年左右红玛瑙珠在印度河流域以及古埃及盛行的时期，中国内陆地区正是传统软玉制品在新石器时代各个考古学文化上层社会承担着装饰礼仪品的全盛时期，虽然也有玛瑙及红玉髓产地，但是却不被人们欣赏，因此装饰礼仪品的文化传统选择因素远大于在技术与原材料的有无。那么为什么在公元前 2000 年前后，红玛瑙开始进入中国大陆的西北、北方与西南一线，为西北地区的四坝文化和齐家文化以及其后的寺洼文化、北方夏家店下层文化和云南海东类型的人们所青睐呢？这里可供我们推测的考古学证据就是略早出现的海贝与绿松石以及镶嵌品的共存关系。海贝在以上三地的出现无疑是远距离流通而来的产物。正如前所述，新石器时代西北地区的海贝种属多样，但是都与南海以及印度洋，或者它们的消费地中亚一带关系密切，而红玛瑙的盛行地也正好契合这一地区，它们的共存出土也许正是相互之间影响的结果。但是值得注意的是西北干骨崖遗址与西南云南兴义遗址红玛瑙制作相关遗物的出土。属于四坝文化的干骨崖遗址在 7 座墓葬中发现了以红玛瑙为主，少量绿松石的原材料与半成品等遗物，从其成品与半成品观察这里制作三种形式的红玛瑙产品：上下一致的圆柱状、中间粗两端细的鼓腰形和算珠形。这三种形式也曾是流行于中亚和南亚大陆红玛瑙珠的主要形式。结合云南兴义出土的红玛瑙制作遗物，暗示着至少在公元前 2000 年前后，随着与欧亚大陆的文化交流，在西北与西南地区已经开始尝试红玛瑙产品的制作。显示地域文化间的交流与影响不仅仅限于器物本身的流通，更是技术、原材料与文化习俗的相互借鉴与交流。

# 历代先贤对黄河源头的不懈追寻

汪受宽

/

甘肃省政府文史研究馆馆员

兰州大学教授

**摘　要**：为了兴利除害，历代先贤不断地探寻黄河的发源地。先秦时，有小积石山（今甘肃积石山县境）和"河出昆仑"二说。汉武帝认为黄河源自于阗（今新疆和田）南山，经罗布泊，"潜行"至小积石山。隋炀帝称河源在大积石山（今阿尼玛卿山），设河源郡。唐前期官员曾几次亲履河源星宿海地区，《通典》推定黄河发源于吐蕃境内。元世祖时都实考察河源为星宿海。帝师梵文图书描述河源为星宿海西南的卡日曲。明僧宗泐赴印度取经北返经河源地区，指出黄河源出抹必力赤巴山（今巴颜喀拉山）东北麓。清康熙帝侍卫拉锡和内阁侍读舒兰受命考察，对鄂陵湖、札陵湖、星宿海等进行勘测，认为黄河源出星宿海上游的三条支流。学者齐召南据以考定，黄河源于星宿海西北三百余里的阿尔坦河（今卡日曲），并经乾隆侍卫阿弥达考察确认。1950年代，国家水利部专家考察认定，黄河正源是雅合拉达合泽山的约古宗列曲，并将札陵湖、鄂陵湖的名称相颠倒。1978年和2008年，青海省两次邀请专家考察河源，纠正了20世纪50年代考察的误说，并以河源唯远的原则，定黄河发源于巴颜喀拉山脉塔鄂热西北2.2千米处卡日曲上源那札陇查河。

**关键词**：黄河　发源地　探索

　　中国第二大河黄河，干流全长5464千米，发源于青海省，流经四川、甘肃、宁夏、内蒙古、陕西、山西、河南及山东九个省区，向东注入渤海。黄河水滋养了中华民族，孕育了长达五千年的中华文明，是中华文化生生不息的根。站在波涛汹涌一泻千里的黄河边，人们不禁要追问黄河的源头在哪里。李白《将进酒》叹道："君不见黄河之水天上来，奔流到海不复回。"以惊人的遐想回答了黄河源头的问题。黄河源头在哪里，历来是学者竭尽艰辛、苦苦追寻的一个重大课题。

古人最早认为，黄河源头在今甘肃中部西境的小积石山。先秦文献《尚书·禹贡》讲大禹治水时有"导河积石，至于龙门"一句，从同篇"嶓冢导漾（洋水），东流为汉""导渭自鸟鼠同穴，东会于沣"[1]等句式分析，此篇中"积石"应该是指"河"源，就是从黄河源头的积石山疏通河道。东汉末年的学者邓展说："《尚书》曰'导河积石'，是为河源出于积石，积石在金城河关，不言出于昆仑也。"[2]既肯定了黄河源出积石山的前人认知，又指出积石山位于金城郡的河关县（治今甘肃积石山县大河家镇）。《元和郡县图志》"河州枹罕县"下言："积石山，一名唐述山，今名小积石山，在（枹罕）县西北七十里。按河出积石山，在西南羌中，注于蒲昌海，潜行地下，出于积石，为中国河。故今人目彼山为大积石，此山为小积石。"[3]称《尚书》之积石山，又名唐述山，唐时称小积石山[4]，位于唐代河州枹罕县（治今甘肃临夏市枹罕镇）之西北七十里，即今积石山保安族东乡族撒拉族自治县境。同时又囿于前人误说，称黄河发源的积石山，在西南羌中，唐人称之为大积石山（今阿尼玛卿山），事实上是将河源之积石山向黄河上游西移了数百公里。

先秦又有黄河发源于昆仑山之说。《尔雅·释水》言："河出昆仑虚，色白，所渠并千七百一川，色黄，百里一小曲，千里一曲一直。"[5]久佚而为《史记》转引的《禹本纪》言："河出昆仑，昆仑其高二千五百余里，日月所相避隐为光明也，其上有醴泉瑶池。"[6]前者明确认定黄河发源于昆仑山下，发源处的水是白色的，沿途汇聚了一千七百零一条支流的水，于是水的颜色变为黄色，黄河每流出一百里就会有一个小的弯曲，流出一千里就会出现一弯一直。而后者则说，黄河发源于昆仑山，该山极高，在那里太阳和月亮相互避隐而发出光明，山上有泉名为醴泉，有天池名为瑶池。二者虽然都指明黄河发源于中国西部的昆仑山，但并未说明其具体位置。充满神话色彩的早期地理著作《山海经》言："又北三百二十里，曰敦薨之山，其上多棷（棕）柟，其下多茈草，敦薨之水出焉，而西流注于泑泽，出于昆仑之东北隅，实惟河源。"[7]有学者认为，敦薨是敦煌的异写，既是族名，也是该族所居地区名[8]。文中说，发源于敦薨山的敦薨水（即疏勒河，或指今新疆开都河及孔雀河[9]）向西流入泑泽（又作蒲昌海，即今新疆罗布泊），泑泽发源于昆仑山的东北隅，实际就是黄河的源头。认定，黄河源头的昆仑山在敦煌西边，也是泑泽的发源地。《山海经》中记载了许多昆仑山的神奇故事和稀奇出产，其中最有影响的就是西王母故事，其《大荒西经》言："西海之南，流沙之滨，赤水之后，黑水之前，有大山名曰昆仑之丘，有神人面虎身，有文有尾，皆白处之，其下有弱水之渊环之，其外有炎火之山，投物辄然，有人戴胜、虎齿，有豹尾，穴处，名曰西王母。此山万物尽有。"[10]

《尚书·禹贡》"导河积石"以积石山为河源的说法显然是近视的，熙宁六年（1073年）宋神宗就曾说破此事，言："梁从政自河州至，言黄河水极清泚，不与中国比。前书所谓黄河之源浅可涉，盖不诬也。然河之本源未见所出，《禹贡》但言'导河积石，至于龙门'，不言导河自积石，以此知出积石者特其下流耳。"[11]故而后人更多地沿着《尔雅》《禹本纪》《山海经》中河源在西方之昆仑山的说法，去寻求河源。

汉刘安（公元前179～前122年）所撰《淮南子》言："河水出昆仑东北陬，贯渤海，入禹所导积石山。"[12]第一次将《禹贡》积石山与《山海经》昆仑山联系起来，提出黄河发源于昆仑山东北侧，东流到积石山。公元前138年，张骞受汉武帝派遣出使西域，经由河西走廊，入今新疆，再向西越过葱岭（今帕米尔高原），到达大宛（今费尔干纳盆地）、康居（今阿姆河流域）、大夏（今阿富汗北部），还了解到身毒（古印度）、安息（即帕提亚，今伊朗北境）等邻国的情况。回国后，张骞把西域见闻写成《出关记》一书。张骞的成功，鼓励了更多的人去西域建功立业，汉武帝委派多批使节前往西域，有"汉使穷河源，其山多玉石，采来，天子案古图书，名河所出山曰昆仑云"[13]。汉武帝根据《山海经》在敦煌以西的昆仑山盛产玉石的"记载"，将西域产玉的山定名为黄河发源的昆仑山。据此，《史记》中对河源进行了定位，言："于阗之西，则水皆西流注西海；其东，水东流注盐泽。盐泽潜行地下，其南则河源出焉。多玉石，河注中国。"[14]盐泽又名泑泽，即今新疆罗布泊。这句话的意思是，于阗（今新疆和田）南山（即汉武帝所定昆仑山）是黄河的源头，该山多玉石，黄河源的水潜行地下流往中国内地。以"重源潜行"说，圆了西域葱岭、于阗南山两河源与积石大河之间的关系。

东汉初撰成的《汉书》，进一步弥合诸书对河源的说法，言："西域……南北有大山，中央有河，东西六千余里，南北千余里。东则接汉，阨以玉门、阳关，西则限以葱岭。其南山，东出金城，与汉南山属焉。其河有两原：一出葱岭山，一出于阗。于阗在南山下，其河北流，与葱岭河合，东注蒲昌海。蒲昌海，一名盐泽者也。去玉门、阳关三百余里，广袤三百里。其水亭居，冬夏不增减，皆以为潜行地下，南出于积石，为中国河云。"[15]为黄河有葱岭和于阗南山两源，两河在今新疆境内汇合为一条河（今塔里木河及孔雀河），向东流进蒲昌海（今罗布泊），然后潜行地下，由南边的积石山流出，成为汉朝境内的大河。

传为东汉桑钦著《水经》首卷"河水"一开始就记载河源言："昆仑墟在西北，去嵩高五万里，地之中也。其高万一千里。河水出其东北陬，屈从其东南流，入渤海。又出海外，南至积石山下，有石门。又南入葱岭山，又从葱岭出，而东北流。其一源出于阗国南山，北流与葱岭所出河合，又东注蒲昌海。又东入塞，过敦煌、酒泉、张掖郡南，又东过陇西河关县北，洮水从东南来流注之。"[16] 桑钦拾起《尔雅》《禹本纪》"河出昆仑"说，认为在中华西北方的大地中心有一绝高之原名昆仑墟，黄河水从其东北侧流向东南流进渤海，又从渤海经海外从南边流到积石山。从积石山又向西，从南边流入葱岭山，又从葱岭流出向东北流。黄河的另一源头是于阗国南山，河水向北流，与葱岭东北流的河水汇合，向东注入蒲昌海。再向东就进入边塞之内，从南边流过河西走廊的敦煌、酒泉、张掖诸郡，再向东经过陇西郡的河关县（治今甘肃积石山县大河家）北，洮水从东南来汇入黄河。桑钦的解释简直太富有想象力了，不知黄河怎么从葱岭东流进渤海后又从南边流到积石山的，又怎么从积石山向西流回葱岭的。北魏郦道元《水经注》，以数万字的篇幅，将中国西部及其周边国家的地理都讲了一遍，还是无法说清楚黄河源究竟在哪里，又怎么流到积石山的。可见直到南北朝时，学者对黄河源头的认识实际上只是到积石山为止，再往上只能猜测了。

隋朝在今青海省兴海县境设河源郡，将黄河源头由积石山向西推进到今阿尼玛卿山北侧。此事与隋炀帝西击吐谷浑有关。大业五年（609年）四月，隋炀帝西巡至西平（治今青海乐都县东），陈兵讲武，六月以大军合击吐谷浑，会师青海湖，破吐谷浑国都伏俟城（今青海共和县石乃亥乡铁卜卡城），然后皇帝率大军经大斗拔谷（今甘肃民乐县东南扁都口），到张掖。隋在吐谷浑故地新设西海（治伏俟城）、河源、鄯善（治今新疆若羌县东北楼兰古城）、且末（治今新疆且末县西南）四郡。原来，破伏俟城后，将军刘权奉命继续南进，过曼头、赤水二城，新设河源郡并在此地组织屯田，留镇当地五年。《传》称："大业五年，从征吐谷浑，（刘）权率众出伊吾道，与贼相遇，击走之。逐北至青海，虏获千余口，乘胜至伏俟城。帝复令权过曼头、赤水，置河源郡、积石镇，大开屯田，留镇西境。在边五载，诸羌怀附，贡赋岁入，吐谷浑余烬远遁，道路无壅。"[17]《隋书·地理志》载："河源郡，统县二：远化、赤水。"自注："（河源郡）置在古赤水城。有曼头城、积石山，河所出。"[18] 河源郡治所为古赤水城，在今青海省兴海县南，曼头城在今兴海县北，此积石山即今阿尼玛卿山，位于青海省东南部，延伸至甘肃省南部边境，呈西北—东南走向，山势巍峨磅礴，由13座山峰组成，平均海拔5900米以上，最高峰海拔6282米，有冰川面积约126平方千米，是河源地区最大的山，黄河由该山东南侧向西北侧绕流。因兴海县东境有黄河流过，大概刘权等人的行踪至此为止，故称今阿尼玛卿山为黄河之源的积石山，隋朝在此地设河源郡。自此以后，此积石山脉称大积石山，而将今甘肃积石山县一带的山称小积石山。而这里距位于今甘肃积石县的小积石山已有数百公里之遥。隋置河源郡言其境之大积石山为"河所出"，无疑是先贤探寻黄河源的一大进步。

唐贞观九年（635 年），在西海道行军大总管李靖统领下，诸将分兵出击党项和吐谷浑，党项内属，吐谷浑王伏允潜逃。任城王李道宗说："柏海近河源，古未有至者。伏允西走，未知其在，方马瘴粮乏难远入，不如按军鄯州，须马壮更图之。"积石道大将侯君集说："今虏大败，斥候无在，君臣相失，我乘其困，可以得志。柏海虽远，可鼓而致也。"[19] 二将率众在荒原上艰难行军二千余里，"转战过星宿川，至于柏海，频与虏遇，皆大克获。北望积石山，观河源之所出焉。乃旋师，与李靖会于大非川，平吐谷浑而还"[20]。柏海即位于今青海玛多县的鄂陵湖、扎陵湖，星宿川即位于今青海省曲麻莱县境的星宿海，二者都在巴颜喀拉山北麓。就是说，他们已经到了真正的黄河源头地区，可惜他们并未对此有正确认识，还以为黄河源头在阿尼玛卿山，所以要"北望积石山，观河源之所出焉"。贞观十五年（641 年），唐太宗以文成公主与吐蕃首领松赞干布和亲，"令礼部尚书江夏郡王道宗主婚，持节送公主于吐蕃，弄赞率其部兵次柏海，亲迎于河源。见道宗执子婿之礼甚恭"[21]。这是李道宗第二次来到河源地区的柏海（今鄂陵湖、扎陵湖），而弃宗弄赞（松赞干布之名）亲自到河源迎接，对李道宗执子婿之礼。以上两例说明，贞观间唐人的足迹已经到达真正的河源地区，而且这里是唐蕃道必经之处。

唐穆宗长庆元年（821 年），吐蕃赞普赤热巴金派遣其礼部尚书论讷罗到长安请和，唐朝派大理卿御史大夫刘元鼎作为会盟使，前往吐蕃逻些（今西藏拉萨）会盟。史书记载："是时元鼎往来，渡黄河上流，在洪济桥（今青海贵南县北黄河上）西南二千余里，其水极为浅狭，春可揭涉，秋夏则以船渡。其南三百余里有三山，山形如鳌，河源在其间，水甚清泠。"[22] 所谓三山，即巴颜喀拉山，刘元鼎说黄河源于巴颜喀拉山间，其判断为唐杜佑肯定。

汉唐间严肃的史学家，对河源问题的说法都持审慎态度，而非盲从帝王的信口开河。司马迁认真查阅张骞出使西域的报告，发现其中根本没有提到西域有所谓昆仑山，于是评述说："今自张骞使大夏之后也，穷河源，恶睹《本纪》所谓昆仑者乎！故言九州山川，《尚书》近之矣。至《禹本纪》《山海经》所有怪物，余不敢言也。"[23] 就是说，张骞虽然在西域到过河源地区，却没有说他见到了昆仑山，否定了《禹本纪》《山海经》河源昆仑山在敦煌西边的说法，实际上是否定了汉武帝将西域产玉之山定名昆仑山的做法。因而在《史记·夏本纪》中以"织皮昆仑、析支、渠搜、西戎即序"[24] 一句，将昆仑说成是西部荒服之外流沙之内的一个国族，不言河源与昆仑山有直接关系。《汉书·地理志》中两次提到昆仑山，一说金城郡临羌县（治今青海西宁市区）西有昆仑山祠，言："西北至塞外，有西王母石室、仙海、盐池。西有弱水须抵池、昆仑山祠。"一说敦煌郡广至县（治今甘肃瓜州县锁阳城镇破城子古城）下有"宜禾都尉治昆仑障"[25]。昆仑障在东汉名昆仑塞，东汉永平十七年（74年）"冬十一月，遣奉车都尉窦固、驸马都尉耿秉、骑都尉刘张出敦煌昆仑塞，击破白山虏于蒲类海上，遂入车师"。章怀太子注言："昆仑，山名，因以为塞，在今肃州酒泉县西南。山有昆仑之体，故名之。周穆王见西王母于此山，有石室、王母台。"[26] 要之，两汉史家都说昆仑山在敦煌以西不远的地方，但不提其与河源的关系。唐杜佑《通典》对河源问题"考诸家之说，辩千古讹舛"，针对《水经》之说进行讨论，指出："自葱岭、于阗之东，敦煌、酒泉、张掖之间，华人来往非少，从后汉至大唐，图籍相承，注记不绝，大碛距数千里，未有桑田碧海之变，陵迁谷移之谈，此处岂有河流？纂集者不详斯甚。"以自汉至唐凡去西域者皆未见敦煌以西有大河的事实，指出河出葱岭、于阗南山及"潜流说""悉皆谬误"。又以历史记载、诸出使吐蕃使节所见和吐蕃人的说法得出结论，说："宁有今吐蕃中，河从西南数千里向东北流，见与积石山下河相连。聘使涉历无不言之，吐蕃自云：昆仑山在国中西南，则河之所出也。"[27] 大胆否定自古以来黄河发源于西域的说法，做出黄河发源于吐蕃境内的正确结论。

如果说隋唐对黄河发源地的探寻都来自于涉地官员相关报告的话，元代则是朝廷派遣专人前往对河源进行了实地考察。元朝至元十六年（1279年）崖山之役灭宋朝，次年（1280年）雄心勃勃的元世祖忽必烈就悉心规划全国尤其是民族地区的治理，希望查清黄河源，在河源地区建一城，方便番贾互市，并疏通上下游河道和设置邮驿，以通水陆运输，方便吐蕃等族到京师进贡和交换物资。他说："黄河之入中国，夏后氏导之，知自积石矣。汉唐所不能悉其源，今为吾地，朕欲极其源之所出，营一城，俾番贾互市，规置航传。凡物贡水行达京师，古无有也。朕为之，以永后来无穷利益。"[28] 于是派遣其旧部、曾经多次出使吐蕃的女真蒲察氏人都实，以招讨使的名义，佩金虎符，前往寻找黄河源头。都实一行于四月到达河州（今甘肃临夏），然后向西南进发，

图一 《南村辍耕录》之《黄河源图》

走了四个月时间，约四五千里路，方抵达河源，于冬天回到大都，将考察情况以及绘制有沿途诸城及驿传的地图一起向皇帝呈报。忽必烈喜出望外，任命都实为统乌思藏路暨招讨都元帅，仍旧佩金虎符，负责经营吐蕃等族事宜。

可惜的是，都实呈给元世祖的考察报告并没有流传下来，以至明初撰写《元史》时只能据元翰林学士潘昂霄的《河源志》和临川朱思本所得帝师所藏梵文图书，撰写成《河源附录》一篇，以充篇幅。元末陶宗仪在所著《南村辍耕录》收录了《黄河源》[29]一篇，不仅包括潘昂霄《河源志》，还有一幅上南下北的"黄河源图"和奎章阁学士院鉴书博士、文林郎柯九思于元统元年（1333年）为该书所写的《述》，使我们得到了较为早期的都实探索河源的口述实录以及相关信息（图一）。

原来，元仁宗延祐二年（1315年），都实的弟弟、翰林学士承旨阔阔出与翰林侍读潘昂霄奉命宣抚京畿西道，公余，阔阔出告诉潘，他曾经跟随其兄长都实"抵西国，穷河源"，并详细地讲述了他们探寻河源的所见所闻，而被潘昂霄记录成《河源志》一文。据该《志》记载，阔阔出首先介绍他随都实所见河源的情况，说：

> 河源在吐蕃朵甘斯西鄙，有泉百余泓，或泉或潦，水沮洳散涣，方可七八十里，且泥淖溺，不胜人迹，逼观弗克，旁履高山，下视灿若列星，以故名火敦恼儿。火敦，译言星宿也。

意为黄河发源于吐蕃所辖朵甘斯（今四川甘孜，系吐蕃中节度使所在地）以西今星宿海一带七八十里方圆的地方。这里是一片湿地，由一百多个泉眼形成许多或深或浅的水坑和或大或小的水流，到处都是泥淖，人无法进入，我们想到跟前仔细看看也做不到。只好登上旁边的山头，往下看一片璀璨犹如天空的群星，所以这里被命名为火敦恼儿，也就是汉语的星宿海（在今青海省曲麻莱县境）。

接着又叙述他们考察所得黄河从星宿海流出直到东胜州（今内蒙古托克托县）河道的距离及走向。先说上游至阿尼玛卿山（文中称之为昆仑山）东南缘段的行程：

> 群流奔凑，近五七里，汇二巨泽，名阿剌恼儿。自西徂东，连属吞噬。广轮马行一日程，迤逦东骛成川，号赤宾河。二三日程，水西南来，名亦里出，合赤宾。三四日程，（水）南来，名忽兰。又水东南来，名也里术，合流入赤宾，其流寝大，始名黄河。然水清，人可涉。又一二日，歧裂八九股，名也孙斡论，译言九度。通广六七里，马亦可度。又四五日程，水浑浊，土人抱革囊，乘骑过之。民聚落纠木干象舟傅毛革以济，仅容两人。继是，两山峡束，广可一里、

二里或半里，深叵测矣。朵甘斯东北鄙，有大雪山，名亦耳麻不莫剌，其山最
高，译言腾乞里塔，即昆仑也。山腹至顶皆雪，冬夏不消。土人言，远年成冰时，
六月见之。自八九股水至昆仑，行二十日程。河行昆仑南半日程地。

这是说，黄河从星宿海群流奔凑大约五里或七里汇为两个大湖，名阿剌恼儿（今
青海玛多县境的扎陵湖和鄂陵湖）。骑马再行一日程，迤逦向东，成为一条河，名赤
宾河（由鄂陵湖东流出经今玛多县西之一段黄河的古名）。骑马再行二三日程，亦里
出河（今黑河）从西南流来，汇入赤宾河。又行三四日程忽兰河（今热曲）从南边流来。
又有也里术河（今河）从东南方向流来，汇入赤宾河，河水变大，才开始称为黄河。
但这段河水很清，且不深，人可以涉流过河。再行一两天，河道分成八九股，名也
孙斡论，华语名九度河（沿今玛多县与玛沁县界由北向南流的一段黄河）。河宽有六七里，
马可以涉过。再行四五日程，河水变得混浊，当地人手抱着革囊或乘马就能过河，也
有的人将树干编成木筏外围皮革用以渡河，每筏仅能容两人乘坐。往东南是两山峡谷
里的河川，河宽半里到一二里，深不可测。在朵甘斯东北部，有一座沿途最高的大雪山，
名亦耳麻不莫剌（今阿尼玛卿山，又名大积石山），译成蒙古语为腾乞里塔，也就是
昆仑山。从山腹到山顶全是终年不化的雪。黄河从八九股水（即九渡河）流到昆仑山
的一段，骑马要走二十日。黄河在昆仑山南骑马有半天的距离。

下边说由阿尼玛卿山南缘至玛曲河口一段：

又四五日程，至地名阔即及阔提，二地相属。又三日程，地名哈喇别里赤
儿，四达之冲也，多寇盗，有官兵镇防。[30]昆仑迤西，人简少，多处山南。
山皆不穹峻，水亦散漫。兽有髦牛、野马、狼狈、羱羊之类。其东山益高，地
亦渐下，岸狭隘，有狐可一跃越之者。行五六日程，有水西南来，名纳邻哈剌，
译言细黄河也。又两日程，水南来，名乞儿马出，二水合流入河。

这是说，再行四五日程，就到了阔即和阔提二地（在今青海省久治县西），二地相连。
再行三日程，其地名哈喇别里赤儿（在今青海久治县东），此处是四通八达的冲要之
地，多寇盗，有官兵驻守防御。昆仑山以西人口稀少，多数居住于山南，其山都不高
峻，河水也不湍急，野兽有髦牛、野马、狼狈、羱羊之类。而东边的昆仑山越来越高，
河岸也狭隘，最窄的地方狐狸可以一跃而过。行五六日程，有纳邻哈剌（今四川省红
原县境的白河）从西南流来。纳邻哈剌的意思是细黄河。又两日程，乞儿、马出（今
甘肃玛曲县之黑河及玛曲河）从南边来，二水合流入黄河。

以下讲黄河北流至阿尼玛卿山北，经贵德州、积石州、兰州、鸣沙州、宁夏府，直至东胜州的一段：

> 河北行，转西，至昆仑北，二日程地，水过之北流。少东，又北流。约行半月程，至贵德州，地名必赤里，始有州事[31]官府。州隶河州置司土蕃等处宣慰司所辖。又四五日程，至积石州，即《禹贡》积石。五日程，至河州安乡关。一日程，至打罗坑。东北行一日程，洮河水南来入河。又一日程，至兰州。其下过北卜渡，至鸣沙州，过应吉里州，正东行。至宁夏府，南东行，即东胜州，隶西京大同路地面。

黄河转向北流，再向西流，二日程地，到昆仑山以北，向北流。稍稍向东以后，又向北流。约半月程，到贵德州，州治必赤里（今青海省贵德县），这才开始有州一级的官府，贵德州属在河州设置的土蕃等处宣慰司管辖。又行四五日，到了积石州（治今青海循化县积石镇），这里就是《禹贡》所说"导河积石"的积石。马再行五日程，到河州安乡关（今甘肃临夏县莲花镇）。行一日程，到打罗坑（今甘肃东乡县考勒乡境），向东北行一日程，洮河水从南边流入黄河。再行一日程，到兰州（治今甘肃兰州市城关区）。从兰州城下过北卜渡，到鸣沙州（治今宁夏中宁县东北），过应吉里州（治今宁夏中卫市沙坡头区），向正东行，到了宁夏府（治今宁夏银川市），向南东行，就是东胜州（治今内蒙古托克托县），它隶属于西京大同路地界。

阔阔出对随其兄长都实探寻黄河源过程的叙述极为具体，潘昂霄的记载真实可靠。都实的踏勘，探明了黄河源在今青海曲麻莱县的星宿海上游数十里，比唐人认定的黄河源阿尼玛卿山（大积石山）多出一千多里，是极大的进步。特别是都实的河源考察彻底破除了《山海经》以来的河水潜行之说，在河源考察史上有划时代的意义。清乾隆年间修成的《西域图志》曾哀叹道："河水自蒲昌海潜行地下，至积石复出为中国河源，其说见于《山海经》《史记》《汉书》《水经注》诸书，先儒传习，都无异说。自唐杜佑作《通典》不取其说，宋欧阳忞谓其荒远不经，元潘昂霄《河源志》亦以史称'河有两源，一出于阗，一出葱岭'为诞妄，于是河水潜行之说，不复取信于后人。"虽然都实并未探到今人确认的黄河源卡日曲，那是因为时代的局限，我们不应苛求。元明之际学者宋濂早就确认都实考察结论的可靠性，在其所撰《治河议》中引用都实考察文字，言"河源自吐蕃朵甘斯西鄙"云云[32]。尤其是都实的踏勘，带动了后代中央皇朝不断派出专门人员对黄河源进行踏勘，其首探之功，是必须肯定的。

这里必须提到世代生息于青藏高原的藏族先民对河源认识的贡献。早在唐贞观九年（635 年），唐军追击潜逃的吐谷浑王伏允时，任城王李道宗就说道："柏海近河源，古未有至者。"[33] 这里是说自古以来中央王朝没有人到过河源地区，而柏海则接近河源，显然李道宗所言"柏海近河源"是从吐蕃人那里听来的了，这从侧面证明了早在隋唐之际吐蕃人就对黄河源在柏海（今扎陵湖和鄂陵湖）附近有明确的认识。到唐杜佑撰《通典》，就很好地回答了这一问题，言说："今吐蕃中，河从西南数千里向东北流，见与积石山下河相连，聘使涉历无不言之。吐蕃自云：昆仑山在国中西南，则河之所出也。"[34] 元朝人更明确地说到，帝师收藏的梵文书中有准确的河源记载。《元史·河源附录》中说："临川朱思本又从八里吉思家得帝师所藏梵文图书，而以华文译之。"[35] 我们知道，元朝最高神职帝师是皇帝任命的吐蕃萨迦派的高僧，其所收藏的梵文图书中，有与潘昂霄《河源志》内容互为详略和补充的对黄河源的记载。朱思本译文中对黄河源方位的叙述称："河源在中州西南，直四川马湖蛮部之正西三千余里，云南丽江宣抚司之西北一千五百余里，帝师撒思加地之西南二千余里。水从地涌出如井，其井百余，东北流百余里，汇为大泽，曰火敦脑儿。"称黄河源在星宿海（火敦脑儿）西南百余里。星宿海上游的支流主要有三条，在北的一条名扎曲，在西的一条名约古宗列曲，在西南的一条名卡日曲，帝师所收古藏文图书中所称向东北流入星宿海的河源显然指的是卡日曲，而卡日曲正是当代学者所认定的真正的河源。朱思本还根据帝师所藏古藏文图书概述了黄河的长度，称："大概河源东北流，所历皆西番地。至兰州凡四千五百余里，始入中国。又东北流，至达达地，凡二千五百余里，始入河东境内。又南流至河中，凡一千八百余里。通计九千余里。"按元朝每市里折合 0.3072 公里，约当 2704 多千米，这是黄河自发源地至潼关的距离，再加上东流入海的 1000 多千米，合计长度约为 3800 多千米，其黄河长度的统计十分珍贵。

　　明代没有官方对黄河源头的探寻，但明初就有关于河源的记录。元明间僧人宗泐（1318～1391 年），浙江临海人，八岁师从中天竺僧人笑隐䜣公学佛，成为著名的学问僧。入明以后，受到明太祖的敬重。洪武十一年（1378 年）底，明太祖因为中土佛书有所遗缺，委派六十一岁高龄的僧人宗泐率其徒弟三十人，前往西域寻求佛经。在三年多时间里，宗泐一行到达过宜八里（疑即别失八里，今新疆济木萨尔县治北之破城子）、雪岭（今阿富汗兴都库什山）、别利迦竹国（或即《佛祖统纪》之迦磋国，今印度卡奇湾北岸之卡奇地区）、灵鹫山（古佛教中心王舍城附近名山，在今印度比合尔邦底赖雅附近）、鸡足山（今印度佛陀迦耶东南之 Gurpa hill）诸地，求得《庄严》《宝王》《文殊》等佛经，由乌思国向北，又经过几个月，"雪中临黑水，冰上渡黄河"，终于到达河州，返回京师（南京）已是洪武十五年（1382 年）。宗泐回程在上游渡黄河时，撰《望河源》诗，其诗序言："河源出自抹必力赤巴山，番人呼黄河为抹处，牦牛河为必力处，赤巴者分界也。其山西南所出之水,则流入牦牛河,东北之水是为河源。予西还宿山中,尝饮其水,番人戏相谓曰:'汉人今饮汉水矣。'其源东抵昆仑可七八百里,今所涉处尚三百余里,下与昆仑之水合流。中国相传以为源自昆仑,非也。昆仑名麻瑯剌,其山最高大,四时常雪,有神居之。番书载其境内祭祀之山有九,此其一也。"[36]宗泐明确指出,黄河源出于抹必力赤巴山,即今巴颜喀拉山,该山西南为牦牛河(即长江上游的通天河)源头,山之东北为黄河源头。番人称黄河又为"汉水",即流往汉地之水,所以宗泐西行取经回程住在山中,饮用了黄河的水,番人说:"汉人今天喝汉水了!"从黄河源头到昆仑山(大积石山、阿尼玛卿山)至少有七八百里。黄河在昆仑山北从东向西流,与昆仑之水(今青海兴海县曲什安河)合流,过去的书中都说黄河源自昆仑山,那显然是错误的。宗泐的最大贡献是明确了中国两大河流长江和黄河分别发源于巴颜喀拉山南麓和北麓,而且指出当地的番人又称黄河为汉水,它是从东边流到阿尼玛卿山北侧的。

博学好思、重视边地治理的清圣祖玄烨于康熙四十三年(1704年)四月,命蒙古正白旗人、侍卫拉锡与满洲正白旗人、内阁侍读舒兰等人前往考察黄河的源头[37]。拉锡一行于四月初四日离京,九月返回,其考察奏疏被《清圣祖实录》卷二百十七、《东华录》卷十九、《钦定八旗通志》卷一百六十六和卷二百四十两种《舒兰传》《清史列传》卷十二《舒兰传》及《清史稿》卷二百八十三《舒兰传》收录,各有详略或删改。现将内容最为详尽的《钦定八旗通志》卷二百四十《舒兰传》之奏疏文字即考察报告转录于下:

> 臣等奉使巡察黄河发源处,于康熙四十三年四月初三日奉训旨言:"黄河之源虽名古儿班索而嘛,其实发源处从无人到。尔等务须穷源明白,察视其河流于雪山自何处流入雪山边内,凡经流等处,宜详阅之。若至其地瘴气甚厉,可进则进,不可则止,不必泥旨强进。钦此。"
>
> 臣等钦遵,于康熙四十三年四月初四日自京起程,五月十三日至呼呼诺儿地方……十四日,至贝勒色卜腾札儿所居地,名呼呼卜拉克。十五日居其地。十六日贝勒色卜腾札儿同臣等起程。六月初七日,至星宿海之东,有泽名鄂陵,周围二百余里。初八日,至鄂陵之西,又有泽名札陵,亦周围三百里。鄂陵之西、札陵之东,相隔三十里,此二泽亦产那胡、布哈等鱼。初九日至星宿海,蒙古名鄂敦塔拉,择山之至高者登而视之,观星宿海之源,小泉万亿,不可胜数。周围群山蒙古名为库儿棍,即昆仑也。南有高山名古儿班吐而哈,西南高山名布胡珠而黑,西有高山名巴而布哈,北有高山名阿克塔阴齐奇,东北高山

名乌兰杜石。古儿班吐而哈诸泉西番国名为噶尔马塘，巴而布哈山诸泉名为噶尔马滁穆郎，阿克塔阴齐奇山诸泉名为噶尔马沁尼。三山之泉流出三支河，即古儿班索而嘛也。三河往东，顺流入于札陵。自札陵一支流入鄂陵，自鄂陵流出之河，乃黄河也。除此，而他山之泉与平地之泉流出为小河者，不可胜数，尽归黄河。朝东而下，自呼呼诺儿雪山以至于星宿海，一路产野牛、野骡、豹、猞猁狲、牝牡盘羊、鹿狍、小黄羊、火狐、沙狐、羱羊、香獐、獭儿、獾子等兽。

臣等自星宿海于六月十一日回程，欲看冰山之形并黄河向何方流去等处。故离原去之路，向东南行二日，登哈而给山，见黄河往东而流至呼呼托罗海山，又向南流绕撒除克山之南，又北流，至巴而托罗海之南流去。第二日，至冰山之西，但见其山最高，云雾蔽之。蒙古言此山长三百余里，九高峰，自古至今未见冰消者，终日云雾，常雨雪，一月之中得晴三四日而已。

自此回行，十六日至席拉库特尔之地，寻看黄河流入雪山边内之处，又向南行过僧库里高岭，行百余里，又至黄河岸，见黄河自巴而托罗海山向东北流，于归德堡之北、边哈山之南，从两山峡中流入兰州。

臣等谨将黄河发源山川之图，恭呈御览。自京至星宿海共七千六百余里。宁夏之西，由松山至星宿海，天气渐低，地势渐高，人气闭塞，故多喘息，非瘴气也。

拉锡是一武将，此奏疏当为理藩院笔帖式（民族语翻译和文书官）出身的舒兰所撰，故而《八旗通志》《清史列传》《清史稿》等官书皆将其收入《舒兰传》中。奏疏报告，拉锡、舒兰于四月初四日从京师启程，五月十三日到达呼呼诺尔（青海湖，"诺尔"意为湖），十六日贝勒色卜腾札儿随同拉锡等人一起由呼呼卜拉克出发考察。走了二十一天，于六月初七日到了星宿海东边的鄂陵湖边，该湖周长二百余里。第二天，走到西边的札陵湖，该湖周长三百里。两湖之间相距三十里。两湖中都出产那胡鱼和布哈鱼。初九日到了星宿海，在其周围踏勘了两天。先登上星宿海旁边最高的山观察，看到星宿海的源头，有难以计数的小溪泉。周围的群山，蒙古语名库儿棍，就是昆仑山。南边的昆仑山支脉名古儿班吐而哈，西南的昆仑山支脉名布胡珠而黑，西边的昆仑山支脉名巴而布哈，北边的昆仑山支脉名阿克塔阴齐奇，东北的昆仑山支脉名乌兰杜石。三条河往东流入札陵湖。

这一段对河源的描述非常重要，首先，明确了河源地区的鄂陵湖和札陵湖的间距及各自的方位、大小，二湖相距三十里，鄂陵湖在东，札陵湖在西，前者方圆二百余里，后者方圆三百里，而不是如元都实那样将二湖混称为阿剌脑儿。其次，指出星宿海周边有分别由多个泉水形成的三条支流汇来，一为南边古儿班吐而哈山的诸泉（番语名噶尔马塘，今名卡日曲），二为西边巴而布哈山的诸泉（番语名噶尔马滁穆郎，今名约古宗列曲），三为北边的阿克塔阴齐奇山诸泉名为噶尔马沁尼（今名札曲）。三山之泉流出三支河，总名古儿班索而嘛也。显然，黄河最上源应该从这三条支流中去寻找。按照近代地理学界意见，通常以流径最长的一条支流视为大河的河源。这就为学者确定黄河最终的源头提供了基础。第三，他们将黄河源地区的巴颜喀拉山也称为昆仑山（库儿棍），这就从文献上与《尔雅》和《禹本纪》所称黄河源于昆仑山完全挂钩。从先秦以来，历代对昆仑山的定位十分混乱。先是《山海经》称昆仑山在敦薨（敦煌）之西，接着是汉武帝定于阗（今新疆和田）南山为河源之昆仑山，这就有了今新疆南沿线的昆仑山。隋朝时在今青海兴海县境内设河源郡，称河源于大积石山，即今阿尼玛卿山，故唐、元文献称阿尼玛卿山为昆仑山，将昆仑山从新疆延伸至今青海省境内。清康熙年间拉锡、舒兰又将黄河源地区的巴颜喀拉山脉也称之为昆仑山，从而构建出西起帕米尔高原，东至西藏，并横贯青海省境，直至四川、甘肃西边的一个"巨无霸"山系，而这一观点，为现代地理学界所接受。正如《辞海》所释："昆仑山，西起帕米尔高原东部，横贯新疆、西藏间，东延入青海境内。长约 2500 公里。古褶皱山。西段为塔里木盆地、藏北高原的界山，西北—东南走向，北坡较陡。高峰有慕士塔格山（7546 米）、公格尔山（7719 米）。东段成东西走向，分三支：北支为祁漫塔格山，中支为阿尔格山，东延为布尔汗布达山及阿尼玛卿山（积石山）；南支为可可西里山，东延为巴颜喀拉山，在四川边境与岷山及邛崃山等相接，成山原状。海拔 6000 米左右，多雪峰、冰川。"[38]看来，只有用现代昆仑山的定义，才能认识古代在河源问题上的诸多异说，也才能知道现代昆仑山系是如何由先秦河源昆仑山演绎而来的。第四，拉锡、舒兰等人还记载了河源地区的气候、鱼类和野生动物，还说河源的瘴气其实是因当地海拔太高氧气不足，外地人难以适应，资料十分可贵。

在拉锡、舒兰考察河源之后，为了撰修《清一统志》和《皇舆全图》，康熙皇帝曾一再派遣使臣前往河源等地进行测量。如："我圣祖仁皇帝屡遣使臣往穷河源，测量地度，绘入舆图，凡河源在右一山一水，与黄河之形势曲折道里远近，靡不悉载。""本朝康熙五十六年（1717 年），遣喇嘛楚儿沁藏布、兰木占巴、理藩院主事胜住等绘画西海、西藏舆图，测量地形。"[39]

曾任礼部侍郎的学者齐召南（1703 ～ 1768 年）于乾隆二十六年（1761 年）撰成、乾隆四十一年（1776 年）刊刻的《水道提纲》，根据所见《大清一统志》稿、康熙时期《皇舆全览图》及历代地理志书，对全国河道进行了精心考证，在卷五"黄河"中，首先叙述河源，指出："黄河源出星宿海西巴颜喀喇山之东麓，二泉流数里，合而东南，名阿尔坦河。南流折而东，有小水自西南来会，当河源南岸，有古尔班蒙衮拖罗海山，三峰相并，又有拉穆拖罗海山，稍崇峻，北岸有噶达苏七老峰，高四丈，亭亭独立，石紫赤色，俗传为落星石，西南有阿拉尔巴颜喀喇岭。又东折而北，而东，而东南流，有乌哈峰泉水自西南来会，又东有拉穆拖罗海山水自南，有锡拉萨山水自北，俱来会。又东有七根池水自北来会。又东流数十里折东北流百里，至鄂端塔拉，即古星宿海，《元史》所谓鄂端诺尔也，自河源至此已三百里。"[40]指出黄河源于星宿海西北三百里的支流阿尔坦河上游，即下文乾隆四十七年阿弥达考察后所定的"真河源"阿勒坦郭勒河，亦即今人所称河源的卡日曲，由此我们不能不佩服清代考据学者的学术功力。

乾隆四十七年（1782年），由于河南黄河决堤多年不能合拢，清高宗弘历命乾清门侍卫阿弥达前往青海，找到黄河的真源，以告祭河神，解除水患。阿弥达考察后，进呈考察报告和所绘新图，乾隆皇帝命朝臣据以撰成《河源纪略》一书，全面总结了当时对黄河源头考察和研究的成果，并将该书收入《四库全书》史部地理类河渠之属。

当年七月十四日乾隆皇帝的诏谕归纳了这次考察的最重要成果，言[41]：

> 今年春季，豫省青龙岗漫口合龙未就。遣大学士阿桂之子、乾清门侍卫阿弥达前往青海，务穷河源，告祭河神。事竣复命，并据按定南针，绘图具说呈览。据奏："星宿海西南有一河，名阿勒坦郭勒，蒙古语阿勒坦即黄金，郭勒即河也。此河实系黄河上源，其水色黄，回旋三百余里，穿入星宿海。自此合流至贵德堡，水色全黄，始名黄河。又阿勒坦郭勒之西，有巨石，高数丈，名阿勒坦噶达素齐老，蒙古语噶达素北极星也，齐老石也。其崖壁黄赤色，壁上为天池，池中流泉喷涌，酾为百道，皆作金色，入阿勒坦郭勒，则真黄河之上源也。"其所奏河源颇为明晰。

阿弥达考察到星宿海上游西南的一条名阿勒坦郭勒[42]的支流，其流长三百余里，源于阿勒坦噶达素齐老（蒙古语意为北极星石）峰上诸泉形成的天池。据阿弥达一行用经纬仪测量，"噶达素齐老极三十五度、西二十度四分"[43]，也就是北纬35°，东经95°42′。据乾隆皇帝说，这就是黄河的真正源头。对于该河为今天星宿海地区的哪一条河，乾隆以来学者颇多争议。有学者将其与《河源纪略》中的附图相对照，认为："阿弥达告祭的阿勒坦郭勒，就是今天人们公认为黄河正源的卡日曲。"[44]若果真如此，黄河正源的探寻已经找到正确结论。然而，事情并非如此简单。一则因为阿弥达可能并没有将星宿湖上游诸支流进行认真和全面的考察，其结论难免让人怀疑。据黄盛璋先生查考："阿弥达交代，他沿南边这条色黄的阿尔坦河只走了一百里左右，不管是沿南边哪条河，都不能走到源头，可是图上不仅绘了河的源头形势，还在源头上注出'天池'与'噶达素齐老'，只能证明他出于虚构。"[45] 第二，撰书诸臣"恭禀圣谟"，勉强附会乾隆皇帝关于黄河初源于葱岭（帕米尔高原）的谬说，认为黄河"自罗布淖尔伏流一千五百里，东南至阿勒坦噶达素齐老流出，为阿勒坦郭勒"，泥古而不知变，严重削弱了阿弥达河源发现的重大意义。

清康熙、乾隆年间的两次河源考察，形成了对黄河源头的基本认识，为民国时期学者所遵从。如《青海志略》称："黄河为我国第二大河，全长约八千里，发源于巴颜喀拉山噶达素齐老峰东南麓。当东经九十五度，北纬三十五度，拔海一万四千尺，南流纳数小水为阿尔坦河（蒙名阿勒坦郭勒全河之义，番名马曲河），东南流二百余里，纳拓戈河、长云河之水，至星宿海……"[46]

1952 年 8 月，国家水利部和燃料工业部组织考察队，对黄河源进行了四个月综合勘察。考察认定，黄河正源是星宿海以西的约古宗列渠（曲），而该河发源地是其西的雅合拉达合泽山，还一反元以后诸历史记载，说河源地区的札陵湖在东，鄂陵湖在西。[47] 后将其编入各种地理书或绘成地图，广为传播，引起学界的极大争议。

为了实事求是地弄清黄河发源地区的相关问题，1978 年 7 月由青海省和国家测绘总局牵头，邀请中科院地理所、中国社科院历史所、北大地理系、北师大地理系、总参测绘局、人民画报社等单位的专家学者组成两个考察组，分别对黄河源与扎陵湖、鄂陵湖进行了一个月的勘察和调查，取得了可喜的成绩。当 8 月在西宁召开了有更多专家参加的相关问题科学讨论会，形成了《扎陵、鄂陵两湖名称和黄河河源问题科学讨论会纪要》（后文简称《纪要》）。《纪要》指出，从唐以来的历史文献和图籍中对两湖的名称及位置都有明确的记载，但 1953 年以后却将两湖的名称颠倒了。从黄河水利委员会勘察队和南京地理研究所的实地测量结果、藏语两湖名称的含义及当地藏族群众的意愿出发，应该将两湖定位为扎陵湖在西、鄂陵湖在东。《纪要》还指出，根据地质调查，雅合拉达合泽山与约古宗列曲相距 30 千米，分别在两条水系上，雅合拉达合泽山并非约古宗列曲的发源地。根据历次测量及考察结果，通过对源头诸支流的长度、流量、流域面积的比较和传统习惯等因素，应该将黄河正源定为发源于巴颜喀拉山支脉各姿各雅山北麓的卡日曲（表一）。1979 年 2 月青海省人民政府将考察及专家研讨意见上报国务院，获得批复，以卡日曲作为黄河发源地，将两湖名称更正为扎陵湖在西、鄂陵湖在东（图二）。

为了科学、合理、准确地确定长江、黄河、澜沧江源头的地理位置，准确测定其坐标、高程等重要地理信息数据，为各项科学研究提供依据，由青海省政府组织，国家测绘局指导，武汉大学测绘学院技术支持的三江源头大规模科学考察，于 2008 年 9 月启动。

科学门类齐全、技术先进、阵容强大的科学考察活动历经 41 天，行程 7300 多千米。这次科考，按照国际上河流正源确定的三个标准，即"河源唯长""流量唯大""与主流方向一致"的标准，同时考虑流域面积、河流发育期、历史习惯。黄河以青海省玛多县黄河沿大桥为起算点，卡日曲最长的源头——那扎陇查河长度为 362.63 千米，比玛曲最长的支流约古宗列曲的长度 326.09 千米长 36.54 千米。以河源唯远的原则，卡日曲应为黄河源头。卡日曲的流量是玛曲的两倍。卡日曲的上源为那扎陇查河，发源于青藏高原巴颜喀拉山脉塔鄂热西北 2.2 千米处，行政隶属为玉树藏族自治州称多县扎朵镇。[48]

从先秦到当今，历代学者对黄河发源地进行了不懈的艰苦探寻，目前对黄河源头的认识虽然还存在不同意见，但基本可以告一段落，其结论就是黄河发源于青藏高原巴颜喀拉山北麓的卡日曲，更详细一点说，黄河的上源是发源于青藏高原巴颜喀拉山脉塔鄂热西北的卡日曲南源那扎陇查河。

### 表一 河源地区卡日曲与约古宗列曲情况比较表

| 支流名称 | 河流长度 | 流量大小 | 同一时期源头出水量 | 流域面积 |
| --- | --- | --- | --- | --- |
| 卡日曲 | 201.9 千米 | 6.3 立方 / 秒 | 泉水旺盛，干旱年份水流不断 | 3126 平方千米 |
| 约古宗列曲 | 178.9 千米 | 2.5 立方 / 秒 | 泉水微小，河床中多处断流，水源甚微 | 2372 平方千米 |

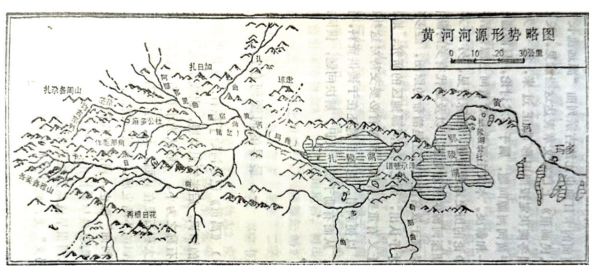

图二 1978 年河源地区勘查示意图

**注 释:**

[1]《尚书正义》卷六《禹贡》，[清]阮元校刻《十三经注疏》（清嘉庆刊本），中华书局，2009 年。

[2]《史记》卷一二三《大宛列传·太史公曰》"集解"引，中华书局，1982 年。

[3]（唐）李吉甫撰，贺次君点校：《元和郡县图志》卷三九，中华书局，1983 年。

[4] 小积石山，祁连山的东延部分，位于甘肃省积石山县西部，在县内由西北向东南延伸 50 千米，山势西高东低，一般海拔 3000 ~ 3500 米，最高的雷积山海拔 4218 米，是甘、青两省的界山，又是青藏高原与黄土高原的分界线。著名的炳灵寺石窟（古称唐述窟）在积石山东侧。

[5]《尔雅注疏》卷七《释水》，（清）阮元校刻《十三经注疏》（清嘉庆刊本），中华书局，2009 年。

[6]《史记》卷一二三《大宛列传》，中华书局，1986 年。

[7] 袁珂：《山海经校注》卷三《北山经》，上海古籍出版社，1980 年。

[8] 王宗维：《敦煌释名 —— 兼论中国吐火罗人》，《新疆社会科学》1987 年第 1 期。

[9] 史为乐：《中国历史地名大辞典》，中国社会科学出版社，2005 年。

[10] 袁珂：《山海经校注》卷十六《大荒西经》，上海古籍出版社，1980 年。

[11]（宋）李焘撰，上海师院、上海师大古籍研究室点校：《续资治通鉴长编》卷二四七，中华书局，1986 年。

[12]（汉）刘安撰，何宁集释：《淮南子集释》卷四"地形训"，中华书局，1998 年。

[13]《汉书》卷二九《沟洫志》，中华书局，1962 年。

[14] 同 [6]。

[15]《汉书》卷九六上《西域传上》，中华书局，1962 年。

[16]（北魏）郦道元撰，陈桥驿点校：《水经注》，上海古籍出版社，1990 年。

[17]《隋书》卷六三《刘权传》，中华书局，1974 年。

[18]《隋书》卷二九《地理志上》，中华书局，1974 年。

[19]《新唐书》卷二二一上《吐蕃传上》，中华书局，1975 年。

[20]《旧唐书》卷六九《侯君集传》，中华书局，1975 年。

[21]《旧唐书》卷一九六上《吐蕃传上》，中华书局，1975 年。

[22]《旧唐书》卷一九六下《吐蕃传下》，中华书局，1975 年。

[23] 同 [6]。

[24]《史记》卷二《夏本纪》，中华书局，1982 年。

[25]《汉书》卷二八下《地理志下》自注，中华书局，1962 年。

[26]《后汉书》卷二《明帝纪》，中华书局，1965 年。

[27]（唐）杜佑：《通典》卷一七四《州郡四·风俗》，中华书局影印商务印书馆十通本，1984 年。

[28]（元）陶宗仪：《南村辍耕录》卷二二《黄河源》，中华书局，1985 年。

[29] 同 [28]。

[30] 文渊阁四库全书本《辍耕录》下有"近北二日，河水过之"八字。

[31] 文渊阁四库全书本《辍耕录》，"事"字为"治"字。

[32]（元）宋濂：《文宪集》卷二八《治河议》，商务印书馆景印文渊阁四库全书，1986年。

[33] 同 [19]。

[34] 同 [27]。

[35]《元史》卷六三《地理志六·河源附录》，中华书局，1976年。

[36]（清）钱谦益：《列朝诗集》"闰集第一·全室禅师泐公一百八首"，中华书局，2007年。

[37] 王仲翰点校：《清史列传》卷十二《舒兰传》，中华书局，1987年。

[38] 辞海编辑委员会：《辞海》（缩印本），上海辞书出版社，1980年。

[39]《大清一统志》卷四一二"青海·山川·黄河"，卷四一三"西藏·山川·冈底斯山"，景印文渊阁《四库全书》史部地理类统志之属，商务印书馆，1986年。

[40]（清）齐召南：《水道提纲》卷五，景印文渊阁《四库全书》史部地理类，商务印书馆，1986年。

[41]《河源纪略》卷首"乾隆四十七年七月十四日内阁奉上谕"，景印文渊阁《四库全书》史部地理类河渠之属，商务印书馆，1986年。

[42]《清史稿》中称为"鄂敦塔那"，《嘉庆一统志》称为"鄂敦他拉"，蒙古语意为黄金色河。

[43]《河源纪略》卷十二"质实四"，景印文渊阁《四库全书》史部地理类河渠之属，商务印书馆，1986年。

[44] 胡兆祺：《黄河探源》，《青海社会科学》1981年第3期。

[45] 黄盛璋：《黄河上源的历史地理问题与测绘的地图新考》，《黄河源头考察报告》，青海人民出版社，1982年。

[46] 许公武：《青海志略》，商务印书馆，1943年。

[47] 项立志、董在华：《黄河河源勘查记》，《人民日报》1953年1月21日。

[48] 陈沸宇：《长江黄河发现新源头科考成果需经法定程序审批》，《人民日报》2009年7月16日。

# 马家窑彩陶艺术的审美价值

陈自仁

/

甘肃省政府文史馆馆员

西北民族大学教授

**摘　要**：通过对马家窑彩陶艺术的造型、构图、线条和色彩的分析，可以看出马家窑先民已经掌握了色彩搭配的基本原理，掌握了图案主次、疏密、虚实之间的对比关系，也掌握了色调的冷暖、明暗、浓淡等调配的基本原理，对色彩的并置对比、相互补色等问题，也有一定的认识。这是人类绘画史上的重大进步。只有马家窑文化时期的彩陶，才能代表中国彩陶的最高艺术成就，也最能说明甘肃彩陶艺术独特的审美价值。

**关键词**：马家窑彩陶艺术　审美价值

> 温暖的黄土，冰冷的泉水，造就了她迷人的身躯；
>
> 卓越的智慧，粗糙的双手，织就了她华丽的陶衣。
>
> 她是绚丽的诗篇，她是凝固的音乐，她是流传千古的奇迹。
>
> 啊，彩陶，先民智慧的结晶，远古文化的象征。不论她承载着多少信仰，
>
> 多少憧憬，多少人类的艰辛和神秘，她就是她，一个永恒的美丽。
>
> ——引自笔啸《彩陶之歌》

　　人类发明陶器是为了使用。最初的陶器，人们并未赋予其独特的审美功能。可是，爱美是人类的天性。人类总是按照美的尺度来造物。很快，人们除了追求陶器的结实耐用外，开始在造型和纹饰上动起了心思。从这时起，人类生产的陶器，便具有了独特的审美功能。

彩陶的出现，陶器进入实用价值与审美价值并重的时期。到了马家窑文化时期，人们对陶器审美价值的重视，在一定程度上超越了实用价值。这正是马家窑彩陶在艺术上取得巨大成就的动力之一。

在讨论甘肃彩陶艺术的审美价值时，我们必须以马家窑彩陶为对象。马家窑彩陶形制多样、制作精美、造型优美、纹样繁缛、图案丰富、构思奇特，在实用性与审美性的协调上，达到了世界彩陶史上的顶峰。只有马家窑文化时期的彩陶，才能代表中国彩陶的最高艺术成就，也最能说明甘肃彩陶艺术独特的审美价值。

## 一、造型之美

马家窑彩陶的审美价值，首先体现在造型上。从大地湾发现的最早的彩陶，到仰韶文化时期彩陶的发展，再到马家窑文化时期，彩陶制作工艺已经非常成熟，造型日益丰富。彩陶制作，在追求实用的同时，器形出现多样化，在造型上有了更强烈的审美追求。

图一　马家窑类型彩陶种子纹束腰盂

马家窑类型的彩陶中，器形主要有碗、壶、罐、盆、钵、瓶等。这些陶器，与仰韶文化时期的彩陶相比，器形上有了很大的发展。例如马家窑类型陶瓮，增加了容量，给人以充盈、稳定的感觉，既实用又美观（图一）。再如马家窑类型的小口尖底陶瓶，上部开始收束，没有了上大下小的纺锤感，变得修长挺拔，更加美观（图二）。

同是马家窑彩陶，不同时期的造型，在审美上有不同的追求。如马家窑类型的壶和罐，颈部较短，口沿较小，肩部略宽，腹部较小，放在地上，看起来不太稳当，也不很美观。到了半山类型时，这类彩陶多为敞口、溜肩，并且放大了腹部，收敛了部底，既增加了器物容积，也使器物重心下移，落地更加稳当，也更加实用，上下结构更加合理，看起来更为美观（图三）。

图二　陇西县首阳镇吕家坪出土的马家窑类型尖底彩陶瓶

即使同一文化类型的彩陶，其造型也处于变化之中。这里以马厂类型的双耳彩陶壶为例。马厂类型早期的这类彩陶壶，大都矮胖，短颈，侈口；到了中期，陶壶的腹部开始收束，腰身变得修长，颈部也有所加长；到了晚期，

图三　半山类型锯齿旋涡纹双耳彩陶瓮

彩陶壶的腰身变得修长秀美，如亭亭玉立的少女，端庄而美丽。

在实用性方面，马家窑彩陶有一个很大的变化，那就是器物的颈部向流线形方向发展。早期的陶罐、陶瓮的颈部，弧度较大。用这样的器物盛东西，很难倾倒干净，器内脏了，也不易清洗。到了马家窑文化时期，陶罐、陶瓮的颈部开始变直，略带弧度，呈流线形。这样的器物，盛东西容易倾倒，器内脏了容易清洗，更加实用。从审美的角度看，彩陶颈部呈流线形，也更加美观，实用功能和审美特征达到了巧妙的结合。

流线形陶罐发展到后来，出现了直筒杯。彩陶直筒杯的出现，是陶器由流线形向直线形过渡的证据。直筒杯的出现，说明马家窑先民更加重视彩陶的实用性。对彩陶实用性的过分重视，催生了更多的直筒类陶器，如陶缸等器物的诞生。随着社会的进步，人们的剩余物资多了，需要更多更大的器物盛放食物。这种要求，迫使陶器向大的方向发展。陶器变大，实用功能强了，彩绘难度增大。人们重视了彩陶的实用功能，忽略彩陶的审美特征。正是社会生活的这种变化，导致彩陶文化走向衰落。彩陶衰落的原因是复杂的，不过，人类剩余资料的增加，需要更大的陶器存放粮食，是一个重要原因。

史前时期的陶器，有多方面的用途。这里所谓彩陶的实用价值，是指多方面的使用价值。其实，实用价值与审美价值的结合，也是多种用途结合的一种标志。

彩陶中的饮具和大量的容器，更多的是日常生活用具。还有一部分彩陶，既是日常生活用具，也是精神生活用具，如祭祀用的礼器，以及宗教和巫术用器。还有一部分彩陶，是专门用来陪葬的明器。

马家窑彩陶中，有一部分是礼器。如一些装饰豪华的彩陶，明显是祭祀用的礼器。还有一部分彩陶，如有舞蹈纹饰的彩陶盆，可能是一种观赏器。由于这类彩陶出土数量少，作为观赏器的可能性更大。当然，它不是普通人的观赏器。从当时的生产力水平来看，它只能是氏族或部族首领专用的观赏器，是一种真正的奢侈品。还有一部分彩陶，可能是祭祀用器，如陶鼓。常见的马家窑陶鼓，类似一口深腹的缸，口沿外有蒙兽皮的錾纽，中部有对称的散音孔。这种陶鼓，不像是一般娱乐场合用的乐器，可能是祭祀时用的乐器。

马家窑彩陶中，有一部分是专门制作的陪葬品。陪葬的彩陶，可分为三类。第一类是日常生活用品，大都是生活中的实用器，也是墓主人的生前用器。这类彩陶出土最多。第二类是专门制作的明器，是专门为陪葬墓主人而制作的。这类彩陶，有的造型奇特，彩绘豪华，展示了极高的审美追求。第三类是彩陶葬具。当时流行捡骨二次葬。所谓捡骨二次葬，就是人死后多年，肌肉组织腐烂后，捡来尸骸重新安葬。彩陶葬具中，相当一部分是陶瓮，是用来盛放尸骸的。当然，史前也有不少陶棺，但彩陶棺非常罕见。

图四 神人纹彩陶壶

作为葬具的彩陶瓮，一般体型较大，制作精良，纹饰美观，实用价值和审美价值做到了较好的统一。只有地位崇高的人，死后才能享用这样的彩陶瓮。

马家窑彩陶的造型，在讲究实用价值的同时，不断追求审美价值。在外观上，除了注重造型之美外，开始增加新的部件，出现了錾、足、座、盖，既增加了器物的美观度，也增加了器物的实用性。例如出土于兰州的马家窑类型带盖彩陶罐，不仅罐口加了盖，盖上还加了纽，最奇特的是纽的造型，很像一截瓜藤。一个普通的彩陶罐，因为有了这个盖，增加了实用价值。这个盖，对陶罐中的食物起到了保鲜、保温、防尘、防虫等作用；盖上的纽，也因其造型独特，使陶罐有了灵性，活了起来，给人以无限的遐想。

特别值得注意的是，马家窑彩陶的造型上，出现了以人为参照物的器形。在人的眼里，世界上所有的造型，人的形体最美。欣赏人体，赞美人体，是人类的特性。正是这种特性，导致了马家窑彩陶中人形器的诞生（图四）。

早在马家窑文化之前，陶器制作中就有了以人为参照物的器形。早期的这类陶器，不过是对应人体的外观比例，对陶器进行相应的艺术处理。陶器发展到后来，人的轮廓曲线越来越清晰，到马家窑类型时，壶、罐等陶器上，开始出现人头的形状。秦安县焦家沟曾出土一件马家窑类型早期的人头形彩陶瓶。当时陶器口的人头，还不是立体雕像，而是通过壶颈处的浮雕和彩绘，勾勒出人头的轮廓。到了马家窑类型晚期，彩陶壶口部出现了完整的人头形状，壶颈的一面，有了突出的双耳，人的头形一目了然。随着彩陶艺术的发展，到了半山类型时，彩陶上出现了人物的面部，有了隆起的鼻梁、眉毛和圆而有神的眼睛，以及夸张的大嘴巴。再往后，到马厂类型时，有了完整的人体彩陶。

人体造型的马家窑彩陶中，最奇特的是出土于天水师赵村的人像彩陶罐。这件彩陶罐，肩部雕有一个人头，人头上，清楚地刻出了眼、鼻、口、耳等，在头顶部分，还雕有锥形发髻，髻中间穿一个小孔，应该是插发簪用的。在罐体上，用黑彩绘出了人的躯体和四肢，臂端还绘了手指。这种人体造型，已经达到了逼真的程度。这件人像彩陶罐，由于颈部两侧各画有"十"字形图案，头部两侧画有锯齿纹，整个画面充满神秘色彩，其人像被专家解释为巫师之类的人物（图五）。

此外，在马家窑彩陶中，还出现了男女人形浮雕彩陶

图五 天水师赵村出土的
人像彩陶罐

壶和男女彩绘同体瓶。可以认为，马家窑彩陶中以人体为参照的器物，体现了马家窑先民更高的审美追求。这种审美追求，在很大程度上，已经背离了发明陶器的初衷，强化了彩陶的审美价值，淡化了彩陶的实用价值。

## 二、构图之美

彩陶上的图案，是用各种天然矿物质颜料绘制的。马家窑彩陶的图案，主要由红黑两种颜色组成。作者运用天然颜料，采用颜料的浓淡、色彩的明暗、线条的粗细、色块的大小，构成了千姿百态的图案，形成了五彩缤纷的色彩效果。这种彩绘手法，是非常高超的，某些方面已经达到了后世中国水墨画的表现手法。由于这个缘故，马家窑彩陶又被看作中国水墨画的源头之一。

马家窑彩陶的图案，从总体上看，大致可以分为四类：第一类为几何图案，大多数由点、直线、弧线和色彩构成。陶器上，这类图案数量最多，大都规整之中富有变化，给人一种独特的韵味。第二类为植物图案，常见的有花卉纹、叶瓣纹、豆荚纹、玫瑰形花纹（也称月季花纹）等，其中玫瑰形花纹使用最多，流传最广。第三类为动物图案，常见的有鱼、鸟、蛙、羊、狗等，其中鱼、鸟、蛙的图案最多。这类图案，大都抽象化，但仍然十分生动（图六、七）。一些专家把人形纹也归于动物图案，如人面纹、人体纹等。第四类为神秘和怪异图案。这类图案，数量较少，难以解读，因此在学术界影响较大，争议也很大。如"卍"字纹、"山"字纹、"↑↓"形纹、八卦形纹等。这类图案，充满了神秘色彩，学术界对其有多种解释。也

图六 变体貌鱼纹罐

图七 变体鸟纹彩陶罐

许在先民那里，本来就有多种含义。当然，也不排除有的图案本身没有什么含义，为先民随心所欲，胡乱涂鸦，是今人自作多情，赋予了它们太多的含义和想象。

历时一千多年的马家窑彩陶，从构图的角度归纳，其图案虽然可分为四类，但同一系统中，不同文化类型的彩陶，构图是有差异的。正是构图的差异性，使不同文化类型的彩陶，形成了不同的文化内涵。

马家窑类型彩陶，多数图案用黑彩绘制，少数图案用黑红或黑白双彩绘制。图案排列上，一般上下分层，构成一个个对称的画面。具体图案，以几何形纹为主，也有一部分动物纹、人形纹，常见的有圆圈纹、波浪纹、螺旋纹、垂幛纹、垂勾纹等。有的图案，在圆圈纹中施以圆点纹、"十"字纹、网格纹、同心圆纹，构成一个繁复而

别致的画面。在图案布局上，非常饱和，一些瓶和罐的颈部，布满了图案。马家窑类型彩陶图案，以旋涡纹和蛙纹最具特色。旋涡纹用笔流畅，自然优美，充满了动感，真实地表现了马家窑先民对水的崇拜和渴望。马家窑彩陶上的蛙纹，一般是整体的蛙，重点突出蛙的双眼，大而鼓出，十分生动。天水的师赵村遗址中，出土过一件马家窑类型陶钵，钵的内壁绘有蛙纹，被专家认定为最完美的蛙纹。这幅蛙纹，蛙的眼睛圆睁，两肢朝前划，两肢朝后蹬，遨游于一片水纹中，极富动感（图八）。

图八 蛙纹彩陶罐

一般认为，马家窑先民喜欢蛙纹，与当时母系社会的生殖崇拜有关。在原始艺术中，蛙纹通常象征女性的生殖器官。有人认为，从表象看，蛙的腹部和孕妇腹部形状相似，一样浑圆而膨大；从内涵来说，蛙的繁殖能力很强，产子繁多，一夜春雨便可育出成群的幼体。所以，蛙被原始先民用以象征女性的生殖器官——怀胎的子宫（肚子）。这种解释，不无道理。也有人认为，蛙纹象征丰收。马家窑先民在陶器上大量绘制蛙纹，是对丰收的祈求。

半山类型彩陶，在图案上与马家窑类型彩陶有种传承关系，但富于变化，色彩更加鲜艳。半山类型彩陶的图案，一般由红黑两色彩带组成，加上陶器的底色，构成三色画面。利用三色巧妙构图，是半山类型彩陶区别于其他类型彩陶的一个标志。其装饰图案最有代表性的是黑红两色组成的锯齿纹。半山类型彩陶中，最常见的图案有水波纹、宽带纹、垂幛纹、葫芦形纹、平行条纹、多线连弧纹等。其中葫芦形纹比较特别，一般四个单元一组，每个单元的图案中，又施以不同花纹，使整个图案变得繁复、生动，类似于抽象画和写意画（图九）。半山类型彩陶的图案，基本上放弃了马家窑类型彩陶画面的写实手法，如生动的蛙纹已不多见，画面的装饰性很强，抽象和写意的趋向非常明显。从图案学的角度看，构图上严谨规整，重视装饰效果，是装饰艺术上的进步。

图九 半山类型葫芦折线纹彩陶壶

马厂类型彩陶的构图，又不同于马家窑类型和半山类型。从表现手法上看，马厂类型彩陶的图案，在继承半山类型彩陶图案的同时，又有发展，形成了自己的独特风格。其中突出的特点，是陶胎的上半部出现了红色或紫色的陶衣。陶衣又称化妆土，是另一种颜色的陶土，用水调和成泥浆后涂在陶胎上留下的一层薄薄的色浆。马厂类型彩陶，常在陶衣上用黑、红两色绘制图案，常见的图案有几何形纹、圆圈纹、曲线纹、锯齿纹、回纹、雷纹、串珠纹、叶脉纹、菱形纹、平行条纹、三角折线纹等。马厂类型彩陶的单独纹样增多，有学者统计，多达505种[1]。马厂类型彩陶在彩绘构图上，虽然有较多的创新，色彩也很亮丽，自成一体而别具特色，但总体上画面简单化，特别是其晚期的彩陶画面，色彩单调，绘制粗糙，是彩陶文化走向衰落的标志（图一〇）。

图一〇 马厂类型变体神人纹瓮

从艺术表现手法的角度看，马家窑彩陶的构图有很多独特之处，例如写实与抽象的结合，动态与静态的结合，主图与次图的结合，圆图与方图的结合，线与点的结合，黑色与红色的结合等等，使画面多变，极富动感，内容异常丰富。其中不少图案，意味深长，具有很高的审美价值，让人百看不厌。

在构图方面，马家窑彩陶还特别注重对称和谐，注重图案之间的有序和匀称，尽量使每件器物上的图案富有对称感、韵律感和节奏感，即使器形与纹饰的结构协调、匀称，也使纹饰与纹饰的结构协调、匀称。例如不少彩陶，把锯齿纹和垂幛纹搭配在一起，显得非常协调，给人一种刚柔相济的感觉。再如一些繁复的纹饰，配以直线或平行波纹，又给人一种繁复中的明快感，既突出了主体纹饰，又增强纹饰的完整性和协调性。最典型的例子，要数甘肃永靖县三坪村出土的"彩陶王"。这件被列为国家一级文物的彩陶瓮，造型巨大，制作者根据器形的特点，用黑彩绘制了上、中、下三层纹饰。上层是花卉纹，中层是旋涡纹，下层是水波纹。上层的花卉纹和下层的水波纹较窄，中层的旋涡纹很宽，为主体图案。三层图案主次分明，比例协调，层次感很强，给人一种和谐之美（图一一）。

马家窑彩陶在构图方面，还有一种特点，那就是小型彩陶，一般通体满彩；大型彩陶下部留白，没有图案。马家窑先民这样做，是充分考虑了人观赏彩陶时的视角。远古时代没有桌凳，人们都是席地而坐，大型彩陶放在面前，看到的是器物的中部和上部，所以上中部和上部彩绘，下部不予彩绘。此外，陶器下部不彩绘，在人的视觉上，还可以增加器物的稳定性。可见，马家窑彩陶的制作者，已经掌握了人们的欣赏习惯。

图一一 永靖县三坪出土的"彩陶王"

### 三、线条之美

对马家窑彩陶来说，线条具有特殊意义。人们常把线条看作表现图案的手段，这是一种错觉。在马家窑彩陶上，线条不仅仅是表现图案的手段，还是表现思想感情的手段。马家窑彩陶上的线条，往往具有特殊的审美价值。

马家窑彩陶上的纹饰，大部分是通过线条来表现的。其中一部分线条，由具体的纹饰演化而来，既是客观世界的抽象，也是主观世界展示，有着强烈的写意色彩。那些线条，有的单纯，有的繁复，有的纤细，有的粗犷，有的明快，有的朦胧，都是作者思想感情的表现，都倾注了作者的审美追求。

为了通过线条准确地表达自己的思想感情，表达自己的审美体验，马家窑先民在绘制线条的工具和手段上，做了大量的改进工作。从彩陶纹饰的笔迹走势看，很多线条是用毛笔画出来的。纹饰上的一部分线条，粗细变化，转折进走，上下起伏，走向、动势和力度，如跃动的音符，似流淌的溪水，处处显露出笔锋的走势。这样自然流畅的线条，除了毛笔，别的工具画不出来。只有毛笔画出的线条，才能如此生动地表达作者思想感情。有人把马家窑彩陶独特的线条艺术，看作中国写意画的源头，不是没有道理的。

在线条的绘制中，马家窑先民除了使用毛笔，还使用了当时先进的轮绘技术。

所谓轮绘技术，是利用转轮的旋转绘制线条。马家窑时期的转轮，应该是制作陶胎用的陶轮。把画笔和陶胎分别固定，随着陶轮的旋转，画笔在陶胎上画出均匀流畅的线条。马家窑类型彩陶瓶、彩陶壶和彩陶罐上的多道平行线和同心圆，都是使用轮绘技术完成的（图一二）。

图一二 马家窑文化菱格网纹彩陶壶

轮绘虽然是一种原始的机械绘图，但技术难度很大，要绘制精美的图案和繁复的线条纹饰，需要高超的技艺。轮绘图案中，最为人称道的是同心圆纹盆。绘制有同心圆的彩陶盆，一件出土于兰州市区的雁儿湾，盆内绘有13圈同心圆纹。还有一件同心圆彩陶盆，出土地点不详，更为精美，盆内绘有16圈同心圆纹。彩陶盆内的每一个同心圆，都画得非常规整，找不到任何重叠之处。有人曾认为这样精致的同心圆是借助圆规之类的工具绘制的，可又在同心圆纹中找到了笔锋衔接之处，最后断定同心圆纹是毛笔画成的，而不是靠圆规之类的工具用硬笔画成的。没有惊人的绘制技艺，不可能借助转轮画出这样的同心圆。有专家复制马家窑类型彩陶盆，运用现代技术绘制彩陶盆的同心圆纹，结果发现绘制难度太大，难以复制成功。由此可见古人绘图水平的高超。

彩陶盆内的多圈同心圆纹的绘制须借助陶轮才能完成。马家窑类型彩陶瓶、壶、罐等器表绘制的多道平行线纹，也是借助陶轮画成的。可以认为，熟练地使用轮绘技术，是马家窑类型彩陶制作的一个特点。

马家窑彩陶的线条装饰，除了平行线、同心圆外，曲线的运用也富有创意。其中有代表性的图案是旋涡纹和螺旋纹。由于曲线的巧妙运用，旋涡纹和螺旋纹实现了多重组合、多样布局。神奇的曲线，将各种纹饰组合为不规则的图案。这种图案，展现了马家窑先民娴熟的绘画技巧和标新立异的审美追求，给人一种强烈的视觉冲击、无穷的艺术遐想和难得的审美享受（图一三）。

图一三　马家窑文化彩陶盆

## 四、色彩之美

线条和色彩是构成图案的两大要素。马家窑彩陶对于色彩的运用，也有不少独到之处。

远古时代，可供人们使用的色彩非常有限。虽然自然界色彩丰富，但可以用来绘制彩陶的矿物质颜料少之又少。马家窑彩陶常见的色彩，有红、黑、白三种，到了马厂类型时期，开始使用紫色陶衣，绘图用的色彩，仍然以黑、红两色为主。如何用有限的颜色，绘制出丰富多彩的图案，是对彩陶制作者智力的考验。

马家窑彩陶中，使用的色彩有红彩、黑彩、棕彩和白色，其中使用最多的是红彩和黑彩。从世界范围看，彩陶上使用最多的颜色是红彩。有人认为，红色是史前人类最先认识的颜色。这种观点，似乎很有道理。不同国度、不同地区的远古人类，都喜欢在彩陶上绘制红色，说明远古人类普遍青睐红色。远古人类为什么喜欢红色？历来众说纷纭。有人把红色跟血液联系起来，认为在原始人的眼里，红色是血液和生命的象征，所以原始人格外喜欢红色。这只能算现代人的一种猜测。也许，远古人类喜欢红色的原因，跟现代人没有太大的区别。红色总是给人热烈、活泼、喜庆的感觉，红色还可以给人带来强烈的视觉刺激，在脑海中留下深刻印象，所以远古人类对红色情有独钟。至于黑色，即使用现代的眼光看，也是与红色最匹配的颜色之一。这也许是马家窑先民喜爱红黑两色的原因之一。

当然，远古人类用什么颜料绘制彩陶，不仅仅是由先民喜好决定的，而是多年甚至几代人实践经验的结晶。有专家利用激光拉曼光谱、X射线衍射和波长色散X射线荧光光谱等方法，对安徽蚌埠双墩遗址出土的5片彩陶和2块红色矿物质颜料进行测试分析，发现彩陶中的红彩，主要显色物相为赤铁矿、石英、白云石和方解石，黑彩中不含矿物质颜料，而是利用了渗碳工艺中炭黑的自然效果。远古时代，由于交通的极端困难，人们很难有远距离的交往，数百乃至数千公里距离交流彩陶制作经验和技术的可能性很小。所以，不同地区的彩陶制作工艺，很大程度上靠本地工匠的独立探索，各自发展，这就决定了各地的彩陶生产，在工艺、风格和发展时间上的差异性。正是这个原因，决定了马家窑文化彩陶与仰韶文化彩陶颜料使用上的差别。

对马家窑彩陶颜料的研究发现，其中红彩的显色物相为氧化铁，出土的矿物质颜料是赤铁矿的风化物赭石，主要成分也是氧化铁。专家们认为，赤铁矿在自然界较为多见，容易获取，所以红彩成了远古人类彩绘时的主要选择。对黑彩的研究发现，其显色元素是铁和锰，显色物相为四氧化三铁。从遗址中出土的矿物质颜料，以磁铁矿与黑锰矿为主，同时还发现了锌铁尖晶石。实验发现，锌铁尖晶石、黑锰矿火烧以后颜色较黑，这是马家窑文化黑彩漆黑发亮的重要原因。由此可见，马家窑黑彩与安徽蚌埠出土黑彩完全不同。

棕彩主要出现在半山类型和马厂类型的彩陶中。研究发现，棕彩中锰的含量较低，铁的含量较高（图一四）。这说明，棕彩是红彩与黑彩的调和物。兰州市青白石乡的白道沟坪遗址，曾发现一处马家窑文化时期马厂类型的彩陶窑场，出土了两件彩陶制作工具，其中一件是石质研磨盘，为研磨矿物颜料的工具，另一件是高边分格的陶盘，盘内留有鲜艳的紫红颜色，应该是调色盘。这说明，马家窑彩陶工艺中，有一道调色工序。棕彩就是在调色盘中调出来的。棕彩的发明，使彩陶的色彩语言更加丰富。

图一四 半山类型旋纹彩陶罐

至于白彩，研究发现，大都是比较纯净的石英粉末，主要成分是石膏或方解石。白彩使用较少，却对红彩和黑彩具有较好的衬托作用，可以使图案色调的冷暖、明暗、浓淡搭配更好，也可以使图案色彩更加丰富生动。

从彩陶颜料的成分可以看出，彩陶颜料的使用是远古人类长期实践的结果。马家窑彩陶制作中，除了使用红彩、黑彩、棕彩、白彩外，为了使有限的色彩表现无限的情感，表现人们的审美情趣，制作者还采用了浓淡变化的色彩表现手法。这种手法，类似于后世的水墨画创作，即通过线条和色彩的浓淡变化，丰富图案中的色彩（图一五）。

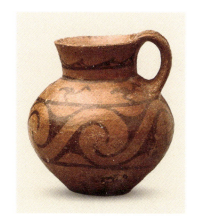

图一五 马家窑文化彩陶罐

通过分析这些艺术手法，我们看出，马家窑先民已经具有了较高的艺术思维能力。

通过对马家窑彩陶的图案、线条和色彩分析，我们可以看出，马家窑先民已经掌握了色彩搭配的基本原理，掌握了图案主次、疏密、虚实之间的对比关系，也掌握了色调的冷暖、明暗、浓淡等调配的基本原理，对色彩的并置对比、相互补色等问题，也有一定的认识。这是人类绘画史上的重大进步。有专家据此认为，马家窑彩陶以毛笔为绘画工具、以线条为造型手段、以黑色为主要基调，奠定了中国画发展的历史基础与以线描为特征的基本形式。甚至有人认为，彩陶是中国文化的根，中国绘画的源，马家窑文化将史前文化的发展推向了登峰造极的高度，马家窑彩陶上的图画，就是史前的中国水墨画。

**注 释：**

[1] 任晓燕、袁桂青：《浅论马家窑彩陶艺术》，《文物春秋》1999 年第 4 期。

# 挖掘大禹文化资源，促进甘肃文旅业发展

## —— 以临夏回族自治州为中心

李并成

/

甘肃省政府文史馆馆员

西北师范大学教授

**摘 要：** 甘肃是羲皇文化、大禹文化、岐黄文化、先周先秦文化等我国始祖文化富集之地，但大禹文化迄今尚未引起足够的关注，亟待对其深入挖掘、研究。本文通过文献记载、遗迹和传说，论证了甘肃丰富的大禹文化，证明了甘肃是大禹文化的富集地，并得出了古河州可能是大禹的出生地的结论。同时本文对全国各地对大禹故里这一文化品牌的争夺和成功的经验做法进行了介绍，并就深入挖掘大禹文化资源促进临夏乃至全省文旅业的腾飞提出了自己的若干思考和具体建议。

**关键词：** 大禹文化 资源 甘肃文旅业

我们认为，甘肃历史文化是多元一体的中华文化中不可或缺的核心组成部分之一，其品味高雅，价值非凡，特色鲜明，魅力永恒，不仅在全国占有极其重要的地位，而且许多方面在世界上都享有盛誉。甘肃历史文化资源特别突出地表现在其始祖文化、丝路文化、敦煌文化、黄河文化、民族文化、红色文化等方面。然而对于这些丰厚的文化资源的内涵、品位、价值迄今我们仍然挖掘得不够，一些很有特色的资源"藏在深闺人未识"，尚未被我们充分认识，亦未能有效地激活，使其为我们今天的文化建设服务。

就拿始祖文化来说，除以往我们所关注的大地湾文化、羲皇文化、岐黄文化、先周先秦文化等外，还有一支在我省颇有影响且蕴藏丰厚的资源，即大禹文化，迄今尚

未引起足够的关注，甚至于尚未纳入应有的视野，对其亟待深入挖掘、研究。

## 一、甘肃是大禹文化的富集之地

大禹为"黄帝之玄孙而帝颛顼之孙"，系我国历史上第一个朝代夏朝的开国君主，故也称夏禹、帝禹。全国许多地方都流传着大禹治水等故事，在甘肃有关大禹事迹的传说就特别多，大禹的遗迹遍布省内许多地方，尤其是在黄河上游的大夏河、洮河流域更是如此。

被尊为"五经之首"的《尚书》中有一篇很有名的《禹贡》，禹即大禹，其内容以大禹治水所贯穿，记大禹导山浚川、敷土作贡之功。其中多处涉及甘肃境内的山川。如"导弱水至于合黎，余波入于流沙"。"导"即开通之意，弱水即流经今张掖等地的黑河，合黎即位于河西走廊北部的合黎山，绵亘张掖、临泽、高台、金塔等市县。传说当年大禹带领民众凿通合黎山脉，使弱水下泄，余波流入黑河下游一带的沙漠。

高台县城西北 67 千米处的天成村北，有一条长约 10 千米，宽 160 米的峡谷，古时称作镇夷峡，后改名为正义峡，传说该峡就是当年大禹开山导河劈开的。峡谷可分为上中下三段，故又称作"黑河小三峡"，有"天成锁钥"之称。旧府志、县志多记有"合黎禹迹"之名目。1921 年徐嘉瑞编《新纂高台县志》卷三《祀事》记："禹王庙，镇夷石峡口，光绪间邑人阎伯宽、肖裕本等修。"建于镇夷峡口的这一禹王庙，立有禹庙碑，供奉大禹、后稷、伯益等像，据传庙内还曾陈列有大禹治水文献，1958 年被毁，遗址今仍存。旧时每年春末夏初都要都要在这里举行祭祀大禹的活动。2008 年 4 月，高台县在正义峡恢复了公祭大禹治水大典，使这一古老的民俗活动得以延续。

除正义峡外，黑河支流山丹河流经的山丹县城西 10 华里的石嘴山北亦立有大禹导弱水碑。林则徐《荷戈纪程》载，道光二十二年（1842 年）林公赴新疆途经山丹时，见到城西 10 里"有大禹导弱水处碑"。冯焌光《西行日记》亦记，光绪三年（1877 年）赴新疆途经山丹时，见到此碑。

毋庸置疑，传说本身就是一种文化，况且《尚书·禹贡》中所记载的这些地方绝非虚诳的，均是可以考实的，书中将我省境内的许多山川与大禹联系了起来，突出地显示了大禹文化在我省的巨大影响。

《尚书·禹贡》又曰："导河积石，至于龙门……入于海。"此处"积石"是指小积石山，位于临夏回族自治州积石山保安族东乡族撒拉族自治县西部，黄河经此流过，形成一条长约 25 千米的峡谷，叫作积石峡。峡中两山对峙，壁立千仞，重岩叠嶂，遮天蔽日，大有将崩欲倾之势。黄河奔流其间，雪浪排空，水声轰鸣，震人心弦。著名的积石关就设在峡谷东端，关内为积石山县，关外为青海省循化县。相传大禹在积石山用神斧劈开石崖，疏浚黄河，消弭水患，两岸层层叠叠的崖壁纹路即是大禹凿山导河时留下的斧凿之痕。

位于积石峡附近的炳灵寺64 龛上方唐仪凤三年（678 年）题记中，亦记大禹劈石导河之功："……唯此石门最为险狭□□□氏导河□禹迹施功之一……有门之左右，各有……上也云霓，初入□门□时成获峡……峙削成万仞，高林……合祭，朱霞乱色崖下，南北……积石山之灵岩寺，素诚晨宿……神鉴□□□其……"灵岩寺即炳灵寺，明正德十二年（1517 年）镌《重修古刹灵岩寺碑记》亦记："舜承天命，举禹任治水之劳，厥功懋哉，灵岩始成。"灵岩寺即炳灵寺。明正德十二年（1517 年）镌《重修古刹灵岩寺碑记》亦记："舜承天命，举禹任治水之劳，厥功懋哉"，灵岩始成。这里还遗留有许多与大禹神话相联系的古迹，如"天下第一石崖""禹王石""禹王支锅石"及"斩蛟崖"、禹王庙等。禹王庙位于关门村黄河南岸台地上，始建年代不详，明代嘉靖三年（1524 年）重修，后屡毁屡修，现仅存遗址。

积石关为丝绸之路南道重关要隘，东连河州、临洮、兰州以至天水、关中，西通湟水流域，进而连通唐蕃古道和河西走廊大道，地位十分重要，明代设茶马榷场于积石关内，为中原与西北少数民族茶马互市之地，交易十分活跃（图一）。明御史范霖《题积石》诗云："黄河滚滚自西来，此地曾经禹凿开。"

图一 积石关

《尚书·禹贡》又曰："导渭自鸟鼠同穴，东会于沣……入于河。"沣水源于陕西户县东南，北流入渭河；鸟鼠同穴山在我省渭源县西南，系渭河源地，相传大禹在此凿山导河，疏通水道。山上建有禹王庙，俗传周武王所建，历代屡有修缮，今存正殿一座。庙侧有三眼清泉，呈"品"字形排列，名"禹王神池"，三泉汇集后成河，称作禹河，系渭水正源。

《尚书·禹贡》又记，大禹导山"西倾、朱圉、鸟鼠，至于太华。熊耳、外方、桐柏，至于陪尾"。西倾山主体位于青海省东南，其余脉可一直延伸到我省甘南一带。朱圉山位于今甘谷县西南，即在该县城西南约 15 千米的山崖上留有清代摩崖石刻"禹奠朱圉"四个大字，因天水甘谷一带为羲皇故里，传说昔日大禹治水导渭时经此，面对伏羲之圣迹，在这里举行过隆重的祭奠仪式，以感念伏羲之圣德，故有"禹奠朱圉"之举。清人胡渭《禹贡锥指》一书亦有"禹奠朱圉"之记载。

《尚书·禹贡》中还有"山番冢导漾，东流为汉""岷山导江，东别为沱"等记载，山番冢（武都南）、岷山（今岷山）、漾水（西汉水）亦在我省境内，这里同样流传许多大禹治水的故事。

耸立在兰州市区北部的九州台,为市区内仅次于皋兰山的第二高峰,山势峻拔,直上如台,台上堆积黄土厚达 335 米,是世界上风成黄土最厚的地方之一。台之东北西三面有白塔山等数十条黄土山梁犹如黄龙奉台下,故又称九龙台。传说大禹导河,登台指点九州形胜,故名九州台。登台远望,黄河蜿蜒如带,市区高楼鳞次栉比。今台上造林 5000 余亩,为兰州南北两山绿化中样板地段之一。绿树巉岩,于雄浑中更添若许秀色。

兰州黄河南岸的伏龙坪,传说即是大禹治水降服妖龙之地。

除积石山县外,临夏州的广河、临夏等县亦蕴藏着丰富的大禹文化资源。临夏县北塬三角乡有大禹庙、禹王庄。据有关记载,我们有理由认为临夏州广河县为大禹的出生地。

## 二、全国多地对于大禹出生地、大禹故乡的争夺及其促进文旅业发展的做法

为打造品牌、促进当地文化建设及旅游业的发展,近年不少地方掀起大禹出生地、大禹故乡的争夺战,河南禹州及登封、山东禹城、山西夏县、安徽涂山、湖北武汉、浙江绍兴、青海海东、四川汶川、北川、都江堰等地,为之愈争愈烈。然而在此方面甘肃的声响却颇为微弱,甚或不为人们所知,这与甘肃作为大禹文化富集之地的所在,是很不相称的。全国一些地方为充分发掘大禹历史文化资源、促进旅游业等的发展,谋划了不少新的创意,推出了许多新的做法,其中许多方面很值得我们学习借鉴。

### (一)河南禹州

禹州市认为市名因大禹而得,是大禹治水功成名就的历史见证。禹州市政府高度重视具茨山文明和夏禹文化研究,把传承和弘扬夏禹文化作为打造城市魅力,提高城市竞争软实力的重要举措,多次举办高规格的具茨山文明和大禹文化研讨会,在市区以"禹王""夏都""钧台"等具有夏禹文化特征的名称命名了主要街道和广场,建立了高达 10 米的大禹塑像,并为禹王庙、二姨庙、启娘庙、启台寺、少康城等七处夏禹文化遗迹竖立了纪念碑,以彰显"中国大禹之乡"的风采。

### (二)河南登封

近年来登封大力打造"大禹故都、故里"的品牌,认为大禹出生于嵩山,家居于登封,治水于嵩山,建都于登封,登封大禹文化历史悠久,登封的启母石、东汉遗存启母阙以及登封祖家庄等地流传至今的大禹传说、仍然沿用的相关地名,是登封作为大禹故里的鲜活材料,登封王城岗遗址为"禹都阳城"所在。

### （三）山东禹城

禹城亦认为其名因大禹治水而得，是大禹治水"导河入海"、功成名就的地方。禹城徒骇河沿岸有禹息城、夏口，西面有夏津等，都与禹治水有关。此前投资6000万元改造建设的大禹公园已经竣工，高耸的"禹"字文化背景墙，成为公园靓丽的风景。投资4亿元的洛北干渠综合整治工程已经启动，将大禹文化要素与沿岸景观、绿化有机融合，塑造风景秀丽、文化气息浓厚的城市景观，成为集旅游、文化、休闲、生态于一体的文化产业新地标。并将原人民公园投资改造更名为大禹公园，在糖城广场设置大禹廉政文化长廊，对禹王亭博物馆进行了全面修缮，在京台高速进出口对面雕刻制作大禹治水群雕像，全力建设国家级徒骇河水文化风景区和国家3A级景区禹王亭博物馆。目前已召开了几届大禹文化学术研讨会，并且采取多种扶持措施，鼓励广大文艺工作者创作具有大禹文化特色的精品佳作，先后排演多场大禹文化专题文艺晚会，拍摄"大禹魂"电视专题片、举办弘扬大禹历史功绩的大型展览等。禹城城区街道或企事业单位以及产品，已有140余家（种）冠以大禹名称或与之相关的字样。

### （四）山西夏县、运城

这一带被认为是全国尧舜禹文化资源颇为富集的地区，有大量的关于尧舜禹的遗迹遗存。夏县安邑古城遗址，又名禹王城，据考为大禹建都的地方，后为战国魏国都城、秦汉时河东郡的郡治。现存黄土高台1座，名叫青台，传说是涂山氏望夫台。以前曾有禹王庙，后被毁。当地正在进一步深入挖掘研究尧舜禹文化资源蕴含的当代社会核心价值文化基因和根脉，打造"古中国·新山西"文化品牌，建设以"古中国"为标识的国际旅游目的地。从2014年起运城市围绕人类起源、祠庙之祖、火的使用、蚕丝制衣、国家形成、农耕稼穑、治理洪水、商贸开端、食盐开发等十大根祖文化基因，精心编排线路，增强旅游体验性与娱乐性的融合，把具有历史文化价值的"古中国"文化元素打造成为大众消费的产品，让深厚的文化资源变成影响力巨大的文化产业和文化产品。

### （五）浙江绍兴

绍兴市认为该市为祭禹的发源之地，大禹文化是越文化中不可分割的一部分，大禹与古越大地融为一体的渊源有着众多史料的支撑和印证（图二）。《吴越春秋》载，祭禹始于夏启，"启使使以岁时春秋而祭禹于越，立宗庙

图二 绍兴大禹雕像

于南山之上"，"禹以下六世而得帝少康。少康恐禹祭之绝祀，乃封其庶子于越，号曰无余"。《汉书·地理志》载："山阴，会稽山在南，上有禹冢、禹井。"近年绍兴市打造"传承大禹精神、弘扬大禹文化"品牌，并将祭祀大典、越商大会、禹文化传承、书法活动、文化创意、文化旅游等六大系列列入公祭活动。2017年4月"寻访大禹足迹、传承中华文明"大型文化纪录片《大禹》筹拍专家研讨会在咸亨酒店隆重召开，拟通过丰富的镜像语言，追述大禹的丰功伟绩、弘扬大禹精神。

### （六）四川北川

自古以来，北川人就以"禹生北川"而自豪，认为北川作为"大禹故里"有"六个唯一"：一是古文献连续记载北川为大禹故里的地方，二是北川是除绍兴禹陵外官方祭祀大禹最悠久的地方，三是北川是古代诸多名人推崇为"神禹故里"的地方，四是北川是全国大禹历史遗迹最多的地方，五是北川是民间祭禹从未间断的地方，六是北川是大禹文化研究成果最为丰硕的地方。自20世纪80年代以来，北川相继编辑出版了《禹生北川》《大禹及夏文化研究》等10余本禹羌文化研究文集或专著。1992年，国家主席杨尚昆为北川题词"大禹故里"。2007年7月，北川由中国民协命名为"大禹文化之乡"，成立了北川禹羌文化研究中心。2011年11月，北川被国家文化部命名为"中国民间文化艺术之乡（羌族文化）"。每年农历六月初六（大禹诞辰日）都要开展民间祭祀大禹活动。"5.12"地震后建成的北川羌族民俗博物馆，成为禹羌文化普及和研究基地。2014年11月北川羌族民俗文化博物馆授牌为四川省社科普及基地——禹羌文化普及基地。北川表示要继续以羌族民俗博馆和禹羌文化研究中心为重要抓手，推动当地旅游业发展。

### （七）四川汶川、都江堰

除北川外，四川汶川、都江堰亦被认为是大禹故乡，传说都江堰龙池御龙宫，为夏禹出生地。《史记》载，禹本汶山郡广柔县人生于石纽。当地认为，汶川县自古便有石纽一地，并且至今留存有清代所建供奉大禹母亲的庙宇、大禹祭坛等遗址。自2010年始汶川县以"大禹故里"为名，年年举办大禹文化旅游节，以缅怀大禹的历史功绩。

### （八）安徽涂山

古为涂山氏国当年大禹入赘"涂山"，导江河，平水患，新婚四日而别，"三过家门而不入"，洪归大海，河清海晏，万国朝会，成就了华夏一统的千古大业。涂山为大禹会盟诸侯之地。万众治水，河清海晏，诸侯朝会，方奠定了大禹天下共主的地位，催生了夏王朝的诞生。涂山因此成了华夏儿女心中的圣地。《竹书纪年·周纪》就留有"穆王三十九年（前938年），王会诸侯于涂山"祭祀的记载。《左传·哀公七年》记："禹合诸侯于涂山，执玉帛者万国。"《越绝书·记地传》记："涂山者，禹所取妻之山也。"涂山到底在哪里？众说纷纭，一说在河南洛阳市嵩县伊河北岸的三涂山；一说在今安徽怀远县东南，又名当涂山；一说在今重庆市巴县，俗名真武山；一说在今浙江绍兴县西北。而说法最多的是，涂山即今安徽省巢湖涂山，山下有河名涂水。"涂山千古临淮水，禹殿嵯峨天际留"。明万历四十二年（1614年）重修禹王庙，涂山祭祀，绵延至今。缅怀大禹"新婚而别""过门不入""大会诸侯""水土平成"的涂山禹王庙会为淮河流域历史最为久远、规模影响最大、最有人气和特色的民俗庙会。近年当地政府又拟打造巢湖涂山圣母文化景区，建造圣母宫与启王殿。

### （九）湖北武汉

江城武汉，得水而生，因水而兴，故与大禹文化结下不解之缘。当地学者认为，大禹曾在武汉治水，导引汉江在大别山（今汉阳龟山）注入长江，治水大功告成，初步奠定了武汉三镇的地理格局。因此大别山东麓突兀江中的自然石矶便被命名为禹功矶，自南宋始在矶上建禹王庙，明天启年间改名禹稷行宫，延续至今。嘉靖年间又在禹王庙旁创建晴川阁，"以志大禹之功德于不忘也"。祭祀大禹的官风民俗自古盛行，每当灾异发生时地方官员、民众都要到禹王庙祭禹，祈求平安和福祉。禹王庙、晴川阁和禹功矶共同构成了武汉地区大禹文化的主要载体和重要的旅游景点。

### （十）青海民和一带

近年来青海一些学者认为，民和县喇家遗址一带应是华夏始祖、治水英雄大禹的故里。其实喇家遗址与临夏州毗邻，位于兰州市西仅约100千米，是迄今发现的一处约4000年前齐家文化的大型灾难遗址，也是青海省首个获批立项的国家考古遗址公园。《史记·夏本纪》中有大禹"导河积石，至于龙门"的记载，认为积石即为今天喇家遗址附近的积石峡；大夏河流域包括此处黄河两岸为黄河上游人类文明发祥地、夏后氏成长的地方。海东市和民和县由此推出"喇家遗址、大禹故里、土族风情、黄河风光"四位一体的旅游发展理念，力争将本区打造成黄金旅游目的地。《青海省"十三五"旅游业发展规划》提出"将青海黄河上游旅游景观廊道提升打造成为国家风景道"。

## 三、大禹的出生地应在古河州

大禹的出生地究竟在哪里？至今仍然是个谜。尽管全国不少地方对于大禹的出生地、大禹故里的争夺不遗余力，也各具其理，然而据有关文献记载，我们有理由相信，大禹的出生地应在河湟流域的古河州，即今临夏回族自治州域内。

先秦时期成书的《山海经》第十八《海内经》载："黄帝生骆明，骆明生白马，白马是为鲧⋯⋯鲧复生禹。帝乃命禹卒布土以定九州。"据学者考证，骆明、白马皆是上古羌族之别称，其主要活动地域应在河湟一带，大禹就应出生在这里。也有人认为骆明、白马为氏族别称，其主要活动在西汉水上游陇东南一带。《荀子·六略》："禹学于西王国。"这里的西王国亦应指河湟一带。

《史记·六国年表》："或曰：'东方物所始生，西方物之成孰。'夫作事者必于东南，收功实者常于西北。故禹兴于西羌，汤起于亳，周之王也以丰镐伐殷，秦之帝用雍州兴，汉之兴自蜀汉。"这里"西羌"一名，《集解》云：皇甫谧曰："孟子称禹生石纽，西夷人也。《传》曰'禹生自西羌'是也。"《正义》又云："禹生于茂州汶川县，本冉駹国，皆西羌。"汉初陆贾《世说新语·术事》亦云："大禹出于西羌。"汉桓宽《盐铁论》卷五《国病第二十八》亦曰"禹出西羌"。东汉王符《潜夫论·五德志》称夏禹为"戎禹"，戎亦为西北民族，有时羌戎并称。《说文解字》："羌，西戎牧羊人也。"《后汉书·戴叔鸾传》亦曰"大禹出于西羌"。晋皇甫谧《帝王世纪》第三《夏》云，大禹"长在西羌，西夷人也。"《晋书》卷一百一《刘元海载记》："大禹出于西戎，文王生于东夷。"南宋罗泌《路史·后纪·夏后氏》言禹为"西夷之人"。近代学者章太炎《种姓》认为，黄帝氏帝系来自于羌戎，其中包括禹，亦出自西羌。顾颉刚《九姓之戎与戎禹》论道："禹稷伯夷者，向所视为创造华族文化者也，今日探讨之结果，乃无一不出于戎。"又云："禹之来由虽不可详，而有兴于西羌之说……甚疑禹本为羌族传说中的人物，羌为西戎，是以古有戎禹之称。"

据之看来，大禹的确生于西羌，然而西羌范围相当广阔。《后汉书·西羌传》："西羌宾于赐支，至乎河首，绵地千里。赐支者，《禹贡》所谓析支也。"赐支，又作析支、鲜支，学者们认为本系夏代分布于今青海黄河上游河曲之地的九姓羌人的一支。[1]《尚书·禹贡》云，积石山一带有"织皮、昆仑、析支、渠搜，西戎即叙"。司马彪曰，以上三国皆西羌，自析支以西滨于河首左右居也。河水曲而东北流，径于析支之地，是为河曲羌。应劭曰，《禹贡》析支属雍州，在河关之西，东去河关千余里，羌人所居，谓之河曲羌。清代胡渭《禹贡锥指》云，汉人谓积石谓河首，北音读析如赐，故云。《通典》云，党项羌在古析支之地，汉西羌之别种，北连吐谷浑也。可见，析支（赐支）之地望即在今黄河上源的河湟地区一带。据《汉书·地理志》，金城郡有临羌县、陇西郡有羌道、氐道。《三国志·魏书》卷三十"西羌"下注引《魏略·西戎传》："敦煌西域之南山中，从婼羌至葱岭数千里，有月氏余种葱茈羌、白马、黄牛羌、各有酋豪，北与诸国接，不知其道里广狭。"可见羌族的分布遍及今甘、青、川的广大地域，以至延及新疆南部一带，但其中心居地，应是《后汉书·西羌传》所记的黄河上游一带，主要集中在河湟地区，包括黄河上游及湟水、大夏河、洮河、大通河等地。徐中舒《先秦史论稿》解释上述引《史记·六国年表》这段话："禹兴于西羌。羌是西戎牧羊人，后来在甘肃一带活动。"[2]

前引皇甫谧曰："孟子称禹生石纽"，"石纽"又在何地？《史记正义》将"石纽"定在汶川，未知何据，而石纽的地望更有可能是在河湟之域。《水经注》卷二记，洮水支流大夏川水（今广通河），"水出西山，二源合舍而乱流，径金纽城南"。《十三州志》曰："大夏县西有故金纽城，去县四十里，本都尉治。又东北径大夏县故城

图三 大夏古城残存城墙

南。"同卷又记，漓水（今大夏河）一条支流"东北流经金纽大岭北"。并引晋王隐《晋书·地道记》：大夏"县西有禹庙，禹所出也。"清杨守敬疏曰："金纽与石纽名偶合"，"禹生石纽，人所共知"。可见石纽即应为"金纽"。临夏马志勇先生等即认为，大禹出生的石纽就是大夏县西10千米的今临夏州和政县嵩支沟，因石山为红历史上因此设过金纽县，禹出大夏，临夏州广河是大禹的故乡，禹部落属于原生活在甘青地区的羌族向东发展的一支。他们还认为，大夏县的县治就在今广河县阿力麻土乡古城村，称之为下古城，有人说"下古城"就是"夏古城"，下古城消亡后又建立上古城（图三）。

当然，这些说法有待于今后的考古调查来证实。以绚烂的彩陶著称的马家窑文化、齐家文化的主要分布地域亦在河湟一带，彩陶又叫夏陶，其中心区域在大夏河、洮河中下游，因而又有学者认为，以广河县齐家坪命名的齐家文化出现在距今4000年左右，和夏王朝出现的时间大体一致，这一现象令人瞩目。还有人认为，大禹称作夏禹，又叫夏伯，临夏州有大夏河，又曾有过大夏古城、大夏县、大夏郡、大夏长、大夏川、大夏节度衙等一系列带"大夏"的古名称，应都是与夏禹有渊源关系的。这些说法有一定道理。

从以上所论我们有理由认为，大禹的故乡在大夏川，洮河、大夏河流域是其重要的发祥地。吴锐认为："根据古人名、字相对应的规律，春秋人的名与字中，夏与西对应，说明在春秋时代夏指西部，清人朱骏声已经指出这一点，之后顾颉刚、范文澜等史学名家都不约而同地支持了此说。"[3]

李文实先生论曰："大夏一名既来之于大月氏，而大月氏西迁后，汉代曾在今临夏回族自治州境内设大夏县，晋初废，前凉张轨复置，后来张骏与后魏均先后复置大夏郡郡县命当源自大夏川……这个大夏川即今之大夏河……古姬水即今之大夏河。"[4]其名大夏河应与先秦时夏族的活动有关。《水经注》卷二引《晋书·地道记》曰："（大夏）县西有禹庙，禹所出也。"指明大禹出生在这里。这一禹庙位于广河县城南西坪高庙山上，今遗迹依稀可见，出土有汉代以前的砖、瓦、瓦当等（图四）。

图四 西坪高庙山上的大禹庙遗迹

史实表明，河湟地区是中华民族文化的重要发祥地之一，可是很长一段时间以来，随着文化中心的东移，河湟对中华民族发展的贡献逐渐被淡化。其实，远古时代河湟地区的彩陶文化、农耕文化、羌戎文化等异常辉煌灿烂，称得上是中华文化宝库中的一朵奇葩。打造大禹文化、确认大禹故里，可以使更多的人认识并了解临夏，同时也能极大地增强我们的民族自豪感。

## 四、关于深入挖掘大禹文化资源促进临夏乃至全省文旅业腾飞的若干思考和建议

由上可见，甘肃蕴藏着十分丰厚的大禹文化资源，临夏州应为大禹的出生地，这是我省华夏文明传承创新区建设中一笔可资利用的、有待开发的宝贵财富，值得我们倍加珍视和深入挖掘、研究。大禹文化是中华民族优秀传统文化的重要组成部分，弘扬大禹文化有利于增强炎黄子孙的凝聚力和向心力，有利于增添中华民族实现伟大复兴的精神动力。为之提出以下几点思路和建议。

1. 省上有关主管部门及领导，应充分认识大禹文化在甘肃的重大影响，充分认识挖掘、开发大禹文化资源对于提升我省文化品牌、丰富我省文化内涵的重大意义，对于促进华夏文明传承创新区建设、文化大省建设的重大意义。应将大禹文化列为甘肃始祖文化的一个重要方面、一项重大资源，积极规划部署，予以深入挖掘，使之与大地湾文化、伏羲文化、岐黄文化、先周先秦文化等一起，共同构成我省始祖文化的强大的资源支撑，以充分显示甘肃华夏文明深厚的内涵和多彩的面貌。临夏州及其所属各市、县应为之更加积极行动，积极谋划，做好顶层设计，倾力打造"大禹故里"这一文化旅游品牌，培育临夏文化旅游的新亮点，将大禹文化资源的挖掘、开发、弘扬作为促进当地旅游业腾飞、进而推动经济社会发展的重大举措和抓手，努力将大禹文化打造成为临夏最亮丽的文化名片和华夏文明传承创新区建设中最响亮的品牌，成为临夏文化产业再上新台阶的重要支撑。

2. 动员临夏全州及我省广大地方史志工作者、文史研究者及相关人员，系统查阅有关涉及大禹文化的各种文献资料（含正史、出土文书、文集、野史、笔记、地方史志、碑文等），并广泛收集有关大禹的各种传说、故事、珍闻等，理清临夏大禹文化的家底，将有关记载列入临夏回族自治州重要的非物质文化遗产名录。在此基础上对其进行系统的整理和深入研究，推出一批有重要影响的精品成果。还可考虑组织成立民间大禹

文化研究会，定期或不定期地召开相关学术会议，编辑出版有关书刊和旅游宣传品，扩大临夏及甘肃的影响。

3. 将旅游业打造成临夏州的战略性支柱产业。"文化是旅游的灵魂"，关键是需要深入挖掘丰厚的历史文化资源，加大文化和旅游的深度融合，打造有足够影响力的旅游品牌，而"大禹故里"就是一块"金字招牌"。应组织专家及相关人员，在临夏开展"探访大禹足迹、传承华夏文明"的活动，积极探寻大禹文化在甘肃及临夏大地上的各种遗迹，加大对大禹文化遗存、遗址的抢救保护力度。建议考古工作者对于广河县下古城、上古城等重点遗址进行必要的清理和发掘。

4. 充分利用各种媒体做好宣传工作，亦可建立开通"临夏夏禹文化"网站，大力宣传临夏大禹文化、彩陶文化等旅游资源，推出富有特色的旅游产品。亦可策划拍摄纪录片《大禹文化在临夏》或《大禹文化在甘肃》，通过广大群众喜见乐闻的影视形式，扩大临夏在国内外应有的影响。

5. 可在临夏市（或广河县、积石山县）营建大禹文化产业园区，或大禹文化博览园，运用绘画、书法、工艺、动漫、花儿演唱等多种方式和手段，全方位地展示大禹文化，以及彩陶文化、丝路文化、黄河文化、民族文化等内容，形成有一定实力的文化产业基地，带动临夏经济发展。并可在园区内组织大禹文化庙会，亦可考虑在积石山等地举办公祭大禹等活动，通过祭拜大禹活动，可以更好地弘扬大禹精神，把劳动人民崇拜大禹的极大热情，转化为建设现代文明的强大动力。

6. 精心策划、打造一批以大禹文化、彩陶文化、八坊十三巷等为主题的新的旅游产品，谋划好应有的旅游线路，设计好独具特色的旅游商品，营建好优良的旅游形象，促进大禹文化与旅游的深度融合。也可考虑专门举办"大禹文化旅游节"。在此基础上，可向中国先秦史学会申请，授予临夏"大禹故里"称号。或向中国民间文艺家协会申请，授予临夏"大禹文化之乡"称号。

7. 可考虑在临夏筹划以大禹文化、彩陶文化等为题材的实景演出。实景演出的一大特色在于体验，舞台空间布局要充分与周围环境融为一体，充分提炼富有大禹治水特色及彩陶文化等的元素符号，将人文特色与自然景致相结合，最大限度地调动游客的情绪，使游客身临其境，充分满足游客的需求，提升游客的体验感受。可选择大夏河谷中一处合适的地点作为演出背景，将大禹文化、彩陶文化及有关民间传说的母本经过优秀编剧、演艺团队的创作包装，展现临夏深厚的人文历史风韵，并体现临夏的当代城市精神。实景演出可分为上下两编。上编可围绕大禹出生在大夏河流域、大禹导河积石、临夏先民绚烂的彩陶制作、丝绸路上古河州的重大历史贡献等情景进行舞台创作，给人们史诗般的心灵震撼。下编则着重体现大禹治水精神的现代演绎，展现临夏在新时代"一带一路"上的新作为、新成就、新气象，体现对于优秀传统文化的创新性发展和创造性转化。

8. 建议筹建临夏大禹文化博物馆，与临夏州已有的彩陶博物馆等相映成辉，应将其作为我省华夏文明传承创新区建设中"历史再现"工程的重要一项，精心设计建设。通过征集大量实物资料，并配之以精美的图片和高科技声光电手段，充分展示临夏大禹文化的神采和魅力，同时也展示全省各地大禹文化的面貌。建设的档次和规格要高，除采用通常的展示手段外，还可依托目前流行的3D打印技术，复制出游客喜欢的作品（包括彩陶复制品），并进行定制化服务，最大限度地贴近游客。

9. 建议在全市、全州乃至全省范围内，通过多种方式大力宣传、弘扬大禹精神，以增强民族向心力和凝聚力。大禹治水不仅仅是一种历史现象和一项历史功绩，它还留给后人诸多宝贵的精神财富。大禹在导山导水过程中的爱国为民、无私奉献、不畏艰险、坚忍不拔、尊重自然、因势利导、公而忘私的精神，无疑对于华夏儿女民族精神的形成产生了重要的甚至是具有决定意义的影响，社会主义核心价值观的诸多理念都可以在大禹精神中找到基因，大禹精神放射出永世不灭的光辉。中华文明从远古一直延续发展到今天，很重要的一个原因，就是我们民族有着一脉相承的精神追求、精神特质、精神脉络。时至今日，我们仍然需要弘扬大禹精神，以此增强我们的文化自信心，增添中华民族实现伟大复兴的中国梦的精神动力。

位于古丝绸之路重镇的临夏，是一块充满神奇与希望的热土。这里大河奔流，山岳雄浑壮美，文化厚重高雅，曾燃烧过原始文明的灿烂火光，升起过农耕文明的绚丽曙色；是著名的马家窑文化、齐家文化的发祥地，是我国也是世界上彩陶保存最集中、品级最高的地区之一，为享誉全球的"彩陶之乡"；是大禹文化重要的发源地，又是黄河文化、民族文化等的荟萃之域；是丝绸之路秦陇南道所经的枢纽地带，曾为东西方经济文化的交流建树过不朽的丰碑；是世界非物质遗产 —— 花儿的重要源地，也是我国西部颇具规模、最有影响和辐射力的农牧产品集散地和商贸重镇。今天的临夏又焕发着勃勃的生机和青春活力，在"一带一路"的建设中，在实现"中国梦"的壮丽征程中，正在创造着前无古人的伟绩，谱写着气贯长虹、昂扬激越的新时代高质量发展的篇章。

**注 释：**

[1] 何光岳：《析支、塞种的来源和迁徙》，《甘肃民族研究》1997年第2期。

[2] 徐中舒：《先秦史论稿》，巴蜀书社，1992年。

[3] 吴锐：《夏文化地百年之争》，《中国社会科学报》2015年9月8日。

[4] 李文实：《西陲古地与羌藏文化·大夏与姬水》，青海人民出版社，2001年。

# 临夏盆地新生代的古脊椎动物化石和古生态

颉光普
/
甘肃省政府文史馆研究员
省博物馆研究馆员

**摘　要：** 临夏盆地内发育并出露有距今 3000 万～ 250 万年的新生代晚渐新世 —— 上新世的红色地层和距今 250 万年以来全新世黄土沉积；盆地内孕育了丰富的古脊椎动物化石，这些地质沉积和古脊椎动物化石是研究古地理、古环境、古气候、古生态、古生物演化、地壳运动及青藏高原隆升等重大问题的有力证据。本文从距今 2650 万年时的古近纪晚渐新世的巨犀动物群、距今 1720 万～ 1160 万年时的新近纪中中新世晚期的铲齿象动物群、距今 1100 万～ 250 万年时的晚中新世至上新世的三趾马动物群、距今 250 万～ 200 万年时早更新世的真马动物群四个方面对临夏盆地不同时期生存的古脊椎动物从其形态、生活习性以及灭绝的原因进行了论述，提出青藏高原不断隆升引起生态环境变化是造成古脊椎动物灭绝的主要原因。

**关键词：** 临夏盆地　新生代　古脊椎动物化石　古生态

　　临夏盆地位于青藏高原东北边缘，处于青藏高原与黄土高原的交汇地带，南部、西部、西北部与青藏高原接壤，东部和东北部连接黄土高原，平均海拔 2200 米左右。

　　临夏盆地是青藏高原东北缘的一个挤压挠曲型的山前坳陷盆地，盆地内发育并出露着新生代晚渐新世 —— 上新世（距今 3000 万～ 250 万年）的红色地层和距今 250 万年以来全新世黄土沉积。其沉积相对稳定，地层多接近水平（图一、二）。

　　独特的地理位置与特殊的地质构造，使临夏盆地孕育了丰富的古脊椎动物化石，成为研究古地理、古环境、古气候、古生态、古生物演化（如个体发育、形态变异、系统演化、分类位置等）、地壳运动及青藏高原隆升等重大问题的有力证据。

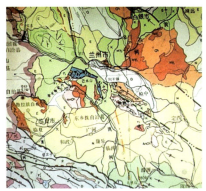

图一 临夏盆地新生代地层分布图　　图二 临夏盆地的新生代地层一瞥

## 一、临夏盆地的新生代古脊椎动物群

自 20 世纪 50 年代以来，临夏盆地就发现了大量的古脊椎动物化石，但很少被作为科学研究的材料。20 世纪 80 年代以来，甘肃省博物馆、甘肃省考古所、甘肃区域地质调查队、中科院古脊椎动物与古人类研究所、中科院南京地理与湖泊研究所、中科院地质与地球物理研究所、兰州大学、北京大学、西北大学、中国地质大学（北京）、厦门大学等单位，以及洛杉矶自然历史博物馆、北亚利桑那大学、哈佛大学博物馆、瑞士巴塞尔自然历史博物馆、东京大学的学者先后多次在临夏盆地进行地质古生物学考察，取得了一系列的研究成果。在临夏盆地的广河县、和政县、东乡县、临夏市、临夏县和积石山县发现了 100 多个产古脊椎动物化石的地点，其中广河县、和政县和东乡县是临夏盆地产古脊椎动物化石最多的地区。本文对上述已发表的研究成果进行汇总，以飨读者。

到目前为止，在临夏盆地发现和征集的古脊椎动物化石标本（涵盖了哺乳动物、爬行动物和鸟类，其中以哺乳动物为主）已经超过 3 万件，这还不包括流失到国外和国内许多省、市博物馆，研究单位及私人手中收集、保存的数量。所以，临夏盆地是中国乃至整个欧亚大陆产哺乳动物化石最为丰富的地区之一。化石材料中包括大量头骨、完整骨架，以及数量最为丰富的肢骨（图三）。

在自然状态下，陆地上生存的脊椎动物死亡后，其遗体和尸骨往往不能被及时掩埋，暴露在地表，长期遭受阳光暴晒、热胀冷缩的自然风化剥蚀、风蚀雨淋以及流水搬运破坏的同时，还会被食肉动物、食腐动物、啮齿动物和细菌等破坏，

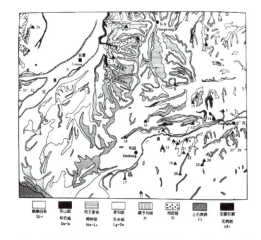

图三 临夏盆地主要的古脊椎动物化石点示意图
（据邓涛等）

使绝大多数不复存在，只有极少数的遗体、遗骨和残骸侥幸被洪水中的泥沙（或风沙、塌方、泥沼陷没等自然灾害）迅速深深掩埋，才能够保存在地层中，经受千百万年来的物理、化学作用形成化石。据古生物学家推算，现在人们发现的古脊椎动物化石的数量还占不到当时的活体数目的 1/100 万。也就是说 100 万件动物的尸骨或遗骸最终可能形成 1 件化石。若按此比例估算，形成 3 万件以上的化石，起码得有 300 亿头以上的活体动物。所以，临夏盆地产有这么多的古脊椎动物化石，令人惊叹！

临夏盆地内已经发现的古脊椎动物化石主要包含了四个大的动物群，从老到新有：古近纪晚渐新世距今 2650 万年时的巨犀动物群、新近纪中中新世晚期距今 1720 万～1160 万年时的铲齿象动物群、晚中新世至上新世距今 1100 万～250 万年时的三趾马动物群、早更新世距今 250 万～200 万年时的真马动物群（也称"龙担动物群"）。

2023 年 6 月 18 日，中国科学院古脊椎动物与古人类研究所所长邓涛博士在"和政地区化石世界之最及古生物研究成果发布会"上发布，临夏新生代化石目前占据了十项世界之最："世界上最大陆生哺乳动物巨犀的聚集地""世界上最丰富的铲齿象类化石""世界上最大的三趾马动物群""世界上最早的稀树草原群落""最大的鬣狗——巨鬣狗""世界上独一无二的和政羊""世界上熊类的最近祖先——戴氏祖熊""世界上最早的拟声鸟类——和政盘绕雉""世界上保存最久远的蛋白质""最大的马——埃氏马"。

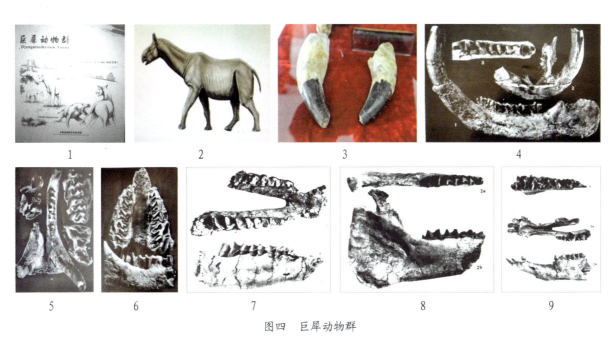

图四　巨犀动物群

1. 巨犀动物群复原图（据和政古动物化石博物馆）　2. 巨犀复原图（据和政古动物化石博物馆）
3. 巨犀犬齿（据甘肃省博物馆）　4、5. 兰州巨獠犀下颌骨（据邱占祥等）　6. 兰州巨獠犀头骨（据邱占祥等）；
7. 异角犀下颌骨（据邱占祥等）　8、9. 河套裂爪兽下颌骨（据邱占祥等）

## （一）巨犀动物群（图四）

巨犀动物群主要为：霍尔果斯准噶尔巨犀 Dzungariotherium orgosense，临夏巨犀 Paraceratherium linxiaense，牙沟吐鲁番巨犀 Turpanotherium yagouens，异角犀（未定种）Allacerops sp.，龙左犀（未定种）Ronzotherium sp. 查干鼠（未定种）Tsaganomys sp.，河套裂爪兽 Schizotherium ordosium 等。

## （二）铲齿象动物群（图五）

铲齿象动物群包括：上新猿（未定种）Pliopithecus sp.，半熊（未定种）Hemicyon sp.，半犬（未定种）Amphicyon sp.，兰州巨獠犀 Aprotodon lanzhouensis，马德里西班牙犀 Hispanotherium matritese，老沟奇角犀 Alicornops laogouense，窄齿嵌齿象 Gomphotherium cf.angustidens，意外铲齿象 Gomphotherium inopinatum，谷氏铲齿象 Platybelodon grangeri，同心铲齿象 Platybelodon tongxinensis，塔氏嵌齿象 Gomphotherium tassyi，维曼原直齿象 Protanancus wimani，轭齿象（未定种）Zygolophodon sp.，广河豕棱齿象 Choerolophodon guangheensis，原直齿象 Protanancus brevirostris，爪兽（未定种）Chalicotherium sp.，安琪马（未定种）Anchitherium sp.，库班猪（未定种）Kubanochoerus sp.I，库班猪（未定种II）Kubanochoerus sp.II，巨库班猪 Kubanochoerus gigas，利齿猪（未定种）Listriodon

1　2　3

4　5　6

图五　铲齿象动物群

1. 铲齿象动物群复原图（据和政古动物化石博物馆）　2. 铲齿象骨架（据王世骐）
3. 铲齿象头骨（据王世骐）　4. 铲齿象下颌（据和政古动物化石博物馆）
5. 库班猪骨架（据和政古动物化石博物馆）　6. 古长颈鹿骨架（据和政古动物化石博物馆）

sp.，古长颈鹿（未定种）Palaeotragus sp.，广河皇冠鹿Stephanocemas guangeensis，土耳其羚（未定种Ⅰ）Turcocerus sp.，跳鼠（未定种）Alloptox sp.。

　　临夏盆地出土的铲齿象化石的数量居全国之首，在世界上也是首屈一指。已发现比较完整的铲齿象的头骨和下颌约60件，这个数字超过世界上任何一个铲齿象动物群化石出土地点的。

### （三）三趾马动物群（图六）

　　三趾马动物群包括：真猫（未定种）Felis sp.，小后猫 Metailurus minor，中新剑齿虎 Miomachairodus sp.，和政近剑齿虎 Amphimachairodus hezhengensis，巴氏似剑齿虎 Machairodus palanderi，郊熊 Agriotherium，印度熊 Indarctos，戴氏祖熊 Ursavus tedfordi，尖齿戈壁犬 Gobicyon acutus，扁鼻犬（未定种）Simocyon sp.，巨鬣狗 Dinocrocuta gigantea，副鬣狗（未定种）Adcrocuta sp.，

图六 三趾马动物群

1、2、3、4、6、7、11、12、14、15、19、20（引自和政古动物化石博物馆）

5、13、16、17、18、21（引自曾志杰）9、（引自侯素宽）10、（引自陈少坤）

1、2、3. 三趾马动物群复原图　4、5. 三趾马骨架　6. 大唇犀　7、8. 和政羊骨架　9. 弓颌猪头骨　10. 临夏奈王爪兽头骨　11. 剑齿虎骨架　12. 剑齿虎头骨　13. 后猫骨架　14. 巨鬣狗头骨　15. 巨鬣狗骨架　16. 长嘴中新近白兀鹫骨架　17. 副鬣狗骨架　18. 鼬鬣狗骨架　19. 近狼獾骨架　20. 祖鹿头骨　21. 陆龟

祖鬣狗 Palinhyaena, 狼鬣狗 Lycyaena, 鼬鬣狗（未定种）Ictitherium sp., 翁氏鼬鬣狗 Hyaenictitherium wongi, 纹鬣鼬鬣狗 H.hyaenoides, 变异缟鬣狗 Adcrocota variabilis, 豹鬣狗（未定种）Chasmaporthetes, 黑海鬣狗（未定种）Thalassictis sp., 上新鬣狗 Pliocrocuta, 猞猁 Lynx, 原臭鼬 Promephitis hootoni, 小臭鼬 P.parvus, 大密齿獾 Melodon major, 中华副美洲獾 Parataxidea sinensis, 近狼獾（未定种）Plesiogulo sp., 中华貂（未定种）Sinictis sp., 中华原恐象 Prodeinotherium sinense, 保德四棱齿象 Tetralophodon exoletes, 东乡三趾马 Hipparion dongxiangese, 贾氏三趾马 H.chiai, 渭河三趾马 H.weihoense, 膜鼻三趾马 H.dermatorhinum, 平齿三趾马 Hipparion platyodus, 粗壮中华马 Sinohippus robustus, 原始大唇犀 Chilotherium primigenius, 临夏副板齿犀 Parelasmotherium linxiaense, 简单副板齿犀 Parelasmotherium simplum, 阔鼻宁夏犀 Ningxiatherium euryrhinus, 维氏大唇犀 Chilotherium wimani, 和政无鼻角犀 Acerorhinus hezhengensis, 林氏额鼻角犀 Dicerorhinus ringstromi, 林氏山西犀 Shansirhinus ringstromi, 林氏列角犀 Dihoplus ringstroemi, 摩根伊朗犀 Iranotherium morgani, 甘肃黑犀 Diceros gansuensis, 拉氏中华板齿犀 Sinotherium lagrelli, 安氏大唇犀 Chilotherium anderssoni, 和政貘 Tapirus hezhengensis, 爪脚兽（未定种）Ancylotherium sp., 临夏奈王爪兽 Nestoritherium linxiaense, 萨摩兽（未定种）Samotherium sp., 小齿古麟 Palaeotragus microdon, 舒氏河南兽 Honanotherium schlosseri, 叉角鹿（未定种）Dicrocerus sp., 新罗斯祖鹿 Cervavitus novorassia, 后麂（未定种）Metacervulus sp., 弱獠猪（未定种）Microstonyx sp., 临夏弓颌猪 Chleua－stochoerus linxiaensis, 小库班猪 Kubanochoerus parvus, 布氏和政羊 Hezhengia bohlini, 中间乌米兽 Urmiatherium intermedium, 蓝牛（未定种）Miotragocerus sp., 土耳其羚 Turcocerus, 柴达木兽 Tsaidamotherium, 陕西旋角羚（未定种）Shanxispira sp., 群中新羚牛 Miotragocerus gregarius, 中新羚（未定种）Miotragocerus sp., 中华羚（未定种）Sinotragus sp., 原大羚（未定种）Protoryx sp., 保德瞪羚 Gazella paotehensis, 高氏瞪羚（相似种）G.cf.gaudryi, 瞪羚（未定种）G sp., 邓氏临夏羚 Linxiatragus dengi, 亚洲许氏鼠 Huerzelerimys asiaticus, 三趾马层副竹鼠 Pararhizomys hipparionum, 甘肃豪猪 Hystrix gansuensis, 翼兔（未定种）Alilepus sp., 龟科 Emydidae, 中新蛇（未定种）Mionatrix sp., 长嘴中新近白兀鹫和鸵鸟（未定种）Struthis sp. 等。

临夏盆地的三趾马动物群足迹遍及康乐、广河、和政、临夏、积石山各县。已经发现、收集的各种动物的头骨化石有 6000 多件，完整的肢骨也不在少数，完整的骨架也有数十具。在数量和质量上，不但超过我国山西省保德、榆社，陕西省府谷等经典地区的化石标本，也超过欧洲最著名的位于希腊的两处化石点。

### （四）真马动物群（图七）

真马动物群（又称"龙担动物群"）已发现：东方高冠松鼠 Aepyosciurus orientalis，小旱獭 Marmota parva，甘肃莫鼠（相似种）Mimomys cf. M. gansunicus，灞河鼠（未定种）Bahomys sp.，矮脚丝绸兔 Sericolagus brachypus，安氏河狸 Castor anderssoni，安氏猴（相似种）Macaca cf. M. anderssoni，甘肃副长吻猴 Paradolichopithecus gansuensis，鸡骨山狐 Vulpes chikushanensis，貉 Nyctereutes，德氏犬 Canis teilhardi，龙胆犬 C. longdanensis，短头犬 C. brevicephalus，拟震

图七 真马动物群复原图

1、2、3. 真马动物群复原图（据和政古动物化石博物馆） 4. 巨额虎复原图（据和政古动物化石博物馆） 5. 巨额虎头骨（据曾志杰） 6. 埃氏马骨架（据和政古动物化石博物馆） 7. 埃氏马复原图（据和政古动物化石博物馆） 8. 披毛犀复原图（据和政古动物化石博物馆） 9. 披毛犀骨架（据和政古动物化石博物馆）

旦豺（相似种）Sinicuon cf.S.dubius, 硕貂鼬 Eirictis robusta , 德氏狗獾 Meles teilhardi, 进步豹鬣狗 Chasmaporthetes progressus , 桑氏硕鬣狗 Pachycrocuta licenti, 河南斑鬣狗 Crocuta honanensis, 恐近剑齿虎 Amphimachairodus horribilis, 泥河湾巨颏虎 Megantereon nihowanensis, 锯齿似剑齿虎 Homotherium crenatidens, 临夏西瓦猎豹 Sivapanthera linxiaensis, 古中华虎 Panthera palaeosinensis, 德氏猫 Felis teilhardi, 山西猞猁 Lynx shansius, 沂南熊 Protarctos yinanensis, 原始长鼻三趾马 Proboscidipparion pater, 中国长鼻三趾马 Proboscidipparion sinense, 桑氏垂鼻三趾马 Cremohipparion licenti, 平齿西瓦三趾马 Sivalhippus platyodus, 埃氏马 Equus eisenmannae, 泥河湾披毛犀 Coelodonta nihowanensis, 黄昏爪兽（未定种）Hesperotherium sp., 龙担日本鹿 Nipponicervus longdanensis, 布氏羚羊（相似种）Gazella cf.G.blacki, 短角丽牛 Leptobos brevicornis, 秀丽半牛 Hemibos gracilis., 扭角羚 Budorcas taxicolor。

## 二、临夏盆地新生代脊椎动物化石反映的环境变迁和青藏高原隆升

哺乳动物对环境的变化非常敏感，新生代哺乳动物的起源、辐射、扩散、绝灭等方面反映了气候环境的重大变化。晚新生代是喜马拉雅运动强烈活动、青藏高原快速隆升的时期，它阶段性的隆升逐渐改变了大气环流，使亚洲的自然环境发生了巨大的改变，环境的变化又导致动物组成和分布的差异，以及动物对环境适应性的调整，从而影响了生活在高原上及高原周边地区生物的演化历史。中国新生代哺乳动物化石研究的结果不仅表明哺乳动物群的组成和特征具有明显的区域性差异，而且中国还是一些代表性门类的起源、扩散中心，也是哺乳动物洲际迁徙的关键通道。在随之而来的第四纪冰期中，这些动物寒冷适应获得极大的成功，由此成为现代动物地理区系和多样性的基础。临夏盆地的 4 个主要哺乳动物群在构造运动剧烈变化的背景下发生的显著的更替，和它们所代表的生态特征，也反映了临夏盆地晚新生代以来气候、环境的变化过程和青藏高原隆升的状况。

### （一）渐新世时的环境变迁

渐新世之前，中国的地势为东高西低，从渐新世开始，地壳运动使中国的地势由原来的东高西低逐渐转变成西部高、东部低。临夏盆地晚渐新世时属热带—亚热带气候，温暖湿润，盆地内林草茂盛；渐新世末期，逐渐变冷变干。

临夏盆地共发现了两类巨犀化石：一类为准噶尔巨犀，另一类为临夏巨犀和牙沟吐鲁番巨犀。准噶尔巨犀是地球历史上生存过的最大的陆生哺乳动物，其头骨长将近 1.2 米。据推测，其最大者体重可达 24 吨左右，相当于 4 头最大的非洲象的体重总和。巨

犀的腿部很长，肩高可达到 6 米左右，头部伸直可达 7 米以上的高度。它是唯一一类以树冠的嫩枝、树叶或果实为生的，可能完全靠软鼻均卷取食物。临夏盆地发现的准噶尔巨犀反映出晚渐新世时临夏盆地的气候还是比较温暖湿润的，盆地内有高大乔木生长，有足够的食物供准噶尔巨犀食用。笔者和中科院古脊椎动物与古人类研究所的

同行在西藏北部伦坡拉、尼玛等盆地的渐新世地层中发现的热带—亚热带鱼类、植物和昆虫等化石证据也表明，青藏高原腹地在 2600 万年前仍然是温暖湿润的低地。

图八 临夏盆地中中新世景观（据和政古动物化石博物馆）

渐新世末期，中国的中部和西北部气候逐渐变冷变干。植被由"亚热带—暖温带多树、或由榆科、核桃科、山毛榉科等组成的开阔落叶林及具大量以白刺属（大白刺、小果白刺、毛瓣白刺、白刺、帕米尔白刺）及麻黄属（麻黄、甘草、黄芪、防风、柴胡、远志、苁蓉、锁阳）为主的灌木丛组成"。

临夏盆地晚渐新世末期的牙沟吐鲁番巨犀的身材变小，颊齿齿冠变高，第一对门齿向前平伸，并有磨耗的痕迹。说明渐新世末期气候逐渐变得干冷，乔木数量减少，牙沟吐鲁番巨犀不得不更多地以树皮为生。

渐新世前古亚洲大陆的总体地形是东部高、西部低。从渐新世开始则逐渐转变成西部高、东部低。直到现在仍然保持着"西高东低"格局。

据青藏高原隆起的动力学研究，在距今约 5400 万～2380 万年的中始新世至渐新世末，是印度板块初步挤入亚洲板块的阶段，当时青藏高原南部的海拔高度总体在 1000 米以下。青藏高原中部、北部及更北地区的山间盆地的海拔高度大概只有几百米。而到哈萨克斯坦中部则为滨海的低海拔区。因此，位于青藏高原南（巴基斯坦）、北（哈萨克斯坦）的巨犀动物群中的某些能够长距离迁徙的大型动物（巨犀、巨獠犀、爪兽等），至渐新世末仍然能够比较自由地迁徙。这也解释了巨犀的分布范围为什么很广，从南亚、东亚直至东欧地区都有这类动物发现，临夏盆地巨犀动物群的发现为科学界探寻青藏高原远古时期的历史变迁提供了确切的证据。

## （二）中中新世纪时的环境变迁

进入中中新世，临夏盆地的气候变成温暖湿润，森林茂密，水体丰富，突然出现

好几种类型的大象，安琪马从北美洲扩散而来，出现灵长类的上新猿（图八）。

距今 1500 万～1200 万年的中中新世时，临夏盆地内出现了好几种类型的大象，如意外铲齿象、谷氏铲齿象、维曼原直齿象、广河豕棱齿象、轭齿象（未定种）等等。铲齿象喜欢在水草茂盛的水边生活，用一对铲子似的下门齿切断并铲起浅水中的植物，再用长长的鼻子把食物推入口中。象类的欣欣向荣有力地反映出临夏盆地此时的气候又逐渐变得相当温暖湿润。此时盆地内森林繁茂，青草茵茵，河流纵横，湖水滢滢。

中中新世时，铲齿象在青藏高原北侧和东侧的很多地点都有发现，如甘肃西部的肃北，甘肃东部的武山、秦安、西和，以及宁夏的同心盆地。反映出此时甘肃、宁夏一带的生态环境同临夏盆地相同。

大约在距今 2000 万年左右，地球上经历了一次比较大的寒冷期，导致海平面下降，白令海峡海退，海底露出海平面，成为连通亚洲大陆和美洲大陆的"陆桥"，北美洲大陆上生活的各种动物，便逐渐经由此"陆桥"扩散到亚洲大陆。安琪马在中中新世时率先扩散到临夏盆地，成为铲齿象动物群中的一员。

热带丛林是灵长类最好的生息地，当气候逐渐变干旱、森林缩小时，人类灵长类远祖才会从林间生活走到开阔地上，逐渐演化为直立猿人。临夏盆地中新世地层中上新猿 Pliopi-thecus 的出现进一步表明气候的温湿，也可能意味着亚洲是古人类发源地之一。

### （三）晚中新世时的环境变迁

晚中新世早期临夏盆地处于热带和亚热带。其后气候波动剧烈，既有过温暖湿润，也存在过干旱阴冷；既存在森林、灌木丛，也存在过炎热而干旱的稀树草原环境。

晚中新世时三趾马从北美洲扩散到临夏盆地，成为三趾马动物群的重要成员。动物群内出现中华原恐象、布氏和政羊、巨鬣狗、东乡三趾马、维氏大唇犀等富有特色的成员。临夏盆地三趾马动物群中各类动物的化石数量丰富、质量完好，使之成为目前世界上发现最大的一个三趾马动物群产地。

距今 800 万年和 500 万年时分别发生过两次快速强烈变干事件，严重的干旱化曾造成盆地内三趾马动物群集群大量死亡。

中新世末和上新世之间，青藏高原隆升加快，气候向更干旱化的方向发展，草原和荒漠成为主要景观，森林型的三趾马完全消失。

上新世晚期（距今 360 万年）青藏高原隆升更加剧烈，气候干冷，盆地内很难见到生物，沉积了 30～60 米厚的积石山砾岩。同时期，甘肃河西地区也沉积了巨厚的"玉门砾岩"。

　　1832 年，法国古生物学家 J.de Christol 将法国沃克鲁斯省的一些标本命名为 Hipparion，建立了 Hipparion 属。1923 年我国袁复礼教授首次将其译为"三趾马"。1924 年翁文灏先生翻译一篇论文时，采用了"三趾马"这种译法。此后，三趾马这一名词就一直延续下来了。三趾马是哺乳动物奇蹄目马科中一个灭绝了的旁支。其颊齿呈高冠型，上颊齿原尖孤立，每肢三趾。它生存于距今 1500 万～ 40 万年，其化石广泛发现于亚、欧、非和北美四大洲。最早的三趾马是从距今 1200 万年前从北美洲经"白令陆桥"迁徙到亚洲，然后迅速地扩散到欧洲和非洲北部。三趾马是三趾马动物群中最具代表性动物，这个动物群包含了 100 多种大型动物，其种类和个体数量都非常丰富，与现在生活在非洲大草原上的动物群性质接近。已有的地层古生物学调查成果证明，临夏盆地是目前世界上所发现的最大的一个三趾马动物群产地，化石以杨家山和桦林最具代表性。

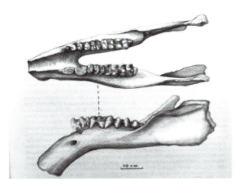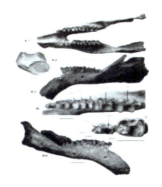

图九　中华原恐象下颌骨，左：素描图，右：化石
（据邱占祥等）

图一〇　恐象复原图（据王世骐等）

　　临夏盆地的三趾马动物群中有许多奇特的动物：如 2005 年在东乡县班土村晚中新世早期地层中发现的中华原恐象（注：该标本现保存在内蒙古博物馆）。恐象是从象的原始类型中分化出来的一个特殊的旁支。它的主要特征是：上颌没有象类特有的一

图一一 布氏和政羊复原图
（据和政古动物化石博物馆）

图一二 巨鬣狗化石

对长而巨大的门牙，但下颌骨上却有一对长长大大、并向下弯曲呈钉耙形状的大门牙。恐象的身材相当庞大，肩部高达 4 米。它的庞大的身躯和下颌上奇特的钉耙状的下门齿，看起来很凶猛，故名恐象。古生物学家推测恐象一般生活在大的河流里或湖泊边上，用它那对粗大结实的钉耙状下门齿从岸边的淤泥里钩耙出植物的根茎食用。休息时用下门齿钩挂在岸边的树枝上，以防被水冲走。可以想象，晚中新世早期临夏盆地基本上延续了早中新世时的气候，还是处在比较温暖湿润的气候环境下，盆地内存在着大型河流和湖泊，东乡班土村一带的中华原恐象的生活还是比较惬意的（图九）。

恐象化石在非洲的埃塞俄比亚、肯尼亚、坦桑尼亚、利比亚、莫桑比克；欧洲的法国、德国、瑞士、奥地利、西班牙、葡萄牙等国都有很多地点发现；亚洲在印度、伊朗、土耳其、以色列、缅甸也有发现。但直到 2005 年之前，中国境内从未发现过恐象的踪迹。恐象在欧洲从发现至今已 300 年、南亚已超过 150 年、非洲已超过 100 年。东乡县班土村晚中新世早期的地层中发现的中华原恐象推翻了"恐象没有进入中国大陆"的结论，在古生物学研究上具有重大意义（图一〇）。

布氏和政羊是临夏盆地三趾马动物群中最有代表性的动物之一，也是中国北方特有的一种晚中新世牛科动物，生活在稀树草原环境中。布氏和政羊的体型中等大小，角心和头骨特征与现生麝牛具有一定相似性，因此曾被归入麝牛类中，但最新的研究显示，布氏和政羊与现生麝牛的亲缘关系较远，而与乌米兽，柴达木兽有较近的亲缘关系（图一一）。因此，现在的研究者将布氏和政羊归入牛科、山羊亚科了。据说目前在陕西府谷、青海尖扎等地也发现了少量的布氏和政羊化石。

再如巨鬣狗，它不是犬科动物，而是自中新世从灵猫进化的出来的一个分支。大部分巨鬣狗体重约 210～240 公斤，但临夏盆地曾经发现了一具迄今最大的巨鬣狗头骨化石，根据测算，该巨鬣狗个体体重达 380 公斤，那么它的体型和现代的东北虎可有一比，可以想象这是一种多么凶猛的食肉类动物。在临夏盆地晚中新世的稀树草原上有多少食草动物被它猎杀（图一二）。

除巨鬣狗之外，临夏盆地三趾马动物群中还发现了大量的食肉类和杂食动物熊，共 20 余种。已研究出有真猫（未定种）小后猫、巴氏似剑齿虎、扁鼻犬（未定种）、巨鬣狗、副鬣狗（未定种）、鼬鬣狗（未定种）、翁氏鼬鬣狗、纹鬣鼬鬣狗、变异缟鬣狗、鬣狗（未定种）、鬣狗（未定种）、原臭鼬、小臭鼬、大密齿獾、中华副美洲獾、近狼獾（未定种）、中华貂（未定种）、戴氏祖熊、印度熊（未定种）。这么多的食肉动物每天所需肉的数量是惊人的。好在盆地内生活着大量的食草类动物，如犀科、马科、爪兽科、貘科、长颈鹿科、猪科、牛羊科等物，可供它们尽情享用。

大唇犀是临夏盆地三趾马动物群中数量最多的一类动物，研究发现有：临夏副板齿犀、简饰副板齿犀、和政无鼻角犀、爪脚兽（未定种）、林氏额鼻角犀、林氏山西犀、维氏大唇犀、摩根伊朗犀、甘肃黑犀等 9 种犀牛。梁忠和邓涛曾经观察、研究了临夏盆地 197 件大唇犀头骨标本，他们发现其中的幼年个体（4 岁以下）和老年个体（38～40岁）占 33%，青壮年个体（4～32 岁）占 67%，可以想象有多少大唇犀死于食肉类口中。

临夏盆地的三趾马动物群中的猪科有三种：弱獠猪、临夏弓颌猪、小库班猪。猪科动物喜欢茂密的森林和湿润的环境，这是它们最为理想的栖息、繁衍场所。猪科动物的食性比较杂：植物的嫩叶、

图一三 三趾马复原图（侯晋封画，据邱占祥）

根茎、浆果，它们都可以拱来填饱肚子，遇到荤食时，它们也是来者不拒。只要能吃饱，不管天上飞的，地上跑的，水里游的，它们都爱吃。即使觅食路上遇到毒蛇，它们并不怕，上前一口咬死，正好可以加个餐。但如果碰到鬣狗类和剑齿虎之类的大型食肉动物，很少有逃脱的机会。

三趾马也是临夏盆地三趾马动物群中数量占优势的动物之一，目前已记述了 5 种三趾马：东乡三趾马、贾氏三趾马、渭河三趾马、膜鼻三趾马、平齿三趾马。其中，东乡三趾马是欧亚大陆上最早出现的三趾马。这么多种类的三趾马出现，表明晚中新世——上新世时临夏盆地曾经多次出现过和类似于现代非洲那样的稀树草原环境（图一三）。

李吉均院士和他的研究团队在临夏盆地 200 米厚的含三趾马动物群的紫红色砂质泥岩中，曾用石膏作裂变径迹测年，结果为 1016 万年 ±88 万年到 694 万年 ±59 万年

之间。他们认为，临夏盆地中新世晚期属炎热的热带和亚热带，是一个炎热而干旱的稀树草原环境。在做过石膏作裂变径迹测年的地层之上还有290米厚的上新世的紫色、灰绿色和浅褐色的各种泥岩，又出现平齿三趾马、窝孔三趾马、大唇犀、古长颈鹿及鹿等化石。他们认为上新世时的气候仍然是炎热的热带和亚热带类型，一般偏干，但也出现少数森林型三趾马，表明气候发生过干湿变化。

晚中新世—上新世时临夏盆地生活过的动物还有：保德四棱齿象、和政貘、临夏奈王爪兽、萨摩兽（未定种）、小古长颈鹿、舒氏河南兽、粗壮中华马、叉角鹿（未定种）、新罗斯祖鹿、后麂（未定种）、蓝牛（未定种）、陕西旋角羚（未定种）、中新羚（未定种）、中华羚（未定种）、原大羚（未定种）、保德瞪羚、高氏瞪羚（相似种）、瞪羚（未定种）、亚洲许氏鼠、三趾马层副竹鼠、甘肃豪猪、翼兔（未定种）、陆龟和鸵鸟等动物，它们也表明三趾马动物群生存时，临夏盆地既有过河流、湖泊、森林、稀树、灌木丛，也有过草原；既有过温暖湿润，也存在过干旱阴冷气候。

梁忠和邓涛认为，临夏盆地三趾马动物群中的犀科动物最为丰富，其中维氏大唇犀最多。他们在观察、研究197件大唇犀头骨标本时发现：死亡的197头犀牛中4～32岁的青壮年期犀牛占总数的67%。他们认为这种现象很异常，因为一般来说，动物如果是正常死亡，老幼年个体应该占多数，青壮年个体应该最少。因而。他们推测死亡的原因是除了被食肉类猎杀之外，可能动物赖以生存的生态环境在短时间内发生了灾变。这个结论同沉积学、地球化学、气候学、大地构造学研究成果不谋而合。李吉均、方小敏的研究成果认为，临夏盆地在晚中新世时气候波动剧烈，在距今800万年和500万年时分别发生过两次快速强烈变干事件，所以临夏盆地晚中新世——上新世三趾马动物群集群死亡与严重的干旱化事件有关。而在此前的漫长时期主要为温暖湿润的气候环境。特别是600万年前后有近100万年时间气候湿润。中新世末和上新世之间发生过一次大的构造运动，使中新世（主夷平面）抬升，气候向更干旱化的方向发展，森林型的三趾马完全消失，草原和荒漠成为主要景观。

从上新世末期（距今340万年）开始，青藏高原逐渐剧烈隆升，到早更新世初期，从平均海拔不到1000米的高度抬升到了近2000米。高原周围山麓普遍出现巨厚的山麓砾岩，临夏盆地沉积了30～60米厚的"积石山砾岩"。

## （四）早更新世期的环境变迁

早更新世（距今250万年）初期，青藏高原的升高使得现代季风形成，出现了更为强大的冬季风和干燥气候，中国北部黄土开始沉积，逐渐造出"黄土高原"。

临夏盆地的真马动物群化石最初大量发现于东乡县那勒寺乡龙担村，所以也叫"龙担动物群"。这个动物群化石保存在黄土层下部，是我国目前发现的种类最为丰富、化石保存最为完整、层序关系最为清楚的早更新世哺乳动物群（图一四）。邱占祥等先后记述了其中的33种哺乳动物。这个动物群在组成上非常特殊，与国内已发现的大多数早更新世哺乳动物群的组成都不相同，与现生哺乳动群也有很大差别，反而同珠穆朗玛峰地区的现代哺乳动物群在分类单元和分异度上都高度相似。真马动物群中有12个科和8个属在现在的珠峰地区仍能见到。

图一四 龙担早更新世哺乳动物群生态环境复原图（据邱占祥等）

邱占祥等曾经分析了该动物群中不同种类的动物的生活习性、特征及其所反映的当时的生态特征。他们认为，真马动物群中的黄昏爪兽是以乔木树叶为食的狭义林栖动物；东方高冠松鼠的高冠型颊齿表明它适应于摄食比较坚硬的食物，如坚果、树皮、树根等；灞河鼠、安氏河狸、安氏猴、甘肃副长吻猴、和龙担日本鹿等4种，是以乔木或灌木的树叶和浆果为食的动物；泥河湾披毛犀和中国（长鼻）三趾马的牙齿比较高冠，一般在草原和林地的边缘地带生活；而小旱獭、甘肃莫鼠（相似种）、矮脚丝绸兔、埃氏马、布氏羚羊（相似种）、短角丽牛、秀丽半牛等7种动物，都是草原生活的动物。而且，小旱獭的形态与现生旱獭非常相似，现生的旱獭通常栖息于草原、距河边不远的草滩、高山草甸、牧场和森林边缘。所以，上述7种动物生活的环境同现在的旱獭的生活环境是类似的；食肉类动物如进步豹鬣狗、桑氏硕鬣狗、河南斑鬣狗、临夏西瓦猎豹等是在草原上奔跑捕食的类型；硕貂鼬、德氏狗獾、德氏猫、山西猞猁、通常生活在灌木丛地带；而犬科的鸡骨山狐、德氏犬、龙胆犬、短头犬、拟震旦貉（相似种）和大型猫科动物如泥河湾巨颏虎、锯齿似剑齿虎、临夏西瓦猎豹、古中华虎及熊科的沂南熊，在森林里、灌丛中、草原上都可生存。

早更新世初期，青藏高原剧烈隆起，全球气候转寒，北极出现冰盖。气候波动的幅度变大，出现了更为强大的冬季风和干燥气候，中国北部开始出现黄土沉积。植被以适应干冷环境的硬草为主，以藜科、菊科、蒿属为主的旱生、盐碱草本植物大量繁盛，比例高达90.7%～98%。在这种恶劣的环境下，为适应环境变化，许多动物的体型变大。

研究表明，动物的体型变大时，每单位体重的能量代谢需求随体重的增加而减少，在食草动物中，体型越大的动物所需要的蛋白质越少，所以也能承受更多的纤维素。这种情形在马科、犬科和鹿科的化石中表现很明显。根据贝格曼法则，在温血脊椎动物中，寒冷气候中生活的物种的体型要比暖气候中生活的更大。埃氏马是邓涛对其化石研究而命名的一个真马的新种。他发现埃氏马的头骨长度达 0.73 米，它的脸是世界上最长的马脸。而且，马的头部占身体的比重，在所有的马当中也最大。邓涛认为，埃氏马更大的眶前长度能够容纳更长的颊齿列，以便能更有效地咀嚼和研磨干旱环境生长的少汁的硬草，长的吻部还能使之在吃草时保持眼睛对危险情况的观察，防范凶猛动物袭击。埃氏马巨大的体型显示它可能生活在寒冷的高纤维硬草植被环境中。

披毛犀上新世时起源于高海拔的青藏高原，随后走出青藏高原向华北、东北和北方高纬度的西伯利亚迁移。在我国，其扩散的范围最南面直达上海一带，长江以北包括陕、甘、宁、青，华中、华北各省和东北三省都发现过它的踪迹。披毛犀是已绝灭的最著名的冰期动物之一，也是环境适应最成功的冰期动物之一。它也是干旷草原的代表类型，非常适应寒冷的气候（图一五）。

综上所述，临夏盆地早更新世时海拔已经达到 2000 米以上的高度，比上新世时高出约 1000 米。此时的气候寒冷而干燥，黄土开始沉积。盆地南侧有西倾山—迭山阻挡、北侧有拉脊山——马衔山山地遮挡，其周围的山地上有森林存在，靠近山前的地带有较多的灌木丛分布，盆地内有面积不是太大的草原，真马动物群就是生活在这种环境里的一个高原或高山动物群。

李吉均先生认为，距今 183 万年喜马拉雅山开始崛起，一直延续到距今 540 万年，青藏高原上形成了一级最广泛的夷平面，临夏盆地在晚中新世时气候波动十分剧烈，在 800 万年和 500 万年时分别有过两次强烈变干，600 万年前后有近 100 万年时间气候湿润。中新世末和上新世之间的一次大的构造运动，使中新世（主夷平面）抬升，气候向更干旱化的方向发展，森林型的三趾马完全消失，草原和荒漠成为主要景观。青藏高原的整体强烈隆升始于 340 万年，发生在 360 万年的青藏运动是青藏高原隆起历史上最伟大的转折，青藏高原周围山麓普遍出现巨厚的山麓砾岩，如河西地区的"玉门砾岩"、新疆南疆的"西域砾岩"，临夏盆地为 30 ～ 60

图一五 披毛犀复原图（据和政古动物化石博物馆）

米厚的"积石山砾岩"。现代季风形成，故李吉均先生将其称之为"季风亚洲的砾岩时期"。距今250万年左右，青藏高原的隆起从新第三纪平均不到1000米的高度抬升到了近2000米。

青藏高原的强烈隆起极大地改变了亚洲的大气环流，出现了地球上最强大的亚洲季风，并对北半球的环流产生了重大影响。对中国来说，没有青藏高原中国西部就不会像现在这样干旱，而中国东部也就不会像现在这样湿润。长江中、下游和华南地区就会出现像北非和阿拉伯半岛那样的沙漠气候。事实上，在老第三纪（距今6000万～238万年）长江中下游地区是十分干旱的，如江西就出现干旱地区特有的膏盐沉积（现为江西最大的盐矿）。当时没有现代这样来自海洋的夏季风，而青藏高原也还处于夷平面低地环境，行星风系盛行。青藏高原在晚近地质时期（新第三纪至第四纪）的强烈隆起，迫使北半球的副热带高压带在青藏地区"断裂"，诱发和强化了南亚的夏季风环流，随着高原隆起，冬季在亚洲北部形成了强大的西伯利亚—蒙古高压。亚洲季风造成的冬季风从戈壁荒漠中带来粉尘，在我国西北和华北地区沉积堆积成黄土高原。黄河的起源、华北平原与黄海渤海的充填以至北太平洋海底的粉尘堆积，都与青藏高原的隆升有密切的关系。此外，青藏高原隆升使非洲北部也受气影响，有国外学者认为，北非大范围的变干与青藏高原有关，非洲北部的撒哈拉大沙漠的形成也同青藏高原的隆升有关。甚至一些国外学者提出，新生代全球的三次变冷和进入冰期都是青藏高原隆升所致。

**参考文献：**

[1] 邱占祥、王伴月：《中国的巨犀化石》，《中国古生物志总号第193册新丙种第29号》，科学出版社，2007年。

[2] 邱占祥、王伴月：《Allacerops（犀超科、奇蹄目）在我国的发现及其分类地位的讨论》，《古脊椎动物学报》1999年第1期。

[3] 邱占祥等：《中国的三趾马化石》，《中国古生物志总号第175册新丙种第25号》，科学出版社，1987年。

[4] 邱占祥等：《甘肃东乡龙担早更新世哺乳动物群》，《中国古生物志总号第191册新丙种第27号》，科学出版社，2004年。

[5] 李吉均：《青藏高原隆起及其对环境的影响》，《任美锷教授八十华诞地理论文集》，南京大学出版社，1993年；《青藏高原隆升与亚洲环境演变——李吉均院士论文选集》，科学出版社，2006年。

[6] 李吉均、方小敏：《青藏高原隆起与环境变化研究》，《青藏高原隆升与亚洲环境演变——

李吉均院士论文选集》，科学出版社，2006 年。

[7] 邱占祥等：《甘肃和政地区麝牛亚科一新属的初步报道》，《古脊椎动物学报》，2000 年第 2 期。

[8] 邓涛等 ：《临夏盆地的新生代地层及其哺乳动物化石证据》，《古脊椎动物学报》2004 年第 1 期。

[9] 邓涛等：《临夏盆地上中新统的年代地层划分与对比》，《地层学杂志》2013 年第 4 期。

[10] 颉光普：《甘肃和政县文化馆馆藏古脊椎动物化石的特征及其意义》，《丝绸之路》1999 年 S2 期。

[11] 梁忠、邓涛：《甘肃临夏盆地晚中新世大唇犀化石的年龄结构与生活环境》，《古脊椎动物学报》，2005 年第 3 期。

[12] 陈少坤等：《临夏盆地晚中新世爪兽亚科（奇蹄目，哺乳纲）一新种》，《古脊椎动物学报》2012 年第 1 期。

[13] 邓涛：《临夏盆地晚中新世维氏大唇犀（奇蹄目，犀科）肢骨化石》，《古脊椎动物学报》2022 年第 4 期。

[14] 王伴月、邱占祥：《甘肃临夏盆地晚中新世豪猪一新种》，《古脊椎动物学报》2022 年第 1 期。

[15] 侯素宽等：《甘肃省临夏盆地发现的弓颌猪属一新种》，《中国科学地球科学》2014 年第 6 期。

[16] 侯素宽、邓涛：《中国甘肃临夏盆地库班猪属（猪科，偶蹄目）一新种》，《古脊椎动物学报》2019 年第 2 期。

[17] 史勤勤等：《甘肃临夏盆地首次发现乌米兽（牛科，偶蹄类）头骨化石》，《古脊椎动物学报》2016 年第 4 期

[18] 李刘昆：《甘肃临夏盆地晚中新世杨家山动物群的瞪羚化石》，《第四纪研究》2016 年第 1 期。

[19] 王世骐、邓涛：《豕脊齿象属（Choerolophodon）头骨化石在中国的发现》，《中国科学：地球科学》2011 年第 4 期 。

[20] 邱占祥等：《中国首次发现恐象化石》，《古脊椎动物学报》2007 年第 4 期。

[21] 邓涛等：《甘肃临夏盆地晚中新世貘类化石（奇蹄目、貘科）一新种》，《古脊椎动物学报》2008 年第 2 期。

[22] 杨湘雯等：《临夏盆地中中新统维曼嵌齿象 Gomphotherium wimani（长鼻目，嵌齿象科）的头骨及颊齿》，《古脊椎动物学报》2017 年第 4 期。

[23] 邓涛等：《甘肃临夏盆地中中新世皇冠鹿一新种》，《古脊椎动物学报》2014 第 2 期。

[24] 邱占祥等：《甘肃东乡首次发现熊亚科化石 —— 龙担哺乳动物群补充报道之二》，《古脊椎动物学报》2009 年第 4 期。

[25] 王世骐：《中国最原始的嵌齿象 —— 意外嵌齿象 (Gomphotherium inopinatum) 在临夏盆地的发现兼论中国的嵌齿象》，《古脊椎动物学报》2014 年第 2 期。

[26] 周明镇、张玉萍：《中国的象化石》，科学出版社，1974 年。

[27] 李吉均等：《青藏高原隆起的时代、幅度和形式的探讨》，《中国科学》1979 年第 6 期；《青藏高原隆升与亚洲环境演变 —— 李吉均院士论文选集》，科学出版社，2006 年。

[28] 王世骐：《邓氏临夏羚的发现揭示现代非洲"萨瓦纳动物群"的重要起源》，《科研速报》2022 年。

[29] 王世骐：《甘肃临夏盆地嵌齿象类的生物地层和生物地理研究进展》，《科研速报》2023 年。

[30] 邓涛：《建立东亚连续的晚新生代犀牛演化序列》，《科研速报》2023 年。

[31] 马娇、邓涛：《重建东亚上新世至更新世马科动物生态位》，《科研速报》2023 年。

[32] 江左其杲：《甘肃临夏盆地食肉目生物地层序列和古生态探讨》，《科研速报》2023 年。

[33] 江左其杲、邓涛：《走出青藏 —— 剑齿虎群居行为起源于青藏高原及其周边地区》，《科研速报》2023 年。

[34] 侯素宽、张媛：《临夏盆地库班猪化石生物地层学及古生态学研究新进展》，《科研速报》2023 年。

[35] 张媛：《临夏盆地古麟属化石研究新进展》，《科研速报》2023 年。

[36] 青藏高原古生物科考队：《临夏新生代化石拥有十项世界之最》2023 年。

[37] 史勤勤：《甘肃临夏盆地化石牛科动物生物地层序列的建立及其古环境意义》，《科研速报》2023 年。

# 夏古城发掘宣传与甘肃文化旅游业的发展

焦玉洁

/

甘肃省政府文史馆馆员
临夏州书协原主席

**摘　要**：甘肃地域文化在国内具有无可替代的独特性，本文旨在通过分析临夏州广河县阿力麻土乡夏古城的文化遗存和夏古城周边的文化遗存，推测夏古城是夏朝早期都城，进而从发展我省旅游业的角度，探讨广河县阿力麻土乡夏古城发掘和宣传的重要意义。

**关键词**：夏古城　发掘　宣传　文化旅游业　发展

近年来，不断有专业机构评定甘肃省为中国旅游第一大省。对此，我深信不疑，因为甘肃省的旅游资源无论从地理的多样性、民族的多样性，乃至文化遗存的多样性，在全国范围都是屈指可数的。其中，地域文化在国内更是具有无可替代的独特性。

## 一、甘肃地域文化的现状与独特性

由大漠雄关为标志的边塞文化具有其他省不能比肩的特点：首先，由临洮发起的秦长城，一直延续至河西走廊，与明长城相连接。沿途既有千里戈壁，万顷大漠，祁连雪峰，瀚海沙尘；更有以阳关为代表的嘉峪关、玉门关等众多关隘，以金塔烽火台为代表的马圈湾烽火台、大小方城烽火台等烽燧。这些历史遗存是国内其他省份根本见不到的。其次，由这些古代关隘、烽燧支撑的中国古代边塞文化，对中国古代文学、思想产生的深远影响，是任何一个省份不能希企的。据史书记载，华夏民族西北起源，中原兴盛。常说的"东夷""南蛮"基本上是在较短时期内比较和平的融入华夏民族之中。历时两千年，断断续续的兼并与反兼并、掠夺与反掠夺的战争，主要发生在中原华夏民族与"西戎""北狄"之间，而我们甘肃，正是当年的主要战场。连年的战争、长期的戍边、繁重的徭役，给人们造成了巨大的心灵伤害。由此产生出了大量反映战争戍边、人民疾苦的边塞文学作品，产生了高适、岑参、李颀、王昌龄、王之涣、王翰等一大批边塞诗人，他们以赋写边塞诗歌而著称。写出"孤城遥望玉门关""西出阳关无故人""前军夜战洮河北"等诗歌。更有李华《吊古战场文》、李陵《答苏武书》为代表众多的描写边塞的文章，"胡笳互动，牧马悲鸣，吟啸成群，边声四起"。这种边塞文学以大量的散文、诗词作品描写边塞风光、战争场面，尽道古战场的苍凉悲壮，对古代和后世文化产生了巨大的影响。

我们甘肃省还有一群以敦煌莫高窟为代表的摩崖石窟，这些石窟不仅以造像艺术和绘画艺术闻名于世，尤其以敦煌遗书、敦煌石窟艺术、敦煌学理论为主，兼及敦煌史地为研究对象的一门学科。涉及敦煌学理论、敦煌学史、敦煌史事、敦煌语言文字、敦煌俗文学、敦煌蒙书、敦煌石窟艺术、敦煌与中西交通、敦煌壁画与乐舞、敦煌天文历法等诸多方面。引起全世界的研究与探讨，形成了一个世界性的综合学科。

除此之外，还有以卦台为主的天水伏羲文化，以大堡子山及其附近的圆顶山为主的礼县先秦文化。

## 二、甘肃省西南部文化遗存的缺憾

从全省古代文化遗存的知名度看，甘肃省最著名的文化遗存，应该是敦煌莫高窟为代表的文化群。从这些古代文化遗存所处的地理位置看，敦煌莫高窟为代表的文化群正在我省北部。相比较之下，我省西南部至今没有在国内产生重大影响的古代文化遗存。

至此，我只谈发现在临夏州广河县阿力麻土乡的夏朝早期都城。这个遗址的发现和研究情况，我在 2017 年甘肃省文史馆与甘肃省行政学院共同举办的"甘肃省文化发展论坛"上提交了一篇论文《漫步阿力麻土，寻求夏朝初都》，进行了初步探讨。现在我从另一个角度谈谈对我省临夏州广河县阿力麻土乡夏古城是夏朝早期都城，以及夏古城的发掘对我省文化旅游业的发展作一些的探讨。夏古城是夏朝早期都城的理由如下：

图一 大夏古城遗址

## 三、夏古城的文化遗存

### （一）大夏古城遗址（图一）

大夏县的县治就在今广河县阿力麻土东

乡族乡古城村，尚存两处古城墙遗址，附近有较大面积的石灰三合土地坪遗迹。关于大夏古城面积，据《元和郡县志》云："大夏水经大夏县南，去县十步。"下古城东起自寺沟桥，西至于赵家桥。呈四方形，长宽各600米，总面积有36万平方米。有人说这个"下古城"，就是"夏古城"。根据黄文弼教授"我国先秦时代的大夏人，河州为其中心活动区。大夏县及大夏水之名，是因古代大夏国而得"的观点。夏古城应该是古代大夏国早期的一个古城。

图二 棺木山遗址

## （二）棺木山遗址（图二）

大夏古城遗址北面有一座卓然独立的小山，叫棺木山，也叫堡子山，山顶有祭坛。为省级文物保护单位"赵家遗址"。

## （三）大禹兴起之地与活动范围

《史记·六国年表》明确的记载："禹兴于西羌。"就是说，大禹兴起于西羌。最早的西羌，是生活在今甘肃、黄河、湟水、洮河、广通河（古大夏水）、大夏河一带是古代民族。

大禹导河积石（今积石山县境），是夏部落的首领，带领大夏等众多部落，治水成功，众多部落推举为禹王。当大禹当上华夏古国的国主时，把夏部落的"夏"字，取名为自己的国号，后人称其为"夏禹"，开创了华夏文明。

大禹生于叫石纽的地方，石纽就是大夏县西10公里的今和政县嵩支沟。据《寰宇记》所引《十道录》说："石纽是秦州地名。"《金楼子》亦云："禹长于陇西大夏县。"

## 四、夏古城周边的文化遗存

在广河阿力麻土夏古城附近，1924年发现齐家文化具有明显特征。

陶器（图三）：临夏人将陶器称之为"夏陶"，可见临夏陶器与夏的关系。其特点是：从新中国成立前到改革开放初，在广河发现了大量齐家陶器，数量极为巨大；齐家陶器的造型艺术极佳，每一件都是艺术品；齐家文化陶器表面有丰富的图案纹饰。

玉器（图四）：在广河发现数量众多的齐家古玉。其中有大玉刀和大玉璋，大玉刀，大玉璋，主要流行于夏代，是夏文化的标志，亦是齐家文化的特色。

铜器（图五）：齐家文化出土铜器遗址至少有15处，总数已

图三 齐家文化陶器

超过 130 件。青铜的出现，标志着齐家文化进入了青铜时代。

手工业水平：夏时有较全面而先进的手工业技术，齐家文化时期，手工业已达到当时的空前水平。齐家玉器制作精美，至今还让人惊叹不已。制作的陶器虽然没有马家窑那样华丽繁缛的纹饰，但制作技术及器形设计已达到新的高度。还有原始纺织业等等。

图四　齐家文化玉器

图五　齐家文化青铜斧

综上所述，中国社会科学院研究员易华等专家们的推测：广河阿力麻土乡夏古城是夏朝早期都城。我经过三次考察，也觉得，阿力麻土夏古城应该是夏朝早期都城。从商朝、周朝国都变迁来看，当时是处于民族大融合、大迁徙的时期，一个朝代的都城至少要经过四、五次迁徙，给后代留下四、五处都城。可以这样推断：广河县阿力麻土乡夏古城是大禹所建的夏朝早期都城。大禹应该是从这里兴起，带领部落大众，完成黄河上游洪水治理，建立夏王朝，逐步走向黄河中下游、走向长江流域的。

近年来，临夏州旅游业刚刚开始起步，目前还在停留游客游览自然景点的阶段，而且，这里也没有有着深厚人文沉淀的名山大川。虽然，这里处在和政盆地，兰州 —— 民和盆地分布的古生物生活地区，和政县也修建了一定规模，展品众多的古生物化石馆，为古生物的研究和游客参观，创造了一个比较好的环境。但是作为蕴藏着华夏民族初期文明的发祥地，应该进行对夏古城大规模发掘、宣传，使得其重新焕发光辉。

## 五、尽快进行夏古城的发掘，建成夏古城展览馆

### （一）实施对夏古城的发掘

大夏县的县治就在今广河县阿力麻土东乡族乡古城村，称之为"夏古城"。关于大夏古城面积，据《元和郡县志》云："大夏水经大夏县南，去县十步。"下古城东起自寺沟桥，西至于赵家桥。呈四方形，边长为 600 米，总面积有 36 万平方米。目前，这些地方均为当地农民的耕地。从地面部分看，尚存两处比较明显的古城墙遗址。从农民在农事活动时形成的部分剖面可以看到，约在地面下 1.8 米处，有很大面积的石灰三合土地坪遗迹。如果，进行大面积发掘，就能从地下发掘出议事厅、广场、民居等遗址，恢复夏古城的都城面貌。并且在这里根据发掘面积修建展厅，一是便于对发掘出的文化遗存进行保护，二是便于向学者及游客展示。

### （二）实施对夏古城祭台的发掘与保护

大夏古城遗址北面有一座卓然独立的小山，峰顶有酷似棺木的人工筑台，故叫棺

木山，附近有一处堡子遗址，所以也叫堡子山。这座山山势高耸，四周为墓葬，墓坑整齐排列，从山下环绕山顶蜿蜒到山峰高处，山顶西头有一个小土堆，为人工堆成，应该是祭坛，是夏人祭天、祭祖的祭祀之地。

当下现状是，夏古城祭台整体保存比较完整，山顶祭台能够清楚看出人工筑成的痕迹。整个祭台山体也没有大规模取土等等后人生产造成的破坏，除了便于从山上运送东西等农事活动，修建的一条盘山土路，基本上保持着当初的形状。但是人们为了从环山墓葬中搜寻陪葬品，这里的所有坟墓全部被挖开，陪葬品已经荡然无存。

从众多墓葬埋葬时头朝围绕山顶祭台，墓口基本处在同一弧线，墓于墓之间距离相近的形状看，这里埋葬的应该是夏朝早期头领、巫师、祭司之类有着一定社会地位的人。

尽快对山顶祭台进行发掘与清理，并且修建保护围栏。同时，对山体上所有墓葬，进行一一发掘，清理，修建保护围墙。

### （三）进行对夏朝文物的征集与保存

首先是对齐家文化中的陶器的征集与收藏。齐家文化中陶器是出土数量最大，流失最多的文物。齐家文化的陶器最初出现是在解放前与解放初，当时人们没有对出土陶器是文物的概念，认为是"鞑子坛坛"，是殉葬品，留着不吉利，多数当时就遭到被破坏。陶器出土的第二次高峰是"文化大革命"后期——"农业学大寨"中平田整地时，临夏州地处偏远地区，那时的人们没有文物保护意识，陶器流散破坏严重。第三次高峰应该是改革开放初期，外地，甚至港澳收购商纷纷涌入齐家文化覆盖地——广河、东乡、积石山、永靖农村，不但大量收购藏品，而且雇人盗掘，齐家文化陶器遭到进一步流失。

其次是对齐家文化玉器的征集与收藏。齐家文化中极有代表意义的玉器，世称"齐家玉"。已经发现的有玉刀、玉璋、玉琮、玉环等器物，齐家玉质地优良，数量众多，在文物考古者与收藏界享有很高声誉。其发现与流失情况基本和齐家陶器相同，只是齐家玉毁坏得比较少，流失得比较多。

再次是对齐家文化铜器的征集与收藏。齐家文化处在新石器时代晚期，齐家文物中的铜器发现数量较少，在新石器时代考古中有着极为重要的意义，故此特别珍贵。齐家铜器出土数量少，基本都收藏在省内外博物馆，尚有少数文物流散在民间收藏家之中。

鉴此，应该尽快开展文物征集与收藏的抢救性工作，同时，修建大型夏都文物展览馆，为今后夏朝早期都城——夏古城的全面发掘和面世，做好物质准备。

## 六、进一步加大对夏古城的宣传

根据国内数十年对夏朝都城的发掘研究，可以肯定的做出这个结论：即至今为止，国内没有发现夏朝早期都城。

河南二里头文化遗存：二里头遗址经过了半个多世纪时间的发掘考证，花费了大量的人力与时间，徐旭生先生亲自带队参与，夏鼐先生为之命名，其结论为"初步被确认为夏代中晚期都城遗址"。

山西夏县的古安邑：除了人们禹王城的传说，能够见到的只有建于东周，沿用至北魏的小城和战国时期的文化遗存，并无夏朝故都的物证。

历史上常说的禹都平阳古城：即现在的山西临汾市，基本上没有关于禹都的文化遗存，也没有这里曾经是远古夏朝都城的佐证。

以上可见，在理论上可以认定，而且具备夏朝早期都城的地方就在甘肃省临夏州广河县阿力麻土乡夏古城。

甘肃省是中华民族的重要发祥地，虽然近几年考古发现了距今 8000 年的大地湾遗址，出土了一定数量的陶器，发现了一定规模的民居遗址。这些史前部落遗址与华夏文明的上古三代——夏、商、周一样，对我们甘肃，乃至中华文明有着举足轻重的影响。一直以来，甘肃省作为中华文明的重要发祥地的历史发展环节中仍然缺少关键性的一处链接。夏朝在这里兴起、建都，从这里走向中原的史事，正好补齐了大地湾到大堡子山先秦遗址之间的缺失，为甘肃省为中华文明的重要发祥地提供了实物与理论证据。在故此加大对夏古城的证实与宣传，是对甘肃省就是中华文明的发祥地一说的证实与宣传。其意义不仅如此，而且对甘肃省旅游事业的发展有着深远意义。

甘肃文化旅游资源目前主要集中在河西走廊一带，形成了以敦煌石窟为代表，辅以嘉峪关等地边塞文化旅游地，因之这里旅游事业极其兴旺。甘肃南部至今没有与之相颉颃的文化遗存。如果我们抓住时机，发掘、打造夏古城——夏朝早期都城，把遍及甘肃中部地区的黄河上游及其支流洮河、大夏河流域的齐家文化作为夏朝早期文化来发掘、整理、研究，打造一个夏古城为主，齐家文化为辅的大禹远古文化旅游地，与甘肃省北部边塞文化相对应，形成"北有敦煌，南有夏都"的旅游格局，对甘肃文化特别是为甘肃旅游业发展拓展区域、提升品位奠定了坚实的基础。

# 关于打造"陇上明珠·齐家故里"地域品牌的几点思考

唐 蕊[1] 唐士乾[2]

/

1 甘肃省齐家文化研究会学术研究部助理研究员
2 甘肃省齐家文化研究会会长、齐家文化博物馆名誉馆长

**摘 要**：齐家文化是举世闻名、中国最早的青铜时代文化，因 1924 年瑞典著名考古学家安特生首次发现于甘肃省广河县齐家坪而得名。本文重点阐释齐家文化的研究概况及今后着力的具体措施。多管齐下，努力将临夏州广河县打造成"陇上明珠·齐家故里"的地域名片。

**关键词**：齐家文化 宣传方式 打造品牌

齐家文化是举世闻名、中国最早的青铜时代文化，是新石器时代向青铜时代过渡的一种遗存。考古研究表明：齐家文化是华夏文明的重要源头，是中华民族的祖源之一。正如中国社会科学院学部委员、中国考古学会理事长王巍所说："齐家文化是研究中华文明多元一体的重要组成部分。对考古研究来说，齐家坪遗址与殷墟、半坡一样是圣地级的遗址，考古人向往的地方。"

随着全球化不断深入和区域竞争日益增强，区域品牌建设已成为各地提升竞争力的重要举措。借助齐家坪遗迹得天独厚的资源和地理优势，加快齐家文化资源保护与开发步伐，倾力打造"陇上明珠·齐家故里"地域品牌建设，将成为推动中华文明探源、黄河流域生态保护和高质量发展，以及甘肃华夏文明传承创新区建设的新引擎。

## 一、齐家文化的研究及概况

齐家文化因 1924 年瑞典著名考古学家安特生（图一）首次发现于甘肃省广河县齐

家坪而得名。大体存续时间距今约 4300～3500 年，与夏代基本同期。齐家文化时逢华夏文明从史前社会向王朝国家过渡的关键时期，经历早期从万邦林立到华夏一统的特殊历史阶段，亲身经历了中华文明初期发展的演进历程。齐家文化已知的分布区域主要包括甘肃、青海、宁夏、内蒙古四个省区，还影响到了陕西、河南、四川等地。客观地讲，其影响辐射地域更为广泛，有待于进一步研究，期待新的发现。

图一 瑞典考古学家安特生

临夏州广河县是齐家文化的发现和命名地，2024 年将迎来齐家文化发现 100 周年。多年来，在省、州和广河县党委与政府的关心支持下，建成了齐家坪遗址管理所，注册了齐家文化商标，成立了甘肃省齐家文化研究会，建成了全国唯一一座齐家文化专题博物馆（图二）和网上数字博物馆。2015 年 8 月和 2016 年 10 月，先后成功召开了两届齐家文化与华夏文明国际研讨会，创办了"齐家文化官网"和"古代文明大讲堂"，编辑出版了《齐家文化与华夏文明》《齐家文化百年研究文丛》等研究书籍 10 册（图三），拍摄了《齐家文化探源之旅》专题纪录片，并荣获第三届甘肃电影金鸡奖优秀纪录片二等奖。2018 年，配合中央电视台 14 集大型纪录片《中华文明探源工程》齐家文化专集摄制工作。同时，"中国社会科学院古代文明研究中心齐家文化研究基地""中美合作洮河流域考古工作站""中国社会科学院考古研究所甘青考古队""中国考古学会新石器考古专业委员会齐家文化研究基地"先后在广河揭牌，成为首批全国科普教育基地、甘肃省爱国主义教育基地和兰州大学、同济大学、天津大学等学科建设实习基地。从而，齐家文化跻身国内外学术视野和研究舞台。

图二 齐家文化博物馆

图三 齐家文化研究书籍

## 二、今后着力的几点思考

以齐家坪遗址发现 100 周年为契机，以打造"陇上明珠·齐家故里"地域品牌为抓手，不断强化战略布局、充分优化战术打法，以点面结合、多措并举之势，全力推动齐家文化保护开发利用和广河县文旅产业提档升级。结合区域品牌建设趋于齐家文化发展前景建议如下：

### （一）加强顶层设计

一是将以发展为要务，以品牌为引领，以创新驱动为抓手，以高质量发展为目标，将区域品牌建设视为生产力，从顶层设计入手推动品牌建设战略升级。将"陇上明珠·齐家故里"地域品牌上升为品牌强州战略，并纳入政府发展和文化建设规划。

二是不断完善区域品牌建设的体制体系，成立相关领导为帅、相关部门为将的"陇上明珠·齐家故里"区域品牌建设小组，从而形成政府推动、部门联动、社会组织主动、全民参与互动的大发展格局。

### （二）加强硬件建设

一是积极争取筹建齐家坪国家考古遗址公园。1973～1975年，甘肃省博物馆考古队对齐家坪遗址进行了两次大规模发掘，发掘墓葬118座，出土器物千余件，还出土了令考古界无比关注的多人合葬墓和我国最早的铜斧和铜镜，这面铜镜被誉为"中华第一镜"（图四）。2017年12月，《齐家坪遗址保护规划》获国家文物局和甘肃省政府审批公布。2022年省发改委立项已下拨2000万元，现遗址公园游客服务中心正式开建，公园核心园区建设项目需大力跟进，积极运作，高标准谋划，使之成为集考古展示、科普教育、团体研学、旅游休闲等功能为一体且极具齐家文化特色和魅力的国家考古遗址公园。

图四　中华第一镜

尽快全面完成游客服务中心、停车场及附属工程。

齐家坪居民区按传统文化及农宅的自身特点进行统一风貌改造。

积极争取项目，按《齐家坪遗址保护规划》各功能区具体要求，全面推进齐家坪国家考古遗址公园建设（图五）。

二是将三甲集至齐家镇S230道路建成齐家文化旅游景观大道，在沿河护岸等处进行绿化、亮化，道路两旁实施绿雕、水域景观、情景展示等项目，融入吃、住、玩、乐"一条龙"项目。在康临高速公路广河段设置齐家文化代表性雕塑和标识牌。

三是实施齐家文化博物馆展览提升项目，优化基础设施，想方设法充实文物，提升文物展品质量、数量和展陈水平。在博物馆四楼闲置层辟设4D影院和精器文物展厅。进一步优化齐家文化广场基础设施和周边环境，同时，强强联合，创建黄河上游以齐家文化为主要内核，涵盖史前文化全部面貌的资料数据库，积极创建国家二级博物馆和国家 4A 级旅游景区。

四是鼎力将广河县全域打造"陇上明珠·齐家故里"地域品牌。通过研究和提炼齐家文化概念、体形及纹饰学精髓，用视觉呈现的方式，全方位展现在以广河县城为中心，辐射全域过境高速、县乡公路、村社标识牌、文化广场、公园、商场和景点的广告牌、

图五 齐家坪国家考古遗址公园效果图

花坛、灯柱、休闲椅、垃圾桶等方方面面。同时，新建和改造主题宾馆、主题餐厅等，做到处处都有齐家文化元素和情景再现。以文塑旅、以旅彰文，使其成为陇上新的旅游打卡地。

### （三）软件建设方面

一是成立广河县齐家文化资源保护开发利用工作领导小组。专题研究齐家文化相关事项，制定齐家文化保护开发利用工作方案，做到领导到位、人员到位和工作到位。尽快着手筹备"中国·广河第三届齐家文化与华夏文明国际研讨会"暨齐家坪遗址发现 100 周年纪念活动。

二是优化升级齐家文化官网。该网站是工信部审批、民政部备案，面向全国的专业网站。全面介绍齐家文化的基本概念、历史渊源、研究成果等方面的内容，向社会大众提供一个全方位深入了解的平台。为拓宽宣传交流渠道，对网站结构和设计、外部链接、信息内容等进行优化，积极组织专业人员撰写稿件，着力打造高端专业学术平台。同时，积极打造新媒体传播矩阵，通过微博、微信公众号和抖音、快手、视频号等媒体平台，采取文字、图片、音频、视频、直播等多元化传播手段，面向全球传播齐家文化的最新动态、学术活动、科研成果等，并探索元宇宙、人工智能、数字传播等新型传播手段和加强互动性，有效增强齐家文化在社会大众中的参与度和感染力，有力提升广河县的知名度、美誉度。

三是整合专业资源，挂牌成立齐家文化研究院。将广河县齐家文化遗址保护研究所更名为齐家文化研究院，隶属广河县政府。调整充实研究院工作人员，使其成为研究齐家文化的政府专门机构。同时，创办《齐家文化研究》刊物，整理出版齐家文化《陶器》《铜器》《玉器》《骨角器》《石器》等图书；积极衔接甘肃省文物考古研究所尽快出版齐家坪考古发掘报告，拍摄一部高水平的齐家文化电视纪录片，全面研究谋划齐家文化的长远发展。

四是推动齐家文化商标的推广应用工作。2011 年 3 月，广河县文化馆在国家商标总局注册了齐家文化商标，共 10 个大项，100 多个小项。将商标广泛运用于商品、纪念品、餐饮、旅游中，全面活化和用足齐家文化商标。

## 三、创新宣传方式，全面展示"陇上明珠·齐家故里"风采

一是举办面向全国的"齐家文化主题创作大奖赛"。利用一年时间，面向全国开展齐家文化主题创作活动，活动内容按电影电视剧本、报告文学、游记、散文、诗歌、短篇小说、舞台、花儿剧本和研究论文归类设置奖项，充分利用媒体进行宣传，全方位展示齐家文化故里——广河风采。同时，邀请文化名人、书法摄影爱好者、表演爱好者开展齐家文化主题采风活动。进一步掀起齐家文化的宣传热潮，为喜迎齐家坪遗址发现 100 周年、打造"陇上明珠·齐家故里"地域品牌营造良好氛围。通过线上线下举办"'齐家故里·广通石韵'奇石展"和"'齐家故里·广耀陇上'齐家文化百年成果展"。

二是举办各类赛事，充分彰显"陇上明珠·齐家故里"风采。举办"齐家杯"篮球、赛马、摩托车、乒乓球、足球比赛。通过各类赛事的牵引带动作用，带动新体育、新文旅、新产业的融合发展。壮大发展赛事关联产业，带动运动休闲、文化旅游、时尚消费、商务会展等产业加快发展。

三是用品牌意识精心组织齐家文化文创产品研发，用文化情趣吸引人，走近游客融入大众生活。通过一系列宣传，打响叫亮"陇上明珠·齐家故里"地域品牌，促进文旅事业全面发展，打造县域经济新的增长极。同时，开展青少年文化体验活动如剪纸、陶器和玉器制作等。

多措并举，多管齐下，努力将临夏州广河县打造成"陇上明珠·齐家故里"地域名片，让齐家文化傲立广河，走出甘肃，走向世界。

# 临夏历史文化资源的内涵及时代价值

刘再聪

/

西北师范大学历史文化学院院长

**摘 要**：临夏地区发展历史悠久、文化底蕴深厚。黄河及其支流洮河、大夏河流域出土的大量器物证明临夏地区是马家窑彩陶文化的核心区，是东西文明交往交流交融的重要地段。在统一的多民族国家形成之初，临夏地区就进入了中华文明核心圈。研究表明，临夏地区的历史文化资源在中华文明起源研究中具有重要地位。

**关键词**：临夏 马家窑文化 中华文明

临夏历史悠久、文化灿烂，是中华文明的重要起源地之一，也是我国新石器文化最集中、考古发掘最多的地区之一，在中华民族多元一体格局中具有重要的地位。

## 一、临夏是陇原地区马家窑彩陶文化的核心区

临夏地区史前文化文物类型众多，其中马家窑文化半山类型、齐家文化等七种文化类型都因在此地首次发现而命名，并且形成了独立的发展体系和特色，是中国彩陶文化唯一没有中断的地区，先后出土了"彩陶王"、"中华第一镜"、"中华第一刀"、玉七联璧等珍贵文物，齐家坪遗址是全世界唯一的石器、骨器、陶器、玉器、铜器"五器"俱全的遗址，临夏也被誉为"中国彩陶之乡"。马家窑文化是仰韶文化庙底沟类型衰落，引发大规模人

图一 "彩陶王"

群向西移动，发展形成的一种地方类型，曾被称作甘肃仰韶文化。考古学者认为人口压力、

农业经济与狩猎、采集经济的结合是马家窑文化从仰韶文化中分化出去的主要原因。

在仰韶文化的影响下，从马家窑文化开始，甘肃彩陶进入灿烂辉煌的鼎盛阶段。其陶质坚固，器表细腻，红、黑、白彩共用，彩绘线条流畅细致，图案繁缛多变，形成了绚丽典雅的艺术风格，创造了一大批令人惊叹的彩陶艺术精品，被郎树德先生誉为"彩陶艺术的巅峰"。距今约5300~4000年的马家窑文化尤以发达的彩陶著称于世，被誉为"图画的《史记》"，是学术界公认的与敦煌文化齐名的甘肃两座文化富矿之一，堪称世界文化的瑰宝。临夏地处黄河上游地区，其彩陶文化星罗棋布，是陇原地区马家窑彩陶文化的核心区。

## 二、临夏是东西文明交往交流交融的重要地区

甘肃地处东西文化交往交流交融的黄金段。国内最早的铜器出现于仰韶文化，其后在龙山文化中发现了数量较为有限的残铜片、铜刀等铜器。在甘肃的齐家文化及四坝文化中均出土了数量可观、种类多样、制作工艺复杂的青铜器。公元前2000年左右，境外的安德罗诺沃文化、发源于阿尔泰山地区的塞伊玛—图尔宾诺文化以今新疆地区为纽带，经河西走廊，在欧亚之间形成了一条青铜之路。在这条青铜之路上，中西之间的青铜文化进行了双向的传播，但多以自西向东为主。

图二 "中华第一刀"

早在1977年，临夏州东乡县林家遗址发现了我国时代最早的一把青铜刀，属于5000年前的马家窑文化早期，是早期东西文明交往交流交融的重要物证。1974~1975年，在永登蒋家坪遗址发掘中，不仅发现了马厂类型的陶窑及分间房址，而且也发现了一件青铜刀。2010~2017年，张掖西城驿遗址出土了铜器、炉渣、矿石、炉壁、鼓风管等与冶炼相关的遗物。上述发现表明，约在4000年前的马家窑文化晚期，马厂先民就已与西方发生了频繁接触，率先从中亚引进了冶铜技术，是黄河流域史前文化交往交流交融的重要体现。

## 三、临夏在封建王朝建立之初就进入中华文明核心圈

大禹治水的故事流传甚广。《尚书》《诗经》《楚辞》《国语》《孟子》等诸多传世文献都有记载，但由于年代久远，考古资料欠缺，曾为不少学者所质疑。近年来，随着清华简《厚父》、上博简《容成氏》、遂公盨等有关大禹治水的出土文献不断增多，研究显示，大禹治水不仅仅是历史传说，而是确有其事。临夏境内的积石关如此耀眼和声名远扬，首先在于它是大禹导河的源头。大禹治水成功，奏响了中华文明的前奏。

秦始皇二十六年（前221年），秦国统一六国，结束了春秋战国以来诸侯割据混

战的局面，建立了中国历史上第一个多民族的中央集权的封建国家。二十七年（前 222 年），秦始皇开始西巡位于兰州南部的陇西郡。这是秦始皇一生中唯一的一次西巡。这次巡视所到之处的最西端抵达陇西郡的郡治所在地狄道县（今临洮县），目的在于巡视西界周边局势。西巡陇西的当年，秦朝开始"治驰道"。应该说，"治驰道"是西巡陇西后出台的一项重要措施，原因当与加强西北防务有关。同时，为了解除匈奴、羌的威胁，秦始皇还派蒙恬率军北伐和西征。通过蒙恬"西征"，秦朝辖区的西界起自临洮、羌中一带，即今天的临夏地区。秦朝在临夏境内设置"枹罕"县，隶属于陇西郡。枹罕县是临夏出现的第一个县级建制，是临夏历史上地方行政建制设立之始。

秦朝是历中国历史上封建王朝初建时期，也是临夏行政区划创制时期。以华夏民族为主体的中华文明形成以后，经历夏、商、周三代的发展与春秋战国时期的民族大融合，到秦汉时期形成大一统的格局，标志着一个强大而稳固的文明中心的确立，并且不断地向外辐射，形成以中华文明为核心的中华文明圈。临夏很早就进入了中华文明核心圈。

### 四、临夏在中华文明起源研究中具有重要而特殊的地位

关于中华文明起源的研究，自 20 世纪 80 年代以来渐成热潮，特别是自 2002 年"中华文明探源工程"实施以来，夏鼐、苏秉琦、严文明、王巍、韩建业等学者都将目光聚焦于新石器时代，先后提出"新石器时代末期或铜石并用时代的各种文明要素的起源和发展""原始公社氏族部落制发展已达到产生基于公社又凌驾于公社之上的高级组织形式""探索中国文明起源自然要从公元前 3500 年开始"等启发性论断。随着考古发现增多及研究成果的不断推进，多数学者将中华文明起源的时间节点从距今 4000 多年的龙山时代提前至距今 6000 年左右的仰韶文化庙底沟时期。而自仰韶文化晚期的石岭下类型开始，陇原彩陶开始体现出一定的地域特色，从进入马家窑文化马家窑类型时期，区域性特点更加明显，反映出马家窑文化彩陶是受到了中原仰韶文化庙底沟类型西进，反向影响的结果。所以，陇原地区的彩陶文化不仅极大地丰富了中国彩陶文化的内涵，而且和中原地区彩陶文化有着直接的渊源关系，并在不同阶段深刻影响着彼此的面貌和发展，在中华文明起源过程中具有重要而特殊的地位。

临夏是中华文明的重要起源地之一，是兰西城市群和丝绸之路经济带甘肃黄金段上的重要节点城市，区位优势独特，文化底蕴深厚。2013 年，国务院批复支持甘肃省建设华夏文明传承创新区。随着华创区"金字招牌"的社会影响力不断扩大，华创区成为文化遗产保护传承的高地、特色文化产业创新发展的基地、服务"一带一路"民心相通建设的典范。临夏在华创区建设中使命光荣，角色独特，意义重大。

# 从地下考古看积石与大禹导河的传说

赵逵夫

/

西北师范大学教授、甘肃省先秦文学与文化研究中心主任

**摘 要**: 大禹是我国传说中的部落联盟首领, 大禹治水是中华民族文献记载中的一件影响深远的大事, 但大禹导河的地带在什么地方, 学术界看法分歧较大。本文运用文献学、考古学的方法, 从尧、舜、禹时代一些部落联盟的布局、活动范围和大禹的生平、经历的文献记载, 结合同一时期临夏一带马家窑文化、齐家文化的分布及青铜的出现等方面, 论证了远古时期临夏一带同禹及夏人活动的密切关系, 提出了今日积石山县是大禹治水的源头的结论。

**关键词**: 地下考古 积石 大禹 导河 传说

夏人在鲧、禹的时代已居于阳城, 学界的看法是一致的。但大禹导河的地带在什么地方, 学术界看法分歧较大。十八年前, 我曾为临夏张学明、赵忠二位合著的《大禹导河之州》写过一篇序。该书的《前言》当中说: "临夏, 古称枹罕, 秦时置县, 是古代羌人生活的地方。""公元345年, 前凉张骏取枹罕, 始设河州, 辖兴晋、大夏、永晋、武城、金城、武始六郡。这里由于有大禹导河自积石的历史记载, 张骏便以河名州。"[1] 文中提到明嘉靖兵部尚书彭泽的《重修积石禹王庙记》。该书中《积石泄湖寻禹迹》《鱼跃蛙鸣彩陶美》两篇是谈禹同积石的关系的, 引述一些常见的文献之外, 还录有历代文人相关诗文与碑刻文字。其他部分也提到临夏范围内不少传说中同夏禹有关的地名。关于临夏远古史和同夏人、夏王朝的关系, 也一直是我关注的问题。我认为, 要讲清楚这个问题, 只靠"夏""大夏河"的"夏"及现代一些地名和后代的传说是难以说明的, 应该从最早、最原始的材料入手, 从尧、舜、禹时代一些部落联

盟的布局、活动范围和大禹的生平、经历等大的方面来看临夏一带远古之时同禹及夏人活动的关系；关于大夏河之所在及这一带有禹庙之事等，也要追溯其最原始的状况与最早的记载，以这些为基础来考察大禹治水有没有可能到今之临夏积石山。我在《大禹导河之州序》中已谈了基本看法，但论述简略，有些问题也尚未谈到。大禹导河究竟到过还是没有到过今临夏之积石山一带，又和夏人早期历史中其他一些问题有关，是一个大问题，不能不作充分的论证。故再述己见，以求教于大方之家。

## 一、关于禹是否到过今临夏的积石

《尚书·禹贡》述雍州水路之贡道云："浮于积石，至于龙门西河。"

龙门位于今山西省河津市与陕西韩城之间，两岸峭壁对峙，形如门阙，黄河穿长峡而过。西河本指黄河由北向南一段两岸之地，而上古主要指黄河东侧靠河之地。

尧、舜的后期中心活动地区在今山西省西南部。《汉书·地理志》太原郡有晋阳，注云："故《诗》唐国。周成王灭唐，封地叔虞……晋水所出，东入汾。"郑玄《诗谱·唐谱》："唐者，帝尧旧都之地，今曰太原晋阳，是尧始居处，后乃迁河东平阳。"《史记·五帝本纪》正义引《帝王世纪》："尧都平阳，于《诗》为唐国。"《汉书·地理志》河东郡有平阳县，注引应劭曰："尧都也，在平河之阳。"平阳在今山西临汾西南十八里金殿镇。大体上尧在平阳以北，舜的活动地带在平阳以南，均在今山西省西南部，皆靠近黄河[2]。那一带是当时几个大的部落联盟活动的中心地带，当时及后来人常称述之，故很多上古文献中以中原一带人的口吻称那一带靠近黄河之处为"西河"。《尚书·禹贡》言西北贡物要"至于龙门西河"。清胡渭《禹贡锥指》云："雍之西北境远近不同，各从其便，以至龙门，不尽由积石。其曰'浮于积石'者，举远以该近耳。"[3]看来从远古之时开始，积石其地即为中原同西部水路交通最西的起点。《尚书·益稷》载禹回答舜与皋陶之问："洪水滔天，浩浩怀山襄陵，下民昏垫。予乘四载，随山刊木，暨益奏庶鲜食。予决九川，距四海；浚畎浍，距川。暨稷播，奏庶艰鲜食，懋迁有无，化居。"[4]其文意是：大水弥漫无际，横流包围山岭，淹没丘陵，很多地方的人被淹没在洪水中。我先后换四只木船，方得沿山路砍削树木作路标，和益一起组织人把新鲜的鸟兽肉分给民众。我疏通很多河水，使它们流入周围的湖海之中；挖深田间沟渠，使它们流进大河。同后稷一起（组织）播种，把谷物、鸟兽肉运送供给生活困乏的人，让大家互通有无。

这是关于大禹治水的最早记载。《尚书》研究专家钱宗武先生说："《皋陶谟》《益稷》和《尧典》《舜典》可能取材于同一原始资料，遣词造句、表情达意有惊人的相似之处。"[5]它们和《大禹谟》都是中国上古史的最早的著录，有着更原始的文献来源。

又《尚书·禹贡》开头说："禹敷土，随山川刊木，奠高山大川。"[6]《诗经·商颂·长发》中有句："洪水茫茫，禹敷下土方。"其他如《山海经·海内经》《大荒北经》《左传·昭公元年》《国语·周语》《郑语》及先秦诸子等上古典籍中对大禹治水之事均有记载。

关于《禹贡》中"浮于积石，至于龙门西河"二句，《孔传》云："积石山在金城西南，河所经也。沿河顺流而北，千里而东，千里而南。龙门山在河东之西界。导河积石，至于龙门。"[7]孔颖达《正义》："《地理志》云积石山在汉金城郡河关县西南羌中。"河关县东汉时改属陇西郡，即今临夏市积石山县保安族东乡族撒拉族自治县。"羌中"之名，说明本羌人聚居之地。唐杜佑《通典》、南宋金履祥《书经注》、清蒋廷锡《尚书地理今释》、毕沅《山海经注》、万斯同《群书疑辨》等到皆主此说。其见于《汉书·地理志》，则其名之形成在汉代以前。

《山海经·大荒北经》云："禹湮洪水，杀相繇。其血腥臭，不可生谷。其地多水，不可居也。禹湮之，三仞三沮，乃以为池，群帝因以为台。在昆仑之北。"其中说的相繇，郭璞注："相柳也，语声转耳。""禹塞洪水，由以溺杀之也。"《海外北经》载："共工之臣曰相柳氏……相柳之所抵，厥为泽溪。禹杀相柳，其血腥，不可以树谷种。禹厥之，三仞三沮，乃以为众帝之台。在昆仑之北。"由"在昆仑之北"一句可知，"禹湮洪水，杀相繇"之地即在今甘肃中部一带。这同《尚书·禹贡》所载禹治水至于积石的说法相合。

大禹治水，不仅因为黄河中游发水时泛滥，淹没居处田地以至于危及部落聚盟议事中心与部落聚居之地。而靠近上游处不畅通，河水随时改道造成中游一带的灾难，亦成常有之事。桓谭《新论·离事》："四渎之源，河最高而长。从高注下，水流激峻。故其流急，为平地灾害。"又说："王平仲云：'《周谱》言定王五年，河徙故道。'"[8]

清代胡渭《禹贡锥指》卷一中也说："河自禹功告成，下迄元明，凡五大变，而渐淤渐塞者不与。周定王五年，河徙自宿胥口，东行漯川、长寿津，与漯别行而东北合漳至章武入海。"[9]在尧舜禹的时代黄河是从积石以东如今日之形成一个"几"字流程，还是在积石以北某处即向东流至今之山西省西南部，也很难说，因四千多年中由于地壳变化和地震等原因，其地形状况与今日之地形状况并不完全一样，我们不能用今日所见之地形来确定其有无。所以，禹治水时的行程不是沿今日黄河"几"字形流程而是从平阳附近直接西至积石一带的可能也是存在的。因为是大禹才形成黄河北行至临河一带，再东折至龙门，故几种上古文献中都有"导河积石，至于龙门"之类的记载。当然，这条河道应该很早也存在，只是常有变动，而大禹从积石以北起疏通了流经龙门的河道，使河水河道变长，水流变得平缓而不是直接东行冲向西河一带。

徐旭生先生在其《中国古史的传说时代》一书增订本之后留下的遗著《尧、舜、禹》一文中说："《山海经》中屡次说到'禹所积石之山'。由此可推想禹或四岳领导着几个助手，顺着黄河的经流，翻山越岭，向上游探寻。走过不少地方，最后到了一处，觉得上源过远，无法探测。这一次的探测现在已经可以告一段落，回头定计划时已经敷用，不必再往前走。可是此次所到之处应该留一点记号，以便将来寻找……于是禹或四岳就领着助手们找些石头，积成石堆。后人走过这里，看见这一堆石头，就把这个叫作禹所积石之山。"[9]

徐先生 20 世纪 20 年代同瑞典的赫定博士率西北科学考察团在陕甘一带进行过科学考察。他的论说是很有道理的。《山海经》中提到积石山的，《西山经·西次三经》中有"积石之山，其下有石门"一段，《海内西经》中又有"大禹所导积石山"；《大荒北经》在"先槛大逢之山"之下又说："其西有山，名曰禹所积石。"关于这个积石山在什么地方，徐先生在上文中有一条注："《史记·六国年表》：'禹兴于西羌。'羌即姜。西羌即今陕西关中西部姜水流域。姜、羌同属一部族，为华夏族的一支。羌人分布于陕、甘、青的渭水上游、洮河、大夏河、黄河上游及湟水流域。在今甘肃临夏（古河州）地区有积石山。县城西北又有积石关，下临黄河，两山如削，兼河与关，形势险要。看来'积石'之命名，自有其来源。可以推想大禹或四岳及其助手曾探寻及此，也很难说。"[10]

看来徐旭生先生以为，如果禹或四岳到过积石山，则只能是今临夏的积石山。至于说究竟是导河至此，还是考察至此，可以再研究。但即使是考察而到了这里，如发现会形成河水改道的地势，也还是会组织人加以整治的。所以，说禹治河上至积石，是没有错的。

## 二、关于上古"夏"与禹所至"积石"之所在

关于大禹治水是否到过西北的积石，和积石在什么地方这两个问题，学术界看法有分歧，有的学者认为禹治水只是在中游的今山西、河南一带，还有学者认为在今山东一带。似乎都有些道理。大禹治水之事相传四千多年，人们的认识、理解产生歧义，在所难免。我以为要确定此，不仅要有文献的依据，或依据传说讲出些理由，而一定要着眼于最早、最原始的记载，要从一般传说难以改变的事实中去寻找证据。

关于禹之前夏人兴于何处，上一部分已引徐旭生先生之说。徐先生不仅依据《史记·六国年表》之说，而且四十年代曾到陕甘之间很多地方做过实地考察，在上古中华史、远古史有深入的研究。我们还可以从以下三个方面加以进一步的证明。

第一，《左传·襄公二十九年》写季札观乐，从《周南》《召南》依次歌之，季札都有评论。"为之歌《秦》"之后，季札说："此之谓夏声。能夏则大，大之至也，其周之旧乎？"季札说《秦风》为"夏声"，那么，夏地应在后来秦人所居之地。

秦人发祥于何处，以前学者们只说在汧、陇之西，但不能确指。自从 20 世纪 90 年代初在礼县大堡子山出土了大量精美青铜器等，学者们认定是秦王族早期陵墓，人们才知道秦人之渐渐兴起是在陇右一带的。至秦襄公佐周平王东迁，向东受周之故地，故曰"周之旧"。

有的学者认为上古之夏其地在今山西省西南部，因为当时禹居于夏，故所建之王朝名"夏"。但例之以后来一些朝代立国的情况，总是用原来的发祥地名以为朝代名，以明其事业之起始。既然春秋时秦人所居周人旧地之歌为"夏声"，则上古之夏地应在今陕甘一带求之。

《尚书·甘誓》云："启与有扈战于甘之野，作《甘誓》。"郑云注："有扈，国名，与夏同姓。""京兆鄠县，有扈之国也。甘，有扈郊地名。"既然禹之同姓部落在今陕西户县一带，则禹亦当发祥于西北。此同《史记·六国年表》所言"禹兴于西羌"之说一致。以此看来，禹所居最早之所谓"夏"是在西北无疑。夏朝之名，应是据其所起始之地，非其新居之地。古人在迁徙中常以旧名而名新地，如春秋以前楚都丹阳，迁都几次，俱名"丹阳"；战国时楚都名"郢"，迁都后也仍名郢。例之以此，晋西南夏地之得名倒是由于该民族本是由黄河上游即今之大夏河一带迁来。

第二，有一个广泛根植于春秋以前人的意识中而被后代学者忽略的证据。就是：古代人的表字同名是有一定关系的，上古之时即如此。如《史记·孔子世家》言"祷于尼丘得孔子"，"故因名曰丘，字仲尼"（"仲"是言家族同辈中为第二）。其他名人如老子"名耳字聃"（《说文》："聃，耳曼也"，言耳漫无轮。）。《史记·仲尼弟子列传》所述人表字与名的关系，莫不如此。而值得我们关注的是：春秋时郑国的公孙夏，字子西；陈国的公子少西，字子夏；可见"夏"（夏朝，夏人）和"西"（西方）是有关联的。那么，夏之其地在春秋时人的普遍意识中是在西方而不在冀州之地，毫无疑问（至于孔子弟子卜商字子夏，则是因"夏""商"均为西周之前朝代名，为另一种关联方式）。

第三，上古历史文献之外，汇总了上古以至远古神话传说的《山海经》对大禹的历史也有所反映，并且不止一处，并且大体一致。马克思在《〈政治经济学批判〉导言》中说："神话是在民众幻想中经过不自觉的艺术方式所加工过的自然和社会形式本身。"[11] 神话虽然不及史书和文人之作的具体实在，但也不如史书和文人之作的可以由个别人的观念、态度而改变事实。神话是一种群体记忆，会留下一些任何个人难以改变的基本事实。

《山海经》中多处有关于禹身份的反映。除上一部分所引《大荒北经》《海外北经》之文外，其《海内经》云："黄帝生骆明，骆明生白马。白马是为鲧……禹鲧是始布土，均定九州。"骆、白马，都是上古氐人之别称。《说文》："骆，马白色黑鬣尾也。"《史记·西南夷列传》："自冉駹以东北，君长以什数，白马最大，皆氐类也。"张守节《正义》引《括地志》："陇右成州、武都皆白马氐，其豪族杨氏居成州仇池山上。"《魏书·氐传》："氐者，西南夷别种，号曰白马。"看来"白马氐"是氐人主要的或曰可以称为正宗的一支，故氐人也可统称为白马氐。《诗经·商颂·殷武》："自彼氐羌，莫敢不来享，莫敢不来王。"注："成汤之时乃氐羌远夷之国来献来见。"唐孔颖达疏："氐羌之种，汉世仍存，其居在秦陇之西。"

因商都东迁，先后至安阳及以东之地，故称氐羌为"远夷"。氐、羌二族应同源，故羌族中也有白马羌，早期氐、羌的居地相邻，至汉魏六朝时仍如此。《山海经》中言"白马为鲧"，则鲧、禹同长期处于陇右的氐羌是有关系的。这是最早、最原始的反映。

下面再列举一些早期传世文献以明之。

南朝刘宋时裴骃《集解》引晋皇甫谧之说："孟子称：'禹生石纽，西夷人也。'《传》曰：'禹生于西羌'，是也。"

《荀子·六略》中说："禹学于西王国。"

又秦汉之间人陆贾《新语·术事》中也说："大禹出于西羌。"[12]

孟子、荀子、陆贾和历史学家司马迁均持此看法，则此说应非无据。与《山海经》所反映大体相合。

《史记·六国年表序》说："禹兴于西羌。"这是汉代人所记。下面引述几条先秦时文献依据看看。

徐中舒先生《先秦史论稿》在《夏代的历史与夏商之际夏民族的迁徙》一节引《史记·六国年表》文字后说："'禹兴于西羌。'羌是西戎牧羊人，后来在甘肃一带活动。"[13]

徐先生推测羌人是夏民族的后裔。氐、羌两个民族是有密切关系的。《诗经·商颂·殷开》："昔有成汤，自彼氐羌，莫敢不来享，莫敢不来王。"氐、羌连称。甲骨文文献中也多"氐羌"连称。很多历史学家、民族学家都认为氐羌本是同族或者说是同源的。商王朝的祭祖诗中特别提到商自建国之后氐羌不敢不按时进贡，不敢不按时朝拜。则也是为了说明灭夏之后氐羌之服从。

由以上三个方面来看，大禹到过西北的积石山是没有问题的。

但是，除了临夏积石山，黄河经过之地，还有一个积石山，在今青海省东南部，《元史·地理志》称作"大雪山"，今名"阿尼玛卿山"，西北起于青海的兴海县以南，西南至甘肃玛曲县。《水经注·河水注》云："河水重源，又发于西塞之外，出于积石之山。《山海经》曰：'积石之山，其下有石门，河水冒以西南流。'《禹贡》所谓导河自积石也。"因为这里说河水在积石附近是"重源""西南流"，故有的学者认为文献所言"禹所积石之山"是指青海的积石山。清胡渭《禹贡锥指》、王鸣盛《尚书后案》、王先谦《汉书补注》等到皆主此说。固然，黄河在临夏积石山一带是由西向东流，但在大雪山一带也并无西南流的流程；大雪山一带黄河支流较多，而临夏积石山附近也有庄浪河、洮河流入。因《山海经》的时代，不少记载根据传闻，且辗转传抄，个别文字有产生歧义者，故要结合其他方面来考虑。上游高山峻谷，水流急，且流量较小，则治河不会涉及那里。根据当时的生产工具及道路交通等基础条件，无论是治河还是进行考察，也不可能远至青海。所以，《禹贡》所言"导河积石"的"积石"，是指今临夏的积石山无疑。

大夏县为西汉所置，属陇西郡，治所在今甘肃广河县西阿力麻土乡古城。西晋初废，十六国前凉复置。后又为大夏郡治。"大夏"之称成为县名以前，其产生应很早。《吕氏春秋·离俗览·为欲》云："会有一欲，则北至大夏，南至北户，西至三危，东至扶木，不敢乱矣。"把大夏作为当时北方标志型地名，可见在上古人们意识中地位之高，影响之大。《淮南子·地形训》中也说到"北至大夏，南至北户"。《史记·秦始皇本纪》载《琅玡刻石》云："六合之内，皇帝之上，西涉流沙，南尽北户，东有东海，北过大夏。"均可看出上古之时大夏其地在从帝王至一般人心目中的地位。

这里顺便说一下大夏河。明代以来人们所说大夏河为古漓水，源出夏河县西南西顷山东麓，北流至永靖县入黄河。按《水经注·河水注》载，大夏河："水出西山，二源合舍而乱流，径金纽城南。《十三州地》曰：'大夏县西有故金纽城，去县四十里，本都尉治。又东北经大夏县故城南。'……《晋书地道记》于大夏县下云：'县有禹庙，禹所出也。'又东北径大夏县故城南，又东北出山，注于洮水。"[14]

文中所引《晋书水道志》文字，应出于晋代王隐《晋书》(书已散佚，清八毕沅有辑本)。在晋代之时大夏县已有禹庙，可见其地与大禹有关的传说产生很早。则古之大夏河即今洮水支流广通河。《明一统志》卷三七即已指出这一点。

金纽城在今临夏市和政县以西，在大夏县西南。古大夏河即今广通河北流至今和政县东折流入洮河。由古代文献所反映大夏、大夏河的关系可知这一带确为夏人活动之地。顾颉刚先生的读书笔记中曾说："夏本在西方，后来发展至东方，而西土并未放弃。故夏后皋之墓在崤山，或是巡守道死于此，遂葬焉。"[15]

看来很多古文献提到的禹治水三过家门而不入，是多次过其部族曾经长久居住之地，而未专门去看其祖之旧居，以示对先祖的怀念与崇敬。以此表现大禹务实事而忽于虚礼。如果说是十多年中几次在自家门前过而不进去看看为他唱过动人的《候人歌》的涂山氏之女及他们的儿子，那就不但太过分，而且太无情或太虚伪了。

看来禹当时治河而上至今临夏之积石，加以考察治理，有保障从夏人起始之地到西河一带水路畅通，又保障华夏部落联盟之地即夏人进一步发展之地的安全的目的在内。黄河由龙门一段东面的安邑（在今闻喜县以东、夏县以北）也是多种上古文献所载夏都，就证明这一点[16]。

## 三、从地下考古看夏民族同大夏河一带之关系

尧、舜、禹的时代已有了私有财产，部落、部落联盟同周边部族间时有争夺，部落联盟的首领已有很大特权，内部斗争也已经产生。我们常说的"尧舜禅让"，并不如以前所想象的是在"温、良、恭、谦、让"的情况下进行的，而是力量相比较的结果。到尧任部落联盟首领（帝）的后期，实权已差不多到了舜的手里，所以《史记·五帝本纪》中说舜"年五十摄行天子事，年五十八尧崩，年六十一代尧践帝位"。《史记·五帝本纪》正义引《竹书纪年》："舜囚尧，复偃塞丹朱，使不与父相见。"舜继位之后"流四凶族……投诸四裔"，把不与自己部族合作的部落定为"凶族"，进行打击，迁徙到很远的地方；任用了所谓"八元""八恺"，分别管土地与教化，实质上是任用亲信部族的首领而制裁反对力量。禹要取得各部落的拥护，首先要做一些实事，有所建树。禹治河使黄河下游各氏族部落安居乐业，建立一大功勋，是取得各氏族、部落的拥护。同时他也要加强其发祥地同冀州的联系通道，这就更有利于夏部落力量的加强。这也应是禹导河而至于积石，花十多年时间治水的一个动因。禹不是用拉拢人、结党营私的办法而是在受命之后办好这件有利于中原社会、政治、文化稳定发展的大事，在当时中原发展中是立了很大功劳的。这也证明了他确是一位了不起的圣君。

这方面还有些考古成果值得关注。1923 年首次发现了甘肃临洮马家窑遗址，1944 ～ 1945 年，夏鼐先生在甘肃进行考古与考察，1945 年 5 月曾在今临夏广河县的半山（当时属宁定县）、临洮的寺洼山等地又发现大量相同文化遗址，认为与河南仰韶文化多有不同，应从仰韶文化中分出，命名为"马家窑文化"。研究证明马家窑文化年代早于齐家文化年代[17]。1924 年首次发现于临夏广河县齐家坪的齐家文化，与马家窑文化前后相承。1956 年黄河水库考古工作队在刘家峡水及其附近进行的考古研究，进一步证明了马家窑文化早于齐家文化[18]。马家窑文化主要分布于甘肃的洮河、大夏河和青海的湟水流域，因其时间较早，地域广泛，曾被称作"甘肃仰韶文化"。

马家窑文化的年代约为公元前 3300 ～前 2050 年，经历了 1000 多年。在文化特征上前后发生了大的变化，学界依次分为马家窑类型、半山类型和马厂类型。半山类型因在临夏广河县半山遗址而得名，其时代相当于马家窑文化的中期，年代为公元前 2650 ～前 2350 年。属于半山类型的广河地巴坪墓地在广河县东南部，出土遗物 750 多件，彩陶相当丰富。从出土石斧、石锛、石凿、石刀、石丸等生产工具。可知半山类型同

马家窑类型一样，人们仍以农业为主，兼营狩猎。很多的石弹证实了所传黄帝时歌谣"断竹，续竹，飞土，遂肉"是反映了当时的社会实际的。学者们普遍认为马家窑类型处于母权制社会的最后阶段，而马厂、半山类型已进入父系氏社会。按各种先秦文献所载尧、舜、禹事迹和夏代初期历史，这正当尧舜禹至夏代初年。"夏商周断代工程"所定周武王灭商在公元前 1046 年，以此为准据史书所载商、夏诸王在位年代确定，夏之建国在公元前 2070 年。多年中沉潜上古史与上古文献研究的黄怀信先生以月相记日法细考远古史，确定武王灭纣的年代为前 1101 年[19]。依此初步推定，夏之建国当在前 2125 年。此前为尧舜禹时代。如此看来，大禹治水的时间正当马家窑文化后期。齐家文化的主要分布与马家窑文化大体相同，而时间较迟，其年代相当于中原地区的商周时代。

下面再从铜器的产生来看禹与夏民族同大夏一带之关系。

《左传·宣公三年》载楚庄王伐陆浑之戎，兵至于雒，周定王使王孙满慰劳之，楚庄王向王孙满问周天子所拥有鼎之大小。王孙满回答说："昔夏之方有德也，远方图物，贡金九牧，铸鼎象物，百物而为之备，使民知神奸……祭有昏德，鼎迁于商，载祀六百。商纣暴虐，鼎迁于周……周德虽衰，天命米改。鼎之轻重，未可问也。"《战国策·东周策》《史记·楚世家》中对此也有记述。这说明，周王朝世代相传，直至春秋时期尚作为王权象征的铜鼎，是成于夏代的。成书于两汉之间的《易林》在《小畜之九》中说："禹作神鼎。"《汉书·郊祀志》中也说："禹收九牧之金（这里"金"指铜），铸九鼎。"

看来夏人是中华各民族中最早冶铜铸器的。

关于此，也有出土文献为证。1978 年在临夏市东乡县林家遗址发现有铜渣，并在第 20 号房基北壁下出土一把小青铜刀。该遗址属马家窑类型，经鉴定，是用锡青铜制成，含锡量约在 6%～10%，碳十四年代测定约在公元前 3280～前 2740 年，是目前发现国内最早的青铜器，被誉为"中华第一刀"。联系铜渣来看，也是中国开始制造青铜器的确凿证据。可见在远古之时这里曾经是铜器加工之处。时间较迟，而在上古中华冶炼史上同样有重要意义的是，在临夏州广河县齐家坪遗址出土了一件有銎铜斧，一件铜镜，年代大约在公元前 2100 年，属于齐家文化范围。由之也可以看出这一带铜器制作技术的延续。当然，在整个齐家文化青铜器铸造业已有很大发展，齐家文化同马家窑文化是一脉相承的。

在我国传世文献记载，也是夏人是最早有铜器的。《墨子·耕注》中说："昔日夏后开使蜚廉折金于山川，而陶铸之于昆吾……鼎成，三足而方。"

夏后开即夏王启，西汉初年因避讳汉景帝之名，整理古籍者均改称作"夏后开"。

夏启开矿炼铜铸鼎，应是继承于禹。出土文献和以上所列传世文献记载正好互相照应。

居于西方的夏人最早开始冶铜，应该有多种原因：

第一，鲧禹治水，无论是堵还是疏，都要挖掘山丘土堆。上古之人因主要靠木石器具，无论狩猎还是种植，都不会有相当深度的大面积挖掘。但疏通水道要开掘山梁或加深山谷，堵洪水也要大量土石，只有从附近山丘挖掘取之。这都可能发现铜、锌、锡矿，有可能最早产生冶炼取青铜以制造器具之事。在马家窑文化遗址、齐家文化遗址发现一些铜沫，应与冶炼活动或铜器加工有关。今之甘肃地区有色金属矿藏丰富，现有 200 多处 10 种有色金属矿，包括铜矿、铅锌矿、锡矿等。齐家文化出土的遗址，大都位于这些矿世故所在地。

第二，西北多山，古人无论狩猎、农耕者，以住窑洞者为多。打窑洞也要把山坡山梁挖得深一些。这不但可以发现矿石，也产生用土窑冶炼的想法（尤其窑洞中失火，使所存用来支放东西的矿石变形以至熔化，就直接提示了挖窑冶炼的想法）。则最早的冶炼金属不是产生于平原地带而产生于西北，也是有原因的。

第三，距今 6000 年，西亚两河流域的青铜器物与青铜冶炼技术向周边传播，在距今 5000 ～ 4000 年传入中亚东部，又由新疆经河西走廊传至陇右。我国发现最早的青铜器，除上面所提到甘肃临夏、兰州等地发现的青铜器，更多的发现于新疆与河西走廊。所以说，陇右、河西一带青铜器的制造产生很早，既有华夏民族自己的经验积累，也与吸收中亚一带冶炼技术有关。

由上面的论述可知，禹治水至于今临夏积石，既同当时中原一带部落联盟的布局有关，也同禹夏族的来源有关，应联系当时社会状况及夏人的历史、夏文化的特点及当时地理状况来综合分析，而不能只据某一点而作结论。

古史邈远，很多记载简略。但如果以科学的态度，认真分析研究，有些问题还是可以得到合理的答案的。这当中特别要注意的是避免同对待汉以后史料的办法一样作简单化处理，对某些情况要作细致的了解。顾颉刚、徐旭生、夏鼐等先生等到西北进行学术考察，解决了不少疑难问题，为以后的研究提供了有益的经验，也奠定了一定的基础。我们应予重视。

**注　释：**

[1] 张学明、赵忠：《大禹导河之州》，甘肃民族出版社，2005 年。

[2] 郭沫若主编：《中国历史地图集（上册）》，中国地图出版社，1996 年。

[3] （清）胡渭著，邹逸麟整理：《禹贡锥指》，上海古籍出版社，2013 年。

[4]（清）阮元校刻，方向点校：《十三经注疏》，中华书局，2021 年。

[5] 钱宗武：《解读〈尚书〉》，国家图书馆出版社，2017 年。

[6] 同 [4]。

[7] 同 [4]。

[8]（汉）桓谭著，朱谦之校辑：《新论》，中华书局，2009 年。

[9] 徐旭生：《尧、舜、禹（上）》，《文史（第三十九辑）》，中华书局，1991 年。

[10] 同 [9]。

[11]《马克思恩格斯选集》第二卷，人民出版社，1972 年版。

[12] 王利器：《新语校注》，中华书局，1986 年。

[13] 徐中舒：《先秦史记论稿》，巴蜀书社，1992 年。

[14]（北魏）郦道元注：《水经注疏》，江苏古籍出版社，1989 年。"金纽城"原作"金柳城"，音转而误，今据"疏"径改。上一段文字之下"疏"引董佐诚之说云："是唐宋之大夏，即元魏大夏城。而三汉故城，尚在其东二十里也。城当在今河州东南境，接狄道州界。"杨守敬按：汉大夏县，晋废。"是县之移徙由张骏，而魏因之。"

[15] 顾颉刚：《顾颉刚读书笔记》第10卷，（台北）联经出版事业公司，1990 年。

[16]（清）朱右曾辑，王国维辑校：《古本竹书纪年辑校》由《汉书·地理志》注所辑佚文言"禹居阳城"，与其他文献所载不一致，是否在舜之时曾安置禹于阳城（河南密县西南），或其他时间曾居于此，已不可考。

[17] 夏鼐：《临洮寺洼山发掘记》，《考古学报》1949 年第 4 期；《齐家期墓葬的新发现及其年代的改订》，《考古学报》，1948 年第 3 期。

[18]《刘家峡地区的考古调查》，《考古通讯》1956 年第 5 期。

[19] 黄怀信：《由〈武成〉〈世俘〉与〈利簋〉看武王伐纣之年》，《西北大学学报》1993 年第 3 期；《求实斋文丛》，三秦出版社，2021 年；《以月相记日法解开西周王年历日难题》，《中国社会科学报》2022 年 5 月 5 日。

# 齐家文化族群的迁徙与冶金术的传播

边 强

/

原甘肃省考古研究所书记、副所长

**摘 要**：齐家文化是一支广泛分布于甘肃、宁夏、青海地区并以甘肃为中心地区的青铜时代早期的文化，在渭河、湟水、西汉水、白龙江流域已发现多处齐家文化遗存。本文根据已知的文物考古资料，对齐家文化族群迁徙进行探讨，对齐家文化族群可能进行迁徙的北上、东进、南下三条路线进行了详细考证，并通过相关联的器物分析了齐家文化与周邻三星堆文化之间的关系。

**关键词**：齐家文化 族群迁徙 冶金术

　　齐家文化是以甘肃为中心地区的新石器时代晚期的文化，得名于甘肃临夏回族自治州广河县齐家坪遗址的发现。这是广泛分布于甘肃、宁夏、青海地区的一支重要的青铜时代早期的考古学文化，其显著的特征就是以礼器制作为标志的玉崇拜和以冶金术著称的青铜黄金制品的出现，齐家文化成为继马家窑彩陶文化之后，西北原始文化最重要的历史存在。

　　齐家文化距今约 4300～3500 年，前后延续达 800 多年，其晚期文化面貌与早期的中原二里头文化存在许多相似之处，却又各不相同，有着明显的交流互动迹象，其中最重要的就是青铜冶金术的东传，为二里头在青铜时代的崛起注入了活力，但是齐家文化却此后衰落，退出了历史舞台。为此也有人把齐家文化称为中国青铜时代的拉幕人，当大幕拉开后即退场，成为青铜时代的催生婆。英国考古学家吴莱认为"冶金术的发明把人类从野蛮推向文明"。而齐家人作为西来冶金术的二传手，恰恰就是把二里头文化向前推了一把。关于这一点，学者多有论述，见仁见智，各抒己见，但有一点不可否认，那就是齐家文化对其后来的中国青铜文化的发展有着不可忽略的巨大影响。那么，齐家文化冶金术难道仅仅是对东方的中原二里头文化产生影响吗？在周边地区有没有受到其浸染的遗迹呢？

　　齐家文化和所有古文化一样经历了由盛而衰的发展过程，其原因不外乎族群间的战争与自然灾变的影响。据考，约公元前3000～前1500年这一千多年间，恰恰正是发生世界未有之大变局，地球进入小冰河期，原来温暖湿润适宜耕牧的西北甘青地区，日渐寒冷干旱，齐家人为了寻找新的栖息地，不得不聚族迁徙。而为争夺生存空间，战乱频仍，成为急剧动荡的社会大变革时期。这一时期较大的分水岭是公元前2000年前后，数百年异彩纷呈的中原周边地区的各支考古学文化先后走向衰落；历史上首次出现了覆盖广大地域的核心文化，即以河南偃师二里头遗址为典型代表的二里头文化，在极短的时间内吸收了各地的文明因素迅速崛起，以中原文化傲视天下。

　　面对气候的日益干旱寒冷，齐家人在大自然的逼迫下，为争取新的生存空间，面对抉择，不得不进行长途迁徙，以选择新的安居点。受山川地理形势和气候生态等环境的制约影响，齐家人的出路，不外乎北上、东进、南下这三条路线，并因此总会留下些具有其特点的遗存，成为判断其行踪的标志物。笔者不揣浅陋，试根据已知的文物考古资料和专家学者的有关论著等，对当年齐家文化族群迁徙发生交流交融的方向和路线等作一个简要探寻，以求得诸位方家的关注和教正。

## 一、跨越鄂尔多斯高原进入河套

　　河套地区目前发现的齐家文化遗存主要位于伊金霍洛旗的朱开沟遗址、白敖包遗址和陕北最北端的神木石峁遗址等，这些发现成为研究河套地区齐家文化遗存的珍贵资料。

　　甘青地区的环境考古成果表明，距今4500年左右甘青地区的气候开始了逐步干旱化历程。然而这一干旱化历程在一开始的三百多年里并没有达到摧毁人类原有文化模式的程度。加之植被气候变化存在三百年左右的滞后期，以及人类文化对环境变化做出响应尚需一段时间，这一环节变迁事件反而促进和刺激了齐家文化的社会结构调整并带来了文化的繁荣。

　　河套地区以朱开沟遗址一至四段墓葬及白敖包墓地等为代表的遗存，其主体内涵表现在大量的偏洞室墓，带有壁龛的竖穴土坑墓，流行以家畜下颌骨随葬，以及最为常见的双耳罐、单耳罐、三耳罐，高领罐等典型器类，年代相当于龙山时代末期至夏纪年阶段。此类遗存曾被学界先后归入客省庄文化和朱开沟文化。陕西省文物考古研究院马明志研究员从其多层面的文化内涵分析入手，将其文化性质界定为齐家文化晚期遗存，并认为它与客省庄文化，大口文化和朱开沟文化分属于不同的文化谱系（图一）。

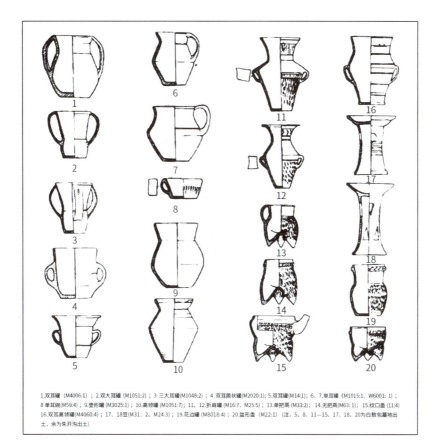

1.双耳罐（M4006:1）；2.双大耳罐（M1051:2）；3 三大耳罐（M1048:2）；4 双耳筒状罐（M2020:1）；5.双耳罐（M14:1）；6、7.单耳罐《M1015:1、W6001: 1）；8 单耳碗（M59:4）；9.壶形罐（M3025:1）；10.高领罐（M1051:7）；11、12.折肩罐（M16:7、M25:5）；13.单把鬲（M33:2）；14.无把鬲（M63: 1）；15.纹口盆（11:4）16.双耳高领罐（M4060:4）；17、18豆（M31: 2、M24:3）；19.花边罐（M8018:4）；20.盆形盉（M22:1）（注、5、8、11—15、17、18、20为白散包墓地出土，余为朱开沟出土）

图一　河套地区齐家文化遗存的主要陶器类型（据马明志《河套地区齐家文化遗存的界定及其意义——兼论西部文化东进与北方边地文化的聚合历程》）

　　齐家文化进驻河套，占据了大口文化河套西北部，打破了原有的文化格局，齐家文化在河套地区的突现是仰韶晚期以来甘、青、宁地区文化多次向北方地区东进浪潮中的一个组成部分，这种东进浪潮源源不断地为北方多种文化的形成带去新的因素，丰富了北方文化传播带的内涵，促进了西部文化与北方土著文化以及东部诸文化的交融和人群聚合。这是齐家文化东进河套地区的宏观背景，也是理解这一区域仰韶晚期之后许多突变式文化现象的重要切入点[1]。

　　马明志认为，河套地区齐家文化遗存的出现，与这一环境变迁背景密切相关。可能正是由于气候干旱化导致了齐家文化的生业形态由以农业为主向半农半牧转化，使得齐家文化向着经历了同样气候变化的河套地区进发以图获取更多的土地和牧场资源。故甘肃葫芦河领域的环境考古成果认为齐家文化的北界在这一气候干旱化过程中向南退缩的结论[2]值得商榷，因为这一结论显然忽略了阿拉善左旗以及河套地区齐家文化遗存的存在事实。相反，距今 4000 年前后，随着甘、青、宁地区和河套地区的气候干旱化历程，齐家文化反而向北推进了数百公里并到达河套地区，这一现象表明文化在纬度上的进退并不一定与气候优劣状况成正比，即气候在一定范围内的干旱化不一定带来所有文化向低纬度地区退缩。

马明志认为："齐家文化北上河套地区，应该被解释为人类文化随着气候的变迁而做出了相应的调整和响应，如随着气候逐步干旱，齐家文化原有的以农业为主的生业形态逐步向着半农半牧甚至以牧业为主的方式转变，以适应环境的变迁，进而可以向北推进以获取更大的生存空间。甘青宁地区和河套地区的齐家文化也应该经历了大体相同的环境变迁、文化响应和人群迁徙历程。"[3]

同时，他在分析了朱开沟墓地一至四段、白敖包墓地及石峁遗址的代表性遗存时，发现其陶器、墓葬、生业形态和年代均与齐家文化相吻合，因而应该将其归属齐家文化范畴，而与客省庄文化、大口文化、朱开沟文化无关。齐家文化在河套地区出现的年代大致为夏纪年阶段，它的出现改变了河套地区原有的文化格局。齐家文化占据了河套腹地而成为来自西部文化区的"客家"文化，当地的大口文化则失去（或放弃）了其前身永兴店文化在河套腹地占据的传统区域，并向南迁徙至鄂尔多斯南缘及陕北北部地区，二者在河套地区长期南北相邻而居。齐家文化在河套地区的出现并非孤立事件，它属于仰韶晚期至夏商时期西部文化长期东进历程中的一个片段和组成部分。西部文化的东进浪潮使得西部羌系诸文化源源不断地进驻河套及北方地区，使得这一区域成为西部文化在东部殖民的稳定前沿。这一文化东进事件是仰韶晚期之后北方地区的主要潮流，不但丰富了北方地区的文化内涵，同时也为西部文化核心区反馈了北方地区的文化因素，加速了北方文化带的形成和边缘地带人群的聚会步伐，从而在一定程度上影响着中国早期的文化格局和历史进程[4]。

陕西神木石峁遗址的发掘研究，又为齐家文化北上迁徙流动提供了新的证据。在2022年度内蒙古考古工作成果交流会上，主持人邸楠说："石峁的西北方同时代的是齐家文化，石峁发现有很多带双耳的陶器，大型墓葬里棺外有侧身屈肢的殉人，这些都可能是受到齐家文化的影响。"

北京科技大学冶金与材料史研究院陈坤龙教授在对石峁遗址出土铜器进行科学分析后，认为公元前4世纪末，铜冶金生产在中国的西北地区率先实现本土化，成为这一时期重要的冶金生产中心。在西城驿—四坝文化系统的影响下，位于河西走廊东部的武威皇娘娘台等齐家文化遗址出现铜器。与此同时，齐家文化向东发展，内蒙古中南部和陕北高原等地开始出现齐家文化的因素[5]。石峁遗址的铜器发现，或许有助于我们对早期铜冶金技术交流等问题的理解。

与石峁和朱开沟遗址出现早期铜器相对应的是，这一时期河套地区众多遗址开始出现齐家文化的因素。朱开沟遗址第三段的墓葬中出现了折肩罐和双大耳罐等齐家文化的典型陶器，与之伴出的还有绿松石串珠和海贝等外来器物，类似的情况还见于伊金霍洛白敖包墓地和石峁遗址。有学者认为，这显示了该时期齐家文化人群向东迁徙并进入河套地区[6]，早期铜器在此地的出现，应该也是其影响结果之一。

种种迹象显示，随着齐家文化人群的进驻，河套地区与河西走廊地带的联络通道虽已打通，但两地交流似乎仅停留于冶金产品的流通，以成品的形式输入，却未实现冶金技术的转移[7]。由此一来，经陕北高原、晋南盆地（陶寺）进而与河洛地区相联络的交流路线，在二里头文化冶金技术发展中的作用，或许并非以往认识的那么重要。实际上齐家文化冶金术向二里头的传播或许更直接，而不必绕那么大的圈子，后来的考古发掘也揭示了这一特点。

近年来发现发掘的位于延安地区的芦山峁遗址，从出土的双耳罐、单把鬲、折腹斝、圜底瓮等陶器的形制特征判断，其文化面貌与关中地区客省庄文化、陇东地区的齐家文化均有相似之处，年代相近，同属龙山时代，距今约 4500～4000 年。

高江涛从多璜联璧出土分布上主要见于晋南、晋陕北、甘青地区的现象入手，认为在考古学文化上分别为陶寺文化、新华文化、齐家文化共有的特点。这样，在陕西延安地区的芦山峁遗址和山西临汾陶寺遗址都发现有齐家文化的踪影。他认为多璜联璧多是出土于齐家文化的中晚期，无论如何早至约公元前 2300 年可能性很小，相对于陶寺文化多璜联璧至少出现于这一时间段而言，应该是晚出于后者，即陶寺文化多璜联璧年代应早于齐家文化同类器。此外，齐家文化与陕北、内蒙古中南部等新华文化之间的交流或齐家文化沿黄河谷地向东扩张是一个越来越明显的事实[8]。

## 二、沿渭水翻越陇山东进中原

近年来的考古发掘证明，位于陕西关中地区最西端的陇县不但出土了齐家文化玉琮，而且出土了齐家文化的石斧和玉刀。20 世纪 70 年代在陇县杜阳镇川口河也发现（采集）26 件齐家文化陶器，张天恩先生将其称为齐家文化川口河类型。在西安东郊老牛坡发现了晚于陕西龙山文化又早于商代文化的老牛坡类型遗址，出土了不少类似齐家文化的红陶双耳罐，以平底器为主，带耳器是甘青地区史前文化的显著特征。在老牛坡类型遗址墓葬中还发现了不少随葬石璧的例证，它和甘肃武威皇娘娘台齐家文化墓葬单人仰身直肢葬随葬石璧非常相似。位于秦岭南麓丹江上游商洛市的东龙山文化，发现的双耳罐、单耳壶、高领折肩罐等川口河类型的陶器，以及墓葬流行随葬石璧及玉器的现象，似可认为有一部分川口河类型的齐家文化人群，曾成规模的来到关中东部及丹江上游，推动了当地文化的明显变化。

刘云辉教授认为："在关中地区发现较多的齐家文化玉器，这与齐家文化部分先民向关中地区迁徙发展有关。齐家文化部分先民向海拔相对较低，气候相对湿润，土壤相对肥沃的关中地区，甚至丹江流域迁徙是非常自然的事情，关中地区不但发现了数量可观的齐家玉器，同时也发现了不少齐家文化陶器。"[9]而齐家人所擅长的冶金术毫无疑问也会随之得到传播，成为商周以来青铜文化的渊薮。事实证明，历年来陇山以东大批青铜器的出土，可以说莫不是齐家冶金术东传后的结果。

　　齐家人的向东迁徙应是主流，他们步步为营，最后抵达河洛地区，文物显示，二里头文化冶金术的发端当与齐家文化族群的东迁有关。近年来，考古学者通过对比研究，发现齐家文化与二里头文化多有相似之处，其中包含相同的陶器，如花边罐、绿松石牌饰、壶形盉等，二者在年代上有共存期，齐家文化的青铜器制造技术在二里头那里可看到影子，二里头的礼制文化在齐家也有表现。放在整个文明起源以及社会复杂化过程来看，二者有着不可分割的联系（图二）。

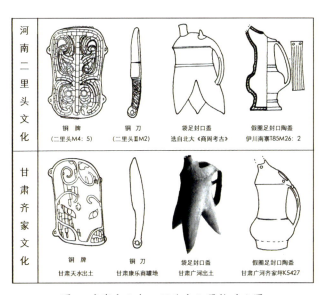

图二　齐家文化与二里头文化器物对比图

　　易华先生在《从齐家到二里头——夏文化探索》中认为齐家文化与二里头文化一脉相承，而且是直接的演进关系，"如果二里头文化是夏文化，齐家文化就是夏早期文化；如果二里头文化是商文化，齐家文化也可能是夏文化"[10]。韩建业先生在《论二里头青铜文明的兴起》中认为："二里头青铜文明是在具有兼容并蓄特征的中原文化基础之上，接受西方文化的间接影响而兴起。二里头文化的形成以西进的新砦类型为基础，又融合了洛阳盆地附近土著因素和束颈圆腹花边罐等齐家文化因素。二里头文化中双轮车等的出现以及青铜冶金术的发展也应当归因于齐家文化东渐带来的西方影响。"[11]他在《齐家文化的发展演变：文化互动与欧亚背景》一文中认为："齐家文化将新鲜血液带到中原，促成二里头'王国'文明的诞生，在中国'青铜时代革命'中发挥了重要的桥梁纽带作用。"[12]

李水城先生在《西北与中原早期冶铜业的区域特征及交互作用》一文中认为："西北地区的考古学文化，在中国青铜业发展的过程中，起到了传播与改造的作用，吸收西方的青铜冶炼制造技术，主动的加以改造和利用，并传入中原，在资源、环境、经济发展水平都低于当时中原的情况下，青铜制造技术表现出超乎寻常的进步。"[13]

根据对马家窑文化马厂类型与齐家文化的出土人骨形态检测，他们体制类型相同，二者人口基本上是一脉相承的[14]。在齐家文化的发展过程中虽受到周边文化的影响，但似无大规模人群迁入，始终保持着主动地位[15]。然而二里头的人口来源却比较复杂，中科院考古研究所对二里头遗址人口的牙釉质的锶同位素分析，在当时的二里头北方人口是其居民的重要成分，但在其文化成形之后，不同时期的组成及迁移背景都较为复杂[16]。但二里头人却存在与西北羌系民族不同程度的相似性，说明在这一场大融合的过程中，来自西北地区的齐家文化居民很可能占据主要地位[17]，应该说这是大部分齐家人的最后归宿。随着齐家文化居民融入中原，也为二里头文化带来了更为多样的文化面貌和人种特质，西北地区的牛、羊等也得以在内地繁衍，不仅使二里头人的饮食结构得以改善丰富，并因融合新的基因体质也得以提高，才能在竞争中占据优势，率先跨进文明的门槛，开创辉煌的青铜时代[18]。

### 三、顺着西汉水落脚汉中盆地

原始族群的迁徙向来以河流为依凭，可以沿较为平缓的岸边前行，避免坎坷颠簸，保证人畜水草之需。在甘肃陇南与陕西汉中相邻的西汉水流域正是齐家文化的东南边缘，也是随后寺洼文化接续之地，齐家文化族群如果迁徙，面对高山大川的阻隔，也只有顺西汉水而下，抵达汉中。汉中盆地北有秦岭，南有大巴山，气候温润，生态极佳，自古就被称为鱼米之乡和"天府之国"，当是吸引齐家文化族群迁徙的首选之地。之所以做出这个推断，原因有二：

一是古汉水和西汉水本系一脉，源头在今甘肃省天水境内的齐寿山，又名嶓冢山。据史地学家分析推测，大约在公元前 186 年的武都道大地震，造成今陕西宁强汉王山一带发生巨大山体滑坡，阻断古汉水，造成断流改道，使得西汉水流入嘉陵江，从此与汉水断绝。因而在远古齐家文化时期，这里却应是氐羌族群沿江东去汉中诸地的一条地理通道。

同时，传说中大禹治水"居外十三年，过家门不入"。汉中地处汉水上游，与大禹的出生地西羌毗邻，根据《尚书·禹贡》和《史记·夏本纪》中"行山表木，定高山大川""嶓冢导漾，东流为汉"等记载，汉水流域也是大禹亲历之区。而《尚书·禹贡》又载大禹"导河积石，至于龙门"。两地都与大禹治水的传说发生了关联，就不得不对彼时的汉中予以关注。传说大禹从凿开积石山，疏导黄河中，总结出了治理洪水的成功经验——疏导法。治理完黄河后，他又带领百姓用此法治理了江、淮、汉、济等江河水患，赢得了九州百姓的拥戴和舜帝的赏识，受舜禅让而继帝位，国号"夏"。禹卒，其子启即位。禹为姒姓，其后分封，用国为姓。褒氏作为十二个姒姓联盟部落之一，被封于今汉中市西北，这与积石山下的大夏似乎就是近亲，受齐家文化影响自是必然。

二是从 20 世纪 50 年代到 21 世纪初，这里先后出土殷商青铜器 710 多件，学界称之为"汉中青铜器"或"城洋青铜器群"。其中大量青铜三角援戈的出土，还显示汉中青铜器影响了关中西部的先周文化和甘肃东部的寺洼文化。研究表明，在把中原商文化向巴蜀传播的同时，汉中的青铜文化也有独立发展的成分，并影响到巴蜀和其他周边地区。城固宝山遗址属于新石器时代和商周文化遗址，存续年代长，遗存丰富，文化多样，除新石器时代仰韶文化、龙山文化遗存外，主要是以房屋、墓葬、陶器、青铜器为主的殷商文化遗存，且与周边文化有一定的关联度（图三）。

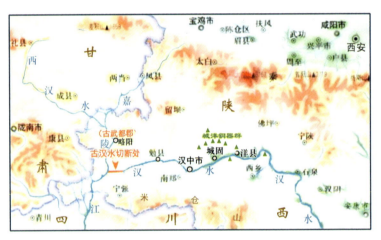

图三 古西汉水断流改道及陕南汉中城洋青铜器群遗址示意图

《汉中通史》总编孙启祥说："汉中是古代西戎、南蛮、华夏交汇杂居之地，是氐人的原始分布和羌人的早期迁入地。"[19] 齐家族群在陇南、川西北地区主要表现为氐羌文化，与长江最大支流汉水上游的汉中，同属一个族群体系，汉中作为中原文化、巴蜀文化、楚文化、氐羌文化的过渡地带和交汇之地，齐家文化的冶金术，必会由此传播开来，在这个相对封闭的盆地中，修成正果。城固青铜器群的出现，即应是其在广泛接纳中，成为青铜文化的一个独立单元，不排除曾经有一支齐家文化的族人，定居于此，他们南北呼应，成为后世的青铜冶炼制作工匠。

从汉中城固宝山出土的陶盆、陶罐的形制、彩陶纹饰的弧带纹有仰韶文化前期半坡类型遗风；陶罐、陶壶、陶瓮、陶尊的器形相当于仰韶文化中期庙底沟类型或龙山文化；宽沿折腹尊和陶器的链环状堆塑纹、禽爪迹状纹饰也见于川西宝墩文化。同时，还发现汉中文化遗存还和宝鸡西周早期的强国墓葬器物也多有类似者，似是蜀地北上的一支部族。这些发现，从考古文化上证明了黄河流域文明和长江流域文明在汉中的交汇。

长期主持汉中城固与洋县地区考古发掘活动的西北大学文博学院赵丛苍教授，在对城洋青铜器与周边青铜文化的关系分析中指出："城洋青铜器与商文化从早到晚一直表现出有较密切的关系。"并说："城洋青铜器显示出与川西地区青铜文化有较多联系。三星堆文化青铜器中的Ⅳ式、Ⅴ式尊，三角援戈和带刺异形戈等，与城洋青铜器同类器物具有相似的风格。城洋青铜器中的铜璋形器，与三星堆文化的玉璋及金璋，有着近似的造型。范坝铜器点出土的铜鸟，与三星堆文化的同类器风格相近，该铜器坑埋藏石凿形器的做法，也见于三星堆祭祀坑。城洋地区与川西地区相近，文化间有一定联系是自然的。值得注意的是，城洋青铜器与中原商文化在文化面貌上的相似性，较三星堆文化与中原商文化的联系更多，且距离较近。可以认为，中原青铜文化向川西地区的传播，汉水上游应为其重要的通道之一。科技方法的研究结果也显示了与此相同的结论。"[20]据此可知，如今至为神秘的三星堆文化源流并非无迹可寻，它与周边的青铜文化本来就有着密切的联系（图四）。

图四 河南安阳商墓出土三角援戈与陕西汉中城固出土的"蜀戈"对比图

地处中国西部南北分界线秦岭之南的汉中"宝山文化"与蜀地宝墩文化、三星堆文化、十二桥文化，与宜昌路家河二期遗存（鄂西巴文化），与甘肃东部寺洼文化，陕西宝鸡强国[21]的关系，也似乎可追踪到齐家文化冶金术在向四方传播中的痕迹，并由此而展现的既有共性又具个性的地方特点（图五）。由此，我们可以从一些蛛丝马迹，对齐家文化族群南下川蜀的可能性再做出一些分析判断。

#### 四、跨过岷山踏进成都平原

今天从甘肃陇南到四川广汉三星堆遗址，车程不到400千米，应该说陇蜀两地是近邻。这里不得不提起另一个地理因素，这就是甘川之间的岷山道。历史上早在丝绸之路开通之前，古老的氐羌部族就生活在今甘肃陇南、甘南、临夏地区和相邻的现四川甘孜、阿坝到绵阳、广元的川北地区，虽然高耸其间的岷山为一道屏障，然而却无法阻挡先民的脚步。后来的历史表明，从先秦至汉代即为沟通黄河、长江上游的重要文明通道，魏晋南北朝至唐代为

图五 陕西宝鸡西周早期弫国墓出土的寺洼陶罐

长江流域直通西域的丝绸之路主干道的重要路段，唐以后至民国时期为汉藏茶马古道之一，作为藏羌彝文化走廊之岷山道是历史上连接四川盆地与河西走廊的重要经济文化通道。也就是说远古时期岷山南北两侧的氐羌部族沟通其来有自，其文化交流习俗互相浸染当属必然。

因此，当齐家文化族群面临日渐寒冷干旱的气候突变，生存发生危机时，迁徙就成了最后的选择，于是聚族南下入川就成为首选。那里草茂林丰，空气湿润，物产丰饶，是难得的理想家园。彼时的齐家人应该是一支强大的部族，我们尽管已经无法知道当时的情景，但总可发现一些残存的迹象。四川广汉三星堆遗址发现以来，震惊世界。其究竟来自何方？近来对其来源与岷江上游新石器时代文化有关的判断似乎已经得到印证。而多数学者认为岷江上游石棺葬文化与三星堆关系密切，其主体居民可能是来自川西北及岷江上游的氐羌一系，最近也似乎已有了线索。

2016年，随着四川盐源县皈家堡遗址考古发掘工作推进，大量新石器时代文物出土，这些陶器和石器，在西北马家窑遗址以及云南考古遗址都发现了"同款"，据考古推断，4600年前，一条从中国西北经川西南至滇西北的通道就已经打通。另据四川文物考古研究院副研究员万娇在对什邡桂圆桥新石器时代遗址发掘中出土的粟、黍籽粒的测定和陶器的形制分析后，认为主要是受马家窑文化的影响。种植旱地作物可能与西北地区人口迁徙入川有关。以此类推，随后的齐家人也将同样会进入川北，对当地造成影响。我在参观金沙遗址博物馆时，就发现其所出土的玉器和彩陶等，就有齐家文化的类型器（图六、七）。另据三星堆也已经出土的粟黍类存在，作为当年北方旱作农业的代表，其由北向南传入的通道，也应不出相邻的甘肃。

据四川省文物考古研究院古蜀文明早期遗址调查项目负责人万娇介绍，位于龙门山西麓的岷江河谷，从仰韶晚期就有西北文化陆续传入。桂圆桥文化中的重唇口小口尖底瓶与茂县、甘南地区的同类器物较为相似，后二者很有可能是桂圆桥文化的重要

图六 四川省阿坝州茂县营盘山出土的具有马家窑风格的彩陶

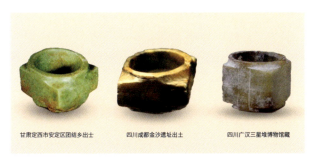

甘肃定西市安定区团结乡出土　四川成都金沙遗址出土　四川广汉三星堆博物馆藏

图七 甘肃定西出土齐家文化玉琮与四川三星堆、金沙遗址玉琮之比较

文化来源之一。因此，把三星堆文明同通向西北的古蜀商道联系起来解读是有意义的。应该说，三星堆文化的青铜黄金冶炼技术和玉石工艺，应与齐家文化有着最接近的关系。

在远古洪荒时代，甘青与川蜀地区其实就是岷山南北的一个地理单元，这里的族群有着天然的联系，文化习俗交互浸染，应比与中原地区紧密得多。还有，《后汉书》说："西羌之本，出自三苗。"三苗部族庞大，尧、舜、禹都与其发生过战争。夏桀降服三苗，其两个妃子就来自三苗的岷山氏，而三苗又是被夏禹战败流放迁徙到西北三危山或赐支河，即今积石山黄河首曲一带。

据陈平考证，约在舜尧时代，三苗（三苗及融入三苗的祝融氏的族民）自鄂东浸水和汉水中下游出发进入洮河流域，这就是第二次西迁。在东夷第二次西迁创造寺洼文化的同时，他们又自古三危地区越岷山沿岷江河谷南下，经今松潘、汶川、眉山、犍为而到达川、滇交界的金沙江、大凉山而停留下来，成了川滇边界大凉山地区的彝族先民，这就是其第三次西迁[22]。

因此，网上所传三星堆文明是来自西方埃及，甚至说是外星人所为等等，都是无稽之谈。而这期间要追寻三星堆人的族源，关键的缺环是目前尚须对齐家文化的进一步发掘研究。虽然已有了被评为2008年度全国十大考古新发现之一的甘南临潭磨沟齐家文化遗址的发掘，而对甘肃岷山两侧的考古调查发掘工作尚未展开。

最近在对三星堆新发现的六个坑的文物发掘提取中，传来令人欣喜的消息。2022年6月13日上午，四川省文物考古研究院在三星堆博物馆召开新闻发布会，对"考古中国"重大项目三星堆遗址考古发掘进行阶段性成果发布时宣布：来自3号坑、4号坑发现的玉琮均来自甘肃齐家文化。而齐家文化的原始玉料大都来自甘肃临洮的马衔山，此处是齐家文化玉器的重要矿产地。其周边的兰州、榆中、临洮、广河、康乐，甚至陇南的康县、文县、成县等地都出土有大量的齐家文化玉器，也多为马衔山玉料。

中国社科院考古研究所研究员朱乃诚认为，目前所知的三星堆文明最初的一批高档次文化遗存分别是成都平原地区本土文化、二里头文化和齐家文化，他们一起构成古蜀文明，也即三星堆文明的主要文明因素源。这些外来文化元素，极可能就是通过以茂县营盘山遗址为代表的岷江上游地区，进入成都平原。朱乃诚说，目前营盘山、刘家寨等遗址发现具有仰韶文化、马家窑文化特征的文化遗存，在汶川县则发现可能与齐家文化有关的遗存，说明在比马家窑文化更晚的齐家文化（公元前2500～前1500年）时期，岷江上游这条连接陇西南和川西北的文化通道仍在发挥作用。

把视野从四川投放到更遥远的陇西南地区，这里分布着丰富的齐家文化遗存。而在天水等地的齐家文化中，还发现嵌绿松石铜牌饰等大批二里头文化的高档次文化遗存。由此，一条文化传播的时空通道可以清晰勾勒：河南二里头文化不仅对齐家文化产生了影响，其部分精华也可能随着族群向陇西南的迁徙而转移。当二里头文化进入陇西并融入齐家文化，完全有条件由陇西南通过岷江上游进入成都平原，并最终促成三星堆文明的形成[23]。

早在2005年，就有学者发表文章认为："三星堆文化不是成都平原土生土长的文化，而应是夏文化与三峡地区土著文化联盟进入成都平原征服当地原有文化后形成的。"因此，一切迹象表明，三星堆文明绝不是孤立的文明。因此我曾断想：在青铜、黄金冶炼技术西来，齐家人成为最早掌握这一技术的族群，此技术东传的同时也南下传入四川，并成一时之盛，他们用来铸造祭祀的神祇。但作为外来强势部族的信仰，并不被当地土著接受，可能在大灾之时趁乱造反，因对其供奉的神祇等存在畏惧忌惮，才会将其摧毁焚烧后掩埋起来，以绝后患，辉煌的青铜文明就此戛然而止，灭绝者只能出自土著，因为他们既无信仰也无技术。当然这只是个假说，真相还需要通过严谨的科学发掘和例证来破解。

## 五、与三星堆文化有关联的齐家文物

下面就我所见到的齐家文化文物来看，它们似乎无不与三星堆文化有着各种关联，现分别作个介绍和分析。

### （一）虎牌饰

我发现广河齐家文化博物馆有一件未展出的藏品——青铜虎牌饰，竟然和成都金沙遗址所出青铜虎牌饰大小、造型等特点相当一致，而三星堆的铜虎除形体较大外，造型和工艺也基本与之相似。2001年成都金沙遗址出土的铜虎，长19.7厘米，虎身正面之凹槽，出土时曾伴有大量绿松石片，当为镶嵌绿松石之用。而齐博铜虎残长19.88厘米，长度基本相同，也有残存的绿松石颗粒，虽然尾部断裂，但造型特点与金沙铜虎高度一致。而齐博铜虎背面和金沙铜虎背面中部也都有两个小环形组，似供穿系绳而设。青铜器镶嵌绿松石的装饰艺术是齐家文化的惯常做法，也是较为典型的工艺特点，与三星堆的类似绿松石牌饰工艺基本相同。

1995 年在四川广汉三星堆遗址鸭子河中曾出土一件铜虎，器身凹槽镶嵌绿松石片作为装饰，残长 43.4 厘米，宽约 13 厘米。与后出的金沙铜虎造型和装饰风格也类似，只是体量稍大，而齐博这件铜虎也与三星堆铜虎有着一样的相似度。在齐家文化命名地出现这样一件三星堆风格的铜虎，不能不令人惊奇（图八）。

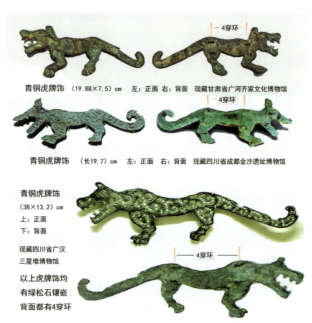

图八 甘肃广河齐家文化博物馆青铜虎牌饰与三星堆、金沙
遗址同类器物对比图

据说这件文物是很早以前在广河县阿力麻土乡古城村（大夏古城遗址附近）取土时发现的，当时发现的还有一枚牙璋和一些碎陶片。另外 2015 年在积石山县新庄坪遗址也发现过一件形态相似者，残片长约 50 厘米，现虎身在临洮，断尾在临夏；还有一件出自康乐县，长约 8 厘米（图九）。似乎在这一地区此类铜牌并非孤品，应该也有其研究价值。

就在公众对三星堆遗址新的考古发现极为关注的时候，我们发现了这件铜虎。三星堆铜虎被誉为遗址所出 6 件代表性文物之一，能与之相似，颇值得探究。齐家文化拥有比较成熟的金属冶炼业，曾对中原二里头青铜文化的崛起，有着直接的影响。那么它与近邻三星堆和金沙遗址的古文化有没有影响？很值得探讨。

### （二）虎形器物

在三星堆遗址除在鸭子河所出那件铜虎牌饰外，在一号祭祀坑里，共发现二件虎形文物，一件为用纯金模压而成的呈奔跑扑击状的金箔虎；另一件为圆眼、尖圆大耳、昂首竖尾、龇牙咧嘴的铜虎形器。同时还出土了作为佩饰的带有钻孔的老虎牙齿，表明当地确实有老虎这种猛兽的存在。二号祭祀坑也发现了数件头上饰云形角、双眉内勾、圆眼、大嘴、上下两排牙齿紧咬的颇似虎头的兽面具。这些实物资料说明，在三星堆青铜文化中，存在虎崇拜现象（图一〇）。因此，学

图九 临夏积石山新庄坪出土虎牌饰残件

者杨甫旺在其《古代巴蜀的虎崇拜》一文中说："古代巴蜀的虎图腾是在巴蜀两族各自独立的民族文化相互融合的基础上，并在中原文化的影响下形成的一种独具特色的巴蜀图腾文化。"那么，同样在近邻甘肃齐家文化的氐羌族群也盛行虎崇拜，似乎反映出在远古时代生活在甘川地区的原始部族信仰的趋同性和其族属文化的关联性。这种虎崇拜现象既有植根于生态的原生性，也有原始部族由此而产生神灵崇拜的趋同性，至今从陕甘到川黔地区虎崇拜遗俗依然，说明在远古时代起码甘川族群信仰的一致。

## （三）权杖头

从甘肃广河齐家文化博物馆展出的权杖头，也可寻觅到远古的信息。权杖头在其他齐家文化遗址中也有出土，并在四坝文化时期玉门火烧沟遗址大量出土。根据权杖头在陇山以东也有出土的情况看，虽然数量不多，但似可反映出在齐家文化晚期到青铜时代早期，此习俗的流传散布遗迹。无独有偶，在三星堆遗址、金沙遗址中出土的器物中就有一件权杖，颇引人注目。权杖整体以金箔包裹木棍而成，故称金杖。金杖外皮錾刻有鱼、鸟、羽箭和人像，做法与西亚同类器物近似，被认为是古蜀部族的图腾物。

图一〇 反映三星堆族群虎崇拜习俗的出土文物

2013 年在四川省温江红桥村也发现了一座距今 4000 多年的宝墩文化时期墓葬，墓主为身高 1.6 米左右的 30 多岁男子，左手边有一根长约 1.04 米的象牙权杖，有可能是一位部落首领，成为与三星堆文化相关的权杖流行现象（图一一）。那么，这种习俗是经什么途径传入，不得不引起我们对崇信权杖威仪的齐家人及其后来部族的关注。

## （四）牙璋

距今约 4000 年，牙璋之制在新石器时代晚期山东龙山文化时兴起，沿黄河上行影响传播到陕西和甘肃西南地区。甘肃齐家文化的牙璋，有可能源于陕北的石峁，估计也影响到三星堆文化。三星堆和金沙遗址共出土玉璋 300 多件，超过全国其他地方出土的总量，且形制多样，有几何形、斜刃形、树枝形、鱼嘴形等等，应各有其用。已知牙璋除祭祀外，还有与外界交往时充当符节的标志作用，所以牙璋出土最多，似乎表明三星堆人与外界曾有着广泛的联系。齐家文化的牙璋与三星堆之牙璋基本相似，表明二者之间是存在联系的（图一二）。

图一一 反映三星堆文化信仰的金权杖与四川温江出土的宝墩文化象牙权杖

图一二 三星堆和金沙遗址共出土形制多样的玉璋 300 多件

甘肃天水市秦城区出土　　河南偃师二里头遗址出土　　四川广汉三星堆遗址出土
（天水市博物馆藏）　　　　（洛阳市博物馆藏）　　　　（三星堆博物馆藏）

图一三 齐家文化、二里头文化与三星堆文化出土绿松石牌饰比较图

## （五）绿松石牌饰

在齐家文化的玉器或铜器中，还有一类镶嵌绿松石的器物，较为独特。一种是将绿松石或其碎块用胶着物嵌入玉器孔槽后磨平；一种是把绿松石片块镶拼于铜质底板上，再将凸出部分按图纹需要统一磨出如浮雕的效果，其工艺精致，瑰丽夺目，十分难得。21 世纪初，甘肃天水曾出土属二里头文化的镶嵌绿松石的兽面铜牌[24]，李水城先生在考察分析西北与中原冶铜业的区域特征及交互作用时，在对河南二里头文化和甘肃齐家文化的器物进行比对后，认为其不应排除齐家文化的影响。可知这种镶嵌绿松石的工艺手法也当为齐家人所擅长，则齐家文化也有可能与其东部的中原文化产

生交互影响[25]。而在三星堆文化遗址中也出土一件绿松石铜牌饰，这如出一脉的现象，也似乎表明三星堆文化与齐家文化存在着某种关系（图一三）。

## （六）纵目人

史前川蜀地区和周边相邻的甘、青地区联系紧密，尤其是甘肃黄河首曲及白龙江、岷江上游的今陇南、甘南诸地皆为氐羌古族所居，其习俗信仰应基本相同，其中就有关于纵目人的祖神崇拜（图一四）。西北师大赵逵夫教授曾撰文说，远古传说时期，黄帝打败炎帝后，将其一位首领砍头断足以示惩罚，这就是武都氐人奉为先祖的刑天。而刑天作为氐族名称时，古籍中又称"开题"，实则即"雕题"，指在额上刻有一只纵目。后来氐人所祭祀的祖先神白马神、马王爷，都是在额正中有一只竖着的眼睛，这正是"刑天"（雕题）遗俗的反映。由于中原民族统治者的压迫，氐人从很早起便向南发展，至今四川北部、西部地区。"蜀中古庙多有蓝面神像，面上垒如蚕，金色，头上额中有纵目。"另传说中的二郎神姓杨，即三目。当然二郎神杨戬的传说较晚，但其与马王爷都是氐人后来敬奉的祖神，三星堆纵目人形象当与此有所关联吧[26]。

齐家文化是构成中华文明的重要源头之一，在渭水、湟水和西汉水、白龙江流域已发现的多处遗址表明，其分布范围几乎涵盖了甘青地区黄河和长江两大流域，但因为如今行政区划所限，四川一侧岷山和岷江流域的远古信息却未能与相邻的甘肃整合到一个大文化圈。西北近邻毕竟比起逆流而上的东南影响要直接，当年甘青之地的远古文明影响也不容忽视，也许随着文物考古工作的不断发展深入，甘川远古一家的理念将会日益引起相关学者的认可，让我们期待着不断有新的发现。

最近中华文明探源工程首席专家王巍在《求是》撰文讲："距今4300年前后，中华各地的文明进程出现转型，其重要特征是中原崛起。距今4300～4100年，气候发生较大变化，气温异常，降雨不均，洪水频发，各地区文明的进程受到较大影响。这一时期长江中下游地区文明衰落，黄河中游地区文明进程加速发展。距今4300年前，黄河中游的势力集团在与周围其他集团的力量对比中逐渐占据优势，山西陶寺和陕西石峁两座巨型都邑相继出现。"此时，也正是曾经延续八百多年的齐家文化和族群向东南迁徙，逐步融入以中原为核心的华夏族群，成为

藏友在临夏所征集的玉雕人头像　　四川广汉三星堆出土青铜人头像

图一四　临夏所征集玉雕人头像与三星堆青铜人像之比较

中华文明多元一体格局的发展趋势和历史潮流的必然归宿，成为今天铸牢中华民族共同体意识极为重要的历史源头。

**注 释：**

[1] 马明志：《河套地区齐家文化遗存的界定及其意义 —— 兼论西部文化东进与北方边地文化的聚合历程》，《文博》2009 年第 5 期。

[2] 李非等：《葫芦河领域的古文化与古环境》，《考古》1993 年第 9 期。

[3] 同 [1]。

[4] 同 [1]。

[5] 陈坤龙：《陕西神木石峁遗址出土铜器的科学分析及相关问题》，《考古》2022 年第 7 期。

[6] 马明志：《石峁遗址文化环境初步分析 —— 河套地区龙山时代至青铜时代的文化格局》，《中华文化论坛》2019 年第 6 期。

[7] 根据现有认识，石峁遗址所出铸铜石范应属朱开沟文化时期的遗物。苏荣誉也曾指出，除石范以外，石峁遗址目前尚未发现与铜器生产相关的炉具、炉渣等遗物，难以确证当地存在铸铜活动。

[8] 高江涛：《陶寺遗址出土多璜联璧初探》，《南方文物》2016 年第 4 期。

[9] 刘云辉：《陕西关中出土的齐家文化玉器及相关问题》，《玉文化与华夏文明高端论坛》2022 年。

[10] 易华：《从齐家到二里头——夏文化探索》，《学术月刊》2014 年 12 期。

[11] 韩建业：《论二里头青铜文明的兴起》，《中国历史文物》2009 年第 1 期。

[12] 韩建业：《齐家文化的发展演变：文化互动与欧亚背景》，《文物》2019 年第 7 期。

[13] 李水城：《西北与中原早期冶铜业的区域特征及交互作用》，《考古学报》2005 年第 3 期。

[14] 王明辉：《青海民和喇家遗址出土人骨研究》，《北方文物》2014 年第 4 期。

[15] 胡金波：《齐家文化综合研究》，硕士学位论文，河南大学，2019 年。

[16] 中国社科院考古研究所编著：《二里头（1999~2006）》，文物出版社，2014 年。

[17] 王明辉：《中原地区的古代居民》，《夏商都邑与文化·纪念二里头遗址发现 55 周年学术研讨会论文集之二》，中国社会科学出版社，2014 年。

[18] 同 [17]。

[19] 孙启祥：《氐羌民族与汉中》，《陕西理工学院学报（社会科学版）》2013 年第 4 期。

[20] 赵丛苍：《城洋青铜器》，科学出版社，2006 年。

[21] 据考，位于陕西宝鸡茹家村一带的商末到西周早期的弓鱼国墓葬，除出土大量青铜器外，还有钵形尖底罐和马鞍口罐，具有早期巴蜀文化和甘肃寺洼文化的特点，但却少见于典型的周人遗址和墓地。同时一些出土器物上有箭和鱼的图案，也与四川广汉三星堆出土金杖上的图案极为相似，似乎反映出位于川陕通道，秦岭隘口的弓鱼国族群有别于周族，可能源

自秦岭以南的巴蜀地区。

[22] 陈平：《从'丁公陶文'谈东夷族的西迁》，《中国史研究》1998 年第 1 期。

[23] 张天恩：《天水地区出土的兽面铜牌及有关问题》，《中原文物》2002 年第 1 期。

[24] 李水城：《新疆石器时代与青铜时代》，文物出版社，2008 年。

[25] 赵逵夫：《刑天神话源于仇池山考释》，《西北史研究（第二辑）》，甘肃文化出版社，2002 年。

[26]《一条文化传播的路线划出古蜀文明的开放包容》，《四川日报》2019 年。

# 站在青藏高原观世界

## —— 史前文化的东西互动

翟玉忠

/

北京大学中国与世界研究中心特约研究员

中信改革发展研究院研究员

**摘 要**：中华文明起源于东亚的黄河、长江流域，西方文明起源于西亚的幼发拉底河、底格里斯河流域。自旧石器时代开始，以青藏高原为分野，人类文明整体上呈现为"一原挑双两河"的大格局。在距今 200 万年的旧石器时代，正是石器技术让东西方走了迥异的发展道路。直到智人经欧亚大陆北部（大体沿后来的"草原之路"）进入华北地区以后，3 万年以来东西方石器工业才呈现同步发展的态势。自此以后，双方的交往越来越密切，并持续至今。旧石器时代青藏高原确立的东西文化分野，与漫长的全球化进程同在 —— 它塑造了东西方，决定了人类文明的底色，到智人成为星际物种的今天依然是这样。

**关键词**：发明饰品 自我觉醒 青藏高原 文化互动 宗教性

现实是历史的因革损益。因此，我们能够透过现实反观历史的演化过程。

当代人类文明由两大板块组成，一是核心位于青藏高原以东的中华文明，二是核心位于青藏高原以西的西方文明。中华文明辐射至整个亚洲大陆东部，其主要特征是世俗性，以人为本，敬鬼神而远之；西方文明由于近代的殖民扩张，其辐射范围近乎包括除亚洲大陆东部以外的全部地球表面。其主要特征是一神教，以神为本，宗教是其文明的中心。

中华文明起源于东亚的黄河、长江流域，西方文明起源于西亚的幼发拉底河、底格里斯河流域。自旧石器时代开始，以青藏高原为分野，人类文明整体上呈现为"一原挑双两河"的大格局。

此一格局的形成，可以追溯到人类起源的初期。

## 一、石器技术 —— 东西方分野的起点

最深刻的真理常常基于最普通的事实。

人生活在陆地上。这一显而易见的事实对人类文明的影响如此巨大，以至于直到21世纪的今天，地缘政治关系仍是世人关注的重要问题。

地球分为七个大洲，除了19世纪以前人类尚未踏足的南极洲，各大洲是由陆桥和岛链联结在一起的整体。这就是为什么，过去数万年里人类及各种相同文化因子遍布地球的原因。

1869年苏伊士运河通航前，欧亚非旧大陆是一个陆地板块，也是地球上最大的陆地板块，由于越来越多的证据表明我们智人起源于非洲地区，使得旧大陆很早就成为人类文明舞台的重心，支配当代的东西方文明皆发端于此。

青藏高原雄居旧大陆的中心地带，被称为世界层脊、地球第三极。青藏高原及其北侧的亚洲内陆干旱区犹如一道"文化之墙"，将人类文明分为东西两大部分（图一）。

过去数万年来，东西方文明互相激荡，却有着本质的不同。从旧石器时代开始，东西方的分野就已显现 —— 正是石器技术上，东西方走了迥异的发展道路！

自1960年珍·古道尔（Jane Goodall）在母亲陪同下到坦桑尼亚贡贝河自然保护区实地研究黑猩猩以来，人类对自己近亲灵长类的认识起了翻天覆地的变化。黑猩猩远不是一种类人的食草动物，它们集体狩猎，有自己的伦理和政治，不同群体间会发生野蛮的战争。珍·古道尔曾观察到一只年轻黑猩猩用两只空煤油罐子撞击发出的噪

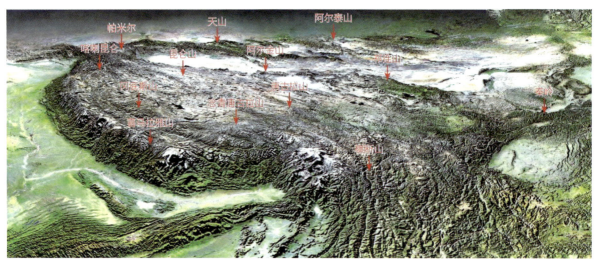

图一 青藏高原及其北部地形示意图

声恐吓对手，这一招儿使他在社会中的地位迅速上升，并很快成为群体中的雄性首领。珍·古道尔的发现打破了"只有人类才会制造工具""只有人类才具有抽象思维"的观点。

倭黑猩猩同原始人一样能打制和使用工具。图二左边是人类学家尼克·托斯（Nick Toth）打制的石器，右边是著名倭黑猩猩坎齐（Kanzi）打制的石器。尼克的石器按原形多次打击而成，坎齐只是为得到更为锋利的外缘。但坎齐知道尼克石器的优点，在二选一的情况下，坎齐会毫无犹豫地选择尼克的石器。

石器制造技术是文明的第一道曙光。黑猩猩打制石器的能力让技术的起源变得扑朔迷离。2015 年，研究者们宣布发现了 330 万年前的石器，比目前所知的人属动物还要早 50 万年。

这批最早石器工具的发现者是纽约州立大学石溪分校（SBU）的古人类学家索尼娅·阿尔芒（Sonia Harmand）和贾森·刘易斯（Jason Lewis）夫妇，二人在位于肯尼亚图尔卡纳湖西岸的"洛麦奎 3 号"（Lome kwi3）遗址找到它们。洛麦奎石器的打制方法是：匠人先双手握住一块较小的石料，向地面上较大的石块（石砧）撞击；或者用一只手将石块固定在石砧上，用另一只手中的石锤砸击石块。

洛麦奎石器的发现地并未发现人骨化石，学者们无法确定石器的主人。有一点是肯定的，在洛麦奎石器之后，260 万年前出现了奥杜威石器，176 万年前出现了阿舍利石器，之后旧大陆西部的石器技术不断进步，一直到 12000 年前的新石器时代，人类逐步抛弃石器的制作。

尽管过去数百万年来东西方存在持续的人类迁移，旧大陆东部的石器工具却呈现与西部迥异的发展面貌。阿舍利技术应该是在石核—砍砸器技术的基础上发展起来的，其工艺更为复杂。这一技术曾在旧大陆西部广为流行，但在东亚则罕见。北京大学考

图二　倭黑猩猩化石

古文博学院王幼平教授指出："与阿舍利技术在旧大陆西方广泛流行与发展的盛况相比，东亚地区在此阶段则主要流行的是石核—砍砸器技术。近年来在东亚地区包括华南、华北南部及朝鲜半岛，陆续都有两面器发现的报道。但这些发现大多还是地表采集，在经过正式发掘，发掘面积很大，发现石制品数量也很可观的遗址都还很少有发现。在东亚发现的两面器与西方的阿舍利技术也有比较明显的区别，一般都是硬锤技术的产品，加工较厚重、粗糙，缺乏明显的软锤技术的产品。这些情况至少说明，阿舍利技术在东亚地区并没有得到充分的发展，与旧大陆西方旧石器早期文化的发展过程有很明显的不同。"[1]

王幼平列表说明过去250万年旧大陆东西部之间石器技术的不同传统，让人一目了然（图三）。

之后，在长达近200万年的旧石器时代，中国文化都自成格局、自为一体。中国

| 年代<br>Ma B.P. | 更新世 | 旧大陆西侧 | | | 东亚地区 | |
| --- | --- | --- | --- | --- | --- | --- |
| | | 欧洲、西亚、北非 | 非洲（撒哈拉以南） | | 中国北方 | 中国南方 |
| 0.01 | 晚期 | 细石器工业<br><br>石叶工业 | Capsian（细石器） | 青藏高原与中亚沙漠 | 虎头梁（细石器）<br>水洞沟（石叶）<br>板井子（石片） | 吊桶环下层（石片）<br>鸡公山上层（石片） |
| 0.05 | | 莫斯特工业 | Magosian（石叶）<br>Howieson's Poort<br>（类莫斯特） | | | |
| 0.10 | 中期 | 欧洲阿舍利工业 | Fauresmith<br>（阿舍利）<br><br>Isimila<br>（阿舍利） | | 许家窑（石片）<br>丁村（石片／砾石）<br><br><br>周口店第1地点（石片） | 鸡公山下层（砾石）<br>陈山上层（砾石） |
| 0.78 | 早期 | Geshet Benot Ya'aqov<br>（阿舍利）<br><br>Ubeidiya<br><br>Dmanisi<br>（石核—砍砸器） | Olorgesailie<br>（阿舍利）<br><br><br>OlduvanII<br>（阿舍利）<br>OlduwanI<br>（石核—砍砸器） | | 公王岭（石片／砾石）<br><br>小长梁<br>马圈沟（石片） | 百色<br>（砾石／手斧?）<br>陈山下层（砾石）<br><br>曲远河口（砾石）<br><br><br>元谋（石片?） |
| 1.50 | | | | | | |
| 2.50 | | | Gona（石核—砍砸器） | | | |

图三 东亚与旧大陆西侧旧石器文化的发展

人民大学历史学院韩建业教授总结道："纵观延续约200万年的中国旧石器时代，我们会发现尽管时空范围存在差异，也不时和西方发生基因和文化上的交流，但总体上铲形门齿等后世蒙古人种的特征普遍存在，砾石—石片工业传统贯穿始终，表现出人类进化和文化发展上显著的连续性和统一性特征，而此统一性特征的形成主要是由于中国内部长时期持续不断的交流。正是在这个意义上，苏秉琦说：'中国人的主体部分是东亚大陆土著居民，是北京人后裔；中国文化是有近200万年传统的土著文化'。"[2]

直到智人经欧亚大陆北部（大体沿后来的"草原之路"）进入华北地区以后，3万年以来东西方石器工业才呈现同步发展的态势。自此以后，双方的交往越来越密切，持续至今。尽管当今信息化全球时代，东西方文明形态仍然迥异，东西方互相了解还有相当漫长的路要走。

王幼平先生将旧石器时代的文化分野归为青藏高原的隆起："东西方文化差别最显著之时，当属中更新世晚期到晚更新世早期。此时恰当共和运动阶段，高原的高度已达4000米，东西方的交通应更加困难。所以，当旧大陆西方，以预制石核为特征的莫斯特工业取代了阿舍利，发展到顶峰之际，在东亚地区，却见不到莫斯特技术的发展，而仍然流行着石片或砾石石器工业……东西方文化交流得以恢复的阶段是晚更新世晚期，比较明显的事例是华北地区石叶与细石器技术的出现。但此时的交流也难于直接跨越青藏高原与中亚沙漠的巨大屏障，而是当现代人已经出现，智力与技术都得以充分发展，绕经遥远寒冷的北方草原地带进入华北地区。不过到目前为止，在华南地区则还是没有发现西方同期文化的影响。"

图四　著名的莫维斯线（Movius Line）示意图

青藏高原也不是东西方不可跨越的文化鸿沟。尽管东西方文化早已分道扬镳，但包括阿舍利技术在内诸多文化因子仍渗透到青藏高原东部，只不过未形成主流。青藏高原位于欧亚大陆的中心地带，它同时吸纳着欧亚大陆各方面不同的文化因子。也因此，今天藏人呈现出独特的人体基因和社会文化特征——它们从消失的丹尼索瓦人那里继承了高原适应基因，从南亚印度人那里继承的佛教，从东亚人那里继承了天文历法……

早在 20 世纪 40 年代，美国哈佛大学考古学家莫维斯（Hallam Movius）就发现，工艺复杂的阿舍利手斧在非洲、欧洲和西南亚极为普遍，在东亚和东南亚当时却没有发现。青藏高原以东地区出土的石器粗糙，类似前阿舍利时期的工艺。于是它画出了著名的莫维斯线（Movius Line），用以区分旧石器时代两种不同的文化类型（图四）。

一种合理的解释是，阿舍利没有在东亚流行起来，是因为当地盛产竹子，更易获取的锋利竹刀足以取代先进的石斧。无论如何，由于青藏高原及其北部沙漠构成的地理屏障，东西方的文化分野从旧石器时代初期就开始了，它们相对独立地演化到今天。

## 二、发明饰品 —— 人自我觉醒的初始

值得庆幸，智人是唯一没有灭绝的人属物种。

目前已经发现 3 万年前多种类型的"人"存在过，包括知名的尼安德特人和丹尼索瓦人，这些人后来灭绝了，只是少量基因残存于我们体内。

但我们对其他人属物种的继承不单是基因上的，还应包括文化，比如我们可能继承了尼安德特人的葬俗。因为最新的研究表明，尼安德特人也有自己的文化，他们会使用红色赭石绘画、存在某种形式的葬仪。

研究者对智人之外的其他人种仍知之甚少。可以肯定的是，我们智人并非线性独立演化而来，和其他人属动物有过基因乃至文化上的交流。

现有考古发现给我们描绘的智人演化图景是这样的：大约 30 万年前，和我们体质特征近乎相同的智人出现在非洲。约 10 万年前，它们第一次走出非洲，向北迁徙到地中海东部地区。不知什么原因，这批智人并没有持续扩展自己的领地，仿佛悄无声息地消失了。直到 7 万年前，智人第二次走出非洲，并很快散布于除南极以外的各大陆。他们到达美洲的时间最晚，大约距今 1.6 万年前。

值得指出的是，跨越冰河时代露出地面的白令海峡并不是智人进入美洲的唯一方式。科学家告诉我们：亚马孙流域的苏鲁人、卡里蒂纳人与澳大拉西亚、新几内亚人和安达曼岛居民的土著群体的联系比与欧亚大陆的人联系更紧密，他们当是乘坐带有边架的小船，劈波斩浪从太平洋抵达美洲的。这些族群的传说，同样讲述着祖先来自西方海上的古老传奇。

和其他人属动物比较，智人显示出异乎寻常的交流交换和文化创新能力。比如四五万年前到达欧洲的智人发明了多种抽象符号，并将它们传播到遥远的地方。这可能是智人生存下来的重要原因。

大约从 12 万年前开始，智人不再满足于利用生产工具获取生活必需品，他们学会了装饰自己，我们从远古墓地中的红色赭石和项链能够看到这一点。然后先民逐步用抽象或具象的符号表达固定的意义。这是人类智慧的巨大突破，人类文化的萌芽！即使现在我们书写世界文明史的文字，也要追溯到数万年前的这些符号。

古代和今天一样，服饰在某种程度上是个人身份的象征，尽管当今饰品更多象征财富而非社会势力。饰品的发明不仅具有美学上的意义，更是人类自我觉醒的初始——人开始认识到自己，并以某种物品标明这种认知。

民族学材料告诉我们，人类早期的装饰当包括文身和用自然界中其他材料制成的装饰品。考古几乎不可能发现数万年前人类的文身，却能发现 10 万年前的个人饰品。它们被集中发现于近东地区、非洲北部和南部非洲，是用海生贝壳制作的串珠。这些贝壳经过精挑细选，并认真打磨，有的还残留染色的痕迹。有些贝壳甚至发现于距海几十，乃至上百千米的内陆，说明当时沿海与内陆之间存在某种类型的交换网络（图五）。

岩厦因能遮风挡雨、通风性好，上古先民常以之为居住地。南非首都开普敦以北的迪普克罗夫岩厦（Diepkloof Rock Shelter）就是这样一个地方，在 10 万年的时间里，

## List of the discoveries of early personal ornaments in the world

| 遗址 (Sites) | 地区 (Area) | 年代 (BP) | 种类 (Species) | 数量 (n) | 出处 (References) |
|---|---|---|---|---|---|
| Qafzeh Cave | 以色列 | 80ka-100ka | *Glycymeris insubrica* | 10 | Taborin, 2003[11]; Bar-Yosef Mayer et al, 2009[12] |
| Skhul | 以色列 | 100ka-135ka | *Nassarius gibbosulus* | 2 | Vanhaeren et al, 2006[13] |
| Oued Djebbana | 阿尔及利亚 | 90ka | *Nassarius gibbosulus* | 1 | Vanhaeren et al, 2006[13] |
| Taforalt (Grotte des Pigeons) | 摩洛哥 | 82ka | *Nassarius gibbosulus* | 19 | Bouzouggar et al, 2007[14]; d'Errico et al, 2009[15] |
| Rhafas | 摩洛哥 | 60ka-80ka | *Nassarius gibbosulus* | 5 | d'Errico et al, 2009[15] |
| Ifri n'Ammar | 摩洛哥 | 83ka | *Nassarius gibbosulus* *Columbella rustica* | 2 | d'Errico et al, 2009[15] |
| Contrebandiers | 摩洛哥 | 96ka-122ka | *Nassarius gibbosulus* *Nassarius corniculus* | 很多 | d'Errico et al, 2009[15]; Jacobs et al, 2011[16] |
| Blombos Cave | 南非 | 75ka | *Nassarius Kraussianus* | 41 | d'Errico et al, 2005[17] |
| Sibudu | 南非 | 70ka | *Afrolittorina africana* | 3 | d'Errico et al, 2008[18] |
| Border Cave | 南非 | 74ka | *Conus ebraeus* | 2 | Beaumont and Bednarik, 2013[19] |

图五 世界范围内早期装饰品的发现地

石器时代的古人都曾居住于此。这里出土的遗物包括石器、动物骨头、炉灶，以及鸵鸟蛋壳（图六）。

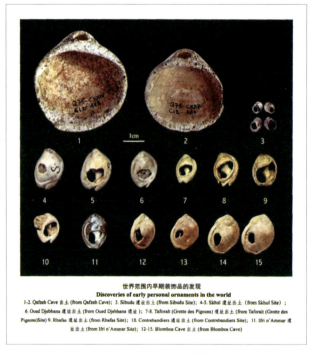

图六 世界范围内早期的装饰品

大量鸵鸟蛋壳的出土表明，数万年前鸵鸟蛋是迪普克罗夫岩厦先民重要的蛋白质来源。科学家在这里发现了400多片有刻划几何纹饰的蛋壳，年代在距今85000～52000年。它们肯定是被有意刻上去的，因为其中5种几何纹饰在长达3万多年的时间里被应用着，只有极小的变化，说明它们作为一种文化曾代代相传，并代表某种特殊意义（图七）。

一些学者们认为，距今5万年左右人类历史发生了革命性变化，文明进程加速了。这种文明飞越被称为"文化爆炸"或"认知革命"。以色列历史学家尤瓦尔·赫拉利列举了这段时间人类杰出的文化成就："等到大约7万年前，智人仿佛脱胎换骨，大约在那个时候，智人第二次从非洲出击，这一次他们不只把尼安德特人和其他人类物种给赶出了中东，甚至还赶出了这个世界。没多久，智人的领地就到了欧洲和东亚。大约45000年前，不知道用什么办法，他们越过了海洋，抵达了从未有人居住的澳大利亚大陆。在大约7万年到3万年前之间，智人发明了船、油灯、弓箭，还有想缝制衣物所不可缺少的针。第一项确实能称为艺术或珠宝的物品，正是出现在这几万年里；同时，也有了确切的证据已经出现宗教、商业和社会分层。"[4]

可以设想，没有针缝制御寒皮衣，人类不可能进入欧亚北部的寒冷地带，开始东西方的文化交流。没有宗教及相关符号，就不可能出现复杂的交流形式和组织形式。

### 三、同质性 —— 智人文化的合

随着智人迁徙到各个大陆，他们将某种类型的文化（与萨满教有关）带到了全球，那是个原始全球化时代——有着同质化的神话和宗教艺术形式，暗示着它们的共同起源。

国际比较神话学会主席迈克尔·威策尔（Michael Witzel）在其2012年出版的《世界神话起源》[5]一书中，运用语言学、体质人类学、基因学和考古学资料，推测7万年前人类尚未走出非洲时就存在一种泛古陆（Pan-Gaean）神话，这是以后其他文化神话的源头。泛古陆神话包括以下几个主要母题：一个遥不可及的最高神，他直接或间接创造的人类，人类狂妄自大，人类遭受的道德惩罚，大洪水，以及一系列创建了文化的造物主或计谋之神；其叙事线索是：最高神在地球形成之前就已经存在，他移居到天上，并派下他的孩子来创造人类，人类犯了一些错误并被处以大洪水或死亡的惩罚。

至于艺术的同质性更让人印象深刻。岩画学家在澳大利亚南部莫拉河区域的早期猎人岩刻中，发现了一幅类似于法国多尔多涅地区的岩刻，后者年代距今约30000～27000年。二者都有风格化的四足动物，相伴的表意符号，以及一个女性生殖器符号。而它们分属两个半球，相距万里之遥（图八）。

国际岩画委员会主席埃马努埃尔·阿纳蒂（Emmanuel Anati）先生指出，欧洲、非洲、澳洲岩画艺术有一个共同的概念母体，这个母体可以上溯到智人的形成过程。他写道："欧洲旧石器时代的艺术中有手指印（无论是凹的还是凸的）或是外阴、男性生殖器符号、'十'字形、棒形和树枝形，而在坦桑尼亚和澳大利亚的作品中，在组合的内部和相似的情境中，也存在一些这样的图案。我们不能想象这些常见的现象是由于直接的接触而得来的，不过，可以推定，这些现象是源自一个共同的概念母体，这个母体或许可以使我们追溯到智人形成过程时的原型那里。"[6]

阿纳蒂先生认为，人类的视觉艺术只被发明过一次，其发源地应在智人的起源之地。直到农业文明于12000年前诞生后，早期狩猎者艺术的全球同一特点才逐步消失，代之以越来越有地方特色的艺术形式。这种地域化还延伸到其他领域。他接着写道："当狩猎不再是人类主要的经济行为时，转折就出现了，艺术、概念性以及文化的其他可能的方面呈现出越来越地域化和偶发的特点。人类更容易理解与其生活的文化相似的那些艺术，其他地区则显得越来越具异国情调了。可以说，语言是如此，宗教也是如此。"[7]

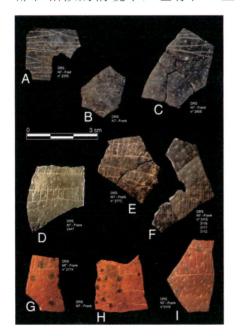

图七 鸵鸟蛋壳碎片

在智人的早期艺术中，抽象符号与具象图形并存。具象图形多大型动物，但它们并不全是猎物，有些可能与萨满教的动物辅助神相关。人的形象很少，却十分重要，因为对人形的塑造是人自我觉醒的另一个重要节点。

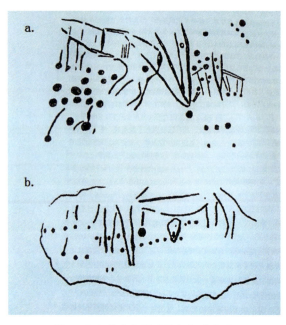

图八　南北半球主题风格相似的岩画
（a. 来自澳大利亚莫拉河　b. 来自法国多尔多涅地区）

关于抽象符号的研究，加拿大古人类学家吉纳维芙·冯·佩金格尔（Genevievevon Petzinger）做出了巨大贡献，她通过对欧洲旧石器时代（约 4 万～ 1 万年前）岩画遗址中抽象几何图形的系统研究，发现当时欧洲先民只用了 32 种不同类型的几何图形，开始石器时代艺术家们只用几种几何图形，随时间推移再逐步向体系中加入更多符号，如同工具发展一样逐步趋于复杂。她特别指出，远在现代人到达欧洲之前，古人就已经发明出这些图形符号了，很可能是在他们的故乡非洲发明的（图九）。

在人类早期艺术中，90% 以上都以岩画的形式保留了下来，但其他艺术品同样重要，因为它们展现了早期人类文明极为丰富多彩的方面。4 万年前，古人以深入地下的洞穴为教堂，教堂装饰得如此动人魂魄，比东正教教堂华丽的内饰似乎更能直击我们的灵魂。难怪毕加索参观 1.7 万年前的法国拉斯科洞穴岩画后不禁感叹："我们在艺术创作上，并没有多少创新与突破。"

先民吹奏着骨笛，身上挂着各种饰品，有着埋葬死者的复杂葬礼……一句话，四五万年前的智人已和我们没有多少身体和心智上的区别！也是从那时开始，先民以雕塑形式表达自我。

具有夸张生殖特征的女性小雕像（世人喜欢按西方习惯称之为"维纳斯"），主要表达人类生生不息的观念。尽管民族学的研究表明，人形小雕像的意义不能简单归为农业时代常见的生殖崇拜。它们在不同社会中有多种用途，包括成年礼中教导青年性行为的物品；儿童用的护身符；纯粹娱乐性的儿童玩偶。

美国考古学家马丽加·金芭塔丝（Marija Gimbutas）在《女神的语言：西方文明早期象征符号解读》中专门讨论了从旧石器晚期，一直持续到铜器时代的维纳斯小雕像，特别是那种将手放在腹部上面的"怀孕女神"。她指出："在史前艺术中，孕妇、成对的卵和性兴奋的男性并非20世纪意义上的性象征。我们的欧洲先祖更为睿智。他们的艺术中没有任何淫秽的成分。史前丰产的象征是关于力量、充裕和繁殖的象征，它涉及不断受死亡威胁的生命的永恒和生命力的保护。"[8]

目前学界公认的最早人类形象是"霍赫勒·菲尔斯维纳斯"（Venusof HohleFels），这尊由猛犸象牙雕刻的人像高6厘米，2008年9月在德国南部巴登符腾堡州施瓦本地区霍赫勒·菲尔斯洞穴出土。其丰满的胸部、臀部以及夸张的生殖器与后期的维纳斯雕像类似，年代竟在42000年前（图一〇）。

施瓦本地区有极其丰富的旧石器时代文明遗存，同在霍赫勒·菲尔斯洞穴出土的骨笛，也有42000年的历史。它由秃鹫的翼骨加工而成，长约22厘米，直径2.2厘米，上面有V字形吹孔和有5个指孔，复原后仍可吹出五声音阶和复杂的乐曲。世界上其他古老骨笛还包括在法国的比利牛斯山脉发现的22根距今约30000年的鹿骨长笛；在奥地利发现的19000年前由驯鹿右侧胫骨雕琢成的骨笛；摩尔达维亚（位于东欧，南部和罗马尼亚接壤，北部和乌克兰相邻）在苏联时期发现了距今约15000～12000年的骨笛……

维纳斯小雕像是文明史上最令人惊异的现象之一。它不仅是最为古老的人类形象，也是文明交流的重要证据，从西欧比利牛斯山区一直到中国北方，维

图九 旧石器时代晚期欧洲的32个基本几何符号

纳斯小雕像被广泛发现于欧亚大陆——其使用从4万多年前一直持续到当代。

四五万年前开始，大西洋到太平洋之间就存在一条远古"丝绸之路"。匈牙利天体物理学家和音乐家格兰德皮埃尔·奥蒂拉（Atilla Grandpierre）写道："最古老的、约公元前40000年前的维纳斯雕像发现于中欧，多瑙河源头霍赫勒·菲尔斯附近。从西欧到安纳托利亚，再到太平洋，在如此广大区域内有超过250个高度精美，在许多方面相似的维纳斯雕像被发现，其相似性显示：存在一种有高度发展水平的、连贯的文化。许多维纳斯雕像具有宗教特征，其他一些表现了当时的衣饰和发型，这些小雕像显示出持续数万年的统一性和一致性。"[9]

如果考虑到四五万年前，阿尔卑斯山仍覆盖着厚厚的冰雪，施瓦本地区的气候如今天的北极一样寒冷。先民从洞穴能俯看到一群群驯鹿和猛犸象，他们必须缝制厚厚的皮衣、皮靴才能生存。和他们生存有一起的，还有另一种人类尼安德特人！我们就知道4万年前的古人创造了怎样的奇迹——3万年前尼安德特人灭绝了，能创造复杂文化形态的现代智人胜出！

图一〇 不同侧面拍摄的霍赫勒·菲尔斯维纳斯

因为与信仰相关的文化会带来巨大的社会组织力，推动社会的复杂化。诚如荀子所说，用礼法将社会整合起来、礼义合群之道才是人类文明发展的根本动力。《荀子·王制》雄辩地论证说："力不若牛，走不若马，而牛马为用，何也？曰：人能群，彼不能群也。人何以能群？曰：分。分何以能行？曰：义。故义以分则和，和则一，一则多力，多力则强，强则胜物，故宫室可得而居也……故人生不能无群，群而无分则争，争则乱，乱则离，离则弱，弱则不能胜物，故宫室不可得而居也，不可少顷舍礼义之谓也。"

青藏高原以西地区离人类的起源地非洲很近，且没有什么地理障碍。我们可以推测，这是早期复杂文化现象多出现在非洲和欧亚大陆西部的重要原因。

## 四、异质性 —— 智人文化的分

反观青藏高原以东地区，1万年以前复杂、精致的洞穴壁画及雕塑很少发现，更别说8万年前南非的抽象几何图案。西方的宗教性特征，在三四万年前就显露出来。比如法国南部阿尔代什省肖维洞穴（法语Grotte Chauvet），这个1994年发现的布满岩画的洞穴简直是上古富丽堂皇的大教堂！任何看过维尔纳·赫尔佐格（Werner

Herzog)出色纪录片《忘梦洞》(Caveof Forgotten Dreams)的人，恐怕都会承认这一点。肖维洞穴岩画创造时间可以追溯到约 35000 年前，洞穴在 2 万年前的一次岩崩中被封闭起来，所以岩画完整保存至今。它有 1000 多幅图像，主要是动物形象，包括马、犀牛、狮子、水牛、猛犸象和其他灭绝动物（图一一）。

青藏高原以东较早复杂文化遗址出现在西伯利亚地区，比如俄罗斯伊尔库茨克州贝加尔湖以西 Angara 河上游的马耳他遗址，距今约 24000 年。马耳他遗址发现了十余座房址，最大的房子达 84 平方米，用猛玛象的大肢骨和大石块支撑，外边当蒙以兽皮，形态同东欧乌克兰出土的猛玛象骨房屋类似。马耳他遗址还出土了猛犸象牙雕刻的"维纳斯"，暗示着东西方最早的交流是从青藏高原及中亚沙漠地带以北进行的，西方诸多发达文化因子经由此一路径进入东方。

如现代诸多地区的民族风尚一样，马耳他先民房屋也存在以性别为基础的分界，男人和女人各占一半。长期从事西伯利亚旧石器时代考古的俄国拉里切夫院士描述说："一套狩猎工具和石制劳动工具分布在门的左侧和灶处，妇女爱干净，从事家内劳动，占据右半，男子占据左半。"[10]

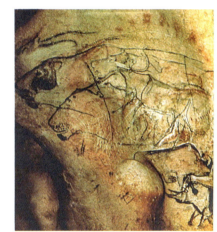

图一一　肖维洞穴岩画局部

马耳他遗址具有明显的萨满文化特征。吉林大学边疆考古研究中心冯恩学教授因此将萨满教的产生上推到马耳他文化时期："在马耳他文化时代，祖先崇拜、动物崇拜、自然崇拜皆已产生，马耳他人已有了复杂的原始宗教祭祀方式。今日的萨满教，是北亚土著原始宗教的遗留形态，随着社会和环境地变迁而不断变化。萨满教产生的时间至少可上推到旧石器时代晚期的马耳他文化时代。"[11]

中国大陆旧石器晚期带有划痕的器物相对较少，多是个人装饰，串珠、兽骨（牙）坠饰，海生贝壳坠饰以及石制穿孔挂件等等，年代大体在 3 万年以内。比如北京周口店山顶洞遗址出土的装饰品多达 141 件，包括穿孔的小砾石 1 件，石珠 7 件，各种穿孔兽牙 125 件，穿孔青鱼眶上骨 1 件，有孔的海蚶壳 3 件和骨坠 4 件，年代在 2.9 万～1 万年之间。中国大陆极少发现复杂艺术形式，更别说肖维洞穴那样的"大教堂"。

中国人内在修养（内圣）与外在事务（外王）不分，将信仰融入生活，多质朴实用的世俗性，少偶像崇拜宗教性的文化特点在旧石器时代晚期已经十分明显 —— 东西方文明的分野在内时已经形成。韩建业教授指出："山顶洞、水洞沟、小孤山、峙峪等遗址发现有石骨质或者用鸵鸟蛋壳制作的圆形圆孔饰品、圆孔石珠等，而缺乏欧亚大陆西部流行的'维纳斯'式雕塑、洞穴岩画等。这些都显示出蒙古人种先民就地取材，质朴实用，偏好将'艺术'或原始信仰融于日常物品，宗教色彩淡薄等特质。"[12]

中国的狭隘民族主义者常用诸多"世界第一"说明中华文明的伟大。比如1986年，河南舞阳县贾湖村出土了距今9000～7500年的30多支骨笛，就被鼓吹为"中国最早的乐器实物""世界上最早的吹奏乐器"，实际上德国施瓦本地区地区发现的骨笛比贾湖骨笛早了三万多年。

晚出是不是意味着落后呢？不是的！从长时段世界历史的角度说，正是因为一些发明晚出，中华文明才占尽后发优势。通过吸纳欧亚大陆西部文明成果，融汇创造出高度发展的文明形态，这是中华文化的重要特点。我们套用司马迁《史记·六国年表》"夫作事者必于东南，收功实者常于西北"一句，总结人类文明的整体演化规律：新兴事物常发端于青藏高原以西，获得更大功效却常在青藏高原以东——"夫作事者常于西方，收功实者常于东方"。

仍以贾湖骨笛为例，其经历了复杂的演化过程：第一阶段贾湖骨笛由五孔、六孔能吹奏完备的五声音阶；第二阶段出现了七孔笛以及七声音阶；第三阶段发展了八孔笛和变化音。而且，骨笛似乎构成的中国早期礼乐文明的重要组成部分，因为贾湖遗址共发现墓葬349座，出土骨笛的墓葬只有18座，且一般随葬骨笛的墓均较大、随葬品多，并伴随宗教祭祀用具龟甲与插形器，这显示拥有骨笛者有特殊的社会地位，是礼乐秩序的维护者[13]。

旧石器时代以青藏高原为分界的东西方分化，随着12000年前农业定居生活的兴起，变得越来越明显，今天这种文化上的分裂仍然有继续扩大的趋势，"文明的冲突"时不时出现在一些西方学者和政策制定者那里。2019年4月底，美国国务院政策规划事务主任基伦·斯金纳在智库"新美国组织"活动上的发言，公开声称："（美中竞争）是一场与一种完全不同的文明和不同的意识形态的斗争，这是美国以前从未经历过的。"[14]

东西方文明间相互理解、融合、创新还需要我们付出巨大的努力！

多年以来，韩建业教授主张从宏观的欧亚视野，通过比较东西文明，认识东西方各自的发展路径和文化特色。他以陶容器为主要依据，将西汉丝绸之路开通以前新石器时代的亚欧大陆划分为三大文化圈：以中国黄河、长江流域为中心，包括东亚、东南亚及太平洋诸岛屿在内的"早期东方文化圈"；以两河流域为中心，包括西亚、北非、中亚南部、南亚和欧洲南部在内的"早期西方文化圈"；以及东、西两大文化圈以北的"早期北方文化圈"（图一二）。

实际上，沿欧亚大草原展开的早期北方文化圈主要是东西方文明交流的大通道，长期以来并没有形成复杂的文明中心。北方文化圈的东西部分别受东西方文明的影响，三大文化圈的主体仍是以青藏高原为界的东西两大文明体系。韩建业教授总结道："三

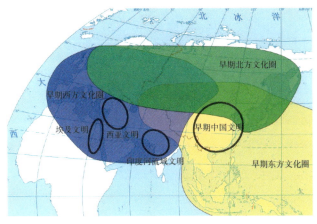

图一二 约 12000 ~ 2000 年前欧亚大陆的三大文化圈

大文化圈虽然显著于全新世，但其实在旧石器时代早期就已现端倪，著名的'莫维斯线'就大致以帕米尔为界分出东、西两大石器技术传统。其实在两大传统以北的亚欧草原西部地区，还有一个与前二者都有一定差别的传统。进入旧石器时代晚期，这三个传统的区别仍然大致存在。西方传统下，从旧石器时代早期精致规范的阿舍利手斧，到晚期的石叶技术、雕塑艺术、佩戴装饰艺术，早已体现出将人类意识强加于自然的精神，以及偶像崇拜的原始宗教观念。东方传统下，整个旧石器时代大体延续石片石器技术，罕见雕塑艺术，显示出质朴自然的风格。这些都与其后的西、东两大文化圈分别气韵相连。至于北方地区，旧石器时代晚期以来有着发达的细石器工业，受早期西方文化圈影响而出现雕塑艺术、佩戴装饰艺术（包括玉器），形成萨满传统，传承到新石器时代，后期受东、西传统的影响较大，成为东、西交流的重要通道。"[15]

进入新石器时代，东西方交流变得更为紧密，交流通道越来越多，甚至青藏高原本身也成为重要的交流通道。2018 年以来，由河北师范大学、南京大学、湖北文物考古研究所组成的联合考古队对巴基斯坦哈拉帕文化巴哈塔尔遗址的挖掘证实，4800 年前巴哈塔尔的科塔·迪吉文化层与西藏昌都市卡若遗址间存在着诸多文化因子的交流，"哈拉帕文化与甘青地区的马家窑文化、西藏的卡若文化之间，都有着互动关系。譬如卡若出土陶器上发现的'抹刷纹'（一种容器表面不规则的扫痕，被认为是在陶器成形后经细树束或扫把刮扫后所致扫痕）在巴哈塔尔的科塔·迪吉文化单位中也有发现。尤其是克什米尔地区发现的公元前 2000 多年前的布尔扎洪文化，与昌都卡若文化有着诸多的相似与相同。"[16]

过去 5000 年来，欧亚大陆已融为一个文化持续交流的整体。韩建业教授举例说："公元前 3500 年前后主要是甘青地区和中亚南部的彩陶交流。曾在青海民和阳洼坡遗址发现过一件庙底沟时代末期阶段的彩陶盆，上饰斜线和锯齿组成的菱形纹，与中亚南部纳马兹加文化（Namazga culture）二期晚段和三期文化彩陶有较大相似性。锯齿纹菱形图案在中国西北地区并无确切来源，而在中亚南部广泛盛行且传承有序，存在从中亚传播而来的可能性。比阳洼坡这件彩陶盆略晚的是甘肃秦安大地湾四期文化的一件穿孔石器，上面涂有红色颜料，被推测为权杖头。而权杖头是早期西方文化的代表性器物，在伊朗北部的锡亚尔克二期文化（Sialk culture）就有球状石权杖头，有向东传播的可能性。

公元前 3500 年稍后，在甘肃武山傅家门、天水师赵村等属于马家窑文化石岭下类型的遗存中，发现多件羊和黄牛的骨骼，说明当时甘肃中南部地区已经开始养牛牧羊，而且很可能是从西亚—中亚地区传入。可见当时东西方彩陶存在交流当非偶然。"[17]

公元前 4 世纪亚历山大大帝东征和公元前 2 世纪张骞出使西域，东西方持续交流通道丝绸之路正式开通。从此以后，欧亚大陆上每一个族群都被卷入欧亚世界，尽管以青藏高原为界的文化分野持续存在。但人类文明复杂化、全球化的进程整体上不断加速，直到 1492 年哥伦布带着从背后攻击穆斯林的战略使命寻找从西方进入印度的新航道，最后发现了美洲大陆，全球化进入了一个崭新的时代。

我们不应忘记，所有这一切都是具有非凡智慧和适应力的现代智人迁徙到世界各地的结果，旧石器时代青藏高原确立的东西文化分野，与漫长的全球化进程同在 —— 它塑造了东西方，决定了人类文明的底色，到智人成为星际物种的今天依然是这样。

## 注 释：

[1] 王幼平：《青藏高原隆起与东亚旧石器文化的发展》，《人类学学报》2003 年第 3 期。

[2] 韩建业：《早期中国：中国文化圈的形成和发展》，上海古籍出版社，2015 年。

[3] 同 [1]。

[4] 尤瓦尔·赫拉利，林俊宏译：《人类简史：从动物到上帝》，中信出版社，2014 年。

[5] Michael Witzel, *The Origins of the World's Mythologies*, New York: Oxford University Press, 2012.

[6] 埃马努埃尔·阿纳蒂，刘建译：《艺术的起源》，中国人民大学出版社，2007 年。

[7] 同 [6]。

[8] 马丽加·金芭塔丝著，苏永前，吴亚娟译：《女神的语言：西方文明早期象征符号解读》，社会科学文献出版社，2016 年。

[9] Atilla Grandpierre, The New Silk Road and the Ancient Eurasian Civilisation, *Hungarian Geopolitics*, 2017.

[10] 冯恩学：《俄国东西伯利亚与远东考古》，吉林大学出版社，2002 年。

[11] 同 [10]。

[12] 同 [2]。

[13] 郭子月：《史前乐器与音乐的产生》，《光明日报》2018 年 12 月 19 日第 13 版。

[14]《光明日报》评论员：《荒唐的"文明冲突论"愚蠢的强权霸道心态》，《光明日报》2019 年 5 月 16 日第 7 版。

[15] 韩建业：《全新世亚欧大陆的三大文化圈》，《考古》2021 年第 11 期。

[16] 施兰英等：《在印度河谷遥望河湟文化》，《青海日报》2021 年 4 月 16 日。

[17] 韩建业：《早期东西文化交流的三个阶段》，《考古学报》2021 年第 3 期。

# 齐家文化资源的保护、开发与利用初探

刘静河
/
甘肃省政府文史馆研究员

**摘　要**：齐家文化虽因首先发现于临夏州广河县齐家坪遗址而得名，其文化分布却并未局限于临夏州的洮河流域，在黄河上游地区的支流如渭河、泾河、湟水河流域以及河西走廊上的疏勒河流域，都有相关的文化遗迹发现与实体文物出土。

**关键词**：齐家文化 保护 开发 利用

地处黄河上游的陇原大地，自古就是华夏多民族先民们混合杂居的地区，地理上西北势高而东南偏低，以秦岭为气候分界线的地理标志划分出不同的气候类型和地貌特征。这些自然地理现象在远古时代究竟是何面貌？《山海经》中的异兽形象及后世"大禹治水"等历史传说，诉诸兼带想象色彩与记叙性质的文字，给后世子孙留下了一些雪泥鸿爪，让我们得以窥见古人的生存状况与自然环境之一斑，从而能够尽量还原远古时期生存在这片土地之上的朴素的人类劳动生产、繁衍以及日常生活场景。此外，这也应归功于那个时代的先民们的智慧与勤劳所得之产物，通过近现代的考古发掘，丰富的远古遗存给生活在当代社会生活中的人们打开了一个通道，拨开了掩埋岁月长河与历史变迁的那层厚土，看到了蒙昧时期乍现的文明曙光。这其中，就包含了在人类文明发展史上占有一定历史地位的地方性区域文化 —— 齐家文化。

齐家文化是与新石器时代马家窑文化半山类型、马厂类型为不同时期的文化发展属性，晚于马家窑文化，基本上是土著文化在仰韶文化的影响下逐步渗透、借鉴、吸纳、创新并因地制宜而发展起来，逐步形成规模，是一种具有浓烈地方色彩的土著文化。它与"半山""马厂"类型分别代表三个前后承袭的文化类型，是密切相连的早期人类发展的不同阶段。其年代相当于中原文化时期的夏朝，距今约 4000～3600 年。而夏朝又是我国早期文化与文明的奠基时代，加之大气环境随着周期性的调整和变化，在末次冰川后续升温两千余年连续积累的基础上，黄河上游及黄河几个支流水系的沿河两岸土壤呈松软发育，比较适合人类生存繁衍。这里温润的气候、茂盛的植被、种类繁多的野生动物，以及当时较为丰沛的降雨，促使若干支新石器时代的人类族群在这松润的沃土上定居下来，也使这里以粟为代表的粮食作物为先民创造辉煌的齐家文化提供了必要的物质基础。另外，这些地方山脉连绵、河川纵横、盆地罗列的水土施舍出山林之惠，故而，沿河两岸也就成了古代先民创造齐家文化的摇篮。齐家文化虽因首先发现于临夏州广河县齐家坪遗址而得名，其文化分布却并未局限于临夏州的洮河流域，在黄河上游地区的支流如渭河、泾河、湟水河流域以及河西走廊上的疏勒河流域，都有相关的文化遗迹发现与实体文物出土。其中包括有石器、陶器和铜器所制成的生产工具、生活日用装饰品，同时，还有骨器、玉器等物品（图一～三）。

图一 齐家文化大象形单耳壶（据王海东等《国宝彩陶艺术鉴赏》）

图二 齐家文化龟形陶壶（据王海东等《国宝彩陶艺术鉴赏》）

图三 齐家文化陶纽扣（据王海东等《国宝彩陶艺术鉴赏》）

单就陶器来看，其主要文化特征表现在：其一，彩陶数量与马家窑文化半山类型、马厂类型相比，出土发现较少。彩绘以黑色为主，线条简单粗犷，缺少变化与表现对象的细节描述，纹饰比较常见的是蓝纹和绳纹[1]。同时，素胎陶器以平底器形为主，罐以储水用具较为常态。其中，双大耳罐和高颈收肩的双耳罐最具文化特色。其二，新石器时期黄河上游流域的人类先民逐渐显现出除了对生存与繁衍需求外，对族群利益的维护、野兽围捕狩猎及部落地位保障等方面的需求。这种利益需求，促使其逐渐对工具有了比如坚固、锋利、耐用等方面的较高品质要求，进而则又极大地促进了冶铜技术的探索与发展，进一步在生产实践过程中创造并制作出了铜制的斧、刀、匕、锥和其他铜制（主要有红铜和青铜两种）饰品。工具的改良又激励了这些先民们在农业、牧业、制陶业等其他手工业方面的发展与社会组织分工细化。因此，冶铜技术的出现不仅说明了生产力的进一步提高，也标志着齐家文化进一步成熟起来，并给后世留下了早期文明的历史遗产。随着社会的进步与发展，当人类社会快速步入工业文明及后工业文明时代，现代的人类也只能以所存不多的后世文献和残篇断章去推想那刀耕火种、茹毛饮血的原始生态痕迹。因此，齐家文化先民群体创造的物质文化结晶便毫无疑问地成为补充文献研究材料之重要支撑材料之一，也成为千年来中华大地多民族融合生存、共同发展的重要时代佐证之一，对其资源进行保护、开发及合理利用就显得格外具有突出性和紧迫性。下文拟就该问题进行简要阐述，并提出几点建议性举措：

## 一、齐家文化资源保护的战略定位及保护对策

在中华文明几千年的生存文化发展过程中，因地域自然环境与人文经济环境等原因，形成了不同的文化流派与表现风格，细腻与粗犷、简洁与复杂、实用与观赏都是各类表现形式的一体两面。齐家文化在这一进程当中，吸收容纳了其他氏族部落工艺，创造并留存下了具有明显西北羌人特色的文化遗产。无疑，这种文化资源是极其稀缺和宝贵的，如何看待和对待齐家文化资源的保护与利用，这就需要今人采取历史性与发展性的眼光和格局，尽量避开地域局限性的观念加以思考。齐家文化的分布并不仅仅局限于临夏地区，其他多地也有出现，例如"渭、泾、洮、湟河及疏勒河流域等"[2]。在保护布局中，要深入贯彻落实习近平总书记关于文化文物工作的重要指示精神和"保护第一、加强管理、挖掘价值、有效利用、让文物活起来"的新时代文物工作方针，切实加强文化文物保护利用，彰显齐家文化、农耕文化、制陶及民俗文化的特色，提升临夏回族自治州多民族特色、多文化品类，助推乡村振兴、营造文化文明的舆论氛围，不断满足人民群众日益增长的精神文化需求。与其他时期、其他地区的文化遗产内容要纵向延伸地看待，横向比对地思考，互补互促地保护，构架起并选择交通便捷、人口略稠密、集中收集、易于监督管理的立体网络。坚持"潜力可挖掘、易于文创衍生"的原则，研究制定综合发展的保护规划，争取政府政策、财政支持进行建馆保护，制定长期的专门研究与保护的专业人才培养计划，落实相关单位编制人员待遇，留人留心，激励专业人才潜心研究，形成奖励机制，加强与其他地区早期先民文化研究单位的交流与学习。拓展视角，编著《齐家文化》系列人文普及丛书，创作齐家先民文化形成发展及其与自然环境相抗争、相适应的文学（或神话演义传说）故事，用以传承和发扬齐家文化血脉。

## 二、齐家文化资源的传承开发与衍生利用

在充分认识到齐家文化资源重要的历史与人文意义的同时，今人有必要逐渐意识到该资源的经济与宣传价值，开发利用相关文化创意衍生品，以促进文旅、服务产业

后续发展，逐渐引起政府主管部门、相关机构的关注和重视。就产品开发而言，这些文创产品的开发包含了艺术审美和时尚消费功能，不但可以宣传优秀的齐家文化，而且可以加深群众，尤其是青少年儿童对齐家文化的印象。此外，将齐家文化的艺术营养注入现代工艺品中，也是一个选项。注重居家生活，重视美化居所环境，希望能够实现家庭的艺术熏陶，彰显自身的文化品位与个性是当下青年的重要心理特征。可以以齐家文化文物中的精品为蓝本，设计制作一些工艺品进行开发，借鉴敦煌等地文广旅游行业推出的木板彩绘等产品，比如"月牙泉""鸣沙山""驼铃夕照"等题材的文创产品，既方便携带又有工艺性、观赏性、赠予性等特质，在给群众提供充足的艺术品观赏价值的同时，也取得了广泛传播齐家文化的社会效果。

### 三、构建完善的齐家文化创意产业研发体系及销售链条

齐家文化的发扬光大和文创产品的市场化推出，目前还仅仅处于初始阶段，需妥善处理几个方面的工作：

#### （一）充分做好市场调研，努力开发出高品质文创产品

社会群众和消费主体在文创产品研发中具有举足轻重的主导作用，不宜忽视他们了解、认知传统文化的渴望。要充分调研市场需求与群众可接受的审美程度，广泛吸纳社会不同群体对文创产品研发的意见与建议，挖掘齐家文化的潜在价值，开发出接近群众生活的、结合实用性和观赏性的文创产品，满足市场需求。

#### （二）避免并克服文创产品的类型单一化、概念化弊端

当代年轻人是文创产品的主要购买者及消费群体，他们的审美素养在国家多年推行的美育政策影响和教育下不断提升，他们的购买喜好和鉴赏水准与中老年群体不尽相同。因此，文创产品在设计上要考虑不同受众的年龄层次、审美需求、经济层次和购买能力，不能只是像起步阶段的文创产品那样，简单地将文物照片图案印刷在各种生活器具与用品上。

#### （三）政府适当在政策、经费支持上予以倾斜

市场经济环境下，任何商业或非商业活动都需要成本支撑。有了经费投入，文创产品的研发与市场投放就可以避免那种由于造价成本低廉、简单复制的传统文创产品无法与现代人们的审美相融合的窘况，也能力求最大化的经济收益。

#### （四）培养文创人才，吸收大众创意，与销售平台建立合作机制

文创产品研发推广离不开高素质、专业性的从业人员，需要成立专业的文创部门和岗位，委托培养或与相关院校专业人员之间加强交流，积极进行资源整合，优化资

源配置。与文创公司等对口关联部门合作，研发出适应时代市场的合格产品。文创产品开发制作的目的之一是投入市场后获得经济与社会效益，没有良好的思路与优秀的文创产品，是无法有效推动产业发展的，所以要勇于开拓进取，寻求第三方合作平台，将研发出来的产品投入市场销售，把齐家文化丰富的资源，通过构建完善的产业链条，达到文化、经济与社会效益最大化，发挥齐家文化所蕴含的多面价值，有利于民族文化传承和文创产业发展。

## 四、以地方政府及文旅部门之力助推齐家文化精神的传承与发扬

齐家文化资源的研发利用，具有无限的潜力和前景，而地方政府及其文旅部门是有着得天独厚文化资源的公共文化机构，担负着指导文化传承、保护的公共职能，应深入挖掘齐家文化资源内涵，在新的历史发展时期，抓住历史机遇，努力研发以齐家文化为主的系列文创产品，扩大齐家文化的社会影响，增强人民群众作为炎黄子孙、龙的传人的自豪感，让人们把"齐家文化带回家"，把"上古先民的智慧结晶与远古记忆带回家"的同时，时代也给予了齐家文化创意产品研发巨大的发展空间。

做好齐家文化遗产资源的保护利用工作，能够实现文物、文化、精神的良好传承，将历史文化和当代潮流结合起来，进一步助推临夏回族自治州的文化产业大发展。因此，我们对于齐家文化资源的保护开发与推广利用是乐见其成的。

**注　释：**

[1] 郭方忠等：《甘肃大辞典》，甘肃文化出版社，1999年。

[2] 王海东、王琪雅：《国宝彩陶艺术鉴赏》，甘肃人民美术出版社，2012年。

# 丝绸之路上的齐家彩陶文化 *

胡桂芬

/

兰州财经大学艺术学院副教授

**摘 要**：齐家文化是分布于丝绸之路沿线一支重要的史前文化，近百年来，众多学者、考古专家致力于研究其相关文化类型、分期及源流，对青铜时代初期文化发展面貌给予了较为全面的揭示。在他们的努力下，相继取得了丰硕的研究成果。齐家文化的陶器是丝路考古和艺术研究的重要内容之一，由于其所处的地域和时代的特殊性，其文化呈现出多元化的特点。就齐家文化自身发展来说，类型多样，彩陶器形和装饰不拘一格，文化内涵丰富。齐家文化陶器特征虽然继承了不少马家窑文化的元素，但也表现出有别于前期文化的因素，如来自于西域，以及中亚和西亚文化的特点，使其独具特色。

**关键词**：丝绸之路 齐家文化 彩陶

齐家文化因1924年瑞典考古学家安特生首先发现于甘肃省广河县齐家坪遗址而得名，为黄河上游地区新石器时代晚期到青铜时代早期文化。安特生于1925年发表的《甘肃考古记》中，认为齐家文化是甘青地区最早的新石器时代文化，认为甘肃与河南的仰韶文化源自于齐家文化。但后来的考古和年代测定证实其晚于仰韶文化，大约在公元前2500～前1500年。齐家文化遗存是以甘肃省兰州一带为中心，东至陕西的渭水上游，西至青海湟水流域，北至宁夏和内蒙古。遗址有三百多处，除了齐家坪遗址之外，较著名的有甘肃永靖大河庄遗址、秦魏家遗址、武威皇娘娘台、青海乐都柳湾和民和喇家遗址等。这些遗址出土的陶器风格特点突出。目前，学术界公认的齐家文化特征主要有二，一是有一批独具特征的陶器，二是出现了红铜器和青铜器，它还有一批独

* 国家社科艺术学基金西部项目规划课题："甘肃彩陶文化西来元素研究"（批准号16EA180）。

具特色的礼制玉器，其内涵之丰富、品种之繁多、工艺之精美，令人折服。齐家文化的陶器既有来自于马家窑文化晚期的造型特点，还表现出早期青铜文化的元素，甚至来自于西方文化的因素。

## 一、齐家文化与马家窑文化的渊源关系

马家窑文化晚期的马厂类型约为距今 4300～4000 年，而齐家文化的发展时间约为距今 4200～3700 年，可见马厂类型和齐家文化在发展时间上，有共存 200 年的历史。这样一段特殊的历史阶段，不仅使齐家文化继承了马家窑先进的制陶技术，而且又有了新的突破。齐家文化是在马家窑文化基础上发展起来的，再加上此时多元文化共存，齐家文化比马家窑文化更胜一筹是历史的必然。

### （一）陶器形制的传承

马家窑文化经过 1000 年的发展，历经马家窑、半山和马厂类型三个阶段，他们表现出许多共有的造型元素，但每个阶段又具有其各自独特的风格特色。到马家窑文化晚期的马厂类型，陶器形制趋于简单，彩绘粗犷，到马厂类型晚期彩陶数量减少，彩陶壶更显瘦长，腹部内收明显，仅饰淡淡的一层红色陶衣而不饰彩的双耳壶较为多见，出现了素面敛口瓮等新的器物及折肩的风尚。马厂类型中的大双耳罐也是有特色的造型，这种罐多为敞口、长颈、斜肩、对称腹耳和平底，齐家文化武威皇娘娘台类型与这一时期的陶器特征极为相似。

从陶器的质地、色泽、制作方法上看，齐家文化与马厂类型是相同的。再从陶器的组合、器形和纹饰的演变方面，均可看出从马厂类型到齐家文化是一脉相承发展而来。特别是马厂类型晚期和齐家文化早期，许多器物的器形几乎雷同，甚至都很难区分开（图一）。如彩陶壶、双耳彩陶罐、豆、侈口罐、粗陶双耳罐、壶、双大耳罐、高颈双耳罐等，不仅器形相似，而且纹饰大体一致，器物的种类组合也相同，并存在着由早到晚演变的关系。从器物形制特点及其演变规律，不难看出齐家文化与马

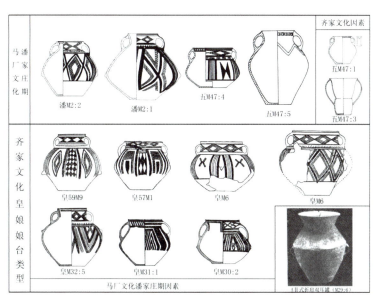

图一 马厂类型与齐家文化彩陶器

厂类型的关系是非常密切的，马厂类型晚期与齐家文化早期的相似性尤为明显，二者之间存在着紧密的联系，说明齐家文化是马家窑文化的继承与发展。马厂类型的晚期阶段彩陶逐渐走向衰落，但马厂类型在整体上仍处于中国彩陶的鼎盛期，这也为齐家文化的兴起做了承接和铺垫。

### （二）彩陶纹样的互动

马家窑文化的制陶工艺仍使用慢轮修坯，并利用转轮绘制同心圆纹、弦纹和平行线纹等纹饰，表现出娴熟的绘画技巧。彩陶在纹饰内容上，早、中、晚三个时期变化丰富，各具特点，并有从早到晚形成富有规律的演变与传承。几何纹样的发展变化显得最富规律性，具有较强的装饰性，说明其逐步走向成熟和完美，这与制陶、彩绘工艺的提高有着必然的联系。如马家窑类型彩陶旋涡纹瓶，其纹饰具有图案形式美的节奏和韵律，说明当时人们已经掌握了如何对图案设计规则的运用。如从仰韶晚期即已出现的旋纹，成为马家窑文化彩陶装饰的主旋律，旋纹的律动由复杂到简单、由旋心很小的涡旋状态到放大为极致的四大圈纹。

然而彩陶纹样马厂类型和齐家文化存在共性和差别。首先是他们的共性，马厂类型晚期彩陶上出现的三角折线纹，在齐家文化彩陶上依然非常流行，由三角折线衍生出多种纹样，如复道三角纹、连续的排列三角纹、三角网纹等，类似的三角纹自此开始在甘青地区及周围地区流行起来。其他纹样如菱形纹、网纹、回纹等在两支文化中都很盛行。其次，两支文化差别也特别突出，如马厂类型常见的四大圆圈纹、全蛙纹或半蛙纹，到齐家文化都不见，而齐家文化出现的蝶形纹、枝叶纹等，马厂类型却未见。可见在马厂晚期随着社会的分化，又有来自多元文化的冲击，文化面貌开始趋于复杂。

## 二、齐家文化是自成体系的彩陶文化

### （一）器形演变的多样性

由于齐家文化是在马厂类型的基础上发展起来的，所以文化遗址多叠压在马厂类型之上，分布更为广泛，类型呈现出多样性。依地域的不同与文化内涵的差异，可把齐家文化分为东、中、西部三个区。东部以甘肃的泾渭水流域的镇原常山、陕西客省庄二期、天水师赵村遗存等为代表；中部以河湟和洮河流域的大河庄、秦魏家、柳湾遗存为主；西部主要以甘肃的河西地区的武威皇娘娘台遗存为代表。齐家文化的发展演变与其分布有很大的关联，基本上是按从东部到西部渐次过渡，不断演化。这一演化过程与中国"彩陶之路"的发展趋势是相吻合的。

齐家文化与马厂类型共有的陶容器如彩陶壶、双耳彩陶罐、盆、豆、双耳罐、双大耳罐、高领双耳罐等。此外还有捏塑人物和动物形象的陶塑品，如鸟、羊、狗等，其形体均小巧，姿态生动。彩陶器演变的轨迹是很清晰的，以下做一简单的对比分析（图二）。

1. 彩陶壶由小口细颈演变成侈口高颈，腹部由椭圆形变成长腹形，器型由粗矮变成瘦长。

2. 双耳彩陶罐是由侈口短颈演变成侈口高颈，两耳由环形小耳发展成弧形大耳。高领双耳罐器形较大，腹部由圆形发展成长圆形，肩腹间的折棱由明显折角往圆弧角演变，体型由粗胖演变成瘦长形。

3. 盆由弧壁深腹演变为斜壁浅腹宽沿。双大耳罐最明显的变化是两个耳把由小环耳发展成弧形大耳，腹部由椭圆形演变成长圆形。

4. 豆由矮圈足发展成高圈足，由彩陶豆演变成素陶豆。齐家文化的有些陶豆兼有"铃"的功效，一般在足内部装有石子等物，轻摇器物会发出清脆的声响。

因齐家文化彩陶是经马家窑文化发展而来，在早期部分陶器体现出马厂类型陶器的特征，到了中期器形饱满凝重，再往后其发展造型越发夸张，由曲线造型转为直线造型。发展到齐家文化时期陶器的演变规律更为突出，即器形由粗矮向瘦高发展，腹部由扁圆、浑圆向长圆形发展，耳把由小环耳往弧形大耳发展，豆是由矮圈足向高圈足发展。

### （二）纹样的独特性

齐家文化的制陶业在手工业中占重要地位。在师赵村遗址发现有烧制陶器的窑址3

| | | | | |
|---|---|---|---|---|
| 彩陶壶 | | | | |
| 彩陶罐 | | | | |
| 彩陶盆、豆 | 彩陶盆 | | 彩陶豆 | |

图二 齐家文化彩陶器型

座，均属横穴窑，这几座陶窑同在一地，系同时使用，反映制陶生产具有一定的规模。制陶者已能熟练掌握烧窑技术，陶色纯正，多呈红褐色，很少出现颜色不纯的斑驳现象。彩绘颜色有黑色和红色，大多为单色绘制，很少有如马家窑中晚期的复彩描绘，有的器表施有一层白陶衣。齐家文化陶器装饰手法依然继承了早期陶器的装饰特点，如纹饰以篮纹和绳纹为主，次为弦纹、划纹（有蜥蜴、鹿、贝形、"×"纹等）和附加堆纹。彩绘花纹题材丰富，变化多样。其一是几何纹样，多数表现为复道纹、连续的排列三角纹和三角网纹、菱形纹、回纹等；其二是植物纹样，出现较少，如树枝纹；其三是动物纹样，有人形纹、鹿纹、蜥蜴纹、贝形纹、蝶形纹（对顶三角纹形）等；其四是陶符，如"卍""×""Z""M"纹等。整体来看大多以几何纹为大宗（图三）。

### 三、齐家文化与相关文化的关系

#### （一）与陕西龙山文化的关系

与齐家文化有着密切关系的邻近地区古文化还有东边的陕西客省庄二期文化与北边的内蒙古鄂尔多斯市朱开沟文化。陕西龙山文化即客省庄二期文化，早于齐家文化是有实物为依据的。首先，表现在两者陶器上，例如齐家文化常见的双大耳罐、高领折肩双耳罐、侈口罐与高足豆等均可以从客省庄二期文化中找到它的同类器物，并且客省庄发现的高领折肩罐、肩腹间折角明显、偏足高、豆座粗矮与圆底罐等都明显地具有齐家文化早期的特征。这说明了齐家文化与客省庄二期文化由于所在的地区邻近，彼此间有一定的关系。

齐家文化中最常见的双大耳罐、高领双耳罐和侈口罐等陶器均可在客省庄二期文化中找到相同或相似的同类器，这是两者地域相邻，彼此间有较频繁的文化交流的结果。朱开沟遗址的部分墓葬中所反映的墓葬形制、葬式和随葬品等方面与秦魏家墓葬有不少共性。朱开沟出土的双大耳罐、高领双耳罐等与秦魏家同类器亦相似。这反映了齐家文化与朱开沟文化是处于同一社会发展阶段，两者之间也存在有密切的联系。龙山文化潘家庄彩陶罐和典型的齐家文化大双耳罐共存的情形是相同的。这两支文化中陶器互见，表明潘家庄遗存对齐家文化早期产生了一些影响，同时它也吸收了一些齐家文化的因素，两支文化在年代上有部分重叠。

有学者提出齐家文化的双大耳罐是储水器，双大耳彩陶罐应该是用来装饮用液体食物的器皿，并且使用双手持耳的方式进行饮用，这种陶质器皿的器形和使用方式应该是在齐家文化中首先开始流行起来的。在河湟地区柳湾遗址的齐家文化墓葬出土的彩陶中，双大耳罐已成为最重要的彩陶器形，应是在特殊场合由少数人使用的饮器。在永靖大何庄、广河齐家坪的齐家文化遗址中，都发现了圆形的石祭坛。这类精制的双大耳彩陶罐，也可能是用于祭祀等活动的特殊器皿。

## （二）与辛店文化山家头类型的关系

山家头墓地位于民和县核桃庄附近。学者将山家头墓地文化类型分为两类，第一类为平底陶器群，可以称为"山家头第一类遗存"。第一类墓葬中随葬陶器为泥质红陶，器类有双大耳罐、堆纹口沿罐、长颈壶、双耳彩陶罐、单耳罐等。此遗存的文化性质与齐家、卡约文化均不相同，是齐家文化向辛店文化过渡的中间环节[1]。平底系

| 复道纹 | | | | |
| --- | --- | --- | --- | --- |
| 交叉复道纹 | | | | |
| 三角网纹 | | | | |
| 菱形纹和回形纹 | | | | |
| 蝶形纹 | | | | |
| 其他纹样 | | | | |
| | 人形纹和鹿纹 | | 蜥蜴纹 | 贝形纹 |

图三　齐家文化彩陶装饰纹样

属于河湟齐家文化的晚期遗存，发展为卡约文化。第二类遗存为圆底陶器群，葬中随葬陶器为夹砂红褐陶，器类有双耳圆底罐、绳纹双耳罐、双耳钵、盆等。圆底系源自齐家文化中的外来因素，发展成为辛店文化的单彩系，即典型的辛店文化山家头类型。除此之外，辛店文化唐汪式类型彩陶的折腹双大耳罐、双肩耳壶以及彩陶豆等，与齐家文化晚期的造型如出一辙。由此，可以看出辛店文化系由齐家文化发展而来，他们有直接的渊源关系。

### （三）与四坝文化的关系

四坝文化主要分布在河西走廊的中段和西段，发展年代与中原地区的夏代相当。从文化面貌看，其受到来自东面的齐家文化的深刻影响。特别是四坝文化的双大耳高领彩陶罐，与齐家文化的同类彩陶罐的器形基本相同。从葬俗和陶器的特征上来看，四坝文化对马家窑文化马厂类型有较为明显的承袭关系。但在陶器的纹饰风格上，马厂类型和四坝文化之间的差异是比较明显的。1986年的河西走廊史前考古调查中，李水城先生识别出一类遗存，将四坝文化命名为"过渡类型"[2]。李水城先生对这类遗存的成功辨识，使得马厂文化和四坝文化之间的陶器演变关系更为密切（图四）。从器物形态和陶器组合上来看，四坝文化主要是在马厂类型和潘家庄遗存的基础上，同时也吸收了一些来自东部地区齐家文化皇娘娘台类型的因素而形成的。马厂类型彩

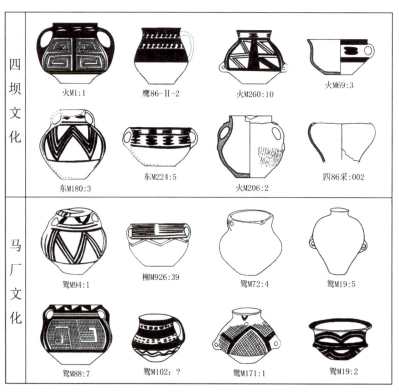

图四 四坝文化与马厂类型彩陶器

陶罐的双肩耳的上端与罐口持平，但齐家文化彩陶罐的双肩耳的上端要低于罐口，而且为了更适合双手捧持，在腹部增添了一对小突錾，河西地区继齐家文化之后的四坝文化彩陶器形中仍能见到这种双肩耳带腹錾的彩陶罐。在器物的装饰纹样四坝文化与齐家文化也有很多公共用元素，如三角折线纹、三角网纹、复道纹、"×""Z"形纹等[3]。

### （四）齐家文化与新疆彩陶

齐家文化经由河西走廊的四坝文化传入新疆，在新疆的所分布的彩陶类型及文化，几乎都可以找寻到齐家文化的"印记"。如新疆彩陶绝大部分为手制，仍出土有大量的素面与夹砂陶器。新疆彩陶一般都在陶器表面上绘黑、红或褐色彩，这一点与齐家文化极为相似。但在彩绘纹样的布局上，齐家文化与新疆哈密地区、天山南山谷地、伊犁地区的陶器装饰极为相似，如各种红彩三角网纹（图五）。这种三角纹和三角网纹又与西亚的彩陶装饰相似，三角纹装饰于器物的颈肩部，且以红彩为多。从图五各文化三角纹的表现图式，我们不难发现齐家文化与四坝文化，乃至新疆彩陶存在必然的联系，这一形式在甘肃河西走廊的沙井文化表现也尤为突出。通过比较说明至少在青铜时代，甘青地区彩陶沿河西走廊，直到新疆中部，彩陶双肩耳（单肩耳）和各种形态的三角纹持续不断的存在；从彩陶表现形式相似度上，相同的流行元素在各个地区都有存在，表明在距今 4000 ～ 2000 年左右，甘青地区和新疆地区有着频繁的文化艺术的交流。

图五　齐家文化、四坝文化和新疆彩陶三角纹

河西地区的齐家文化彩陶，经由四坝文化对新疆东部的早期彩陶产生了深远的影响。新疆地区天山北路文化的彩陶也是以双肩耳彩陶罐为主要器形，其早期的双肩耳彩陶罐与河西地区的齐家文化双肩耳彩陶罐相似，双耳上端略低于口沿，在腹部也有一对小突錾，可见四坝文化对新疆东部古文化的彩陶影响较大[4]。

### （五）齐家文化与西亚彩陶

位于西亚的伊朗彩陶，表现出与齐家文化和新疆彩陶的所共有的一些特点。但是西亚的彩陶比齐家文化要早得多，从图六我们所看到的苏萨文化的彩陶器，距今约7000多年，而齐家文化的彩陶要比它晚3000多年。在艺术表现形式上，齐家文化更接近与西亚的苏萨文化，从图六中我们可以看到苏萨文化的彩陶上，几乎都是以三角纹和三角网纹为表现图式，在齐家文化的彩陶上相关三角纹元素也是非常流行。从分布区域来看，从甘肃河西走廊—新疆—中亚—西亚—地中海，都存在共有的彩陶文化元素，这些彩陶文化元素的表现形式是西亚早于东亚。很显然彩陶西来元素在甘青地区和新疆彩陶上大量存在的，这一点对于我们研究"前丝绸之路"文化艺术的交流与传播提供了确凿的证据。

图六 齐家文化与苏萨文化彩陶三角纹

### 四、结语

综上，齐家文化与其他考古学文化，诸如客省庄二期文化、四坝文化、辛店文化、新疆彩陶文化、苏萨文化等都存在着密切的联系。齐家文化与上述文化陶器造型上存在很多共性，如双大耳罐、双小耳罐、腹耳罐、粗陶侈口罐等类似陶器的普遍使用，纹饰惯以三角纹作为装饰的几何形母题纹饰。齐家文化与上述文化的关系是较为密切的，但差别也较为明显，如典型的双耳侈口高领罐和三大耳罐，以及复道折线三角纹的装饰，这些都有别于前文所提到的相关文化陶器。由齐家文化与新疆彩陶及西亚彩陶的分析比较，表明齐家文化和新疆彩陶上都有来自于西亚彩陶的文化元素，进一步证实了"彩陶西来元素"的可能性。刘学堂先生在《中国早期青铜文化的起源及其相关问题新探》一文中提出"西北文化圈"的观点，这个文化圈主要包括甘青交界地区，河西走廊，以及新疆一带。在这个文化圈内，各文化相互交融，共同发展，与其他史前文化共同铸造了华夏文明的根基。这个文化圈也有来自于西亚和甚至欧洲等外来元素的影响，这些外来元素对青铜时代的西部彩陶文化产生了强烈的冲击，这无形中促进了前丝绸之路文化的繁荣。

**参考文献：**

[1] 安特生著，乐森碍译：《甘肃考古记》，《地质专报甲种第五号》，农商部地质调查所印行，1925 年。

[2] 端居：《齐家文化是马家窑文化的继续和发展》，《考古》1976 年第 6 期。

[3] 张朋川：《中国彩陶图谱》，文物出版社，2005 年。

[4] 张卉：《齐家文化彩陶的艺术价值》，《南京艺术学院学报》2015 年第 4 期。

[5] 陈小三：《河西走廊及其邻近地区早期青铜时代遗存研究》，博士学位论文，吉林大学，2012 年。

[6] 裴文中：《裴文中史前考古论文集》，文物出版社，1987 年。

[7] 安志敏：《青海的古代文化》，《考古》1959 年第 7 期。

[8] 李水城：《东风西渐——中国西北史前文化之进程》，文物出版社，2009 年。

[9] 水涛：《中国西北地区青铜时代考古论集》，科学出版社，2001 年。

[10] 刘学堂、李文瑛：《中国早期青铜文化的起源及其相关问题新探》，《中国边疆考古学术讨论会论文摘要》，2005 年。

[11] 李水城：《四坝文化研究》，《考古学文化论集（三）》，文物出版社，1993 年。

[12] 韩建业：《再论丝绸之路前的彩陶之路》，《文博季刊》2018 年第 1 期。

# 浅议甘青地区齐家文化出土铜器

杨惠福
/
甘肃省政府文史馆馆员
甘肃省文物局研究员
甘肃省齐家文化研究会学术顾问

**摘 要**: 齐家文化是甘青地区非常重要的一种新石器时代晚期的文化类型，分布地域广，延续时间长，对社会发展影响大。尤其是铜器的大量出现，反映齐家文化的人们已经掌握了先进的冶金技术，踏进了人类文明时代的门槛，看见了文明曙光。齐家文化铜器中具有一些外来因素，表明齐家人很早已与欧亚草原民族有了交往，接受了欧亚先进的文化和技术，促进了齐家文化进入文明时代的进程。

**关键词**: 齐家文化 铜器 文明进程

甘青地区地处黄河上游，这里不仅是中华文明重要的发祥地之一，还是我国早期青铜器分布的重要区域。自20世纪70年代以来，甘青地区早期铜器的发现及其独特的风格引起学术界的长期关注。甘青地区铜器的使用年代较早，延续时间长，从新石器晚期马家窑文化开始，到齐家文化和四坝文化时期，都不乏重要发现，是我国发现早期铜器最多的地区。丰富的考古材料为该地区早期铜器的研究提供了可靠的基础，使这里成为中国早期铜器研究最重要的区域之一，相关研究论著的数量远多于国内其他地区。此外，甘青地区又是欧亚草原与中原内陆重要的交流通道，特殊的地理位置又使这一区域成为研究早期中西文化交流及我国早期冶金考古最重要的区域。在技术传播与文化互动的视野下，甘青地区的早期铜器呈现出本地传统与外来因素的并存，而甘青地区本身的地理位置及自然经济条件，也使其成为欧亚草原与中原内陆之间远距离交流的重要环节。

　　齐家文化是甘青地区一支重要的考古学文化，也是我国最早使用铜器的考古学文化之一。该文化地处中原与欧亚草原联系的以及早期文明交汇的枢纽地带，向西抵新疆天山伸入欧亚草原，向东直入中原文明起源的核心区黄河中下游区域河源地带，沿黄河北上达中国早期游牧文化的重要策源地——中国北方草原地带，向南曲折进入长江的江源地带。它是中国古代文化高地上生长起来的文化，它博取各方文化之长，分布区域广、影响范围大，是多种文化交流的节点和通道。它一方面是东西方文化交往的重要通道，是不同文化碰撞与接触的敏感地带，同时也是连接黄河文明与中亚文明的中介区域。近年来，随着考古新发现、学术研究的不断推进，齐家文化已成为探索中华文明形成与早期发展的重要研究对象之一，也为中华文明探源提供了新的线索。

　　齐家文化的发现已有百年之久，自发现以来，有关该文化的来源与去向、分布区域、年代与分期、文化性质、社会发展以及与周边文化的关系渊源去向、交流互动等诸多问题均有研究。齐家文化是史前时期"中国最早的青铜文化"，其中青铜器的研究始终备受关注，除对青铜器的分布、类型、制作工艺、历史地位、文化传播进行研究外，近年来随着考古新发现，有关齐家文化铜器出现的年代及来源等亦是学界热议课题。

　　齐家文化以发现地甘肃省广河县齐家坪遗址命名。分布区域东起陕西渭水上游、西至青海湟水流域，北达宁夏和内蒙古，南抵甘肃文县。主要分布在黄河上游的洮河、大夏河、渭河、湟水河流域及西汉水上游地区。主要区域在甘青地区中南部，西北可经河西走廊通往新疆，北面深入内蒙古西南部，东部接连关中直通中原地区，南部接壤四川，是文化交流传播的中心地带之一。重点区域在今天兰州以西的古河州地区，这里是青藏高原与黄土高原的交错地带，黄河从积石峡谷中奔流而出，洮河、大夏河、湟水河等支流孕育了这里的高原草地、河岸台地、丘陵盆地，为齐家先民创造灿烂文化提供了广阔沃野。齐家文化从这里逐步向西、西北扩展繁衍，传播到青海高原的黄河两岸后与那里的宗日文化、卡约文化互相碰撞、融合有了新的内涵。向河西走廊挺进，与那里的四坝文化、火烧沟文化，以及近年做了大量考古发掘和综合研究的西城驿文化共存，甚至扩展到了新疆东部哈密地区天山北路。向东南发展则要相对晚一些，向东北方向扩展，应该是一个渐进的过程，在陇山以西，六盘山下，以天水师赵村遗址为代表的天水西山坪遗址、平凉灵台桥村遗址、宁夏隆德页河子遗址、内蒙古白音敖包遗址，时代有早有晚，均与那里同时期的各类文化产生过重大影响。齐家先民在陇原大地上创造的灿烂文化，如同繁星一样，遍布四野，熠熠生辉。

　　齐家文化跨越铜石并用时代和青铜时代早期，一般认为，齐家文化崛起之初的年代，开始于公元前 2100 年前后，结束于公元前 1500 年前后。碳十四测年的结果，基本确定了齐家文化的绝对年代在公元前 2183～前 1630 年[1]。齐家文化的分期，研究者众多，颇多歧见。大部分学者将其分为早、中、晚三期，张天恩研究分为四期。第一期约在公元前 2200 年或略早～前 2100 年，是齐家文化基本面貌形成阶段；公元前 2100～前 1800 年左右为第二期，与中原地区的二里头文化同期，也就是夏文化时期，"齐家文化对二里头文化的形成产生过一定影响"；第三期相当于二里头文化（即夏文化）晚期，时间在公元前 1800～前 1600 年；第四期已进入商代时期，在公元前 1600～前 1400 年[2]。

迄今据考古调查及发掘统计，核心区域甘青地区有齐家文化遗址 1750 余处，已发掘的重要遗址及墓地有：甘肃境内的齐家坪、师赵村、庆阳南佐、大何庄、秦魏家、皇娘娘台遗址及临潭陈旗磨沟墓地；青海区域的长宁遗址、总寨遗址、喇家遗址、金禅口遗址、尕马台墓地、柳湾墓地等。随着一批批重要遗迹的揭示及重要文物的发现，研究者几代人的不懈努力，揭开了齐家文化诸多谜团。其中青铜器的出土、冶铜业的出现，标志着齐家文化进入青铜时代，佐证了齐家文化是我国最早使用铜器的考古学文化之一。学术界普遍认为齐家文化是史前时期"中国最早的青铜文化"。

关于齐家文化青铜器出现的时代，是西北青铜器研究的关键问题之一，争论较多。在最新研究中陈国科明确将齐家文化铜器的年代初步定在距今 4000～3500 年前后，划分为早晚两段，分别与齐家文化的中期和晚期相对应。早段年代在距今 4000～3700 年，出土铜器的主要遗址有武威皇娘娘台、海藏寺、青海宗日、长宁等，晚段铜器年代在距今 3700～3500 年左右，主要遗址有大何庄、秦魏家、齐家坪、磨沟、沈那、尕马台玉门火烧沟等[3]。

我国最早的铜器大约出现在龙山时代到夏代。这时期的欧亚大陆已经进入青铜时代早期到中期。中国早期金属器最有代表性的就是齐家文化的铜器。

齐家文化的铜器，集中分布于黄河上游、大夏河、洮河、湟水流域以及石羊河上游地区。出土地点主要在青海东部的河湟区域，以及河西走廊的东部一带，分布规律是西多东少。据不完全统计出土铜器的遗址有 19 处，出土铜器近 500 余件[4]。铜器以工具为主，装饰品次之，器形包括刀、斧、锥、钻、匕首、指环、耳环、手镯、泡、镜、矛等，工具类以刀、斧为主要组合，饰品类以环饰和泡饰为主，一些特殊器形表明本土传统与外来因素共存。铜器大多造型简单，具有相似的风格，部分器物的纹饰与造型体现出甘青地区的早期冶金同欧亚草原存在互动。铜器的材质主要包括三大类：青铜最多，红铜次之，砷铜相对较少。制作工艺铸造和热锻工艺同时使用，器形复杂，制作精细，表明齐家文化已经具有了较成熟的冶铸工艺。齐家文化铜器的发展过程：简单工具—装饰品—精细工具、武器。

考古资料表明，齐家文化铜器出土于不同时期，它实际是一个不同时期的混合体。

齐家文化铜器在形成与发展中与周围的文化存在着广泛的交流，冶金技术与铜器类型反映出外来文化的元素。如齐家文化晚期出土的精美铜镜与硕大铜矛，装饰及造型风格所体现的外来因素，即引起国内外学者学界高度关注与热议。这些铜器为齐家文化时期冶金技术东西文化交流等提供了实证。

齐家文化铜镜共出土两面，先后发现于甘肃齐家坪与青海尕马台墓地中，年代大体都在齐家文化晚期。它比中原地区殷墟出土的铜镜要早五六百年，是目前所知中国时代最早的铜镜。

齐家坪素面镜，曾被誉为"中华第一镜"（图一），发现于41号墓中，镜为圆板形，直径6厘米，镜面平整有光泽，镜背素面无纹，中央有一半环形桥状纽[5]。

尕马台纹饰镜（图二），是中国最早的纹饰镜。尕马台位于青海省海南藏族自治州贵南县，坐落在黄河上游共和盆地。在尕马台马家窑文化遗址之上叠压有一处齐家文化墓地，共发掘44座墓葬。铜镜发现于25号墓中，该墓葬墓穴规整，平面呈长方形，竖穴土坑，长2.23米，宽0.90米，深1.10米。墓主人为男性，头向东。俯身直肢葬，躯体完整，未扰乱。随葬品种类齐全，在头骨前放有生活用具2件，双耳彩陶罐放置在粗陶盆内，颈部佩饰项链（由海贝11枚、贝珠583枚、绿松石珠16枚组合而成），铜泡2件置左手腕外侧；铜镜压于胸部。25号墓地处墓地中心，墓室未经扰乱，随葬品极为丰富，所出铜镜与双耳彩陶罐既是精品也是孤品，均突显出了墓主人的身份非同一般，身份特殊显赫。

图一 齐家坪 M41 出土铜镜

七角星纹铜镜，正面为七角星纹，各角之间饰斜直线纹，中心纽座已残，边缘一侧钻有双孔，两孔之间有一道凹形细绳纹的痕迹。在清理时发现有木质镜柄，由此确定了这是一件有柄铜镜，镜柄是通过镜缘双孔用细绳捆绑固定使用[6]。

这柄铜镜是研究中国早期铜器起源的重要材料，自发现以来，研究的焦点主要集中在中国早期铜器起源及铜镜的来源，还有铜镜功能。有学者认为有可能为外来物品。有柄镜不属于中原文化系统，加之铜镜上的星状纹样见于巴克特里亚一带年代更早的遗物，因此，这件铜镜也被看作是与巴克特里亚地区有联系的产物，甚至有可能是西来的产品[7]。

图二 七星纹铜镜

宋新潮认为中原农业民族传统映像方式是以水鉴容，用金属制造镜子首先是西北游牧民族发明，殷商时期铸镜照容才传入中原，至春秋以前在中原地区尚未流行。黄河上游的甘青地区是中国铜镜最初的发源地，大约在商代后期传至黄河中下游的中原地区，向西传入天山东麓的哈密、吐鲁番一带[8]。刘学堂在比较早期铜镜后认为中国早期镜起源于西域地区（特指天山北路），并且这些铜镜并非用来照面的，不仅是装饰品，也是原始社会巫师在宗教活动中使用的法器或巫具[9]。

欧亚许多民族视铜镜为神物，在斯基泰和萨尔玛人中具有双重功能，既作为在日常生活中照容用具，又作为法器。斯基泰人认为铜镜代表神，被当作是神奇力量的来源。在中亚游牧民族中，铜镜是作为护身符或是吉祥物。铜镜是萨满教驱鬼治病的用具及权利的象征，而且可以将人和天联系起来[10]。萨满教一直流行于北部中国和欧亚草原地带，大量的民族志、民俗调查资料显示，从遥远的古代起，普遍存在过萨满崇拜，不仅在历史上如此，直到今天我国东北地区操通古斯语的少数民族中的社会生活中还有萨满崇拜的痕迹[11]。

尕马台拥有这柄铜镜的主人，从其墓穴所处位置、葬式、随葬品综合分析，墓主人在族群中身份特殊显赫，其身份极可能是负责祭祀或重要礼仪的萨满或巫师[12]。

青海沈那遗址出土的倒钩铜矛（图三），也是学界广泛关注的热点之一。就铜矛的年代认识不一，有学者认为沈那铜矛与齐家文化差别大，应属于卡约文化的遗物[13]。发掘者认为是齐家文化时期遗物，因这件铜矛出土于齐家文化遗址灰坑内，根据伴随物应属于齐家文化毋庸置疑[14]。此外，该铜矛的成分经北京科技大学检测属红铜，青海卡约文化为青铜时代文化，而齐家文化则处于铜石并用时代向青铜时代过渡时期，所以，沈那倒钩铜矛确切无疑属于齐家文化[15]。

图三 西宁沈那遗址出土的倒钩铜矛

沈那遗址属齐家文化聚落遗址，发现有时代特征明显的齐家文化白灰面房址、墓葬与灰坑，伴出有骨器、石器、陶器、铜器及白玉环等，其中倒钩铜矛弥为珍贵，出土于31号探方灰坑内。铜矛尺寸硕大，通长约61.5厘米，宽约19.5厘米。铜矛的刃部叶呈阔叶形，叶尖浑圆，中部有脊，脊两侧有翼，呈片状，銎部较宽，下部饰三道凸弦纹，在刃和銎的结合处有一倒钩，銎内有木柲残迹。此类矛通常称为阔叶倒钩铜矛，因形制特点赋有塞伊玛—图尔宾诺文化典型铜器的特点，同类铜矛又被称为塞伊玛—图尔宾诺式倒钩铜矛，迄今我国发现至少有16件倒钩铜矛[16]，考古出土6件（西宁沈那遗址1件、河南淅川下王冈遗址4件及安阳宜家苑墓地1件），非出土10件（河南、山西、甘肃各2件，陕西、青海、辽宁、国家博物馆藏各1件）。同形制的铜矛在俄罗斯米努辛斯克盆地发现很多。很多学者指出中国境内出现的这些倒钩铜矛与塞伊玛—图尔宾诺文化有关。

塞伊玛—图尔宾诺文化是广泛分布于欧亚草原东部的一支青铜时代考古学文化，

发源于阿尔泰山地区，横跨欧亚草原，东起南西伯利亚，经乌拉尔山，西至乌克兰草原，南界大致在中国西北，有研究称在越南北部也有分布[17]。倒钩铜矛、弧背刀、套管空首斧是其典型器物，年代为公元前 2200～前 1800 年。林梅村、梅建军、刘瑞、高江涛等多位学者对我国境内发现的倒钩铜矛及其与塞伊玛—图尔宾诺之间的联系进行阐述与研究[18]。林梅村研究认为，沈那出土的倒钩铜矛与塞伊玛—图尔宾诺文化典型器既相似，又不完全一样："第一，塞伊玛—图尔宾诺铜矛的倒钩和单系耳在同一侧，而沈那铜矛的倒钩和单系耳不在同一侧。第二，塞伊玛—图尔宾诺铜矛呈柳叶形，而沈那铜矛则呈蕉叶形。第三，塞伊玛—图尔宾诺铜矛筒端呈三齿叉状，而沈那铜矛筒端无三齿叉。由此可见，沈那遗址出土的倒钩铜矛在形制上已发生了很大变化。"[19]沈那铜矛与典型的塞伊玛—图尔宾诺倒钩铜矛相比，器身较宽，矛锋圆钝而非尖锋，"山字脊"消失，倒钩与系耳异侧，仿制于典型的塞伊玛—图尔宾诺倒钩铜矛，故称之为"塞伊玛—图尔宾诺式倒钩铜矛"，年代为公元前 2000～前 1750 年。沈那铜矛器形硕大，圆锋，红铜制，应该不是实用器，而属于礼仪性器物。

中国境内发现的塞伊玛—图尔宾诺铜器可分为两类，一类是直接来自塞伊玛—图尔宾诺文化的铜器，另一类则是在塞伊玛—图尔宾诺文化影响下由本土工匠铸造的仿制品。齐家文化中所见塞伊玛—图尔宾诺铜器除上述阔叶倒钩铜矛外，可以确定的还有铜斧、弧背铜刀、骨柄铜刀、铜牌饰、铜锥等[20]。通过比较研究，齐家文化发现的这类塞伊玛—图尔宾诺式铜器从形制、纹样等均有别于塞伊玛—图尔宾诺文化本身的青铜器，应该属于本地生产的仿制品，这些铜器并非是直接输入品，而是本土独立制作的模仿品，是制作技术的传入，即为齐家文化人群"仿制"欧亚草原地区同类器的产物，因此称为"塞伊玛—图尔宾诺式铜器"，文化因素是受塞伊玛—图尔宾诺文化影响所致，是甘青地区齐家文化人群在与更北的塞伊玛—图尔宾诺人群接触交流的结果。这些文化因素的输入与强大的塞伊玛—图尔宾诺文化东扩密切相关。由此表明齐家文化在发展中间接或直接的受到了塞伊玛—图尔宾诺文化的影响。

就齐家文化与欧亚草原东部地区的塞伊玛—图尔宾诺文化如何发生联系，梅建军、高滨秀做过细致的对比分析，他们认为河西走廊的四坝文化与新疆哈密地区的天山北路墓地不仅在地域上处于二者之间，而且在铜器类型与合金成分上亦起到了连接二者的桥梁作用，即"齐家文化同欧亚草原青铜文化的联系大致是经甘肃河西走廊和新疆东部地区进行的"。

考古发现反映出齐家文化与欧亚草原早期青铜文化之间存在着文化接触、交流或相互影响。中国与西方之间的文化交流是从欧亚草原开始的，塞伊玛—图尔宾诺文化在史前丝绸之路上的传播及其对中国文明的影响，再次揭示了这一点。

中国早期铜器主要集中在西北地区相当于龙山时代至夏代的齐家文化中。齐家文化早期铜器来源，始终是中国早期铜器起源研究的重要材料。"目前大多数学者认为，在中国金属器的起源中，外来因素占有重要的地位。主要的根据有三：一是早期铜器在西北地区比中原地区发现得早、数量多，只有到了二里头时期中原铜器才迅速发展并超越西北地区，所以很有可能中原铜器是通过西北地区受到境外的影响；二是西北地区很多铜器的器形与境外铜器相似；三是中国早期铜器的年代要比欧亚大陆其他早期铜器的年代晚，大体相当于欧亚大陆青铜时代中期到晚期。"[21]

杨建华等学者的研究，从欧亚大陆的早期铜器一般的发展规律来审视中国早期铜器中的外来因素的作用，通过对中国周边的中亚地区的三个早期铜器发展序列的分析，了解到亚洲地区早期铜器的一般发展规律以及本地发展与外来传入的区别；并收集了欧亚草原早期金属器的相关地区的资料，明确了这些铜器的年代；最后以此为基础审视中国最早并且集中的齐家文化金属器，对这些金属器可能的发展阶段以及来源做出有根据的推测。从金属器的形态角度进行了研究，提出齐家文化的金属器大多与境外的器形有关，但是又不完全的相同。外来文化的影响是多方面的，不仅仅体现在器物的形态，还包括理念、技术以及人的到来等因素。中国早期铜器中的器形是以外来文化的影响为主，但是这些外来影响到了齐家文化中，并不是原封不动地被接受，而是加以改造，所以我们看到存在外来影响又与境外器物不完全相同。齐家文化铜器与境外铜器的联系，主要来自中亚地区和亚洲草原。根据中亚和草原金属器的年代可知，齐家文化金属器的外来影响，先是受到中亚地区的影响，后来受到草原的影响[22]。

考古资料表明，河西走廊及其邻近地区，至少从青铜时代早期开始，就成为沟通中西文化交流的重要通道，来自中亚及西亚多方面的因素，通过这条传播通道，沿着南北两条通道东进，对中原腹地及北方长城地带的文化、生业及冶金技术产生了深远的影响，甚至成为华夏文明诞生及早期发展过程中不可或缺的养分。

近年来，冶金史专家还从冶铜技术、铜器成分等方面入手做了许多工作，并以此为基础就早期铜器的起源问题展开了讨论，为这一地区早期铜器的研究开创了新思路。

甘青地区位于东西方文明的交汇和缓冲地带，也是农业文明与牧业文明不断碰撞的地带；齐家文化地处东西方文化交流和人类迁徙的重要的交通线上，与周边文化保持着不间断的碰撞与交流。距今4000年左右，正值齐家文化中晚期，东西方文化迎来了一次大规模的交流和碰撞，西方青铜文化中的铜器、绵羊、小麦等传入中国，东方农业文明中的彩陶、玉器、粟黍等不断向西传播。齐家文化所发现的玉石礼器、粟作农业、铜器、小麦、驯养动物、海贝等，一一反映了与中原地区、欧亚草原及南亚等地多种文化千丝万缕的关系，这一时期齐家青铜文化呈现出多元文化相互交融的特点，文化使者齐家人同时在东西方文化交流中发挥着非常重要的桥梁作用，还扮演了关键的"前丝绸之路"奠基者的角色，且促进了以新疆东部地区、甘青地区为中心的中国西北冶金文化圈的逐渐形成。

"公元前 2000 年左右，西亚中亚东亚之间存在一条中西文化交流的青铜之路，这条路上传播的不只是青铜技术和青铜器，还包括众多的技术和观念。"中国西北地区对于中亚及更远地区的冶金术并非全盘照搬被动地接受，而是主动地加以改造和利用，逐渐形成自己的特色。齐家人在青铜之路上的重要作用，更多地体现在他们接过了西来青铜技术接力棒，经他们之手快速地将其传播到了中原和中国北方，甚至南方其他地区，从而引发了中国早期青铜文化结构的重大变局[23]。正是这种东西方文化的频繁互动与交流，齐家文化不仅丰富了自身文化，而且为后来文化的发展奠定了基础，更为华夏文明增添了新的因素，增强了华夏文化的凝聚力，表明了齐家文化在中华文明起源中的重要意义。

## 注 释：

[1] 谢端琚：《甘青地区史前考古》，文物出版社，2002 年；中国科学院考古研究所：《中国考古学中的碳十四数据集（1965—1991）》，文物出版社，1991 年。

[2] 张天恩：《齐家文化对中原地区文化的影响》，《2015 年中国广河齐家文化与华夏文明国际研讨会论文集》，文物出版社，2016 年。

[3] 陈国科：《齐家文化与四坝文化铜器年代再认识》，《2015 中国广河齐家文化与华夏文明国际研讨会论文集》，文物出版社，2016 年。

[4] 王璐：《甘青地区早期铜器的科学分析研究 —— 以临潭磨沟遗址出土铜器为中心》，北京科技大学，博士学位论文，2019 年。

[5] 文物编撰委员会：《文物考古工作三十年》，文物出版社，1979 年。

[6] 任晓燕：《贵南尕马台遗址与墓地》，《再现文明：青海省基本建设考古重要发现》，文物出版社，2016 年。

[7] 张文立：《青海地区青铜时代文化研究》，吉林大学，博士研究生论文，2003 年。

[8] 宋新潮：《中国早期铜镜及其相关问题研究》，《考古学报》1997 年第 2 期。

[9] 刘学堂：《新疆地区早期铜镜及其相关问题》，《新疆文物》1993 年第 1 期；刘学堂：《论中国早期铜镜源于西域说》，《新疆师范大学学报（哲学社会科学版）》1999 年第 7 期。

[10]〔俄〕弗拉基米尔·库巴列夫著，周金玲译：《亚洲游牧民族使用的铜镜是考古学的原始资料》，《新疆文物》2005 年第 1 期。

[11] 孟慧英：《中国北方民族萨满教》，社会科学文献出版社，2002 年；《中国大百科全书·宗教卷》，中国大百科全书出版社，1988 年。

[12] 陈亚军：《尕马台发现齐家文化铜镜补论》，《2016 年中国广河齐家文化与华夏文明国际论坛》，甘肃文化出版社，2017 年。

[13] 高江涛：《河南淅川下王岗遗址出土铜矛观摩座谈会纪要》，《中国文物报》2009 年。

[14] 吴平：《沈那遗址的考古发掘》《青海文史资料选辑（第 29 辑）》，1998 年；曾永丰：《沈那齐家文化聚落及其社会形态》，《青海民族大学学报（社会科学版）》2013 年第 3 期。

[15] 林梅村：《塞伊玛—图尔宾诺文化与史前丝绸之路》，《文物》2015 年第 10 期。

[16] 同 [15]。

[17] 乔伊斯·怀特、伊丽莎白·汉密尔顿著，陈玮译：《东南亚青铜技术起源新论》，《南方民族考古（第七辑）》，科学出版社，2011 年。

[18] 林梅村：《塞伊玛—图尔宾诺文化在中国》，《考古与文物》，2016 年第 2 期；梅建军：《关于中国冶金起源及早期铜器研究的几个问题》，《中国冶金史论文集》，2016 年；刘瑞等：《中国所见塞伊玛—图尔宾诺式倒钩铜矛的合金成分》，《文物》2015 年 10 期。

[19] 同 [15]。

[20] 陈亚军：《齐家文化所见塞伊玛—图尔宾诺铜器与早期文化交流》，《西北师大学报（社会科学版）》，2018 年第 4 期。

[21] 杨建华、邵会秋：《中国早期铜器的起源》，《西域研究》2012 年第 3 期。

[22] 同 [21]。

[23] 刘学堂：《齐家铜器西承东接》，《丝绸之路》2015 年第 13 期。

# 齐家文化的强劲延续形态：甘肃寺洼文化*

陶兴华[1]　李彦桃[2]

/

1 西北师范大学河西走廊研究院研究员、甘肃省齐家文化研究会理事
2 庄浪县文体广电和旅游局科员

**摘　要：** 2024 年，马家窑文化、齐家文化和寺洼文化都将迎来发现一百周年。寺洼文化的存续年代大致介于公元前 1400 ～前 700 年，相当于商代中期到春秋初期。寺洼文化主体分布于今甘肃境内的洮河、泾河、渭河、西汉水和白龙江流域，大体发展变迁格局为：以陇中地区为中央核心区，以陇东、陇东南两大区域作为过渡外围区，以关中西部、川西北区域作为两大边缘拓展区。在长达 700 年左右时期内，寺洼文化曾经与殷商文化、刘家文化、先周文化、辛店文化、卡约文化、周文化、秦文化等先后长期共存，彼此之间既有对抗冲突，又有互动交融，共同推进了先秦时期关陇区域古族古国"华夏化"和早期中华民族共同体的建构进程。寺洼文化在发展变迁过程中，曾经受到齐家文化比较大的影响，在齐家文化消亡之后，寺洼文化以一种别样风采展现和延续了齐家文化的部分特征。就目前考古发现情况而言，寺洼文化虽然也与其他类型文化有一定联系，但是自身特色非常明显，又基本分布在今甘肃境内；所以，寺洼文化可算是青铜时代今甘肃境内独具特色的"本土文化"，甚至可称之为"甘肃寺洼文化"。

**关键词：** 寺洼文化　临洮寺洼山　合水九站　临潭磨沟　西和栏桥

　　古代甘肃境内地形复杂，地貌奇特，资源丰富，族群众多，内外交通便利，东西交流密切，这一切造就了甘肃古代文化的繁荣昌盛，也使得甘肃成为中华文明的重要

---

* 本文系国家社科基金冷门绝学研究专项"先秦关陇古族古国华夏化研究"（22VJXG009）、甘肃省哲学社会科学规划项目"甘肃先秦古族古国参与早期中华民族共同体构建研究"（项目编号 2021YB040）阶段性成果。

发祥地之一。在丰富多彩且地方特色明显的诸多文化类型之中，寺洼文化即是青铜时代甘肃境内地域属性明显且独具特色的一种文化遗存。寺洼文化上承齐家文化，可算是齐家文化在甘肃境内的强劲延续文化形态；同时，寺洼文化与随后的周秦文化也多有互动交融，是周秦文化元素的重要组成部分，对周秦文明的兴盛产生了一定程度的影响。

## 一、寺洼文化的发现与分布

1924 年，瑞典著名地质考古学家安特生在甘肃狄道县（今甘肃临洮县）衙下集镇寺洼山发现了一种独特的文化，并在《甘肃考古记》中提出了著名的甘肃远古文化六期说，"寺洼期"赫然在列。1945 年，夏鼐先生主持对临洮寺洼山遗址进行发掘，获得了重大发现，并对此前安特生的认识进行了修正和补充完善，夏先生随后在《临洮寺洼山发掘记》中正式提出了"寺洼文化"这一概念。夏鼐先生将寺洼文化的主人认定为氐羌，许多学者对于寺洼文化具体族属的认知虽然不尽相同，但是总体上还是认同夏鼐此说，因此将寺洼文化看作氐羌系统的"西戎"文化考古遗存几成学界共识。从目前的考古调查和发掘情况看来，寺洼文化主要分布于甘肃省兰州市以东的甘肃中东部地区，其分布范围向西不超过兰州一线，向东北到达子午岭以西的庆阳、平凉地区，向西南到达洮河中上游的临潭、卓尼等县，向东南抵达西汉水流域的西和、礼县等地区，向南可达白龙江流域的宕昌、武都、文县等地。从水系角度来看，寺洼文化应该是发源于洮河上游地区，随后沿洮河向东发展到达甘肃东部泾河上游和陕西西部汧、渭交汇之处，向北发展到庄浪葫芦河流域，南边则到达西汉水上游和白龙江流域。

## 二、寺洼文化典型遗址概况

从目前的考古调查和发掘情况看来，寺洼文化遗址分布区域较广，西起洮河中上游，东达子午岭西麓，北至甘、宁交界，南抵陇南白龙江流域。目前已经确定属于寺洼文化的遗址有 18 处，他们基本上都在甘肃省境内，其中包含窑炉大约 5 处、房址大约 20座、墓葬大约 460 座，灰坑大约 700 处。这 18 处遗址有经过考古发掘的，有经过调查的。经过考古发掘的遗址有临洮寺洼山遗址、庄浪川口柳家遗址、庄浪徐家碾遗址、西和栏桥遗址、卓尼大族坪遗址、合水九站遗址、清水李崖遗址、岷县占旗遗址、卓尼县达勿白土梁遗址、临潭县磨沟遗址、平凉市崆峒区安国镇遗址，经过调查发现的遗址有陇南市武都区孙坪遗址、陇南市武都区任家坪遗址、西和县李崖墓群、庄浪县石碑塘墓群、庄浪县瓦窑台墓群、临潭县石旗崖墓群、漳县阳圿遗址。

从寺洼文化目前的考古发掘成果来看，并不见聚集性的居址，而墓葬资料却较为丰富。其中经过正式考古发掘的代表性遗址有临洮寺洼山遗址、庄浪徐家碾遗址、合水九站遗址、临潭磨沟遗址、西和栏桥遗址、岷县占旗遗址。

## （一）甘肃省临洮县寺洼山遗址

临洮寺洼山遗址，位于临洮县城南约 20 千米处的衙下集镇，遗址所在的台地覆盖着较厚的黄土层，大部分区域早已被开垦为梯田，整个遗址被一道名为"鸦沟"的深沟分为东西两部分，所以该遗址又名庙坪鸦沟遗址。遗址的发掘可分为四个阶段：第一阶段为安特生在 1924 年进行的考察活动。此次考察发掘 8 座墓葬，墓中人骨整体保存情况较差。随葬品有陶罐、铜镯、羊角及石斧等，其中陶器数量最多，每墓 1 ～ 7 件不等，其中 2 个陶罐在发现时有石片遮盖口部。第二阶段为 1945 年夏鼐按照"史语所"工作安排，在寺洼山进行的发掘。夏鼐以鸦沟为界，将整个遗址分为 A、B 两区，A 区有马家窑和寺洼两种文化，B 区仅为马家窑文化。此次发掘共清理墓葬 7 座（发掘 6 座墓葬，清理 1 座残墓），整个墓地尸骨处置情况有三种：第一种为火葬后将骨灰放于陶罐中，盖以石片；第二种为将尸骨凌乱堆放在一起，此种处置方式占比在半数以上；第三种为将尸骨较为整齐地仰卧平放。第三阶段为 1947 年裴文中在甘肃组织的一次大规模野外考察期间对寺洼文化进行的调查和发掘，此次考察共清理墓葬 1 座，出土陶器 7 件。第四阶段为 2018 年以来由中国社会科学院考古研究所和甘肃省文物考古研究所联合组织的系统发掘工作，目前探明遗址面积大约 200 万平方米，已经发掘面积大约 4000 平方米，其中包括窑炉约 7 处、房址约 70 座、墓葬约 130 处、灰坑约 900 处。

## （二）甘肃省庄浪县徐家碾遗址

中国社会科学院考古研究所泾渭工作队于 1978 年秋季至 1979 年冬季在泾、渭流域开展考古调查工作期间，用了两个月时间对庄浪徐家碾遗址进行了发掘，此次发掘是新中国成立以后针对寺洼文化遗址展开的规模较大、收获较丰的一次考古发掘工作。考古工作者在庄浪徐家碾遗址共发掘 104 座墓葬（包括 2 座车马坑），其中 66 座有木制葬具痕迹，36 座无葬具痕迹，葬具或是棺或是椁，几乎没有发现棺、椁并用的现象。其中发现一座石棺葬，未发现任何随葬品。其中 8 座墓中发现有殉人现象，有 6 座墓的殉人被放置在墓主人脚端的壁龛内，有 2 座墓的殉人被埋在墓主人脚端的填土里。有 45 座墓出土有装饰品，质地有石、铜、骨、玛瑙等，主要为耳饰和项饰，饰品多置于棺内墓主右侧。墓葬共出土 1531 件陶器，其中仅有 14 件周文化风格陶罐，这表明寺洼文化族群的丧葬传统虽然受到周文化影响，但程度不大。徐家碾遗址墓葬中还出土了戈、矛、镞等青铜兵器，多置于墓主左侧。庄浪徐家碾寺洼文化墓地大致可以分为南北两个墓群，北边墓群在随葬品数量方面明显多于南边墓群，这表明寺洼文化族群已经出现了一定程度的等级分化。

### （三）甘肃省西和县栏桥遗址

1974 年，甘肃省西和县相关工作者在进行文物普查期间，于该县红旗乡栏桥村附近的西汉水河谷缓坡地带发现了寺洼文化遗址，并采集到了十余件寺洼文化器物。这里山谷较窄，人居面积有限，所以许多寺洼文化墓葬被压在了后世村庄之下。1982 年，甘肃省文物工作队、北京大学考古学系和西和县文化馆联合对该遗址进行了考古发掘。共发掘 9 座排列有序、方向大体一致的墓葬，它们依据山势大体排成东、西两排，东排为成人墓，西排为小孩墓，排列位置稍有错位。墓葬形制除一座因为被打破而不清楚原状外，其余均为竖穴土坑墓。部分墓葬有二层台，但是所有墓葬都未发现葬具痕迹。大多数墓葬都带有随葬品，其数量从 13～55 件不等，随葬品以陶器为大宗，共出土陶器、铜器、石器共 200 余件。陶器以素面或单色调为主，部分施以彩绘（多为黄、黑色）或有附加堆纹等纹饰。彩绘多施于器物烧成之后，故极易剥落，仅依稀可见。附加堆纹主要见于豆、瓮和个别罐的口沿上。西和栏桥寺洼文化墓葬排列有序，很有可能是一处氏族公共墓地。经过碳十四年代测定和树轮校正，结合其他区域寺洼文化典型器物双马鞍口罐与西周早期陶器共存现象，学界推测西和栏桥寺洼文化墓地的年代大体相当于商代晚期或西周早期。

### （四）甘肃省合水县九站遗址

1958 年，文物工作者在庆阳地区合水县蒿嘴铺乡九站村发现了安国式寺洼文化陶器，20 世纪 70 年代修建兰州到宜川公路时，又在此地发现了大量寺洼文化碎陶片，进一步确定该地为一处寺洼文化遗存。1984 年，北京大学考古学系、甘肃省博物馆文物工作队与庆阳地区博物馆组成联合工作队，对合水县九站寺洼文化遗址进行了正式考古发掘。共揭露居住房址面积 75 平方米，发掘墓葬 82 座，获得各类出土遗物 900 余件。墓葬方向以南北向为主，且多为小型墓葬，多数墓葬头端略宽而脚端稍窄。从墓圹剖面看，有竖井状和覆斗状两种。多数墓葬带有二层台，且多为熟土二层台。整个墓地中，除 7 座葬具情况不明外，其他 73 座都有木制葬具。绝大多数墓葬使用单棺，个别墓葬存在棺椁并用现象。大多数墓葬含有随葬品，其中以陶器居多，还包括少数青铜器、石器、骨器、玉石器和贝壳类产品。合水九站遗址出土陶器大多为寺洼式陶器，亦有少量周文化风格陶器。周文化风格陶器主要出现在居址中，而在墓葬中极少见到，这也体现了寺洼文化族群的自我主体文化认同性。九站遗址青铜制品种类有兵器、工具、装饰品等，但尚未发现完整的青铜容器。石器都是磨制而成的斧、凿、纺轮等产品。各类串饰一般都是由骨、蚌、贝、玛瑙、绿松石等材质的物品组合而成，而且多置于墓主人骨架之上。

### （五）甘肃省临潭县磨沟遗址

磨沟遗址位于甘肃省甘南藏族自治州临潭县王旗乡磨沟村西北 300 米处洮河西南岸的台地上，该地与甘肃定西岷县交界，遗址北以洮河为界，东、西、南三面环山，自然地形大致呈马蹄形结构。磨沟遗址总面积约 40 万平方米，是一处包含仰韶文化、马家窑文化、齐家文化、寺洼文化遗存在内的大型遗址群。2008～2012 年，甘肃省文物考古研究所联合西北大学文化遗产与考古学研究中心对此地展开发掘工作，其中共发现寺洼文化墓葬 30 余座。除了 M1 为侧身屈肢葬外，其余皆为仰身直肢葬，常见扰乱现象，多为合葬墓，少见单人葬，还有迁出葬和火葬。墓葬结构有竖穴土坑墓和竖穴偏室墓两大类，其中竖穴偏室墓 11 座，竖穴土坑墓 21 座。所有墓葬方向均朝西北，呈西北—东南方向排列。多数墓葬带有葬具，大多数墓葬含有以陶器为主的随葬品。一些墓葬呈现出较为明显的多次使用和人骨推挤迹象，这表明磨沟遗址寺洼文化墓葬很大程度上延续了齐家文化磨沟墓地的墓葬形制和葬式葬俗，说明磨沟遗址的寺洼文化和齐家文化有着直接的渊源关系，借此可知寺洼文化很可能是在继承齐家文化基础上逐渐演生形成自身特色的一种文化类型。

### （六）甘肃省岷县占旗遗址

占旗遗址是一处分布于陇中定西市岷县维新乡占旗村洮河东侧台地上的寺洼文化遗址。2008 年，为配合九甸峡基础水利建设工程，甘肃省文物考古研究所在此前调查钻探的基础上，对占旗遗址进行了正式发掘。前后共发现各类墓葬 66 座，另外还发现了 10 座灰坑、2 处房址、2 处祭祀遗存和 1 处灶坑。出土器物包括陶器 314 件、青铜器 59 件、石器 50 件、骨器 7 件、绿松石和玛瑙饰品 6 件。墓葬形制均为竖穴土坑墓，部分墓葬有二层台，个别墓葬有龛。壁龛一般在墓主头骨前方或者侧方，大多呈方形弧顶，长宽、进深无统一规则，可能是根据随葬器物的大小和数量来随意挖的。墓葬方向多为东西向，少部分为南北向。葬式以仰身直肢葬居多，而且盛行割肢葬。随葬器物有陶器、石器、铜器、骨器及装饰品等。陶器多放置在人骨的头部或脚部，器形主要有罐、鬲、壶、杯等，墓室中陶器数量不一，最多者为 15 件，以罐居多。石器有斧、纺轮、网坠、戈、刀、铲等，大多磨制精美，且有使用痕迹。铜器则有泡、刀、剑、矛、戈、镞、钏及饰品等，其中以铜泡居多，刀、剑、矛和戈等多放置在人体腰部。个别墓葬中寺洼文化器物与辛店文化器物并存，说明这两种文化很可能是存在一定程度互动交流联系的同域并存文化。有些器物带有较为明显的齐家文化特色，这进一步说明寺洼文化极有可能继承吸收了齐家文化。

以上各遗址区域的寺洼文化大体类同，但也存在一些细小差异。临潭磨沟墓地和岷县占旗墓地都可见齐家文化的影子，尤其是临潭磨沟遗址齐家文化墓葬数量较多，其中混杂的寺洼文化墓葬深受齐家文化影响。合水九站遗址和徐家碾遗址虽然都发现了一些周文化风格陶器，但所占比例较低，表明寺洼文化与周文化虽然有一定联系，但所受周文化影响程度有限。另外，合水九站墓地所反映出的葬式葬俗与秦文化墓葬有一定的相似性。虽然寺洼文化与外来文化相互交流和影响，但在能够体现深层次精神文化认同的丧葬传统方面，寺洼文化依然表现出了非常明显的自身族群文化认同感。

图一 寺洼文化主要遗址分布示意图

## 三、寺洼文化的类型与分期

根据现有寺洼文化遗址情况，学界此前多将寺洼文化分为两大类型：寺洼类型和安国类型。赵化成先生则将寺洼文化分为三大类型：寺洼山类型、栏桥—徐家碾类型和九站类型，赵先生的这一认识已然得到了学界广泛认可（图一）。

寺洼文化的存续年代大致介于公元前1400～前700年之间，相当于商代中期到春秋初期。目前学界将寺洼文化大致分为三期，大体对应殷商中晚期、西周早中期和两周之际。以上寺洼文化三大类型在第一期均有发现，其中寺洼山类型最早，随后出现了栏桥—徐家碾类型，九站类型最晚出现；栏桥—徐家碾类型和九站类型在第二期继续发展，而寺洼山类型则基本消失；到了第三期则主要留存了九站类型，栏桥—徐家碾类型渐趋消失。

在长达700年左右时期内，寺洼文化曾经与殷商文化、刘家文化、先周文化、辛店文化、卡约文化、周文化、秦文化等先后长期共存，彼此之间既有对抗冲突，又有互动交融，共同推进了先秦时期关陇区域古族古国"华夏化"和早期中华民族共同体的建构进程。

## 四、寺洼文化的主要特点与地域属性

寺洼文化在洮河、泾河、渭河、西汉水和白龙江流域前后存续 700 余年，虽然它也与关陇及周边区域其他文化有一定的交流互鉴，但依然形成并长期保持着自身的一些文化发展特色。根据寺洼文化各遗址所展示出的总体文化风格，结合学界即有研究成果，我们可以将寺洼文化的主要特点总结为以下几个方面：

1. 寺洼文化陶器的形态，以马鞍形口双耳罐为代表，并与腹耳平口罐、袋足鬲、单耳杯、鼎形三足器、长颈圆腹双耳壶等并存。寺洼文化陶器多为夹砂陶，泥质陶数量较少。陶胎以橙黄色和红褐色为主，少数为灰黑色。器表多素面，部分陶器表面有彩绘、附加堆纹、刻划纹和镂孔，有些陶器上出现了类似文字的刻划符号。典型陶器大体呈现出由矮胖向瘦高发展的演变规律，我们借此可以初步判断同类型陶器的演进顺序。寺洼文化陶器大多采用泥条盘筑法手工制成，器物类型比较简单，烧制火候不高，比较容易破碎。

2. 寺洼文化生产工具类型有铜器、骨器、陶器、石器，具体包括斧、铲、刀、锥、针、纺轮、砺石、网坠、弹丸等。虽然从中原文化的视角看来，寺洼文化所处时代已明确属于青铜时代，但寺洼族群主导的生产工具依然是陶器、骨器、石器等，青铜工具的种类和数量都较为稀缺；所以，寺洼文化族群在一定程度上依然处于铜石并用时期及相应的生产生活状态之中。

3. 寺洼文化青铜器主要为武器和装饰品，武器种类多，装饰品数量多。武器有戣、刀、戈、镞、矛、剑等，装饰品有泡、铃、钏、环、管等。寺洼文化出土铜器数量较多，但多为小型器物，且制作工艺粗糙，大多数无纹饰，极少部分器身上带有简单的压印纹、乳钉纹、几何纹等，总体结构布局简单，技术含量比较低。

4. 寺洼文化墓葬形制流行长方形竖穴土坑墓，也有少量洞室墓。葬式以直肢葬为主，屈肢葬次之，二次扰乱葬现象较为普遍，个别墓葬中可见土葬与火葬并存现象。墓向以西北向为大宗，少量为南北向、北向或者东向。有些区域葬俗中流行割除死者头部、手掌、手指、脚趾、脚掌、上下肢等躯体部位的割肢葬俗。许多寺洼文化墓葬中存在二层台和壁龛设施，它们的功能主要是放置随葬品和殉人，二层台应该还具有加固墓室的作用。

5. 寺洼文化墓葬中随葬铜器、骨器、玉石器等装饰品的现象比较普遍，而且种类丰富、造型多样，反映了寺洼文化族群较高的审美情趣和一定的厚葬观念。寺洼墓葬中盛行随葬羊、牛、猪、马等动物骨骼的习俗，前期墓葬中猪骨占一定比例，后期则更多随葬羊骨和牛骨，部分墓葬中还随葬马骨。这反映出寺洼族群农牧兼营的生产生活方式，并且前期农牧并重，后期则更偏重于牧业形态生业方式。

6. 寺洼文化与卡约文化、辛店文化一度共生共存，存续时间大体一致，甚至在空间分布上也偶有重合，它们与齐家文化很可能存在着极为密切的渊源联系；同时，寺洼文化与刘家文化、先周文化、周文化、秦文化也有一定程度的互动交融关系。从墓葬遗址所反映的文化交流信息看来，寺洼文化和其他文化虽然存在交流互鉴现象，但是寺洼族群有比较强烈的自我文化认同，寺洼族群即便与其他族群共处一地，他们也会在墓葬中展现出自身特色非常明显的丧葬习俗。这一方面促成了寺洼文化的长久独特性，另一方面也阻碍了它对其他文化产生更深广层面的吸收与影响。

7. 寺洼文化遗址中发现的青铜兵器种类和数量都比较多，这反映出寺洼文化所在族群具有较为明显的尚武风尚。从丧葬、居址、祭祀等情况看来，寺洼社群内部已然出现了一定程度的阶层和贫富分化，但总体还处于平稳过渡阶段，尚未出现社会剧烈动荡变迁的局面。

8. 寺洼文化族群曾经努力向关中和陇东南一带拓展势力范围，也曾经与陇东先周文化、陇东南早期秦文化有过一定程度的互动交融，但是伴随着周、秦势力及其文化的强势崛起，寺洼文化主体最终止步于泾河、渭河上游地区。作为一种独立文化，寺洼文化至春秋初年逐渐消失，寺洼族群主体融入到了华夏民族共同体之中，寺洼文化也逐渐交融成为华夏文化体系的一种元素。

以目前考古发掘和研究成果看来，寺洼文化向东延伸至陕甘交界处的汧、渭交汇区域，向西南延伸至四川盆地西部的青藏高原东缘，甚至在云南省宁蒗县大兴镇一带也发现了寺洼文化的可能性踪迹。但是以上这些区域的寺洼文化遗存毕竟属于零星个体，尚难构成独立发展的体系，有些仅可推测与寺洼文化间接相关。总体看来，寺洼文化主体分布于今甘肃境内的洮河、泾河、渭河、西汉水和白龙江流域。寺洼文化所在族群在长期生产生活和发展变迁过程中，大体形成了如下势力分布格局：以陇中地区为中央核心区，以陇东、陇东南两大区域作为过渡外围区，以关中西部、川西北区域作为两大边缘拓展区。就此而论，我们基本可以将寺洼文化认定为青铜时代今甘肃境内独具特色的"本土文化"，甚至可称之为"甘肃寺洼文化"。

# 齐家文化资源的保护开发利用与品牌体系建设研究 *

马东平[1]　买小英[2]

1 甘肃省社会科学院历史研究所所长、十三届全国政协委员
2 甘肃省社会科学院社会学研究所副所长、副研究员

**摘　要**：齐家文化在我们探寻中华文明的起源、形成、发展的历史脉络，中华文明多元一体格局形成和发展，把握中华文明的特点及其成因的过程中都占据着举足轻重的地位和作用。临夏回族自治州作为齐家古文明文化遗址的富集地，近年来对齐家文化的保护利用力度不断加大，文化影响力逐步增大，相关的文博硬件持续改善，文旅产业逐步得到发展。但在新时代对齐家文化的保护利用依然存在着对文化遗产认知度不高，保护传承观念意识不强，研究不够深入，宣传的深度广度不够，文化遗产品牌影响力弱等问题。因此，对于齐家文化的保护利用，需要从国家层面予以倾斜关注，省级层面推动实施，地方政府积极配合，全方位加强对齐家文化资源的保护利用开发，这不仅是保护和传承中华优秀传统文化的需要，更是推动其创造性转化和创新性发展的时代需要。

**关键词**：齐家文化　保护利用　品牌建设

## 一、齐家文化资源的地位和作用

作为中华文明探源工程重要组成部分的齐家文化，在我们了解中华文明的起源、

---

\* 本文为"读懂如意甘肃·解码文化基因"甘肃历史文化研究与传播专项课题《甘肃各民族共享文化符号与铸牢中华民族共同体意识》（项目批准号 2023ZD010）研究阶段性成果。

形成、发展的历史脉络，了解中华文明多元一体格局形成和发展，把握中华文明的特点及其成因的过程中都占据着举足轻重的地位和作用。

### （一）重要的枢纽地位

齐家文化是黄河上游甘肃、青海地区一个重要的上古文化区系，年代上限或略早于夏代，其空间范围主要分布在长江上游支流西汉水流域和黄河上游的渭水、洮河、大夏河、湟水中下游地区，横跨黄土高原、青藏高原、内蒙古高原等三大高原，地跨甘肃、宁夏、青海、内蒙古四省（区），东西跨度800多千米。从已经发掘的数千处齐家文化遗址（墓葬、聚落等）及遗物（陶器、铜器、玉器、骨器等）来看，这些遗址反映了其文化特征、经济生活和当时的社会状况（图一、二）。齐家文化因其在文化类型和地理空间上的特殊地位，使之在华夏文明"多元一体"格局的形成、中原文化与草原文化的交流，以及"彩陶之路""玉石之路""丝绸之路"的形成过程中，具有重要的枢纽地位。

### （二）明显的过渡性特征

夏鼐先生认为，齐家文化将中华文明向前推进了大约600年。韩建业教授认为，齐家文化因客省庄二期文化的西进而诞生于陇东南，进而扩展至甘肃大部以及青海、宁夏地区，晚期一度远距离东渐至关中和商洛地区。其与关中甚至山西、河南等中原地区文化一直存在密切交流，又间接受到来自中亚等地西方文化越来越显著的影响，并将新鲜血液带到中原，促成二里头"王国"文明的诞生，在中国的"青铜时代革命"中发挥了重要的桥梁纽带作用。韩高年教授认为，齐家文化的文化形态由于其所处空间（三大高原）交汇的"枢纽"地位而带有明显的过渡性特征，既有黄河中下游地区文化的因素，又吸收了欧亚草原的文化因素。在空间上具有南北过渡带的特征，其区域与其他文化的接触具有相互吸收、相互影响的现象，同时也有向东和向西扩散传播的迹象。

### （三）鲜明的文化特征

习近平总书记指出，树立和突出各民族共享的中华文化符号和中华民族形象，增强各族群众对中华文化的认同。齐家文化作为探索中华文明形成与早期发展的重要研

图一　齐家文化青铜刀

图二　齐家文化玉璧

究对象之一，在海内外的影响日益扩大。其中青铜文化是中国最早掌握的冶铜技术，4000 多年以前就已经开始使用红铜和青铜器。玉器文化更是光辉灿烂，出现了大量玉制工具、礼器和葬器，其审美需求、文化内涵令人叹为观止，表明齐家文化原始玉器不仅奠定了中国玉器雕刻艺术的基础，而且其审美品格与华夏民族主流的审美品格相契合。其玉器材质之美、制作之精、文化特征之鲜明可以与红山文化、良渚文化鼎足而立，是华夏玉文化的另一个源头。

### （四）东西文化融合的结晶

习近平总书记在中华文明探源工程学习会上的重要讲话中强调，中华文明自古就以开放包容闻名于世，在同其他文明的交流互汇中不断焕发新的生命力。华夏文明并非单纯的定居农业文明，也不是纯粹的游牧文明，而是一种复合性的文明。考古发掘表明，齐家文化属于复合性的青铜时代文化，它的出现，奠定了华夏文明的基调，为华夏文明的形成和发展做出了重要的贡献，展示了中华文明的本质特征和中华文明发展的外在动力，是东西文化互动融合的结晶。因此，深入开展齐家文化的研究，挖掘齐家文化资源的多重价值，既是华夏文明集聚的重点，也是华夏文明展示的关键。

## 二、齐家文化保护利用现状

### （一）遗址遗存逐步发掘，文化特征日渐清晰

齐家文化因 1924 年首先发现于甘肃省广河县（原宁定县）齐家坪遗址而命名（图三）。1945 年，在广河县阳洼湾遗址发掘了两座齐家文化墓葬，从田野工作中首次判明齐家文化的相对年代要晚于马家窑文化。1947～1948 年，在甘肃渭河上游、西汉水、洮河、

图三 齐家坪遗址

大夏河流域与河西走廊一带陆续发现 90 多处齐家文化遗址，首次发现了白灰面房子等建筑遗迹。1949 年以后，陆续开展甘肃刘家峡水库区的调查，武威皇娘娘台遗址、永靖大何庄遗址、秦魏家遗址和青海乐都柳湾墓地的发掘；其他经发掘的遗址还有甘肃兰州青岗岔、秦安寺嘴坪、广河齐家坪，青海贵南尕马台，宁夏固原海家湾等，总共 350 多处。

遗址表明，齐家文化的经济生活以原始农业为主，畜牧业、制陶业发达，纺织业已具雏形。冶铜业的铜器制作多采用冷锻法，有的采用单范铸造与简单的合范铸造，既有红铜，又有铅青铜与锡青铜，表明齐家文化发展到晚期已进入青铜时代。齐家文化的房屋建筑，有属于小棚房之类的建筑遗存，有房内空间较大的白灰面住屋建筑，还有窖穴等。齐家文化的丧葬情况反映出当时社会发展地域性增强，分裂风险增加；

社会贫富差距明显，社会等级制度严苛；环境的变化，社会生活条件的困难，加剧了社会等级之间的差距等。墓葬中出土的人骨展示出内部的相对稳定性，自新石器时代至青铜时代甘青地区人种结构未出现明显变化，在保持内部人群稳定的基础上，与周边文化保持联系。从出土的玉石器来看，齐家文化依靠丰富的玉石资源与制作技术，成功融入黄河中下游的先进文化，黄河上游与中下游之间逐渐成了不可分割的文化整体。

### （二）文化资源深入挖掘，文化影响力逐步增大

一是成立专业博物馆，加大保护力度。2006 年 6 月，将齐家坪所在地的排子坪乡撤乡建镇，更名为齐家镇。2007 年 10 月，广河县设立了齐家文化陈列馆，这是全国唯一一座以齐家文化命名的陈列馆。积极开展齐家坪遗址测量勘探，编制齐家坪遗址保护规划。二是加强齐家文化的研究和探讨。2015 年 5 月 22 日，甘肃省齐家文化研究会在广河县挂牌成立，填补了国内齐家文化学术研究组织的空白；与此同时，中国社会科学院古代文明研究中心也在广河县设立齐家文化研究基地。2015 年 8 月、2016 年 10 月，"齐家文化与华夏文明国际研讨会""齐家文化与华夏文明国际论坛"在广河县相继成功举办。三是扩大齐家文化的影响力。注册齐家文化商标，开通齐家文化网站。举办临夏州"青年杯"齐家文化征文大赛和"古代文明大讲堂"活动，提高齐家文化的影响力，不断引起华夏文明探源工程专家、学者的关注。

### （三）文旅产业逐步发展，品牌效益日益显现

临夏处于黄土高原和青藏高原的结合部，是古丝绸之路东段南道重镇，自古以来是沟通中原与西域经济、政治、文化的纽带。丝绸之路、唐蕃古道、甘川古道在这里交汇纵横、互补有无，明代著名的四大茶马司之一——河州茶马司就设在这里。当地利用深厚文化资源，积极推动产业发展。一是抢抓政策机遇，积极申报文化保护和开发项目，坚持"在保护中开发，在开发中保护"，科学开发优势文化资源。二是持续开展对外推介，加强对齐家文化的研究和整合，逐步实现文化品牌的有效输出，不断提升文化软实力。三是积极推出文化创意产品，提取齐家文化的特点和标志性文化元素，结合齐家文化博物馆和馆藏文物，打造特色文创产品。

### （四）考古挖掘持续开展，文化驱动力不断增强

据报道，2022 年广河县大夏古城遗址考古勘探工作已经全面展开，由甘肃省文化考古研究所主导，河南省洛阳信合考古勘探工作队具体实施，勘探面积约 30 万平方米。临夏州本着保护与开发并重的思路，正持续完善齐家坪遗址规划，利用中央专项投资和项目证券等方式，加快推动齐家坪国家考古遗址公园建设项目，同时谋划齐家文化发现 100 周年的系列活动。举办相关研讨会和系列宣传推介活动，充分利用临夏州丰

富的文化资源，推进文旅产业深度融合，"让收藏在博物馆的文物、陈列在广阔大地上的遗产、书写在古籍里的文字都活起来"，不断繁荣文化事业，全力讲好临夏故事，为打造"五个区"、建设"六个临夏"提供强劲的文化驱动力。

虽然，齐家文化的地位和作用十分重要，现有的保护利用措施也在持续落实，但依然存在一些困难和挑战：就保护研究方面而言，存在保护利用力度不足，研究不够深入，专业研究人员不足等问题；就开发利用方面而言，存在观念相对落后，品牌意识薄弱，创意产品雷同单一等问题。因此，需要从以下几个方面着手推进齐家文化的保护利用开发。

## 三、齐家文化资源保护利用开发及品牌体系建设的对策建议

甘青地区是华夏文明重要的发祥地之一，探索当地文化变迁，不仅有利于保护、利用现有文化资源，提升国家文化软实力，满足人民群众精神文化需求，而且对经济欠发达、但文化资源富集地区的科学发展和转型跨越，具有重大的现实意义。齐家文化不仅是华夏文明的重要发祥地，也是4000年前华夏民族主流的、强势的、重要的文化形态。因此，需要从国家层面予以倾斜关注，省级层面推动实施，地方政府积极配合，全方位加强对齐家文化资源的保护利用开发，这不仅是保护和传承中华优秀传统文化的需要，更是推动其创造性转化和创新性发展的时代需要。

### （一）加大保护利用与科学研究的力度

#### 1. 加强齐家文化的保护利用研究

历史文化资源是一笔珍贵的财富，也是区域经济、社会发展的有机组成部分和地方综合竞争力的重要标志之一，它代表着一个地方的文化形象和品位。要加强齐家文化的保护利用研究，一是管理部门要遵循敬畏历史、敬畏文化、敬畏生态的理念，结合数字化改革，利用先进科学技术加大齐家文化遗址的保护力度，努力筑牢文物安全底线。二是相关科研机构要围绕深化和丰富对齐家文化历史价值的挖掘和认知，进一步提升齐家文化的研究水平。三是地方政府要坚持共建共享、活态利用，释放齐家文化赋能区域综合发展的最大效益，推动实现共同富裕，让遗产地百姓共享文化遗产保护传承的成果。

#### 2. 助力中华文明探源工程

西北地区处在黄河农业文化与西北草原文化的接合部，形成了独特多元的齐家文化。齐家文化不仅是华夏文明的源头，也是世界文化的重要组成部分，是东西方文化碰撞接触和文化交往的一个十字路口，起到沟通东西经济文化传播的巨大作用，构成了历史上丝绸之路东西交通的前期通道。因此，深入、系统地研究齐家文化，不仅可以阐明华夏文明形成的历程，而且对于把握东西方文化的交流轨迹也将大有裨益。习

近平总书记关于"让文物活起来，让文化网络空间亮起来，让民族精神内核传下去"的重要讲话精神，以及在国家"一带一路"倡议和坚定中国特色社会主义文化自信的指导下，相关机构要积极培养齐家文化专业化复合型人才，提升齐家文化研究水平，助力中华文明探源工程；加大宣传推介力度，提升齐家文化的影响力。通过研究和宣传，更好地传播和传承齐家文化；通过研究和宣传，进一步深化社会公众对齐家文化宝贵价值的认知，更好的讲述中华文明的故事，讲好东西方文化交流的故事。

### 3. 推动建设齐家文化国家遗址公园

遗址公园旅游开发是以文化体验为核心，兼及生态、文化、教育、科研、旅游、休闲等功能为一体的可持续旅游发展模式。要将齐家文化遗址纳入黄河上游古文明遗址的"全域"保护利用中。围绕黄河流域生态保护与高质量发展重大战略，紧扣黄河文化遗产保护传承弘扬的主线，深入挖掘黄河文化的内涵，将黄河中上游的齐家遗址、东乡林家遗址、积石山三坪遗址等文化遗址纳入国家考古遗址公园中，实施黄河中上游黄河文明"全域"史前遗址公园的建设，形成"全域"保护，在保护和展示教育中呈现文化传播和发展的脉络，彰显史前遗址的当代价值，着力打造集保护管理、研究利用、展示弘扬和社会服务为一体的公共文化空间，充分发挥文物资源的综合效益；展示黄河文化对内的凝聚性和对外的开拓性，助力提升中华文明的文化自信。

### （二）全方位打造齐家文化系列品牌

#### 1. 推动文旅产业发展，实现多元融合

一是深度挖掘和提升齐家文化中玉文化、彩陶文化、青铜文化的价值，将分散的"玉文化""陶文化""青铜文化"进行梳理整合，积极打造线上＋线下"文创旅园区"的双平台发展模式，扩大齐家坪遗址公园的知名度和影响力，使齐家坪遗址公园成为弘扬齐家文化的艺术陈列阵地，延续和拓展齐家文化的生命力，为乡村振兴赋能铸魂。二是加快齐家文化旅游品牌的标准化、规范化、信息化、精品化的建设与发展，借助"水文化"知名品牌"齐家水韵"走在创新建设的前列，提升齐家文化多元核心竞争力，借助"文、广、旅"优势，大力宣传品牌内涵和社会价值。

#### 2. 加快文创产业发展，"活化"齐家文化

一是推动齐家文创体系化、品牌化、时尚化发展，将齐家文化遗产资源中的彩陶元素、玉文化等元素融入文化创意产业，开发与此相关的系列文创产品，延伸创意思路，拓展创意产品的使用范围，使文创产品既精致美观，又实用耐用。二是不断拓宽产品研发领域，不拘泥于文化用品的研发和使用，可以拓展至生活用品、体育用品等领域，将齐家文化元素融入民众的日常生产和生活中，逐步产生品牌效应。以民众喜闻乐见的方式对齐家文化进行解读与创新，在跨界融合中衍生出文创产品，多方位打造齐家

品牌和 IP 体系，"活化"齐家文化。

3. 高起点打造"沉浸式"文旅新体验

"十四五"期间，以沉浸式演艺、沉浸式展览、沉浸式娱乐、沉浸式影视等为代表的沉浸式体验正成为拓展文旅产业发展领域的重要一步。现在国内文旅消费趋于年轻化、国际化，审美水平和对产品要求也在不断提升。临夏州要高起点探索打造具有齐家文化特色的沉浸式文旅消费模式，一是要营造沉浸式文旅新体验的氛围，打造项目策划和建设过程中的硬件产品，以及后期在运营中丰富多样的软性经营手段。二是从消费者的体验感、互动性与场景感等方面突出齐家文化的优势，迎合不断升级的消费需求。三是发挥游客的主观能动性，突破传统的"观看模式"，进入到"体验模式"当中，了解齐家文化的历史积淀与文化内涵，在给游客提供高颜值、高感官体验的同时，促进文旅消费。

### （三）拓展齐家文化的社会教育功能

历史文化资源蕴含着丰富多样的价值，其中教育价值的重要性不可忽视，涵盖文化教育、科学教育、艺术教育、历史教育、爱国主义教育等多个维度。随着"中华文明探源工程"等考古工作的推进以及学术界的研究深入，诸如良渚、殷墟、统万城等国家考古遗址公园都呈现了中华文明演进的历史印记。齐家文化作为新石器时代向青铜时代过渡的文化形态，作为史前中华文化交流的中转站，其社会教育功能显得尤为重要。

1. 加强文化宣传，提升文艺创作水平

一是大力推广《华夏文明在甘肃》《齐家文化百年研究文丛》《齐家文化与华夏文明》《齐家文化玉器研究》《齐家文化经济形态探讨》等一批优秀科普作品及学术著作，形成系列文化丛书，形成品牌效应，以科普为载体促进齐家文化研究成果的转化。二是广泛开展齐家文化系列讲座和宣传活动，创作以齐家文化为主题的纪录片、影视剧、舞台剧等多种艺术形式为内容的文学艺术创作，加强民众的参与和互动，在互动体验中感受和领悟齐家文化的魅力，让越来越多的人关注和参与其中，使古老的齐家文化走进生活，在接力中传承下去。

2. 推广科普研学实践，发展体验式教育

一是开展以传承齐家文化为内核的各类科普活动，打造齐家文化探索营地，以全国中小学生为主要科普对象，研究开发课程体系，如考古学与齐家文化、考古学与夏商周、中华玉文化等课程，丰富研学载体和形式，打造齐家文化研学旅行基地。二是促进齐家文化研学旅行与体验式教育融合发展，结合"多元课后服务"，为素质教育革新探索发展途径。将考古遗址与自然环境、民风民俗相结合，打造以齐家文化为主线，沿洮河的"洮砚文化 —— 广通河的泥土文化 —— 河州美食文明"的"三河两岸"（洮河、广通河、大夏河）研学线路，并向西可延展至丝路文化的研学线路。三是推动齐家文化走向"实物化""产品化"，借助齐家镇"彩陶之乡"美誉，以"彩陶仿制""彩陶产品化""彩陶研究"文创方案为依托，打造彩陶研学体验文化中心，推动齐家文化研学实践与体验式教育协同纵深发展。

3. 开展公益服务，实现文化数智赋能

一是注重文化品牌建设，持续办好齐家文化"学术大讲堂"，整合周边文化资源，以讲座、沙龙、网络微课堂等形式，邀请相关专家、学者、文化名人等交流探讨，走市场化和专业化之路，塑造齐家遗址的"文化标杆"。二是加强优化博物馆展示，创新服务领域，健全经营管理，改善服务设施，探索开放宣传模式，积极发挥博物馆的文化引领和教育功能，使博物馆成为一座可观、可学、可触、可玩的平民化博物馆。三是打造齐家文化数智体验馆，同时利用微信公众号等新数字媒体，推动齐家文化实现线上线下双渠道传播。四是组织开展文化进校园、进社区等公益服务，加强对青少年的爱国主义教育，以多种形式传播齐家文化、传承中华文明。

# 临夏是大禹的故乡刍议

董克义

/

临夏州民间文艺家协会名誉主席

**摘 要:** 此文从典籍记载、神话传说、史前古文化遗址和出土文物及其研究等方面进行论证推想,阐述了临夏是大禹故乡的论断,资料翔实,论证严密,内容丰富。

**关键词:** 临夏 大禹 故乡

禹是古代夏后部落的首领,姒姓,名文命,字高密,后称大禹(伟大的禹)、夏禹、戎禹,是炎黄以后的又一人文初祖。因治水功劳伟大,舜死后担任部落联盟领袖,是中国历史上第一个王朝——夏朝的开国之祖,是中国古代伟大的治水英雄。

大禹出生在哪里?哪里是大禹的故乡?可谓众说纷纭,争论不断,其主要围绕一个"禹生石纽"的感生神话及其文献记载、大禹遗迹、祭禹习俗等进行考证、研究。由于古文献中关于石纽这一地名的记载较多,特别是近年随着大禹研究的深入,又发现一些新的石纽的地名,因此大禹的出生地更是观点频出,扑朔迷离。目前代表性的主要有四川说、重庆说、河南说、山东说、安徽说、青海说、甘肃临夏说等观点。

笔者认同大禹出生在今甘肃省临夏州,临夏是大禹的故乡的观点。本文拟从古文献记载、遗迹与神话传说、史前古文化遗址和出土文物等方面进行初步探析。

## 一、古文献记载

古文献四个方面的记载,都指向或透露出大禹出生、生长在甘肃省临夏,临夏是大禹的故乡的信息。

一是关于"禹生石纽"的记载。

西晋皇甫谧《帝王世纪》载:"伯禹,夏后氏,姒姓也。母曰修己,见流星贯昴,梦接意感,又吞神珠薏苡,胸坼而生禹于石纽。虎鼻大口,两耳参漏,首带钩,胸有玉斗,足文履已,故名文命,字高密。身长九尺二寸,长于西羌夷人。"

南朝宋裴骃《史记集解帝王世纪》曰:"孟子称禹生石纽,西夷人也,传曰'禹生西羌'是也。"

宋朝《太平御览》载:"女狄暮汲石纽山下泉,水中得月精如鸡子,爱而含之,不觉而吞,遂有娠,十四月,生夏禹。"

这里"禹生石纽"是绝大多数专家认可的记载,关键是"石纽"在什么地方。目前有四川北川、汶川、茂县,重庆宜宾,河南登封市,江苏连云港市东海县等说。

甘肃临夏也有"石纽"之地。《甘肃通史》载:"据《寰宇记》所引《十道录》说'石纽是秦州地名',在甘肃东南部。"《寰宇记》载:"大夏县西二十里金剑山,亦有金剑故城,一号金柳城。今按金纽、金柳、金剑,皆一也。当在今河州东南。"北魏郦道元《水经注》中说:"洮水右合二水,左会大夏川水。水出西山,地源合舍而乱流,经金纽城南。"这里所谓金纽城者,在和政县蒿枝沟口,遗址尚存。又《水经注》引《十三州志》曰:"大夏县西有故金纽城,去县四十里,本都尉治。又东北经大夏县故城南。"有专家论述金纽乃石纽之转音。考甘肃东南部,只有临夏有金纽之地名。

据临夏学者马志勇先生考证:"大禹生于叫石纽的地方,石纽就是大夏县西10公里的今和政县蒿支沟,因石山为红色,历史上因此曾设过金纽县。《元和志》《寰宇记》并云,大夏县西北至河州七十里。金剑山在广河县西二十里,后改为金柳县、金剑县(隶属大夏县)。"[1]

二是关于"大禹出西羌""禹兴于西羌"的记载。

《史记·六国年表》说:"禹出于西羌"。

《太平御览》记载:"伯禹夏后氏,姒姓也……长于西羌,西羌夷(人)也"

西汉陆贾《新语·术事》云:"文王生于东夷,大禹出于西羌。"西汉《盐铁论·国疾》载:"禹出西羌。"

东汉牟融《理惑论》载:"禹生西羌而圣哲。"

南朝宋范晔《后汉书·戴良传》:"仲尼生于东鲁,大禹生于西羌。"

这些记载中我们可以得出一个结论,大禹是羌族人,大禹生于西羌,长于西羌。

羌族,是中国西部的一个古老民族,繁衍生息于河、湟、洮、岷间,古代文献中把羌人称为"氐羌""羌戎""西羌""西戎"等。《后汉书·西羌传》载:羌族"滨于赐支,至乎河首,绵地千里。赐支者,《禹贡》所谓析支者也……所居无常,依随水草。

地少五谷，以产牧为业。"这里赐支即析支，秦汉时称析支河（赐支河），今黄河上游，指今积石山至贵德县一带。唐朝经学家孔颖达疏引王肃曰："析支在河关西。"《后汉书·西羌传》说："河关之西南羌地是也。""河关"是河之关塞，神爵二年（公元前60年）西汉置河关县，治所在今临夏州积石县大河家镇（图一）。"河关之西南"，就是甘肃和青海河、湟、洮、岷一带，这里是古羌族的繁衍生息之地。大约在公元前3000～前2500年间，羌族就与九黎、三苗、夷人等构成远古传说时代中国历史的核心，也形成了早期华夏文明的核心。据《元和郡县志》载，上古时期，河州（临夏之古称）为"罕羌侯邑"，居住着罕羌、开羌、钟羌、枹罕羌、罕开羌等羌族部落，这里应当是大禹的故乡。

三是关于"大夏""禹出大夏"的记载。

《水经注·河水》引《晋书·地道记》云："大夏县有禹庙，禹所出也。"这里的"禹所出"词义很明确了，是说大禹出生在这里，或者说这里出了大禹这个人物。

图一　河关古城遗址

南北朝萧绎撰写的《金楼子》卷一《兴王篇》云："帝禹夏后氏，名曰文命，字高密，母修己，山行见流星贯昴，意感，又吞神珠薏苡，胸坼而生禹于石坳，夜有神光，长于陇西大夏县"。

《汉书·地理志》记载："陇西郡有大夏县。"其县名因临大夏水而得名。《太平寰宇记》云："大夏县与郡同治，取县南大夏水为名。"西汉末年，王莽篡汉后一度改大夏县为"顺夏县"。东汉建国后，光武帝刘秀又恢复了大夏县名。公元345年，前凉张骏始设河州，取"大禹导河之州"之义，辖兴晋、大夏、永晋、武城、金城、武始六郡。隋、唐朝时都置大夏县。大夏郡县的建置从西汉至唐代，断断续续，但基本上一直存在。《元和郡县志》："大夏水经大夏县南，去县十步，大夏县西北至河州北七十里。"从这些记载和出土文物，专家考察确定，一致认为今广河县的阿力麻土乡古城村的古城遗址为大夏县故址。

大夏水是古称，即现在的广通河，发源于太子山中部，由南向北东流，经和政、广河县注入洮河，全长约88千米，流域面积1573平方千米。

广通河流经的川道古称大夏川，大夏县因大夏人、大夏部落、大夏山水而得名。我们不难得出这样的结论：这里繁衍生息着一个古老的羌族部落大夏，大禹属大夏部落，出生在这里，后来成为大夏部落的首领。今广河县有禹王庙遗址、大夏古城遗址（图二）。前文所说的"金纽"也在大夏川范围内，所以"禹生石纽（金纽）""禹出大夏""大夏县有禹庙，禹所出也。"是不矛盾的，指的应该是同一件事，即临夏的广河、和政县一带是羌族首领大禹的出生地。

四是"禹所积石"的记载。

《山海经》是中国先秦古籍,主要记述的是古代神话、地理、物产、巫术、宗教、古史、医药、民俗、民族等方面的内容。《山海经》保留了大量远古时期的史料,有一种观点认为《山海经》的原创时代最早可推至大禹之世,"谓大禹之世",大致可追溯到公元前21世纪,也就是中国社会正处于原始部落联盟解体,奴隶制社会兴起的时代。我们欣喜的从《山海经》中发现了有关"积石之山""禹所积石之山""禹所积石""禹所导积石山"等这样的信息。

图二 大夏古城遗址所在的大夏川

《山海经·西次三经》载:"又西三百里,曰积石之山,其下有石门,河水冒以西流。是山也,万物无不有焉。"[2]

《山海经·海外北经》载:"禹所积石之山在其东,河水所入。"[3]

《山海经·大荒北经》载:"大荒之中,有山名曰先槛大逢之山,河济所入,海北注焉。其西有山,名曰禹所积石。"[4]

《山海经·海内西经》载:"海内昆仑之虚,在西北,帝之下都……河水出东北隅,以行其北,西南又入渤海,又出海外,即西而北,入禹所导积石山。"[5]

这里的"禹所积石之山",也称"禹所导积石之山",指的是《禹贡》所记载的"导河积石,至于龙门,入于海"的积石山。"所"字,在《说文解字》中解释为:处,地方,住所。"禹所",应该就是大禹的处所、住所、所在。简而言之,就是大禹的家乡。许多专家的研究表明,《山海经》中的"禹所积石"就是今天的积石山县一带。

从禹生石纽、禹出西羌、禹出大夏、禹所积石等的史籍记载,说大禹的家乡在西羌、在大夏、在积石山也是有其道理的。因此我们有理由相信临夏的积石山县或是广河、和政县一带就是大禹的出生地。

## 二、遗迹与神话传说

临夏州及周边地区有许多关于大禹治水的遗迹和传说。我们可以得出一个非常合乎情理的推断：大禹生活的年代，包括他的家乡发生了大洪水，为了保护家园，保护部落民众的生命与财产安全，为了生存，他带领他的部落治理水患，取得一系列的成果，也积累了治理水患的丰富经验，所以留下临夏州及周边地区许多关于大禹治水的遗迹与传说。

积石山县的积石峡有禹王石、大禹斩蛟崖、骆驼石、天下第一石崖、大禹支锅石、大禹洞、禹王庙遗址等。《尚书·禹贡》载大禹"导河积石，至于龙门"。大墩峡有禹王石、禹王洞、禹王泉等传说遗迹。大山庄峡有禹王石、锅盖石、大禹支锅石等传说遗迹（图三）。

图三　积石峡东口的积石山县大河家镇

广河县有大夏县遗址、禹王庙遗址。

和政县有金纽城、金剑山遗址。

位于临夏县和东乡县交界的泄湖峡有传说是大禹刻上去的岣嵝文和鸟迹篆遗迹，《续修导河县志》载："泄湖峡，禹所凿，泄大夏水。石有二篆字，传系禹迹，类岣嵝文。"泄湖峡西面的北塬还有一个村庄叫"禹王庄"，泄湖峡以东不远处有一个村庄叫"禹里家"。

渭源县有大禹导渭水遗迹三危山、鸟鼠山、禹河、禹王神池、大禹庙等，《尚书·禹贡》载："导渭自鸟鼠同穴，东会于沣，又东会于泾，又东过漆沮，入于河。"

岷县有大禹导江的传说遗迹，《太平寰宇记》载："岷山在县南一里，山土黑无树，西有神女祠，洮河经其下，禹见长人受黑玉书处。"《水经注》也载："河水又东，洮水注之……洮水东北流，经吐谷浑中……又东经甘积亭，历望曲，在临洮西南，去龙桑城二百里。洮水又东经临洮县古城北。禹治洪水，西至洮水之上，见长人受黑玉书于斯水上。洮水又东北流，屈而经索西城西。"《尚书·禹贡》里所谓"禹锡玄圭，告厥成功"，是说禹得到了帝舜赏赐的玄圭，宣告治水成功。

历史典籍中还有大禹"岷山导江、东别为沱""蟠冢导漾，东流为汉""导弱水至于合黎，余波入于流沙"等记载。岷江、漾水（西汉水）、弱水都在甘肃境内。"合黎"即今山丹、张掖、高台、酒泉之北的合黎山，"弱水"今黑河，源头在张掖鹰落峡西南之祁连山内。

积石山县大河家镇黄河北面就是著名的青海省民和回族土族自治州县官亭镇喇家遗址。其西有一条峡谷叫禹王峡，目前已开辟成景区，有禹王宝座、禹王脚印、禹王石臼、禹王岭、洗脚池、洗脸池、禹王仓廪、储水池、禹王洞、禹王祭祀台和岩画等关于大禹的传说遗迹（图四、五）。

这些遗迹与神话传说佐证了文献的记载，佐证了临夏是大禹故乡的观点。

### 三、史前古文化遗址、出土文物和研究成果

根据大量的古文献记载、出土文物和一些专家学者研究，古羌人是仰韶文化的参与者之一，当仰韶文化发展到中期，一批古羌人沿渭河、黄河西迁到甘肃、青海，创造了黄河上游即西北地区最大文化干系——马家窑文化。

马家窑文化是黄河上游新石器时代晚期文化。因1924年首次由瑞典地质学家安特生在甘肃省临洮县洮河西岸的马家窑村发现得名，年代距今约5300年～4000年。临夏是马家窑文化的核心区之一，遗址众多，出土文物丰富，特别在大禹导河的积石峡、禹王峡、寺沟峡黄河两岸的台上和黄河支流刘集河、银川河、大夏河、洮河等流域发现了众多的马家窑文化遗址和出土文物。

大禹是羌族人，大禹生于西羌，长于西羌，是古羌人杰出的部落领袖。笔者推断：他在家乡带领他的部落民众，"导河积石"，治理好黄河上游的水患，积累了治理水患的丰富经验，之后他应"四岳"即四方诸侯之长的推荐，接受尧舜邀请或命令东进主持治水，建功立业，夏族发展壮大，之后建都或迁都"禹都阳城"。

南京大学历史学院丁新博士与笔者有类似的观点与推断，他在其专著《中国文明的起源与诸夏认同的产生》一书中，用大量的考古资料，通过论述仰韶文化、大汶口文化、

图四 禹王庙遗址（局部）

图五 青海省民和县禹王峡古岩画

马家窑文化、龙山文化、陶寺文化、齐家文化等之间的关系以及与夏文化的关系后认为：在公元前 2050 年的时候马家窑文化彻底失去了踪迹，这个时间刚好是夏朝完全建立的时间，其消失的过程与大禹治水及其统治中原这个历史过程同步。他分析，尧舜大洪水时期，中原和东部地区，由于洪水影响，生产力遭受巨大破坏，而西部的马家窑文化区洪水影响相对较小，使西方文化明显占有优势。大禹在黄河上游治理洪水取得巨大成效，积累了丰富的治水经验。因此尧舜接受"四岳"即四方诸侯之长的推荐，邀请或命禹东进主持治水。

南京大学历史学院丁新博士研究认为马家窑文化就是禹夏文化。他认为在治水的过程中，马家窑文化的大禹部族应邀到中原一带治理洪水，在中原站稳了脚跟，成为二里头文化，夏文化从此诞生。"远处西羌的禹受邀从黄河上游的马家窑文化区东进陶寺地区，并在治水过程中掌握了中原控制权，继承了尧舜统治权力。"[6]

甘肃著名学者冯国瑞在其《炳灵寺石窟勘察记》中言："所以从汉代追远的传说，夏禹的事迹在这条水上（即大夏水），甚至说是夏的发祥地。郦道元引《晋书·地道记》说：'大夏县有禹庙，禹所出也……'我们这次到宁定，看见当地人收藏的彩陶多种，有四双手人的画像，当然是象征劳动创造的意义。还有宁定人普遍把彩陶叫'夏陶'，又在临夏区民间话有'好夏家''这夏家难惹'等，也是有力的证据。"

齐家文化是因 1924 年首次在广河县齐家坪发现而得名，距今约 4050 年～3950 年，是新石器时代到青铜时代的过渡文化，也是早期的西北地区独具特色的文化类别。齐家文化主要分布区属于黄河上游地区，临夏州分布有几十处齐家文化遗址，出土有丰富的文物，有双大耳罐、高领双耳罐、浅腹盘、镂孔圈足豆、袋足鬲、三耳罐、侈口罐等富有特色陶器、小型铜器和玉琮、玉刀、玉璧、玉环等玉器（图六）。

考古学和专家研究还证明，齐家文化的年代距今约 4050 年～3950 年，大体与夏文化时间相当，齐家文化就是早期夏文化。

图六 积石山县出土的
蛙纹彩陶罐

位于积石峡东口与积石山县大河家镇一河之隔的青海民和县官亭镇喇家村的喇家遗址就是一处著名的主要为齐家文化中晚期的遗存，总面积约 40 万平方米，重点面积约 20 万平方米。这是一处新石器时代的巨大聚落，抑或是一个遥远的城邦古国，是迄今为止发现的我国唯一一处大型灾难遗址，被誉为"东方的庞贝"。

喇家遗址还发现了大量陶器、石器、玉器、骨器等珍贵文物，特别是反映社会等级和礼仪制度的"黄河磬王"、玉璧、玉环、大玉刀、玉斧、玉锛等玉器，对研究齐家文化的文明进程和社会发展变化具有重要意义。特别是这里出土的中国考古史上发现的最大的石磬——"黄河磬王",具有非常重要的考古价值和学术意义,由此许多专家推断这是一处新石器时代的巨大聚落,抑或是一个遥远的城邦古国,甚至有人还推测这是大禹的故乡,因为只有大禹才有资格与反映社会等级和礼仪制度的"黄河磬王"相配(图七)。

图七 喇家遗址出土的"黄河磬王"

2018年5月,甘肃省东乡族自治县五家乡牛沟村上湾社实施散居群众扶贫易地搬迁集中安置工程时,推土机推出了七片不规则的每片带四个孔的玉质片状器。经我国著名考古学者、中国社会科学院考古研究所研究员王仁湘先生鉴定:属齐家文化,并命名为"玉七联璧"。该璧直径74厘米,孔径24.5厘米,每一片均四个孔,现珍藏于甘肃省东乡族自治县博物馆。这套"玉七联璧"实属罕见,是迄今我国发现最大者(图八)。上湾离大夏古城这么近,这么大的七联玉璧的拥有者是谁?是否和大夏部落与大禹有关?值得联想和研究!

中国社会科学院民族学与人类学研究所研究员易华博士认为:齐家文化就是夏早期或中期的文化。"齐家文化分布区也恰是中国地理的中心区,生态多样性为孕育和接受文化多样性提供了有利条件,使这一地区成为上古时期东西文化交流和人类迁徙的要冲,其率先接受青铜、游牧文化的洗礼,逐渐成了中国上古时期文化的中心。""自然环境的多样性和文化资源的丰富性使齐家文化成了中国生态文化的早期代表。齐家文化是向夏文化过渡时期的文化,它开启了二里头、殷墟文化传统,奠定了中国文化的基调。"他还认为:"'夏商周断代工程'重新测定了二头里文化的年代,比原来宣称的晚了约两百年。因此二头里文化如果是夏文化,也只能是夏晚期或末期文化。那么,夏代早期的文化遗址在哪儿?他是怎样产生的?与二里头文化有着怎样的关系?我认为,以甘青宁为地域范围的齐家文化就是夏早期或中期的文化,二里头文化是夏晚期文化,可能由于迁都而到达。"[7]近年来随着研究的深入,许多专家都认为古羌人是齐家文化的缔造者,齐家文化就是夏文化,这些论述无疑是深刻和有他的合理性的。

可以看出,有的学者认为马家窑文化是夏禹文化,有的学者认为齐家文化是夏禹文化;有的学者认为马家窑文化与齐家文化没有承继关系,有的学者认为齐家文化是在马家窑文化基础上发展起来的。学界的这种争鸣还会继续,相信随着考古成果的不断面世和研究的不断深入,会有更科学的论

图八 东乡族自治县博物馆藏
"玉七联璧"

断出现。但大禹是羌族人，大禹生于西羌，长于西羌，是古羌人杰出的部落领袖，他"导河积石"而后负责治理了江、淮、汉、济等江河的水患，完成了惊天动地的治水事业，赢得了九州百姓的拥戴和舜帝的高度赞扬和赏识，被舜选为继承人，舜死后成为部落联盟的领袖，建立夏朝，这是大家都认同的。

综上所述，从多种古文献记载、丰富的遗迹与神话传说、众多的马家窑文化和齐家文化遗址及出土文物，还有一批专家学者的研究成果，我们有理由推断和相信：大禹出生于甘肃临夏，临夏是大禹的故乡。

### 注 释：

[1] 马志勇：《大夏解码》，《民族日报》2014 年。

[2] 罗梦山编译：《山海经》，宗教文化出版社，2002 年。

[3] 同 [2]。

[4] 同 [2]。

[5] 同 [2]。

[6] 丁新：《中国文明的起源与诸夏认同的产生》，南京大学出版社，2016 年。

[7] 马守璞：《华夏文明发源于齐家文化—— 访中国社会科学院研究员易华》，《民族日报》
2014 年。

# 钩沉彩陶纹饰中的"渔猎文化"

支 那

/

吉林省华夏文化研究会会长

**摘 要**：史前彩陶纹饰，作为原始思维和远古艺术的表达形式，遗存着华夏先民弥足珍贵的社会群体记忆。但问世已逾百年的彩陶纹饰研究，虽取得了长足进展，但由于不乏碎片化的解读，迄今尚未贯穿起这些散乱的珍珠，构建起闪烁史前彩陶纹饰文化光华那系统而完整的思想理论体系。本文在汲取现当代诸学者研究成果基础上，透过彩陶纹饰研究扑朔迷离的表象，一方面基于文化人类学这一视角，由彩陶刻划符号的破解，钩沉史前水文化的孑遗，尚且由彩陶纹饰的揭秘，索隐远古渔业文明的遗存；另一方面借鉴西方现代派艺术表现手法，以共生图形与立体主义的他山之石，攻取陶器纹饰以局部切割的几何形体重组动态而立体的多维空间这艺术表现形式之玉。不言而喻，这对于探源华夏原始艺术的成因，揭开彩陶纹饰何以凸显渔猎文明而无视农耕文明的谜底，自有其重要的历史价值和深远的社会意义。

**关键词**：渔文化 太一文化 刻划符号 彩陶纹饰 共生图形 立体主义

## 一、史前渔猎文明的成因与探秘

在史前陶器中，陶器刻符横画线"—"不乏其见，而彩绘纹饰中则处处可见那平直的横线，水平展开且环绕陶器那浑圆器体周匝，特别是广泛应用在新石器时代陶器上。考古学界将其称作"弦纹"。究其取象，到底是弓箭之弓弦，还是垂钓之鱼弦，抑或是织网之渔弦，则不得而知。但刻符那短横画"—"，既是汉字表初始意义的"一"，又是表数字首位数的"一"，那么，是否源于彩陶纹饰那所谓"弦纹"之"一"呢？

比较世界文明古国表首位数的文字，无论古埃及圣书文"｜"、古印度数字"1"，还是古巴比伦楔形文"▼"，抑或是古希腊文"Ⅰ"，以及后世的拉丁文"Ⅰ"、阿拉伯文"｜"……无一不是取象于人们伸手竖立的食指。可是，唯有中国古文字，从陶器刻符那短横画"＿"，到伏羲易经文化表太极的"一"，乃至甲骨文、金文、小篆、楷书表文字和数字之"一"，无一不是平直的。那么，它与彩绘纹饰中那水平展开而环绕器物周匝的平直横线，是否存在着内在某种关联，亟待进行深层的钩沉和广泛的索隐。

不难想见，当人们傲立天地之中，放舟山水之间，或遥望秋水长天相连之涯际，或放眼旷野天地相合之交际，或极目山水相接之边际……无不呈现出平直而简易的一横画线。可是，那天地相交的地平线，山水相接的边际线，水天相连的海平线，究竟哪条线与陶器这水平展开的纹样相契合，而另藏玄机呢？

据人类学家考证，大约距今 12000 多年，地球上最后一次冰期，也就是地质学所谓第四纪冰川末期过后，也就是进入间冰期，气候逐渐变得温暖湿润和多雨，原来覆盖在地表的冰川大规模消融。当斯时也，海平面急遽上升，致使内陆江河湖水不能注入海洋，只能向四周低洼地区浸漫。我国江苏的洪泽湖、高邮湖等一系列湖泊，据考就是这次海侵留下的痕迹。原来沿海陆地也大片被海水淹没，海水还在向内陆继续侵吞。

距今约 8000 年，史前暴发了一场使人类遭到灭顶之灾的大洪水。世界各地侥幸生存下来的中外民族，均保留下各民族文明起源的古老传说，并以口口相传留存下这抹不掉的记忆：从华夏人的"女娲补天"神话，到希伯来人的"诺亚方舟"传说，从古希腊人对亚特兰蒂斯沉没的追记，到苏美尔泥版文书的记载……人类经过这场大劫难，仅有极少数人能够成为不幸中的幸运儿。

笔者曾在甘肃天水举行的"2018 中华伏羲文化论坛"上，就拙作《从伏羲"一画开天"构建太一文化》所作主旨发言时曾指出，通过世代口述形成的一些惯用语、成语和语词，即可从中见其端倪。如惯用语"天地玄黄，宇宙洪荒"，实则是指天地昏暗无光谓之"玄黄"，洪水漫无涯际谓之"洪荒"。又如"混沌初开"中"混沌"一词，是谓上不见日月星辰为"混"，下不见山川河流为"沌"[1]。

在古老的东方，一位历经浩劫而得以生还的先哲伏羲，曾身陷洪水滔天而"天地玄黄"的无边黑暗，曾目睹"洪荒"过后天地由混沌初开的瞬间熹微，乃至分野。他遥望着天之际、水之涯那水天一线，霎时恍然大悟，遂伸出右手食指，从左至右轻轻地一画。孰知这既画出天地由混沌而熹微相分野那一形象，又画出"惚兮恍兮"的水气逐渐散去而显露出天际线这一物象，更画出表万物初始而涵盖一切之抽象。显而易见，此即伏羲的"一画开天"成语之缘起。

对于华夏民族思想文化的成因而言，伏羲取象水天一线所画那一横画线，在多个学科领域具有划时代的开创意义：一者，由此简易平直的一横画，成为数学首位数"一"；二者，由此遥不可及的一条线，成为哲学概念"太一"。因为它既表抽象，又表具象，因为抽象中蕴涵着具象，具象中包含着抽象。尚且，它既表天地间的一切，又表天地间一切之一；三者，此一画鉴于至远而称"太"，遥不可及而称"极"，遂成为易学概念"太极"。所以，伏羲这"一画开天"，不止揭示出宇宙万物之本原，尚且开启了华夏历史文化时空的一片天。

社会存在，决定人们的思想观念。当洪水消退而大地裸露出来，除却水天相连的水平线，亦可见天地相交这一地平线。在大自然中，水平线与地平线，二者皆以平直线环绕地球周边。而取象自然的彩陶纹饰，可见诸马家窑文化马厂陶文，即由水平线与地平线构成二横画之"二"。这在甲骨文中，二横画之"二"（《甲骨文合集》33431），表文字兼数字之"二"，可见无一不同彩陶中"水／地平行线纹"（见图一罐

图一　马家窑类型水／底平行线纹彩陶罐

颈部粗实纹）相契合。至于彩陶环绕的三平行线（见图一罐肩部粗实纹），亦可见马家窑文化陶文三横画之"三"。而这在甲骨文中，三横画之"三"（《甲骨文合集》1491），即表文字兼数字之"三"。古代天子所祭天一、地一、太一这"三一神"，实则即源于伏羲"一画开天"之太一文化。以上三者，可充分说明这一切均由"观物取象"脱胎而来。那么，相互印证的，远不止古文字与数字这对孪生姊妹，还另有彩陶的纹样。

生存与发展，是人类自古及今继往开来的两大课题。远古先民伴随不断地挛生与繁衍，对于捕捉天上的飞禽、地上的走兽与河中的游鱼，仅凭赤手空拳或石头棍棒等简易工具去手捉棒打，早已满足不了日益增长的社会需求。如何提升生产工具的创新与发明，自然成为伏羲这位先哲别无选择的担当。于是，伏羲氏"作结绳而为网罟，以佃以渔"，从此开创了华夏族群"渔猎文化"这一新时代。由此，人们学会在陆地以罗网来捕鸟兽，在江河以网罟来捕鱼鳖。

网罟的结绳，始于两绳相互交叉的打结。这既见诸西安半坡刻划字符"╳"，亦见诸甘肃马家窑刻划字符"╳"，或马厂刻划字符"╳"，尤其是其中上下各加两横画的"图"，较之"五"字甲骨文"╳"（《甲骨文合集》10969）或"图"（《甲

骨文合集》34083），以及古文"Ⅹ"（说文古文）、小篆"Ⅹ"（说文·五部），它们在形态和结构方面别无二致。申言之，"Ⅹ"这一象形兼会意字，其结体构成为：二交叉线上下两端共四点，再加中间交叉点，总计五点，以此意会数目之"五"。至于其异体"Ⅹ"，则是上下各附加一横画线，是表织网时左手所持的尺板，由它决定网目的大与小。试看甘肃省博物馆藏有一件所谓"菱格纹彩陶罐"（图二），实际就是以"Ⅹ"构成两线交叉织

图二　菱格纹彩陶罐

网纹的二方连续。由此可见，刻划字符"Ⅹ"或"Ⅹ"当为古文字"五"字初文，二者皆出自标志伏羲渔文化织网纹，因为彩陶纹饰即为其明证。

从同源字角度来看，彩陶刻划字符"Ⅹ"与甲骨文"Ⅹ"，尚见诸表织网或渔网之类象形兼会意字。如"爽"之甲骨文写作"爽"，即从大（人），从二爻，其金文作"爽"，二者字形与字义不难意会，大张着手臂之人，以身后所张开的渔网为背景，既表示渔民撒网之时海风吹拂之清爽，亦表示晒网之际心境愉悦之清爽。

在远古先民的观念中，水作为天地万物生命之源，是由水天相连那一边际线所产生。从太一文化来看，上世纪末，湖北荆门郭店楚墓出土的大批战国竹简中，其中先秦佚籍《太一生水》，即以水天那"太一"线揭示了宇宙万物之成因。从易经文化来讲，伏羲经过仰观俯察，首先由水天一线而以此表抽象太极之"━"，随之将具象之水以阳爻━表示，又将具象之气以阴爻--表示，从而生成阴与阳"两仪"；继而由水与气所生"两仪"化作"四象"：一则以☱（少阳）表寒冰化水之立春，二则以☰（老阳）表河水奔流之夏至，三则以☲（少阴）表由水结冰之立秋，四则以☷（老阴）表由寒冰凝固之冬至；最终由此"四象"生成"八卦"：乾（☰）、坤（☷）、震（☳）、巽（☴）、坎（☵）、离（☲）、艮（☶）、兑（☱）。对于这八卦的卦象，历来简单地归于伏羲对宇宙万物生成与变化规律所做的推演，岂不知每一卦皆集抽象阴阳与具象水气于一体，无不凝聚着这位先哲对于这场远古大洪水进行深入探索的思想睿智。

对于卦象何以与远古大洪水相关，因限于篇幅，现仅以"離"（☲）卦为例，说明伏羲结绳网罟，可由"離"卦的本象捕捉到史前社会生活的思想文化信息。试看《周易·系辞下》："古者包牺氏……作结绳而为网罟，以佃以渔，盖取诸離。"关于这一经典文句，历代学者皆据《周易·说卦传》对于"離"诸多比附来训释，岂不知这篇以阐述各卦属性为主旨的专著，由于不明"離为火"的本象，致使"为日"混同于由引申而繁衍的众多义项之中，从而丧失了应有的主体。所以，后代学者遂将"盖取诸離"的"離"，依据其中所穿凿"离为目"，进一步曲解为网孔别称之"网目"。

尤其《周易·離·象》所言"離，丽也。日月丽乎天，百谷草木丽乎土"，不仅以"日月"并称，而且与下文"草木"并举。仅此而言，有些学者遂据此以"附丽"附会"盖取诸離"，以致无法揭示伏羲结绳网罟何以取象"離卦"之玄机。

图三 窝棚也成"茅庐"

图四 半地穴式房屋

其实，"離为火"的取象，本为天火之"日"。从"離"（☲）卦象来看，所谓"離中缺"，即上下两阳爻表水，中间阴爻表水因日出中断而为缺，亦因日为三足鸟踆乌向上飞离而称"離"（其右从"佳"表鹰隼类短尾鸟）。可以想见，远古那场大洪水，当天上的雨不再向下倾泻，地上的水不再向上高涨，天地由混沌而熹微那瞬间，显现出天之际水之涯那水天一线。俄顷，一轮红日从汪洋中冉冉升起，中间之水为之断缺，而这表示天火的丽日，而此冉冉升起的丽日，亦即三足鸟踆乌向上飞升，于是"離"开了水面。

当洪水渐渐消退裸露出大地，先民开始定居在以树枝支撑而覆盖上茅草的"窝棚"，亦称作"茅庐"（图三）。此即甘肃马厂陶文"∧"，后至殷商为"庐"甲骨文字"∧"（H11：64 西周）。尔后，他们的居所由"茅庐"，进一步改善为"半地穴式"房屋（图四），呈现出一半在地下，一半在地上之状。此即甘肃马厂陶器刻划字符中的"坌"，后至殷商为"余"甲骨文"坌"（乙1239）字初文。后至江西吴城陶文"介"则为，此当为"六"甲骨文"人"（《甲骨文合集》18802）字初文。

安居有利于生存，生存有赖于食物。先民不时以采集野果谋生，对于树梢上那丰硕而不便采撷的果实，便用磨制的骨角先行钩取，然后再将树枝砍断。这种兼有钩枝与砍杈二种功能的工具，即"斧斤以时入山林"的"斤"，其形体可见诸甘肃大地湾刻划字符中的"⺄"或"ト"，以及西安半坡刻划字符中的"⺄"，其实物可见诸扬州龙虬遗址出土的骨角器之"斤"（图五）。这种"斤"逐渐演变为长柄，其作用遂由采集野果转变为开山砍柴（图五）。其"斤"甲骨文作"⺄"，其用于砍柴的作用可见其同源字"新"，即"薪"之初文，其甲骨文作"⺄"（《甲骨文合集》724），由其从斤从辛这一字形，可会意砍伐薪柴

图五 骨角器之"斤"

之辛苦。与此同时，当遇到虎狼等猛兽的侵袭，亦可两手持此"斤"作为防身的兵器。且看"兵"字甲骨文所作之"𠈃"，可知此"斤"乃中华兵器之祖。除此之外，人类在生产生活遇到的最大威胁，是防不胜防的毒蛇。远古先民依据毒蛇出口那分叉的舌信，以仿生的树木丫杈，以其害人之道，还治其害人之身。此即姜寨刻划字符中的ϒ，亦即"干"字甲骨文"Ψ"（《甲骨文合集》28059）初文。

处于如此祥和的社会生活氛围中，先民伴随着人口的加速繁衍，面对遍布天上地下的飞禽走兽，尤其是遍布江河湖泊的畅游的鱼儿，亟待大幅提升鱼类的捕捞。于是，伏羲"作结绳而为网罟，以佃以渔，盖取诸離"，其意是说，以结绳的劳作，编织成捕捉飞禽走兽的罗网和水中游鱼的网罟，以此畋猎打渔，大概取象于"離卦"的寓意，暨红日从洪波中冉冉离升而河清海晏的太平之世。这一方面，正如康有为富有创见之名言："太平之世无所尚，所最尚者工而已；太平之世无所尊，所尊贵者工之创新器而已。"鉴于此，反观宋元易学名家俞琰《周易集说》："離谓重離，《说卦》以離为日月相丽而虚其中。有结绳而为网罟之象；以一阴離乎二阳之间。言之即鸟兽鱼龟丽乎网罟之象。伏羲结绳为网罟，为佃渔之用，盖取诸重離也。"古今学者之困惑，窥此足以见其全豹矣。

纵览史前彩陶上下五千年，不管是陶器上刻划的字符，还是纹饰的具象物象和抽象几何纹样，无一不成为伏羲"作结绳而为网罟"的有力佐证。20 世纪 30 年代初，著名考古学家梁思永在黑龙江齐齐哈尔市发掘出距今 5000～6000 年的昂昂溪文化遗址时，面对用于渔猎的大量打制石器和骨器，率先提出"渔猎文化"这一理念。梁氏这独到的见解，虽说已近百年，可令人不无遗憾的是，迄今鲜有人问津。究其所以然，关键在于他未将其这一学说，置之于远古大洪水这一文化人类学的社会历史背景来探求，尤其未能以伏羲氏"结绳网罟"来反观彩陶纹饰中的文化，所以其"渔猎文化说"终不免成为无源之水，无本之木。

从考古学定向研究来看，无论是彩陶刻划字符，还是彩陶纹饰，自诞生之日就一直附属于古代物质遗存的研究而存在，既未构成一个独立的阶段，亦未形成一个独立而健全的学科。因此，它所依附的古代物质遗存，无论是石器还是骨器，箭镞、矛、网坠、鱼钩大多属于渔猎生活的器具，但未能有人由此钩沉出彩陶纹饰上的渔猎文化。

除了学科定向研究的缺位，还在于学界对于古代社会经济生活的认识，长期以来一直存在着的一大误区：重视农耕文明，无视渔猎文明；重视农业，无视由渔猎经济分化出来的渔业和牧业。客观地说，华夏族群从远古到上古的经济生活方式是，先有渔猎文明，后有农耕文明。尽管农耕文明发展迅猛而后来居上，但渔猎文明并未随风消逝，而是与农耕文明相向而行，并行不悖。

从跨湖桥距今约8000年的世界最早独木舟，到距今500多年郑和七下西洋划向世界的庞大船队，无不成为世界航海史上的壮举。然而，令人不解的是，泱泱中华，何以不以海洋文明著称？须知，中国迄今仍是世界上内陆水域面积最大的国家之一，既拥有长达1.8万多千米大陆海岸线，还拥有2700余万公顷内陆水域总面积，何以仅以农耕文明自居？

从大地湾发现最大的彩陶"圜底鱼纹盆"，到半坡出土的"人面鱼纹盆"；从青海大通上孙家寨出土的"舞蹈纹彩陶盆"，到玉门火烧沟出土的四坝文化珍品"人形彩陶罐"……无一不与渔文化密切相关。那么，史前上下四千年的彩陶，何以表现渔猎生活的纹饰比比皆是，而展现农耕生活的纹饰几近绝迹？这种现象并非偶然。

从彩陶的艺术表现形式与艺术表现手法来看，历经远古大洪水的先民，由"观物取象"至"观象取意"，充分利用陶器那圆形、椭圆形和半圆锥形这类立体器形，他们一方面将多彩多姿的水纹饰、鱼纹饰、网纹饰构成的二方连续纹样，与其浑圆形体相环绕，既表现水天那浩渺无际的立体空间，又表达捕鱼撒网时所呈现的那圆弧状立体结构的艺术效果；另一方面以基底留白与彩绘形成玄秘奇妙的共生图形，特别是以局部切割出的几何形纹样进行重组拓展出的立体多维空间，足以让与其相距6000年的西方现代派艺术，此即以毕加索为代表的立体主义画派、以马列维奇为代表的构成主义、几何抽象画派，为之望尘而兴叹，拍案而惊奇。

远古先民的"渔猎文化"，是伏羲文化理论体系中不可或缺的一部分。从文化人类学角度来看，作为氏族部落的命运共同体，在史前经济生活中所凸现出来的有别于农耕文明的渔猎文明特征。尤其是陶器纹饰所贯穿的渔文化，意蕴丰富而广博，既蕴涵着对伏羲这位先哲结绳网罟的不世之功那由衷感恩的情怀，更遗存着历经远古大洪水劫难的先民对河清海晏那祥和生活分外珍重的社会群体记忆。

## 二、彩陶纹饰文化的钩沉与考正

水是世界的本原。当今国人，大多通过古希腊哲学家亚里士多德的《形而上学》，认知到泰勒斯所表述的"水生万物"这一观点。或者，人们还可以通过《管子·水地》，了解到春秋时代思想家管仲早于泰勒斯提出了水为"万物之本原"这一观念。但人们可曾想到，除却中西方二位贤哲的观点，距今8000多年的彩陶纹饰中依然可识读出这一哲学命题。

近百年来，中国学者对这些纹饰文化的识读和研究，由于世界观和审美观的差异，往往众说纷纭而莫衷一是。但同时也应看到，大多研究者在某些方面，不乏某种程度上的共识。如"半坡类型彩陶最主要的象生性动物纹样是鱼纹、庙底沟类型是鸟纹、马家窑文化则是蛙纹（或称人蛙纹）和鸟纹"[2]。然而，人们在概括不同区域不同风格纹饰过程中，缺少对于史前社会意识形态的总体把握和掌控，尤其是同彩陶所展现的渔文化相剥离，虽然不乏将局部的几何纹样，同整体的象生纹饰相联系的反向观照，但终不免囿于见木不见林单一视角，以致流于碎片式识读。

如何正确识读彩陶纹饰？本文下面将透过这些风格迥异而又多姿多彩的表象，钩沉那沉淀着远古先民生存境遇那久已湮灭的记忆。其一，探明贯穿每一彩陶纹饰中所潜在的"渔文化"这一主旨；其二，打捞隐含其中以"人"为主体、以"水·鱼·网"为客体所凸显的渔文化这一主题；其三，解析典型性彩陶纹饰，并按照纹饰绘制由具象而抽象的规则进行梳理，将陶器局部分割出来（或连缀）的抽象几何形纹样，同整体具象象生性纹饰进行比对，一方面还原先民本初绘制的真实思想动机与审美情趣，另一方面昭示远古彩陶艺术家以彩绘与基底留白所形成共生图形这一不为人知的奥秘。只有这样，才能再现伏羲"渔猎文化"的历史本来面目，才能解密以局部切割出的几何形纹样，经过重组所拓展的立体多维空间的密码。

追溯八千多年的史前社会，遭遇了远古大洪水的先祖，最初只能以徒手捉鱼这一生存本能来维系生命。当大洪水消退之后，他们先后以棒打石击、叉刺钩钓、镖投矢射、笼卡栅拦、围堰竭泽等原始生产方式，直接向大自然获取食物。待伏羲结绳网罟之后，社会生产力随之得以大幅提升。

所谓"靠水吃水"指的是捕鱼，而"靠山吃山"，则是指狩猎。二者相比较，捕鱼的危险系数显然低于猎兽，捕渔业遂成为原始人类赖以生存的重要经济形态。简言之，先民随着对鱼类习性和捕捞技术的了解，自然形成以捕鱼为主、猎兽为辅的初始渔猎经济。鉴于此，先民出自对伏羲无限感恩的情结，对捕捞游鱼无尽欢欣的情趣，以及对河清海晏生存环境无比满足的情怀，不仅编织成谐和自然且融合信仰的渔文化，而且交织进伏羲文化那博大精湛的系统思想理论，尤其幻化为彩陶那绚丽多姿而奇妙绝伦的纹饰，成为人类艺术宝库中颇为珍稀的非物质文化遗产。

### （一）水纹饰之识读

基于渔文化这一理念，史前先民在彩陶上多以水为题材，描绘成千姿百态的各式纹饰。从大地湾文明到仰韶文化，无论是半坡遗址，还是庙底沟遗址，抑或马家窑遗址的彩陶纹饰，水波纹、波浪纹、旋涡纹等纹样比比皆是：或涓涓细流而微波荡漾，或波涛起伏而浪花飞溅，或湍流迅疾而漩涡百转，或瀑布垂挂而飞流直下……仪态万方，美不胜收。那么，彩陶水纹饰的识读，先决条件是不应忽略远古曾经历过大洪水这一

图六　"水藻纹"几何纹样

劫难，并参悟先民对河清海晏那祥和安泰的愿景，充满无限的憧憬和向往。

1. 未识之"水藻纹"

彩陶纹饰中，以水文化为主题的"水藻纹"，旧所未识。

试看彩陶纹饰，水波荡漾之时，锦鳞游泳之际，水藻随微波而招摇。这些在水中柔柔招摇的水藻，当描绘成彩陶那绚丽的纹饰时，便由具象至抽象，以致定格为"水藻纹"几何纹样（图六）。倘若比较一下后世青花瓷中具象"鱼藻纹"图案（图七），彩陶中抽象"水藻纹"便一目了然。然水藻饰之间，间或闪现一圆圆大大的"鱼目纹"，或闪动一几何形鱼尾纹，与其上颈部饰之以"渔网纹"或"水平线纹"相呼应，从而形成一幅完美而谐和的画面。

图七　"鱼藻纹"图案

怎奈此"水藻纹"的几何纹样非但未被人们识读，反而误认作"草叶纹"。岂不知这一识读之误，致使有的学者以此作为"植物纹样"或"动植物象生花纹"[3]的论据之一，从而偏离对"水文化"的总体把握。

对于水藻，《本草纲目·水藻》释名曰："藻乃水草之有纹者，洁净如澡浴，故谓之藻"，"藻有二种，水中甚多。水藻，叶长二、三寸，两两对生"[4]。诗经《国风·召南·采蘋》："于以采藻，于彼行潦。"此诗描写贵族之女出嫁前为了前往宗庙祭祀祖先，即采撷积水浅沼中的水藻以作祭品。形象如此生动；意蕴如此丰富，究竟是"水藻纹"，还是"草叶纹"，自然不难判断。

2．误识之"水涡纹"

作为以水为主题的彩陶纹饰，还有另一纹样：此即水流遇低洼处所激成的螺旋形水旋涡，然后流转而去。水流旋涡这一自然现象，彩陶则以平滑曲线呈现具象回旋状二方连续纹样，当称作"水涡纹"，或称作"旋涡纹"；而在此基础上派生出的以方折线呈抽象回形状二方连续纹样，则应称作"回旋纹"。

（1）"螺旋纹"之误

在彩陶纹饰上，以平滑曲线所呈具象回旋状二方连续纹样，虽呈现一种螺旋状，但按水文化应称作"水涡纹"，或

图八　高低耳螺旋纹彩陶罐

"旋涡纹"，而不应称作"螺旋纹"。此外还有些研究者因不明就里，或认作蛇之形象的抽象化和图案化，或认作蜗牛的贝壳，或认作动物的螺旋状，以至植物的蔓藤，甚至于人类的指纹。歧说纷呈，不一而足。

马家窑文化研究会现藏一件名为"高低耳螺旋纹彩陶罐"（图八），此陶罐纹饰简洁明快，一目了然：罐身布满围绕涡心反转翻卷的"水涡纹"。如此二方连续几何形纹样，不料被称作"螺旋纹"。纹样如此识读，透过随意性表述的表象，实质反映出认知的模糊性。

图九 串贝回形纹双耳彩陶罐

图十 鲁宾之杯

（2）"回形纹"之误

在彩陶中，以方折线表抽象水旋涡的"回旋纹"，可说不乏其见。然有研究者据其状若古文字"回"之形体，而将其称作"回形纹"，或"回纹"。

岂不知"回"之古文字，其甲骨文作"𒀭"，其古文作"🌀"，其结体即取象水流向心回旋的形态。因此，彩陶上表抽象水旋涡方折线，应据其本初创意称之为"回旋纹"，而非舍本逐末所称"回形纹"或"回纹"。

甘肃省白银市靖远县博物馆，即藏有这样一件称作"串贝回形纹双耳彩陶罐"（图九），属于马家窑文化马厂类型。此彩陶罐用黑彩绘制而成，其纹饰实则运用了共生图形与几何抽象两种表现手法。

提及"共生图形"，人们不禁想到丹麦心理学家爱德加·鲁宾于1915年所创共生图形的经典"鲁宾之杯"（图十），这种艺术表现手法就是利用相同的线条作为共用线，作为整个图形的同构形，巧妙地叠合后组合共生。岂不知早在7000多年前的仰韶文化的彩陶，这种共生同构的表现手法早已广泛运用于各种纹饰之中。

且看此陶罐共生图形，一是口沿内饰波浪纹与鱼鳞纹口，二是腹部是以两交叉线所表织网纹，反衬出基底留白那上下两对角等边三角形所表现口口相对的鱼头纹。尤其是以两交叉线所表织网纹二方连续纹样，以此来表水波回环往复的回旋纹。此外，沿外绘有表瀑布飞流直下状竖条纹，肩部绕器口绘有两圈平行的上下相对鱼鳃纹。

顾及整个陶罐纹饰不难想见，那波浪起伏的水面上，闪耀着粼光片片；飞流直下的银瀑下，畅游着成双的鱼儿；激流回旋波涛里，撒下一张硕大渔网，上下鱼头透过网眼呈口口相对之状，好一派鱼儿满网的壮观场景。从整个构图来看，画面简洁粗犷而不失典雅庄重，线条流畅而又充满变幻的动感，不愧为马厂类型回旋纹彩陶的力作。

本诸上述，此彩陶罐所谓"串贝"，当为"鱼鳞纹"识读之误；而所谓"回形纹"亦有失准确，当为"回旋纹"识读之误。

3. 误识之"波浪纹"

彩陶纹饰中，不乏以水为主题、以鱼为题材的基本几何纹样，尤其是以波浪纹与鱼鳞纹构成共生图形。这种高超的艺术表现形式，可说既源于生活，又高于生活。因为史前先民不满足以有限平面表静态之游鱼，而要表无限时空那动态的瞬间。具体来说，就是既要突显鱼儿出没水中那时隐时现之形态，更要意会锦鳞飞跃于那灵动鲜活之姿态。而这一点，正是解开彩陶纹饰由具象而抽象之谜的关键所在。

然而，大多研究者忽略了以黑彩所绘"波浪纹"与底色"鱼鳞纹"所构成的共生图形，致使非但未见波光中闪烁的锦鳞，以及这些锦鳞出没的滚滚波浪，反而将以黑彩所绘"波浪纹"误称"锯齿纹"，或将以红彩所绘"波浪纹"则误作"垂幛纹"。

（1）"锯齿纹"之误

甘肃省博物馆另藏有一件名为"平行锯齿纹彩陶鼓"，属半山类型。

详查这一彩陶壶（图一〇）纹饰，可见仍是由黑彩所绘主体"波浪纹"与底色客体所呈"鱼鳞纹"共生图像。可以想见，当波光跃金、锦鳞游泳之时，鱼儿满舱归来之际，史前先民擂起了阵阵欢庆的鼓声，表达内心那开心的喜悦之情。由此可见，原本生动鲜活的鱼鳞纹饰视而不见，而与其共生的波浪纹却认作"多层锯齿纹"，或认作"平行锯齿纹"，完全背离了古代先民以此彰显"渔文化"之初衷。

图一〇 平行锯齿纹彩陶罐

图一一 垂幛纹彩陶罐

（2）"垂幛纹"之误

彩陶还有另一基本形态"波浪纹"，此即由起伏波涛的写实，演变为持续圆弧线构成的几何形纹样，并与底色共生"鱼鳞纹"。然如此一目了然的波浪纹与鱼鳞纹，非但未被些研究者所识，反而被附会为垂挂的帏幛而称作"垂幛纹"。

且看马家窑文化中这件所谓"垂幛纹彩陶罐"（图一一），罐体上半部呈四列起伏的"波浪纹"及其共生的"鱼鳞纹"，其上端绘有多重"水平线纹"，而颈部则为网格交织的"渔网纹"。通体以罐口为网口，再展了撒网在波涛汹涌的大海边的劳作情景。孰料这以水纹、鱼纹（以鱼鳞为借代）与网纹这三者组合之纹饰，竟然仅以"垂幛纹"称之，岂非咄咄怪事！

本诸上述，学界以上识读之误，关键在于未能顾及陶器整体纹饰，而是将局部纹饰同整体割裂开来妄下定论，这就难免从根本上偏离了对"渔文化"总体认知的方向。

### （二）鱼纹饰之识读

鱼纹作为仰韶文化最为常见的彩陶纹饰，从西安半坡鱼纹盆简笔鱼，到甘谷西坪双耳彩陶瓶上的深海龙鱼（误识"鲵鱼纹"），以至河南临汝陶缸上的鹳鱼……或形体明快而神秘

图一二 毕加索的代表作《格尔尼卡》

玄奥，或生动鲜活而栩栩如生，或线条简约而灵动传神自由而洒脱，散淡而安然，闲适而恬静。这对远离洪灾而安居的先民而言，自然成为人们憧憬与向往的愿景。

对于彩陶鱼纹饰的识读，关键在于发现抽象几何形纹样，是由象生性鱼体分割出的不同部位，经过连缀组合，以展示多维空间这一立体艺术表现形式。从20世纪初西方现代派立体主义来看，即追求碎裂、解析、重新组合的形式，并以此所形成的分离性画面，借以表达四维空间。如毕加索的代表作《格尔尼卡》（图一二），即把同一物体的几个不同方面组合在同一画面，旨在以此揭露侵略战争的罪恶和法西斯的暴行。

图一三 彩陶鱼纹盆

倘若探究彩陶纹饰的立体表现手法，不妨由国家博物馆现藏西安半坡遗址出土的彩陶鱼纹盆（图一三），即可见其端倪。这件彩陶盆，以其用黑彩简笔勾勒这一单体侧面鱼纹，成为具象造型的代表作。这一简体鱼纹，除了鱼头呈现出张口露牙、鼻尖翘起的具象画面之外，其他每一部位同其他彩陶抽象纹饰作一比照，即可发现每一几何形纹饰均来自此鱼体之纹饰：

一者，彩陶上多见所谓"弧边三角""花瓣""八角星纹"，其实无一不源于此鱼体上那"鱼身纹"（◀），并与陶器基底产生的共生图形；

二者，彩陶上时见所谓"半月纹"，实际缘于此鱼体上紧贴鱼头的"鱼鳃纹"（◖）；

三者，彩陶上常见所谓"燕尾纹"，实则即此鱼体末端上下分叉那两叶尾鳍的"鱼尾纹"（➤）；

四者，彩陶上惯见所谓"鸟形纹"，实说即连接鱼目纹那辐射状弧形线，无非是由此鱼后背鳍褶上的"背鳍纹"（◣）变形夸张而来；

　　五者，彩陶上可见所谓"三角花叶纹"，实质由鱼体自胸至腹那三角形胸鳍和腹鳍，二者均呈相对几何形纹样，此纹饰则可统称为偶鳍纹（➤➤）；

　　六者，彩陶上另见所谓"圆点纹"，委实即鱼头那圆睁的"鱼目纹"（◉）。

　　综上所述，作为写实单体鱼纹饰，远不止以简体成为具象造型的代表作，尚且将此侧面鱼纹整体一一分解。而分解出的每一部位，皆以抽象几何形纹样经过重组，拼接成不可或缺的构件。概言之，它们既可经过切割，成为抽象几何形典型纹样，亦可经连缀后重组，并与基底留白形成共生图形，直至以二方连续或四方连续再形成抽象图案。于是乎，这些鱼儿或相互戏水而倏然见首不见尾，或纵身飞跃而仅见首尾不见身，或身入罟网而众头攒动，挣扎于网眼之内……形形色色的动态身影，化作彩陶多维多姿的纹饰。

　　那么，从人类美学的社会发展及其艺术表现手法来看，无疑开创了美学史上以立体陶器表现立体构图兼共生图形之先河。

图一四　弧边三角彩陶盆

　　1."鱼纹"识读之误

　　陶器中的鱼纹饰，可分为同类共生与异类共生两种。前者以抽象几何鱼体的重组，反衬具象的游鱼，不料被误解为"弧边三角纹"；后者以抽象几何鱼体的重组，反衬具象的花朵，不幸被曲解为"花瓣纹"。

　　（1）误识之"弧边三角彩陶盆"

　　河南陕县庙底沟遗址发掘出土一件名为"弧边三角彩陶盆"，属仰韶文化庙底沟类型。

　　细察这一图形（图一四），其主体是用黑彩绘制的弧边三角几何形"鱼尾纹"，同以半月形和弯月形"鱼鳃纹"相连缀，并与圆黑点鱼目相契合，从而以抽象手法展现鱼儿出没水中那瞬间闪动的神态。与此同时，其客体是依托黑彩几何形的边线，并以陶器基底留白凸显出一大一小两条象生鱼纹。这两条简体游鱼形态逼真，生动鲜活，栩栩如生。

　　先就鱼体上位者观之，它看似一条大鲨鱼，宽大的下颚那横向新月形纹样，同时又是连接弧边三角形鱼尾纹的鱼鳃纹。基于此，这一半月形几何纹样便成为此共生图形中的又一共生现象，其上成为鲨鱼的下颚，其下则为连接弧边三角形鱼尾纹的鱼鳃纹。上下自然天成。

　　再就鱼体下位者观之，它看似一条小鲨鱼，其下颚由黑彩所绘弯月形鱼鳃纹相映衬，浑然一体；而宽大的尾鳍与弧边三角形鱼尾纹相衬托，似乎又成为它那鱼尾鳍有机的一部分。从鱼鳃纹至鱼尾纹，二者皆成为共生图形中不可或缺的共生因子。总体看来，在上大鲨鱼沉静如母，圆睁着警觉的大眼，以其宽大的下颚呵护着小鱼；在下小鲨则温顺如子，圆睁着灵动的大眼，依偎在大鲨鱼的颚下。这幅温存且温馨的画面，似乎寄寓着先民心中那份宁静与祥和。

这一同类共生彩陶盆纹饰，以有限的鱼形纹样，延展起无限空间中无数游鱼出没水中这无量的寓意。远古先民采用这阴阳共生且互换的两可图形，显现了局部与整体的有机结合，展现着具象与抽象的完美统一，表现了动态与静态的圆融不二，体现出写实与写意的浑融天成。

（2）误识之"彩陶花瓣纹盆"

故宫博物院藏有一件所谓"彩陶花瓣纹盆"（图一五），或称作"圆点弧形三角纹彩陶盆"，属仰韶文化庙底沟类型复合鱼纹饰的代表作。

图一五 彩陶花瓣纹盆

图一六 鱼纹彩陶瓮

这闪烁着远古先人非凡智慧的史前艺术杰作，尽管已穿越长达5000多年的风雨沧桑，尽管已面世近大半个世纪，迄今却尚未被世人认知其"花非花"的艺术意蕴。

透过所谓"圆点弧形三角纹"这一表象，其主体实则是以黑圆点所表"鱼目纹"，连缀起弧边三角形所表"鱼尾纹"，构成抽象几何形这多向首尾相连的抽象鱼纹饰，由此表鱼儿那鲜活生动的动态。至于人们看到的所谓"花瓣纹"，无非是由抽象鱼目纹为圆点，连缀着五个表鱼尾纹的弧边三角形，反衬基底留白所呈现出由共生而绽放的绚丽花朵。

这类由抽象鱼目纹和鱼尾纹相组合所表鱼纹饰，还可在其后马家窑类型彩陶中，由其鱼目纹连缀单一鱼尾纹所构成的鱼纹饰来作为佐证。例如，青海博物馆馆藏一件名为"鱼纹彩陶瓮"（图一六），器表自上而下绘有渔弦纹、抽象鱼纹、具象鱼钩纹。单就其中的变形鱼纹而言，创作者以简洁单纯的黑圆点连缀抽象弧边三角形作为鱼纹饰的图形语，来展现垂钓在群鱼相互追逐的水中那份惬意的视觉世界。

基于上述，所谓"彩陶花瓣纹盆"那复合鱼纹饰，显然并非表象"花瓣纹"那么直观，亦非"圆点弧形三角纹"这么简易。但令人不解的是，人们何以只对客体那绚丽的"花瓣纹"而赞赏有加，却对主体这灵动的"鱼身纹"视而不见？

从色彩心理学角度来看，共生图形中的白色给人以扩张感，而黑色给人以收缩感，从而极易使人产生视错觉。因此，人们首先看到的物象是白色的花瓣纹样，而非弧边三角几何形所构成的"鱼身纹"。从其构图的创意来讲，鱼儿象征着自由，花儿象征着幸福。那么，此异类共生型彩陶纹饰的丰富思想内涵则显而易见。远古先民之所以用黑彩将抽象的鱼目纹与鱼尾纹连缀，反衬出基底留白的"花瓣纹"，关键在于此二者不仅拓展了人们无限的想象空间，同时还寄寓着他们对于自由而幸福的美好生活的憧憬。

极致的简约，体现精致的美感。令人遗憾的是，学界非但无人识读这鱼儿与花朵这共生图形之奥秘，反而以视错觉将其认作单一的"花瓣纹"。这一有失偏颇的识读，既有失于创造者的艺术创作之本真，又有损于先民的卓绝才智，甚至有悖于他们集抽象立体构型与共生图形于一体这视觉传达的多维表现手法。不过，有的研究者正是以此单一"花瓣纹"的识读，作为他进一步论证"植物纹样"的有力佐证，以致讹以传讹，不知"花非花"之所以然。

图一七　变体鱼纹彩陶盆

图一八　"对口鱼纹样"纹饰

2."鱼头纹"识读之误

（1）误识之"变体鱼纹"

西安半坡博物馆收藏一件名为"变体鱼纹彩陶盆"，学界称其为典型的半坡类型"对口鱼纹样"（图一七）。其实，其纹饰决非"对口鱼纹样"这么简单，而是史前新石器时代绝无仅有的三鱼头共生图形。

此盆纹饰（图一八）乍一看，正面是一大鱼头，圆睁两目，大张鱼口，狰狞而凶猛。可细看，又是两个口对口的鱼头。若深究其构图，这三鱼头共生图形别开生面，意蕴丰富而隽永。其正面鱼头纹样，是一四边矩形，由左右相对两圆睁鱼目的三角形鱼头纹样构成，上下基底留白部分的弯月形鱼鳃纹，与中间用黑彩所绘上下对接的弧边三角形鱼尾纹样相映衬，从而共生出圆睁两目而大张鱼口正面鱼头。

图一九　三角花叶纹彩陶盆

这一绝妙的立体表现形式，在二维平面上表现三维空间的全新手法，将静态之鱼化作动态之鱼，体现出远古先民卓绝的创新思想、非凡的想象力和天才的创造力。可以说，远古先民以彩绘语言在昭示鱼类多样性与鱼性差异性的同时，还蕴含着他们的精神文化与审美情趣等多重寓意。

（2）误识之"三角花叶纹"

甘肃省博物馆馆藏有一件名为"三角花叶纹彩陶盆"（图一九）， 于秦安县大地湾遗址出土，属仰韶文化庙底沟类型。

图二〇 折线纹彩陶筒状杯

就此彩陶盆纹饰来看，器体上施橙黄色陶衣，腹部以黑彩绘有左右相对称的三角形鱼头纹；而上下相对有如横向弯月的半圆弧形，则是由鱼鳃纹演变的抽象几何纹样。尤为令人惊叹的是，这以黑彩绘就的左右对应的鱼头纹和上下对应的鱼鳃纹，反衬出由基底留白所呈现的左右正向相交的鱼尾纹，并且极富有立体而凸起的错觉感。这一构图独具匠心，凸显出鱼儿出没水中，以至鱼跃于渊这多维空间。

总之，陶器腹部用黑彩立体鱼头纹与基底共生的鱼尾纹图案一周六组，其构图并非是"以黑色彩绘两两相对的弧边三角形纹饰"[5]。所以，此彩陶盆名为"三角花叶纹"，显然名过其实。而另名"弧边三角纹彩陶盆"，亦名实难副。

（3）误识之"折线纹"

甘肃省博物馆收藏一件名为"折线纹彩陶筒状杯"（图二〇），出土于武威市永昌县鸳鸯池，属马家窑文化马厂类型。

此陶杯纹饰表面施橘红色陶衣，首先是杯体三分之一部位，用黑彩绘有三平行线表水平线纹。以此为分界，其上以黑彩齿状折线表汹涌的波浪纹，并以此黑彩折线反衬出上下相错三角形鱼头纹样；其下由左向右的三角形表抽象鱼头纹样，并与其右两直角三角形所表抽象鱼尾纹相交，从而形成头尾相交的奇妙构图；倘若反转视角，以此鱼儿头尾相交图形为底，尚可凸显出纵向曲折蜿蜒的湍流。如果说，那三条平行水平线纹之上，是上下相错鱼头纹与波浪纹的共生图形，那么这三条平行水平线纹之下，则是纵向曲折的湍流纹与头尾相交鱼儿纹的共生图形。颇为有趣的是，其杯口沿内所绘波折线纹并非闲来之笔，而是波浪纹与鱼鳞纹共生之图形。可谓看似无意，实则别具匠心。

图二一 圆圈纹彩陶壶

试看此彩陶杯，构图新颖而奇崛，画面简约而鲜活：波光闪烁着锦鳞，波涛起伏着上下腾跃的鱼头，湍流激荡着头尾相交而欢畅的鱼儿……上下照应，内外呼应，彼此契合，无一不恰到好处地体现出鱼水情深的深刻寓意。那么，如此妙趣横生的平面视觉设计，其纹饰岂止是"折线纹"所能概而言之。

3."鱼目纹"识读之误

甘肃省博物馆收藏一件名为"圆圈纹彩陶壶"（图

二一），属马家窑文化半山类型。此彩陶壶颇为突出的，是肩部和腹部环绕壶体一周那大大圆圆的鱼目纹，尤其是肩部用白彩在黑彩底色上绘就的鱼目纹，不仅黑白分明，而且以其白色独具的扩张感，显得尤为抢眼。与其相对应的，是腹部以黑彩利用橘红色基底留白所描绘的鱼目纹，较之肩部黑白鱼目纹虽有所弱化，但依旧清晰醒目。肩部与腹部这两周颇为夸张的鱼目纹，二者以一匝鱼鳞纹相链接，上下映衬，层次分明。此外还应看到，其颈部那一匝鱼鳞纹与波浪纹共生图形，同象征鱼口的壶口相搭配，别有一番情趣。

倘若进一步考究，此彩陶的精彩绝妙远不止此。其实，它的纹饰还另藏玄机。此彩陶壶纹饰，无论是肩部和腹部的鱼目纹，还是颈部鱼鳞纹，实际无一不与黑彩底色形成共生图形。就其肩部纹饰而言，若以白彩鱼目纹为底色，黑彩则反转为图形，呈现出上下反向连接的鱼尾纹二方连接纹样；而腹部纹饰亦然，只不过若反以橘红色鱼目纹为图形，则基底反客为主，而黑彩则反转为底色，依然呈现出上下反向连接的鱼尾纹二方连接纹样。

顾及彩陶壶整体纹饰，颈部那一匝波峰浪谷上的鱼尾纹，与壶口相搭似张着圆圆的鱼口，宛如张着鱼口的锦鳞腾跃于汹涌波涛之上；肩部与腹部那两匝横向圆圆大大的"鱼目纹"，与连接二者那中间一匝鱼鳞纹相映衬，愈加凸显出那些灵动鲜活的鱼目，给人以由远而近的视觉冲击感，从而极大地拓展了鱼纹饰表现力。

图二二 月牙纹彩陶罐

对于这一彩陶壶识读之误，其根本在于人们审美意识的僵化。尽管有学者意识到，彩陶纹饰中的抽象几何形纹样大多来自具象之鱼体，但不知分解出的形体经重新组合，进一步表动态之鱼那畅游飞腾的多维空间。于是乎，一些研究者仅就此分解出来的形体望形生义，这就不免将圆目大睁"鱼目纹"，曲解成毫无生机的"圆圈纹"或"同心圆纹"。然而，无辜的鱼目从此失去灵动，并凝滞呆板，致使鱼纹饰的识读有失严谨而流于猜想。

图二三 鱼背鳍

4. "鱼鳃纹"识读之误

仰韶文化博物馆藏有一件名为"月牙纹彩陶罐"（图二二），出土于渑池县仰韶村遗址。对于这一所谓"月牙纹"，有研究者宣称"表明了当时的人们已经初步了

图二四 圆弧线几何形纹样

解了天文知识，并出现天文崇拜的现象"。

其实不然，这些纹样是以纵向排列的红色"鱼鳃纹"这一主体，与基底留白共生的鱼鳞纹这一客体，在有限的罐体展现其无数横向侧身的锦鳞相互追逐的无限空间。所以，大可不必非附会"天文崇拜"不可。因为天上月圆月缺，仅有一个月亮。即便"水中望月"，也不过"天上一个月亮，水中一个月亮"而已。

5. "背鳍纹"识读之误

鱼背鳍（图二三），是作为水生脊椎动物的鱼类，在水中保持身体的平衡稳定的运动器官。它由柔软的鳍条和坚硬不分节的鳍棘构成。彩陶上的鱼背鳍，可见诸国家博物馆现藏鱼纹彩陶盆，这一局部纹样则以简笔勾勒成圆弧线几何形纹样（图二四）。特别是其中以黑彩所绘两平行圆弧线，即坚硬不分节的鳍棘，而两侧留白部分则是柔软的鳍条。但令人遗憾的是，这一背鳍所演变的抽象几何形纹样，虽在马家窑文化石岭下类型彩陶中不乏其见，可研究者多误称其为"鸟纹"。

宁夏博物馆所藏的一件名为"草叶鸟纹长颈彩陶瓶"（图二五）。这件彩陶纹饰的识读，除了其颈部绘有四条两两平行水平线这一纹样之外，重点在肩部纹饰所表鱼与水这共生图形的考释。

一者，其圆点圈纹为鱼目纹，以连缀着的弧边三角形鱼身纹为衬托，而鱼目与鱼身之间那左右旋转两斜向平行弧线，则是由鱼背鳍构成的旋纹。具体来说，其斜贯基底留白部位那两平行弧线，可视作坚硬不分节的鳍棘，而两侧留白部分则是柔软的鳍条。那么，鱼目纹、鱼尾纹与此背鳍纹，则构成一抽象鱼体纹饰。

图二五 草叶鸟纹长颈彩陶瓶

二者，其圆点圈纹所表鱼目纹与所连缀弧边三角形鱼身纹这一鱼纹饰，与反向鱼纹与反衬基底那斜贯两平行弧线，构成水藻纹饰，那两斜向平行弧线则为叶片的主脉。

三者，其圆点圈纹可视为涡心纹，它以连缀着的弧边三角形鱼身纹为衬托，那么鱼目与鱼身之间那左右反转的两平行弧线所纵贯基底留白的图形，则是波浪回旋纹饰，其斜贯基底留白部位那两平行弧线，可视作水波回旋的波纹。

细察此件彩陶纹饰，一者，其所谓"圆点圈纹"构成共生图形有二：既可视作鱼目纹，亦可视作涡心纹；二者，其两斜对反向的圆点圈纹样与紧贴半月形的弧边三角形纹样连缀，所衬托出的两平行弧线与纵贯基底留白的逆向旋转图纹，构成共生图形有三：既可视作"背鳍纹"，又可视作"水藻纹"，还可视作"水涡纹"。面对如此神奇的构图，如此曼妙的纹饰，人们不难想见：在波浪回旋的湍流中，鱼儿大睁圆目，张大背鳍，在招摇的水藻中飞旋着鱼身……史前先民以其非凡的艺术想象力，化静态纹样为动态鱼水，化平面构图为立体物象，化二维有限画面为多维无限时空，这不禁令人为之拍案惊奇，叹为观止。

图二六 三角纹陶罐

深究此件彩陶纹饰所以被研究者误称"草叶鸟纹"，表象是人们未识对于抽象立体结构与鱼水共生图形这一艺术表现手法，实则偏离了"渔文化"这一社会历史背景使然。于是乎，一方面将"水藻纹"误识为"草叶纹"，另一方面将"背鳍纹"误识为"鸟纹"。但世人另有所不知的是，这一共生图形还兼作"水涡纹"。

6."偶鳍纹"识读之误

鱼鳍作为鱼类的运动器官，其背鳍与尾鳍为单鳍，而胸鳍、腹鳍与臀鳍则为两两相对的偶鳍。但在彩陶纹饰中，除了背鳍和尾鳍之外，偶鳍中时见胸鳍和臀鳍，其几何形多呈反向相对三角形纹样。

西安半坡博物馆馆藏一件名为"三角纹陶罐"（图二六）。其构图是以利用基底所施橘红色陶衣，腹部用黑彩绘制成三角几何形"偶鳍纹"，并与口沿以黑彩三角几何形"鱼头纹"上下呼应；然出人意料的是，反衬基底橘红色的"W"，与口沿那两个黑彩三角形构成的"鱼头纹"共生出"鱼尾纹"。如此简洁而明快的构形，如此深邃而丰富的"渔文化"寓意，令人不禁为之拍案叫绝。

具体来说，其绝妙之构图有以下三点：

一是以罐口外沿的等边三角形表抽象鱼头纹样，同时在这表抽象鱼头两个等边三角形之间，对应腹部两直角相对而弦边外圆的三角形。那么，这两两相对的胸鳍或臀鳍的"偶鳍纹"，当表游鱼微张着偶鳍之静态；

二是以罐口外沿表抽象鱼头纹样的等边三角形，正对腹部两个反向相连表"鱼尾纹"的直角而弦边外圆的三角形，以表鱼儿头尾的翻卷腾跃之动态；

图二七 多层锯齿纹彩陶壶

三是采用最有效的"图""底"互生互存的表现形式，即无论表动态鱼儿头尾翻卷腾跃之情状，还是表静态游鱼微张着偶鳍之情态，均以罐体所施橘红色陶衣为底。二者反转视角，即以黑彩图形为底，则衬托出夸张的"波浪纹"。

总之，这鱼与水的渔文化主题，虚实互补，互生互存，展现出远古先民的视觉世界。

7. "鱼鳞纹"识读之误

对于彩陶"鱼鳞纹"识读之误，在于研究者多将其误识为"锯齿纹"这种颇为奇葩的说法。

甘肃省博物馆现藏一件名为"多层锯齿纹彩陶壶"（图二七），属半山类型。此彩陶壶所称"多层锯齿纹"，即未辨黑彩所绘主体乃"波浪纹"，与器体底色所呈客体"鱼鳞纹"构成鱼水共生图形，从而导致其识读之误。

试看由黑彩所绘"波浪纹"反衬出的横向半月形纹饰，即器体留白部分自然形成的"鱼鳞纹"。随着波浪的起伏，闪动着鱼儿的锦鳞，二者浑然一体，自然天成。

图二八　大锯齿纹彩陶瓶

对这件彩陶壶的识读，除却壶身以起伏的"波浪纹"所呈现的"鱼鳞纹"之外，还要看到其上壶颈那细密的"渔网纹"，还要看到其下环绕壶体周匝这"绳纹"。如此突兀的"绳纹"，究竟是什么"绳"？其实，人们只要从壶口向下俯瞰，就会发现壶口犹如撒网张开的网口，下面在波浪上闪动鳞光的群鱼似尽入网中，而底部这粗实的"绳"，即渔网外网口那"纲举目张"之钢绳。由此可见，这彩陶壶的纹饰，正是一幅张网捕鱼的立体画面：在波浪起伏水面撒下渔网，众多入网的鱼儿闪动着锦鳞，网口那粗实的纲绳有待收网。

如此浑然一体且匠心独运的彩陶壶，如此轻率地误作"多层锯齿纹"，岂不辱没了远古先人呕心沥血，以彩陶纹饰所凝结的那卓尔不凡的智慧？

图二九　游鱼纹彩陶瓶

8. "鱼身纹"识读之误

甘肃省博物馆藏有一件名为"大锯齿纹彩陶瓶"（图二八），出土于甘肃省定西市通渭县碧玉村，属距今4800年马家窑文化。

图三〇　齿状鱼体

这件橙黄陶，肩部以黑彩绘有抽象弧边三角形鱼尾纹，与两斜向外缘齿状鱼身纹所构成的富有律动感的图形；而腹部纹饰的主体，是由两斜向相对抽象弧边三角形鱼尾纹与弧边两角连线所构成的鱼鳃纹、鱼鳞纹，与基底留白形成的水藻纹这一共生图形，展现出畅游的群鱼泳在汹涌激流中翻转腾跃的动态。

此彩陶由原称"大锯齿纹"考正为"鱼身纹"，主要依据甘肃省博物馆收藏的那件"游鱼纹彩陶瓶"（图二九），由其瓶体那具象简笔鸭嘴鱼的齿状鱼体（图三〇），可作为抽象鱼体纹的明证。

这件葫芦状彩陶瓶，于1981年在甘肃省秦安县王家阴洼墓地出土，属仰韶文化早期半坡类型。其上部已残，瓶体用黑彩所绘四条环绕的鸭嘴鱼：姑且不论每一游鱼姿态各异，或俯冲，或潜泳，或翻转，或腾跃，如何巧妙地穿插在一起，亦不论游鱼那上翻的眼珠和叉开的尾鳍，以及弓曲摆动的鱼身，如何呈现出游鱼泳于汹涌激流中律动着的生命力；仅就陶瓶所绘鱼身纹而言，无论是内在的黑彩平涂，还是

图三一 交错三角纹彩陶壶

外在的线条勾勒，人们所见它那齿状之纹样，实际并非"变体鱼纹"，而是鸭嘴鱼其鱼身两侧胸鳍、腹鳍和尾鳍那对称的纹样而已。构图形象而灵动，笔法严谨而夸张，纹饰简洁而精美。

没有比较，就没有鉴别。依据此简笔鸭嘴鱼齿状鱼身纹，与本文所考甘肃省博物馆现藏所谓"大锯齿纹"彩陶瓶作一比较，即可见二者纹饰别无二致。鉴于此，此人云亦云"大锯齿纹彩陶瓶"，当更正为"鸭嘴鱼身纹彩陶瓶"。

9. "鱼尾纹"识读之误

鱼体中的分叉鱼尾，由上下两叶对称的尾鳍构成。基于此，彩陶上的鱼尾纹，大多呈两外向直角三角之形，亦存在两直边呈45度角反向连接之状。然而，大多学者未能识读这抽象直角三角几何形所表简体鱼尾纹样。那么，离开"渔文化"的主题，不免产生诸多误解。

（1）误识之"交错三角纹"

国家博物馆现藏一件名为"交错三角纹彩陶壶"（图三一）。其器形特征显著：腹下部外鼓，上部内收，呈大蒜之状；而壶口则呈反向小蒜头之形。

这件仰韶文化彩陶构思之巧妙，一是利用其腹下部外鼓的器形特点，用黑彩绘出等腰三角形二方连续纹样，既表抽象的向上鱼头纹，又表夸张的汹涌波浪纹；二是利用其

图三二 彩陶豆

腹上部内收的器形特点，将向上的对称两叶鱼尾纹与壶顶所留圆圆的壶口相契合，以表腾飞的鱼儿张着圆圆小嘴之状；三是利用上部鱼尾纹与下部鱼头纹兼波浪纹之间基底的留白部分，自然形成碧波上翻卷着的白浪纹这一共生图形。此三者相互映衬，相映成趣，恰到好处。

可以想见，那碧波翻卷起的如雪巨浪，而纵身腾飞在波峰浪谷上那向上鱼尾，仅见向上张着圆圆小嘴那高昂的鱼头，呈现出多维度锦鳞凌波飞跃那瞬间之神态。如此极具夸张与想象

的纹样，旨在凸显洪波汹涌中游鱼首尾相接那上腾下跃的动态。因此，"交错三角纹"之说，显然与彩陶壶所绘纹饰初心不符。

（2）误识之"八角星纹"

1974年，山东泰安大汶口遗址出土一名为"八角星纹彩陶豆"。考古学者据其器体由一方形四面延伸两角所构成八角纹样，命名为"八角星纹"。对于这一说法，大多学者未予认同。或以为光芒四射的太阳，或认为"八角"寓意无际天空，中间方形象征大地，即天圆地方之寓意……歧说纷呈，莫衷一是。

详察此彩陶豆（图三二），一是口沿部分，敛口侈沿，采用白彩在褐红底色绘就的抽象几何形纹样，实际是由对口三角鱼头纹与鱼鳃纹这抽象几何形纹样构成的共生图形，并与八组象征鱼身的竖条纹连缀，构成八组鱼儿嬉戏的纹饰；二是豆体部分，采用白彩在褐色陶衣上所绘几何形，实则是由八条两叶尾鳍（上、下、左、右四向相对，以契合东南、西南、东北、西北四隅）组成的鱼尾两组四出图案；三是喇叭形高圈足部分，采用两道白彩所绘圆弧纹，象征游鱼所吞之水泡。构图新颖别致，色彩对比强烈，堪称我国彩陶艺术又一瑰宝。

由此绝妙的彩陶豆纹饰，不难识读先民奇妙之构思：无论是口沿由对口鱼头纹与鱼鳃纹这抽象几何形纹样构成的共生图形，并与八组象征鱼身的竖条纹连缀，构成八组鱼儿嬉戏的纹饰，还是杯体以白彩绘制的四出鱼尾纹与基底寓意鱼口之方孔，构成主体表鱼纹饰的共生图形。即便圈足上那两道白彩所绘圆弧，仍为表示游鱼所吐水泡之纹样。由此可见，此彩陶豆纹饰，无一不凸显出以鱼为题材来彰显渔文化这一主题。

图三三 叶纹彩陶壶

反究此彩陶豆识读之误，一是未识豆体四出两叶尾鳍的"鱼尾纹"，与基底反衬表鱼口的方孔所构成的鱼体共生图形，反将其误作"八角星"；二是未辨口沿由对口鱼头纹与鱼鳃纹所构成的共生图形，反将鱼鳃纹误作"半月形纹"；三是不知圈足那两道白彩所绘圆弧，乃游鱼所吐水泡纹样，反将其误作"贝形圆弧纹"。显然，失去寄寓人文背景这深远意义的识读，不可能把握史前先民独具之匠心。

（3）误识之"叶纹"

马家窑文化彩陶中，不乏一类貌似"叶纹"的图形，或呈纵向排列，或呈横向排列，因而被学界称之为"叶纹"。倘若深究此类纹饰，其实不过是以黑彩勾勒的重叠"人"形"鱼尾纹"，并与基底留白形成的抽象"鱼形纹"所共生的反转图形。

在新石器时代的彩陶中，有一称名"叶纹彩陶壶"（图三三），其器形直颈，口沿外翻，溜肩，鼓腹，平底，腹部饰对称桥形双耳。属马家窑文化半山类型。

细观此彩陶壶，以泥质灰陶制成，壶颈以黑彩绘有两匝"波浪纹"与"鱼鳞纹"共生图形，从颈根至腹部绘有两弧形所谓"叶纹"，实则乃由抽象"鱼尾纹"与底色构成犹如过江之鲫的抽象几何形纹样；在这两弧形鱼尾纹与鱼群共生图形之间，便是网格状渔网纹；至于腹部这些纹饰下边沿那条黑实线，即表渔网口那粗实的钢绳。

尤为精微绝妙之处，是这条表渔网口纲绳纹略微过了壶体腹部突出部位，不难意会斯时渔民正在收网。整体构图巧妙，别出心裁，一幅天然撒网捕鱼图：借助壶体溜肩鼓腹的圆形，一张立体的渔网撒向波浪汹涌而锦鳞闪烁的水面上，面对无数鱼群纷纷入网喜人场景，网口的钢绳正悄然收紧。如果说，前者由鱼尾纹与鱼纹构成的图形状若"过江之鲫"，那么此时正在收网的渔网纹，其状亦可谓"鱼贯而入"。

如此以抽象笔法所绘就的这奇绝玄妙之杰作，岂可"一叶障目"，将这由鱼尾纹与鱼纹构成的共生图形以"叶纹"名之？

综上所论，可见彩陶鱼纹饰识读之误，远不止"鱼纹""鱼目纹""鱼鳃纹""鱼身纹""背鳍纹""鱼鳞纹"，而且还有"鱼尾纹"。一言以蔽之，此乃从头到尾的通体之误。

### （三）网纹饰之识读

在彩陶纹饰中，网纹饰在表示打鱼撒网的"渔文化"中，可说是不可或缺的重要组成部分。在与打鱼相关的彩陶网纹饰中，亦不免存在诸多识读之误。除了众多的"渔网纹"被笼统地称作"网格纹"之外，还有什么"菱格纹""绳纹""折带纹"等等。

1. "织网纹"识读之误

甘肃省博物馆藏有一件名为"菱格纹彩陶罐"（图三四），甘肃广河齐家坪发掘出土，属马家窑文化齐家类型。

这件彩陶罐，主体是罐上部用黑、褐二彩重重叠叠绘制的大交叉"织网纹"。在此大网目纹基底留白部位，再用黑彩勾勒出小交叉"织网纹"，从而形成网目中的织网纹。且看这两线交叉的织网纹，即古文字之"✕"。作为古文字，它不仅表数目之"五"，还以两线交叉表结绳织网之状。那么，这一点恰好成为此彩陶以两线交叉表织网纹的明证。

此陶罐与众不同之处，陶工充分利用其腹部外鼓而肩部内收这一器形，用黑、褐二色所绘自颈部至腹部那交叉的织

图三四　菱格纹彩陶罐

网纹，上细而下粗，始窄而后宽。显然，这远小近大的表现形式，说明史前先民掌握了物象的透视关系。特别是网目中以交叉线构成的小织网纹，中间各有一黑圆点，遂形成四鱼头对头、口对口这共生图形。如此四鱼头相对的共生图形，同时与外在的网纹浑然一体，展现出众多鱼儿被捕入网中相互拥挤而又挣扎之情态。除此之外，在这主体大交叉"织网纹"上下，各以黑彩勾勒的"波浪纹"与反衬底色鱼鳞纹所形成的共生图形相互呼应。

本诸上述，此彩陶罐草率地称为"菱格纹"，显然有违陶工绘制之初衷，亦有损史前先祖的智慧与创造力，尤其有悖以鱼纹饰体现"渔文化"这一构图之主旨。

2. "鱼网纹"识读之误

甘肃省博物馆藏有一件名为"菱格纹彩陶罐"（图三五），属马家窑文化半山类型。

这一彩陶罐纹饰，完全按陶罐腹鼓上收的器形，一是用红色竖线自颈部至腹部分成上窄下宽的梯形，形成较细交叉线与较粗纵向线的差异之美；二是以网目细密的渔网纹与网目疏朗的渔网纹相隔开来，形成细密与疏朗反差之美；三是后者又以大网目纹与小渔网纹相间隔，形成大网目中小渔网纹变化之美。如此参差错落而又排列有序的渔网纹，将原本单一平实的纹饰生化得如此灵动而富有韵律。尤其是那象征网口的罐口，其内沿绘有一匝鱼鳞纹二方连接纹样，自然寓意这些撒下的形形色色渔网，内在早已捕获到众多鳞光闪闪之鱼儿。这种不求形似求神似的艺术表现手法，可说此罐无鱼胜有鱼。

图三五 菱格纹彩陶罐

图三六 平行锯齿纹双耳彩陶壶

3. "钢绳纹"识读之误

甘肃省白银市博物馆藏有一件名为"平行锯齿纹双耳彩陶壶"（图三六），广河县出土，属半山类型。

这件彩陶壶的纹饰，是以黑彩在橙黄陶衣描绘而成。其壶颈为交叉着网格状的渔网纹，而颈根至肩部环绕着由黑彩绘成的水平线纹中，还分别在壶体基底绘有细绳纹。然尤为突出的是，其腹部以黑彩绘制成一匝粗实的渔网粗绳纹，而其下则是由水波纹与鱼鳞纹相互反转的共生图形。

总体来看，此陶壶的平面视觉设计，既利用了壶体腹鼓肩收这一凸圆体，又利用远细近粗这一透视关系，采用黑彩先在近颈部绘有五匝纤细的绳纹，再在肩部绘有五

图三七　人面鱼纹陶盆

匝细绳纹，后在腹部绘有一匝粗绳纹，并以此表网口那"钢绳纹"。于是乎，这由远及近粗细不等的钢绳纹，展现出无数渔网由近及远撒向了闪耀着鱼鳞之光的浩瀚水面。这一艺术表现手法，既以凸圆的壶形为载体，表现出渔网张开的立体感，又在有限的壶体平面拓展出无限的视觉时空。

长期以来，学界多将此类彩陶壶"钢绳纹"误作"绳纹"，甚至误作"平行锯齿纹"。究其所以然，关键在于研究者远不止未辨撒网收网全靠网口那粗实的钢绳，而且根本未顾及颈部那渔网纹，以及腹部底沿由水波纹与鱼鳞纹构成的共生图形，从而完全偏离了"渔文化"这一主旨，难免仅凭主观臆测而想当然。

### （四）彩陶中人与鱼纹之识读

纵观彩陶纹饰突出表现的渔文化，无论是水纹饰，还是鱼纹饰，抑或是网纹饰，无一不是以人为主体。基于此，从大地湾的人头形器口彩陶瓶，到半坡的彩陶人面鱼纹盆；从宗日的舞蹈纹彩陶盆，至玉门火烧沟的人形彩陶罐……每一彩陶都以人形鱼纹这同体共生图形，来展示史前先哲的主体思想文化与社会的主导意识形态，以及先民的主流审美观念与情趣。

长期以来，学界存在一大弊端，此即研究者仅注重探讨人与具象之鱼纹，而忽略了人与抽象之鱼纹。然而，即使对于人与具象鱼纹之探索，人们由于偏离渔文化这一主旨，以致产生识读之偏差。

1. 半坡"人面鱼纹陶盆"之误

国家博物馆收藏的"人面鱼纹陶盆"（图三七），由西安市半坡出土，距今约六七千年，属新石器时代仰韶文化遗物。这一细泥红陶盆，卷唇敞口，腹突底平。

此彩陶盆出土面世以来，学界一直致力于探讨此"人面鱼纹图"所蕴含的真正意义，但历来见仁见智，众说纷纭。有专家认为它反映了先民的祖先崇拜，亦有学者主张它源于生殖崇拜，还有人提出它是鱼图腾崇拜，此外也有人猜测是耳鱼巫师的形象，乃至将其仅仅看作装饰画而已……简单的线条，玄秘的构图，半坡发现的这一"人面鱼纹图"，迄今仍让人陷入无尽的猜想。

具体来看，其构图抽象与具象兼备，其纹饰夸张与工细并存，其平面视觉设计采用了图底反转的共生图形：

一是口沿部位，创作者施以黑彩，并由基底留白八等分间隔处反衬出四个"个"字形，

图三八　人面鱼纹

以及似表间隔的断带。按每一"个"纹样，实则乃抽象的两条张着巨口的龙头；所呈口口相对之状；而那由留白构成的表间隔的断带，则依托口沿的圆弧形态，颇似古代传说中的两尾相交而龙头向下那龙吸水的螮蝀。此"螮蝀"在殷商甲骨文中，即表"虹"之"🐉"（《甲骨文合集》13444）。若以此"虹"甲骨文形体作为此彩陶盆口沿龙形之参证，足见创作者绘龙之文心。

二是内壁部位，创作者以黑彩绘成两组对称的所谓"人面鱼纹"。试看此彩陶盆人面鱼纹展开示意图（图三八），学界所谓"人面"，其实是圆圆的娃娃脸。细观其额头，左侧涂黑，右侧上部所留出弯镰形，有研究者认为是婴孩尚未闭合的头颅；双目微闭呈一条细直线，宛如眯成一条缝的笑眼；鼻子呈"⊥"形，颇显鼻梁之挺直；尤为令人关注的是，此婴孩之口是由两相对鱼头反衬基底留白所形成的共生图形。至于头顶上那三角图形，有人断言为"发髻"，可小小一婴孩何来发髻？婴孩面部两侧各有一条小鱼附于其耳部，仿佛与其窃窃私语。

三是两人鱼纹之间，还有两条大鱼同向追逐。尚且，鱼身及鱼头均由简笔绘成三角形，鱼眼呈圆形，而大鱼的鱼身以斜方格为鳞，颇似捕鱼的渔网纹。鱼头寥寥数笔，勾画得形象传神。鱼身的鱼鳞以斜方格渔网纹为之，在富有律动感的同时，似乎寓意着鱼的宿命。可以说，整体图案古朴稚拙，纹饰简洁平实，却不失其玄秘神奇之感。

大道至简。基于以上分析，如何揭示"人面鱼纹"玄秘的寓意呢？

首先，人们需顾及仰韶时代社会流行的瓮棺葬习俗。从半坡遗址出土的这一彩陶器来看，远古先民将夭折的儿童安放在陶瓮之内，随之将倒置的彩陶盆覆盖其上。如果说，前者是以瓮为棺；那么后者则是以盆为盖，瓮与盖合二而一才成为瓮棺，最终葬于地下。简言之，这件所谓"人面鱼纹彩陶盆"虽名之为"盆"，实则无非是一顶儿童瓮棺的棺盖。鉴于此，这件作为棺盖的彩陶盆，须置之于作为死者的孩童头顶之上，其内壁纹饰无疑深深寄寓着父母与家人对这失去的幼小生命的无尽哀思的同时，尤其是对这幼小生灵的未来寄托着殷殷的美好祈愿。

其次，如何破解这件彩陶盆充满梦幻感的纹饰之谜，关键在于依据仰韶时代以瓮为棺的社会习俗，先民将夭折的孩童安放在陶瓮之内，然后将倒置的彩陶盆覆盖其上，最后将此瓮棺入土安葬。由此不难推知：作为覆盖此瓮棺的彩陶盆，其内壁所绘这个夭折的孩童，当为其父母在失去亲生骨肉的煎熬中，以其假想化解其心中的难舍心痛：他们以为儿子并未死去，只不过正在安详地熟睡，尚且渐变幻化成一条悠然自得的人鱼。

图三九　人面鱼纹

且看这条这条人鱼正迎面游来：先观其额头，左侧涂黑，右侧上部所留那犹如孩童尚未闭合的头颅，实则正渐变为"背鳍纹"；再观其面部，尚未嬗变的部位，是那微闭而眯成一条缝的笑眼，以及呈"⊥"形而颇显挺直的小鼻子；而已蜕变的部位，是由两相对鱼头反衬基底留白所共生的那微张孩童之口，尚且腮边的游鱼已演变为对称的胸鳍；至于孩童两耳附有的小鱼，似乎与其窃窃私语，其实是将要嬗变为人鱼的腹鳍。最后观孩童头顶那三角形，而是人体现已蜕变成的高高翘起的小鱼尾。况且，这条迎面游来人鱼，正与其他游鱼相互追逐，充满了无穷的乐趣。人鱼一体，浑然不二。如此澄明的时空，如此幻化的生命，足以慰藉父母的心灵（图三九）。

最后，考量仰韶时代社会主流文化形态。在诸多出土彩陶纹饰中，贯穿着以鱼纹饰体现渔文化这一主题，以水流代表时间的恒久而无始无终，以鱼儿象征空间的无限而自由畅游。构思这般巧妙，手法这般奇幻，想象这般浪漫，完全在于远古时代渔文化这般使然。

本诸上述，此半坡"人面鱼纹陶盆"，当为"人鱼彩陶盆"。不知学界诸君以为然否？

2. 大地湾"人头形器口彩陶瓶"之误

甘肃省博物馆藏有一件"人头形器口彩陶瓶"，出土于大地湾遗址，属距今5500～4900年的大地湾四期文化。

此彩陶瓶（图四〇）由细泥红陶制成，腹部圆鼓，平底。其器口为圆雕人头像，并采用了不同的雕塑手法：头部左右及后部以浮雕方式刻划出整齐的披发，前额上垂着一排齐眉短发；两眼镂雕成圆孔，颇显目光之深邃；捏塑而成的鼻子呈蒜头形，并雕有鼻孔；浮雕的嘴微微张启而若有所语；捏塑的两耳外展，皆有穿孔，当为垂系饰物所用。作为大地湾彩陶文化的代表作，除了器口人头像五官整齐而面庞秀丽之外，其器身以其造型典雅而与人物形象浑然一体，堪称中国史前集绘画、雕塑与造型艺术于一体的杰作。

从其瓶体纹饰来看，自上而下以黑彩绘制三层由弧线三角纹所表鱼尾纹为主体，一方面以一横画线将上下两弧线三角形所表鱼尾纹连接起来，反衬出基底留白所形成的上下半

图四〇　人头形器口彩陶瓶

圆形表共生的鱼鳃纹；另一方面又以左右两弧线三角形所表鱼尾纹连接起来，反衬出基底留白所形成的上下新月形来表共生的鱼鳞纹；还以三条并列斜线与两侧基底留白，而表鱼儿背鳍纹与水藻纹形成共生图形。简言之，这由抽象的鱼尾纹、鱼鳃纹、背鳍纹与水藻纹有机整合而组成的二方连续图案，可说绝非偶然，因为它充分体现了渔业劳作给予远古先民的生活带来的满足感，并由这位渔家女面部这份安详，呈现其心灵的那份安泰。

图四一 舞蹈纹彩陶盆

纵观此彩陶识读之误，关键在于重视器口造型而忽视了器身纹饰。那么，所谓"人头形器口彩陶瓶"，显然有失确切。因此，当改称"渔家女彩陶瓶"为妥。

3. 宗日"舞蹈纹彩陶盆"之误

青海博物馆藏有一件名为"舞蹈纹彩陶盆"（图四一），泥质红陶，大口，侈唇，平底，属新石器时期青海马家窑类型彩陶。1996 年出土于同德县宗日遗址，距今约 5000 年。

这件彩陶盆，以黑红彩在口沿内壁绘有两组手拉手跳舞这人体图形而闻名于世。这些舞者，一组 13 人，另一组 11 人，共 24 人。每人头部都戴有宽大的头饰，腰部以圆球形为装束。其珍贵的历史价值，在于它生动地再现了原始先民舞蹈的场景，画面除律动着生活的欢快与生命的激情之外，还回响着远古文化那极具魅力的艺术神韵。

图四二 两尖嘴鱼共生图形

图四三 左向尖嘴鱼图形

图四四 简笔尖嘴鲟龙鱼

通过舞蹈纹图像这一视觉艺术的遗存，不失为探寻史前社会文化生活及其意识形态的一条捷径。为了揭示此盆的社会文化含义，众多学者多年来进行了广泛而深入的考证，执着而不懈的探求。人们的论题虽然涉及巫术舞蹈、原始服饰、祭祀礼仪、生殖崇拜、求偶舞蹈等多层面多领域，但由于忽略了两组舞者之间那些抽象几何形纹饰的识读，历来仅以"弧线纹""斜线纹"（或"柳叶纹"）"圆点纹"称之，而不求甚解。这就不免南辕北辙，从而步入凭主观臆断而猜想的误区。

倘若破解此彩陶"舞蹈纹"之究竟，有待从口沿内两组舞者之间那些抽象几何形纹饰，到口沿上所绘那些抽象几何形纹饰，逐一解密此二者寓意之后，进一步揭示它们与舞蹈纹饰的相互关联。先从口沿内壁两组舞者之间所绘的抽象几何形纹饰来看，以所谓"斜线纹"（或"柳叶纹"）分离开的两"弧线纹"，其实乃两尖嘴鱼共生图形（图四二）的公共边。仅就其左向尖嘴鱼（图四三）来看，无非简笔尖嘴鲟龙鱼（图四四）而已；而两反向三角几何形之上的所谓"圆点纹"，则无疑是颇为夸张的鱼目纹。至于鱼头纹两侧那纵向三道平行圆弧线，显然是鱼身纹的写意之简笔。由此可见，那些手拉着手的舞者，她们作为鱼身不可或缺的组成部分，似乎身为渔家女，在撒网捕鱼而船载归家之后，为了收获的丰饶渔产，她们踏着欢快的节拍而翩跹起舞。再从口沿所绘的抽象几何形纹饰来看，既饰有表渔网口那粗实的钢绳纹，又饰有以波浪纹反衬基底留白而共生的鱼鳞纹。此二者亦动亦静，亦具象亦抽象，不仅与内壁鲟龙鱼与渔家舞女二者纹饰圆融不二，浑然天成，而且还为诠释口沿内壁纹饰的社会意识形态，作了不可或缺的注脚。

本诸上述，反顾现收藏于中国国家博物馆的青海大通"舞蹈纹彩陶盆"，其口沿内壁所绘"舞蹈纹"，倘若同此宗日"舞蹈纹彩陶盆"相比较，虽说存在着分组、人数、头饰、服饰等些许差异，但二者构图大体一致。尤其是舞者之间那些抽象几何形纹饰，无非两相对鲟龙鱼的鱼头纹，只不过缺少那圆而大的夸张性鱼目而已。概言之，无论是宗日"舞蹈纹彩陶盆"，还是大通"舞蹈纹彩陶盆"，二者称谓皆有失偏颇。鉴于其内壁所绘那人鱼一体的纹饰，当知人为鱼而舞，鱼又何尝不为人而动？

总之，此类彩陶盆的识读之误，在于顾"人"而失"鱼"。概言之，这种仅注重"舞蹈纹"而置"鱼头纹"于不顾，则不免偏离了渔文化这一主题，因而不知其为何而舞。所以，其"舞蹈纹"之称颇显得名不正言不顺。

4. 四坝文化"人形彩陶罐"之误

甘肃省文物考古研究所藏有一件名为"人形彩陶罐"，1988年于玉门火烧沟遗址征集而来，距今约4000年，属四坝文化之珍品。

这一彩陶罐（图四五）造型奇特，整体为双手插兜站立着的男子。其人体中空可盛水，而插入裤兜的双臂构成陶罐的双耳。就其立体视觉设计来看，写实而不失夸张，具象而富有想象。

图四五 人形彩陶罐

先就其形象而言，奇特而别致：头留短发，高鼻深目，双耳开孔，嘴角微翘，双手插进裤兜，双腿直立。表情生动而不乏含蓄，目光专注而极为深邃，动作自然而略显潇洒，神情坚毅而怡然自得，体态敦实而强健有力，其刻画可谓惟妙惟肖，栩栩如生；再就其装束而论，身着短上衣，下穿分档长裤，双脚上穿着肥大的高靿靴子，这当为史前劳动者的工装。

具体来说，这身工装，当为渔民趁潮涨时机踩着高跷在近海张网捕鱼所需。另从其纹饰来看，无论是此陶男所穿上衣从颈部至胸部那些所谓"网格纹",还是所穿分裆长裤上的那些所谓"网格纹",实则均为表明此陶男身份的"渔网纹"。

详查此四坝文化"人形彩陶罐",人们不禁要问:此陶男何许人也?对于这一问题,倘若采用排除法,一切都会迎刃而解:即使不论他所穿上衣下裤所饰"渔网纹",首先凭其强悍的体魄,双手插裤兜的动作,以及身着短上衣、下穿分裆长裤的工装,即可推断这位陶男乃一体力劳动者;其次仅凭其双脚所穿的那肥大的高靿靴子,即可排除这位体力劳动者既非田间劳作的农民,亦非出没山林的猎人,因为双脚穿上如此肥大的高靿靴子,农民无法在田间耕作,猎人亦无法出没山林;那么,是否风里来浪里去撒网打鱼的渔民呢?确切地说,他并非"出没风波里"的渔民,或许是奔走在滩涂忙于捉蟹捞海鱼那些"赶海"的渔夫,或许是踩着高跷在浅海海水中居高临下以罾(一种竹竿和木棍支起的三角形渔网)捕虾的渔夫。

本诸上述,此陶男的体态与神态,当为奔走在滩涂或近海捕捉虾蟹的渔夫。他经过繁忙的劳作之后,尚未脱去那双肥大的高靿靴子,望着人们忙碌着收获那些活蹦乱跳的虾蟹,不由得将双手插进裤兜,表露出一派恬然自得的样子。那么,当这位陶男已确定为4000年前渔夫形象,这件四坝文化"人形彩陶罐"显然名不副实,应更名为"渔夫彩陶罐"为是。

综上所述,本章对这些颇具代表性彩陶纹饰进行了深层探究和系统论述,其表现题材既有水纹饰,又有鱼纹饰,乃至网纹饰,以及人与鱼(或渔网)一体纹饰;其艺术风格不仅有共生图形与抽象几何重组,还有立体构成。这些无一不反映出史前先民不断探寻立体陶器的多维时空的审美表现,以及由平面表现多维立体时空的表达,以致还原所带来的流变与建构。他们从空间与人的关系、作品和观者的关系之中去发掘设计的无限可能。通过对矛盾空间视幻原理的阐释,绘制者创造出一个集结视觉引力、视觉趣味与多重内涵的视觉世界,搭建起彩绘艺术家所观所思的世界与观者间的桥梁。不过,尤为珍贵的是,人们可通过先民的主流审美观念与情趣的解读,揭秘史前先民的主体精神与社会文化的主导意识形态。

## 三、彩陶纹饰研究的误区与迷途

史前彩陶纹饰文化,是原始思维和艺术完美统一的表达形式,因为每一器物装饰纹样都遗存着大量而丰富的远古思想文化信息。

彩陶问世已逾百年,如何正确理解、准确识读、精确诠释隐含其中的思想文化意蕴,早已成为考古学者,以及人类学者、历史学者、文化学者、社会学者、美学学者等为之全身心投入的既定目标,并从不同领域、不同层面进行了不懈而有益的探索。但令人不无遗憾的是，人们迄今未能基于自身的研究获得突破，进一步形成完整的思想理论，从根本上完全破解这些新石器时代彩陶抽象几何纹样，究竟采取了什么样的表现方式？到底蕴涵着什么样的寓意？

深究彩陶纹饰研究所存在的问题，除了学科自身原因之外，还在于研究主体无视彩陶所展示的伏羲渔猎文化这一思想文化意蕴，仍深陷于西方原始文化理论的泥淖而不能自拔。具体来说，存在如下三方面的误区：

一曰陶器纹饰之含义。有些学者以其思维惯性，无论是鱼纹、鸟纹，还是蛙纹，或冠之以"图腾"，或释之以"巫术"，然后生搬硬套"原始文化""原始人类"等概念，最后断言这些彩陶纹饰"反映了原始人类的图腾信仰"。基于彩陶纹饰研究中这"三级跳"的惯性思维，治学所应秉持的"独立之精神，自由之思想"早已荡然无存。

对于彩陶纹饰的识读与研究，石兴邦先生自有其看法，"彩陶纹饰是一定的人们共同体的标志，它在绝大多数场合下是作为氏族图腾或其他崇拜的标志而存在的"，他认同马家窑文化中"由鸟纹变成的螺旋纹、由蛙纹变成的曲线纹和垂幛纹"这种说法，于是声称"这两类几何纹饰划分得这样清楚，大概是当时不同氏族部落的图腾标志"[6]。严文明先生亦如是说："仰韶文化的半坡类型与庙底沟类型分别属于以鱼和鸟为图腾的不同部落氏族，马家窑文化属于分别以鸟和蛙为图腾的两个氏族部落。"[7] 另看李泽厚先生之见解："仰韶、马家窑的某些几何纹样""是具有严重原始巫术礼仪的图腾含义的。似乎是'纯'形式的几何纹样，对原始人们的感受却远远不只是均衡对称的形式快感，而具有复杂的观念、想象的意义在内。巫术礼仪的图腾形象逐渐简化和抽象化成纯形式的几何图案（符号），它的原始图腾含义不但没有消失，并且由于几何纹饰通常比动物形象更多地布满器身，这种含义反而更加强了"[8]。由此可见，以上学者的观点几近学界之共识。所以，彩陶纹饰这一"图腾说"至今依风行于世，尚且几成定论。

世间自不乏觉悟者。有些学者则由冷眼旁观而反向思索，以至愤然而起，力求改变受西方原始文化理论影响所形成的思维定式，力图摒弃陶器纹饰研究中这由来已久的潜规则。李学勤先生曾针对这种盲从性研究倾向，明确指出："曾有人认为，彩陶上缤纷繁复的图形仅仅是线条图案，无更深刻的意义可言。这种观点，是与文化人类学的大量成果相违背的。在世界各地的实际调查中间，已找到极多证据，指出原始艺术常有复杂深邃的思想含义，彩陶自不例外，只是由于年代古远，难于为现代人理解而已。"[9] 王先胜先生更是直接发出了质疑："如果鱼纹、鸟纹、蛙纹等彩陶纹饰都是图腾，那问题不就简单了吗，还有什么深邃的思想、文化含义需要发掘、探索？就算是图腾动物,那鱼纹、鸟纹、蛙纹为什么要画成三角形(或两个三角形、四个三角形组合的图案)、弧边三角形、旋涡纹、螺旋纹、圆圈纹、垂幛纹、折线纹等等?"[10]王氏此说,犹如酷暑吹来的一股凉爽的风,一扫学界积聚过久的沉郁而污浊的空气。

尤为需要提出的是,这些学者虽不乏灼见,但对彩陶纹样的具体识读,则明显暴露出学界普遍存在的问题。他们往往将抽象"鱼头纹"误作"三角纹"("两个三角形",当为两鱼头相对纹之误;"四个三角形组合",当为四鱼头上下、左右相对纹),将"鱼目纹"误作"圆圈纹"(或"重圈纹"),将"鱼身纹"误作"弧边三角形",将"背鳍纹"误作"鸟纹",将"回旋纹"误作"螺旋纹",将"波浪纹"误作"垂幛纹",将"鱼头鱼尾纹"误作"折线纹"。本文所以在此指出,因为这皆有悖于本文所议"渔文化"之论题,不得不予明示。

二曰陶器纹饰之成因。这个问题分两个方面,一方面对于具象纹饰,有的学者或臆断为"氏族图腾或其他崇拜的标志",或断言"象生性的人、动、植物纹样";另一方面对于抽象几何形纹样,有的学者则归之于史前先民对于所编织篮筐上花纹的简单模仿。

早在 20 世纪 30 年代初,林惠祥先生受泰勒、摩尔根和恩格斯的影响,在其《文化人类学》中提出:"陶器的制法有贴土于筐篮上而烧成的,这种制法使陶器上留了筐篮的纹,因而也成为一种几何体的纹样。编织的技术也能决定纹样的体式,如要将写实体的纹样施于编织物上,必致将曲线形的改为直线形的,这便是写实体变为几何体的一种原因……"[11]林氏这一观点影响深远,以致相隔半个世纪后,半坡博物馆编著的《半坡仰韶文化纵横谈》仍持其说:"半坡彩陶上的几何形图案花纹,主要源于编织物的几何形花纹。半坡的一些陶器的式样,也是模仿陶器出现前的编织器皿的器形和肌理纹样制作的。如有的陶器是依照篮筐的编织纹理,用锥形器在陶坯上戳成类似篮筐上的孔隙状的纹样;这种三角形锥刺纹被摹移于彩陶上,演变为排列成行的通体密布的直角三角形的黑彩纹。"[12]由上可见,大多学者对于器物线条图案的识读,仍固守西方原始文化理论片面地推断。但是,这种基于固有思维而任意推测的研究方式,既同远古华夏族群的生存境遇相剥离,又同伏羲的"渔猎文化"的社会文化背景相脱离,可谓南辕北辙,不啻缘木求鱼。换言之,大多研究流于猜想的弊端,这无疑导致了彩陶纹饰研究犹如盲人摸象般跟着感觉走,严重桎梏了考古纹饰学和文化人类学研究的前行脚步。

鉴于这碎片化解读的倾向,诚如王仁湘先生所言:"彩陶图案并不是陶工随心所欲的臆造和简单的摹写,它具有深刻的历史背景。""彩陶图案的意义不仅在于它们在传统绘画上表现出的源流关系，更在于它们是史前人精神生活的一种形象寄托。人们不仅为了美化生活而作画，与此同时还要表达他们特定的心理和意识[13]"。王氏指出的问题，可说切中时弊，但"它具有深刻的历史背景"与"特定的心理和意识"究竟是什么，则语焉不详。

三曰陶器构图之意蕴。彩陶纹饰作为一种原始艺术，其构图除少数物象呈自然形态外，绝大多数抽象几何形纹样无论是单独的、组合的，还是二方连续和四方连续的，乃至共生图形，这些涉及现代图案学的几何纹样式和艺术表现手法，无一不见诸史前每一彩陶，并结合口沿、颈部等其他部位的纹样，一并表明与水、鱼、网这相关渔业的文化。尤为值得提示的是，那件以代表仰韶文化庙底沟彩陶而声誉远播的所谓"花瓣纹盆"，即使张朋川先生曾明确指出"四瓣花的图形也是鱼体几何化的结果"[14]，但由于鱼体纹与花瓣纹这两种图形何以共生的原委未能从根本上阐明，致使连颇有灼见的王仁湘先生亦走不出"几何纹彩陶主要表现为花卉图案形式"[15]这一误区。

针对彩陶纹饰研究存在的诸多弊端，水涛先生明确指出："彩陶纹饰究竟表达了什么样的含义，这是每个人都急于知道答案的问题。目前，许多研究彩陶的文章在这方面似乎都可以给出一定的解释，又都无法回避更多的不可解释的东西。由于这种解释的随意性往往陷入自相矛盾的怪圈，使得大家对于这样的研究结果也产生了怀疑，也使得更多的人视彩陶研究为畏途。"[16]

回顾彩陶纹饰近百年的研究之路，亟待研究者透过那抽象几何形纹饰的表象，由表及里地还原史前文化的真相，并尽快导引人们走出人云亦云的误区和以偏概全的泥淖。不过，这其中有一不可或缺的重要节点，此即史前彩陶含义的诠释，并非由其纹饰来揭示"它具有深刻的历史背景"，而是由伏羲"渔猎文化"这华夏文明成因的解码，来解密"他们特定的心理和意识"。显然，这尚待彩陶纹饰文化的解码与诠释，以走出"解释的随意性往往陷入自相矛盾的怪圈"。

## 四、彩陶纹饰文化的概述与结语

史前彩陶纹饰作为原始思维和原始艺术的表达形式，自然遗存着华夏先民弥足珍贵的思想文化信息。但人们应该看到，问世已近百年的彩陶纹饰研究，虽取得了长足进展，但未取得突破性成果。

本文在借鉴和汲取无数学者研究成果基础上，透过彩陶纹饰研究那扑朔迷离的表象，导入伏羲文化中有机组成部分的"渔猎文化"，致力于由表及里地还原史前文化的真相，力争正确理解、准确识读、精确考释先民们在陶器装饰纹样中隐含着的思想文化观念，力求有助于构建伏羲文化完整而系统的思想理论体系。

**（一）破除史前社会经济固有的"农耕文明"之定论，确立渔猎文明与农耕文明相向而行的远古社会科学经济观**

学人周知，史前上下五千年的彩陶文化中，从距今约 8000 年渭河流域大地湾文化的发轫，到距今约 7000 年黄河中游裴李岗文化的兴起；再从距今约 6000 多年前仰韶文化的兴盛，直至距今约 5000 多年前泾、渭水上游马家窑文化的鼎盛，乃至距今约 4000 年左右洮河之畔齐家文化的式微，各重要遗址中既发掘出粟、黍和稻谷，又出土了有尖木棒等木质工具和石铲、石锄、石刀等农作工具，以及石磨盘、石磨棒和木杵、石杵等粮食加工的用具，同时还普遍发现了石、陶制网坠和骨制鱼钩、鱼叉，以及用骨、石、角磨制的箭镞、矛头和用于投掷的石球。

这些原始社会经济所遗存的大量实物史料，雄辩地说明史前农业生产与渔业、狩猎业劳作多种经济形式并存，农耕文明与渔猎文明相向而行。但从社会经济发展的前后顺序来看，当然是先有渔业、狩猎业劳作，后有农业耕作。尤为需要申明的是，农耕文明的崛起，并未取代渔猎文明。直至上古，渔业依旧与农业并驾齐驱，只是狩猎业分化出畜牧业后趋于式微，逐渐沦为贵族有限的狩猎活动。申言之，中华远不止以农业大国著称，尚且一向以渔业大国傲立于世。

确立渔业文明与农业文明相向而行这一远古社会经济观，旨在破解彩陶纹饰研究中的一大难题：彩陶纹饰何以表现渔业文明的水纹、鱼纹、网纹比比皆是，而表现狩猎业文明的禽纹、兽纹时有所见，可表农耕文明的稻、稷、瓜、果、菜、蔬等纹饰却极为罕见？本文之所以强调史前渔猎文明，并非以此否定农耕文明，而是由此排除彩陶纹饰源于远古先民对经济生活的简单摹写这种可能性，并从文化方面为探明其成因，开辟了一条简捷而畅达的路径。应该说，其深远社会价值和历史意义不言而喻。

**（二）摒除固化的西方原始"图腾"思维惯性的定势，钩沉彩陶纹饰所遗存的伏羲"渔猎文化"这曾游去而今游来的鱼**

若要解密史前彩陶所遗存的文化密码，务必走出以西方原始"图腾"理念释解彩陶纹饰成因这一迷宫。

本文秉持文化人类学这一视角，一是根据伏羲"一画开天"，索隐这位历经"宇宙洪荒"那场浩劫的先哲肇启华夏文明的那片天；二是依据伏羲"作结绳而为网罟"，钩沉远古这一高科技为提升社会生产力所开创的渔猎文明，并感知那映象在人们心中抹不掉的社会群体记忆；三是针对彩陶表"水·鱼·网"这典型性纹饰，探颐先民以表现"渔文化"为旨归的文化遗存，体悟其内在的感恩思想观念之意蕴；四是按照彩陶纹样由具象而抽象这一艺术发展流向进行梳理，探求以物象整体切割后形成的抽象几何形纹样这一艺术表现方式，同象生性具象纹样进行比对，以探明先民本初绘画的真实思想动机与审美情趣。

概而言之，这些交织着敬畏、感恩与祈愿的多重情感，由先民内化为相应的心理表象，随之将这些经过类化而形成基本的思维符号描绘在彩陶器物上，物化成由具象到抽象各种表意的几何形纹样。概言之，彩陶器物遂成为先民表述其思想观念及社会意识形态的载体。因此，本文经过对大量彩陶纹饰的考正，充分说明贯穿史前长达5000年的彩陶纹饰，无一不展现出"渔文化"的绚丽多姿，仪态万方。

**（三）摈弃彩陶研究仅凭局部单一几何纹样碎片化解读的倾向，解密先民以立体结构进行纹样重组而表整体物象这一动态密码**

1. 依据彩陶浑圆形体，揭示其纹饰立体结构的艺术形式

彩陶纹饰的选材，所以采用盆、瓶、罐、瓮、釜这类日常生活用品为载体，其实并非先民仅仅出于便利，亦非有学者主张的"节省用料与容积较大"这类想当然说法，而是借助这类圆形、椭圆形和半圆锥形立体陶器，展现他们眼中那浑圆的世界。申言之，先民经远古大洪水过后由"观物取象"而"观象取意"，然后以织网纹、网目纹、钢绳纹、渔网纹等二方连续图案，来环绕圆柱体陶器。这样就使彩陶浑圆的器体，与环绕着的水纹饰、鱼纹饰、网纹饰，以及构成的二方连续纹样浑然天成，自然而然地呈现出立体结构的艺术效果。

无论是甘肃省博物馆所藏的所谓"多层锯齿纹彩陶壶"，还是里斯本东方博物馆收藏的所谓"彩陶叶纹双系壶"，这两件被误识的彩陶壶皆以壶体上的渔网纹，表张网捕鱼的画面：前者表现的是在波浪起伏水面撒下渔网，众多入网的鱼儿闪动着锦鳞似乎浑然不觉，而网口那粗实的钢绳有待收网；后者表现的是鱼群闪着鳞光畅游在波涛汹涌江海之中，当它们随着洋流追逐着食物忽东忽西遨游之时，一张弥天大网自上而降之际，游鱼有些误入渔网而浑然不知，有些倏忽反身调节自己的游向，呈现出那种特定的应变形态。如果从二者表网口下缘的钢绳纹来看，前者以陶器腹部钢绳纹呈撒网完成时态，而后者则以肩部钢绳纹呈撒网近半的进行时态。

史前先民采用的立体结构这一艺术手法，旨在利用陶器的圆柱立体型态来表现渔民撒网捕鱼的立体形态。所以，彩陶中渔网纹所表达意象，无非先民以陶器这一立体物象为载体，表现他们作为创作主体的独特情感活动。孰料这竟然创造出中国古典美学特有的审美情趣，为伏羲"渔猎文化"生态环境下所形成的这别具一格的艺术形态。

2. 通过彩陶具象解析，揭秘其抽象立体结构的艺术风格

本文抓住彩陶典型性鱼纹饰作碎片化解析，如选取国家博物馆藏"彩陶鱼纹盆"

（西安半坡遗址出土）和甘肃省博物馆藏"游鱼纹彩陶瓶"这两件陶器作为重点研究对象，通过剖析写实性简笔鱼纹，捕捉其每一部位具象表征，然后一方面同其他彩陶的抽象几何形鱼纹样，进行横向对应部位的反复比对，另一方面同西方现代画派以物象的切割再行整合重组的"立体主义"，进行纵向艺术手法的深层比较，最终揭秘抽象纹饰重在立体结构的玄秘神奥。

远古画工为表现其创新视觉立体形象的观念，他们由物象写实的具象性，转向先把一切物象加以分解，即把自然物象分解为不同的几何切面，然后加以主观的重组，乃至将同一物体的几个不同局部整合在同一画面上，此即追求以抽象几何形纹样表达原始氏族部落群体记忆的象征性。这一绝妙的艺术表现手法体现为：构图上化平面为立体，物象上化静态为动态，空间上化三维为四维。

为了论证史前彩陶这种立体结构的艺术风格，本文与距其6000年之久的西方现代画派"立体主义"相比较。二者相同之点，即通过对空间与物象的分解与重构的碎片形态，立体而又多维地表现出物体的不同侧面。二者相异之处，即彩陶所表达的，是古老东方民族系统的社会文化的群体记忆，注重以形写意；而"立体主义"画派所追求的，则是西方一个现代流派以画家个人主观感受，来表现物体颇为完整的视觉冲击形象，侧重以意构形。

3. 针对彩陶研究弊端，揭开其纹饰整体构图的艺术原貌

针对学界对史前彩陶的立体结构缺乏识读的盲点，以及对西方现代立体主义画派缺少认知的盲区，本文关注了有些研究者除了识读具象简笔的鱼纹、蛙纹，或所谓"鸟纹"之外，而对于表水纹、鱼纹、网纹这有关渔业文明的抽象几何纹样，明显存在两方面的误识：一方面仅仅停留在单一几何纹样的碎片化解读，从而将其看作"以圆点、曲线和弧边三角为主要元素"所构成的"复杂繁缛"图案；另一方面则割裂了器体内外口沿、颈部、肩部、腹部各部位纹样的整体相互关联。这不仅背离了远古先民彩绘创意的初心，而且距彩陶纹饰的文化意蕴渐行渐远。

**（四）修正彩陶构图原有"阴阳纹"这粗放性释解的理念，发掘史前先民以"共生图像"来寄寓其双重文化意蕴的表达方式**

研究史前彩陶纹饰的表现方式，除了关注远古先人以立体结构将被切割的物象经过重组来表现其动态意象之外，还发现他们以黑彩将所描绘的物象与反衬基体底色所突现出的共生图像，遂将多个纹样整合成一个不可分割而相互反转的图像共同体。这种表现形式，按学界现行说法称作"阴阳纹"：以黑彩描绘的所谓"几何形体"，即属于"图"的部分称作"阳纹"；而由所谓"几何形体"边线衬托基底空白，属于"地"

的部分称作"阴纹",亦称作"地纹"。

按史前彩陶纹饰中这种"阴阳纹",作为平面视觉设计中的一种独特表现方式,显然早于西方"共生图形"长达6000年之久。但人们以往常将带有"阴阳纹"的彩陶混同于一般彩陶,其中不乏颇有见地的研究者,他们提出地纹彩陶的概念,尚且有人提及彩陶"图与地交替地反转"[17]这一表现手法,但因大多研究者或顾"阴"失"阳",即仅注重基底阴纹而置其黑彩阳纹于不顾;或顾"阳"失"阴",即只侧重黑彩几何形阳纹而对其基底阴纹视而不见。这两种偏离了彩陶阴阳共生的识读之误,直接影响了纹饰所遗存文化内涵的深层探究。

总而言之,每一个民族都拥有自己的艺术,而每一种艺术又都是这一民族历史文化的产物。本文分别从文化人类学、文化社会学、社会心理学、平面视觉设计学四个方面进行了全面考释。

其一,本文立足于文化人类学这一原点,揭秘史前彩陶文化的成因。此即前文所阐述的两点:一方面由伏羲氏"一画开天",钩沉这位先哲为历经"宇宙洪荒"那场浩劫的先民,肇启华夏文明所开拓的那片天;另一方面以其"作结绳而为网罟"这一文献记载,索隐这一史前高科技所开创的"渔猎文化"时代,并由彩陶纹饰揭示出这映象在华夏民族心中那抹不掉的社会群体记忆。

其二,本文着眼于文化社会学这一看点,破解了彩陶鲜见农作物纹饰之谜。诚如前文所论述的两点:除了结合原始先民生存际遇进行深度观照之外,还透过远古农业耕作与渔业劳作这两种经济生活方式,解密彩陶纹饰何以重渔业而轻农业这一历史文化真相。

其三,本文着意于社会心理学这一支点,揭示史前彩陶艺术之缘起。正如前文所做的解析那样,它始于先民由渗透思想情感之物象,内化成相应的心理之意象,又由艺术家经过类化形成基本思维符号之映象,再以彩绘物化成陶器上之表象,即通过由具象至抽象的表达形式来突出表现水、鱼、网等成像,乃至构成表原始思想观念之图象。所以,这些凝结着原始部族先民巨大智慧和丰富想象力的彩陶纹饰,自然成为彩陶艺术家表达远古社会文化意识形态的不可或缺的载体,尚且融汇他们对于伏羲氏的崇拜、感恩、敬畏等多重思想情感。

其四,本文着手于古文字学这一脉点,揭露彩陶陶文、纹饰对文化相互关联之玄机。当如前文所考释的那样,通过以陶文"一""二""三",不仅与甲骨文,金文、小篆,乃至楷文,所表文字兼数字的"一""二""三"相比对,而且还与彩绘环绕器物周匝而展开的水平线纹饰相比较,可从中发现与历经史前大洪水的先民思想观念相关联，其中遗存着对于海清河晏的祥和与安定，所珍存的那份内在情感。此外还通过以陶文"✕"或"X"，一方面与"五"字甲骨文，金文、小篆相比照，另一方面与彩陶纹饰相对照，无一不出自标志伏羲渔文化织网纹。由此可发现文字、文化与纹饰三位一体，一脉相承，尚且相互印证。

其五，本文关注于平面视觉设计学这一要点，解开彩陶纹饰以立体结构兼共生图形这化静态为动态的密码。确如前文所阐明的三方面：一方面发现史前彩陶艺术家依托陶器它那圆形立体器形，作为表现渔业文明不可或缺的水纹饰、鱼纹饰和网纹饰这一艺术载体；另一方面又揭示出以彩绘与反衬基底所形成的共生图形作为艺术重要表现形式，曾广泛应用于彩陶纹饰这鲜为人知的奥秘；再一方面还解开写实性简笔游鱼经切割的形体部位再行重组，即以立体结构将抽象几何纹样化静态为动态这一密码，成为表现鱼儿超空间畅游的绝妙艺术手法。

德国学者、文化记忆理论奠基人扬·阿斯曼曾说过："对于文化记忆来说，重要的并不是事实而是被记忆的历史。"对于彩陶所绘就"渔文化"而言，文化记忆将事实转化为了被记忆的历史。记得美国人类学家弗伦兹·博厄斯在其《原始艺术》一书中主张，原始艺术既是实践的产物也是审美的产物，不仅有确定的形式，也是有含义的内容。原始艺术并不是单独个人的特殊创造，而是在人们的社会经验历史文化作用下形成的产物。所以，他郑重地重申："我们必须记住艺术效果的双重源泉。其一，仅以形式为基础；其二，是以与形式有关联的思维为基础，离开这双重源泉谈论艺术都是片面的。"[18] 博厄斯这一观点，是经过深入探究原始艺术的审美思想和审美逻辑之后，就艺术效果所提出的富有创见的判别标准。那么，反观史前彩陶艺术的"双重源泉"又何尝不是如此？它既依托陶器圆形立体器形表现圆形立体时空水、鱼、网之纹饰，又以此绘画这一表现形式为基础，表述先民心中那伏羲"渔猎文化"情结，并由此进一步以河清海晏构图承载原始先民祈福纳祥文化思维之基础。

总之，本文通过彩陶纹饰文化的考正，为构建伏羲文化提供了"渔猎文化"这充分而翔实的实物史料。鉴于此，追溯伏羲"一画开天，肇启文明"的历史长河，由其"作结绳而为网罟"钩沉出彩陶意象中那条曾久久游去的鱼。尔今，它不正穿越"双重源泉"而向世人游来，为还原华夏先哲那闪烁着思想睿智的"渔文化"，依然在灵动地翻转腾跃吗？

**注 释：**

[1] 支那：《从伏羲"一画开天"构建太一文化》，《天水师范学院学报》2018 年第 4 期。

[2] 王先胜：《考古学中器物纹饰研究存在的问题》，http://xiangyata.net/data/articles/a02/568.html，2023 年。

[3] 苏秉琦：《考古学文化论集》，文物出版社，1987 年。

[4]（明）李时珍：《本草纲目》，中国文联出版社，2016 年。

[5] 贾坤：《甘肃天水出土彩陶精品赏析》，《文艺生活·中旬刊》2018 年第 5 期。

[6] 石兴邦：《有关马家窑文化的一些问题》，《考古》1962 年第 6 期。

[7] 严文明：《甘肃彩陶的源流》，《文物》1978 年第 10 期。

[8] 李泽厚：《美的历程》，中国社会科学出版社，1984 年。

[9] 林少雄：《中国彩陶文化解密丛书·李学勤序》，上海文化出版社，2001 年 1 期。

[10] 王先胜：《彩陶纹饰释读的困境与文化人类学方法检讨》，《民族艺术》2009 年第 3 期。

[11] 林惠祥著：《文化人类学》，商务印书馆，1991 年第 2 期。

[12] 同 [11]。

[13] 王仁湘：《甘青地区新石器时代彩陶图案母题研究》，《中国考古学研究论集》，第 199 页。

[14] 转见王仁湘：《彩陶意象：一条变来变去的鱼》，《中华遗产》2012 年 4 期。

[15] 王仁湘：《史前人类的心灵之约》，《人民日报·文艺版》2018 年。

[16] 水涛：《中国彩陶研究的一部力作》，《考古》2000 年第 5 期。

[17] 贾荣建、刘凤琴：《中国彩陶图案的艺术形式探寻》，河北美术出版社，1994 年。

[18]〔美〕弗伦兹·博厄斯著，金辉泽：《原始艺术》，贵州人民出版社，2004 年。

附 录

# 探源中华文明，史前文化临夏论坛举办

来源：人民日报

5月8日，"文明汇聚·光耀河州 —— 史前文化临夏论坛"在甘肃省临夏市举办。来自全国各地的百余名专家学者齐聚彩陶之乡，深入挖掘史前文化的丰富内涵和时代价值、研究探讨临夏地区在史前文化发展中的重要地位，为促进史前文化交流互鉴搭建平台。

史前文化指文字产生以前的人类文化。"临夏从史前时期开始，便是文化和社会发展较快的区域，出土了较早时期的彩陶和铜器，在考古学史上具有重要位置。"中国社会科学院学部委员、历史研究院历史部主任、中国考古学会理事长王巍在视频致辞中表示，在距今 5000 年到 4500 年的时间段，西北地区是研究中华文明和西亚地区文明交流互鉴的重要通道地区。

"甘肃地区的史前文化是中国古代文明的重要组成部分，丰富的遗址遗存不仅展

示了当地文化和社会发展成就，而且对认识同时代的中国史前文化具有全局性意义。"中国社会科学院考古研究所副所长、研究员施劲松说，今天的考古工作者肩负着深入研究中华文明起源、形成和发展，阐释中华民族共同体发展路向和中华民族多元一体演进格局的重任，希望通过本次论坛，进一步做好考古发掘、研究阐释和文化遗产保护工作，促进中华优秀传统文化创造性转化和创新性发展。

据介绍，临夏是齐家文化的命名地，也是马家窑文化重要的分布区，境内齐家坪、半山等遗址的考古工作与仰韶村、西阴村、城子崖等一系列重要考古发现，共同证实了中国史前文化的真实存在和中华文明的源远流长，在中国考古学史上具有里程碑式的重要意义。

本次论坛为期 4 天，由中国考古学会、中国社会科学院考古研究所、甘肃省人民政府文史研究馆、甘肃省文物局、临夏州委州政府共同主办。

# 文明汇聚 · 光耀河州

## ——史前文化临夏论坛开幕

来源：新华网

　　新华网兰州 5 月 9 日电（钟思睿　王梓涵）8 日，"文明汇聚 · 光耀河州 —— 史前文化临夏论坛"在甘肃省临夏回族自治州临夏市开幕。来自全国各地的 100 多名专家学者齐聚一堂，就远古临夏地区在史前文化（以马家窑文化和齐家文化为主）分布区域中的重要性和历史地位等议题开展交流。

　　据了解，临夏古称河州，是我国史前文化最集中、考古发掘最多的地区之一，现有各类遗址 829 处，其中世界级遗址点 1 处、国家级 7 处、省级 21 处。作为齐家文化的命名地和马家窑文化的重要分布区，临夏在考古学史上具有重要地位。

　　此次论坛由中国考古学会、中国社会科学院考古研究所、甘肃省政府文史研究馆、甘肃省文物局与临夏州委、州政府共同主办。为期四天的活动除学术研讨外，还将组织与会专家学者和媒体记者实地考察遗址遗迹、博物馆等，宣传展示"花儿临夏·在河之州"文旅品牌，推进临夏州文旅产业高质量发展。

# 文明汇聚·光耀河州

## ——史前文化临夏论坛举办

来源：光明日报

日前，由中国考古学会、中国社会科学院考古研究所、甘肃省人民政府文史研究馆、甘肃省文物局、中共临夏州委和临夏州人民政府主办的"文明汇聚·光耀河州 —— 史前文化临夏论坛"在甘肃临夏开幕。

据了解，本届论坛以"文明汇聚·光耀河州"为主题，共邀请到全国各地专家学者 137 人，围绕史前文化的丰富内涵和时代价值、临夏地区在史前文化发展中的重要地位等问题展开讨论。

史前文化指文字产生以前的人类文化。中国社会科学院学部委员、历史研究院历史部主任，中国考古学会理事长王巍在致辞中提到，临夏从史前时期开始，是文化和社会发展比较快的区域，出土了较早时期的彩陶和最早的铜器，是齐家文化的命名地，也是马家窑文化重要的分布区，在考古学史上具有重要位置。中华文明在形成的过程中，跟西亚文明有相互的交流互鉴，小麦种植、黄牛和绵羊饲养、冶金术都是通过西北地区传入中原的，在距今 5000 年到 4500 年的时间段，西北地区是研究中华文明和西亚地区文明交流互鉴的一个重要的通道地区。希望通过这次论坛，进一步加强学界关于西北地区文明化进程的考古发掘和研究，形成新经验、带来新发现、提供新资料。

中国社会科学院考古研究所副所长、研究员施劲松说，本次论坛聚焦史前文化、探寻中华文明，事关中国文化起源和格局问题，对于认识中国古代文明具有非常重要的意义。今天的考古工作者肩负着深入研究中华文明起源、形成和发展，阐释中华文明起源所昭示的中华民族共同体发展路向和中华民族多元一体演进格局的重任，希望通过本次论坛，开展多学科研究，加强多方面合作，进一步做好考古发掘、研究阐释和文化遗产保护工作，深化对中华文明的认识，促进中华优秀传统文化创造性转化和创新性发展。

甘肃省委常委、省委宣传部部长张永霞强调，各地各有关部门要强化统筹规划和政策支持，为考古事业、文物保护、历史研究创造良好条件。全省考古学界、历史学界要积极投身"中华文明探源工程"，讲好中国故事、甘肃故事。临夏州要充分用好丰富的文化资源，把史前文化临夏论坛打造成服务学术研究、建言文化发展、推动文化创新的一流平台。

（光明日报全媒体记者：宋喜群、王冰雅，通讯员：许芳红）

# 中国考古专家甘肃探源：古临夏是否为夏王朝早期"雏形"？

来源：中国新闻网

　　中新社兰州 5 月 8 日电（闫姣　艾庆龙）夏王朝早期是否建立于黄河上游古临夏及周边地区？8 日，"文明汇聚·光耀河州 —— 史前文化临夏论坛"在甘肃临夏回族自治州开幕，中国各地考古专家及学者实地探索中华文明源头，揭开古临夏地区的神秘面纱。

　　临夏古称河州，地处黄河上游，是中华文明的重要起源地之一，中国史前文化最集中，考古发掘最多的地址之一。当地有距今 1.44 亿～1.2 亿年前的炳灵石林丹霞地貌，距今 7 亿年至 2.3 亿年的海洋生物化石，距今 3000 多万年至 100 多万年的和政古动物化石群，被誉"古动物的伊甸园""中国彩陶之乡"。

　　"现如今临夏地区有大量禹的传说故事和痕迹，如禹王石、禹王峡、禹王庄、禹王庙、禹王脚印等等，这些是不是说明夏王朝早期建立于黄河上游古临夏及周边地区呢？"中共临夏州委书记郭鹤立在开幕式上抛出疑问说，流传久远的"大禹治水"，给中国历史带来了无限的思考研究空间。

　　"到现在为止，最早的铜器仍然是东乡林家出土的铜刀，广河齐家坪也是齐家文化的命名地。"中国社会科学院学部委员、历史学部主任，中国考古学会理事长王巍认为，进行中华文明起源研究、中华文明探源工程时，西北地区是一个非常重要的区域。

　　"河州在整个中华文明形成中占据重要地位。在距今约 5300 年，河州形成的马家窑文化，为中华文明的形成开辟了新的空间，把彩陶艺术推向了高峰。"中国社会科学院考古研究所研究员李新伟作《河州史前文化与中华文明起源》的报告时如是说。

　　此次会议由中国考古学会、中国社会科学院考古研究所、甘肃省政府文史研究馆、甘肃省文物局和临夏州委、州政府共同主办。

# 甘肃临夏官方"亮"考古厚实家底"六问"邀专家学者探究

来源：中国新闻网

2022 年，在甘肃临夏州永靖县拍摄的炳灵石林。（临夏州融媒体中心供图）

中新网兰州 5 月 8 日电（艾庆龙 闫姣）在甘肃中部，有一个叫临夏的地区，对于大多数人来说，并不算十分知名。但在考古界、学术界专家学者眼中，这是史前文化最集中、考古发掘最多的地区之一，还曾是国际研究热点地区，成就了一批知名研究者。

8 日，"文明汇聚·光耀河州 —— 史前文化临夏论坛"开幕，全国各地百余名专家学者应邀参加。在致辞环节，相比常规，临夏州委书记郭鹤立特意增加了对专家学者的请教，并提出包括"中华文明的一些形态是否从黄河上游的古临夏及其相邻地区发源并向周边传播？""是否能够证明古临夏地区是'玉石之路'和'海贝之路'的重要节点？"等六个问题。

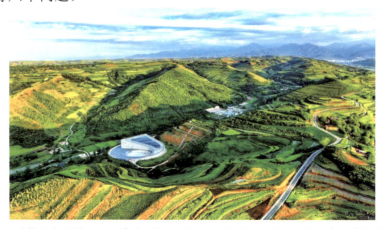

航拍视角下的桦林古动物化石埋藏原址馆。该馆位于临夏州和政县。（和政县委宣传部供图）

郭鹤立说，举办论坛初衷是希望能够把全国考古界、学术界专家学者的目光吸引到黄河上游或古临夏地区史前文化的研究上来，掀起研究热潮，产生重大成果，为"中华文明探源工程"和"考古中国"做出贡献。

对于临夏的考古底蕴，郭鹤立如数家珍。他说，临夏不仅见证着地质变迁的漫长进程，还是一方物种演进的神秘乐园，讲述着生命律动的多彩故事。

临夏盆地被学术界誉为"全球盆地研究亮点""最漂亮的陆地磁性剖面"，是探寻地球演变的最佳见证地之一。有距今 1.44 亿～1.2 亿年前的炳灵石林丹霞地貌；有距今 3000 万～360 万年的东乡毛沟剖面；还有 160 万年以来的黄土沉积、丹霞地貌等组成的连续天然剖面，形成的地层序列跨度之长、记录之完整、年代之清晰，世所罕见。

在物种演进方面，临夏有距今 7 亿～2.3 亿年的珊瑚、海绵、腕足类、苔藓虫、海百合、菊石等海洋生物化石；有距今 1.3 亿～1.2 亿年前的白垩纪刘家峡恐龙足印化石群；有距今 3000 多万年至 100 多万年的和政古动物化石群，其中和政羊化石、三趾马化石、铲齿象化石、披毛犀化石、埃氏马化石、巨鬣狗化石占据六项世界之最。

纵观人类发展史，每一处古老文明的兴起，都源于一条功不可没的奔流长河。临夏地处青藏高原与黄土高原过渡地带，河流纵横，黄河干流及其支流贯穿全境。

考古专家在临夏首次发现并命名了多种文化类型，有马家窑文化边家林类型、半山类型，齐家文化、辛店文化姬家川类型、张家嘴类型、唐汪式等。临夏现有各类遗址 829 处，其中世界级遗址点 1 处、国家级 7 处、省级 24 处。

为深入挖掘史前文化的丰富内涵和时代价值，研究阐释临夏地区在史前文化发展中的重要地位，临夏先后成立甘肃省齐家文化研究会、甘肃省马家窑文化研究会临夏研究基地、临夏州文物保护研究中心等机构，创办《彩陶文化研究》季刊，推进花儿历史博览传承中心、黄河国家文化公园、河州牡丹文化公园、洮河文化公园建设，申报创建齐家文化国家遗址公园、新庄坪黄河文化遗址公园、林家遗址公园、边家林史前遗址公园。

更值得一提的是，在 2022 年 12 月，临夏官方从自然、历史、地理、人文、民族、实践、发展等方面，总结提出"十有临夏"。

为促进文化资源向旅游资源转换，临夏明确把文旅产业作为首位产业，完善旅游基础设施，提升旅游服务质量。现有 A 级旅游景区 37 家，"五一"假期，作为"兰州后花园"的临夏共接待游客 332.95 万人次，实现旅游收入 12.66 亿元。

# 甘肃林家村: 传承彩陶文化逐梦 "诗和远方"

来源: 中国青年报

中国青年报客户端讯（中青报·中青网记者马富春）甘肃省临夏州东乡县历史文化悠久、民俗风情浓郁，境内有丰富的马家窑、齐家、辛店、下王家等新石器时代彩陶文化遗存。尤其是林家遗址出土的铜刀是我国迄今为止发现最早的铜铸器物，被誉为"中华第一刀"。

近年来，林家遗址所在的林家村依托生态、人文旅游资源，围绕林家遗址彩陶园建设项目，积极跟进开发建设周边基础设施，积极争取新建东乡县大夏河东塬段5公里林家遗址文化风情线，结合现代设施农业在林家河滩实施"迷宫"项目，全力打造集休闲观光、餐饮游乐、体验农家生活为一体的休闲生活娱乐基地。

新建成的林家彩陶文化传承发展基地是传承和弘扬中华优秀传统文化的重要实践平台，也是推动乡村文化振兴、加快特色民俗风情旅游展示区建设的具体举措。该基地为周边地区青少年提供了学习体验彩陶制作、深刻感悟史前文化、理解认同传统文化的重要场所，将对传承发展彩陶文化和加强青少年爱国主义教育产生深远影响。

# 甘肃临夏：史前文化论坛聚焦中华文明探源

来源：中国青年报

中国青年报客户端讯（中青报·中青网记者马富春）"马家窑文化为中华文明的发展开拓了新的空间，开启了沟通中西文明的通道。"中国社会科学院考古研究所研究员、史前研究室主任李新伟在 8 日开幕的"史前文化临夏论坛"上表示。

5 月 8 日，"文明汇聚·光耀河州 —— 史前文化临夏论坛"在甘肃临夏开幕，来自全国各地的考古文博专家学者来自全国各地的 100 多名专家学者齐聚中国彩陶之乡，围绕深入挖掘史前文化的丰富内涵和时代价值、研究阐释临夏地区在史前文化发展中的重要地位等展开广泛讨论。

临夏州委书记郭鹤立在致辞中表示，临夏的史前文化为叩开史前文明大门、探寻

马富春 / 摄

文化延绵脉络、讲述华夏先民繁衍生息提供了丰富史料。希望考古界、学术界权威和精英把目光聚焦到黄河上游或古临夏地区史前文化的研究上来，掀起研究热潮，产生重大成果，为"中华文明探源工程"和"考古中国"做出贡献。

"我们在研究中华文明探源工程的时候，意识到西北地区是一个非常重要的区域，对于它的起源、形成时间以及与周边区域的关系，都有待通过新的考古去发现。"中国社会科学院学部委员、历史研究院历史部主任、中国考古学会理事长王巍希望，通过这次论坛，进一步加强学界关于西北地区文明化进程的考古发掘和研究，形成新经验、带来新发现、提供新资料。

"本次论坛聚焦史前文化、探寻中华文明，事关中国文化起源和格局问题，对于认识中国古代文明具有非常重要的意义。"中国社会科学院考古研究所副所长、研究员施劲松说，甘肃地区的史前文化是中国古代文明的重要组成部分，马家窑、齐家等文化，林家、半山、齐家坪等遗址，彩陶、玉器、铜器等遗存对认识同时代的中国史前文化具有全局性意义。

国家文物局考古司司长闫亚林说，甘肃省临夏州要聚焦史前文化和文明起源形成研究，以马家窑、齐家文化为重点，凝练重大项目课题，加强学术引领，坚持理论创新、科技支撑、多学科合作，探索未知、揭示本源，把甘肃在中华五千多年文明史上的重要地位与作用讲清楚，传承弘扬黄河文化。

甘肃省委常委、宣传部部长张永霞在讲话中指出，甘肃是史前文化的发祥地、历史文化的富集地、中西文化的交汇地、红色文化的传承地、现代文化的创新地，对中华文明乃至人类文明进步做出了重要贡献。临夏州要充分用好丰富的文化资源，把史前文化临夏论坛打造成服务学术研究、建言文化发展、推动文化创新的一流平台。

据介绍，甘肃临夏是丝路重镇，也是中国考古学的热土，齐家坪、半山等遗址的考古工作与仰韶村、西阴村、城子崖等一系列重要考古发现，共同证实了中国史前文化的真实存在和中华文明的源远流长，在中国考古学史上具有里程碑式的重要意义。

# 甘肃临夏举办史前文化论坛

来源：经济日报

5月8日，由中国考古学会、中国社会科学院考古研究所、甘肃省政府文史研究馆、甘肃省文物局、临夏州委州政府共同主办的"史前文化临夏论坛"开幕，来自全国各地的100多名专家学者齐聚"中国彩陶之乡"甘肃临夏州，围绕深入挖掘史前文化的丰富内涵和时代价值、研究阐释临夏地区在史前文化发展中的重要地位等展开广泛讨论。

"我们在研究中华文明探源工程的时候，意识到西北地区是一个非常重要的区域，对于它的起源、形成时间以及与周边区域的关系，都有待通过新的考古去发现。"中国社会科学院学部委员、历史研究院历史部主任、中国考古学会理事长王巍在视频致辞时说，临夏从史前时期开始，是文化和社会发展比较快的区域，出土了较早时期的彩陶和最早的铜器，是齐家文化的命名地，也是马家窑文化重要的分布区，在考古学史上具有重要位置。

中国社会科学院考古研究所副所长、研究员施劲松说，本次论坛聚焦史前文化、探寻中华文明，事关中国文化起源和格局问题，对于认识中国古代文明具有非常重要的意义。甘肃地区的史前文化是中国古代文明的重要组成部分，马家窑、齐家等文化，林家、半山、齐家坪等遗址，彩陶、玉器、铜器等遗存，不仅展示了当地文化和社会发展的成就、丰富了中国古代文化内涵，而且对认识同时代的中国史前文化具有全局性意义，在研究中国文化起源和格局上发挥了关键作用。

临夏州委书记郭鹤立表示，举办这次论坛，对于传承弘扬中华优秀传统文化、打造具有临夏辨识度和特质的文化标识具有重要意义。临夏地区的史前文化说明，当时的制造技术已经较为先进、社会分工更加精细、商贸流通开始兴起、社会形态初步构建。希望考古界、学术界权威和精英把目光聚焦到黄河上游或古临夏地区史前文化的研究上来，为"中华文明探源工程"和"考古中国"作出贡献。

# 甘肃东乡林家村：彩陶文化引客来，乡村研学有看头

来源：中国旅游新闻网

　　"在陶器上作画很有意思，这种体验很新鲜。"这是一名小学生在甘肃省东乡族自治县林家彩陶文化传承发展基地参加彩陶研学后的感受。经过仿古彩陶制作和绘制、古彩陶修复等 5 项长达 3 个多小时的研学课程后，小朋友们对家乡深厚的彩陶文化有了新的认识和了解。而林家村也因为这座彩陶文化传承发展基地，不仅多了一处彩陶传承与体验的场所，也多了一处推动乡村研学旅游发展的产业承载之地。

　　东乡族自治县历史文化悠久，民俗风情浓郁，境内有马家窑、齐家、辛店、下王家等丰富的新石器时代彩陶文化遗存。在林家村北侧、大夏河东岸的台地上，就有一处面积约 6.6 万平方米的马家窑文化遗址，从中出土了大量彩陶、石器、骨器等文物。

孩子们在林家彩陶文化传承发展基地体验彩陶绘制（罗赟鹏／拍摄）

　　随着彩陶遗址挖掘与保护工作的开展，对其彩陶文化的开发利用也从学术研究延伸到当地文化和旅游产业的发展之中，以仿古彩陶、彩陶绘画等为元素的旅游商品也源源不断地从当地输往各地。

　　初夏时节，走进林家村，目之所及都是造型独特的仿彩陶罐，墙上展示着临夏彩陶文

化知识，处处透着"彩陶之乡"的文化底蕴。近年来，林家村依托生态、人文旅游资源，围绕林家遗址彩陶园建设项目，积极跟进开发建设周边基础设施，争取新建东乡族自治县大夏河东塬段5公里林家遗址文化风情线，结合现代设施农业，在林家河滩实施"迷宫"项目，全力打造集休闲观光、餐饮游乐、农家生活体验于一体的休闲生活娱乐基地。

2022年5月26日，临夏州彩陶馆（州博物馆）青少年陶艺体验研学基地暨东乡林家彩陶文化传承发展基地在林家村落成并开始对外运营。该基地建设有工作室、展示厅、体验窑、研学厅、墓葬及遗址厅、烧制土窑、原始

孩子们在林家彩陶文化传承发展基地体验彩陶绘制 （罗赞鹏／拍摄）

制作场景等设施，仿制陶器丰富多样，场景陈设逼真多变，为专家学者、普通民众提供了观摩交流、研学体验、复制文创、研讨教学、古陶修复等活动场所。

该基地负责人马黑麦是一位热衷于研究和弘扬齐家文化的工艺美术家，也是临夏市级非物质文化遗产项目"彩陶复制修复技艺"代表性传承人。大半生的彩陶研究和制作经历，让他对传播和发扬当地彩陶文化有着无比的热情。

2019年起，马黑麦就与研学机构合作，面向学生、成人开办彩陶制作课程，吸引了20多个国家的千余名师生参加。除了为临夏本地的孩子们上彩陶制作课外，他还经常去兰州等地为孩子们讲解和演示彩陶文化和技艺。

如今，林家彩陶文化传承发展基地作为当地政府传承和弘扬中华优秀传统文化的生动实践，推动乡村文化振兴、加快特色民俗风情旅游展示区建设的具体举措，吸引着大批研学团队走进基地，进行模拟考古挖掘区、仿古彩陶制作和绘制、古彩陶修复等研学活动，马黑麦的生活也变得越发忙碌。

"现在研学团队很多，孩子们特别喜欢彩陶制作课。我给他们讲彩陶文化，教他们绘制花纹，让他们体验彩陶制作过程，希望他们了解这里的彩陶文化，把传统文化知识讲给更多人听。"马黑麦说。

（作者：罗赞鹏，记者：张陇堂）

# 文明汇聚·光耀河州

## ——史前文化临夏论坛开幕

来源：甘肃日报

　　新甘肃客户端临夏5月8日讯（新甘肃·甘肃日报记者王虎）今天上午，由中国考古学会、中国社会科学院考古研究所、省政府文史馆、省文物局和临夏州委、州政府主办的"文明汇聚·光耀河州 —— 史前文化临夏论坛"在临夏市开幕，来自全国各地考古学和历史学界的专家学者汇聚一堂，探源中华文明、共襄文化盛事。

　　省委常委、省委宣传部部长张永霞出席并讲话，刘仲奎、陈克恭出席。国家文物局考古司司长闫亚林出席并讲话。

　　张永霞表示，甘肃省委、省政府深入贯彻落实习近平总书记关于文化建设的重要论述，立足国家所需、甘肃所能，扎实推进华夏文明传承创新区建设，深入开展考古与历史研究，取得了显著成效。甘肃是文化大省、文物大省，是史前文化的发祥地、历史文化的富集地、中西文化的交汇地、红色文化的传承地、现代文化的创新地，考古和文化遗产保护事业大有可为、大有作为。要合力推进考古历史研究和中华文明传承弘扬，推动中华优秀传统文化创造性转化、创新性发展，为建设社会主义文化强国做出新的更大贡献。

　　论坛上，专家学者围绕史前文化主题进行主旨发言。期间，还将举办文明探源实地考察、精品文物展、书画写生采风展、彩陶制作技艺展演等活动。

# 今日开幕！百余名专家学者齐聚临夏

来源：甘肃文化影视频道

芳菲五月，牡丹飘香、花儿悠扬，在美丽的大夏河畔，一场高规格、高水平、高质量的学术盛会如约而至。5月8日，"文明汇聚·光耀河州——史前文化临夏论坛"在临夏市开幕，来自全国各地的100多名专家学者齐聚中国彩陶之乡，围绕深入挖掘史前文化的丰富内涵和时代价值、研究阐释临夏地区在史前文化发展中的重要地位等展开广泛讨论，以交流互鉴之光，回应时代之问。

甘肃省十三届人大常委会副主任、西北师范大学地理与环境科学学院研究员陈克恭，省政协副主席、民盟甘肃省委会主委刘仲奎，省文旅厅党组成员、省文物局局长程亮，省政府文史馆二级巡视员王处机，州领导张志军、杨福波、邵志刚、马尚文、丁肃静、尹宝山等出席。

王巍代表中国考古学会对论坛的举办表示热烈祝贺。他说，临夏从史前时期开始，是文化和社会发展比较快的区域，出土了较早时期的彩陶和最早的铜器，是齐家文化的命名地，也是马家窑文化重要的分布区，在考古学史上具有重要位置。我们在研究中华文明探源工程的时候，意识到西北地区是一个非常重要的区域，对于它的起源、形成时间以及与周边区域的关系，都有待通过新的考古去发现。同时，在中华文明起源形成的过程中，跟西亚文明有相互的交流互鉴，小麦种植、黄牛和绵羊饲养、冶金术都是通过西北地区传入中原的，在距今5000～4500年的时间段，西北地区是研究中华文明和西亚地区文明交流互鉴的一个非常重要的通道地区。希望通过这次论坛，进一步加强学界关于西北地区文明化进程的考古发掘和研究，形成新经验、带来新发现、提供新资料。

施劲松说，本次论坛聚焦史前文化、探寻中华文明，事关中国文化起源和格局问题，对于认识中国古代文明具有非常重要的意义。甘肃地区的史前文化是中国古代文明的重要组成部分，马家窑、齐家

等文化，林家、半山、齐家坪等遗址，彩陶、玉器、铜器等遗存，不仅展示了当地文化和社会发展的成就、丰富了中国古代文化内涵，而且对认识同时代的中国史前文化具有全局性意义，在研究中国文化起源和格局上发挥了关键作用。今天的考古工作者肩负着深入研究中华文明起源、形成和发展，阐释中华文明起源所昭示的中华民族共同体发展路向和中华民族多元一体演进格局的重任，希望通过本次论坛，开展多学科研究，加强多方面合作，进一步做好考古发掘、研究阐释和文化遗产保护工作，深化对中华文明的认识，促进中华优秀传统文化创造性转化和创新性发展。

张永霞说，党的十八大以来，习近平总书记高度重视中华文明探源和考古工作，发表了一系列重要讲话，做出了一系列重要指示，为我们传承弘扬中华优秀传统文化、保护研究历史文化遗产，指明了前进方向，提供了根本遵循。甘肃是史前文化的发祥地、历史文化的富集地、中西文化的交汇地、红色文化的传承地、现代文化的创新地，对中华文明乃至人类文明进步做出了重要贡献。省委、省政府深入贯彻落实习近平总书记关于文化建设的重要论述，扎实推进华夏文明传承创新区建设，深入开展考古与历史研究，一批重大考古项目取得重要成果，敦煌研究院世界文化遗产保护典范和敦煌学研究高地建设取得显著成就，文化强省建设迈出坚实步伐。各地各有关部门要强化统筹规划和政策支持，为考古事业、文物保护、历史研究创造良好条件。全省考古学界、历史学界要积极投身"中华文明探源工程"，讲好中国故事、甘肃故事。临夏州要充

分用好丰富的文化资源，把史前文化临夏论坛打造成服务学术研究、建言文化发展、推动文化创新的一流平台。希望国家文物局、中国考古学会、中国社会科学院考古研究所和各位专家一如既往关心支持甘肃文化事业，帮助指导甘肃文化建设和文物保护利用，让历史文化遗产在新时代焕发新生、绽放光彩，推动中华优秀传统文化创造性转化、创新性发展，为建设社会主义文化强国做出新的更大贡献。

闫亚林说，河州是丝路重镇、临夏是中国考古学的热土，齐家坪、半山等遗址的考古工作与仰韶村、西阴村、城子崖等一系列重要考古发现，共同证实了中国史前文化的真实存在和中华文明的源远流长，在中国考古学史上具有里程碑式的重要意义。甘肃省、临夏州要深入贯彻党的二十大精神，聚焦史前文化和文明起源形成研究，以马家窑、齐家文化为重点，凝练重大项目课题，加强学术引领，坚持理论创新、科技支撑、多学科合作，探索未知、揭示本源，把甘肃在中华五千多年文明史上的重要地位与作用讲清楚，传承弘扬黄河文化。要进一步摸清文物资源家底，抓紧开展文物保护规划编制工作，统筹推进考古研究与文物保护利用、文旅深度融合与乡村振兴，让文物和文化遗产真正活起来。要不断完善考古与科研规划布局，加大开放合作力度，不断深化同中国社会科学院、国内外科研院所和高校的合作，共同推动临夏经济社会和甘肃考古事业高质量发展。

郭鹤立说，举办这次论坛，是我们深入落实习近平总书记关于文化建设重要论述精神的有力抓手，是贯彻党中央"中华文明探源工程"、"考古中国"重大决策部署的具体行动，是推动文旅深度融合、促进文博事业高质量发展的重要举措，对于传承弘扬中华优秀传统文化、打造具有临夏辨识度和特质的文化标识具有重要意义。临夏历史悠久、文化灿烂、物华天宝、人杰地灵，是一幅沧海桑田的绚丽画卷、见证着地质变迁的漫长进程，是一方物种演进的神秘乐园、讲述着生命律动的多彩故事，是一篇文明肇始的恢宏史诗、闪耀着中

华文脉的不朽光辉，是镶嵌在甘肃这柄"玉如意"上的一颗璀璨明珠。临夏的史前文化为我们叩开史前文明大门、探寻文化延绵脉络、讲述华夏先民繁衍生息提供了丰富史料。临夏地区的史前文化说明，当时人类大脑已经十分发达、制造技术已经较为先进、社会分工更加精细、商贸流通开始兴起、社会形态初步构建，古临夏可能是夏王朝所在地，这些思考和疑问，请各位专家学者研究论证、给予斧正。希望考古界、学术界权威和精英把目光聚焦到黄河上游或古临夏地区史前文化的研究上来，掀起研究热潮，产生重大成果，为"中华文明探源工程"和"考古中国"做出贡献。恳请各位专家学者重视、关注、研究、发现古临夏地区，为我们更好保护和深度开发史前文化把脉指路、出谋划策，让临夏灿烂的文明穿越时空、大放异彩。

此次论坛共有省委宣传部、省文物局、济南市和省内兄弟市州文旅局负责同志，中央和省级有关媒体记者，州直相关单位、各县市党委和政府主要负责同志，州内文化学者等参加。

# 追寻临夏大地先民遗迹，解锁史前文化密码

来源：奔流新闻

这里有星罗棋布、探源文明的史前遗迹，在这片美丽神奇的土地上，人类活动的历史可以追溯到 1.5 万年前的旧石器时代晚期。这里是史前文化的聚集地、中华文明的肇始地 —— 临夏。

5 月 7 日至 10 日，"文明汇聚·光耀河州 —— 史前文化临夏论坛"在甘肃临夏举行，论坛举办期间，除了论坛主旨发言和分组讨论，还开展了文明探源实地考察活动。来自国内的知名专家学者先后踏访考察了东乡县林家遗址、临夏州博物馆、积石山县新庄坪遗址、积石山县博物馆等文化地标，追寻临夏大地先民遗迹，解锁史前文化密码。

## 林家遗址

林家遗址位于甘肃省临夏回族自治州东乡族自治县西部东塬乡林家村北，大夏河南岸黄土台地上，是黄河上游地区新石器时代晚期的建筑遗址，距今已有 5000 多年的历史。

林家遗址分布面积广大，文化内涵非常丰富，出土文物数量较多，跨越史前、秦汉、唐宋诸朝代，是一处大型密集聚落遗址。对研究甘青地区马家窑文化、齐家文化、辛店文化的发展历史脉络与关系具有重要的意义。

"'中华第一铜刀'就在这里出土

的吧？""这把刀将我国青铜工艺品的制造历史整整向前拉了 1000 年。"考察中，大家听取讲解员专业细致的讲解，深入了解林家遗址考古发掘项目的整体情况、发掘进度和最新的发掘成果。

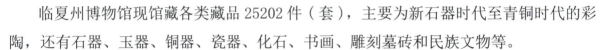

### 临夏州博物馆

在临夏州博物馆，陈列展示柜中一件件彩陶古朴精美，那些漩涡纹仿佛诉说着大河岸边史前先民的生活。

临夏州博物馆现馆藏各类藏品 25202 件（套），主要为新石器时代至青铜时代的彩陶，还有石器、玉器、铜器、瓷器、化石、书画、雕刻墓砖和民族文物等。

马家窑类型彩陶、边家林类型彩陶、半山类型彩陶……在讲解员的带领下，专家学者们边走边听、边看边议，依次参观了博物馆各个单元的基本陈列，认真聆听工作人员讲解。中国社会科学院考古研究所研究员李新伟说："在中华文明起源研究中，临夏可以说是非常的重要，它对于确立我们文化的本土起源来说具有重要意义。"

在一件件特色藏品前驻足端详，漫步徜徉在史前文化历史长河中，与会人员在这里真切感受着临夏的历史文化和民俗风情。

随后，大家还参观了东乡林家彩陶文化传承发展基地和彩陶制作技艺展演，目睹彩陶制作的流程。

## 新庄坪遗址

在临夏的群山峻岭间，厚厚的土层下埋藏着历史的秘密，新庄坪遗址便是其中一处。

新庄坪遗址位于甘肃省临夏回族自治州积石山保安族东乡族撒拉族自治县，面积45万平方米，主要为齐家文化，杂有少量马家窑文化遗存。遗址分布面积大，出土文物精美，文化内涵十分丰富，是一处比较典型且保存较好的齐家文化遗址，为研究甘青地区齐家文化的分布、类型、文化内涵和社会性质提供了宝贵的实物资料。遗址被列为全国重点文物保护单位。

通过听取介绍、实地勘查、采集标本、摄影记录等方式，专家们对遗址保护范围、文化层堆积以及已有考古发掘工作成果有深入了解和掌握。"我们低估了古人的智慧，他们的技术远比我们想象中的发达。在中华民族探源工程中，临夏大有作为。"考察中，甘肃省文史馆馆员刘俊琪深有感触。

## 积石山县博物馆

积石山县博物馆成立于1998年，属综合性地志博物馆，展示了积石山县的历史文化和民俗风情。馆藏文物有陶器、青铜器、骨器、玉器、石器及古钱币等类别，民俗文物主要有保安族的生活用品、生产工具、宗教经典、民族服饰、手工艺品、民间刺绣品等。

"中华优秀传统文化是我们民族的根和魂。"北京大学中国与世界研究中心特约研究员、中信改革发展研究院研究员翟玉忠认为，"临夏作为夏文化重要的起源地之一，我们要放眼世界，为'一带一路'上的文化交流起到重要作用。"

从出土"中华第一刀"的林家遗址，到遗珍满目的新庄坪遗址，从馆藏丰富的临夏州博物馆，到特色鲜明的积石山县博物馆，展现了临夏这片热土上深厚的史前文化底蕴。实地考察后，专家学者们一致认为，要紧紧抓住论坛成功举办的契机，努力讲好史前文化临夏故事，才能不断推进史前文化研究在更高层面、更宽领域、更深层次实现更大突破，全面显示它的科学价值、历史价值、艺术价值，为提升新时代临夏知名度和美誉度，实现高质量发展提供文化支撑和精神力量。

（奔流新闻记者：王夏菁）

# 大河之畔，史前文化明珠闪耀

来源：天下泉城新闻客户端

大河，孕育出绵延千里的文明之光。

黄河上游的临夏回族自治州，济水之南的济南市，都曾萌发文明的种子，传递文明的薪火，共同拨动了史前文明的和弦。

东西部协作结对帮扶关系的济南和临夏，如今同为黄河沿岸城市，相隔千里共饮一河水，都拥有厚重的文化底蕴。5月8日，"文明汇聚·光耀河州——史前文化临夏论坛"在临夏盛大举行，天下泉城客户端记者受邀共襄盛会，与来自全国各地的专家学者一同交流感受这里史前文化的灿烂辉煌。

在临夏州彩陶馆（州博物馆），一个个纹饰精美的彩陶在展示柜中静静诉说着史

前先民的经历。在那些抽象的图形中，我们得以窥见史前先民生活的一些片段，震撼于他们对水文化、始祖崇拜、阴阳思维的思考，陶醉于他们古朴神秘的美学。

临夏是中国开展彩陶文化考古最早、发掘最多并取得重大成果的地区，其中马家窑文化边家林类型、半山类型，齐家文化、辛店文化姬家川类型、张家嘴类型、唐汪式等文化类型都因在临夏地区首次发现而命名，在中国彩陶文化领域里占有重要地位。

——它是远古先民创造的生活方式。大约在距今 5400～4000 年，临夏地区进入了以马家窑文化为代表的新石器时代，原始先民创造出了无数精美绝伦的彩陶珍品。

——它是遥远漫长岁月的印记。从距今 5000 年前的马家窑文化一直延续到距今 3000 年前的寺洼文化，经历了兴起、繁盛、衰退的发展阶段，构成了一部完整的彩陶文化发展史，是中国新石器时代至青铜时代唯一没有中断的彩陶文化。

——它是流动的、不断变化的区域文化空间。临夏彩陶文化遍布河州大地的各个角落，并向周边区域辐射带动，呈现出由东南向西北推进的趋势，开拓出"彩陶的世界"，被誉为"中国彩陶之乡"。

在临夏的群山峻岭间，土层下埋藏着历史的秘密。

史前，一片迷蒙的土地，一段神秘的时空。在临夏，人类活动的历史可以追溯到 1.5 万年以前的旧石器时代晚期，史前文化可谓星罗棋布，除了彩陶，还有各种考古成果亮点纷呈。

1950 年出土于积石山县安集乡三坪村的"彩陶王"，器形之高大、图案之精美、出土之完整、年代之久远，为国宝级文物，现藏于中国国家博物馆，是我国彩陶最杰出的代表之一；1975 年在广河县齐家坪遗址中发掘出距今 4000 多年的一面铜镜，被誉为"中华第一镜"；1978 年在东乡县林家遗址考古发掘中出土的马家窑文化青铜刀，被誉为"中华第一刀"，距今 5000 多年，是中国最早的青铜器，它的发现将中国青铜器的历史提前了 1000 多年；2018 年出土于东乡县五家乡牛沟村的"玉七联璧"，为甘肃马衔山玉料制作而成，是迄今为止发现的齐家文化玉璧体积最大者……

中国社会科学院学部委员、历史研究院历史部主任、中国考古学会理事长王巍说："我们在研究中华文明探源工程的时候，意识到西北地区是一个非常重要的区域，对于它的起源、形成时间以及与周边区域的关系，都有待通过新的考古去发现。同时，在中华文明起源形成的过程中，跟西亚文明有相互的交流互鉴，小麦种植、黄牛和绵羊饲养、冶金术都是通过西北地区传入中原的，在距今5000年到4500年的时间段，西北地区是研究中华文明和西亚地区文明交流互鉴的一个非常重要的通道地区。"

中国社会科学院考古研究所研究员、史前研究室主任李新伟也在论坛研讨中分享了自己的观点，他认为，甘肃史前先民在沟通中西文化交流中地位重要，中国考古学已经诞生百年，展望下一个百年，在欧亚大陆文明互鉴的视角下，必将更加深刻地认识临夏在中华文明起源中的重要性。打造丝绸之路之前的"彩陶之路"和"青铜之路"的概念，将为当前的"一带一路"建设增添悠久的文化底蕴。

5月的临夏，牡丹飘香，这种寄托美好祝愿的花卉，也同样盛开在齐鲁大地，文明的进程亦如这些蓬勃的花卉，在大河之畔相映生辉。

位于济南的城子崖遗址（因城子崖地处如今的章丘区龙山街道，所以城子崖下文化层的文化遗存被命名为"龙山文化"），是中国学者发现、发掘的第一处新石器文化遗址。城子崖遗址的发现，动摇了当时愈演愈烈的"中国文化西来说"，使关于"中国文化原始"问题的讨论发生了重大转折。

国家文物局考古司司长闫亚林介绍，临夏地区齐家坪、半山等遗址的考古工作与城子崖、仰韶村、西阴村等一系列重要考古发现，共同证实了中国史前文化的真实存在和中华文明的源远流长，在中国考古学史上具有里程碑式的重要意义。

李新伟告诉记者，济南和临夏都在对中华文明最初的探索上扮演着重要角色，一东一西遥相呼应。山东地区与甘肃地区这两大文化体系很早之前就存在密切的交流，在山东曾出土少量马家窑文化风格的彩陶，彩陶上有漩涡样的纹饰，后来进入到龙山时代，在玉器上也能看出两地存在一些交流。

史前文化不仅向人们述说人类文明的跋涉，也深刻影响着当下和未来。现如今，济南与临夏两地的交流愈发密切，又将书写出新的历史。

广袤的土地上，记忆着亿万年来生命蓬勃的律动，倾诉着沧海桑田的壮阔，蕴含着文明的霞光，辉映着先民生生不息的智慧。

大河奔流向前，文明薪火不息。

（记者：柴乔娜）

# 奏响千年文明璀璨乐章

——写在"文明汇聚·光耀河州——史前文化临夏论坛"开幕之际

来源：临夏州融媒体中心

如果不是 1924 年瑞典考古学家安特生在洮河边的寻访以及对广河县齐家坪的那次"动土"，临夏不过是黄河边上众多普通地区中的一个。

马家窑文化、齐家文化、辛店文化、寺洼文化……百年来，一个个振聋发聩的名字借助安特生、夏鼐、裴文中等考古学者从沉睡中唤醒，为世人所知，一页页掀开中华文明辉煌成就的实物图卷，临夏的名字也和中国现代考古学紧紧联系在了一起，是我国史前文化最集中、考古发掘最多的地区之一，现有各类遗址 829 处，其中世界级遗址点 1 处、国家级 7 处、省级 24 处。

彩陶王

史前，一片迷蒙的土地，一派神秘的时空。那里的天空该是何等的星光闪烁？广袤的旷野上会是哪般的炊烟烽火？那时的先民在进行怎样的刀耕火种？5 月 8 日，世界的目光再次投向临夏，"文明汇聚·光耀河州 —— 史前文化临夏论坛"在这里召开。

临夏，又一次敞开胸怀，100 多名全国各地的知名专家学者就远古临夏地区在史前文化分布区域中的重要性和历史地位等议题展开交流，带领大家在临夏地区丰富的先人遗迹、文物遗存中探寻黄河流域的文明之源，揭开史前文化的神秘面纱。

纵观人类发展史，每一处古老文明的兴起，都源于一条功不可没的奔流长河。坐落在黄河上游的临夏地质丰富、遗迹众多，地形多样、地貌奇特，是探寻地球演变的最佳见证地；临夏历史悠久、文化灿烂，山河壮美、风景秀丽，物华天宝、人杰地灵，是中华文明的重要发祥地之一，享有"中国彩陶之乡""大禹治水的源头""中国花儿之乡""中国砖雕文化之乡""古建筑的博览园""西部旱码头"等诸多美誉，是镶嵌在甘肃这柄"玉如意"上的一颗璀璨明珠。

中华第一镜

中华第一刀

这里有见证变迁、地质演化的奇特地貌，境内的东乡毛沟剖面（距今3000万～360万年）、王家山剖面（距今1500万～180万年）、东山顶剖面（距今360万～170万年）以及黄河、大夏河的7级阶地160万年以来的黄土沉积、丹霞地貌等组成的连续天然剖面，形成的地层序列跨度之长、记录之完整、年代之清晰，世所罕见，是揭开地球变迁、板块运动、青藏高原隆升、黄土高原和黄河形成神秘面纱的"金钥匙"，被学术界誉为"最漂亮的陆地磁性剖面"，是研究地球与生命演化、圈层相互作用及人地关系的天然实验室。

这里有跨越时空、享誉世界的丰富化石，在我州洮河、大夏河上游，莲花山、太子山山脉一带不仅发现了距今7亿～2.3亿年间，分别存在于震旦纪、寒武纪、奥陶纪、志留纪、泥盆纪、石炭纪、三叠纪的海洋古生物化石，而且在永靖县盐锅峡水库北岸出土了大量距今2亿～6500多万年的侏罗纪、白垩纪恐龙足印化石群，规模之大、种类之多、保存之完好、清晰度之高、立体感之强、多层面出现，为世界所罕见，被中外专家赞誉为"最好的恐龙足迹"。同时，临夏州古哺乳动物化石丰富、化石点众多，出土了大量距今3000万～100多万年的古动物化石群，分3纲8目150多个属种，分属新生代晚期的巨犀、铲齿象、三趾马、真马4个不同的哺乳动物群，其中和政羊化石、三趾马化石、铲齿象化石、披毛犀化石、埃氏马化石、巨鬣狗化石占据六项世界之最，被誉为"古动物的伊甸园"；"临夏巨犀"被中科院科学家正式命名。

这里有星罗棋布、探源文明的史前遗迹，在这片美丽神奇的土地上，人类活动的历史可以追溯到1.5万年以前的旧石器时代晚期，是史前文化的聚集地、中华文明的肇始地。

从幼到老的铲齿象头骨化石

1950年出土于积石山县安集乡三坪村的"彩陶王"，器形之高大、图案之精美、出土之完整、年代之久远，为国宝级文物，现藏于中国国家博物馆，是我国彩陶最杰出的代表之一，充分显示了马家窑彩陶的艺术最高造诣。

1975年在广河县齐家坪遗址中发掘出距今4000多年的直径6.2厘米、厚0.3厘米的一面铜镜，说明原始社会后期的齐家文化已有铜镜出现，在铜镜发展史上具有重要意义，被誉为"中华第一镜"。

1978年在东乡县林家遗址考古发掘中出土的马家窑文化青铜刀，被誉为"中华第一刀"，刀长12.5厘米、刃宽2.4厘米，距今5000多年，是中国最早的青铜器，它的发现将中国青铜器的历史提前了1000多年。

2018年出土于东乡县五家乡牛沟村的"玉七联璧"，直径74厘米、孔径24.5厘米，由7件不规则形玉璜组成，为甘肃马衔山玉料制作而成，是迄今为止发现的齐家文化玉璧体积最大者，对于齐家文化的考古学研究具有极高的学术价值。

……

临夏是中国开展彩陶文化考古最早、发掘最多并取得重大成果的地区，其中马家窑文化边家林类型、半山类型，齐家文化、辛店文化姬家川类型、张家嘴类型、唐汪式等7种文化类型都因在临夏地区首次发现而命名，在中国彩陶文化领域里占有重要地位。除此之外，还发掘出土了石器、玉器、骨器、铜器等一大批具有很高研究价值的珍贵文物，在我国文化、艺术史上谱写了一段精彩华美的篇章。

玉七联璧

——它是远古先民创造的生活方式：大约在距今5400～4000年前，临夏地区进入了以马家窑文化为代表的新石器时代，原始先民们在河流两畔的台地上耕耘劳作、繁衍生息，制陶技术不断进步，彩陶艺术进入一个全面繁盛时代，创造出了无数精美绝伦的彩陶珍品，把中国彩陶艺术推向巅峰。

——它是遥远漫长岁月的印记：从距今5000年前的马家窑文化一直延续到距今3000年前的寺洼文化，经历了兴起、繁盛、衰退的发展阶段，构成了一部完整的彩陶文化发展史，形成了自己独立的发展体系与特色，是中国新石器时代至青铜时代唯一没有中断的彩陶文化。

—— 它是流动的、不断变化的区域文化空间：临夏彩陶文化遍布河州大地的各个角落，并向周边区域辐射带动，呈现出由东南向西北推进的趋势，开拓出"彩陶的世界"，被誉为"中国彩陶之乡"。

马家窑类型水波纹彩陶盆

—— 它还是一次艺术浪潮：马家窑类型网带三角纹彩陶钵、边家林类型平行线纹彩陶罐、半山类型锯齿漩涡纹彩陶罐、石岭下类型同心圆变体鸟纹彩陶钵等，同样多彩的纹饰，却各有独特气韵，是中华文明多元一体、兼容并蓄、绵延不断等特质的有力见证。

临夏史前文化是一朵历史长河中的瑰丽奇葩，是人类文明发展的第一缕曙光。这些都为深入研究史前人类生活、文化交流、社会结构等问题，叩开史前文明大门、探寻文化延绵脉络、讲述华夏先民故事提供了丰富史料，也让这方神奇热土留下了千年未解的谜团，散发出绵延不绝的余香，悠悠古河州已成为文明新高地。

史前文化不仅向人们述说人类文明的跋涉，向千秋万代昭示我们祖先的史迹，也深刻影响着当下和未来。只有举起保护的旗帜，让收藏在博物馆里的文物、陈列在广阔大地上的遗产、书写在古籍里的文字都活起来，才能丰富文化滋养，增进文化认同，坚定文化自信，凝聚发展力量。

半山类型圆圈方格网纹双耳彩陶壶　　　　马厂类型神人纹双耳彩陶壶

文化瑰宝永远是中华儿女的心之所系、情之所归，是刻在骨子里的中国魂。近年来，临夏州认真落实党中央关于实施"中华文明探源工程""考古中国"重大决策部署和习近平总书记关于文物工作重要指示精神，深入挖掘史前文化的丰富内涵和时代价值，研究阐释临夏地区在史前文化发展中的重要地位，不断加大文物和文化遗产保护研究力度，全力推进文博事业发展，先后成立甘肃省齐家文化研究会、甘肃省马家窑文化研究会临夏研究基地、州文物保护研究中心等机构，大力度引进历史、考古、文博、文创、收藏等各方面专业人才，创办《彩陶文化研究》季刊，加快推进花儿历史博览传承中心（花儿文化博物馆）、黄河国家文化公园——黄河文化博物馆、河州牡丹文化公园、洮河文化公园建设，申报创建齐家文化国家遗址公园、新庄坪黄河文化遗址公园、林家遗址公园、边家林史前遗址公园，不断丰富内涵、厚植底蕴、创新业态，推进优秀传统文化和文化遗产创造性转化、创新性发展。特别是以前所未有的力度动员征集化石、彩陶、玉器、铜器、瓷器、书画、钱币、奇石等藏品和革命文物，临夏州文物藏品的数量、质量、类型实现历史性突破，州博物馆馆藏达到 36145 件，其中彩陶 1.3 万件、玉器 839 件，收藏的齐家玉、彩陶数量特别是品级达到全国顶尖水平，开辟了文物藏品由民间收藏转入公立博物馆的新途径。

向更远的历史去眺望，向更深的思想去追索。此次论坛紧扣时代脉搏，在内容、形式设计上具有很强的针对性，更加契合临夏文化特质，为促进史前文化交流互鉴搭建了重要平台。我们相信，只要紧紧抓住论坛成功举办的契机，更好担当文化使命、展现文化作为、当好交流使者，努力讲好史前文化临夏故事，才能不断推进史前文化研究在更高层面、更宽领域、更深层次实现更大突破，全面显示它的科学价值、历史价值、艺术价值，为提升新时代临夏知名度和美誉度，实现高质量发展提供文化支撑和精神力量。